周昌乐 著

通智达仁：传授心法述要

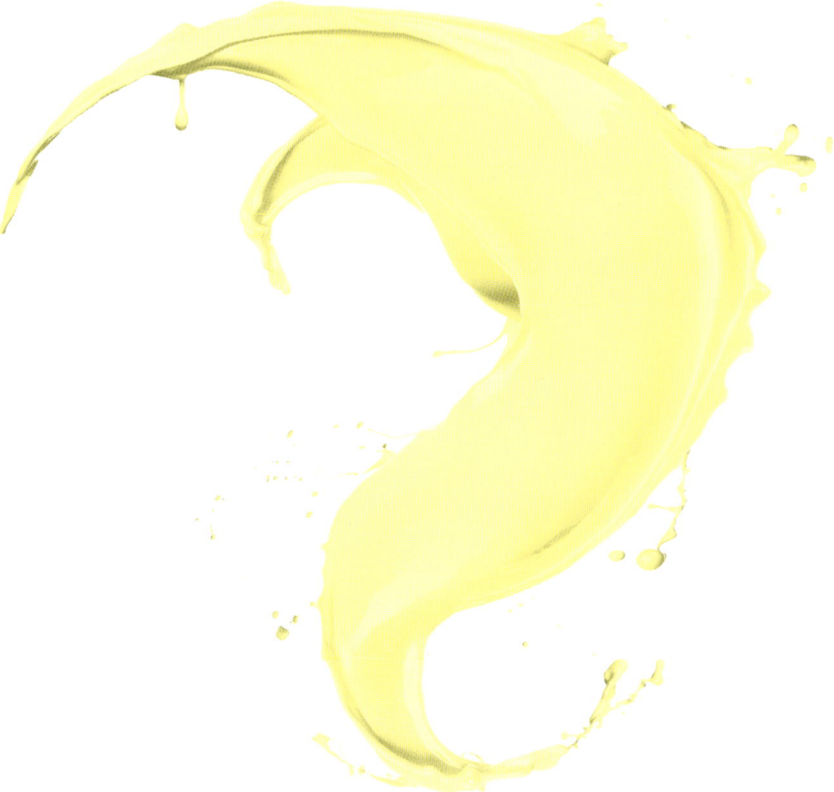

厦门大学出版社
XIAMEN UNIVERSITY PRESS
国家一级出版社
全国百佳图书出版单位

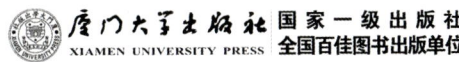

图书在版编目(CIP)数据

通智达仁：传授心法述要/周昌乐著.—厦门：厦门大学出版社,2018.12
ISBN 978-7-5615-7110-1

Ⅰ.①通… Ⅱ.①周… Ⅲ.①哲学－研究－中国 Ⅳ.①B2

中国版本图书馆 CIP 数据核字(2018)第 229649 号

出 版 人	郑文礼
责任编辑	薛鹏志　林　灿
封面设计	李嘉彬
技术编辑	朱　楷

出版发行　

社　　址　厦门市软件园二期望海路 39 号
邮政编码　361008
总 编 办　0592-2182177　0592-2181406(传真)
营销中心　0592-2184458　0592-2181365
网　　址　http://www.xmupress.com
邮　　箱　xmup@xmupress.com
印　　刷　厦门集大印刷厂

开本　720 mm×1 000 mm　1/16
印张　30.25
插页　2
字数　470 千字
印数　1~5 000 册
版次　2018 年 12 月第 1 版
印次　2018 年 12 月第 1 次印刷
定价　78.00 元

本书如有印装质量问题请直接寄承印厂调换

厦门大学出版社
微信二维码

厦门大学出版社
微博二维码

献给女儿丁零诗音

题 记

天命之谓性,率性之谓道,修道之谓教。道也者,不可须臾离也,可离非道也。是故君子戒慎乎其所不睹,恐惧乎其所不闻。莫见乎隐,莫显乎微,故君子慎其独也。喜怒哀乐之未发,谓之中;发而皆中节,谓之和;中也者,天下之大本也;和也者,天下之达道也。致中和,天地位焉,万物育焉。

——(战国)子思[①]

[①] 朱熹:《四书章句集注》,北京:中华书局,1982年,第17~18页。

目　　录

序　言：传法碎语

第一章　引　　论 ……………………………………………………… 1
　　第一节　心法传授概说 …………………………………………… 1
　　第二节　科学治心原理 …………………………………………… 17
　　第三节　中华心法简史 …………………………………………… 31

第二章　圣道中和 ……………………………………………………… 43
　　第一节　中庸至诚达德 …………………………………………… 43
　　第二节　礼乐涵养作用 …………………………………………… 55
　　第三节　易传退藏洗心 …………………………………………… 63

第三章　道通玄境 ……………………………………………………… 77
　　第一节　庄子逍遥无待 …………………………………………… 78
　　第二节　宋子虚无守静 …………………………………………… 88
　　第三节　老子无为清虚 …………………………………………… 98

第四章　心性渐明 ……………………………………………………… 108
　　第一节　孟轲浩然至善 …………………………………………… 108
　　第二节　荀况解蔽除恶 …………………………………………… 117
　　第三节　李翱明觉复性 …………………………………………… 126

第五章　禅宗顿悟 ································· 140
第一节　禅宗顿悟法门 ······························ 140
第二节　禅机宗风激扬 ······························ 155
第三节　禅悟特色途径 ······························ 172

第六章　内丹炼化 ································· 188
第一节　内丹心法形成 ······························ 188
第二节　丹法分派学说 ······························ 205
第三节　金丹修炼原理 ······························ 224

第七章　穷理反躬 ································· 241
第一节　圣学中兴发端 ······························ 242
第二节　程颐持敬穷理 ······························ 256
第三节　朱熹性理大成 ······························ 269

第八章　尽心成行 ································· 284
第一节　宋明心学流变 ······························ 284
第二节　姚江终致良知 ······························ 303
第三节　明清心法余绪 ······························ 324

第九章　结　论 ··································· 339
第一节　中华心法归旨 ······························ 339
第二节　治心效应实证 ······························ 352
第三节　心性证悟勘验 ······························ 367

附　录：治心微言 ································· 384
参考文献 ··· 462

序　言

传法碎语

> 学者，学其所不能学也；行者，行其所不能行也；辩者，辩其所不能辩也。知止乎其所不能知，至矣！若有不即是者，天钧败之。
>
> ——（战国）庄周[①]

撰写一部读物，总要在书前写上一番话，将其称作为序言，交代一下写作此书的背景原委、内容安排和目的作用等。考虑到这部读物主要是关于传授中华心法的，所以我主要围绕着中华心法的重要作用、章节来源的构思安排以及此书内容对化导民众的预期作用等，做些引导性说明。

一

从世界文明范围来比较，属于我们中国特有的文化思想内容，当唯有中华心法思想体系了。或者说，中华文明之殊胜，并不在天道和世道之上，而是在个人修养的心法方面。应该说，中华心法体系，其殊胜便在于建立了沟通天道与世道之间鸿沟的桥梁。因此，有志于研习中华文明思想体系，当唯以心法为要，舍其何观！

就人类文明发展的文化形态而言，如果说，图腾文明建立在灵性文化基础之上，艺术文明建立在感性文化基础之上，科学文明建立在理性文化基础之上，宗教文明建立在神性文化基础之上，那么中华心法文明则是建

[①] 郭庆藩：《庄子集释》，北京：中华书局，1981年，第792页。

立在悟性文化基础之上。因此,从文化形态角度看,悟性文化无疑属于人类文化最高层级的文化表现形态!

可惜的是,中国古代最具特色的心法思想及其实践途径体系,现如今却是一派凋零败落的景象。唐代诗人王驾作有《雨晴》一诗,其诗曰:"雨前初见花间蕊,雨后全无叶底花。蜂蝶纷纷过墙去,却疑春色在邻家。"(《全唐诗》,1986:1738)倒是非常贴切地说明了目前中华心法流布与研究的现状。虽然,这一现状还说不上满目疮痍,至少也是"雨后全无叶底花"了。难怪大凡说起心灵修养的积极干预,都是西方心理咨询理论和方法。以至于像卡巴金提出的"正念减压疗法"(卡巴金,2015),国内的民众都普遍认为是源自西方的文明,民众也都"蜂蝶纷纷过墙去",对其趋之若鹜。这不免让稍有头脑的学者也难免会产生"却疑春色在邻家"的认知了。

殊不知,西方积极心理干预、正念治疗方法、催眠心理治疗、自我暗示调适等之类的源头,原来就在我们自己的国度!不仅如此,在中国古代,还有比西方目前流行的各种积极心理治疗方法更加丰富有效的心法体系。其实,从本质上讲,现代西方流行的那些心理治疗方法,大多数属于"术"的层面,只是起到缓解心理功能障碍的作用;而中华心法则是属于"道"的层面,是从根本上解决人生困境问题的。

退一步讲,即使要成为西方意义上优秀的心理咨询师,光有心理咨询之术(心理咨询规范和心理干预措施)也是不够的,其还应该掌握中华心法之道,方能更好地来指导心理咨询活动。当然,作为当今科学昌明的时代,更加理想的状态,还应该了解心性现象的脑机制之理,作为展开"道""术"合一心理咨询活动的理论基础。因此,在学习西方心理咨询系统课程的基础上,优秀的心理咨询导师,如果能够进一步掌握中华心法的修炼之法,那么一定可将"道"与"术"有机结合,从而到达更高的心理咨询境界!

中华心法,源远流长。从先秦的孔门圣道心法,到受到佛教影响而创建的禅宗顿悟心法,再到后来发展起来的道家内丹心法,以及影响至今的宋明性理心法(特别是其中的阳明心学),洋洋大观,不可胜数。因此,复兴中华优秀文化传统,自然离不开对中华心法思想体系的整理与弘扬。但遗憾的是,迄今为止,居然还没有一部系统介绍中华心法发展脉络和完整内容的书籍。

二

眼下正值中华民族伟大复兴之际，为了方便民众尽快了解中华传统心法思想内容，为民众健康幸福生活提供一些有益的指导，作为有历史责任感的学者，自然责无旁贷，理应将中华心法发展历程中最为重要的思想内容和修持方法，加以通俗化地系统整理释读。因此，近些年来，自己不顾才疏学浅，将梳理中华心法思想与内容，开展科学实证研究，去其糟粕，存其精华，作为最为主要的研究课题。

纵观自己最近十几年的科研与教学工作，主要在如下三个方面为中华心法研究和传播做出一些力所能及的工作。第一个方面，自2006年完成《禅悟的实证：禅宗思想的科学发凡》一书之后，就开始系统整理中华心法的主要思想与途径，除出版《明道显性：沟通文理讲记》一书外，主要成果便体现在本书之中；第二个方面，依托厦门大学哲学系自主设立的二级学科博士点"国学"专业，招收"中华心法研究"方向的博士生和博士后，开展中华心法的实证分析研究；第三个方面，开设通识课程《品悟西游：破解治心秘法》，从中华心法通俗化的角度来解读《西游记》这部伟大的文学作品。应该说，就复兴中华文明思想体系，促使世界人类文明发展，以及改善现代人类生活而言，挖掘、整理和传播中华心法的思想与途径，是一项极为重要的学术研究工作。

当然，面对三千多年来积累所形成的浩如烟海的古代文献，系统总结比较完整的中华心法发展脉络，是一项十分艰巨的任务。但为弘扬中华心法思想与途径，唯有百折不挠、砥砺前进，方有收获的可能！这使我想起梁启超的话："凡豪杰之士，往往反抗时代潮流，终身挫折而不悔，若一味揣风靡风气，随人毁誉，还有什么学问的独立。"（梁启超，2006:58）真正的学者，就应当去完成具有历史使命性的学术研究，而不是一味随波逐流，将自己的学术生涯消耗在那些毫无意义的热点炒作和人云亦云的所谓时代潮流之中。

最早开始整理中华心法大约在《禅悟的实证：禅宗思想的科学发凡》

通智达仁：传授心法述要

出版之后，主要先是对我熟悉的禅宗心法进行比较系统的整理。至2013年6月间，便开始着手系统整理孔门圣道心法，完成孔子、子思到孟子心法思想的归纳，同时也旁及庄子、宋子和荀子心法思想的总结工作。在这之后，因忙于《博学切问》《明道显性：沟通文理讲记》以及《智能科学技术导论》的撰写与出版，此项工作中断了一段时间。至2016年，在完成上述三本著述之后，又开始继续此项系统整理工作，先是补充老子、李翱心法思想方法的内容，然后撰写理学、心学和内丹的心法体系。至2017年下半年，由于要为开设的通识课程《品悟西游：破解治心秘法》做前期准备，这项工作又被迫中断。到了今年年初，利用期末和寒假空余时间，终于补齐了前后两章，全书书稿初步完成。后来，为了让这部读物更具实用性，又在初稿基础上增加了附录部分，将平时利用网络指导民众的心法修持内容，收集整理出来，取名为"治心微言"。

当然，从根本上讲，这是一项长期的工作，需要耗费年复一年的心血，才有可能完成的任务。但考虑到培养博士生、指导博士后，以及化导民众保持阳光心态的迫切需要，我还是草草地勾勒出了大致内容，取名为《通智达仁：传授心法述要》，提前予以出版。我必须郑重申明，这是一部关于传授修身养性方法的读物，也是世界范围首部系统论述心法传授的读物，是作为《明道显性：沟通文理讲记》的姊妹篇，继续致力于化导民众健康生活而撰写的。因此，无论是从心法思想内容的选择，心法修持途径的论述，还是心法实践意义的阐发，从学术严谨性角度来审视，都还存在诸多问题，需要将来做充实和完善。

的确，每次著书出版，尤其以此书为甚，总会有一番艰难选择的思想争斗，在"粗制滥造"与"时不我待"念头之间不停地取舍。一个念头有关我之信念，著书立说应当精益求精，不可以粗制滥造，虽不说非要十年磨一剑，起码也要细心打造，不可匆忙出版。既然这样，那为什么还要如此匆忙出版此部读物呢？那就是另一个念头在作怪，就是"时不我待"！站在当代科学昌明的背景下，来弘扬中华圣学文化，是我50岁知天命之年后立下的宏愿，年过半百，时不我待，要系统开展研究著述的工作太重太多，不得不要加快进度。于是，只好匆匆探索、匆匆撰写、匆匆出版了！希望能够得到读者们的谅解！

序　言

需要说明的是,虽说我是传承了临济禅宗法脉,并兼修伍柳仙宗的丹道功法,但内心所宗还是中华圣道心法的传统。所以,本书将以中华圣道心法体系为主线,而把禅宗心法和内丹心法仅作为其中的重要环节,来全面系统地传授介绍中华心法发展历程中的主要思想、方法和途径。

书题"通智达仁",即是中华心法诸家思想共同的要旨,也是我们这部书的核心宗旨。为了让读者更为简练地了解全书脉络,一开始就能够对全书主旨有一个整体性了解,我专门撰写一首《中华心法颂》的诗作,其诗曰:

圣道心禅内穷尽,

道通性宗丹理心。

中玄渐顿炼反成,

和境明悟化躬行。

细心的读者也许会发现,《中华心法颂》这首诗文,也隐隐给出了这部读物核心七章的标题。除了首尾两章相对独立之外,全书共分七章,介绍了中华心法最为核心的内容。其中第二章"圣道中和"介绍的是六经嫡脉、道统纯正的圣道心法核心内容;第三章"道通玄境"介绍虽属旁学庶出,但却是道德高妙的道家心法内容;第四章"心性渐明"论述的是儒家强调心性学发展过程中的心法思想;第五章"禅宗顿悟"主要阐发禅家顿悟心法体系,注重强调治心智慧之法;第六章"内丹炼化"介绍道家内丹心法体系,注重强调治心静虑之法;第七章"穷理反躬"介绍的是理学心法思想,遵循穷理尽性以至命之论;第八章"尽心成行"则讲述心学心法体系,恪守尽心知性以知天之旨。

当然,如果读者不想系统了解各个历史阶段比较详尽的心法思想与途径,只想大致了解中华心法之要旨,及其对健康幸福生活指导的治法、作用与功效,那么作者建议只需通读第一章和第九章,以及附录的实修指导,就可以满足读者这样的要求。这部读物有一个巧妙的安排,首尾两章加上附录,既可以构成自足的完整内容,又可以作为全书修身养性的引论、治法和结论。这样一来,这部读物也就可以被民众用来作为修身养性的手册,来对治不良习气、心态和行为,获得健康幸福的生活!

三

有人说我们所处的是一个道德价值沦丧的时代,其实这样说法并不确切,我们并不缺乏道德说教(古今中外的道德准则俯拾皆是),我们缺乏的是确信道德价值的能力:一种价值评判能力。而这种能力,唯有通过心性道德修养才能够切实有效建立起来。

应该明白,社会道德沦丧之乱,始于人心。人心涣散(这里人心涣散是指:唯有谋取私利,缺少社会关爱和奉献精神),是故社会乱象环生。要防微杜渐,关键还在于人心。在最理想的社会中,人们应该自觉唤起本善之性,人心清明向善,人人都富有奉献仁爱的精神。

或许有人不相信人性本善,看到了太多人性不善的一面,对于人性救助感到无望。我们则坚信人性本善,只是因为不良文化价值观念的熏染,加上外在物化的结果,才有了是非之心,然后心生恶念。因此,只要还其本善心性,所谓除情显性,就可以达成无善无恶的至善之境。须知,无善无恶是真善,一有是非之心,便生恶念。

在我们国度,导致人心趋恶表现,主要是受到不良传统文化思想观念的顽固沿袭和侵染。具体说,现今社会种种不良社会现象、人心趋恶表现,主要来自于中国古代宗法制度和封建迷信等文化思想观念的长期沿袭影响,这些观念包括:(1)重君轻规;(2)送礼成风;(3)公私不分;(4)喜爱特权;(5)信仰缺失;(6)道德空洞;(7)私欲膨胀;(8)行为失范;(9)人身依附。宗法制度陋习文化观念的家族意识会导致公共精神的丧失,从而导致公共事业无人问津,民众百姓"各人自扫门前雪,哪管他人瓦上霜"的这种袖手旁观现象也就比比皆是了。

遗憾的是,虽然我们已经进入现代文明社会,但上述这些中国传统的陋习文化和思想观念依然有着广泛的影响。因此,在这个物欲化的社会中,那些素质低下的民众(跟拥有财富与社会地位无关),普遍存在世界观、价值观和人生观的偏差,严重违背中庸之道,具体表现有如下五个方面。

(1)强调人脉关系,只关心家庭和亲属,持以血缘关系为基础的道德观(即所谓孝道),事不关己则极端自私、冷漠、怯懦。自私,只关心自身利益的得失;冷漠,使得围观者众多,而见义勇为者鲜见;怯懦,则必然畏缩,不敢伸张正义。结果就是缺乏社会诚信和责任感,个人的体面和尊严也就无从谈起。

(2)生活的目的就是想方设法抬高自己、贬低他人,攀比、讲排场、挣面子。没有勇气追求理想,而让贪婪吞噬了自己高贵的灵性。把生活当作谋生,只是一味去索取。习惯接受廉价和免费的事物,总想不劳而获。贪婪成性也是导致贪官泛滥的根本原因。

(3)没有优雅举止和基本礼貌,缺乏仁爱、智慧和义勇。执迷于物质占有而忽视精神追求。追逐技术与物品而不顾尊严,对于坦率、正直和诚实却漠不关心。极力避免冒险,缺乏探索精神,明哲保身。

(4)思维简单化,喜欢走极端,缺乏创造力。宗法制度强调下属服从上司、晚辈听从长辈、个人顺从群体。尊重权威、唯命是从,对上则奴颜卑贱,对下则耀武扬威,全无平等观念。抑制个性发展,热衷于跟风时髦,山寨盗版泛滥,缺乏创新文化氛围。

(5)不懂精神灵性、自由信仰和心智健康的概念。教育只是注重成绩,成为应试教育的奴隶,结果造就一群精致的投机分子,只想捞好处,从不关心回报社会,不明白奉献是生活的真正意义。

于是,在当今科技高度发展的今天,一方面,物欲的泛滥带来的却是精神的枯萎,使人们的心灵缺少应有的慰藉;另一方面,信息交流的便捷换回的更是自由的丧失,让人们的生活疲于奔命。面对这样的困境,我们如何能够摆脱物欲找回一片清新、在喧嚣的尘世里寻一方净土,然后任情自在呢?

在我看来,要彻底拯救我们社会的人心时弊,唯有靠中华心法的修持途径,才能给出完善解救之道,以帮助提振广大社会民众的生活信心,提升幸福感。人们一旦心性修持完善,才能更加自如地应对日益加快的生活节奏,赢得属于民众自己的健康幸福生活。因此,中华心法修持途径,无疑为医治在当今物质极大丰富的背景下精神内心日趋枯竭的时代病症,提供了一剂良方。须知,不管在什么样的社会处境中生活,民众都应该自信、自立、自悟其本善心性,才能不为一切外境所迷惑和奴役,从而获得心灵的彻底自在。这就是中华心法之所以重要的根本原因！

噫吁戏！先圣睿智，立成法行而不言；历代贤达，尊道德行而有言；现今学人，治学术言而不行。思古慨今，不亦悲乎！希望这部传授心法述要的读物，不仅能够引领读者了解中华心法思想内容，而且能够有助于广大学人从中汲取优秀心法思想和修持途径，并切实加以尊而行之。如此，则我心稍安，所付辛勤，也值得其所，可望有助于民众健康幸福生活矣！

作者识于厦门大学寓所

2018 年 7 月 31 日

第一章

引 论

> 凡人之性,莫贵于仁,莫急于智。仁以为质,智以行之。
>
> ——(汉)刘向[①]

就如同那湛蓝的天空,清澈深邃,人类美好的心情,总是令人流连向往。可是,在阴霾蔽日的日常生活中,如何能够有效驱除阴霾而成就这样的美好心境,却不是轻而易举都能达到的,因为这需要有切实可行的修身养性功夫!这部传授心法的读物,可以说就是要向人们介绍自古以来那些行之有效的治心方法,以期能为民众健康幸福生活提供有效途径。为此,我们首先讲述有关心法的一些基本问题、心法作用机理以及有关中华心法的发展简史,为进一步通读全书奠定必要的前导性基础。

第一节 心法传授概说

心法,是指治心方法(mental cultivation methods),大体与存心养性、明心见性、尽性致命等不同的心身修养主张有关。如果说得通俗一点,所谓心法就是各种修身养性方法的总称,其途径不外仁智双运之法,目的则是要培养美好的心理品质,以期达到觉悟人生之境界。通过心法修持,人们可以改变不良的生活态度、去除不良的心理障碍,以及修正不良的行为习惯,从而使得心灵通达无碍、任运自在、健康愉悦。下面我们就从心法

[①] 刘文典:《淮南鸿烈集解》,北京:中华书局,1989年,第315页。

修持要点、仁智双运途径和对治生活时弊三个方面,就心法传授之概说,加以简要论述。

一、心法修持要点

提到心法,免不了就会想到传说中的中华十六字心法:"人心惟危,道心惟微,惟精惟一,允执厥中。"据说其源自尧舜圣帝,被称为中华心法之源,常常被人们用来代表中华心法的核心理念。不过,作为心法思想之源,说是来自尧舜时代基本上是没有问题的,但将这十六个字合成一个整体来传布,应该是汉代以后的事了。

据考证,这个所谓的十六字心法,首次出现是在汉代才开始盛行的《古文尚书》之中。在《尚书·大禹谟》中有舜帝对大禹所说的这么一段记载:"来,禹!……予懋乃德,嘉乃丕绩,天之历数在汝躬,汝终陟元后。人心惟危,道心惟微,惟精惟一,允执厥中。无稽之言勿听,弗询之谋勿庸。可爱非君?可畏非民?众非元后,何戴?后非众,罔与守邦?钦哉!慎乃有位,敬修其可愿,四海困穷,天禄永终。惟口出好兴戎,朕言不再。"(孔安国,1999:93)据此,有学者就表示怀疑,所谓的这十六字心法,当出自后世汉儒之手,而并非上古圣人之言。

不过,假如进一步根据《论语注疏·尧曰》所记载:"咨,尔舜,天之历数在尔躬,允执其中。四海困穷,天禄永终"与"舜亦以命禹"(何晏,1999:265)以及《荀子·解蔽》中所记载:"故《道经》曰:人心之危,道心之微。危微之几,惟明君子而后能知之。"(王先谦,1988:400)对照相关文字部分可知,将这十六字心法说成是来自尧舜之说,好像也不是空穴来风,其核心思想,至少不是出自汉儒之手。

如此,进一步再从孔子所言"中庸之为德也,其至矣乎!民鲜久矣"(何晏,1999:82)中"久矣"的口气推断,应该在孔子之前很久就流传有类似于"允执厥中"这样的"中庸"思想了。所以,说这十六字心法出自尧舜,基本上也是不错的。朱子在《中庸章句序》中说:"盖自上古圣神继天立极,而道统之传有自来矣。"(朱熹,1983:14)可谓定论。

不过,中华心法之源头虽然说可以追溯到尧舜,但正式形成比较系统的学说的,当源于孔子开始创建的圣学体系之中。如果说,中华传统文明思想体系的核心是以孔子思想为主展开的圣学思想体系,那么圣学的核心就是圣学心法,这便是中华心法之源。

了解了中华心法之源,我们就可以讲述心法传授之要了。明代心学大家湛若水在《孔门传授心法论》中说:"心也者,其天人之主而性道之门也。故心不可以不存也,一存而(仁、义、礼、智)四者立矣,故能为天地立心。心法者,存其心之法也。夫心自我有之,自我存之,师不能以授之于弟子,弟子不能以受之于其师,孰传而孰受之?故传者非传心也,传心之法也。"(湛若水,2014:1222-1223)据此可知,传心之法,其要有三:一曰立志,二曰师传,三曰明旨。

首先,心法传授先须立志,立为圣之志。湛若水在《答郑启范》书中说:"夫学以立志为先,以知本为要。不知本而能立志者,未之有也;立志而不知本者有之矣,非真志也。志立而知本焉,其于圣学思过半矣。夫学问思辨,所以知本也。知本则志立,志立则心不放,心不放则性可复,性复则分定,分定则于忧怒之来无所累于心性,无累斯无事矣。苟无其本,乃憧憧乎放心之求,是放者一心,求之者又一心也,则情炽而益凿其性,性凿则忧怒之累无穷矣。"(黄宗羲,1986:882)

立志学圣,就是要愿为圣贤君子不愿为小人、愿为善不为恶,所谓"民之秉彝,好是懿德"。要立为圣之志,学者先须识仁。程颢在《识仁篇》曰:"学者须先识仁。仁者,浑然与物同体,义、礼、智、信皆仁也。"(程颢、程颐,2000:66)程颐曰:"学者先务,固在心志。"(程颢、程颐,2000:215)所立之志,则就是其在《颜子所好何学论》中所点明的:"学以至圣人之道也。圣人可学而至与?曰:然。"(黄宗羲、全祖望,1982:642)

所以,心法传授者,要志存高远,立志于圣道,尚仁义之志。清代学者唐甄《劝学篇》云:"君子之于道也,敬以修己,广以诱民,文学事功皆备其中,岂可无诬也!是故凡为士者,必志于道。"(唐甄,1984:141)宋代大儒张载则曰:"君子之道,成身成性以为功者也。未至于圣,皆行而未成之地尔。"(张载,2000:151-152)可见立志必须立为圣之道,不得有任何偏离违背,否则修身养性必难以成功。

在实际生活中,众多心法修持者无功而返,往往皆由立志不坚之故。立志为圣之道,就是要修养好身心。程明道对此有警示之语曰:"人于外物奉身者,事事要好,只有自家一个身与心,却不要好。苟得外面物好时,却不知自家身与心却已不好了也。"(程颢、程颐,2000:60)那么如何使自家身心向好呢?王阳明在《书王嘉秀请益卷》中说:"君子之学,为己之学也。为己故必克己,克己则无己。无己者,无我也。世之学者执其自私自利之心,而自任以为为己;溿焉入于隳堕断灭之中,而自任以为无我者,吾见亦多矣。呜呼!自以为有志圣人之学,乃堕于末世佛、老邪僻之见而弗觉,亦可哀也夫!"(王守仁,1996:904)其中强调的就是克己以至于无己,方是为己成圣之道,要避免堕于佛老邪僻之见。

其次,心法传授要遇明师,学贵有师友传道。对此,陆象山就认为:"学者须先立志,志既立,却要遇明师。"(陆九渊,1980:401)在《与侄孙濬书》中也谆谆告诫道:"道非难知,亦非难行,患人无志耳。及其有志,又患无真实师友,反相眩惑,则为可惜耳。凡今所为汝言,为此耳。"(陆九渊,1980:13)

明师传授之所以重要,主要是因为没有明师指点,问学容易陷入各种歧途。比如,陆象山指出:"学者大率有四样:一虽知学路,而恣情纵欲,不肯为;一畏其事大且难而不为;一求而不得其路;一未知路而自谓能知。"(陆九渊,1980:462)纵己、畏难、盲求和自负,都是学者要警惕的学圣歧途。

应该说,没有明师的传授,学者还很容易被各种异端邪说所迷惑。在《与邓文范书》中,陆象山认为:"道丧之久,异端邪说,充塞天下,自非上知,谁能不惑?人之难得,亦其理然也。"(陆九渊,1980:11)而事实上,现实也确是如此,多有学者迷惑于异端邪说,其原因就是没有明师引导。所以陆象山又在《与李省干书》中说:"人生而不知学,学而不求师,其可乎哉?"(陆九渊,1980:14)可见明师指导的重要性。

清代唐甄《讲学篇》也云:"学贵得师,亦贵得友。师也者,犹行路之有导也;友也者,犹涉险之有助也。得师得友,可以为学矣。所贵乎师友者,贵其所讲也。虽有歧路,导之使不迷也;虽有险道,助之使勿失也。师友善讲,则学有成矣。"(唐甄,1984:134)有师友讲助引导,才能明确方向,不至于误入歧途。

亲师友的目的就是要通过师友来指导自己的修持,去其不美而改之。

正如陆九渊在《象山学案》中指出的:"人之精爽,负于血气,其发露于五官者,安得皆正! 不得明师良友剖剥,如何得去其浮伪而归于真实? 又如何能得自省自觉? 大丈夫事,岂当儿戏!"(黄宗羲、全祖望,1982:1892-1893)当然,学问修持要有明师传授,而非庸师,若导之非圣人之道,则是师之罪。所以陆九渊在《与李省干书》中又特别指出:"虽然,学者不求师,与求而不能虚心,不能退听,此固学者之罪;学者知求师矣,能退听矣,所以导之者非其道,此则师之罪也。"(陆九渊,1980:14)

世间多有自称导师之人,读过几本经典、记下几句语录、学会几种法术,执着于文字法相,自谓悟道,蛊惑无知、诓徒欺众,实则自欺欺人,不可不知! 清代著名内丹家刘一明对此就有警示:"世间学人,不遇明师,恃自己萤火之明,管窥之见,记下几句话头,看过几宗公案,自谓知道,再不求人,人前卖弄,满口乱谈,以己盲而引人盲,罪过! 罪过!"(刘一明,1989:123)又曰:"又有一等糊涂汉,认不得真师,朝王暮李,学些小乘功夫,亦负有道;即有明人在前,不肯低心下气,乱作乱为……如此等类,千门万户,皆是背逆圣道,非是逆运造化,尽是取死之道,非是至生之道。"(刘一明,1989:123-124)

那么什么样的导师方为明师呢? 读者务须明白,为导师者理应:"品行端方,参学真实,出言合法,作事有条,严守成规,终无越逾。不重己见,不重己能,俯顺曲情,毫无妆饰。心真口真,身端事端,只顾正行,不尚偏私,耳根铁硬,眼珠光明。轻己重人,隐恶扬善,赞之不喜,谤之不忧;上恭下敬,和悦同门。遇事难,必从容和蔼;见逆境,必悦色欢颜。不得一见便嗔,或一见便喜,大失大人资格。若道德为人,举超方眼,立不变知。如此行为,可以越浊劫,可以范为人。"(高旻来果,2006:419)

另外,我们的生活方式和观念也会产生文化遗传性感染。比如饮食文化、生活起居习惯以及运动锻炼方式等,会在亲朋好友之间相互影响,所以求师交友须慎之又慎。"尽管这个情况令人不安,但有一点很明确:坏习惯和积极的改变都能像细菌一样在人群中传播,而且没有人能完全不受其影响。"(麦格尼格尔,2013:191)而依止明师修行的意义就在于此,通过朝夕相处来潜移默化地影响修习者的自觉行为!

最后,心法传授必须要明宗旨,宗旨不明则徒多无益。明代高攀龙著有《就正录》一文,专门指点修已治人之方,体用寂感之妙,其中论述心法之要时说道:"'学问之道无他,求其放心而已矣。'此两句是孟氏指出千圣学诀,吾人用功,不在远求,只在此处寻头脑便得。若不能向心上做功夫,徒在事物上寻讨、气魄上支撑、才识上用事,到底不成真种子。故孟子只归到心内,曰'存心',曰'求放心',存即所以不放也。"(甄隐,2015:508)

确实,心法修持无他事,唯此"收其放心",而收其放心的关键又在体认本心之上。所以为了强调体认本心之重要,高攀龙又曰:"可见为学不识本心终非善学,所谓'行不着,习不察',其弊若此。故吾人今日为学,先要体认此心,认得明白,然后可以下手。今人无不自言有心,其实不知心在何处,他只将懂懂往来当做心,殊不知此皆一切纷扰,一切缘感,一切意念。若教他除去此等,别认出一个真心来,他便莫知所措。……会须体验寻讨,识出心来,方许些进步。"(甄隐,2015:508)

收其放心,方能存心养性。孟子曰:"存其心,养其性,所以事天也。殀寿不贰,修身以俟之,所以立命也。"(赵岐,1999:350)可见,只有存心养性,方能了性立命。学圣宗旨之言,须臾不可忘也。

那么何为心又何为性呢?湛若水对《心性图》的解说之文曰:"性者,天地万物一体者也。浑然宇宙,其气同也。心也者,体天地万物而不遗者也。性也者,心之生理也,心性非二也。譬之谷焉,具生意而未发,未发故浑然而不可见。及其发也,恻隐羞恶辞让是非萌焉,仁义礼智自此焉始分矣,故谓之四端。端也者,始也,良心发见之始也。是故始之敬者,戒惧慎独以养其中也。中立而和发焉,万事万化自此焉,达而位育不外是矣。故位育非有加也,全而归之者耳。终之敬者,即始之敬而不息焉者也。"(湛若水,2014:1192)

总之,心法传授之宗旨,就在此心性之修持。所谓"天命之谓性,率性之谓道,修道之谓教。……致中和,天地位焉,万物育焉。"(朱熹,1982:17-18)但凡不能率性循理而为,便不能致天命。所以心有不正,失其修道之教,则难达致中和之境,必然物有失位、事有失序,也就不可能获得幸福健康生活。

二、仁智双运途径

明确了心法传授之要,要具体开展心法修持,还必须知道心法修持之途径。应该说,心法就是沟通天道与人道的唯一途径,而作为对这一沟通在具体操作层面上的突破,在作为圣学纲要的《大学》里面,就给出了比较全面的论述。我在《明道显性:沟通文理讲记》第一章已经较为详细地指出过,《大学》中所描述的中华圣学宗旨,就是格物致知、诚意正心、修齐治平三个环节(周昌乐,2016:23-24),而其中"诚意正心"讲的就是心法,而且是三个环节中最为核心之一环。

《大学》开宗明义地指出:"大学之道在明明德,在新(亲)民,在止于至善。知止而后有定;定而后能静;静而后能安;安而后能虑;虑而后能得。"(朱熹,1983:3)这里其实也就是圣学心法的宗旨:心有定方为能静,心有静方为能安,心有安方为能虑,心有虑者方为能得"明明德"之境界。如果加以说破,那就是:定后能静者,惩忿窒欲,仁爱可显;安后能虑者,除妄去昧,智慧可运;定静安虑,仁智双运,然后可以明明德者。

《大学》经文部分最后说:"自天子以至于庶人壹是皆以修身为本。"(朱熹,1983:4)那么如何修身呢?"物格而后知至,知至而后意诚,意诚而后心正,心正而后身修。"(朱熹,1983:4)也就是说,要身修,关键是诚意正心。

对于诚意,《大学》在其传注中是这么解释的:"所谓诚其意者:毋自欺也,如恶恶臭,如好好色,此之谓自慊。故君子必慎其独也。……掩其不善,而著其善。人之视己,如见其肺肝然,则何益矣。此谓诚于中,形于外。……故君子必慎其独也。富润屋,德润身。心广体胖,故君子必诚其意。"(朱熹,1983:7)

对于正心,《大学》在其传注中则又是这么解释的:"所谓修身在正其心者:身有所忿懥,则不得其正。有所恐惧,则不得其正。有所好乐,则不得其正。有所忧患,则不得其正。心不在焉,视而不见,听而不闻,食而不知其味。此谓修身在正其心。"(朱熹,1983:8)

从上面的《大学》引文中不难看出,诚意的关键是不自欺,要自慊,君子慎其独。而正心的关键在于去除忿懥(嗔恨、忿怒)、恐惧、好乐(沉迷、贪痴)和忧患(忧虑、焦虑、忧郁)四种不正之心。

如果要做一个比较系统简明的归纳,以《大学》为纲要的中华圣道心法体系,所明确的核心思想包括:(1)心法的前提是格物、致知和近道(达到知止之境界而知道);(2)心法的途径是定、静、安、虑(到达天人合一之境界而得道);(3)心法的要点是修身、正心和诚意(成就中和心态而达道);(4)心法的目的是齐家、治国和平天下(躬亲民奉献社会而行道)。

如果说,源于中华十六字心法的中庸之道构成了中华圣学心法的基本原则,那么《大学》之中论述的,便是圣学心法具体修持的内容步骤。这样的内容步骤,经过历代思想家和实践者的不断丰富发展,终于形成思想深邃、内容丰富、途径多样的中华心法体系,涵盖了儒、释、道三家心法修持的全部精华。

通俗一点说,修持心法是要成就圣人。所谓圣人,就是达到至善境界的人,所以圣人＝至人＋善人。至人就是所谓的高人,善人就是所谓的好人。高人境界高,藏诸用,大智如愚,任运自在,但多半不肯兼济天下;好人心肠好,显诸仁,与人为善,但境界有所欠缺,往往多有烦恼又暗自委屈,久之心身俱疲,多半不能延年益寿。唯有两者皆至,方为圣人。所以先圣曰:"显诸仁,藏诸用,鼓万物而不与圣人同忧,盛德大业至矣哉。"(王弼、韩康伯,2009:262)

显诸仁是达仁,藏诸用是通智,这便是中华心法修持的根本途径:通智达仁!可以说心法修持强调仁智并重,一开始就注入了中华心法文化基因之中。孔子就重视仁智相辅相成。孔子说:"里仁为美。择不处仁,焉得知(智)。"又曰:"不仁者不可以久处约,不可以长处乐。仁者安仁,知(智)者利仁。"(朱熹,1983:69)并提出仁智的功效是:"仁者不忧,智者不惑,勇者不惧。"(朱熹,1983:116)还处处将仁与智并列论之:"智者乐水,仁者乐山;智者动,仁者静;智者乐,仁者寿。"(朱熹,1983:90)

仁智双运也一直为后世学者所重视,并被看作是成圣的标准。比如孟子引用子贡的话曰:"学不厌,智也;教不倦,仁也。仁且智,夫子既圣矣。"(赵岐,1999:77)再比如董仲舒在《春秋繁露·必仁且智》中曰:"仁而不智,则爱不别;智而不仁,则知而不为也。"(董仲舒,1992:257)而刘向在《淮南子·主术训》中则说:"凡人之性,莫贵于仁,莫急于智。仁以为质,智以行之。"(刘文典,1989:315)以及程子曰:"大凡于道,择之则在乎智,当之则在乎仁,断之则在乎勇。人之于道,只是患在不能守,不能断。"(程颢、程颐,2000:218)诸如此类,举不胜举。

至于禅宗心法强调(悲智)定慧双修,内丹心法注重(性命)神炁双炼,不过都是仁智双运之不同翻版。所以,到了宋代性理之学成熟,仁智双运之说也趋向成熟。宋代胡宏在其所著《知言》中说:"静观万物之理,得吾心之悦也易;动处万物之分,得吾心之乐也难。是故仁智合一,然后君子学成。成己,所以成物。"(黄宗羲、全祖望,1982:1368)又曰:"万物皆性所有也,圣人尽性,故无弃物。"(黄宗羲、全祖望,1982:1369)

从科学原理上讲,心法修持的这两大途径,一是应对压力、改善情绪的显诸仁途径(摆脱自发式系统的情绪控制);另一个是提高反思意识能力、超越理性思维的藏诸用途径(超越分析式系统的认知局限)。而仁(通过静虑渐修)智(通过智慧顿悟)双运,可以加强复原力的活性,正是正心(复原心性)的最高途径。美国科学家戴维森就指出:"情绪的运行与认知的运行是无缝融合的,正是通过两者的协作,我们才能驾驭人际关系、日常工作与精神成长给我们带来的挑战。"(戴维森,2014:99)所谓"无缝融合",就是仁与智的体用交融,不可分离。

所以,心法修持主要是修炼自己对情绪与思虑的把控能力,通过相辅相成的仁智双运达到任运自在的境界。因此,如果一定要把错综复杂、丰富多样和风格迥异的历代诸种心法修持途径归纳起来,大致有三种具体的修持类别,而仁智双运便在其中。

(1)静虑正心,其核心是调和情识(或称性情)。主要是通过调和情识来达成积极良好的心态,消除一切不良情绪,可以借助于各种静虑定心法门来渐渐修炼。没有恐怖之心、愤怒之心、忧虑之心和好乐之心,此为正心之态。中庸之道可以致中和,致中和也是衡量明心见性的主要外观指标。高攀龙《静坐吟》第一首曰:"静坐非玄非是禅,须知吾道本天心。直心来自降衷后,浩气观于未发前。但有平常为究竟,更无玄妙可穷研。一朝忽显真头面,方信诚明本自然。"(甄隐,2015:126)可谓得静坐之真义!

(2)苦行发心,其核心是磨炼意志。主要是通过磨炼意志来为明心奠定基础,孔子曰:"先难而后获,可谓仁矣。"(朱熹,1983:89)又云:"岁寒,然后知松柏之后凋也。"(朱熹,1983:115)孟子云:"故天将降大任于斯人也,必先苦其心志,劳其筋骨,饿其体肤,空乏其身,行拂乱其所为,所以动心忍性,曾益其所不能。"(朱熹,1983:348)对治所偏、克治习气,端正操行、涵养道德,正是心法历练的目的。在事上磨得,处世上难处之境、忍世上难忍之事、耐世上难耐之人,困顿处境恰是历练心性的机遇;能够从忧患顿挫中走过,方能见得真切本性。生活磨炼是最好的修行,行常人不能行,忍常人不能忍,不懈地努力于明心,则学问必然有进。

(3)诚意安心,其核心是启迪智慧。安心的关键是诚意,显现自性,不自欺也。《中庸》云:"诚者,天之道也;诚之者,人之道也。诚者不勉而中,不思而得,从容中道,圣人也。"(朱熹,1983:31)又曰:"自诚明,谓之性;自明诚,谓之教。诚则明矣,明则诚矣。"(朱熹,1983:32)主要是通过启迪智慧来达到顿悟道心的境界。理学家们的穷理尽性,顿悟禅法的种种方便法门是诚意悟道的最好途径。而读书穷理、格物致知、朋友讲习、机锋对答、公案参究、棒喝醍醐等都是重要手段。

心法修持的最后目标就是明心见性。所谓明心见性,是仁智契合之象。简言之,就是治心之法便在明心之上,明心然后自能见性。《大学》中的"明明德"、《庄子》中的"莫若以明"、《中庸》中的"自诚明,自明诚",以及禅宗的"明心见性"等,其中的"明"字,便是此意。就上述三种具体方法而言,其中正心是静入,发心是行入,安心是解入。三者相辅相成,从而达成明心见性的境界。

当然,静修也是力行,斋戒以神明其德,可以将其归于行入体悟之中。不过跟理入解悟获得智慧不同,行入体悟主要是以显现仁爱为其主要目标。所以行入体悟与理入解悟是心性显现相辅相成的两个方面。解悟而无体悟则殆,体悟而无解悟则罔,所谓有解有行,然后方能正心证悟。

须要指出,心法修持要达成明心见性之境界,不是一蹴而就的。内心存养之初,要学会舍事,先做减法,等到有了入处,然后便能每临事而不乱。我经常讲,要想内心自在,先要学会舍得。舍,不仅是要舍身外之物欲(惩忿窒欲),更重要的是要舍心内之执念(除妄去昧)。不过舍外易而舍内难,程子就有言:"舍己从人,最为难事。己者我之所有,虽痛舍之,犹惧守己者固而从人者轻也。"(程颢、程颐,2000:155)坚持己见,自以为是,可谓比比皆是,要舍不亦难乎!

总而言之,心法,乃治心之方法,或扩而充之,为内心存养方法,自身涵养功夫,修身养性,明心见性,诚意正心之类的方法。归结起来,修持心法的宗旨就是:悟道见性、任运自在、淑世爱人、平和天下。

注意,心法不是心术(古代"心术"与"心法"同义,这里"心术"取现代词义)。心法求诸己,然后以爱人;心术求诸人,终归则易使。心法主要反映在儒家、释家、道家的学术思想和实践中,而心术则是兵家、名家、纵横家、法家等治人之术。心法的目标主要是道德修养,达到内圣外王的境界。内圣:格物致知、诚意正心、任运自在;外王:淑世爱人、齐家治国、平和天下。可见,凡有志向者,心法修持自当奋勇!

三、对治生活时弊

众所周知,人生苦短,无常难免。因此,在生活中获得健康幸福,一直是人们孜孜追求的人生目标。但事实上,我们的现实生活并不健康幸福,倒常常是病痛、烦恼和困苦,缠绕着身心,让人难以释怀。于是,现实生活中的许多民众,不但无缘于健康幸福生活,而且越来越将健康心态视为稀缺之物。如此可见,当今社会,心性修炼已经到了刻不容缓的地步。而在古代中国最占优势的修身养性方法,却正是可以用来医治当代社会精神问题最有效的良药!

偶然读到网上一篇叫《九个丧青年的口述》采访录,很受触动。居然在大城市的现实生活中,特别是物质条件高度发达的现实社会中,有那么多的年轻人却生活得很"丧"!所谓"丧",不过就是面对急速发展的社会,面对无处无时不在的就业压力,充满环境风险、情感危机的风险社会,所表现出来的无力感、无助感以及无奈感。一句话,就是像歌词里所唱"感觉身体被掏空"的那种内在感受。

导致"感觉身体被掏空"的原因很多,但有一个最重要的原因就是名利的驱动:在物化的、名利驱动的社会里,人们变成了会百般计较的行尸走肉。《西游记》里说:"见世人都是为名为利之徒,更无一个为身命者。"(吴承恩,1991:9)看看现实社会,确实是非常警醒之语!凡人有升官发财之事,无不奉承祝贺;凡人去修身养性之处,反倒嘲笑讥讽!无怪乎,佛经说是颠倒梦想！

对此状况，吕洞宾在《指玄篇》自序中一针见血指出："不料世之迷徒，只知恶死，不肯求生；不悟玄机，殊昧妙理，反生谤毁。或有执着而怀邪妄者，或服金石草者，种种痴迷，入于迷境，及至老死，犹不知悔，深可惜也。"（吕洞宾，2009：123）无独有偶，记得《延陵君修养大略》中也云："夫人临终而始惜身，罪定而思迁善，病成方切于药，天网已挂，胡可追耶？"（张君房，2003：1295）可叹世人迷途难返，竞名奔利无有片刻安宁！

就拿身体健康来说，人们往往是疾病临头时，才开始关注健康；往往是死神降临时，才祈祷天地神佑。其实，长期压力、心身疲惫，才是众多疾病的根源。此时唯有改变自己的生活方式，才会有助于杜绝疲惫，获得健康身体；唯有开展有效的心法修持，才会有助于压力释放，获得美好心情。因此，通过修身养性来改善心理品质，不但可以提高生活质量，而且可以延年益寿。这样身健心悦，才能走上健康幸福之路。

遗憾的是，一些愚昧无知的民众甚至以为能够靠神奇药品或食物吃出健康，这跟古代炼外丹求长生一样，非但无效，而且还会有负面影响！了解科学养生，保持良好的心态，起居有常、饮食有节、适度锻炼、避免过度劳累，才是长久之道。记住，健康养生以养成良好的心态最为重要，所谓百病从心生，治病先治心。长寿的因素基本跟基因无关，而是与阻止压力效应的各种方法有关，特别是诸种心法修持途径。

所以要修身养性，用中华心法修炼自己，才能真正做到健康快乐地生活！中国古代有不少行之有效的对治心态的方法（所谓心法），现代脑科学研究也表明诸如静虑正念，有助于提高心理品质，这些才是健康长寿的保证。心性修养的主要效果：(1)提高工作效率，包括提升专注力、记忆力和创造力；(2)强化幸福体验，包括去烦恼、除杂念、正心态；(3)提升思想境界，包括增强自我感、自信心和亲和力。可惜大多数人不是忽视，就是疏于修炼，或是无人引导，难得正法！

随着社会竞争的日趋激烈和物质资源的急速丰富，民众往往面临着较大的精神压力，心灵上会存在较多困扰与疑虑，心态上很容易变得浮躁不安。如何在这样一个瞬息万变、纷扰喧嚣的社会中处变不惊，保持内心的平和安定，并不断提升自己的专注力、意志力和情绪控制力，成为当下很多人寻觅求索的问题。

特别是,在现实生活中,作为一个心智健全的人,烦恼是难免的。美国科学家道伊奇在《重塑大脑,重塑人生》一书中指出:"每个人都有烦恼,因为我们是智慧的动物,所以才会担忧。智慧的本质就是预测,它使我们能够做计划、定策略、有想象力、敢梦想、可以形成假设,同时也使我们担忧,预测坏的事情要发生。"(道伊奇,2015:184)

当然,如果听凭本能情欲与名利妄念驱动而不加制止,那么我们就与禽兽无别了。明代心学大师陈献章曾经写过一篇《禽兽说》,其曰:"人具七尺之躯,除了此心此理,便无可贵。浑是一包脓血,一大块骨头,饥能食,渴能饮,能着衣服,能行淫欲,贫贱而思富贵,富贵而贪权势,忿而争,忧而悲,穷则滥,乐则淫,凡百所为,一信血气,老死而后已,则命之曰禽兽可也。"(陈献章,1987:61)

更为严重的是,我们知道,大多数人往往都有水涨船高式的欲望。对此陆象山就有清醒的认识。《象山语录》说:"大概人之通病,在于居茅茨则慕栋宇,衣敝衣则慕华好,食粗粝则慕甘肥,此乃世人之通病。"(陆九渊、王阳明,2000:29)

确实,在我们这个社会中并不缺少物质需求的满足,而是缺少"此心此理"。巧合的是,2017年美国《华盛顿邮报》评选出的十大奢侈品,竟然无一与物质享受有关。这十大奢侈品是:(1)生命的觉悟与开悟;(2)一颗自由、喜悦与充满爱的心;(3)走遍天下的气魄;(4)回归自然;(5)安稳而平和的睡眠;(6)享受真正属于自己的空间与时间;(7)彼此深爱的灵魂伴侣;(8)任何时候都有真正懂你的人;(9)身体健康,内心富有;(10)能感染并点燃他人的希望。

是啊,扒掉光鲜的城市外表,在丰衣足食富足的物质生活背后,我们到底缺什么?缺的是仁爱之心、慈悲为怀,缺的是智慧之心、道法自然!那么如何才能够消解这种人生困境呢?又如何才能唤起人们朝气蓬勃的生活热情,培养积极乐观的人生态度、敢于挑战的人生信念呢?超脱心中所欠缺是要有随遇而安的功底,逃避不是,也不可能是通往平和充实心境的途径。还是那句经典之语:心无所住而生其心,才是根本。显诸仁,藏诸用,才是途径!最重要的是要扫除心中的物欲污垢,然后心性才能显现,而获得幸福生活!

诚然,生活中人们难免会有诸多不正之心,如忿怒、恐惧、好乐、忧虑等;甚至用清代学者唐甄在《格定篇》中的话来说,则是:"心有十疾:尊则亢,卑则委,富则骄,贫则隘,乐则散,忧则结,平则懦,怒则溃,恶则狠,爱则溺。此十疾者,勿易言之。除之能尽,可以平天下;有一不除,不可以行于妻孥;尽除之,圣人不能有加;渐除之,幼学亦可以勉而行也。"(唐甄,1984:175)此处所列"心有十疾",值得细细品味,人们心中之疾,为什么难以化解?自当时时省察涵养,迁善改过。久之,自然心正!

因此,如何解救时病,唯有心法修持。对治自身薄弱之处,越是不敢面对的、越是想逃避的、越是行之不足的,越是要去克己行之。能够战胜自己,才能真正洗心革面!通智达仁的心法修持,能够提高人们的心理品质,更好地应对复杂环境,从而改善生活质量、走出人生困境。心法修持从根本上就是修正自己的不良行为习惯,转变自己的不良思维习惯,然后可以无将迎,真正去除一切不良心态,健康幸福生活!

至于具体的修行方法,中国古代文化中确实积累了众多的方法,当然往往鱼目混珠、良莠不齐,需要加以甄别而后方可运用。现在一些有一定身份、地位和财产的"富""贵"之人,都喜欢花大钱参加一些所谓的"国学班""辟谷班""道术班"等,听一些有关四书五经歪解(伪经学)、帝王将相传奇(俗史论)、诸子百家异端(野路子),甚至风水算命之类的讲座,不加甄别,照本全收,无非就像买了一些假古董回来,附庸一下风雅、装点一下门面、填补一下空虚,非但全无实际效验,甚至还会荼毒人心。

要明白,比起暂时的心灵安宁,或者寄希望找到一片净土屏蔽外在的干扰,更重要的是掌握让心灵获得安宁的有效方法。面对纷繁喧嚣的尘世,我们如何才能够达到不将不迎之境界呢?这就需要修养功夫和有效的心法手段。

明代学者许孚远在《原学篇》中指出:"学则智,不学则愚;学则治,不学则乱。自古圣贤盛德大业,未有不由学而成者也。……故学以尽性为极,以孔子为宗。若射之有的,发而必中,若川之归海,不至于已矣,夫然后可以语学。"(黄宗羲,1986:977)"学不贵谈说,而贵躬行;不尚知解,而尚体验。"(黄宗羲,1986:978)这些话语,都为我们生活修持指明了方向。

第一章 引 论

至于心法修持的原则,则有王阳明在《论人君之心惟在所养》一文中所指出的中肯之语:"人君之心,顾其所以养之者何如耳?养之以善,则进于高明,而心日以智;养之以恶,则流于污下,而心日以愚;故夫人君之所以养其心者,不可以不慎也。"(王阳明,1996:936)具体来说,可以针对惩忿窒欲和除妄去昧两个方面来分别加以心法修持。

生活中难免产生负面情绪,要么恐惧、焦虑、抑郁,要么忿怒、瞋恨、愤世,要么沉迷、堕落、暴弃,其中又以忿怒为甚,总归是空心之症。心性不明,已经成为这个时代的普遍现象。生活又难免会被情欲所拖累,如何才能保持一颗平常心?那就要学会惩忿窒欲之心性修持方法,首推一个"忍"字。陈献章著有《忍字赞》曰:"七情之发,惟怒为遽。众逆之加,惟忍为是。绝情实难,处逆非易。当怒火炎,以忍水制。忍之又忍,愈忍愈励。过一百忍,为张公艺。不乱大谋,其乃有济。如其不忍,倾败立至。"(陈献章,1987:81-82)

当然对于忿欲之心,光忍还不够,在繁忙的生活中,人们当学会涵养功夫,心静安然,方能悠然自得。一方面如吕祖谦所言:"此心之惑初解,不必汲汲驱迫,但顺而治之,自然来复。然亦非任之,如枯木死灰。其不息之诚,原未尝顷刻停滞也。"(黄宗羲、全祖望,1982:1655)另一方面又如吕祖谦所言:"大凡人之为学,最当于矫揉气质上做工夫。如懦者当强,急者当缓,视其偏而用力。"(黄宗羲、全祖望,1982:1663)

涵养功夫的关键在持敬主一。所谓主一,凡事都要专心致志。所以王阳明强调"主一之功"具体便在"惟精惟一"之上。对此,王阳明在《传习录》中说:"惟一是惟精主意,惟精是惟一功夫,非惟精之外复有惟一也。……博学、审问、慎思、明辨、笃行者,皆所以为惟精而求惟一也。"(陆九渊、王阳明,2000:180)

这样,便可如吕祖谦所言的那样:"持养之久,则气渐和。气和,则温裕婉顺,望之者意消忿解而无招咈取怒之患矣。体察之久,则理渐明。理明,则讽导详款,听之者心喻虑移而无起争见却之患矣。更须参观物理,深察人情,以试验学力。若有窒碍龃龉,即求病源所在而锄去之。"(黄宗羲、全祖望,1982:1673)

对于心法修持而言,惩忿窒欲为易而除妄去昧为难。在现实生活中,人们也难免不被各种错误的观念所影响,甚至迷信或执着各种歪理邪说。其实,那种有己意见"议论好胜",不过好名而已,故王阳明一针见血指出:"为学大病在好名。"(王守仁,1996:32)可不慎乎!此时,要锻炼出一颗智慧的心,就要学会除妄去味的心法修持方法。

比如一个"傲"便是妄念,因此最难克除,需要用"谦"来对治。王阳明在《书正宪扇》中说:"今人病痛,大段只是傲。千罪百恶,皆从傲上来。傲则自高自是,不肯屈下人。故为子而傲,必不能孝;为弟而傲,必不能弟;为臣而傲,必不能忠。象之不仁,丹朱之不肖,皆只是一'傲'字,便结果了一生,做个极恶大罪的人,更无解救得处。汝曹为学,先要除此病根,方才有地步可进。'傲'之反为'谦'。'谦'字便是对症之药。非但是外貌卑逊,须是中心恭敬,撙节退让,常见自己不是,真能虚己受人。"(王守仁,1996:911-912)

因此,据《传习录拾遗》记载,尝闻王阳明先生曰:"学问最怕有意见的人,只患闻见不多。良知闻见益多,覆蔽益重。反不曾读书的人,更容易与他说得。"(王守仁,1996:1135)在《书石川卷》中甚至说道:"议论好胜,亦是今时学者大病。今学者于道,如管中窥天,少有所见,即自足自是,傲然居之不疑。与人言论,不待其辞之终而已先怀轻忽非笑之意,訑訑之声音颜色,拒人于千里之外。"(王守仁,1996:901-902)其实功夫深浅,不在议论言说,王阳明在《传习录》下篇中说:"用功到精处,愈着不得言语,说理愈难。若着意在精微上,全体功夫反蔽泥了。"(陆九渊、王阳明,2000:288)

人皆有蒙蔽,蔽解惑去,方能洞然。但蔽于物欲易解,蔽于意见难解,唯靠智慧解之。唤醒民众智慧的方法无非就是:平时应谦卑自牧、清心寡欲、顺其自然;凡事要从容不迫、为而不争、厚积薄发;遭厄则静虑减压、笑对坎坷、事过释然;与人当坦诚相见、率性而为、心镜空明。对此吕祖谦说:"日用间不须着意,要坐即坐,要立即立,凡事如常,便是完养。若有意,则是添一重公案矣。觉有忿戾,始须消平;觉有凝滞,始须开豁;病至则服药,不必预安排也。涵泳义理,本所以完养思虑。正恐旧疾易作,自涵泳而入于研索,自研索而入于执着,或反为累。"(黄宗羲、全祖望,1982:1670)因此,从容中道,既不可以防检,也不可研索,而当涵泳完养心性,久而久之,自然有平和气象,而可以达心性空明之境。

其实无论何时,惩忿窒欲、除妄去昧,通过仁智双运,都能达到心性空明之境,获得心灵的内在安宁。治心之妙道正法,往往难以言表,特别是无为之法,秘密认知,不可思议,但以默识可矣。世事本无是非,是非源于自心,心存善念,则人与事无不善也。无将迎,则自然不动气,心便不生恶意。这就是中华心法之所以能够除妄去昧的根本原因!

坚持长期的心法修持,就可以明显改善心理品质,不但可以快乐幸福,而且可以延年益寿。须知,我们的大脑是可塑的,任何时候都可以通过心法修持来修正完善。正如美国科学家雅顿所指出的:"由于你的大脑不是'硬连接',而是真真正正的'软连接',所以你的人生经历在如何培养你的天性方面发挥了重要作用。"(雅顿,2011:5)因此,如果你在人生经历中能够保持经常性的心法修持,你的心性自然会达到预期的美好效果。

需要记住的是:"我们生来就会受到诱惑,也能抵制诱惑。人类生来就能够感觉到压力、恐惧或失控,但同时也能让自己平静下来,能掌控自己的选择。自控力的关键就是理解这些不同的自我,而不是从根本上改变我们自己。在追求自控的过程中,罪恶感、压力和羞愧是我们通常用来对付自己的武器,但都不起作用。自控力最强的人不是从与自我的较量中获得自控,而是学会了如何接受相互冲突的自我,并将这些自我融为一体。"(麦格尼格尔,2013:246)其中道出的便是心法之要:这最后的融为一体的自我,就是中华心法所要达成的人之本善之性,无善无恶,是各种自我表现的统一性。

所以,中华心法修持,如同意志力控制问题一样,就是要抑制不良心理状态的发生,运用仁智双运之法,去除不正之心。所谓明心见性,心若安宁,精彩自显,就如花若盛开,蜂蝶自来一样,人生的精彩源自内心的安静从容!

第二节 科学治心原理

在现代科学理论之中,物理科学(量子论和相对论)、生命科学(进化论和遗传学)以及心智科学(心理学和脑科学),及其延伸所取得的科学成就,对我们的世界观、价值观和人生观,产生了巨大的影响。正因为此,学者们往往也称我们现在正处在一个科学主导的时代。那么,在这样一个科学主导的时代里,我们如何充分利用日益成熟的科学学说,来指导人们的健康幸福生活呢?

一、摆脱基因控制

根据现代科学理论,我们已经知道,导致我们人生不幸的原因,可以归结为人们难以摆脱基因和模因的控制。也就是说,是寄宿在我们体内的基因,控制着我们的繁衍生息,而寄宿在我们脑内的模因,又左右着我们的思想行为!正是这些复制子(基因和模因均有繁衍复制自身的功能,所以也常常统称为复制子),为了维护它们的繁衍利益而不惜牺牲或损害我们人类个体健康幸福的利益,使得人们经常陷入人生困顿之中。

这里,有关自私基因的论述(道金斯,1998),已经众所周知,无须解释,需要解释的是模因这个概念。模因是指文化基因,代表思想、观念、行为的基本单位。它们以人类个体为载体,寄住在人们的大脑中,并通过各种媒介传播复制,可以从一个大脑进入另一个大脑,以影响他人的心理状态。这样,除了基因直接控制的(肉体本能)自发式反应,在许多情况下,人类个体的思想与行为,实际上都是被模因所左右的。

人生之所以悲惨,主要是因为存在如下三个可怕的事实:(1)大脑中并没有一个能够意识到一切在进行,也能控制一切的"我"的存在。"我们所体验到的'我',仅仅是监控式地注意系统的内部感受,而它事实上分布在整个大脑中,而且尝试着优化使用和安排自发式系统的输出,而这些操作通常并不产生意识体验。"(斯坦诺维奇,2015:275)所谓自我意识,只是内省反思意识,而不是对"自我"的意识,这一点已经为我们的监控人思想实验所证实[①]。(2)构建我们大脑的实体,并不专门想要实现对我们有好处的目标,而是为了基因繁衍目标而设定的。(3)大脑中还存在一种复制

[①] Shuo Chen, Changle Zhou, Jing Li, Hua Peng, Asynchronous Introspection Theory: The Underpinnings of Phenomenal Consciousness in Temporal Illusion, *Minds and Machines*, Vol. 27, No. 2(June 2017), pp. 315-330.

第一章 引论

子模因，虽然来自监控自发式系统的分析式系统，但同样也并非专为我们的长远利益而侵入大脑的，除非通过反思评估加以过滤。

更可怕的是，上述所罗列的三个事实，还会相互关联，发挥叠加效应，结果便可以导致悲惨的人生。因此，为了摆脱这些复制子的控制和束缚，我们必须采取有效的策略和方法，来保障我们人类个体长远利益的最大化，而这便是修身养性之心法存在及其能够发挥积极作用的意义所在。

作为生物个体，我们不过是我们的基因不断复制自身的临时载体。从基因的角度看，个体不过是基因自我繁衍的载体，自我复制是基因唯一的目的，个体福祉不过也是为了这一目的的附带结果，以便更加有利于基因的复制达成，个体与基因各自的利益并不完全重叠。

有时，基因为了确保其自身利益的实现，尽可能多地复制自身，哪怕牺牲载体，它们也在所不惜。正如斯坦诺维奇所说的："许多动物被设计成这种模式：它们为了传递基因宁可牺牲自己。"（斯坦诺维奇，2015：22）只是对于大多数生物，根本没有自我反思能力，对此毫无知晓，任凭基因的摆弄。

为了维护基因的利益，基因在所寄宿的载体上设定了强约束的遗传控制机制，其主要执行机构就是我们的情欲脑，通过一套受制于基因操控的自发式系统，通过即时性的条件反应来提供维护基因利益的保障。好在随着物种进化的不断复杂性，即时性的条件反应达到了极限，基因同时也在人类大脑中形成了高级的理智脑，前额叶得到了充分扩大，有了其他动物不具备的新功能，就是可以控制我们所思所想，从而能够更自觉地控制我们的行为。于是，人类发展出了弱约束的慢速分析思考机制，建立了一套分析式控制系统。

当然，这套系统原本也是为了维护基因利益而设置的，但出于应对不可预料复杂处境的需要，基因赋予了这套系统灵活处置能力，于是把决策权交给了根据环境灵活行使应对策略的大脑新皮层，并且发达到足够复杂程度而产生了自我反思意识结果。这样，人类载体便可以或多或少地利用所提供的反思理性，来摆脱基因的控制而维护载体自身的利益，这便是我们人类所拥有的独特优势。

从进化发生学的角度看，确实可以将整个人脑划分为内脑（俗称情欲脑)和外脑(俗称理智脑)两个相对互补的部分。内脑属于旧皮层,包括爬行动物之脑的脑干和古哺乳动物之脑的边缘系统。外脑则属于新皮层,主要是指灵长类发达的大脑皮层以及人类得到进一步高度进化的颞叶和前额叶皮层组织。

从生存意义上看,脑干支配生命代谢等维持生存和繁衍的基本功能,边缘系统支配情绪和记忆等调节功能,情欲脑与人类的一些情感、食色天性等本能活动密切关联,支配情欲的核心脑区主要是杏仁核。而大脑新皮层是高级认知加工活动的中枢,是人类高级理智活动的神经中枢,其理智发生的主控脑区主要是前额皮层。因此,从内脑到外脑,生存策略是逐渐向高级方向进化的。

比较理想的人脑活动状况应该是两者互根、互惠、互助而维持脑平衡。但在生活中由于内部冲动或外部刺激,情欲与理智的脑平衡会被打破,结果就造成了行为失范。应该清楚,情欲脑与理智脑相互关系,就像"一阴一阳之谓道"一样,只有相互和谐平衡,才能带来健康智慧的整个脑。因此,只有当理智脑(以前额叶为核心的新皮层)与情欲脑(以杏仁核为核心的旧皮层)之间的竞争和协调达到平衡,才是理想状态。

打破平衡的威胁首先来自基因的操控。正如斯坦诺维奇指出的:"我们的自主性受基因威胁。这是因为,基因在我们大脑中建立了一套自发式系统,这套系统受到基因的有力控制(通过原始情欲脑)。然而,基因同时也在我们大脑中建立了一套分析式控制系统,这套系统或多或少地指向工具理性(通过后发理智脑),用以实现人类自身的目标。"(斯坦诺维奇,2015:21)

从生物进化的角度看,物种越低级,基因的支配就越直接而紧密,只是随着高级皮层自觉意识的出现,生命个体本身的自觉意识逐步开始摆脱基因的控制成为可能。但由于人脑是进化发展而来,因而形成了进化发生较早的情欲脑与进化发生较晚的理智脑相互依存的双脑处理过程,即快速的自发式系统与慢速的分析式系统。

需要特别指出的是,在快速的自发式系统处理过程中,主要是由情欲脑驱动的,属于我们下意识做出的条件反应,几乎没有任何觉知反思的可能。这样的条件反应,往往被我们的本能欲望所操纵,是建立在强约束的遗传控制机制之上的。而在慢速的分析式系统处理过程中,主要是由理智脑驱动的,起作用的是灵活的弱约束机制,属于我们有意识做出的理智分析,具有明显觉知反思机制的参与。经过理智反思的行为反应,则往往能够摆脱本能欲望的控制,更好地维护人类个体长远的利益。

如果从基因与个体利益维护的角度看,快速条件反应更多是维护基因本身繁衍的利益,或者是在基因利益、共同利益和个体利益的比例中,个体利益的比重只占很小的部分;与此正好相反,慢速理智反思更多是维护个体自身福祉的利益,或者是在基因利益、共同利益和个体利益的比例中,大大压缩了基因的利益,使得个体利益的比重占据很大的部分。

美国语言学家平克指出:"(自发式系统)被设计出来,是为了复制建造它们的基因,而不是为了促进幸福、智慧或道德价值。"[1]但斯坦诺维奇却指出:"作为载体的人类,破天荒地意识到一个惊人事实:要是符合自身的利益,基因将总是牺牲载体。人类独一无二,他们有能力面对这种令人震惊的事实。而且,他们还会借此激励自己,设计出一套独特的认知变革方案。"(斯坦诺维奇,2015:17-18)应该说,中华传统文化中的各种内心存养方法,就是这样的认知变革方案,可以维护人类个体利益的最大化,有的甚至还要求出家独身修炼,杜绝基因繁衍自身的根本利益。

通常情况下,载体的利益与其基因的利益保持一致;但在有些情况下,载体的利益与基因的利益并非一致,而是有原则性的冲突。比如垃圾基因、衰老、杂合子优势、性选择、亲缘选择、分离畸变,以及有性生殖等,对人类个体长寿而言,就谈不上半点利益。因此,若要长寿,就要与基因诱发的不良行为(贪吃甜食、喜食烟酒、生老病死等)作抗争,特别是《大学》指出的忿懥、恐惧、忧患、好乐四种不正之心,与不良情绪的固有倾向作斗争,达成"喜怒哀乐皆中节",来维持载体自身健康长寿的根本利益。

因此,正是人类有了反思觉知能力,能够自觉意识区分基因与载体的利益,我们才能摆脱基因的奴役,使得人们获得人格主体的自主性,而不是牺牲载体个体福祉,去实现自私复制子的繁衍利益。

---

[1] Pinker, S., *How the Mind Works*, New York: Norton, 1997, p.370.

所以,我们应该运用分析式系统,把心法"软件"安装在大脑中,让自己具备建立在反思意识能力之上的悟识思维倾向,来更好地维护人类个体自身的福祉!比如,惩忿窒欲的心法理念,就是要使个体摆脱基因通过快速条件反应性情欲脑的控制。也就是说,人们可以通过修身养性,来维护人类载体利益的最大化,而不再盲从基因自私的操控!心法修持的第一要务就是要抑制情欲脑的冲动,使我们成为自己真正的主人,而不是听从基因支配下情欲脑的控制,做情欲的奴隶。

二、挣脱模因操纵

不过,除了基因的在线式的控制外,我们人类个体,还生活在一个无处不在、无时不有的特定文化环境之中,我们的理智脑还会无时无刻受到各种思想观念的影响,并支配着我们的行动。也就是说,人类个体,不仅仅是基因的载体,还是各种文化观念(模因)的载体。因此,载体分析式理智系统的运用也会遭遇新的困扰,这就是不当文化模因的误导。所以,除了要摆脱基因的控制,人们还需要不断破除习惯性模因观念的固化思维,比如以名利物欲为导向的思维模式,挣脱对有碍于实现个体福祉的那些不良模因的盲从,这样才能真正走上健康幸福之路。

通过理性,特别是反思理性,我们无疑可以努力惩忿窒欲,去摆脱基因情欲导向性的控制。但是在现实生活中,如果信仰观念出了偏差,势必会出了狼窝又进了虎穴,我们还会陷入不良模因的操纵。正如斯坦诺维奇所说的:"因此,通过控制他们的分析式系统,通过发展覆盖能力(当自发式系统跟分析式系统打架时),人类就能逃出自私的基因的魔爪。……但是,我们依然还未走出可怕的丛林。因为,我们忘了一个重要问题:分析式系统的学习约束目标来自哪里?"(斯坦诺维奇,2015:188-189)那么,人们又如何摆脱理性思维局限性所带来的不良模因束缚呢?也即如何摆脱来自第二复制子,也就是文化思想观念,即文化基因的束缚呢?

约翰·鲍尔对此就指出:"我们的大脑被基因构造出来。(可以说)是为了维系基因永垂不朽的单一目的。其实,这些大脑中还充斥着同样追求自身不朽这一单一目的的模因。就算我们了解这些发现,它能增加我们对人类行为的深刻理解吗?"[1]应该说,模因跟基因一样,也同样具有自我繁衍传播的特性,通过一个寄主传播影响其他寄主。"我倾向于认为,模因是一种大脑的控制或信息状态,当它被复制到另一个大脑中时,就可能引发全新的行为或思想。当因果来源上相似的控制状态,在副本的大脑主机上重复时,模因复制过程就发生了。"(斯坦诺维奇,2015:189)

所谓洗脑,就是通过一组模因来控制他人的大脑状态,使得他人处于被模因操控的心理状态。"信念 X 能在人群中传播,因为它是一个优秀复制子:它善于获得寄主。模因论让我们把目标投向作为复制子的信念的属性,而不是获得这些信念的人的属性。"(斯坦诺维奇,2015:191)

模因之所以可以广泛传播,主要是其具备如下特点:(1)有效传播的模因是因为其对人们有用;(2)传播广泛的模因符合人们特定的遗传进化需要;(3)有些模因的持久存在是因其有助于基因复制;(4)模因存在且传播,是因为其具有自我延续的特性:传教策略、自保策略、说服策略、敌对策略、搭车策略、模拟策略等。

文化模因同生物基因一样,也分为维护基因利益和载体利益两大倾向类别。从维护个体利益的角度看,有些模因是有益的,但有些模因对我们没有好处,甚至比基因更可怕,比如有些模因可以让人产生自杀念头而终止生命。在我们的日常生活中,像心灵鸡汤、宗教神通、特异功能等等之类的观念或信念,都属于对获得幸福生活毫无益处的垃圾模因。应该说,在我们的日常生活中,这样的垃圾模因,充斥在互联网、手机、报刊电视等一切信息传播的媒介中,却为人们所津津乐道,广为传播,腐蚀着人们的心灵。

如果进一步考虑到不良模因的作用控制,光靠狭义理性是不够的,还需要进一步的广义理性能力,即秘密认知能力,这便是载体反抗复制子的决定性武器!因此,要摆脱基因利益代理者——不良模因——的奴役,就必须充分动用基于理智脑的自我觉知意识能力,甚至悟识能力。因为,理性思维同时也会引入不良模因来愚弄载体,只有反思性的高阶理性思

---

[1] Ball, J. A., Memes as Replicators, *Ethology and Sociobiology* 5:145-161, 1984, p.146.

维——即悟识意识,才能摆脱复制子代理者的控制。

因此,在人们分析式控制系统中更为重要的是具有自我反思意识的广义理性(反观性批判性思维),它为我们清除不当模因提供了强有力的工具。也就是说,为了维护人类幸福生活的利益,需要人们自我反观意识的悟识能力,来破除内心种种模因的束缚,才能获得自我觉醒而达成自在之境。而这其中最有效的具体途径,就是中华传统心法文化中的种种智慧修炼方法。

"因此,很多理论家提出,要是经过反思,我们宁愿取消某个欲望而不是实现它,那么它就是非理性欲望。其他理论家则提出,矛盾的欲望或建立在错误信念之上的欲望,也是非理性的。最后,可以认为,如果目标的预期效用跟它们被实现时的效用不一致,追求这样的目标也是一种非理性的标志。我们需要这些评估欲望的标准,否则,我们的行动就不能很好地为载体的目标服务。"(斯坦诺维奇,2015:97)

鉴别垃圾模因的法宝就是"可证伪性",揭穿这些垃圾模因并不真正服务于我们的人生目标,而仅仅是为了自己复制繁衍。那些不可证伪的模因,是指找不到任何证据来反驳的模因,从而也就让人感到没有任何理由放弃这样的信念。比如心灵鸡汤、宗教神通、特异功能等之类的箴言、观念或信念,就属于此类垃圾模因。由于不允许接受任何检验,不可证伪的模因无助于揭示或解释这个世界运行法则或根本规律,其对拥有者没有任何益处,甚至有害,但却难以被察觉。"在某种意义上,自私的模因甚至可能比自私的基因更可怕,对人类的危害也更大。……为了确保是我们控制自己的模因,而不是自己的模因控制我们(转物而不是被物转),我们需要很多知识工具(需要大智慧),比如可证伪性标准,无混淆地检验假设,以及偏好一致性检测,这样才能把'垃圾'从我们信念和欲望的意图心理系统中给清理掉。"(斯坦诺维奇,2015:195)

着迷于某种理论、箴言、邪说,甚至心灵鸡汤,常常使人沉浸其中而难以自拔,这就是为什么知识分子往往更难彻底觉悟的原因:被各种"观念"所转而不是自如地转"观念",这里的"观念"就是形形色色、貌似真理的模因!"不过要留意,模因评估的观点中含有一种恶魔般的递归性。科学和理性思维本身,就是模因丛,就是协同适应的一套连锁模因。"(斯坦诺维奇,2015:195)因此,唯有顿悟心法,才能够彻底跳出这一怪圈,摆脱一切模因的控制,甚至法执本身的奴役(包括企图摆脱模因控制这一模因本身,真正成为自己的主人,明心见性)。

一般模因可以划分为通过反思获得的和未经过反思获得的两种。经过反思获得的模因源于自我反思认识的结果,而未经过反思接受的模因就会成为盲从和迷信的内容。两者的根本区别就在于自我本性的认识体悟,可以通过明心见性获得根本心性显现来达成。这意味着,要摆脱模因控制,比摆脱基因控制,需要的分析式系统功能层级更高。因为分析式系统的目的也可能为某个模因的局部利益服务,而不是为了载体的整体长久利益服务。应该指出,凡是盲目迷信,都是使人丧失控制权的模因在作祟。因此,摆脱模因控制,人们必须学会自信自立,养成反思意识的批判精神,做自己的主人。

从某种意义上讲,执着不懈地宣传一套模因丛,都有被模因操纵的可能;凡是做不到"无所住而生其心"的,都是被洗脑了。必须要培养批判性思维能力,否则就不能有效抵制洗脑。人类面对无常人生和不确定的世界,真正彻底的慰藉方法,就是中华传统的心法途径,舍此无他!因为中华心法的核心思想,就是唤起人们的大智慧,即所谓的广义理性,而不仅仅是停留在工具理性的认知能力层面上。

需要注意的是:"进化适应代表复制子目标的最优化,而工具理性代表载体目标的最优化。"(斯坦诺维奇,2015:130)两者的相互协调超越,就是体现广义理性精神的传统中华心法所希望达到的目标:道法自然,无住生心。其中,分析式系统的覆盖将对个人福祉的追求越来越显得重要,特别是那种具有自反映能力的反思意识所拥有的悟识式系统,在获得幸福人生的过程中,显得尤为重要。

通过评估后运用工具理性的反思批判悟识意识,就是所谓的广义理性。人们保存在大脑之中的生活目标,包括自发式系统的强约束目标,未经反思而获得的模因,以及通过反思而获得的模因。因此,除了通过工具理性选择性覆盖自发欲望之外,必须通过反思来获得信念和欲望,这就是广义理性所要起的作用。通过批判反思获得的信念是正信,否则就是迷信和盲信;通过反思获得的欲望是需求,否则就是纵欲。更重要的是,人类具有元表征能力，使得高阶评估和反思批判成为可能。

如上所说，理性能力有狭义理性能力和广义理性能力，前者确保个体行事正确，尽量达成自身利益的最大化；后者确保个体正心正行，拥有悟识反思批判意识，突破理性思维本身的局限性，实现个体的精神自由，任运自在。所谓破身中忿欲易，破心中观念难！正是这悟识反思批判意识，才是心法所要达到的最高境界。

要知道，人类自发式系统往往会产生认知上的计算偏差，不仅仅倾向于自动接受命题，而且也倾向于自动接受给定的语境。斯坦诺维奇给出的四种相互关联的偏差包括：(1)人们倾向于使用尽可能多的、容易获得的先验知识，把问题语境化；(2)人们倾向于把问题人际化，即使在人际线索很少的情况下；(3)人们倾向于看到有意地设计和类型，即使在缺乏有意设计和类型的情况下；(4)人们倾向于使用某种固定思维的叙述模式。(斯坦诺维奇，2015：121)

因此，要区分(智力)"聪明"与(理性)"智慧"，它们涉及大脑层级控制系统的不同层次。理性智慧是意图水平的倾向思维，更多是分析式系统的变通能力；而智力聪明是算法水平的计算能力，是为执行自发式系统任务服务的。有智慧的人一定聪明，但聪明的人不一定有智慧，这就是为什么我们常常发现聪明人有时会干蠢事的原因所在。遗憾的是，社会往往具有评估算法水平而非意图水平的思维倾向。但只有意图水平的广义理性能力，才是能够切实有效提升我们生活质量和幸福指数的。有了这样的广义理性能力，人们就不会一味地盲从自发式系统的支配，也不会受制于狭义分析式系统的误导。所以，心法修持修智慧，就是要提升自身的广义理性认知水平。

自发式系统中意图水平是强约束目标性的，其算法水平是很少有个体差异的；而分析式系统中的意图水平是弱约束目标性的，思维倾向上是有个体差异的，其算法水平在智力上更是具有个体差异。在分析式控制系统中更为重要的是反观批判性思维意识，因为"来自认知和决策科学的自我评估的理性原则，为我们提供了把寄生虫模因连根拔起的工具——这些模因可能隐藏在我们的目标层级中，服务于它们自身的目标，而不是服务于它们寄生于其中的寄主的目标。有人拥有评价性的模因丛，比如

科学、逻辑和决策论。他们因而有这样一种能力,能够造出一种人类自我反思的独特类型。"(斯坦诺维奇,2015:22)

进一步,为了避免陷入二阶模因丛的困境,我们必须运用智慧心法,彻底根除二阶模因丛的危害。为此我们必须落实如下基本准则:(1)要避免接受对身体健康有害的欲望性模因,比如各种邪教教义的洗脑;(2)力争只接受非排他性的欲望性模因,并且遵循应无所住而生其心,所谓致中和;(3)只接受符合天道法则的信念性模因,能够真实地反映世界本来面目,所谓知天道;(4)排除那些不可证伪性模因(比如迷信、盲信、神通之类),去除愚昧妄念,避免陷入迷信、盲信、迷茫的模因丛;(5)务必记住,基于信仰的模因往往拥有抵制反思评估的策略,因此更具有欺骗性,接受时一定加以审视评估,在了解基本教理的前提下,再加以接受。

总之,对治自私复制子的要点就是:对一阶基因欲望进行理性强制评估,对二阶模因信念进行反思批判式评价,构成了元理性评估活动的主要内容,从而摆脱复制子的控制而获得自在!

三、成就自在之境

显然,作为人类社会的每一位成员,无不以追求健康长寿、幸福美好生活为其终极愿望。除了物质丰富的保障外,我们不但希望身体健康,更希望精神愉悦!但事实上,对于大多数人而已,结局往往适得其反,我们的生活往往并不健康幸福!

比如就以健康来说,尽管根据巴丰系数,人类正常寿命一般可以尽终其天年,达到100岁至175岁。但生活中,人们往往为疾病、烦恼、情欲所困,难以自拔,结果不是英年早逝,就是半百而衰,难得长寿。

为了能够长久地健康幸福地生活,历史上人类形成了众多的修身养性方法和途径,并得以流传至今。这些流传至今的心法途径,对于帮助人们健康幸福生活,发挥了积极效果,有些神奇作用甚至令人难以置信。那么这其中的科学原理是什么呢?

美国科学家约翰逊在《心思大开》一书中指出:"大部分的时候我们是自己的主人:内外一致,内心控制着外表的行为。"(约翰逊,2015:5-6)但经常地,我们又会被复制子所控制,难以真正维护我们自身的根本利益:

健康幸福长寿。

我们必须清楚,说到底,人类个体是一个载体,有两个毫无人性的主人,基因和模因,个体要想获得幸福健康的长久生活,就需要跟这两个主人做斗争,造他们的反,来维护个体自身的利益,维护个体长远的福祉。此时就需要心法修持,通过惩忿窒欲、迁善改过和除妄去昧的自觉反思,来摆脱复制子的操纵。

斯坦诺维奇在《机器人叛乱》一书的前言中说:"普遍的达尔文主义有一个令人震惊、叫人不安的洞见:人类是两种复制子(基因和模因)的寄主,而它们不关心人类的利益,(人类)仅仅扮演着复制管道的角色。……本质上,人类就是一架复杂的机器,为基因殖民者服务。"(斯坦诺维奇,2015:20)

这种所谓的"服务"内容,就是人们生活表现出来的过度欲望和错误信念。欲望是通过基因支配的情欲脑而产生,信念是通过模因操纵的理智脑而保存,行为就是在欲望和信念驱动下导致的结果。如果缺少了反思悟识能力,行为决定必然更多地倾向于复制子的利益实现;反之则更多地倾向于载体的利益实现(幸福健康长寿地生活)。

"当然,说到人,情况就完全不同了。基因利益跟载体利益具有分离的可能性。对于作为载体、拥有自我反思能力的人类来说,这种可能性影响深远。"(斯坦诺维奇,2015:16)据此,人们就可以通过修身养性来维护人类载体利益的最大化,而不再盲从复制子自私的操控,使得人类个体更加健康长寿、生活幸福愉悦!

通过强化实践,概念与规则也会进入到自发式系统中,所以还要不断破除模因概念固化系统的掌控,这就是禅法无住生心的常用法门:双遣双非。更应该通过修行,使得自发行为都能成为自觉维护载体利益的合理行为,而克服那些不良的自发式行为输出。此时,就需要智慧心法的参与。这个便是要达成明心见性,彻底获得个体心性的解放。此时,就是需要反观意识的悟识能力(周昌乐,2016:129-139),来破除内心枷锁,才能获得自我觉醒而达成自在之境。因为,只要是他信,都是使个体丧失控制权的模因在作祟。因此,个体必须自信自立,具有反观悟识意识的批判精神,作自己的主人,才能真正摆脱模因的操纵。

依靠反思觉知意识,来克服自发式系统的不当反应,不仅包括强约束目标支配的加工过程,也包括防止不良模因潜入我们的目标结构。所以,一方面要惩忿窒欲、迁善改过,另一方面要除妄去昧、双遣双非,最后才能够明心见性。因此,要学会批判性地看待一切文化思想观念,除去自己头脑中的不良模因(所谓解蔽),把健康符合人生福祉的模因维护起来,正念正思维,实现从此岸到彼岸的顿悟,成为自己的主人,识取自己本性。

显然,更加彻底的评价性模因丛,则无疑就是中华心法,能够使人们彻底从复制子的控制中解放出来。具有悟识能力,这种"心中之心"向上一层的高阶意识能力,构成了人类心智独特的属性,从而将人与其他动物区分开来,所谓"人得其秀而最灵"。低等动物直接为强约束机制所驱使,直接为基因利益服务。而人类具有了弱约束机制,就是可以增加仅为载体利益服务的功效。

"如果我们想要保留自己来之不易的能力,看重载体而不是亚个人实体(指复制子)的目的,那么我们就需要一种元理性。"(斯坦诺维奇,2015:277)这种所谓的元理性(meta-rationality),不是别的,就是悟识能力,或称为悟性思维能力。个体的狭义理性(工具理性)行为会导致群体的非理性结果,唯有悟识能力才能够开展彻底的反思批判思维活动(反思内省评估活动)。因此,狭义理性是一种自私性理性,应当给予超越,而提倡维护整体利益的广义理性(元理性),这就是悟性。而其中真正有效的途径恐怕还得回到中华心法的路数上,即显诸仁,藏诸用。因为片面强调广义理性的作用也会过犹不及的;仁爱的显现,即根植于体验的精神本性的展现,也是不可或缺的。我们需要同时兼顾两者的纠缠作用,才能真正有效获得个体自主式的自在生活。

所以,如果进一步再考虑摆脱复制子的双重控制,在传统中华心法中,往往综合运用仁爱和智慧两种途径,采用仁智双运或悲智双修之方法,以达到"显诸仁,藏诸用"之目的。倡导仁爱精神,主要是对治自私基因主导的物欲横流,通过"惩忿窒欲",来摆脱基因的控制。倡导智慧法门,则是对治模因主导的乱念纷飞,通过"除妄去昧",来摆脱模因的束缚。这样,通过明心见性,跳出一切文化思想观念束缚。所以,仁智双运也就成为彻底摆脱一切复制子控制、实现自在生活境界的根本途径。

当然,修身养性的过程,有如国家经济发展过程一样,稍有不慎,就会掉入中等收入的陷阱而前功尽弃。用科学的话讲,就是进入了局部极大值而难以自拔,非用大智慧通过退火重启,不能解其危。这种状态,就修行而言,其中一个表现就是执迷于一些妙语哲理、神通奇迹、名师高人,此时非顿悟棒喝心法难以破其局。

应该看到,面对不确定的世界,作为复制子载体的人类个体,要维护自身健康幸福的人生,真正彻底的有效途径,要靠传统中华心法,其核心要点,就是获得自我反观的悟识能力(反思评估性的元理性思维能力,或者称高阶理性思维能力)。因此,跳出怪圈,元机制转绎的顿悟法门,才是终极途径。

这样一来,我们也清楚了中国传统文化中有关修身养性学说的可贵之处。必须明白,大脑中自发式系统基础就是情欲脑,而分析式系统基础则是理智脑;摆脱基因自发式情欲的控制,就是利用理智脑的工具理性,需要惩忿窒欲的渐修心法;而超越模因分析式观念的误导,则要利用理智脑与情欲脑纠缠而生的批判性反思思维,需要除妄去昧的顿悟心法。而不管是渐修还是顿悟心法,在中国传统文化宝库中都有无比丰富的积累,皆可为人们健康幸福的生活,提供具体的有效途径。

皮埃尔在《哲学作为一种生活方式》中指出:"所有的心灵修炼从根本上说都是回归自我,自我摆脱那与世隔绝进入的'焦虑'状态。通过这种方式得以解放的'自我',不再只是自我中心和受感情支配的个体,而是有德行的人。"[①]对应到中华心法上来,通过心法修持改善人们的心身健康,大致可以表现在如下三个方面。

(1)思维通达无碍:提升去意向性能力,增强广义理性反思能力,可以摆脱概念分别局限性等不良思维习惯的束缚。

(2)提升心理品质:心法修持有助于缓解生活压力、提高心理品质和戒断不良习惯,包括提高觉察能力,以及提高情绪调整能力。

(3)有助身体康健:百病从心生,治病先治心。心法修持有利于病体

---

① Pierre Hadot, *Philosophy as A Way of Life*, Oxford, UK, and Cambridge, USA Blackwell,1995,pp. 103-104.

康复,长期坚持修炼,甚至还可以达到修身养性、延年益寿和养颜美容之功效。

从心理品质的提升方面讲,心法修持主要是修炼自己对情绪的把控能力,通过仁智双运达到任运自在的境界。所以上述所涉及的心理品质提升极为重要。如果要用脑科学的话讲,心法修持,就是"让你活跃的交感神经系统和让你平静的副交感神经系统之间的平衡使你具有了灵活性。……这些系统与昼夜节律、营养、锻炼、放松和冥想的共同作用,能够帮助你获得平和的心态和积极的精神。"(雅顿,2011:16-17)

应该说,心法修持是一种特殊的教育途径,强调内心存养的人格塑造。孔子说:"性相近也,习相远也。"(朱熹,1982:175)从这个意义上讲,心法修养,就是一种学习,是针对内心存养以提升思想境界的学习,并不以积累知识为目的,而是以心无挂碍为宗旨,通过问道学来达到尊德性。

孔子所说的性相近习相远,按照当代脑科学的结论就是:大脑的原态是相近的,但因为大脑的可塑性,随着时间推移,环境与教养的不同,导致了千差万别的个体表现形态。所以,所谓修身养性,就是利用你可塑性的大脑,来跟原始本能做斗争,通过惩忿窒欲和除妄去昧,让你后天培养的心理素质、思想境界和心性品质,更加无懈可击,从而更加有助于人们健康幸福长寿地生活!

总之,中华心法,才是使人们摆脱复制子(基因和模因)控制的法宝,从而达到幸福健康的自在之境!在中华心法中,行入(仁爱)主要是对治基因主导的情欲诱惑,就是要惩忿窒欲;理入(智慧)主要是对治模因主导的不良观念,就是要除妄去昧。两相结合,则内外明澈,明心见性。因此,新的口号是:倘若我们不想只做自身复制子的生存机器,那么就来心法修行吧,积极主动地追求人生真正的福祉——幸福健康长寿地生活!

第三节　中华心法简史

有记载的中华传统文化,可以追溯到三皇五帝的三坟五典,但对中华民族文化思想产生深厚影响的则要从孔子所谓"述而不作"的"六经"算起。因此,介绍中华心法思想的发展简史,自然也应该从"六经"讲起。但遗憾的是，在"六经"中，跟修身养性有关的主要言论都比较零散，并没有形成自觉的系统思想。所以我们更多还是着眼于从孔子开始的中华心法发展历史的简要介绍。

一、圣道心法缘起

如果一定要摘句罗列，在"六经"中，大概只能找到如下这些言句，与心法内容略有相关了。《尚书·皋陶谟》中的"皋陶曰：都，亦行有九德，亦言其人有德，乃言曰载采采。禹曰：何？皋陶曰：宽而栗、柔而立、愿而恭、乱而敬、扰而毅、直而温、简而廉、刚而塞、强而义，彰厥有常，吉哉。"（蔡沉，1987：16）《尚书·太甲上》中的"兹乃不义，习与性成。"（蔡沉，1987：49）《尚书·泰誓上》中的"惟天地，万物之母；惟人，万物之灵。"（蔡沉，1987：65）《诗经·大雅·烝民》中的"天生烝民，有物有则，民之秉彝，好是懿德。"（朱熹，1987：145）以及《易经》中"坎"卦中卦辞有"习坎：有孚，维心亨，行有尚"（王弼、韩康伯，2009：132）等等之类。

因此，从系统性的角度讲，中华心法思想的源头，当从"六经"之后的孔子学说算起。毫无疑问，就整理最早的文献典章"六经"，开创私塾教育新局面，创立第一个思想学派而言，孔子是中华民族自由学术思想探索的第一人。从这一意义上讲，点亮中华心法思想之光的人，毫无疑问当属孔子。所以宋代学者唐庚（字子西，1069—1120）称赞孔子说"天不生仲尼，万古如长夜"，是对这一论断的最好注释，十分贴切。

孔子本人的心法思想主要体现在《论语》一书中，所以《论语》也是中华心法思想十分重要的源头。《论语》，现在认为是孔子再传弟子们，特别是子张、子夏和曾子的门人们，辑录孔子及其弟子们言行而形成的经典。

孔子之后，儒家分出八个学派，《韩非子·显学》指出："自孔子之死也，有子张之儒，有子思之儒，有颜氏之儒，有孟氏之儒，有漆雕氏之儒，有仲良氏之儒，有孙氏之儒，有乐正氏之儒。"（韩非，1989：158）其中，子张之儒、思孟学派（子思之儒，孟氏之儒，乐正氏之儒）、颜氏之儒和孙氏之儒，对后世诸子之学影响较大。

子张姓颛孙，名师，字子张，是孔子早期的弟子。子张为人博爱容众，交友颇广，主张"尊贤而容众，嘉善而矜不能"，但秉性偏激。孔子说他"师也过""师也辟",说他博爱过了头,或许墨家的兼爱思想就源自于子张。郭沫若在《十批判书》"儒家八派的批判"中就说:"子张氏的后学们似乎更和墨家接近……可见这一派的后生,已经是更和墨家接近了。"(郭沫若,1996:129-130)在此,郭沫若便推测墨翟是受了子张思想的影响。

思孟学派的前承先导,应该就是孔子的高徒子夏。子夏,姓卜,名商,在孔子的弟子中,子夏对"六经"的传承最为完备。子夏不但善《诗》《乐》,也研习《书》,擅长《易》,著有《子夏易传》(今传孔子《易传》很可能出于子夏的传述),甚至也能为人传授《礼》和《春秋》。

应该说,子夏上承孔子、下启子思的《中庸》、子石的《乐记》、孟轲的《孟子》和乐正克的《大学》等,是思孟学派光辉篇章的重要一环。郭沫若认为,"孟氏之儒"不仅与"子思之儒"为一系,而且也与"乐正氏之儒"为一系,因此,思孟学派实际上先后相承子思之儒、孟氏之儒和乐正氏之儒,为三派总称。思孟学派以《中庸》《孟子》和《大学》思想为主体,成为儒家学派的正统,也成为后来中华心法体系的核心内容。

颜氏之儒是指颜回子渊建立的一个儒家学派。颜回是孔子最得意的弟子,其学派的最主要特点就是安贫乐道,重在践行孔子的仁德思想。据钱穆、郭沫若等人推测,庄周本人就是颜氏之儒的余续,创建庄周之学,成为道家的源头之一。应该说,在庄子本人所撰写的内篇中,提出坐忘、心斋、朝彻等心法理论,其源头正是颜回之学。颜氏之儒安贫乐道并强调内心存养的做法,对庄周心法思想的形成,产生了重要的影响。

学术界一般认为"孙氏之儒"就是以荀子为代表的儒家学派。荀子是集大成者式的思想家,也是战国晚期儒家的主要代表人物。虽然荀子的儒家思想体系并未被纳入儒家正统,但其心法思想却另有建树,形成了强调智解的"解蔽心法",对于丰富圣道心法体系,做出了贡献。另外,孔子通过其弟子商瞿子木传《易》于馯臂子弓。对此,郭沫若甚至这样讲:"子弓确有这么一个人,便是传《易》的馯臂子弓。……孔子不曾见过《易》,连商瞿也不见得见过。我认为《易(传)》是子弓创作的,详见《周易之制作时代》一文。"(郭沫若,1996:152-153)而荀子十分推崇子弓,并通过易学的传授对秦汉之后的易学都有间接影响。

这样,自孔子倡导中庸之道始,经过近300年历代思想家们的不懈努力。圣道心法在先秦就已经建立了比较系统的规范。大致形成了包括圣道中和心法(《论语》《礼记》《易传》),以及发展衍生出来的浩然心法(《孟子》)、逍遥心法(《庄子》)以及解蔽心法(《荀子》)等,构成了一个相互关联的较为完备的心法体系,如图1.1所示(实线部分是直接传承关系,虚线部分为间接影响关系)。

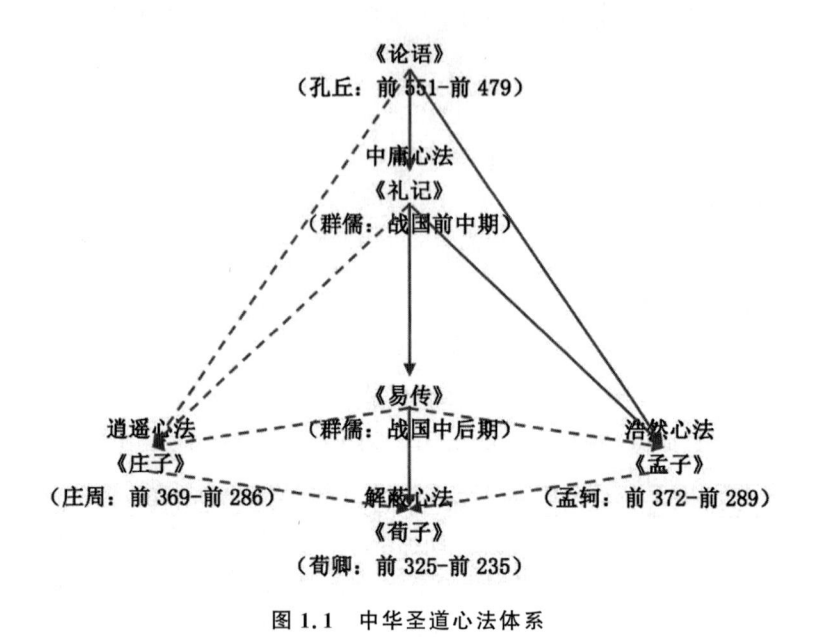

```
                    《论语》
               (孔丘:前551-前479)

                    中庸心法
                    《礼记》
               (群儒:战国前中期)


                    《易传》
  逍遥心法       (群儒:战国中后期)       浩然心法
   《庄子》                              《孟子》
(庄周:前369-前286)    解蔽心法    (孟轲:前372-前289)
                    《荀子》
               (荀卿:前325-前235)
```

图1.1　中华圣道心法体系

在圣道心法体系中,孔子心法思想贡献主要体现在《论语》,以及《礼记》中《哀公问》《仲尼燕居》《孔子闲居》等篇章;子思心法思想的贡献包括《礼记》中《坊记》《中庸》《表记》《缁衣》等篇章,并对《易传》的形成产生过影响。李学勤认为,《易传》的主要思想当为孔子所述,又为子思所阐发(李学勤,1992)。

圣道心法以天道为准则,以心性为途径,以淑世为致用,建立了影响深远的学理思想体系,其中心性是承天启世的关键。先秦一开始建立的圣道心法,就已经具备区分中西文明的关键和核心的特有方面。因此,只有把握了圣道心法,才能明白后来中华圣学体系的发展脉络,乃至整个中华文明思想的特质和优势所在;进而才能明白中华文明对世界文明的核心贡献之所在，即使在科学昌明的当代，也同样如此。

二、诸派心法源流

除了儒家以及衍生出来的墨家、法家及其庄周后学等相关思想学派外，还有因为政治经济军事争斗的需要而形成的纵横家、兵家和农家，因为学术思想交锋论辩而产生的名家，因为民间黄老之术而产生的黄老学家、阴阳家，以及综合诸家思想而形成的杂家。先秦也常被称为是诸子百家争鸣的时代。

墨家学派，强调兼爱、非攻、尚贤、节制和苦行，其在后期形成高度发达的逻辑思辨理论和工程技术。墨子不重视修身养性之法，其与心法思想有关的论述也比较少见。《墨子·经上》："平，无欲恶也。……为，穷知而悬于欲也。"（墨翟，1989：76）他认为行为发生中知（认知）与欲（情欲）是两个关键因素。其中知有穷（有限度），而欲为悬（为支配）。通俗地说，就是认知是方向，情欲为动力，动力是第一位的。后期发展形成的墨家学派，应该是强调逻辑分析、工程建造、宗教团体，似乎是最接近西方文化思想传统的一个先秦学派。可惜的是，墨家学派在秦汉之后就湮灭无闻了。

对于墨子学派，应该肯定其俭朴、律己和致用，但其主张的非乐、节用过分苛刻，悖于常理，与圣王之道相去甚远。值得指出的是，墨家思想对宋钘、尹文学派思想的产生有间接影响。宋钘、尹文，除了和墨家一同倡导律己、俭朴、兼爱，还倡导随俗顺人、淡情寡欲，特别是宋钘形成了较为系统的心法思想，为墨家所不及。而宋钘的心法思想对禅宗和丹道都可能有间接影响，值得关注。

再就是黄老学派，是黄帝学派和老子学派的合称，黄老学派是先秦道家的最大分支，在战国中后期，黄老学派思想比较流行。如果追根溯源，除了关尹、老聃之外，同样作为道家先驱，尊奉黄老之术的慎到、田骈，与庄周有共同的理念，比如去已、弃智（机用之心）、齐物，但其并不知"道"，未能融会贯通天道，还处在道术之外。就心法思想方面，应该注意吸收关尹、老聃的思想。如果把宋钘也归入黄老学派，那么在先秦所有学派中，除了圣道心法思想之外，老聃、宋钘为代表的黄老心法思想，最为引人注目，对后世丹道心法思想的形成发展，有十分重要影响。

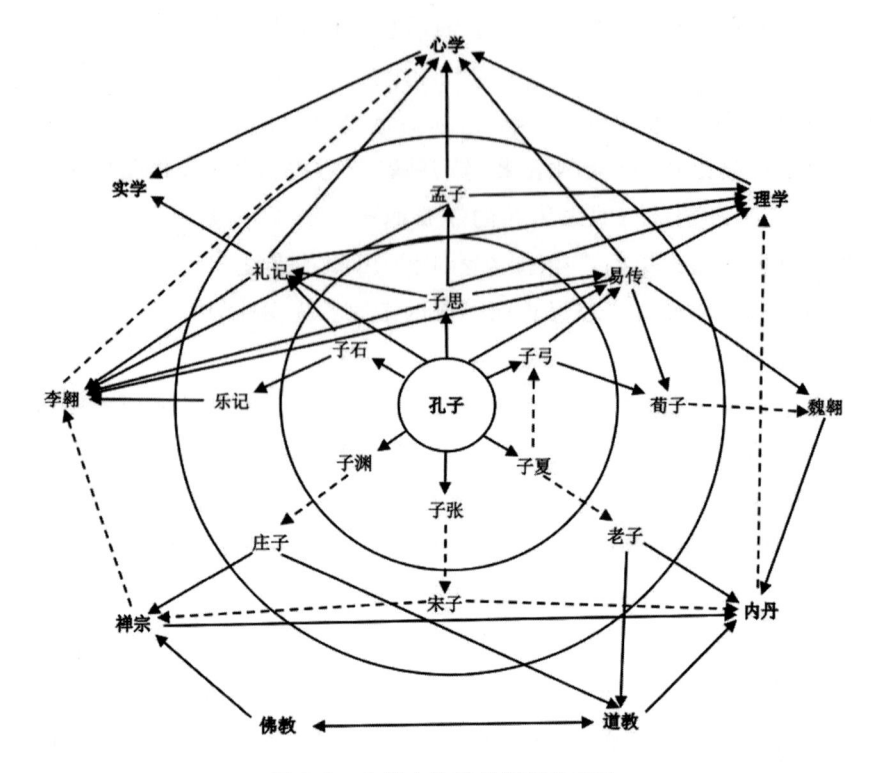

图 1.2 中华心法思想源流关系图

在先秦其他学派,如墨家、阴阳家、兵家、纵横家、农家、法家等学派的主导思想,立论大抵偏重治国,有不少可以引以为训的内容,但涉及个人心法修养的不多,均非圣王之道。因此,就心法思想论述而言,可以不予关注。

图1.2中三个同心圆给出了先秦心法思想源流关系,以孔子为源头,先秦思想家们奠定了中华心法基本思想和方法,完成了中华心法思想体系草创。先秦最大贡献就是建立以孔子思想为核心,以中庸心法思想为基础的圣道心法思想体系。圣道心法思想和方法,集中反映在《论语》《礼记》和《易传》三部经典之中;后来又经孟子、庄子、和荀子,衍生出三个分支学派。

在图1.2中,子渊(颜回)、子夏和子张,为孔子弟子;子石即公孙尼子,为孔子再传弟子;子思为孔子孙子,也是再传弟子;子弓,即馯臂子弓,是孔子再传弟子。另外需要说明,实线箭头表示有直接影响,虚线箭头表示间接影响。在间接影响中,子夏对孔子仁学的不及,开创儒家子夏学派,对产生杨朱学派有间接影响,进而对老聃思想的产生有间接影响;另外子夏对传易也有功劳(但后来《易》是经子弓得以流传,并间接影响荀子);子张对孔子仁学的过之,开创儒家子张学派,对产生墨家学派有间接影响,进而对宋钘思想的产生有间接影响,而宋钘的心法思想对禅宗和丹道都可能有间接影响;子渊开创颜氏学派,对庄子心法系统产生了间接影响。

总之,除了圣道心法思想体系的创建,先秦道家思想家也形成了各自的心法思想与方法,虽然不成体系,但对后世心法思想却产生重要影响。特别是老子、宋子和庄子所创导的心法思想与途径,刚好与圣道心法思想体系互为补充。先前道家的心法思想,成为后世心法思想走向成熟的一个重要源泉。

秦汉之际,除了对经典的阐释外,中华心法几乎没有任何发展,甚至可以说中断了。百家诸子经历了焚书坑儒和独尊儒术,两汉经学发达,确定了"六经"的绝对权威,强化了儒学的正统地位,注经书籍大量出现,丰富了儒家典藏。

汉代是中国宗教思潮勃兴的时代,比如儒家宗教化的宗天神学、谶纬神学,佛教的传入,以及道教创立,都是在两汉年间。其中道教初创,是为东汉张陵所为。与道教创建几乎同时,佛教也开始输入东土。于是本土的道教,西域的佛教陆续奔扬,形成大量道经和佛经,同样丰富了传统文化思想的宝库。这样,到了魏晋南北朝,诸子学派有的得到强化、有的遭遇消融、有的兼并融合,形成了儒释道三教鼎立的新格局。

我们知道,道家崇尚自然,儒家崇尚名教,两者之间的会通,导致魏晋玄学盛行,道家自然无为之学成为显学,士人高士著述大增,注重汇通名教与自然。大致有贡献的主要包括:刘劭《人物志》融通儒道,强化中庸心法;何晏《论语集解》以道解儒,沟通天道人道;王弼以儒解道的《老子注》,发明老子心法;以道解儒的《周易注》,强化易传心法;郭象《庄子注》以儒解道,强化逍遥心法;魏伯阳《周易参同契》和魏夫人《黄庭经》分别开创内外丹法,等等。

佛教在东汉时就进入中华,并引入了小乘禅法。佛教经过五百余年的传布、吸收和改造,于隋唐之际形成天台宗、法相宗、三论宗、贤首宗、净土宗、律宗、密宗和禅宗等具有中国特色的众多宗派。其中的禅宗,大量吸收老庄思想,甚至可以看作通俗化的老庄学派,深得社会各阶层的青睐,得以广泛传播,深刻影响了宋明以来中华文明的格局。应该说,正是随着玄学和佛学的兴起,才为中华心法注入了新的思想元素。

三、成熟心法体系

隋唐是中华心法的中兴期,儒家有王通(580—617)著《中说》,韩愈(768—824)著《原道》和《原性》,李翱(772—841)著《复性书》等;道教有通玄著《体道论》,司马承祯(647—735)著《坐忘论》,无名氏著《清静经》等;禅宗有道信(580—651)著《入道安心要方便法门》、慧能(638—713)著《施法坛经》,黄檗希运(?—855)著《传心法要》等。

特别是慧能顿悟禅法思想的形成与发展,开启了中华心法发展全新的局面。慧能之后,禅宗顿悟心法思想与方法得到系统化的快速发展。先是荷泽神会、洪州马祖和石头希迁三系,后又有沩仰、临济、曹洞和德山(分出云门和法眼)的法系,宗风激扬,形成接机风格不同的顿悟心法途径。

禅宗顿悟心法的兴起,从某种意义上讲,可以说是中华圣道心法传统的真正延续。因为,《大慧普觉禅师宗门武库》(又名《大慧禅师禅宗杂毒海》)就有如下记载:"王荆公一日问张文定公曰:孔子去世百年生孟子,亚圣后绝无人,何也?文定公曰:岂无人,亦有过孔孟者。公曰:谁?文定曰:江西马大师、坦然禅师,汾阳无业禅师,雪峰、岩头、丹霞、云门。荆公闻举意不甚解,乃问曰:何谓也?文定曰:儒门淡薄,收拾不住,皆归释氏焉。公欣然叹服。后举似张无尽,无尽抚几叹赏曰:达人之论也。"(蓝吉富,1988,第42册:502)

上述王荆公(王安石)与张文定公(张方平)这段对话,所要阐明的就是孔孟之后,"儒门淡薄,收拾不住",正是像江西马祖等这样的大禅师,在思想境界上直追孔孟。正因为如此,禅宗心法思想对后来宋元内丹心法思想体系和宋明性理心法思想体系的形成发展,也起到了决定性的作用。

我们知道，先秦道家思想家，特别是老聃和宋钘都倡导虚静守一之类的心法思想。然后在道教不断发展的思想影响下，特别是到了钟离权和吕洞宾，就开始比较系统地引入禅宗心法的思想和方法，出现崔公《入药境》、钟吕《观心篇》、陈抟《观空篇》等著作，从而将魏伯阳早期丹道思想，发展形成初步内丹心法体系。

圣道心法的复兴过程也一样。荀子的心法思想后来渐渐被后世儒家所冷落，而建立在性善论基础上的思孟学派心法思想，特别是孟子的心性学传统，后来正是经吸收禅宗心法思想的李翱所著《复性书》而得以复兴。

李翱的《复性书》，一方面继承韩愈《原道》中的思想，另一方面调和佛儒两家思想的分歧，通过吸收禅宗心法思想，对圣道心性学说有所发展。这种强调心性为本体的心法思想，为北宋道学家所推崇，逐渐成为宋明性理之学的正统心法源泉，特别是心学心法体系的核心思想源头。

因此，到了两宋，儒释道三家又进一步互相渗透，各有所进一步发展，文字化的禅宗、内丹化的道教以及性理化的儒学，都成为显学。在此过程中，典籍成倍增长，教派相互融合，汇流至于明清，三教合流成为中华文化的新常态。

就内丹心法思想发展而言，如果说张紫阳强调禅法的了性之旨（《悟真篇》），却放在了命之后；到了王重阳那里，就彻底翻了个身，了性优先于了命，禅宗思想渗透得更加彻底。不仅如此，正如任继愈在《道藏提要》序中指出："金、元时期的全真教把出家修仙与世俗的忠孝仁义相为表里，把道教社会化，实际上是儒教的一个支派。"（任继愈、钟肇鹏，1991：8）也就是说，内丹派也大量融入了儒家思想。当然，作为强调独立性的道教流派，全真教后期基本上还是非常重视了命之法的。

这种三家思想相融合的状态，在宋明心法体系的中兴发展之中，更为明显。任继愈在《道藏提要》序中指出："宋以后，儒教形成自己的庞大体系，以釜底抽薪的方式，吸取佛、道两教的修炼方法，如静坐、养神、明心、见性等。这些都是孔、孟不曾讲过的。"（任继愈、钟肇鹏，1991：9）

宋明性理之学，一方面继承了从孟子到李翱的心性学，另一方面又特别强调和挖掘天理、性命、良知等内涵。将太极、天理、性命、良知、道、诚、心、情、意、志、气、仁、义、礼、智等范畴，统统纳入了一个思想体系之中。

从宋初安定胡瑗、泰山孙复及其门人石介三先生之后算起,就心法思想体系的形成发展,大致分为理学和心学两条途径。从周敦颐、张载、程颢、程颐,一直到朱熹等构建的是理学的途径;从邵雍、司马光、陆氏父子、陈献章、湛若水,一直到王阳明等构建的则是心学的途径。

因此,可以说宋明之圣道心法的中兴发展,主要为性理之学(广义理学)。先是道学,注重天道理论的阐微;接着是理学,强调存天理灭人欲;最后是心学,注重心性理论的阐发。而王阳明建立心学体系,从心法体系的完备性方面讲,正可以称为性理心法体系中最后一座典型性丰碑。

尽管理学与心学在终极本体立论上分歧颇大,有理与心之争,但就心法修行途径上却并无太大的差异,都属于日常生活修持的心法体系。儒家追求内圣外王之道,就心法修持而言,主要是修成内圣。不同在于,理学更多继承的是《易传》中的心法思想,强调的宗旨便是:穷理尽性以至于命;而心学更多继承的是《孟子》的心法思想,强调的宗旨则是:存心养性所以事天。

归纳起来,如图1.2所示,从核心内圈到外围影响,通过荀子的传授,易学对包括著有《周易参同契》的魏伯阳在内的后世诸家易学派别都有影响,继而对丹道的形成产生间接影响。丹道思想,特别是陈抟的无极图和先天太极图,对理学的产生,特别是周敦颐和邵雍思想的形成,具有重要的间接影响。禅宗经李翱所作《复性书》,形成的心性学思想,对心学的思想形成有间接影响。这样,禅宗心法、内丹心法和性理心法又各自发展,终于形成了三大各具特色的中华心法分支体系。

先秦的心法思想对于达到什么目标以及如何达到,都有全面的论述,而隋唐以降先后形成的各大心法体系,之所以不同于先秦,主要在于给出了众多具体的方便手段,无论是禅宗,还是丹道,以及理学和心学,都有比较系统的、可操作的、行之有效的手段。就这一点而言,仅仅停留在思想层面的先秦心法,确实还远远不够。因此,只有到了禅宗心法体系形成之后,中华心法才走向了成熟。

于是,到了明代,随着阳明心学体系建立,中华心法主要的思想体系均已形成。图1.3给出中华四大心法体系及其演化关系图示。首先是先秦草创的圣道心法体系,是一切中华心法思想与方法的源头。然后因为

```
        圣道心法体系
         (明善诚身)
            ↓
        禅宗心法体系
         (明心见性)
          ↙    ↘
  内丹心法体系    性理心法体系
   (修心炼性)    (存心养性)
```

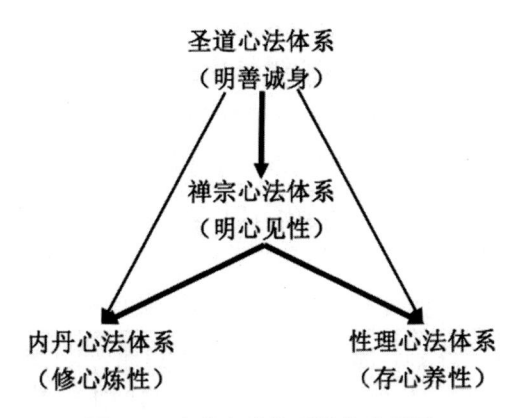

图1.3 中华心法体系间的关系图

受到外来佛教的影响,在佛教中国化的过程中,通过融合老庄心法思想,特别是庄周心法思想,形成了第一个具有丰富修持途径的心法思想体系,即禅宗心法体系。在禅宗心法思想的影响下,作为对顿悟直超途径的修补,结合中国本土道家和道教修炼方法,又孕育出内丹心法体系,其主要特色是强调静虑方法的系统化出世修炼。同样,在儒释道三教思想大交融的背景下,在吸收佛道两家心法思想的同时,反对禅宗与内丹出世避世的倾向,通过不断丰富改造圣道心法体系,形成了更加完善的性理心法体系,其主要着眼在于淑世日常生活修行。

这样宋明之后,强调顿悟智慧途径的禅宗心法体系,强调渐修静虑途径的内丹心法体系,以及强调日常修行途径的性理心法体系,就构成了中华心法体系互补性的三大组成部分。其中禅宗与内丹心法途径倾向于避世修炼,而性理心法途径则强调入世修行。

大致说来,后来发展形成的中华心法体系可以归结为"三神"心法:神奇的禅宗心法(偏重于明心见性的顿悟之法)、神秘的内丹心法(偏重于性命双修的静虑之法)、神圣的性理心法(偏重于日用修行的复性之法)。而这三神心法,或受到外来佛教文化的影响,或受到本土道教文化的影响,如果究其根源,就心法核心思想而言,都与孔门心法有着思想学脉上的联系,只是有的是直接传承,而有的是间接影响。

当然,唐宋以后形成的禅宗、内丹和性理心法体系,也不是一成不变的,其各自也在后来的岁月中不断发展和流变,并继续相互影响、渗透和借鉴。以至于到了今天,就个人心性修持而言,人们很难分清某一富有哲理的心法思想和修持方法来源和流变情况。实际情况也确实如此,元明之后,禅净合流导致禅七制度的产生、内丹新派的纷纷崛起、性理之学的实学化,这些都进一步加剧了三家心法体系的消长和交融。

  特别是明清之际衍生出来的实学,注重经世致用的阐述,跟心性修养越走越远了。唐甄《有为篇》云:"释氏之治心者尽矣,而不入于世;老氏与于治而不辨于理,是故有天地,有万物,不可无圣人。性不尽,非圣;功不见,非性。"(唐甄,1984:157)所以,中华圣学心法到了清代便开始式微。

第二章

圣道中和

> 诚者,天之道也。诚之者,人之道也。诚者不勉而中,不思而得,从容中道,圣人也。诚之者,择善而固执之者也。
>
> ——(战国)子思[①]

正如我们在第一章有关中华心法简史论述中指出的那样,中华心法的源头是从崇尚"中道"开始的。这种崇尚"中道"的思想,到了孔子时代,并经其后学们的不断完善,就首先发展成为较为系统的"圣道心法"体系。圣道心法的思想内容,主要体现在《论语》《礼记》《易传》三部儒家经典书籍之中。因此,我们就从这三部儒家经典的心法思想梳理,来归纳圣道治心的思想与途径。

第一节 中庸至诚达德

在圣道心法中,开创性的工作首先源自孔子的心法思想,后来经过孔子之孙子思的丰富发展,形成了第一个中华心法体系,即中庸心法体系。孔子祖孙两人的心法思想及其建立起来的中庸心法体系,不仅成为后来所有儒家心法思想体系的重要源头,而且对其他学派的心法思想体系产生重要影响。

[①] [汉]郑玄注,[唐]孔颖达疏:《礼记正义》,北京:北京大学出版社,1999年,第1446页。

一、圣道仁智修养

众所周知,孔子创建的儒家学说特别注重道德修养,而心法就是人们内心的修养方法,因此孔子给予了特别的重视。在孔子的学说体系中,归纳起来,作为理想人格的君子,其道德修养主要集中体现这样五个德行之中:仁(爱)、义(勇)、忠(恕)、智(知)、信(行),而互为表里的礼乐,则是成就这些道德修养的主要途径。

值得注意的是,对五种德行的表述稍有不同,在被认为是子思的出土文献《五行》和《六德》中也有强调。子思的"五行"是指仁、义、礼、智、圣等五种德行(荆门市博物馆,1998:149),这便是"五行"的本义。而六德则是指圣、智、仁、义、忠、信这样六种德行(荆门市博物馆,1998:187)。子思在《五行》中说:"(仁、义、礼、智、圣)五行皆形于内而时行之,谓君子。"(荆门市博物馆,1998:149)

自然,在这些德行范畴中,就内心存养而言的,更多是要培养忠信仁智勇的君子,其中核心就是仁道思想。因此,我们下面将围绕着孔子的仁道思想,具体总结孔子所提倡的心法思想内容。

孔子倡导仁道思想,将仁看作是道德修养中最本质、最根本、最重要的要求。在孔子的学说思想中,除了道德外,君子的行为准则主要依据的就是"仁"。所以在《论语注疏·述而》中孔子才会说:"志于道,据于德,依于仁,游于艺。"(何晏,1999:85)并在《论语注疏·里仁》中强调指出:"里仁为美。择不处仁,焉得知!"(何晏,1999:47)

其实,"仁"这个字,古代写作上"身"下"心"的上下结构,寓意"心"上有"身",身心一如,强调的就是要时刻保持一种内在道德操守。所以孔子在《论语注疏·里仁》中指出:"君子去仁,恶乎成名?君子无终食之间违仁,造次必于是,颠沛必于是。"(何晏,1999:48)也就是说"仁"就像"道"一样,是"须臾不可离也"的。因此,只有依于仁,才能够从善如流,就如孔子在《论语注疏·里仁》中所云:"苟志于仁矣,无恶也。"(何晏,1999:48)

当然,既然"仁"就像"道"一样,那么"仁"也就具有"道"一样的性质,因此仁也是难以言表的。比如在《论语注疏·颜渊》中司马牛问仁,孔子就说:"仁者,其言也讱。"并进一步指出:"其言也讱,斯谓之仁已乎?"及

"为之难,言之得无讱乎?"(何晏,1999:158)自然,其达成也非轻而易举的,在《论语注疏·雍也》中,孔子曰:"仁者先难而后获,可谓仁矣。"(何晏,1999:79)是要经过磨"难"才能"后获"的。

注意,所谓的"难"是克己之难,唯有克尽己私,然后可获仁的境界。所以在《论语注疏·颜渊》中当颜渊问仁时,孔子曰:"克己复礼为仁。一日克己复礼,天下归仁焉。为仁由己,而由人乎哉?"而当颜渊进一步"请问其目"时,孔子则曰:"非礼勿视,非礼勿听,非礼勿言,非礼勿动。"然后颜渊便曰:"回虽不敏,请事斯语矣。"(何晏,1999:157)可见"克己"约之以礼,然后可以恢复其仁性,确实是孔子心法思想的核心。

不过,尽管"仁"的境界难以言表且非轻易能够达到,但如果心愿真切,志向坚定,想欲达到"仁"的境界,也会随时不期而至的,所谓心诚则日用显现,无处不在。对此,孔子在《论语注疏·述而》中指出:"仁远乎哉?我欲仁,斯仁至矣。"(何晏,1999:95)当然,一旦到达了"仁"的境界,其作用则具有普适性。在《论语注疏·里仁》中,孔子指出:"唯仁者能好人,能恶人。"(何晏,1999:48)

真正的仁者,是超越仁与不仁之分别,如在《论语注疏·里仁》中,孔子说道:"我未见好仁者,恶不仁者。好仁者,无以尚之。恶不仁者,其为仁矣,不使不仁者加乎其身。"(何晏,1999:49)正因为这样,达到"仁"也就是真正幸福生活的根本。对此,在《论语注疏·里仁》中,孔子曰:"不仁者不可以久处约,不可以长处乐。"(何晏,1999:47)

那么如何能够成就仁道呢?孔子给出的答案就是"忠恕"两字。在《论语注疏·里仁》中有这么一段记录,孔子对曾子说:"参乎!吾道一以贯之。"曾子答曰:"唯。"后来孔子走了之后,曾子的门人询问曾子,孔子"吾道一以贯之"是指什么?曾子回答说:"夫子之道,忠恕而已矣。"(何晏,1999:51)那么,什么又是"忠恕"呢?孔子曰(《论语注疏·卫灵公》):"其恕乎!己所不欲,勿施于人。"(何晏,1999:214)又曰(《论语注疏·雍也》):"夫仁者,己欲立而立人,己欲达而达人。能近取譬,可谓仁之方也已。"(何晏,1999:83)简单归纳,所谓忠,就是爱人;所谓恕,就是约己。

《礼记·表记》也引用孔子的话强调指出:"仁之难成久矣,惟君子能之。是故君子不以其所能者病人,不以人之所不能者愧人。"(郑玄,1999:

1477)认为只有成为凯弟君子(凯弟,也作岂弟、恺悌,岂者,乐也;弟者,易也),才可以成就至德之仁。所以在《礼记·表记》中,孔子又言:"君子之所谓仁者,其难乎?《诗》云:'凯弟君子,民之父母。'凯以强教之,弟以说安之。乐而毋荒,有礼而亲,威庄而安,孝慈而敬,使民有父之尊,有母之亲。如此而后可以为民父母矣。非至德其孰能如此乎?"(郑玄,1999:1483)所以,所谓凯弟君子,乐易化导以安民众,仁在其中也。

就具体措施而言,则要做到恭、宽、信、敏、惠,方能真正到达"忠恕"和"乐易"。在《论语注疏·阳货》中,子张问仁于孔子,孔子曰:"能行五者于天下,为仁矣。"请问之。孔子曰:"恭、宽、信、敏、惠。恭则不侮,宽则得众,信则人任焉,敏则有功,惠则足以使人。"(何晏,1999:235)

当然,君子行此仁道五者,关键在"修己以敬",然后进一步可以安人、安百姓。在《论语注疏·宪问》中,当子路问君子时,孔子就对曰:"修己以敬。"子路进一步问曰:"如斯而已乎?"孔子曰:"修己以安人。"子路再问曰:"如斯而已乎?"孔子最后答曰:"修己以安百姓。修己以安百姓,尧、舜其犹病诸!"(何晏,1999:204)

除了"仁"之外,智(知)和勇,也是圣道达成的核心德能。而且从总体上看,就内心的道德修养而言,孔子认为"知、仁、勇"三者是不可分的。比如在《礼记正义·中庸》中,当"哀公问政"时,孔子对曰:"故为政在人,取人以身,修身以道,修道以仁。……知、仁、勇三者,天下之达德也。所以行之者一也。或生而知之,或学而知之,或困而知之,及其知之,一也;或安而行之,或利而行之,或勉强而行之,及其成功,一也。"(郑玄,1999:1441-1441)

从心性修持的角度讲,知(智)、仁、勇三者的修持,是可以达到美好的心理品德的。所以在《论语注疏·宪问》中,孔子说:"君子道者三,我无能焉:仁者不忧,知者不惑,勇者不惧。"(何晏,1999:197)也就是说,仁爱可以治忧患之心,智慧可以治嗔惑之心(忿懥和好乐);而勇可以治恐惧之心。

当然,如果考虑到《论语注疏·宪问》中孔子所说的"仁者必有勇,勇者不必有仁。"(何晏,1999:183)那么知(智)、仁、勇三者的要求,就可以约简到仁智之上:仁爱可以治恐惧与忧患之心;智慧可以治忿懥和好乐之心。所以孔子在《论语》诸多品德修养的论述中,更多涉及的是仁与智的相辅相成。

比如,《论语注疏·里仁》中指出:"仁者安仁,知者利仁。"(何晏,1999:47)《论语注疏·雍也》中指出:"知者乐水,仁者乐山。知者动,仁者静。知者乐,仁者寿。"(何晏,1999:79)特别是这里的"知者乐,仁者寿",讲的就是仁智皆修,无疑是可以获得健康(寿)幸福(乐)生活的!

所以,归纳起来,孔子认为理想的君子,就内心存养而言,必须具有知(智)、仁、勇三者皆备,或者更为简洁地说,就是仁智皆修,并且相辅相成。此便是圣道仁智修养之纲要,可至尽善尽美之境界。

二、君子修养途径

那么如何才能够达到知(智)、仁、勇这样健全的品德呢?在《礼记正义·中庸》中,孔子则有比较明确的途径,那就是:"好学近乎知,力行近乎仁,知耻近乎勇。知斯三者,则知所以修身。知所以修身,则知所以治人。知所以治人,则知所以治天下国家矣。"(郑玄,1999:1442)孔子的回答就是要好学、力行和知耻。

首先,不管成就的是哪种道德品质,在孔子看来都是要通过好学来实现的。在《论语注疏·阳货》中孔子对子路就是如此说的:"由也!女闻六言六蔽矣乎?"对曰:"未也。""居!吾语女。好仁不好学,其蔽也愚。好知不好学,其蔽也荡。好信不好学,其蔽也贼。好直不好学,其蔽也绞。好勇不好学,其蔽也乱。好刚不好学,其蔽也狂。"(何晏,1999:236)可见好学之为关键途径!

对于好学的重要性,孔子在《论语注疏·季氏》中做出了说明,认为:"生而知之者,上也。学而知之者,次也。困而学之,又其次也。困而不学,民斯为下矣。"(何晏,1999:228)尽管其中指出有"生而知之者,上也",但孔子自己则是学而知之者、敏而好学的榜样。关于这一点,孔子自己就有明确的说法,比如在《论语注疏·述而》中有曰:"我非生而知之者,好古,敏以求之者也。"(何晏,1999:92)在《论语注疏·公冶长》中则曰:"十室之邑,必有忠信如丘者焉,不如丘之好学也。"(何晏,1999:69)以及在《论语注疏·述而》又曰:"默而识之,学而不厌,诲人不倦,何有于我哉!"

(何晏,1999:84)所有这些,都是孔子好学的生动描画。

不仅如此,孔子也最为推崇好学的弟子颜回,认为在孔子所有的弟子中唯有颜回最好学。比如在《论语注疏·雍也》中哀公问:"弟子孰为好学?"孔子对曰:"有颜回者好学,不迁怒,不贰过。不幸短命死矣。今也则亡,未闻好学者也。"(何晏,1999:71)

首先,好学要立志。做人要有志,在孔子看来,是不可或缺的关键。在《论语注疏·子罕》中孔子指出:"三军可夺帅也,匹夫不可夺志也。"(何晏,1999:121)对于道德仁智的修养而言,立志就是要为己而学。在《论语注疏·宪问》中孔子认为:"古之学者为己,今之学者为人。"(何晏,1999:195)强调好学之志就是应该培养自己的德操并履而行之,所谓"为己";而非徒于人前卖弄学问,所谓"为人"。

其次,好学也要讲究方法,孔子强调要学与思相结合。在《论语注疏·为政》中孔子曰:"学而不思则罔,思而不学则殆。"(何晏,1999:20)所谓"思",孔子认为"君子有九思",即在《论语注疏·季氏》中所说的:"视思明,听思聪,色思温,貌思恭,言思忠,事思敬,疑思问,忿思难,见得思义。"(何晏,1999:229)当然,光思是不够的,徒思无益便要学。就此,孔子在《论语注疏·卫灵公》中指出:"吾尝终日不食,终夜不寝,以思,无益,不如学也。"(何晏,1999:216)

最后,就是要力行。其实,即使是再好学,要达到仁道境界,更重要的还是要落实到习行之上的。在《论语注疏·学而》中,孔子曰:"学而时习之,不亦说乎?"(何晏,1999:1)其实所谓好学就是要"敏于事""敏于行"的。在《论语注疏·学而》中,所谓"君子食无求饱,居无求安,敏于事而慎于言,就有道而正焉,可谓好学也已。"(何晏,1999:11)以及在《论语注疏·里仁》中,所谓"君子欲讷于言而敏于行。"(何晏,1999:53)这些,讲的都是习行之重要。

因为在《论语注疏·阳货》中,孔子认为:"性相近也,习相远也。"(何晏,1999:233)就是认为:人一开始的本性是"相近"的,只有通过习行方会"相远"。所以在道德仁智的修养过程中,孔子特别强调习行的重要,有如下许多重要的语录。

(1)《论语注疏·为政》中,子贡问君子,孔子曰:"先行其言而后从之。"(何晏,1999:19)强调行比言说更为优先。

(2)《论语注疏·宪问》中,孔子曰:"君子耻其言而过其行。"(何晏,1999:196)强调言过其行,为君子所耻。

(3)《论语注疏·先进》中,子张问善人之道,孔子曰:"不践迹,亦不入于室。"(何晏,1999:150)徒说而无践迹之行,不入善人之道。

(4)《论语注疏·子路》中,樊迟问仁,孔子曰:"居处恭,执事敬,与人忠。虽之夷狄,不可弃也。"(何晏,1999:178)习行就是要"居处恭,执事敬,与人忠",落实到具体的生活人事相处之中。

(5)《论语注疏·宪问》中,"克、伐、怨、欲不行焉,可以为仁矣?"孔子曰:"可以为难矣,仁则吾不知也。"(何晏,1999:182)就是说,没有做到去除"克、伐、怨、欲"这些不良心理品质,要想达到仁的境界,是绝无可能的。

因为重视习行,以至于对于成就仁道而言,孔子强调的一种有效方式也就是在生活的习行过程中不断迁善改过。如果说孔子上述强调的"学而时习"的好学,偏重于智慧的获得;那么孔子主张"迁善改过"的力行,强调的便是仁性的显发。

在孔子的心法思想中,迁善改过首先要学会不断反省自己,所谓知耻也是要通过反省来到达的。在《论语注疏·里仁》中,孔子曰:"见贤思齐焉,见不贤而内自省也。"(何晏,1999:51-52)因此,交友也必须善于学人之善而改己之过。在《论语注疏·学而》和《论语注疏·子罕》中,孔子反复强调指出:"主忠信,毋友不如己者,过则勿惮改。"(何晏,1999:8,121)而在《论语注疏·述而》中又强调指出:"三人行,必有我师焉,择其善者而从之,其不善者而改之。"(何晏,1999:92)可见孔子对迁善改过是何等重视。

其次,迁善改过,凡事要反省自己的过失,而不总是指责他人。对此,在《论语注疏·卫灵公》中,孔子曰:"君子求诸己,小人求诸人。"(何晏,1999:214)所以,在《论语注疏·学而》中,曾子才有曰:"吾日三省乎吾身:为人谋而不忠乎?与朋友交而不信乎?传不习乎?"(何晏,1999:4)应该说,就是承继了孔子时刻省察自己的思想。

最后,迁善改过关键在于知过要改。在《论语注疏·述而》中,孔子曰:"德之不修,学之不讲,闻义不能徙,不善不能改,是吾忧也。"(何晏,

1999:84)在《论语注疏·卫灵公》中则进一步强调指出:"过而不改,是谓过矣。"(何晏,1999:216)特别是,只有思过才能知仁。在《论语注疏·里仁》中,孔子为此专门指出:"人之过也,各于其党。观过,斯知仁矣!"(何晏,1999:49)也就是说,观过是显现仁性的重要途径。

要而言之,学而时习和迁善改过,是孔子创导在日常生活中修行仁智心理品质的主要途径。通过这样的途径,能够到达其心理道德品质的最高表现就是"圣乐"境界。所谓"圣乐"境界,首先就是孔子在《论语注疏·述而》中所说的"君子坦荡荡,小人长戚戚。"(何晏,1999:99)而"坦荡荡"的具体表现就是"不忧不惧"。

因此,在《论语注疏·颜渊》中,当司马牛问孔子什么是君子的境界时,孔子就答曰:"君子不忧不惧。"并进一步解释道:"内省不疚,夫何忧何惧?"(何晏,1999:158-159)特别是身处穷困之境,照样能够坦荡面对。比如在《论语注疏·卫灵公》中记载有,孔子率众弟子周游列国时,在陈绝粮,从者病,莫能兴。子路愠见曰:"君子亦有穷乎?"子曰:"君子固穷,小人穷斯滥矣。"(何晏,1999:207)就是最好的写照。正如在《论语注疏·子罕》中所说的,所谓"岁寒然后知松柏之后凋也。"(何晏,1999:122)

"圣乐"境界更重要的是"常处心悦"之境。对于这种"常处心悦"状态,在《荀子集解》中引用孔子的话是:"君子其未得也,则乐其意;既已得之,又乐其治。是以有终身之乐,无一日之忧。小人者,其未得也,则忧其不得;既已得之,又恐失之。是以有终身之忧,无一日之乐也。"(王先谦,1988:533)而"常处心悦"的最高境界,即《论语·宪问》所谓"不怨天,不尤人。下学而上达。知我者其天乎!"(何晏,1999:199)更是孔子自己所言之写照(《论语注疏·为政》):"七十而从心所欲不逾矩。"(何晏,1999:15)

在《论语注疏·述而》中描述了孔子所达到的圣乐之境。比如,孔子日常起居就常处平和愉悦之状态:"子之燕居,申申如也,夭夭如也。"(何晏,1999:85)再如与人相处也是:"子温而厉,威而不猛,恭而安。"(何晏,1999:99)即使在简陋贫困生活之中,也不改其乐,真正做到随遇而安。正如孔子自述的那样:"饭疏食饮水,曲肱而枕之,乐亦在其中矣。"(何晏,1999:91)特别是到了晚年,这种"圣乐"更是达到了"发愤忘食,乐以忘忧,不知老之将至云尔"的境界(何晏,1999:92)。

除了孔子,在孔子的学生中,达到这种圣乐中和境界的还有颜渊(回),并被孔子一再称赞。比如在《礼记正义·中庸》中,孔子曰:"回之为人也,择乎中庸,得一善,则拳拳服膺弗失之矣。"(郑玄,1999:1426)这是说颜回"择乎中庸"。在《论语注疏·述而》中,孔子对颜渊说:"用之则行,舍之则藏,唯我与尔有是夫。"(何晏,1999:87)这是说颜回随遇而安。在《论语注疏·雍也》中,孔子曰:"贤哉,回也!一箪食,一瓢饮,在陋巷,人不堪其忧,回也不改其乐。贤哉,回也!"(何晏,1999:75)这是说颜回忘忧乐道。

是啊,正如在《论语注疏·子罕》中所言:"子欲居九夷,或曰:'陋,如之何?'子曰:'君子居之,何陋之有?'"(何晏,1999:118)对于德行高超的圣贤君子,如孔子、颜回,不管处境如何堪忧,都能够"君子居之,何陋之有?"

三、中庸心法体系

在孔子开创的仁智皆修的心法修持途径中,想要进一步成就道德理想的君子,就应该恪守中庸之道,这才是孔子"中庸心法"的核心思想。如果说,上述强调仁智在内的五种德行修养以及途径,只是孔子对君子修养的具体要求,那么恪守中道的"中庸"之道,就是孔子对内心存养要遵循的根本准则。

在《论语注疏·雍也》中,孔子指出:"中庸之为德也,其至矣乎!民鲜久矣。"(何晏,1999:82)所谓中庸,就是无过无不及,不执异端,恪守恒道。《礼记正义·中庸》引用孔子的话指出:"素隐行怪,后世有述焉,吾弗为之矣。君子遵道而行,半涂(途)而废,吾弗能已矣。君子依乎中庸,遁世不见,知而不悔,唯圣者能之。"(郑玄,1999:1428)"素隐行怪"是异端,君子不可为;"半途而废"非恒道,君子也不可为;君子所为,唯有"依乎中庸"。

因此,中庸之道,虽说是"民鲜久矣",但却是"唯圣者能之"的。所谓"唯圣者能之",是指像舜帝这样圣者能够践行,故孔子赞叹道:"舜其大知也与?舜好问而好察迩言,隐恶而扬善,执其两端,用其中于民,其斯以为舜乎!"(郑玄,1999:1425)而所谓"民鲜久矣",则说明践行中庸之道,对于民众而言却是非常难能之事,故孔子又感叹道:"天下国家可均也,爵禄可

辞也,白刃可蹈也,中庸不可能也。"(郑玄,1999:1426-1427)

中庸之道"其至矣",所以不但"民鲜久矣",甚至小人反其道而行之。故孔子又有说:"君子中庸,小人反中庸。君子之中庸也,君子而时中。小人之(反)中庸也,小人而无忌惮也。"(郑玄,1999:1424)对于"小人反中庸"这种现象,孔子哀叹道:"人皆曰予知,驱而纳诸罟护陷阱之中,而莫之知辟也。人皆曰予知,择乎中庸,而不能期月守也。"(郑玄,1999:1426)而对于"君子之中庸也",孔子在《论语注疏·雍也》中则教导道:"质胜文则野,文胜质则史。文质彬彬,然后君子。"(何晏,1999:78)即使一时无法做到中庸,孔子也建议起码做到"狂狷",有所不为的积极进取。对此,在《论语注疏·子路》中孔子曰:"不得中行而与之,必也狂、狷乎!狂者进取,狷者有所不为也。"(何晏,1999:179)

那么,既然中庸之道如此高明,那么如何才能够恪守中道呢?在《论语注疏·子罕》中,孔子给出的告诫是"绝四",即"毋意,毋必,毋固,毋我"(何晏,1999:113)。不这样,就会走向"不及"或"过之",而中庸之道不行。《礼记正义·中庸》引用孔子的话,对此的说明是:"道之不行也,我知之矣。知者过之,愚者不及也。道之不明也,我知之矣。贤者过之,不肖者不及也。人莫不饮食也,鲜能知味也。"(郑玄,1999:1424)

比如,在《论语注疏·先进》中,当子贡问起子夏(商)和子张(师)谁更贤时,孔子的评介就是:"师也过,商也不及。"并特别指明"过犹不及。"(何晏,1999:148)关于这样的论断,在《礼记正义·仲尼燕居》中也有类似的记载:"子曰:'师,尔过,而商也不及。'……子贡越席而对曰:'敢问将何以为此中者也?'子曰:'礼乎礼!夫礼所以制中也。'"(郑玄,1999:1382-1383)

孔子的"中庸心法"思想,经其弟子,特别是再传弟子的发扬光大,终于形成了系统的理论和实践体系,这便是《礼记正义》中的《中庸》篇章。朱熹在《中庸章句》中指出:"此篇乃孔门传授心法,子思恐其久而差也,故笔之于书,以授孟子。"(朱熹,1983:17)故"中庸心法"也常常称为孔门传授心法。

孔门传授心法,集中反映在《礼记正义·中庸》这篇典籍之中。学术界一般认为,《中庸》为子思所著。子思,姓孔名伋(前483—前402),是孔子的孙子,也是孔子的再传弟子。子思传承了孔子的中庸心法思想,并发展出中庸心法较为系统的理论体系。在《礼记正义·中庸》中,子思开宗明义地指出(郑玄,1999:1422):

> 天命之谓性,率性之谓道,修道之谓教。道也者,不可须臾离也,可离非道也。是故君子戒慎乎其所不睹,恐惧乎其所不闻。莫见乎隐,莫显乎微,故君子慎其独也。喜怒哀乐之未发谓之中,发而皆中节谓之和。中也者,天下之大本也。和也者,天下之达道也。致中和,天地位焉,万物育焉。

这样就从天道引发到心性,再从心性引发到心法,并再从心法修养返归到了天道,一下子就把整个中庸心法的纲领全部展现出来了。接下来就论述了中庸心法的随遇而安、自得自在之境,着重指出(郑玄,1999:1431):

> 君子素其位而行,不愿乎其外。素富贵行乎富贵,素贫贱行乎贫贱,素夷狄行乎夷狄,素患难行乎患难。君子无入而不自得焉。在上位不陵下,在下位不援上。正己而不求于人,则无怨。上不怨天,下不尤人。故君子居易以俟命,小人行险以徼幸。

那么如何才能够自觉顺乎中道而行呢?子思指明了践行中道的关键所在,就是一个"诚"字,要明乎其"善":"诚身有道,不明乎善,不诚乎身矣。诚者,天之道也。诚之者,人之道也。诚者不勉而中,不思而得,从容中道,圣人也。诚之者,择善而固执之者也。"(郑玄,1999:1446)

而达成心"诚"的方法就是"博学之,审问之,慎思之,明辨之,笃行之。……果能此道矣,虽愚必明,虽柔必强。"(郑玄,1999:1447)从而进一步强调诚明的道理:"自诚明谓之性,自明诚谓之教。诚则明矣,明则诚矣。"(郑玄,1999:1447)所谓"自诚明"是自诚而明,是诚性的自发显明;所谓"自明诚"是自明而成,是通过明心而至诚。这样就可以通过至诚,达到最高境界:"致中和,天地位焉,万物育焉"。

达到了"致中和"之境界,于是就有:"唯天下至诚,为能尽其性。能尽其性,则能尽人之性。能尽人之性,则能尽物之性。能尽物之性,则可以赞天地之化育。可以赞天地之化育,则可以与天地参矣。"(郑玄,1999:1448)而这一切均源自返身自成之道。故有:"诚者自成也,而道自道也。

诚者物之终始,不诚无物。是故君子诚之为贵。诚者非自成己而已也,所以成物也。成己,仁也。成物,知也。性之德也,合外内之道也。故时措之宜也。"(郑玄,1999:1450)所以,所谓至诚,便是成己(仁)与成物(智),仁为本体,智为作用,体用合一,乃合内外之道,其实就是达成仁智双修之境。

自然,这"合外内之道"的至诚之境,必定是无声无息的。故子思在《中庸》中又有如此进一步的阐述(郑玄,1999:1450-1451):

> 故至诚无息,不息则久,久则征,征则悠远,悠远则博厚,博厚则高明。博厚所以载物也,高明所以覆物也,悠久所以成物也。博厚配地,高明配天,悠久无疆。如此者,不见而章,不动而变,无为而成,天地之道,可壹言而尽也。其为物不贰,则其生物不测。天地之道博也,厚也,高也,明也,悠也,久也。

很明显,上述这段论述,也可以看作是子思笔下的中庸之道及其效用,这也是天道与人道合一的根本之道,更是体悟万物的心法之道,并能发育万物。因此,中庸之道,自然就是道德修养君子的最高准则,故子思又有曰(郑玄,1999:1454-1456):

> 大哉圣人之道,洋洋乎发育万物,峻极于天。优优大哉,礼仪三百,威仪三千,待其人然后行,故曰:"苟不至德,至道不凝焉。"故君子尊德性而道问学,致广大而尽精微,极高明而道中庸,温故而知新,敦厚以崇礼。是故居上不骄,为下不倍。国有道,其言足以兴。国无道,其默足以容。《诗》曰:"既明且哲,以保其身。"其此之谓与!

中庸心法,非圣人不能知,唯尽性至诚能明了,故最后记住:"唯天下至诚,为能经纶天下之大经,立天下之大本,知天地之化育。夫焉有所倚,肫肫其仁,渊渊其渊,浩浩其天。苟不固聪明圣知达天德者,其孰能知之?"(郑玄,1999:1460-1461)这便是"中庸心法"内心存养所要达到的最高境界,即致中和!

总之,从孔子到子思,所创建的中庸心法思想体系,无论在内心存养的宗旨、具体修养德行的归纳、中庸之道的界定,以及中庸心法能够到达的内心境界,都有系统论述和践行,为从无到有开创中华心法,做出了前无古人的卓越贡献。

第二节 礼乐涵养作用

圣道心法,除了日常生活中学而时习和迁善改过,以达成知(智)、仁、勇的德行之外,要调养性情成就中和心态,更为系统的修行途径就是礼乐涵养之法了。在《礼记正义·坊记》中,孔子说:"君子之道,辟则坊与?坊民之所不足者也。大为之坊,民犹踰之。故君子礼以坊德,刑以坊淫,命以坊欲。"(郑玄,1999:1399)

注意,上面引文里的"坊"通"防",有"预防""防止"的意思。所以这段话的意思就是,防止心行之辟,便是君子之道,但民众却做得不够,特别是在以礼防德、以刑防淫和以命防欲等重要方面尤其不足。

实际上,对于圣道心法而言,学而时习,习学靠的就是礼乐;迁善改过,迁改靠的也是礼乐。从根本上讲,礼乐涵养就是内外皆修习学迁改的有效途径:礼以规外,乐以治内,便可以成就诚明君子。因此,明白了圣道中庸心法的治心纲要,接下来就应该给出"致中和"的具体途径。

一、礼乐内外兼修

在先秦,按照孔子及其弟子们不断加以阐述的心法修养思想,对中正诚明君子的全面培养,主要是依靠孔子所传授的《六经》之教。对此,孔子在《礼记正义·经解》中就说得非常明确了,孔子指出(郑玄,1999:1368):

入其国,其教可知也。其为人也温柔敦厚,《诗》教也。疏通知远,《书》教也。广博易良,《乐》教也。洁静精微,《易》教也。恭俭庄敬,《礼》教也。属辞比事,《春秋》教也。故《诗》之失愚,《书》之失诬,《乐》之失奢,《易》之失贼,《礼》之失烦,《春秋》之失乱。其为人也温柔敦厚而不愚,则深于《诗》者也。疏通知远而不诬,则深于《书》者也。广博易良而不奢,则深于《乐》者也。洁静精微而不贼,则深于《易》者也。恭俭庄敬而不烦,则深于《礼》者也。属辞比事而不乱,则深于《春秋》者也。

就修身正心而言,除了诗教(所谓"温柔敦厚")外,不管是外在行为规范(所谓"恭俭庄敬"),还是内心存养(所谓"广博易良"),都需要礼乐的途径方能实现。这样,加上诗乐同源,因此,强调礼乐涵养作用,便是圣道心法实践的主要途径。有关这方面的系统论述,主要集中在《礼记》中。

通过礼乐修身正心的目的就是要调和性情和规范仁义。比如就对治人情和人义而言,《礼记正义·礼运》就认为是离不开约之于礼的:"故圣王修义之柄、礼之序,以治人情。故人情者,圣王之田也,修礼以耕之,陈义以种之,讲学以耨之,本仁以聚之,播乐以安之。故礼也者,义之实也。协诸义而协。则礼虽先王未之有,可以义起也。"(郑玄,1999:709)其中的"人情"和"人义"以及以礼而治的道理,《礼记正义·礼运》有进一步比较详尽的论述:"何谓人情?喜、怒、哀、惧、爱、恶、欲,七者弗学而能。何谓人义?父慈、子孝、兄良、弟弟、夫义、妇听、长惠、幼顺、君仁、臣忠,十者谓之人义。讲信修睦,谓之人利,争夺相杀,谓之人患。故圣人之所以治人七情,修十义,讲信修睦,尚辞让,去争夺,舍礼何以治之?饮食男女,人之大欲存焉。死亡贫苦,人之大恶存焉。故欲恶者,心之大端也。人藏其心,不可测度也。美恶皆在其心,不见其色也。欲一以穷之,舍礼何以哉!"(郑玄,1999:689)可见其言之全面到位。

除了礼治,对于建立中正和乐之心态,更是须臾离不开化之于乐的。在《礼记正义·乐记》中,与《中庸》的天命之为性与喜怒哀乐之未发的性情观相呼应,也肯定了"天之性"并将所发之情引申到"性之欲",从而明确了先王制礼乐以治心的缘由,就是要化物欲、平好恶,返人心于天性之正,遂给出如下论述(郑玄,1999:1083-1084):

> 人生而静,天之性也。感于物而动,性之欲也。物至知知,然后好恶形焉。好恶无节于内,知诱于外,不能反躬,天理灭矣。夫物之感人无穷,而人之好恶无节,则是物至而人化物也。人化物也者,灭天理而穷人欲者也。于是有悖逆诈伪之心,有淫泆作乱之事。是故强者胁弱,众者暴寡,知者诈愚,勇者苦怯,疾病不养,老幼孤独不得其所,此大乱之道也。是故先王之制礼乐,人为之节。衰麻哭泣,所以节丧纪也。钟鼓干戚,所以和安乐也。昏(婚)姻冠笄,所以别男女也。射乡食飨,所以正交接也。礼节民心,乐和民声,政以行之,刑以防之。礼、乐、刑、政,四达而不悖,则王道备矣。

所以,礼乐并举,内外兼修,方可修身正心。因此《礼记正义·文王世子》有曰:"凡三王教世子,必以礼乐。乐所以修内也,礼所以修外也。礼乐交错于中,发形于外,是故其成也怿,恭敬而温文。"(郑玄,1999:634-635)

当然,互为表里的礼与乐之教化作用是不同的,只有相互补充,方能到达中和之境。对此,《礼记》作了比较深刻的论述。比如据《礼记正义·仲尼燕居》记载,孔子曰:"礼也者,理也,乐也者,节也。君子无理不动,无节不作。……达于礼而不达于乐,谓之素。达于乐而不达于礼,谓之偏。"(郑玄,1999:1387)以及"言而履之,礼也。行而乐之,乐也。君子力此二者,以南面而立,夫是以天下太平也。"(郑玄,1999:1390)在这一方面,《礼记·乐记》中论述地更为全面:

(1)乐者为同,礼者为异。同则相亲,异则相敬。乐胜则流,礼胜则离。合情饰貌者,礼乐之事也。……仁爱以之,义以正之。如此,则民治行矣。乐由中出,礼自外作。乐由中出,故静。礼自外作,故文。大乐必易,大礼必简。乐至则无怨,礼至则不争。揖让而治天下者,礼乐之谓也。(郑玄,1999:1085-1086)

(2)乐者,天地之和也。礼者,天地之序也。和故百物皆化,序故群物皆别。乐由天作,礼以地制。过制则乱,过作则暴。明于天地,然后能兴礼乐也。论伦无患,乐之情也。欣喜欢爱,乐之官也。中正无邪,礼之质也。庄敬恭顺,礼之制也。(郑玄,1999:1090)

(3)仁近于乐,义近于礼。乐者敦和,率神而从天。礼者别宜,居鬼而从地。故圣人作乐以应天,制礼以配地。礼乐明备,天地官矣。(郑玄,1999:1093-1094)

(4)乐也者,施也。礼也者,报也。乐,乐其所自生,而礼,反其所自始。乐章德,礼报情,反始也。(郑玄,1999:1114)

(5)乐也者,情之不可变者也。礼也者,理之不可易者也。乐统同,礼辨异。礼乐之说,管乎人情矣。穷本知变,乐之情也。著诚去伪,礼之经也。礼乐偩天地之情,达神明之德,降兴上下之神,而凝是精粗之体,领父子君臣之节。(郑玄,1999:1116)

(6)乐也者,动于内者也。礼也者,动于外者也。故礼主其减,乐主其盈。礼减而进,以进为文。乐盈而反,以反为文。礼减而不进则销,乐盈而不反则放,故礼有报而乐有反。礼得其报则乐,乐得其反则安。礼之报,乐之反,其义一也。"(郑玄,1999:1142)

归纳上述观点,总的来说,乐由中出,配天性,从和近仁,治心之和,与内在性情的修养紧密关联,而"乐得其反则安";礼自外作,配地理,别宜近义,治躬之顺,与外在行为的修养紧密关联,而"礼得其报则乐"。

因此《礼记正义·礼器》说:"礼也者,反其所自生。乐也者,乐其所自成。是故先王之制礼也以节事,修乐以道志。故观其礼乐而治乱可知也。"(郑玄,1999:756)可见,两者相辅相成,是君子道德修养之根本,这就是为什么《礼记正义·乐记》强调"礼乐不可斯须去身"(郑玄,1999:1139)的原因。

二、致礼治躬庄敬

《礼记正义·祭统》就礼而言便有:"凡治人之道,莫急于礼。"(郑玄,1999:1345)这是因为《礼记正义·曲礼》:"道德仁义,非礼不成。教训正俗,非礼不备。"(郑玄,1999:14)即使是"智"与"仁",能守不失,最终也离不开礼,否则都不可能到达至善之境。因此在《论语注疏·卫灵公》中,孔子曰:"知及之,仁不能守之,虽得之,必失之。知及之,仁能守之,不庄以莅之,则民不敬。知及之,仁能守之,庄以莅之,动之不以礼,未善也。"(何晏,1999:216)甚至在《论语注疏·尧曰》中孔子强调指出:"不知礼,无以立也。"(何晏,1999:270)

那么,礼的具体内容和要求是什么呢？应该说周礼是非常繁琐的,所谓礼仪三百,威仪三千,难以一言而尽。如果从修治人心的原则上讲,大致是"有本有文"的。在《礼记正义·礼器》中关于"有本有文"是这么论述的:"先王之立礼也,有本有文。忠信,礼之本也。义理,礼之文也。无本不立,无文不行。"(郑玄,1999:717)具体而言,有对外在仪礼的要求,有对内在庄敬的要求,也有对行为规范的要求。

比如,《礼记正义·冠义》所言:"凡人之所以为人者,礼义也。礼义之始,在于正容体,齐颜色,顺辞令。容体正,颜色齐,辞令顺,而后礼义备。以正君臣,亲父子,和长幼。君臣正,父子亲,长幼和而后礼义立。故冠而后服备,服备而后容体正,颜色齐,辞令顺。"(郑玄,1999:1614-1615)多半是讲外在仪礼上的要求。

而《礼记正义·乐记》所说的："致礼以治躬,则庄敬,庄敬则严威。心中斯须不和不乐,而鄙诈之心入之矣。外貌斯须不庄不敬,而易慢之心入之矣。"(郑玄,1999:1140)以及《礼记正义·曲礼》说:"夫礼者,自卑而尊人,虽负贩者必有尊也,而况富贵乎?"(郑玄,1999:17)则多半是对内生"庄敬"之心的要求。

显然,治心之要,更在于内生"庄敬",故更为以礼治心所重视。《礼记正义·表记》引用孔子的话讲:"君子庄敬日强,安肆日偷。君子不以一日使其躬儳焉如不终日。"(郑玄,1999:1470)特别是在《礼记正义·哀公问》中,孔子认为:"古之为政,爱人为大。所以治爱人,礼为大。所以治礼,敬为大。……弗爱不亲,弗敬不正,爱与敬,其政之本与!"(郑玄,1999:1375-1376)

那么如何能够做到"庄敬"呢?关于这一点,在《礼记正义·哀公问》中鲁哀公与孔子的一段对话,说得比较全面,引用如下(郑玄,1999:1379):

(哀)公曰:"敢问何谓敬身?"孔子对曰:"君子过言则民作辞,过动则民作则。君子言不过辞,动不过则,百姓不命而敬恭。如是则能敬其身。能敬其身,则能成其亲矣。"公曰:"敢问何谓成亲?"孔子对曰:"君子也者,人之成名也。百姓归之名,谓之君子之子,是使其亲为君子也。是为成其亲之名也已。"孔子遂言曰:"古之为政,爱人为大。不能爱人,不能有其身。不能有其身,不能安土。不能安土,不能乐天。不能乐天,不能成其身。"

要到达庄敬的要求,其原则就是孔子所说的"克己复礼"。而"克己复礼"给出的具体要求,就是前面引《论语注疏·颜渊》中孔子所说的:"非礼勿视,非礼勿听,非礼勿言,非礼勿动。"(何晏,1999:157)至于具体行为规范,在《礼记正义·坊记》给出的就是:"小人贫斯约,富斯骄。约斯盗,骄斯乱。礼者,因人之情而为之节文,以为民坊者也。故圣人之制富贵也,使民富不足以骄,贫不至于约,贵不慊于上,故乱益亡。"(郑玄,1999:1400)

当然,礼敬也要符合中庸之道。在《礼记正义·仲尼燕居》中孔子曰:

"敬而不中礼谓之野,恭而不中礼谓之给,勇而不中礼谓之逆。"(郑玄,1999:1382)孔子又曰:"给夺慈仁。"当子贡越席而对曰:"敢问将何以为此中者也?"孔子曰:"礼乎礼!夫礼所以制中也。"子贡退,言游进曰:"敢问礼也者,领(治)恶而全好者与?"子曰:"然。"(郑玄,1999:1383)这里所强调的都是礼敬要适宜中正,不可偏颇。

总之,《礼记正义·曲礼》曰:"毋不敬,俨若思,安定辞。安民哉!敖不可长,欲不可从,志不可满,乐不可极。……夫礼者,所以定亲疏,决嫌疑,别同异,明是非也。……修身践言,谓之善行。行修言道,礼之质也。"(郑玄,1999:6-13)这便是约之于礼的总体目标。当然,这样的目标的达成,是要通过长期潜移默化来养成的。所以《礼记正义·经解》云:"故礼之教化也微,其止邪也于未形,使人日徙善远罪而不自知也,是以先王隆之也。易曰:'君子慎始。差若豪厘,缪以千里。'"(郑玄,1999:1373)讲的就是在日常生活中要时刻注意防微杜渐。

三、致乐达成中和

就内心存养途径,相对于礼教作用效果而言,乐教的内化作用效果更为先哲们所重视。其实在孔子看来,对于君子而言,仁道的成就,其过程就是在《论语注疏·泰伯》中所言的"兴于《诗》,立于礼,成于乐。"(何晏,1999:104)也就是说,虽然要以礼而立,但最终是通过"乐"来达成的。

这方面,《礼记正义·乐记》给出了一种比较完善的解答。《乐记》,为孔子的再传弟子公孙尼子所著。公孙尼子继承了孔子礼乐修身,特别是内心存养"成于乐"的思想,并加以发扬光大,形成了"致中和"比较完善的治心方略。

《礼记正义·乐记》对音乐与人心的关系作了明确界定,认为音乐产生于人心,是人心感动于事物的结果。对此,《礼记正义·乐记》开篇就指出:

凡音之起,由人心生也。人心之动,物使之然也。感于物而动(所谓情动于中),故形于声。声相应,故生变,变成方,谓之音。比音而乐之,及干戚、羽旄,谓之乐。乐者,音之所由生也,其本在人心之感于物也。(郑玄,1999:1074)

那么,就内在修养而言,音乐又是如何可以"治心"的呢?关于这一点,《礼记正义·乐记》中有较为详细的论述:

(1)乐也者,圣人之所乐也,而可以善民心。其感人深,其移风易俗,故先王著其教焉。夫民有血气心知之性,而无哀乐喜怒之常,应感起物而动,然后心术形焉。(郑玄,1999:1103-1104)

(2)故曰:乐者,乐也。君子乐得其道,小人乐得其欲。以道制欲,则乐而不乱;以欲忘道,则惑而不乐。是故君子反情以和其志,广乐以成其教。乐行而民乡方,可以观德矣。(郑玄,1999:1111)

(3)致乐以治心,则易、直、子、谅之心油然生矣。易、直、子、谅之心生则乐,乐则安,安则久,久则天,天则神。天则不言而信,神则不怒而威,致乐以治心者也。(郑玄,1999:1139)

(4)故乐者,天地之命,中和之纪,人情之所不能免也。(郑玄,1999:1145)

(5)夫乐者,乐也,人情之所不能免也。乐必发于声音,形于动静,人之道也。声音动静,性术之变,尽于此矣。故人不耐无乐,乐不耐无形。形而不为道,不耐无乱。先王耻其乱,故制《雅》《颂》之声以道之,使其声足乐而不流,使其文足论而不息,使其曲直、繁瘠、廉肉、节奏,足以感动人之善心而已矣,不使放心邪气得接焉。是先王立乐之方也。(郑玄,1999:1143-1144)

总之,不难明白,音乐是可以"善民心"而"和其志"的,通过音乐来"治心",可以达到"易、直、子、谅之心油然生矣"。"易、直、子、谅之心",即所谓《大学》所说的正心的结果:无忧患则平和(易)、无恐惧则率真(直),无忿懥则慈爱(子)、无好乐则诚恕(谅),从而获得内心的乐、安、久、天,乃至神。因此,音乐正是调节人情达成"中和"境界的根本。可以说,在圣道心法看来,乐不但是大本之用,也是已发之和。所以乐以合道,为治心之重要途径。

明眼人不难看出,从子思的"天命之谓性,率性之谓道",到公孙的"致乐以治心"之间,从思想完整性上讲,似乎还缺少无缝连接的桥梁。而沟通其间联系的桥梁,正是近年在考古楚墓中发现的逸书,名为《性自命出》,为郭店出土竹简(荆门市博物馆,1998:177-183)。《性自命出》的另一个版本称为《性情论》(马承源,2001:281-301)。

《性自命出》和《性情论》也为上海博物馆收购的竹简,均为战国时期楚墓出土竹简,其作者不详。据考证当为战国中期作品,应该属于子思学派门徒的作品。该作品虽然晚出,观其内容与思想,则介乎《中庸》与《乐记》之间,正好起到思想上的承接作用。因此,与《中庸》《乐记》一起,可以完整呈现中庸心法的全貌。我们将此两篇相互比较,择其优者而成文。《性自命出》开篇是这样的(荆门市博物馆,1998:179):

> 凡人唯有性,心亡定志,待物而后作,待悦而后行,待习而后定。喜怒哀悲之气,性也。及其见于外,则物取之也。性自命出,命自天降。(人)道始于情,情生于性。始者近情,终者近义。知情者能出之,知义者能纳之。好恶,性也。所好所恶,物也。善不善,性也,所善所不善,势也。凡性为主,物取之也。

这段文字讲述三个重要观点,第一强调心之性是人的根本,喜怒哀悲是性取物的表现,并举例说明;然后给出了忘心定志的不同阶段为待物而作、待悦而行、待习而定;第二强调性出自天命,应该源自于《中庸》的"天命之为性"的观点;第三则具体论述了性与情、情与义的关系。然后,接下来开始论述影响性之表现的种种不同的用心途径(荆门市博物馆,1998:179):

> (四海)之内其性一也。其用心各异,教使然也。凡性或动之,或逆之,或交之,或厉之,或出之,或养之,或长之。凡动性者,物也;逆性者,悦也;交性者,故也;厉性者,义也;出性者,势也;养性者,习也;长性者,道也。凡见者之谓物,快于己者之谓悦,物之势者之谓势,有为也者之谓故。义也者,群善之蕴也。习也者,有以习其性也。道也者,群物之道。

一旦明确了"长性者,道也",那么心术之道也就成为人道可以教授的方法了,从而达成中和之境,并与音乐治心之教关联起来。于是就有了如下的陈述(荆门市博物馆,1998:179):

> 凡道,心术为主。道四术也,唯人道为可道也。其三术者,道之而已。圣人比其类而论会之,观其先之后而逆训之,体其义而节度之,理其情而出纳之,然后复以教。教,所以生德于中者也。……凡

古乐龙心,益乐龙指,皆教其人也。

因此,通过"乐之动心也"而情即为心之表现,于是就形成如下比较系统的、音乐调和性情的心法(荆门市博物馆,1998:180):

> 乐之动心也。……凡学者求其心为难,从其所(情)伪,近得之矣,不如以乐之速也。虽能其事,不能其心,不贵。求其心有伪也,弗得之矣。人之不能以伪也,可知也。不过十举,其心必在焉,察其见者,情安失哉?……所为道者四,唯人道为可道也。凡用心之躁者,思为甚。用智之疾者,患为甚。用情之至者,哀乐为甚。用身之弁者,悦为甚。用力之尽者,利为甚。……凡人情为可悦也。苟以其情,虽过不恶;不以其情,虽难不贵。苟有其情,虽未之为,斯人信之矣。

从而把心法落实到修身至仁之上:"闻道反己,修身者也。……修身近至仁。"(荆门市博物馆,1998:181)

虽然,《性自命出》整篇文思不够连贯(也许是竹简编排难以复原的缘故),但其中涉及的心法思想,恰巧将《中庸》的"性命中和"理论与《乐记》"致乐治心"途经,沟通了起来,形成了一个联络的桥梁。这样一来,就使得自孔子以来,经三代努力建立起来的中庸心法,趋于完备,形成最早的中华心法体系:中庸心法体系。

中庸心法体系,尽管到了秦汉之际中断了传承,但其主要思想,通过相关文献的留存,一直影响着整个中华文明思想体系的传承、重建和发展。中庸心法体系之后,即使后世产生的各种相对独立的心法体系,也都无不铭刻着其深深的烙印。

第三节　易传退藏洗心

圣道心法的第三个组成部分,体现在《易传》心法的论述之中。《易传》虽不完全出自孔子之手,但其中实有不少引用孔子的语录,加上更多的是对孔子思想的引申和发挥,因此其主要内容是属于圣道思想体系的。特别需要强调的是,《易传》中的众多卦象词语,成为后世诸多心法学派不断创新发展的重要"概念库"。就此而言,在中华心法发展的历程中,恐怕是没有任何一部先秦书籍可以与之匹敌。

一、易传进德修业

《周易》之经文部分(《易经》),形成于周初,主要是为占筮之书。据李学勤的考证认为:"《周易》经文所见人物及其事迹,确实都是很古老的。经文的形成很可能在周初,不会晚于西周中叶。顾颉刚先生的观点,看来是可信的。"(李学勤,1992:14)

在《易经》里,基本上没有什么心法思想,这是没有什么疑问的。通观《易经》,其中与"心法"沾边的卦辞或爻辞,仅有如下4条:(1)"坎"卦中卦辞有"习坎:有孚,维心亨,行有尚"。(2)"泰"卦中九二爻辞有"得尚于中行"。(3)"益"卦中六三爻辞有"有孚,中行,告公用圭"。以及(4)"夬"卦中九五爻辞有"苋陆夬夬,中行无咎"。考虑到这些词语比较个别,并不能形成系统的思想,加上其所论述的"中行"思想,在《易传》中有更加完善的体现,因此我们在阐述《周易》的心法思想中,对于《易经》不予考虑。

与运用"筮"法并套用《易经》中的卦辞和爻辞来断言凶吉不同,《易传》的作者们主要是对《易经》作义理解释的,其中包含了丰富的心法思想。《易传》的这种义理性解释传统,一直可以追溯到孔子。

司马迁在《史记·孔子世家》称:"孔子晚而喜易,序彖、系、象、说卦、文言。读易,韦编三绝。曰:假我数年,若是,我于易则彬彬矣。"(司马迁,1985:227)而《论语》中有关孔子谈"易"的记载也有两条,一条出现在《论语注疏·述而》中,是孔子自述:"加我数年,五十以学《易》,可以无大过矣。"(何晏,1999:91)应该是孔子晚年70多岁时所说的话,大概意思是:如果加我数年,并从五十岁就开始学易,那么我这一生,大概就没有什么大过了。另一条出现在《论语注疏·子路》中,是孔子对"恒"卦所作的义理阐述,孔子说:"南人有言曰:'人而无恒,不可以作巫医。'善夫!不恒其德,或承之羞。"并接着说:"不占而已矣。"(何晏,1999:179)

根据马王堆出土考古文献《要篇》的内容,关于孔子好易述易的记载更为全面。《要篇》记载有:"夫子老而好易,居则在席,行则在囊。子贡曰:夫子它日教此弟子曰:'德行亡者,神灵之趋;智谋远者,卜筮之系。'赐以此为然矣。……夫子何以老而好之乎?夫子曰:'君子言以据方也,前羊而至者,弗羊而巧也。察其要者,不越其福。尚书多于矣,周易未失也,且有古之遗言焉。予非安其用也,而乐其辞。……'子贡曰:'如是,则君子已重过矣。'赐闻诸夫子曰:'身正而行义,则人不惑矣。夫子今不安其用而乐其辞,则是用倚于人也,而可乎?'……子贡问:'夫子亦信其筮乎?……'子曰:'易,我后其祝卜矣!我观其德义耳也。幽赞而达于数,明数而达乎德,又仁守而义行之耳。赞而不达于数,则其为之巫;数而不达于德,则其为之史。史巫之筮,乡之而未也,好之而非也。后世之士疑丘者,或以易乎?吾求其德而已,我与史巫同涂而殊归者也。君子德行焉求福,故祭祀而寡也。仁义焉求吉,故卜筮而希也。祝巫卜筮其后乎?'"(唐兰,1980至1985;韩中民,1998)

结合上述文献记载,基本上可以肯定,孔子晚年确实好《易》,但不赞成用《易》来占卜,所谓"不占而已",而是"观其德义"。因此,可以说,孔子是开创用义理解《易》的第一人,并强调《易经》道德修养的作用。

综上所论,今本《易传》虽然不是孔子的作品(钱穆就认为:"孔子实未尝传易,今十传皆不出孔子。世家亦但言孔子四十七不仕而修诗书礼乐,并不及易。")(钱穆,1992:14),但一定是秉承了孔子思想而陆续形成的成果。特别是在《易传》其中明确出现"子曰"的内容,可能就是孔子思想直接的体现。所以司马迁在《史记·仲尼弟子列传》所说《易》的传承是"孔子传《易》于瞿,瞿传楚人馯臂子弘,弘传江东人矫子庸疵,疵传燕人周子家竖,竖传淳于人光子乘羽,羽传齐人田子庄何,何传东武人王子中同,同传菑川人杨何,何元朔中以治易为汉中大夫。"(司马迁,1985:253)如果把"馯臂子弘"看作是商瞿子木门人的子弓,那么子弓在世前后,诸儒对《易经》所作的义理性阐释,可能正是产生《易传》主要篇章的阶段。

所以,在孔子之后正是诸儒的不断发展中,逐步形成了最终的《易传》。比如,《左传》记载韩起见过名叫《易象》的书,说明在《易传》撰成之前,已经存在过类似解释卦象的书籍,供筮占者学习使用,而且还具有独到见解。当然,《易传》中也可能包括子思学派儒生的参与(李学勤,1992:72-83),形成了众多不同角度对《易经》解释的文献,而其中的一部分,在战国中期被结集为《易传》一书。

在《易传》中,可能其中的《序卦》和《杂卦》要晚些,为战国后期作品,因为出土的帛书《周易》卦序跟今本不一致,而《序卦》是按照今本卦序演绎的。因此我们在论述《易传》心法思想中不考虑《序卦》和《杂卦》的内容。

从整体上看,《易传》按照"圣人作易以垂教也"的原则,对卦象进行道德引申性的阐释,为君子道德修养提供基本准则。其中阐释原则,主要体现在如下三个方面。

(1)就整体指导思想而言,是贯彻以天道喻人事的原则,将天道、世道和人道有机联系起来,遵循天人同道的思想。天道立阴阳,世道立刚柔,人道立仁义,不过都是体现在不同尺度上的易道反映而已。

(2)就结构布局而言,强调六十四卦的德义阐释相互关联的原则,因而形成了一个较为有机统一的道德说教体系。不但强调"八卦相荡"的刚柔相济之法,而且通过八卦之义的相互叠加,形成六十四卦的德义阐发。

(3)就每一个卦象的阐释而言,则充分贯彻了"时中"原则,就是既强调"中道"思想,又强调"因时"原则。所谓"时中",讲的就是"随时变易以从道",是随时而中。易道的中和之道,从本质上即是时中。

当然,《易传》有关道德修养方面的具体论述,则主要体现在对具体卦象的《文言》《彖传》和《象传》引申解说之中。其中,《文言》仅对乾坤两卦之德做了展开说明,《彖传》给出卦象的总义;而《象传》给出具体修养要求,包括每卦《大象》以及六爻《小象》的具体步骤或注意事项。

易以乾道为准则,因此其主旨便在"乾卦"义理的阐释之中,大致思想就是强调恪守中道、自强不息、进德修业。(1)其《彖》曰指出:"乾道变化,各正性命,保合太和,乃利贞",是为总义;(2)其卦《象》曰指出:"天行健,君子以自强不息",这是道德修养的要求;而自强不息的具体过程则体现在从初九到上九的爻《象》论述中,其中乾卦二、五之位,皆上下经卦居中位者,唯言"利见大人",但守中之道,方能成就大人之谓也。而"初九,潜龙不用"和"上九,亢龙有悔",过与不及,皆君子不为也。余者"三九,终日乾乾"或"四九,或跃在渊",强调的都是"进德修业"之旨。最后,统言"用九,见群龙无首,吉"者,寓意天德不可为首,所谓过犹不及,其都充分体现了中道思想的。(3)在《文言》中,则又借孔子之言,对此有系统论述,无他,不过就是强调"恪守中道、自强不息"之意。

第二章 圣道中和

为了比较完整地了解孔子晚而好易所"观其德义"的主要思想,以便更好地理解《易传》中有关心法思想的主旨,我们将"乾卦"《文言》全文录此(王弼、孔颖达,1999:12-24):

元者善之长也,亨者嘉之会也,利者义之和也,贞者事之干也。君子体仁足以长人,嘉会足以合礼,利物足以和义,贞固足以干事。君子行此四德者,故曰:"乾,元、亨、利、贞。"

初九曰:"潜龙勿用,"何谓也?子曰:"龙德而隐者也,不易乎世,不成乎名,遁世无闷,不见是而无闷,乐则行之,忧则违之,确乎其不可拔,'潜龙'也。"九二曰:"见龙在田,利见大人,"何谓也?子曰:"龙德而正中者也。庸言之信,庸行之谨,闲邪存其诚,善世而不伐,德博而化。《易》曰'见龙在田,利见大人'。君德也。"九三曰:"君子终日乾乾,夕惕若厉,无咎,"何谓也?子曰:"君子进德修业。忠信所以进德也。修辞立其诚,所以居业也。知至至之,可与几也。知终终之,可与存义也。是故居上位而不骄,在下位而不忧。故乾乾因其时而惕,虽危无咎矣。"九四曰:"或跃在渊,无咎,"何谓也?子曰:"上下无常,非为邪也。进退无恒,非离群也。君子进德修业,欲及时也,故无咎。"九五曰:"飞龙在天,利见大人,"何谓也?子曰:"同声相应,同气相求。水流湿,火就燥,云从龙,风从虎,圣人作而万物睹,本乎天者亲上,本乎地者亲下,则各从其类也。"上九曰:"亢龙有悔,"何谓也?子曰:"贵而无位,高而无民,贤人在下位而无辅,是以动而有悔也。"

"潜龙勿用",下也。"见龙在田",时舍也。"终日乾乾",行事也。"或跃在渊",自试也。"飞龙在天",上治也。"亢龙有悔",穷之灾也。乾元"用九",天下治也。"潜龙勿用",阳气潜藏。"见龙在田",天下文明。"终日乾乾",与时偕行。"或跃在渊",乾道乃革。"飞龙在天",乃位乎天德。"亢龙有悔",与时偕极。乾元"用九",乃现天则。

"乾元"者,始而亨者也。"利贞"者,性情也。乾始,能以美利利天下,不言所利,大矣哉!大哉乾乎,刚健中正,纯粹精也!六爻发挥,旁通情也。"时乘六龙",以御天也。"云行雨施",天下平也。

君子以成德为行,日可见之行也。潜之为言也,隐而未见,行而未成,是以君子弗用也。君子学以聚之,问以辩之,宽以居之,仁以行之。《易》曰"见龙在田,利见大人",君德也。九三,重刚而不中,上不在天,下不在田。故乾乾因其时而惕,虽危无咎矣。九四,重刚而不中,上不在天,下不在田,中不在人,故或之。或之者,疑之也,故无咎。

夫"大人"者,与天地合其德,与日月合其明,与四时合其序,与鬼神合其吉凶。先天而天弗违,后天而奉天时。天且弗违,而况于人乎?况于鬼神乎?"亢"之为言也,知进而不知退,知存而不知亡,知得而不知丧,其唯圣人乎!知进退存亡,而不失其正者,其唯圣人乎!

上述"乾卦"《文言》中的思想,反映的主要是孔子的思想(子曰部分),主要强调这样一些要点:(1)君子要行"元、亨、利、贞"之四德;(2)根据乾卦六爻处位不同,君子当遵"用之则行,舍之则藏"之原则,或遁世无闷,或言行中正,或进德修业,或自强不息,或行以天德,遵循时中原则;(3)修养的最高境界是要成为"大人",继而成就"知进退存亡,而不失其正者"之圣人!

与"乾卦"相辅相成的,就是"坤卦",其《文言》也包含了重要的心法思想。"坤卦"《文言》全文如下(王弼、孔颖达,1999:30-33):

坤至柔而动也刚,至静而德方。后得主而有常,含万物而化光。"坤"道其顺乎?承天而时行!积善之家,必有余庆。积不善之家,必有余殃。臣弒其君,子弒其父,非一朝一夕之故,其所由来者渐矣,由辩之不早辩也。《易》曰:"履霜坚冰至",盖言顺也。直其正也,方其义也。君子敬以直内,义以方外,敬义立而德不孤。"直方大,不习无不利",则不疑其所行也。阴虽有美,含之以从王事,弗敢成也。地道也,妻道也,臣道也。地道无成,而代有终也。天地变化,草木蕃,天地闭,贤人隐。《易》曰"括囊无咎无誉",盖言谨也。君子黄中通理,正位居体,美在其中,而畅于四支,发于事业,美之至也。阴疑于阳必战。为其嫌于无阳也,故称"龙"焉。犹未离其类也,故称"血"焉。夫玄黄者天地之杂也,天玄而地黄。

上述"坤卦"《文言》中的思想,主要强调这样一些要点:(1)坤柔至静,顺天而行,"含万物而化光",若阴阳不和则必生乱;(2)君子所尚"敬以直内,义以方外",此行德之心要;(3)坤道积善含章,所以"君子黄中通理,正位居体,美在其中,而畅于四支,发于事业,美之至也!"

如果说乾动象征智性,"乃现天则";而坤静象征仁性,"美在其中";那么乾坤《文言》中强调乾坤相辅相成之道,正好对应仁智双运的心法主张,其也可以看作的整部《易传》心法的宗旨!

二、卦象治心途径

《易传》更为系统地阐述心法思想是通过"八卦相荡"的刚柔相济之法,来给出有关心性修养的系统途径,这里我们通过天道顺数而人道逆数的逆向先天八卦顺序,来给出八卦修养有关的解说。

(1)坤卦《彖》曰:"至哉坤元!万物资生,乃顺承天,坤厚载物,德合无疆。含弘光大,品物咸亨,牝马地类,行地无疆。"《象》曰:"地势坤,君子以厚德载物。"(王弼、孔颖达,1999:25-27)

(2)艮卦《彖》曰:"艮,止也。时止则止,时行则行,动静不失其时,其道光明。艮其止,止其所也。上下敌应,不相与也。是以不获其身。'行其庭不见其人,无咎也'。"《象》曰:"君子以思,不出其位。"(王弼、孔颖达,1999:214)

(3)坎卦《彖》曰:"'习坎',重险也。水流而不盈,行险而不失其信。'维心亨',乃以刚中也。'行有尚',往有功也。"《象》曰:"君子以常德行,习教事。"(王弼、孔颖达,1999:129-131)

(4)巽卦《彖》曰:"重巽以申命。刚巽乎中正而志行。柔皆顺乎刚。"《象》曰:"君子以申命行事。"(王弼、孔颖达,1999:231-232)

(5)震卦《彖》曰:"'震来虩虩',恐致福也。'笑言哑哑',后有则也。'震惊百里',惊远而惧迩也。"《象》曰:"君子以恐惧修省。"(王弼、孔颖达,1999:210)

(6)离卦《彖》曰:"重明以丽乎正,乃化成天下。"《象》曰:"大人以继明照于四方。"(王弼、孔颖达,1999:134-135)

(7)兑卦《彖》曰:"兑,说也。……说以先民,民忘其劳;说以犯难,民忘其死。兑之大,民劝矣哉!"《象》曰:"君子以朋友讲习。"(王弼、孔颖达,1999:234-235)

(8)乾卦《彖》曰:"大哉乾元!万物资始,乃统天。……乾道变化,各

正性命。保合大和,乃利贞。"《象》曰:"天行健,君子以自强不息。"(王弼、孔颖达,1999:7-10)

值得注意的是,除了上述"八卦"比较完整的君子"心性修养"思想论述外,《易传》在心法修养的其他卦象解说中,还有不少是直接针对内心存养的,这里择其要者罗列如下,以窥其一斑:

(1)蒙卦《彖》曰:"'蒙,亨',以亨行,时中也。……蒙以养正,圣功也。"《象》曰:"君子以果行育德。"(王弼、孔颖达,1999:38-39)所谓成圣功夫,只是"蒙以养正";依此,行之必果,所以育德。

(2)小畜《彖》曰:"柔得位而上下应之,曰'小畜'。健而巽,刚中而志行,乃亨。"《象》曰:"君子以懿文德。"(王弼、孔颖达,1999:58-59)

(3)大有《彖》曰:"其德刚健而文明,应乎天而时行,是以'元亨'。"《象》曰:"君子以遏恶扬善,顺天休命。"(王弼、孔颖达,1999:76-77)遏恶扬善,以顺天命,天下文明!

(4)无妄《彖》曰:"刚自外来而为主于内。动而健,刚中而应。大亨以正,天之命也。"《象》曰:"先王以茂对时育万物。"(王弼、孔颖达,1999:115-116)圣王"时育万物",所以爱人利群、亲民兴邦、平和天下。

(5)大畜《彖》曰:"刚健笃实,辉光日新其德。刚上而尚贤,能止健,大正也。"《象》曰:"君子以多识前言往行,以畜其德。"(王弼、孔颖达,1999:119-120)反思以往言行,然后能畜仁德,所谓思过可以知仁。

(6)大过《彖》曰:"大者过也。"《象》曰:"君子以独立不惧,遁世无闷。"(王弼、孔颖达,1999:125-126)所谓"潜龙勿用"之谓。

(7)咸卦《彖》曰:"天地感而万物化生,圣人感人心而天下和平。观其所感,而天地万物之情可见矣。"《象》曰:"君子以虚受人。"(王弼、孔颖达,1999:139-140)所谓"感而遂通天下之故",所以君子当虚而受之,方能感此万物之情而致中和。

(8)大壮《彖》曰:"大壮,利贞,大者正也,正大而天地之情可见矣。"《象》曰:"君子以非礼弗履。"(王弼、孔颖达,1999:148-149)非礼勿履而正大,方能见天地之情。

(9)晋卦《彖》曰:"晋,进也。明出地上,顺而丽乎大明,柔进而上行。"《象》曰:"君子以自昭明德。"(王弼、孔颖达,1999:151-152)所谓自明其德、自现仁性之谓。

(10)明夷《彖》曰:"内文明而外柔顺,以蒙大难,文王以之。……内难而能正其志,箕子以之。"《象》曰:"君子以莅众,用晦而明。"(王弼、孔颖达,1999:155-156)所谓"先难而后获",内心蒙难然后能正志,所以"用晦而明"。

(11)蹇卦《彖》曰:"蹇,难也,险在前也。见险而能止,知矣哉!"《象》曰:"君子以反身修德。"(王弼、孔颖达,1999:165-166)见险而能止,返身修德,则能克难。

(12)解卦《彖》曰:"险以动,动而免乎险,解。"《象》曰:"君子以赦过宥罪。"(王弼、孔颖达,1999:168-169)释怀解冤,赦过宥罪,是为君子。

(13)升卦《彖》曰:"柔以时升。巽而顺,刚中而应,是以大亨。"《象》曰:"君子以顺德,积小以高大。"(王弼、孔颖达,1999:192)顺德积善,多行善举,积小善而成大德。

(14)鼎卦《彖》曰:"圣人亨,以享上帝,而大亨以养圣贤。"《象》曰:"君子以正位凝命。"(王弼、孔颖达,1999:205-206)正位以凝命,所以能养成圣贤之德。

(15)渐卦《彖》曰:"渐,之进也。女归吉也。进得位,往有功也。进以正,可以正邦也。其位,刚得中也。"《象》曰:"君子以居贤德善俗。"(王弼、孔颖达,1999:216-217)居则贤德善俗,乃君子之必当所。

(16)既济《彖》曰:"'终'止则'乱',其道穷也。"《象》曰:"君子以思患而豫防之。"(王弼、孔颖达,1999:250)所谓"豫则立,不豫则废";君子行事,首当"思患豫防",然后无"道穷"之患。

《易传》甚至还通过卦象刚柔相济的搭配组合,来系统解说内心存养的途径,同样贯彻运用"时中"心法思想的阐发。比如除了八卦相摩之外,《易传》还用"履"等九卦来系统地阐述君子九德,就是如此。具体喻九德的九卦《彖》《象》阐述罗列如下:

(1)履卦《彖》曰:"刚中正,履帝位而不疚,光明也。"《象》曰:"君子以辩上下、定民志。"(王弼、孔颖达,1999:63)所履贵行中道,所以要"辨上下,定民志"。

(2)谦卦《彖》曰:"谦尊而光,卑而不可逾,君子之终也。"《象》曰:"君子以裒多益寡,称物平施。"(初六)《象》曰:"'谦谦君子',卑以自牧也。"(王弼、孔颖达,1999:80-82)君子修道,当谦卑而自牧,所谓自立、自为、自得之道。

(3)复卦《彖》曰:"'反复其道,七日来复',天行也。……复,其见天地之心乎。"《象》曰:"先王以至日闭关,商旅不行,后不省方。"(王弼、孔颖达,1999:111-113)闭关修持,方能见"天地之心",感悟天地之道。

(4)恒卦《彖》曰:"天地之道,恒久而不已也。……圣人久于其道而天下化成。观其所恒,而天地万物之情可见矣。"《象》曰:"君子以立不易方。"(王弼、孔颖达,1999:144)修养之法,无他,贵在坚持,所谓恒久不已。

(5)损卦《彖》曰:"损益盈虚,与时偕行。"《象》曰:"君子以惩忿窒欲。"(王弼、孔颖达,1999:172-173)惩忿窒欲,修身养心首要所在,孔子的非礼勿视听言动。

(6)益卦《彖》曰:"益动而巽,日进无疆。天施地生,其益无方。凡益之道,与时偕行。"《象》曰:"君子以见善则迁,有过则改。"(王弼、孔颖达,1999:176-177)

(7)困卦《彖》曰:"险以说,困而不失其所亨。其唯君子乎!"《象》曰:"君子以致命遂志。"(王弼、孔颖达,1999:194-195)君子修身有得,必能"困而不失其所",所以必是"致命遂志"之士。

(8)井卦《彖》曰:"井养而不穷也,'改邑不改井',乃以刚中也。"《象》曰:"君子以劳民劝相。"(王弼、孔颖达,1999:199)所谓授之以鱼不如授之以渔,所以"养而不穷"。

(9)巽卦《彖》曰:"重巽以申命。刚巽乎中正而志行。"《象》曰"君子以申命行事。"(王弼、孔颖达,1999:231-232)"申命行事"方能"中正而志行"。

对此九卦喻九德,《系辞下》总结说:"作易者,其有忧患乎?是故履,德之基也。谦,德之柄也。复,德之本也。恒,德之固也。损,德之修也。益,德之裕也。困,德之辨也。井,德之地也。巽,德之制也。履,和而至。谦,尊而光。复,小而辨于物。恒,杂而不厌。损,先难而后易。益,长裕而不设。困,穷而通。井,居其所而迁。巽,称而隐。履以和行。谦以制礼。复以自知。恒以一德。损以远害。益以兴利。困以寡怨。井以辨

义。巽以行权。"(王弼、孔颖达,1999:312-314)

总之,君子九德,不可有火(九卦中皆无经卦"离"象),怒则丧德,不可不慎。君子之德贵行中和(履),必卑以自牧(谦),观心明性(复),长久保任(恒);所以惩忿窒欲(损),迁善改过(益),正身修德(困),劳民相助(井),然后风行以爱人(巽)。因此,以一斑窥全豹,《易传》阐述君子道德修养,其中正是体现了丰富的心法思想。

三、易道天人合一

归纳起来,《易传》中反映出来的心法思想,大致体现在:中道思想的传承与发展,洗心退藏的心法原则,以及一些具体内心存养的心法指导。下面我们就《系辞》《说卦》中的论述,分别加以作稍微详细的展开。

《易传》中的时中思想,是直接受到"中庸之道"思想影响的。一个明证就是艮卦《象》辞有"君子以思不出其位",本于《论语注疏·宪问》中曾子所曰:"君子思不出其位。"(何晏,1999:196)也与《礼记正义·中庸》"君子素其位而行,不愿乎其外"(郑玄,1999:1431)的思想一致。

不同的是,《易传》强调"恪守中道,进德修业",是一种积极性的"中庸之道",并从适时性动态变化的天道角度,加以引申发挥。因此,比较注重中庸之道和与时偕进的结合,形成"时中"的心法思想。"时中"的提法,最早见于《中庸》,其转述孔子的论述曰:"君子中庸,小人反中庸。君子之中庸也,君子而时中。小人之(反)中庸也,小人而无忌惮也。"(郑玄,1999:1424)在《易传》中,特别是《象传》,尤其强调中位为贵和因时而动,显然是传承了孔子以来的一贯思想的,并加以发展拓展了。

一方面,从《易传》中"彖"与"象"对六十四卦的全部解释中,不难看出,始终贯彻着中道思想。以重卦为言,则贵二与五中间爻位,而轻初与上两端爻位;以经卦为言,则又贵其中爻,故《系辞下》强调指出:"二与四同功,而异位,其善不同,二多誉,四多惧,近也。柔之为道,不利远者。其要无咎,其用柔中也。三与五同功,而异位,三多凶,五多功,贵贱之等也。"(王弼、孔颖达,1999:318)比如对坤卦"六五"中位的解释是"黄裳元吉,文在中也"。《文言》进一步引申为:"君子黄中通理,正位居体,美在其中,而畅于四支,发于事业,美之至也!"(王弼、孔颖达,1999:32)强调的都是中道思想。

另一方面,也是更重要的是,《易传》中的"时中"是将"时"与"中"联系起来看的,强调因时动态的中道观。比如蒙卦《彖》曰:"'蒙,亨',以亨行,时中也。……蒙以养正,圣功也。"(王弼、孔颖达,1999:38-39)大有《彖》曰:"其德刚健而文明,应乎天而时行,是以'元亨'。"(王弼、孔颖达,1999:76)升卦《彖》曰:"柔以时升。巽而顺,刚中而应,是以大亨。"(王弼、孔颖达,1999:192)以及艮卦《彖》曰:"时止而止,时行而行,动静不失其时,其道光明。"(王弼、孔颖达,1999:214)所强调的都是"因时而动"的思想,这便是一种进步。应该说,从动态发展的观点看事物的变化发展规律并加以把握,是《易传》心法思想的一大优势和特色。

除了贯彻"时中"的这一心法原则外,更重要的是,《易传》更加强调内心存养这一宗旨的。我们知道,从《易传》,特别是《文言》《彖传》《象传》对六十四卦的解释看,其主要是根据天道变化规律来指导人生及其道德修养的。因此《系辞》特别要求人们要据此来提高自己的道德精神的修养水平。

特别是《系辞上》中指出:"(孔子)子曰:'夫易,何为者也?夫易,开物成务,冒天下之道,如斯而已者也。'是故圣人以通天下之志,以定天下之业,以断天下之疑。……圣人以此洗心,退藏于密。吉凶与民同患。神以知来,知以藏往。其孰能与于此哉!古之聪明睿知神武而不杀者夫!是以明于天之道,而察于民之故,是兴神物以前民用。圣人以此斋戒,以神明其德夫。"(王弼、孔颖达,1999:286-288)更是要藏《易》道于内心,把《易》看作是修身养性的法宝,所谓"一阴一阳之谓道,继之者善也,成之者性也。仁者见之谓之仁,知者见之谓之知,百姓日用而不知,故君子之道鲜矣。显诸仁,藏诸用,鼓万物而不与圣人同忧,盛德大业,至矣哉!"(王弼、孔颖达,1999:268-271)这样的论述,非深于心法者而何?!

因此,援天道而内藏于心而修养道德,就是《易传》的根本原则。帛书《要篇》中借孔子之口说:"损益之道,足以观天地之变而君者之事已。是以察于损益之变者,不可动以忧憙。故明君不时不宿,不日不月,不卜不筮,而知吉与凶,顺于天地之心,此谓易道。……损益之道,足以观得失矣。"(唐兰,1980—1995;韩中民,1998)其中所言中心思想,就是要通过天道规律,顺乎天地之心,"是以察于损益之变者,不可动以忧憙"。并断言,这就是所谓"易道"。

其实,在《礼记正义·经解》中就指出:"洁静精微,《易》教也。……洁静精微而不贼,则深于《易》者也。"(郑玄,1999:1368)说的就是,《周易》可以使人们的内心洁静、精微,从而提高修养而正心(不贼)。从《易传》而言,治心总要不过就是要通过"刚柔相摩,八卦相荡"的逆向修行来实现,所谓《说卦》所言"天地定位,山泽通气,雷风相薄,水火不相射,八卦相错,数往者顺,知来者逆,是故易逆数也。雷以动之,风以散之。雨以润之,日以烜之。艮以止之,兑以说之。乾以君之,坤以藏之。"(王弼、孔颖达,1999:326-327)之所以如此论述,这是因为"动万物者,莫疾乎雷。挠万物者,莫疾乎风。燥万物者,莫熯乎火。说万物者,莫说乎泽。润万物者,莫润乎水。终万物始万物者,莫盛乎艮。故水火相逮,雷风不相悖,山泽通气,然后能变化,既成万物也。"(王弼、孔颖达,1999:329)

所以《说卦》指出:"昔者圣人之作《易》也,幽赞于神明而生蓍,参天两地而倚数,观变于阴阳而立卦。发挥于刚柔而生爻,和顺于道德而理于义,穷理尽性,以至于命。"(王弼、孔颖达,1999:323-325)也就是说"昔者圣人之作易也",是要"穷理尽性以至于命"的,这便是一切心法修养的极则。

对于心法思想发展最为重要的是,《易传》在"中道""因时"和"洗心"思想的影响下,在继承了孔子强调"德义"和"不占"的治易传统,在后儒们形成的《易传》系统中,产生了比较丰富的易传心法概念体系,成为后世开创诸种心法体系取之不尽的源泉。比如道教的"内丹心法",禅法的偏正五位,邵雍的先天心法体系,以及宋明的性理思想,都受其影响。特别是对"渐""观""复""艮"等卦象的解释,直接对后世的"渐修"之法、"观心"之法、"复性"之论和"艮背"之用,起到了引领作用。可以说,《易传》对六十四卦的阐释,已经使得《周易》的六十四卦象,成为后世心法不断创新发展的重要源泉。

总之,《易传》的心法思想,是站在天道、人道与世道的整体关系上来演绎的,因此更加体现其无穷的生命力。《系辞下》指出:"易之为书也,广大悉备,有天道焉,有人道焉,有地道焉。兼三才而两之,故六。六者非它

也,三才之道也。"(王弼、孔颖达,1999:318)从心法思想的角度看,此"三才之道"包括:

(1)明天道:"易无思也,无为也,寂然不动,感而遂通天下之故,非天下之至神,其孰能与于此?夫易,圣人之所以极深而研几也。唯深也,故能通天下之志。唯几也,故能成天下之务。唯神也,故不疾而速,不行而至。"(王弼、孔颖达,1999:284-285)所谓阴阳变化是天行之道。

(2)修人道:"知周乎万物,而道济天下,故不过。旁行而不流,乐天知命,故不忧。安土敦乎仁,故能爱。范围天地之化而不过。曲成万物而不遗。通乎昼夜而知。"(王弼、孔颖达,1999:267-268)所谓仁义修养是人为之道。

(3)济世道:"极天下之赜者存乎卦,鼓天下之动者存乎辞。化而裁之存乎变,推而行之存乎通,神而明之存乎其人。默而成之,不言而信,存乎德行。"(王弼、孔颖达,1999:293)所谓刚柔相济是世用之道。

最后,我们引用《说卦》所说"昔者圣人之作《易》也,将以顺性命之理,是以立天之道曰阴与阳,立地之道曰柔与刚,立人之道曰仁与义"(王弼、孔颖达,1999:326)来给出《易传》心法思想的结束语。应该说,《易传》无疑阐发了中华心法传统最具深远意义的心法思想,并对后世诸种心法体系的建立,产生持久的影响。

第三章

道通玄境

> 夫道,于大不终,于小不遗,故万物备。广乎其无不容也,渊乎其不可测也。形德仁义,神之末也,非至人孰能定之!夫至人有世,不亦大乎!而不足以为之累。天下奋柄而不与之偕,审乎无假而不与利迁,极物之真,能守其本,故外天地,遗万物,而神未尝有所困也。通乎道,合乎德,退仁义,宾礼乐,至人之心有所定矣!
>
> ——(战国)老子[①]

道家的缘起当在周烈王时代,受到杨朱学派思想影响之后衍生而来。早期应该是由像老聃这样的史官所发轫。《汉书·艺文志》说"昔仲尼没而微言绝",然后对先秦形成的诸家学派思想进行了简要论述,其中对道家的概述如下:"道家者流,盖出于史官,历记成败、存亡、祸福古今之道,然后知秉要执本,清虚以自守,卑弱以自持,此君人南面之术也。合于尧之克让,易之嗛嗛,一谦而四益,此其所长也。及放者为之,则欲绝去礼学,兼弃仁义,曰独任清虚可以为治。"(班固,1985:166)道家出现后,经发展形成了一些不同的流派,按照《庄子》"天下篇"所提到的,就有宋钘、尹文一派,彭蒙、田骈、慎到一派,老聃、关尹一派,庄周一派等。我们本章主要围绕着先秦道家的代表人物庄子、宋子和老子,着重介绍三种不同的心法思想及其主要的治心养心途径。

[①] (清)郭庆藩撰:《庄子集释》,北京:中华书局,1981年,第486页。

第一节　庄子逍遥无待

庄子,姓庄,名周,字子休,战国中期宋国蒙人,生卒于约公元前369年至前286年。庄子自己的学说,主要体现在《庄子》内篇之中,内篇共有七章,从"逍遥游"到"应帝王",相互衔接构成了一个整体,主要是讲内心存养的。据其主旨,可以称之为"逍遥无待心法"。我们在本节中将予以系统阐发。

一、庄子心法宗旨

庄子可以说是先秦道家思想第一位集大成者,其学说思想主要体现在《庄子》内篇之中。对此,钱穆就认为《庄子》内篇成书早于《老子》,其在《中国道家思想之开山大宗师庄周》一文中指出:"但就现代人目光,根据种种论证,《庄子》一书实在《老子》五千言之前。……如此说来,道家的鼻祖,从其著书立说来说,确然成立一家思想系统的功绩言,实该推庄周。"(钱穆,2016:3)他在《道家政治思想》一文中又说:"据笔者意见,《庄子》内篇成书,实应在《老子》五千言之前。至《庄子》外杂篇,则大体较《老子》为晚出。"(钱穆,2016:106)

关于庄子的学说思想,《庄子·天下篇》概括为:"芴漠无形,变化无常,死与生与,天地并与,神明往与! 芒乎何之,忽乎何适,万物毕罗,莫足以归,古之道术有在于是者。庄周闻其风而悦之,以谬悠之说,荒唐之言,无端崖之辞,时恣纵而不傥,不觭见之也。以天下为沈浊,不可与庄语,以卮言为曼衍,以重言为真,以寓言为广。独与天地精神往来而不敖倪于万物,不谴是非,以与世俗处。其书虽瑰玮而连犿无伤也。其辞虽参差而諔诡可观。彼其充实不可以已,上与造物者游,而下与外死生无终始者为友。其于本也,弘大而辟,深闳而肆,其于宗也,可谓稠适而上遂矣。虽然,其应于化而解于物也,其理不竭,其来不蜕,芒乎昧乎,未之尽者。"(郭庆藩,1981:1098-1099)其所论述不出《庄子》内篇的范围,据此,可以认定庄子本人的思想仅限于《庄子》内篇。至于《庄子》外篇和《庄子》杂篇,则都是庄周后学们的著述,不能看作是庄子本人的思想学说的;而即使部分篇什中含有与其相关的心法思想论述,也不过是延续发挥了庄子的心法思想,并没有超出逍遥无待之范畴,故而我们不论。

庄子虽然是道家第一位集大成者,但其心法思想渊源可以追溯到孔颜传统,特别是颜氏之儒的传统。有学者根据《论语注疏·公冶长》中子贡曰:"夫子之文章,可得而闻也,夫子之言性与天道,不可得而闻也。"(何晏,1999:61)就认定孔子是不讲"心性"和"天道"的,其实这是一个误会。孔子授徒向来是因材施教,子贡"不可得而闻也",不等于孔子就没有跟其他弟子传授过。比如就在子贡这段话语之后,紧接着就说道:"子路有闻,未之能行,唯恐有闻。"(何晏,1999:62)也就是说,子贡未闻的"心性与天道",子路就有闻,只是"未之能行"罢了。那么对于孔子传授的"心性与天道",谁既"可得而闻"又"切实能行"呢?显然,从《论语》中孔子对颜回德行的称赞中,不难知道,那就是颜回。后来颜回建立的儒家颜氏学派,应该对此就有继承和发展。而庄子恰恰属于颜氏之儒这一派的余脉。

认为庄子是承续于"颜氏之儒"这一说法,其实在章太炎、钱穆、郭沫若的论著中早有论述。章太炎在《国学概论》中指出:"庄子载孔子和颜回的谈论却很多。可见颜氏的学问,儒家没曾传,反传于道家了。……照这样看来,道家传于孔子为儒家,孔子传于颜回,再传至庄子,又入道家了。"(章太炎,1997:32)如果进一步按照钱穆的论证,"道家传于孔子为儒家"并不成立,但对"孔子传于颜回,再传至庄子"却十分肯定。钱穆在《庄老的宇宙观》一文开篇"论庄周思想之渊源"中便说:"若谓庄子思想,诚有所袭于孔门,则殆与颜氏一宗为尤近。"(钱穆,2016:133)又说:"今欲详论颜氏思想,虽憾书阙有间,然谓庄周之学,乃颇有闻于孔门颜氏之风而起,则殊约略可推信也。"(钱穆,2016:134)郭沫若在《十批判书》"儒家八派的批判"(郭沫若,1996:144-145)与"庄子的批判"(郭沫若,1996:192-217)中也有类似的论述。

正因为这样,庄子自然也就将颜氏一派的心法承载了下来,如心斋、坐忘之法。只是庄子并没有宥限于孔颜的心法传统,而是更多吸收了先秦隐士道者们的思想,从而成为开创道家学派的一代宗师,并构建了几近完备的、自成一家的心法学说体系。

庄子心法的宗旨,就是要达成逍遥无待之境。庄子在《逍遥游》中说:

"若夫乘天地之正,而御六气之辩,以游无穷者,彼且恶乎待哉!故曰:至人无己,神人无功,圣人无名。"(郭庆藩,1981:17)是的,世人难免有己、求功、为名,只在小我一身上经营,被一个"私我"所妨碍,不得自在,都是"有待"之心作怪,不得逍遥自在。

那么如何才能够获得逍遥自在呢?只有不为物累,超然死生,摒弃是非分别,"莫若以明",才能得逍遥之境。因此,庄子从"齐物论"出发,让世人"齐物"而"知止",然后以"明道"。

《庄子集释·齐物论》认为:"非彼无我,非我无所取。是亦近矣,而不知其所为使。若有真宰,而特不得其眹。可行己信,而不见其形,有情而无形。……一受其成形,不亡以待尽。与物相刃相靡,其行尽如驰,而莫知能止,不亦悲乎!……夫随其成心而师之,谁独且无师乎?奚必知代而心自取者有之?愚者与有焉。未成乎心而有是非,是今日适越而昔至也。是以无有为有。无有为有,虽有神禹,且不能知,吾独且奈何哉!"(郭庆藩,1981:55-56)

所谓"真宰",万物存在之本性,其征兆不可测度,真实不虚,所谓无形有情者,非物我两忘不能得。但凡可见之形,皆虚妄不实,乃是主观观察的结果,所谓"一受其成形",就难以不受其影响,非认知所能穷尽。只有跟随自己的真心,那个人人具足、能够超越是非分别之心,才能体悟"真宰"这个万物根本之道。所以《庄子集释·齐物论》进一步讲道:"道恶乎隐而有真伪?言恶乎隐而有是非?道恶乎往而不存?言恶乎存而不可?道隐于小成,言隐于荣华。故有儒墨之是非,以是其所非而非其所是。欲是其所非而非其所是,则莫若以明。"(郭庆藩,1981:63)是的,对于"真宰"这样的根本之道,必须放弃是非成败之心,直觉体悟,方能成就,所以说"莫若以明"。

因此,庄子所谓"齐物"无非就是:"物无非彼,物无非是。自彼则不见,自知则知之。故曰彼出于是,是亦因彼。彼是方生之说也,虽然,方生方死,方死方生;方可方不可,方不可方可;因是因非,因非因是。是以圣人不由,而照之于天,亦因是也。是亦彼也,彼亦是也。彼亦一是非,此亦一是非。果且有彼是乎哉?果且无彼是乎哉?彼是莫得其偶,谓之道枢。枢始得其环中,以应无穷。是亦一无穷,非亦一无穷也。故曰莫若以明。

以指喻指之非指,不若以非指喻指之非指也;以马喻马之非马,不若以非马喻马之非马也。天地一指也,万物一马也。"(郭庆藩,1981:66)

是非之辩,最终必然会陷于悖论,执着是或非,无有出头之日,因其不明白道乃不可分别、不可测度之天钧,是无是无非、又是又非之叠加(偶)。这样,所涉及的"道枢",也就绝非靠是非概念分别所能把握,只有靠直觉体验"以明"的。正因为这样,《庄子集释·齐物论》指出:"是以圣人和之以是非而休乎天钧,是之谓两行。"(郭庆藩,1981:70)天钧者,超越是非之地;两行者,无可无不可者。用现代逻辑的话讲,就是超越逻辑一致性,方可达到完备性"天钧"之境界,这也是人类认知能力的界限。

所以在《庄子集释·齐物论》中庄子指出:"故知止其所不知,至矣。孰知不言之辩,不道之道?若有能知,此之谓天府。注焉而不满,酌焉而不竭,而不知其所由来,此之谓葆光。"(郭庆藩,1981:83)关于知止的说明,庄周后学在《庄子·庚桑楚》(杂篇)中也有发挥:"学者,学其所不能学也;行者,行其所不能行也;辩者,辩其所不能辩也。知止乎其所不能知,至矣;若有不即是者,天钧败之。"(郭庆藩,1981:792)

况且《庄子集释·养生主》指出:"吾生也有涯,而知也无涯。以有涯随无涯,殆已;已而为知者,殆而已矣。"(郭庆藩,1981:115)只有到达了认知的边界,明白了"知止"之境,然后才能通过"不言之辩,不道之道"之途径,以期悟道。而这样的途径,就是所谓的"以明",如《庄子集释·齐物论》中所言:"古之人,其知有所至矣。恶乎至?……为是不用而寓诸庸,此之谓以明。"(郭庆藩,1981:74-75)

庄子的思想就是,通过"其知有所至矣"来了解"知"之边界:概念分别的"知",必有其局限性,故其"所知"也是必有边界的,此即为"知止其所不知"之境地。于是,此时唯有用"为是不用而寓诸庸,此之谓以明"的方法,通过藏诸用,不期而得以明道。

不期而得也就是顺其自然而无为,因为任何有为之心必然是违反自然的。将这样的原则用于指导人生,就构成《养生主》基本原则,所谓"道法自然"就是养生之道。庄子通过"庖丁解牛"寓言,极尽养生之妙,从而引申到对生死应该持有的自然观。在《庄子集释·养生主》中,庄子借怀道高人秦失之口说:"适来,夫子时也;适去,夫子顺也。安时而处顺,哀乐不能入也,古者谓是帝之县解。"(郭庆藩,1981:128)关于这一点,《大宗师》也有说道:"且夫得者,时也,失者,顺也;安时而处顺,哀乐不能入也。此古之所谓县解也,而不能自解者,物有结之。且夫物不胜天久矣,吾又何恶焉!"(郭庆藩,1981:260)

总之,知止其所不知,非忘我无以齐物。物之不齐,何以逍遥?逍遥者,无待无住,应而不藏,此其所以游,所以逍遥也。如此,方能够达成"安时而处顺"之境,从而可以解人生倒悬之困,而能够"哀乐不能入也"。

二、庄子心法途径

当然,庄子的"齐物明道"不但是用来指导养生的,更重要的是用来指导处世之道,其中心法功夫,便又引发出心斋、坐忘之法,大体主旨便是"虚己涉世"以免忧患。在《庄子集释·人间世》中庄子所论述的"心斋"载于如下孔子与颜回的一段对话(郭庆藩,1981:146-150):

> 颜回曰:"吾无以进矣,敢问其方。"仲尼曰:"斋,吾将语若!有心而为之,其易邪?易之者,皞天不宜。"颜回曰:"回之家贫,唯不饮酒不茹荤者数月矣。如此,则可以为斋乎?"曰:"是祭祀之斋,非心斋也。"回曰:"敢问心斋。"仲尼曰:"若一志,无听之以耳而听之以心,无听之以心而听之以气!听止于耳,心止于符。气也者,虚而待物者也。唯道集虚。虚者,心斋也。"颜回曰:"回之未始得使,实自回也;得使之也,未始有回也;可谓虚乎?"夫子曰:"尽矣。吾语若!若能入游其樊而无感其名,入则鸣,不入则止。无门无毒,一宅而寓于不得已,则几矣。绝迹易,无行地难。为人使易以伪,为天使难以伪。闻以有翼飞者矣,未闻以无翼飞者也;闻以有知知者矣,未闻以无知知者也。瞻彼阕者,虚室生白,吉祥止止。夫且不止,是之谓坐驰。夫徇耳目内通而外于心知,鬼神将来舍,而况人乎!是万物之化也,禹舜之所纽也,伏戏几蘧之所行终,而况散焉者乎!"

心斋,"唯道集虚",凡夫"坐驰"而圣人"坐忘"。所谓"坐忘"乃物我两忘之境,万物化尽,混归大道之原。所以在《庄子集释·人间世》中孔子进一步说:"且夫乘物以游心,托不得已以养中,至矣。"(郭庆藩,1981:160)所以,心斋之法,也就是善养"中正之道",这与孔子一以贯之的"中道"思

第三章 道通玄境

想衔接了起来。

至于坐忘之方,出现在《庄子集释·大宗师》里,庄子在子贡与孔子的对话中借"鱼之相忘于江湖"的寓言就已经提及。子贡曰:"然则夫子何方之依?"孔子曰:"丘,天之戮民也。虽然,吾与汝共之。"子贡曰:"敢问其方?"孔子曰:"鱼相造乎水,人相造乎道。相造乎水者,穿池而养给;相造乎道者,无事而生定。故曰,鱼相忘乎江湖,人相忘乎道术。"(郭庆藩,1981:271-272)

那么,如何又能够坐忘呢?或者说坐忘的具体途径又是什么呢?在《庄子集释·大宗师》中,庄子依然通过孔子与颜回的对话作了如下介绍(郭庆藩,1981:282-285):

> 颜回曰:"回益矣。"仲尼曰:"何谓也?"曰:"回忘仁义矣。"曰:"可矣,犹未也。"他日,复见,曰:"回益矣。"曰:"何谓也?"曰:"回忘礼乐矣。"曰:"可矣,犹未也。"他日,复见,曰:"回益矣。"曰:"何谓也?"曰:"回坐忘矣。"仲尼蹴然曰:"何谓坐忘?"颜回曰:"堕肢体,黜聪明,离形去知,同于大通,此谓坐忘。"仲尼曰:"同则无好也,化则无常也。而果其贤乎!丘也请从而后也。"

显然,忘仁义、忘礼乐,这主要针对儒家的修道而言的。所以庄子在《庄子集释·德充符》中又说:"故德有所长而形有所忘,人不忘其所忘而忘其所不忘,此谓诚忘。"(郭庆藩,1981:216-217)有关"坐忘"之效用,庄周后学在《庄子·达生》(外篇)中有说明:"工倕旋而盖规矩,指与物化而不以心稽,故其灵台一而不桎。忘足,履之适也;忘要,带之适也;知忘是非,心之适也;不内变,不外从,事会之适也。始乎适而未尝不适者,忘适之适也。"(郭庆藩,1981:662)这里所谓"忘适之适"便是"诚忘"。

更一般的坐忘之法及其达成的境界,庄子通过虚拟的子葵问乎女偊的对话,在《庄子集释·大宗师》中做了更为详细的论述(郭庆藩,1981:251-253):

> 南伯子葵问乎女偊曰:"子之年长矣,而色若孺子,何也?"曰:"吾闻道矣。"南伯子葵曰:"道可得学邪?"曰:"恶!恶可!子非其人也。夫卜梁倚有圣人之才而无圣人之道,我有圣人之道而无圣人之才,吾欲以教之,庶几其果为圣人乎!不然,以圣人之道告圣人之才,亦易

083

矣。吾犹守而告之，参日而后能外天下；已外天下矣，吾又守之，七日而后能外物；已外物矣，吾又守之，九日而后能外生；已外生矣，而后能朝彻；朝彻，而后能见独；见独，而后能无古今；无古今，而后能入于不死不生。杀生者不死，生生者不生。其为物，无不将也，无不迎也；无不毁也，无不成也。其名为撄宁。撄宁也者，撄而后成者也。"

先忘天下，再忘身外物，再忘其形身，由远及近，最后朝彻而悟道（见独），物我两忘。而一旦顿悟之后，便可以置生死于度外，无可无不可，任运自在，这种状态，称之为"撄宁"。当然，这种"撄宁"的状态，是"撄而后成"的结果。注意，所谓"撄"，是指困苦烦恼侵扰；而"宁"指不动其心的宁静状态。所以"撄而后成"也就有从患难困苦境界中磨炼而出的意思。

有意思的是，在《庄子集释·大宗师》中，当子葵问起女偊是如何得到这种坐忘之法时，女偊却一直追溯归结到"疑始"（郭庆藩，1981：256）：

南伯子葵曰："子独恶乎闻之？"曰："闻诸副墨之子，副墨之子闻诸洛诵之孙，洛诵之孙闻之瞻明，瞻明闻之聂许，聂许闻之需役，需役闻之于讴，于讴闻之玄冥，玄冥闻之参寥，参寥闻之疑始。"

也就是说，闻道之原是这样的。先是从疑始（道枢）开始，经过"参寥"（参天）、"玄冥"（冥想）、"于讴"（涵咏）、"需役"（验行）、"聂许"（自许）、"瞻明"（悟见）、"洛诵"（诵习），一直到"副墨"（文字），讲的似乎不是闻道之原，而是参悟玄奥之道所有可能经历到的阶段。

三、庄子心法境界

从这也可以看出，"撄宁"境界的达成并不是一朝一夕的事情，也当有长期的道德培养，因此庄子还特别强调《德充符》。其中，有三个问题引起庄子的特别讨论，就是"才全""德不形"和"无情"。

关于"才全"问题，庄子借用鲁哀公向孔子的询问来展开的。鲁哀公问："何谓才全？"孔子答道："死生存亡，穷达贫富，贤与不肖毁誉，饥渴寒暑，是事之变，命之行也；日夜相代乎前，而知不能规乎其始者也。故不足以滑和，不可入于灵府。使之和豫，通而不失于兑；使日夜无郤而与物为春，是接而生时于心者也。是之谓才全。"（郭庆藩，1981：212）也就是说，要随时都在心中融通从而消除轮转不断的概念对立分别，并使之"日夜无卻而与物为春",这样才称为"才全"。

同样对于"德不形",在《庄子集释·德充符》中,庄子也借用鲁哀公向孔子的询问展开。鲁哀公继续问:"何谓德不形?"孔子答道:"平者,水停之盛也。其可以为法也,内保之而外不荡也。德者,成和之修也。德不形者,物不能离也。"(郭庆藩,1981:214-215)所谓"德不形",就是德和于物,到达"物我一如"的境界。

最后,对于"无情"问题的讨论,在《庄子集释·德充符》中,则是通过庄子本人与惠子之间的辩论展开的。两人的对话如下(郭庆藩,1981:220-222):

> 惠子谓庄子曰:"人故无情乎?"庄子曰:"然。"惠子曰:"人而无情,何以谓之人?"庄子曰:"道与之貌,天与之形,恶得不谓之人?"惠子曰:"既谓之人,恶得无情?"庄子曰:"是非吾所谓情也。吾所谓无情者,言人之不以好恶内伤其身,常因自然而不益生也。"惠子曰:"不益生,何以有其身?"庄子曰:"道与之貌,天与之形,无以好恶内伤其身。今子外乎子之神,劳乎子之精,倚树而吟,据槁梧而瞑。天选子之形,子以坚白鸣。"

庄子的无情是"不以好恶内伤其身",并非不讲人情。所以庄子在《庄子集释·德充符》中指出:"有人之形,无人之情。有人之形,故群于人,无人之情,故是非不得于身。眇乎小哉,所以属于人也!謷乎大哉,独成其天!"(郭庆藩,1981:217)如果参照中庸心法的"喜怒哀乐皆中节"的要求,也就是要去除一切不良情绪,即去除《大学》中所指出的四种不正之心,如愤懥、恐惧、好乐和忧患之心。

另外,从通过"齐物"而"明道",到"坐忘"而"悟道",庄子实际上是强调天人同道的。对此,庄子在《庄子集释·大宗师》中指出:"知天之所为,知人之所为者,至矣。知天之所为者,天而生也;知人之所为者,以其知之所知以养其知之所不知,终其天年而不中道夭者,是知之盛也。虽然,有患。夫知有所待而后当,其所待者特未定也。庸讵知吾所谓天之非人乎?所谓人之非天乎?"(郭庆藩,1981:224-225)

其实,物我两忘就是天人合一的反向说法,其根本是一样的,都是彻底消除了主客观的对立,从而融天道于日用人道之中而无不"撄宁"。庄子说:"且有真人而后有真知。"(郭庆藩,1981:226)这便是获得"真知"的那些真人所能达到的境界。

真人,是庄子眼中理想的人格象征。如果说,孔门中庸心法所要塑造的是"恪守中道"的诚明君子,那么庄子的逍遥心法所要塑造的就是"逍遥自在"的无待真人。那么这样的真人都具备哪些超人的特质呢?庄子在《庄子集释·大宗师》里有长篇的论述:

> 何谓真人?古之真人,不逆寡,不雄成,不谟士。若然者,过而弗悔,当而不自得也。若然者,登高不栗,入水不濡,入火不热。是知之能登假于道者也若此。(郭庆藩,1981:226)

> 古之真人,其寝不梦,其觉无忧,其食不甘,其息深深。真人之息以踵,众人之息以喉。屈服者,其嗌言若哇。其耆欲深者,其天机浅。(郭庆藩,1981:228)

> 古之真人,不知说生,不知恶死;其出不䜣,其入不距;翛然而往,翛然而来而已矣。不忘其所始,不求其所终;受而喜之,忘而复之,是之谓不以心捐道,不以人助天。是之谓真人。若然者,其心志,其容寂,其颡頯;凄然似秋,煖然似春,喜怒通四时,与物有宜而莫知其极。(郭庆藩,1981:229-231)

> 古之真人,其状义而不朋,若不足而不承;与乎其觚而不坚也,张乎其虚而不华也;邴邴乎其似喜也!崔乎其不得已也!滀乎进我色也,与乎止我德也;厉乎其似世也!謷乎其未可制也;连乎其似好闭也,悗乎忘其言也。以刑为体,以礼为翼,以知为时,以德为循。以刑为体者,绰乎其杀也;以礼为翼者,所以行于世也;以知为时者,不得已于事也;以德为循者,言其与有足者至于丘也;而人真以为勤行者也。故其好之也一,其弗好之也一。其一也一,其不一也一。其一与天为徒,其不一与人为徒。天与人不相胜也,是之谓真人。(郭庆藩,1981:234-235)

也许,从上面有关真人超然个性的描述中,有人会认为庄子逍遥心法主要关注的是个人超脱,而并不以淑世为要。确实,相对于圣道心法的积极进取而言,庄子心法更加具有避世消极的意味,但这并不是说庄子的逍遥心法就根本不讲积极应世的一面。其实,在庄子的理念中,还是具有

第三章 道通玄境

"内圣外王"的因素的,其最后一篇《庄子集释·应帝王》就是最好的例证。比如庄子在《庄子集释·应帝王》中借用狂接舆的话说:"夫圣人之治也,治外夫?正而后行,确乎能其事者而已矣。"(郭庆藩,1981:291)讲的就是应世的原则"正而后行"。

当然,在应世策略方面,庄子更加强调"内心"超然不伤的境界。在《庄子集释·应帝王》里,庄子说:"无为名尸,无为谋府;无为事任,无为知主。体尽无穷,而游无朕;尽其所受乎天,而无见得,亦虚而已。至人之用心若镜,不将不迎,应而不藏,故能胜物而不伤。"(郭庆藩,1981:307)自然,这只有悟道的真人才能够具备的品质。

何为"不将不迎,应而不藏,故能胜物而不伤"?庄周后学在《庄子·知北游》(外篇)中通过颜回与孔子的对话,做了如下进一步的说明(郭庆藩,1981:765):

> 颜渊问乎仲尼曰:"回尝闻诸夫子曰:'无有所将,无有所迎。'回敢问其游。"仲尼曰:"古之人,外化而内不化,今之人,内化而外不化。与物化者,一不化者也。安化安不化,安与之相靡,必与之莫多。狶韦氏之囿,黄帝之圃,有虞氏之宫,汤武之室。君子之人,若儒墨者师,故以是非相赍也,而况今之人乎!圣人处物不伤物。不伤物者,物亦不能伤也。唯无所伤者,为能与人相将迎。

因此,从上面的讨论不难看出,这些境界的养成,无疑都是成就"撄宁"境界的先觉条件或重要表现。而"撄宁"状态的写照,便是庄周后学在《庄子·让王》(杂篇)中对孔子师徒遭遇困境时依然保持乐观态度的描述:"古之得道者,穷亦乐,通亦乐。所乐非穷通也,道德于此,则穷通为寒暑风雨之序矣。"(郭庆藩,1981:983)

总之,庄子建立的逍遥无待心法,不但宗旨明确,论述全面,而且具有非常具体的可操作性,可以说在先秦的心法思想体系中独树一帜。有些具体思想、方法和概念,不仅仅对后来道教修身养性方法的发展起到了决定性的影响;而且对不断中国化佛教禅法的改造和发展,也起到了至关重要的影响。

第二节　宋子虚无守静

在先秦诸子思想中,有关修身养性的心法思想,一直是其重要构成部分,其中《管子》中的"心术篇"(及其密切相关的"内业篇")是先秦心法思想体系的重要组成部分。我们依据考证材料,认为《管子》中的"心术篇"和"内业篇",为先秦思想家宋钘所著。因此这里专门探讨宋钘在遗著中所阐述的心法思想与途径。

一、宋钘其人其书

宋钘(约前370—前291),与孟轲、庄周生活在同一时期,是战国时代黄老学派的先驱。钱穆在《先秦诸子系年考辨》"宋钘考"一篇中说:"余尝谓黄老起于晚周,兴于齐,又谓道源于墨。若宋子,宗墨氏之风,设教稷下,其殆黄老道德之开先耶?"(钱穆,1992:342)

《汉书·艺文志》在小说家类列有《宋子》十八篇,并云:"孙卿道宋子,其言黄老意。"(班固,1985:166)而郭沫若在《十批判书》"儒家八派的批判"中也指出:"《荀子》书中屡称宋钘为'子宋子',至少可以作为他曾经师事过宋钘的证明。……但关于'心术'一方面的见解,受宋钘的影响最深。"(郭沫若,1996:219)那么,宋钘的"心术"到底又包括哪些主要的思想和内容呢?

《庄子·天下篇》在论及宋钘和尹文学派时,是这样描述的:"不累于俗,不饰于物,不苟于人,不忮于众,愿天下之安宁以活民命,人我之养,毕足而止,以此白心,古之道术有在于是者。宋钘尹文闻其风而悦之,作为华山之冠以自表,接万物以别宥为始;语心之容,命之曰心之行,以聏合驩,以调海内,请欲置之以为主。见侮不辱,救民之斗,禁攻寝兵,救世之战。以此周行天下,上说下教,虽天下不取,强聒而不舍者也,故曰上下见厌而强见也。虽然,其为人太多,其自为太少,曰:'请欲固置五升之饭足矣。'先生恐不得饱,弟子虽饥,不忘天下,日夜不休,曰:'我必得活哉!'图傲乎救世之士哉!曰:'君子不为苛察,不以身假物。'以为无益于天下者,明之不如己也,以禁攻寝兵为外,以情欲寡浅为内,其小大精粗,其行适至

是而止。"(郭庆藩,1981:1082-1084)

依循上述描述的思想特点,郭沫若经过细致的研究认为《管子》中的"心术"上下和"内业"等三篇内容,应该是宋钘的遗著。郭沫若说:"最近我在《管子》书中发现了他们(宋钘和尹文)的遗著,便是《心术》《内业》《白心》的几篇。《心术》《内业》是宋子书,《白心》属于尹文子,我已有《宋钘尹文遗著考》详细论证之,两人毫无疑问是属于道家的。"(郭沫若,1996:159)关于这一点论断,也为当代考古学家李学勤所认同(李学勤,1991)。

不过,黎翔凤认为郭沫若的这个论说有误,理由是《庄子·天下篇》中所"约宋钘之言,不见于《管子·心术》《管子·白心》《管子·内业》,仅'白心'两字相同,不足为反证。"(黎翔凤,2004:758-759)但我认为,黎氏之论有所疏漏,《天下篇》关于宋钘的约言中有"语心之容,命之曰心之行"之言,这"心之行"不就是"心术"的另一种表述吗!况且,《汉书·艺文志》说《宋子》十八篇,《天下篇》关于宋钘的约言应该是针对整部《宋子》的约言,"心术"(含《内业》)顶多只是其中两三篇,不可能在约言得到详述,也属正常。至于《荀子》批判宋钘"见侮不辱",明说子宋子,而引述发挥其"心术"思想则又没有标引宋子所述,这只是荀子的写作风格:凡批判,皆指名道姓;而凡引述发挥则不出来源,一部《荀子》中,这种情况比比皆是。但从《汉书·艺文志》说"孙卿道宋子"来看,除了《心术》思想,不见有其他内容有传承来自宋钘的(其他与宋钘有关论述都是批判,不是传承)。这反过来恰恰说明《心术》等篇正是宋钘的著述。

宋钘虽然属于黄老流派,但却又受到墨家的影响,有积极淑世的精神,从上述《庄子·天下篇》中的评述中甚至可看到那种"毫不利己、专门利人"的倾向。因此,其心法思想不但兼顾了黄老的天道观,而且也强调了墨家淑世的伦理观。当然,宋钘的淑世精神与儒家的还有不同。侯外庐等人认为:"就内心存养而言,宋、尹一派并不完全与思、孟学派相同,思、孟说的内心存养,归本于'诚'的天人合一的道德情操,而宋、尹一派则归本于伦理化了的道家之自然天道观。"(侯外庐,1980:203)这是我们分析宋钘心法思想时要特别注意的,也是不容忽视的一个方面。

二、宋钘心法主旨

宋钘的《心术》分上下篇（黎翔凤，2004：758-787），每篇有"经"有"传"，但需要说明的是，现存于《管子》中《心术下》只有"经"没有"传"，而考《内业》之内容，其实为《心术》下篇之"传"（黎翔凤，2004：931-950）。现在我们依据宋钘的"遗著"，主要为《管子》中的"心术"和"内业"，来具体分析其心法（心术）思想和内容。大致从主旨来讲，可以将宋钘心法归纳为一种遵循天地虚静之道的心法体系。

所谓心法（术），简单地说，就是治心方法（术），主要是遵循天道规律，来修身养性，以期使人们获得健康幸福的生活。因此，论述天道规律，往往也就构成心法思想体系的重要部分。宋钘心法也不例外，首先对天道规律做了比较系统的论述。

在宋钘对天道规律的论述中，主要是因袭黄老传统，通过"道"与"德"互为体用的一对概念展开的。宋钘在《心术上》中指出："虚无无形谓之道，化育万物谓之德。"并对此作了具体说明："天之道，虚其无形。虚则不屈，无形则无所位迕。无所位迕，故偏流万物而不变。德者，道之舍，物得以生，知得以职道之精。故德者，得也。得也者，其谓所得以然也。以无为之谓道，舍之谓德。故道之与德无间，故言之者不别也。间之理者，谓其所以舍也。"[①]

关于道虚无形以生万物的道理，在《内业》也有强调，如"道也者，动不见其形，施不见其德，万物皆以得，然莫知其极。""凡道，无根无茎，无叶无荣，万物以生，万物以成，命之曰道。"以及"道在天地之间也，其大无外，其小无内，故曰不远而难极也。虚之与人也无间，唯圣人得虚道，故曰并处而难得。"

在上述论述中，"道"虚而无形，为"德"之体；德化育万物，为"道"之"用"（所谓"道之舍，物得以生"）。也就是说道与德是体用关系，所以说"道"说"德"，只是从不用的角度上讲罢了，其实都是指天道法则，所以又

[①] 以下凡引用宋钘语录皆源自《管子校注》中《心术》（黎翔凤，2004：758-787）和《内业》（黎翔凤，2004：931-950），仅注明篇目，不再一一指出文献出处，特此说明。

说"故道之与德无间"。

比较有特色的是,宋钘在强调"物得(德者)以生",还特别提出"知得以职道之精",强调"职道之精"的作用。并与流传于天地之间的"气"关联起来。对此,宋钘在《内业》中指出:"凡物之精,(得)此则为生。下生五谷,上为列星。流于天地之间,谓之鬼神。"以及"精也者,气之精者也。气,道乃生,生乃思,思乃知,知乃止矣。"

古代所谓"气",约略指现代科学中"能量";"气之精",大约是指能量凝聚之物质精微,而所谓"鬼神",则指幽冥不测之"气"(无形之暗能量)。因此,宋钘的意思是说,道用之德所生万物之次序是,先生气(能量),然后凝聚为"精"(物质精微),然后得以为"生"(生命),然后有了"思"(心智),并止于"知"(觉知意识)。这样便勾勒了一幅比较全面的道生万物的框架理论,天道规律蕴于其中。

治心方法,当然离不开人心这个主体。对此,宋钘对人及其所主之心,也有深刻独到的认识。特别是"心君九窍"和"心以藏心"这样的认识,超越了宋钘所处的时代,在先秦心性思想的发展中,可谓独树一帜!

宋钘在《内业》认为:"凡人之生也,天出其精,地出其形,合此以为人。和乃生,不和不生。"这里的"精",乃是"神之至灵者",相当于现代科学的"精神"。也就是说人是形体与精神相和合的统一体。因此,"人者,立于强,务于善,未于能,动于故(事)者也。"(心术上)

接着,在《心术》上篇中,宋钘对心(神)与九窍(含五官七窍和二阴)的功能与关系作了区分,认为"心之在体,君之位也。九窍之有职,官之分也。"(心术上)也就是说,心神为君位,可以支配九窍各司其职,以视听食息等。比如,在九窍中,特别提到"耳目者,视听之官也。"(心术上)

更为重要的是,宋钘可谓是我国古代强调觉知反思意识的第一人,给出了"心以藏心"的认识。《心术下》指出:"心之中又有心,意以先言。意然后刑(表征),刑然后思,思然后知。"这段文字,在《内业》中稍有出入:"心以藏心,心之中又有心焉。彼心之心,音(意)以先言。音(意)然后形,形然后言。言然后使,使然后治。"

所以,治心关键就是在此"彼心之心"。因此,《心术下》接着说:"凡心之刑,过知失生,是故内聚以为泉原。泉之不竭,表里遂通;泉之不涸,四支坚固。能令用之,被服四固。是故圣人一言解之,上察于天,下察于地。"而《内业》则说:"何谓解之,在于心安。我心治,官乃治。我心安,官乃安。"反之则"(彼心之心)不治必乱,乱乃死。精存自生,其外安荣,内藏以为泉原,浩然和平,以为气渊。渊之不涸,四体乃固。泉之不竭,九窍遂通,乃能穷天地,被四海。中无惑意,外无邪菑(灾)。心全于中,形全于外。不逢天菑(灾),不遇人害,谓之圣人"。

总之,心为精神所藏之处所。宋钘认为:"藏(心神)于胸中,谓之圣人。是故民气,杲乎如登于天,杳乎如入于渊,淖乎如在于海,卒乎如在于己。是故此气也,不可止以力,而可安以德。不可呼以声,而可迎以音。敬守勿失,是谓成德。"(内业)对于此"心神",唯有"敬守勿失,是谓成德。"而"德成而智出,万物果得。"也就是说的,达仁德而通智慧,从而万物各得其位的意思。

那么,具体又如何治心呢?宋钘认为:"心处其道,九窍循理。"(心术上)因为"上离其道,下失其事",所以"心术者,无为而制窍者也"(心术上)。这就是宋钘给出的心法之宗旨。

道是万物之本源,自然也是人之形神之根本,虽然虚而无形,但人们须臾不可离的,始终与之相伴随,不离于心。宋钘在《内业》指出:"夫道者,所以充形也,而人不能固。其往不复,其来不舍。谋乎莫闻其音,卒乎乃在于心。冥冥乎不见其形,淫淫乎与我俱生。不见其形,不闻其声,而序其成,谓之道。"

特别是,道在人心中的体现,无非就是仁爱之心。而道不远人,也须臾不离,人人可生可知,但超越视听言语,只有靠"心静气理",方可至道,生死成败,皆系于此。所以宋钘在《内业》又指出:"凡道无所,(唯)善心安爱。心静气理,道乃可止。彼道不远,民得以产(生)。彼道不离,民因以知。是故卒乎其如可与索,眇眇乎其如穷无所。被道之情,恶音(意)与声。修心静音(意),道乃可得。道也者,口之所不能言也,目之所不能视也,耳之所不能听也,所以修心而正形也。人之所失以死,所得以生也。事之所失以败,所得以成也。"

于是,治心的途径也就是要"心静气理",强调遵循天地虚静之道。《心术上》指出:"天曰虚,地曰静,乃不伐。"并在《内业》中加以说明道:"天之道虚,地之道静。虚则不屈,静则不变,不变则无过,故曰不伐。"宋钘便从这天地虚静之道中得出人当"主安静":"天主正,地主平,人主安静。春秋冬夏,天之时也。山陵川谷,地之枝也。喜怒取予,人之谋也。是故圣人与时变而不化,从物而不移。"

"心静气理",心静则神得,气理则精固;精固则形正,神得则德来,"形正德来"则"中静心治"。宋钘在《内业》(类似的论述也见于《心术下》,引文中括号所列,为《心术下》异于《内业》之处)总结说:"形不正,德不来。中不静,心不治。正形摄(饰)德,天仁地义(万物毕得),则淫(翼)然而自至。神明之极,照乎知万物,中义守不忒。不以物乱官,不以官乱心,是谓中得(内德)。有神自在身,一往一来,莫之能思。失之必乱,得之必治。敬除其舍,精将自来。精想思之,宁念治之。严容畏敬,精将至定。得之而勿舍,耳目不淫,心无他图。正心在中,万物得度。道满天下,普在民所,民不能知也。"这便是对宋钘所阐述心法思想较为系统的论述。

三、宋钘心法途径

如上所述,宋钘给出治心原则,就是"心静气理"之要。具体而言,则又特别强调"除欲保洁"与"去智静因"两种途径,我们分别加以归纳论述如下。

所谓除欲保洁,就是要扫除心中情欲,使心保持洁净清明状态。宋钘认为:"嗜欲充益,目不见色,耳不闻声。"(心术上)(即所谓"上离其道,下失其事。")所以要保守心神,就要扫除情欲。"虚其欲,神将入舍。扫除不洁,神乃留处"(心术上)。其要旨则是:"毋先物动,以观其则。动则失位,静乃自得。"(心术上)讲的就是除欲保洁之法,只要除欲保洁,神将自入,而关键在于守静之则。

所以宋钘要强调:"洁其宫,开其门。"(《内业》曰:"宫者,谓心也。心也者,智之舍也,故曰宫。洁之者,去好过也。门者,谓耳目也。耳目者,所以闻见也。")这样才能"去私毋言,神明若存"(心术上)。可见,除欲保洁的关键就是要去私欲,洁其心。至于具体的保洁除欲措施,《内业》中讲述最多,有关原文论述罗列如下(均出自《内业》):

(1)凡心之刑,自充自盈,自生自成。其所以失之,必以忧乐喜怒欲利。能去忧乐喜怒欲利，心乃反济。彼心之情，利安以宁。勿烦勿乱，和乃自成。折折乎如在于侧，忽忽乎如将不得，渺渺乎如穷无极。此稽不远，日用其德。

（2）察和之道，其精不见，其徵不丑。平正擅匈（胸），论治在心，此以长寿。忿怒之失度，乃为之图（治）。节其五欲，去其二凶（喜与怒），不喜不怒，平正擅匈。

（3）凡人之生也，必以平正！所以失之，必以喜怒忧患。是故止怒莫若诗，去忧莫若乐，节乐莫若礼，守礼莫若敬，守敬莫若静。内静外敬，能反其性，性将大定。

（4）凡食之道，大充伤而形不臧。大摄骨枯而血沍。充摄之间，此谓和成。精之所舍，而知之所生。饥饱之失度，乃为之图（治）。饱则疾动，饥则广思，老则长虑。饱不疾动，气不通于四末。饥不广思，饱而不废。老不长虑，困乃速竭。大心而敢，宽气而广。其形安而不移，能守一而弃万苛，见利不诱，见害不惧，宽舒而仁，独乐其身，是谓云气，意行似天。

（5）凡人之生也，必以其欢。忧则失纪，怒则失端。忧悲喜怒，道乃无处。爱欲静之，遇乱正之。勿引勿推，福将自归。彼道自来，可藉与谋。静则得之，躁则失之。灵气在心，一来一逝。其细无内，其大无外，所以失之，以躁为害，心能执静，道将自定。得道之人，理丞而屯泄，匈中无败。节欲之道，万物不害。

大致而言，不外乎针对"忧乐喜怒欲利"之情欲，甚至饮食，都要加以节制、图治，所谓"节欲之道，万物不害"，使心胸平正，恢复原本就是"自充自盈、自生自成"的心性，并通过"内静外敬、能反其性"的道理，实现"性将大定"之目标。

除了除欲保洁外，"心静气理"更为重要的一个途径就是"去智静因"。所谓去智静因，是指去其智而静守其因。所谓因者，无为之道；而所去之智，当为思虑之智，而非悟识之智（心中之心）。因为，思虑之智是有限度的，不可以体悟虚无之道。所谓"纷乎其若乱，静之而自治。强不能遍立，智不能尽谋"（心术上）。此乃理性思维局限性使然，其中的道理参见拙著《明道显性：沟通文理讲记》第七章第一节（周昌乐，2016：167-175）。

第三章 道通玄境

一般,普通人都欲求思虑之智(所谓聪明),但并不能显发悟识之智(所谓智慧)。但治心之法,关键是要拥有这种悟识之智,方能彻底解脱。对此,宋钘在《心术上》明确指出:"人皆欲智,而莫索其所以智乎?智乎智乎,投之海外无自夺,求之者不得处之者夫。正人无求之也,故能虚无。"

这里,宋钘所说的"所以智"便是无为之道(悟识之智),人人具有(投之海外无自夺),却求之不得(求之者不得处之者夫),只能"不勉而中,不思而得"(正人无求之也,故能虚无),这里的"虚无",乃至道也。对此,宋钘在《心术上》解释地非常清楚:"人皆欲知(智),而莫索之其所以知(智),彼也。其所以知(智),此也。不修之此,焉能知彼。修之此,(也)莫能虚矣。虚者无藏也,故曰:去知(智)则奚率求矣。无藏则奚设矣。无求无设则无虑,无虑则反覆虚矣。"只有除去这"思虑之智"而达"无求无设"之状态,方能"无虑"而复返"虚无"之境。

自然,这不但要靠智慧,更重要的是要超越智慧,不求而得,才能达成无为之道。须知,这样的无为之道,是自可安处而不可言说的,因此非强求所能立,非智力所能谋。只有"不言无为",方能复返"虚无"之境。

所谓"大道可安而不可说。直人之言,不义(议)不顾。"宋钘对此的解释就是:"可以安而不可说也。莫人言,至也。不宜言,应也。应也者,非吾所设,故能无宜也。不顾言,因也。因也者,非吾所顾,故无顾也。不出于口,不见于色,言无形也。四海之人,庸知其则?言深囿也。"(心术上)

要知道,一切言语名相,均非至道。所以宋钘说:"故必知不言无为之事,然后知道之纪。殊形异执,不与万物异理,故可以为天下始。"(心术上)何以故?这是因为:"物固有形,形固有名,此言不得过实,实不得延名。姑形以形,以形务名,督言正名,故曰圣人。不言之言,应也。应也者,以其为之人者也。执其名,务其应,所以成之,应之道也。无为之道,因也。因也者,无益无损也。以其形,因为之名,此因之术也。名者,圣人之所以纪万物也。"(心术上)

所以要想达到虚无之境,不可执于言语名相。"思索生知,慢易生忧,暴傲生怨,忧郁生疾,疾困乃死。思之而不舍,内困外薄。不蚤为图,生将巽舍。食莫若无饱,思莫若勿致。节适之齐,彼将自至。"(内业)而所谓"去智静因",说到底也就是要不落言诠、去智与事,以达"恬愉无为"之境。

具体的方法，就是要"一意专心"（或《心术下》曰："专于意，一于心"）。《内业》为此专门论道："气意得而天下服，心意定而天下听。抟气如神，万物备存。能抟（专）乎？能一乎？能无卜筮而知吉凶乎？能止乎？能已乎？能勿求诸人而得之己乎？思之思之，又重思之。思之而不通，鬼神将通之。非鬼神之力也，精气之极也。四体既正，血气既静，一意抟（专）心，耳目不淫，虽远若近。"因为"一物能化谓之神，一事能变谓之智。化不易气，变不易智。惟执一之君子能为此乎！执一不失，能君万物。君子使物，不为物使"。

所谓"君子使物，不为物使"就是要做到转物而不被物转。为此，宋钘在《心术上》举"好恶"分别之心指出："人之可杀，以其恶死也。其可不利，以其好利也。是以君子不怵乎好，不迫乎恶。"并在随后的解说中进一步指出："人迫于恶则失其所好，怵于好则忘其所恶，非道也。故曰：不怵乎好，不迫乎恶。恶不失其理，欲不过其情，故曰：君子恬愉无为，去智与故（事），言虚素也。其应，非所设也。其动，非所取也。此言因也。因也者，舍己而以物为法者也。感而后应，非所设也。缘理而动，非所取也。过在自用，罪在变化。自用则不虚，不虚则仵于物矣。变化则为生，为生则乱矣。故道贵因。因者，因其能者，言所用也。"（心术上）

透过"恶不失其理，欲不过其情"的准则，但能感而后应，缘理而动，非设非取，所谓"岂无利事哉？我无利心。岂无安处哉？我无安心"（心术下）。也即要物来顺应，无我之执（舍己而以物为法者也），便可以达"虚无"之境。这便是宋钘"去智静因"之法所强调的根本之旨。

宋钘的心法论述对所要达到的成道境界也有比较全面的论述。在宋钘看来，一个成道之君子的理想境界应该是："是故有道之君，其处也若无知，其应物也若偶之，静因之道。君子之处也，若无知，言至虚也。其应物也，若偶之，言时适也。若影之象形，响之应声也。故物至则应，过则舍矣。舍矣者，言复返于虚也。"（心术上）其中要点就是："其处也若无知，其应物也若偶之。"所谓"其处也若无知"，就是超越好恶是非之智，恬愉无为；所谓"其应物若偶之"，则是到达随遇而安之心，物来顺应。自然，这一切都是遵循"静因之道"的结果。

如果一定要从内外兼修来观成道君子的表现，那么就是达到"正静而定"之状态。具体表现,正如宋钘在《内业》中所描述的那样(《心术下》也有类似的论述,大同小异):"人能正静,皮肤裕宽,耳目聪明,筋信而骨强,乃能戴大圜(喻天)而履大方(喻地)。鉴于大清,视于大明,敬慎无忒,日新其德,遍知天下,穷于四极。敬发其充,是谓内得。然而不反,此生之忒。凡道必周必密,必宽必舒,必坚必固。守善勿舍,逐淫泽薄。既知其极,反于道德。全心在中,不可蔽匿。和于形容,见于肤色。善气迎人,亲于弟兄。恶气迎人,害于戎兵。不言之声,疾于雷鼓。心气之形,明于日月,察于父母。赏不足以劝善,刑不足以惩过。"以及"能正能静,然后能定。定心在中,耳目聪明,四枝坚固,可以为精舍"。归纳言之,就是外修种种体相之好;内达大清明而返于道德,使内心无所不照,无所不晓,不为外诱所动摇(赏不足以劝善,刑不足以惩过)。

甚至,成道之人还可以具备淑世治国的理想效果,这也是宋钘倾向于伦理淑世的特色,所谓"心安,是国安也。心治,是国治也。治也者,心也。安也者,心也。治心在于中,治言出于口,治事加于民。故功作而民从,则百姓治矣。所以操者,非刑也。所以危者,非怒也。民人操,百姓治,道其本至也。至不至无,非所人而乱。凡在有司执制者之利,非道也。圣人之道,若存若亡。援而用之,殁世不亡,与时变而不化;应物而不移,日用之而不化"。以及"是故意气定然后反正。气者,身之充也。行者,正之义也。充不美则心不得,行不正则民不服。是故圣人若天然,无私覆也;若地然,无私载也。私者,乱天下者也。凡物载名而来,圣人因而财之,而天下治,实不伤,不乱于天下,而天下治。"(心术下)如此等等,《内业》中也有类似的论述,不再一一列举。

总之,考察宋钘的心法思想与途径,归纳起来其主旨强调的是"静因之道"的"虚无守静"之法,以达成"大清明"的境界。如果说《心术》上篇重在讲述心法之体,那么在《心术》下篇(及《内业》)则更加侧重于讲述心法之用。先是"心形"要正,治心守中,安心守静;然后不要被外物乱五官从而乱了心性,并且要依靠除欲保洁和去智静因来成就"心静气理"之结果。这样便构成了一个比较完整的心法思想体系。

值得注意的是,宋钘的心法思想,特别是"去智静因"的心法途径,更多体现的就是智慧启悟方法。可惜这一心法传统,在入秦以后便湮没无闻了。直到隋唐之际,由于受到佛教心法的重大影响,才又以顿悟心法的全新面貌,再度为人所重。甚至其中虚静、精气、神化等思想,也可以看作宋元内丹心法的先声。

第三节　老子无为清虚

《老子》一书的心法思想,强调无为清虚之道,认为修身养性以保长久,就要"尊道贵德",以"无为不争"为原则,以"去欲厚生"为基础,来实现"虚静守中"的目标。具体则以"专气致柔"和"绝圣去智"为手段,从而达到修身养性的最高境界,即所谓"常无为而无不为"的玄德之境。

一、老子其人其书

老子,被称为道家学派创始人和主要代表人物之一。司马迁在《史记》卷六十三"老庄申韩列传第三"记曰:"老子者,楚苦县厉乡曲仁里人也,姓李氏,名耳,字聃,周守藏室之史也。"(司马迁,1985:247)并说:"于是老子乃著书上下篇,言道德之意五千余言而去,莫知其所终。"(司马迁,1985:247)或曰:"自孔子死后百二十九年,而史记周太史儋(通聃)见秦献公。或曰儋即老子,或曰非也,世莫知其然否。老子,隐君子也。"(司马迁,1985:247)

历史上老子是已经被神化了的人物,有众多神话般的故事,使得老子其人其事,难以还其本来面目。就是连西汉的司马迁史学大家,也难以给出明确的断语,"或曰"措辞之多,也是罕见。

根据考证,钱穆认为秦汉之际言老子者凡有三人:"一曰老莱子,即《论语》荷蓧丈人,为孔子南游所值。二曰太史儋,其人在周烈王时,为周室史官,西入秦见秦献公。三曰詹何,为楚人,与环渊公子牟宋玉等并世。"(钱穆,1992:205)因此民间种种"孔子拜师老子"的传说,也都是后世道教为了尊其所宗,子虚乌有编造的故事,不足为信。

至于《老子》一书的成书年代,钱穆则认为:"盖断在孔子后。当自庄周之学既盛,乃始有之。汪氏以为太史儋之书,亦非也。纵有太史儋,其人乃在庄周先,此书犹当稍晚,不能出儋手。"(钱穆,1992:209)进一步指出:"余考《老子书》,盖兴于齐,出于庄周宋钘之后,荀卿已及见,至韩非吕不韦时已大行。"(钱穆,1992:209)据此时段,《老子》成书的作者,钱穆给出的推断是:"与不得已而必求道德五千言之作者,则不如归之詹子之为适也。"(钱穆,1992:210)并认为,因詹何常在河上垂钓,也就是那位河上丈人。

对于《老子》一书的成书时代,侯外庐也认为:"因此,著者认为老子思想之晚出于孔、墨之后,实无可置疑。"(侯外庐,1980:147)这其中的原因,其实很简单,《老子》一书在学术思想上是批判"仁义礼乐"的,显然是因先有儒家(特别是孔子)的"仁义礼乐"思想,后来者才能加以批判。

明显能够看出,《老子》内容之成熟,必是后出才在道理上讲得通。当然《老子》一书的内容,或许也非一朝一夕形成的,詹何可能只是最终写定者,此书在较长的一段时间内,不断聚集民间代代相传的道德讲述语录,但其中不少出自老聃(太史儋),却是确切无疑的。特别是庄子本人所撰写的《内篇》,也有引用老聃的语录(虽然詹何晚于庄子,但太史儋早于庄子,其言为庄子所引用,则自然成立)。

《庄子·杂篇·天下》对老聃学派思想的论述是:"以本为精,以物为粗,以有积为不足,澹然独与神明居,古之道术有在于是者。关尹老聃闻其风而悦之,建之以常无有,主之以太一,以濡弱谦下为表,以空虚不毁万物为实。关尹曰:'在己无居,形物自著。其动若水,其静若镜,其应若响。芴乎若亡,寂乎若清,同焉者和,得焉者失。未尝先人而常随人。'老聃曰:'知其雄,守其雌,为天下溪;知其荣,守其辱,为天下谷。'人皆取先,己独取后,曰受天下之垢;人皆取实,己独取虚,无藏也故有余,岿然而有余。其行身也,徐而不费,无为也而笑巧;人皆求福,己独曲全,曰苟免于咎。以深为根,以约为纪,曰坚则毁矣,锐则挫矣。常宽容于物,不削于人,可谓至极。关尹、老聃乎!古之博大真人哉!"(郭庆藩,1981:1093-1098)

看其所论,与《老子》一书的大旨基本上是相符的。所以据此也可以看出,《老子》一书的内容来源多半来自关尹、老聃语录的传述。其中,多有这一派前人的言语是很正常的,这些思想和语录,有些也见于《庄子》外篇和杂篇。《老子》一书成书或者与《庄子》外篇和杂篇部分内容同时,互为引申,或其由共同来源!不过就思想成熟性而言,《老子》一书较之《庄子》外篇和杂篇,更为系统深刻。特别是在道性的认识方面尤为值得称道。但对于《老子》一书中有关权谋方面的言论,流于"小人学道以易使也",则不足为取。

因此,不妨这样看待《老子》一书,起先是由老聃或太史儋这样有见识的史官,"历记成败、存亡、祸福古今之道",然后流传于其弟子间不断被增添完善,比如楚简本《老子》甲、乙、丙的发现(荆门市博物馆,1998:1-10),就是与现行版《老子》内容不同的片段。后来又经詹何润色编订,最后形成了上下五千言的《老子》(《道德经》),并被广泛流布。到了道教产生之后,为了宗教需要,老子被推至教祖地位,奉为神灵,其书《道德经》也成为道教最为重要的道经,并为历代道教流派所推崇备至!

按照司马迁在《史记》"老庄申韩列传第三"中的看法,老子所言无非是"无为自化,清静自正"之道(司马迁,1985:247)。司马迁在该传最后进曰:"老子所贵道,虚无,因应变化于无为,故著书辞称微妙难识。"(司马迁,1985:248)所言道旨,无非"虚无",遵道之法则以"无为"为先。

根据现今通行的《老子》一书,从修身养性的心法思想上,老子主张是尊道贵德,并强调顺应自然的无为之道。如果进一步要凝练说明,则可以归结为"尊道贵德"和"无为清虚"之主张。

二、老子心法主旨

那么什么是道、什么又是德呢?《老子》一书开宗明义地指出:"道,可道,非常道;名,可名,非常名。无名,天地始;有名,万物母。常无,欲观其妙;常有,欲观其徼。此两者同出而异名,同谓之玄,玄之又玄,众妙之门。"(朱谦之,1984:3-7)也就是说,所谓这个非"常"之"道",是"玄之又玄"的"众妙之门",也是"万物之奥"。有时,在《老子》中,把这个根本之道,也称为"玄牝",指出:"谷神不死,是谓玄牝。玄牝门,天地根。绵绵若存,用之不勤。"(朱谦之,1984:25-27)

应该说,天下万物正是经由这个"道"而生的。所谓"经由"是指万物从"无"经由这个无形之"道"而生,这便是《老子》所说的:"天下万物生于有,有生于无。"(朱谦之,1984:165)以及比较简略地论述了万物生成之机制,就是"道生一,一生二,二生三,三生万物。万物负阴而抱阳,冲气以为和。"(朱谦之,1984:174-175)注意,这里特别指出了"万物"都是阴阳两气和合之结果,跟《周易》"系辞"中所强调的"一阴一阳之谓道",有异曲同工之妙。

如果说"道"是万物之体,那么"德"就是万物之用。万物是"道"之所生,万物又为"德"之所畜,所以"尊道贵德"是万物遵循的自然准则。《老子》曰:"道生之,德畜之,物形之,势成之。是以万物莫不尊道而贵德。道之尊,德之贵,夫莫之命而常自然。故道生之,德畜之,长之育之,成之熟之,养之覆之。生而不有,为而不恃,长而不宰,是谓玄德。"(朱谦之,1984:203-204)

所谓"德"以"畜之",就是指"长之育之;成之熟之;养之覆之。"充分体现"德"为"道"之用的精神。道之"生而不有"而德之"为而不恃,长而不宰",两者体用相合,便是"玄德"之境。

归纳起来,一方面,《老子》认为,道是支配万物生长的根本,自然也是支配人生的根本,所谓"道者,万物之奥。善,人之宝;不善,人之所不保。"(朱谦之,1984:252-253)另一方面,人生都应该"尊道贵德",所谓:"孔德之容,惟道是从。"(朱谦之,1984:87)"人法地,地法天,天法道,道法自然。"(朱谦之,1984:103)

至于如何来"尊道贵德",那可不是轻而易举就能把握的,因为"道之为物,惟恍惟忽。忽恍中有象,恍忽中有物。窈冥中有精,其精甚真,其中有信。自古及今,其名不去,以阅众甫。吾何以知众甫之然?"(朱谦之,1984:88-89)而对于这一"惟恍惟忽"之道,须要善于把握"有无动静"之几,超越"无名可名"之状,方可以一窥道之真容。所以"古之善为士(道)者,微妙玄通,深不可识。夫唯不可识,故强为之容。"(朱谦之,1984:57-58)

《老子》所要达到的最高境界就是所谓"玄德"之境,也就是要复归到"婴儿"状态,或者称为"朴"或称为"无极"。《老子》说:"知其雄,守其雌,为天下溪。为天下溪,常德不离,复归于婴儿。知其白,守其黑,为天下式。常得不忒,复归于无极。知其荣,守其辱,为天下谷。为天下谷,常得乃足,复归于朴。朴散则为器,圣人用为官长,是以大制无割。"(朱谦之,1984:112-114)

由于这种理想的状态实际上是一种"无知无欲"的"纯朴"自然状态,而《老子》认为其为婴儿常处之境,所以常用"婴儿"来比喻这种理想状态,就是要达到婴儿(有时也称为"儿子")状态,所谓赤子之心。这种状态就是:"能儿子乎?儿子终日嗥而嗌不嗄,和之至也;终日握而手不掜,共其德也;终日视而目不瞚,偏不在外也。行不知所之,居不知所为,与物委蛇,而同其波。"(郭庆藩,1981:785)

如果用《老子》中的话说,这种"婴儿"状态,就是:"众人熙熙,若享太牢,若春登台。我魄未兆,若婴儿未孩。乘乘无所归! 众人皆有余,我独若遗。我愚人之心,纯纯! 俗人昭昭,我独若昏。俗人察察,我独闷闷。谵兮其若海,漂兮若无止。众人皆有以,而我独顽似鄙。我独异于人,而贵食母。"(朱谦之,1984:79-85)

这种状态的达成,就是要做到"无为好静"和"无事无欲",《老子》认为这样才是理想的生活状态。《老子》借圣人之口云:"我无为,人自化;我好静,人自正;我无事,人自富;我无欲,人自朴。"(朱谦之,1984:232)所以《老子》曰:"为学日益,为道日损,损之又损之,以至于无为。无为无不为。取天下常以无事,及其有事,不足以取天下。"(朱谦之,1984:192-194)就是要不断地"损之又损",才能够做到"无为好静"和"无事无欲",然后才能够"取天下"。

当然,在《老子》看来,所"取天下"的所谓理想社会,也就是一种"小国寡民"的社会:"小国寡民,使有什佰之器而不用,使民重死而不远徙。虽有舟舆,无所乘之;虽有甲兵,无所陈之。使民复结绳而用之。甘其食,美其服,安其居,乐其俗,邻国相望,鸡狗之声相闻,民至老死,不相往来。"(朱谦之,1984:307-309)

大约,一般凡夫俗子,难以体悟其中之奥,故《老子》特此指出:"上士闻道,勤而行之;中士闻道,若存若亡;下士闻道,大咲(笑)之。不咲(笑)不足以为道。故建言有之:明道若昧,进道若退,夷道若类。……道隐无名。夫唯道,善贷且善。"(朱谦之,1984:166-172)据此,如果一定要有什么把握这玄妙之道的方向,那么无过于《老子》一书中的这句指示:"反者道之动;弱者道之用。"(朱谦之,1984:165)强调"反而动""弱而用"的原则。

三、尊道贵德途径

如果就修身养性而言,"尊道贵德"的具体途径则主要包括有"无为不争""去欲厚生""虚静守中""专气致柔"和"绝圣弃智"等五个方面,如下我们分别加以阐释发挥。

(一)无为不争

"尊道贵德"首先就是要"无为不争"。所谓"无为"并非是不为,而是要"尊道",就是顺其自然之道而为,所谓"道法自然",这样才能"无不为"。因为,道是万物不期然而然的根本规律,故《老子》说:"道常无为而无不为。侯王若能守,万物将自化。化而欲作,吾将镇之以无名之朴。无名之朴,亦将不欲。不欲以静,天下将自正。"(朱谦之,1984:146-147)

就"贵德"而言也一样,自然所贵之德是"上德",此时同样也应贵其"无为而无以为",所以《老子》说:"上德不德,是以有德。下德不失德,是以无德。上德无为而无以为,下德无为而有以为。"(朱谦之,1984:150)

对于"有为"与"无为"的境界高下,《老子》甚至还列出了次序,即依次是道、德、仁、义、礼,并指出:"故失道而后德,失德而后仁,失仁而后义,失义而后礼。"(朱谦之,1984:152)以此来强调"道德无为"之高明。

只有这样,才会得到最大的收益。《老子》说:"是以圣人处无为之事,行不言之教。万物作而不辞,生而不有,为而不恃,功成不居。夫唯不居,是以不去。"(朱谦之,1984:10-11)于是"不言之教,无为之益,天下希及之。"(朱谦之,1984:179)

落实"无为"的具体措施就是"不争","天之道,利而不害;圣人之道,为而不争"(朱谦之,1984:312)。通过"不争"才能成就"善道"而"无尤"。《老子》说:"上善若水。水善利万物,又不争。处众人之所恶,故几于道。居善地,心善渊,与善人,言善信,政善治,事善能,动善时。夫唯不争,故无尤。"(朱谦之,1984:31-32)

所谓"不争",就是甘于人后,《老子》说:"江海所以能为百谷王,以其善下之,故能为百谷王。是以圣人欲上人,必以言下之;欲先人,必以身后之。是以圣人处上而人不重,处前而人不害,是以天下乐推而不厌。以其

不争,故天下莫能与之争。"(朱谦之,1984:267-269)

归纳起来说,"尊道贵德"的第一要则,就是要"无为不争",如此才能够达到"天下希及之"的"上善"之境。

(二)去欲厚生

如果说"无为不争"是"尊道贵德"的原则,那么"去欲厚生"就是"尊道贵德"的具体措施了。《老子》认为,人生最大的忧患就是"我有身",并因此常处于"宠辱若惊"之中。《老子》说:"宠辱若惊,贵大患若身。何谓宠辱?辱为下。得之若惊,失之若惊,是谓宠辱若惊。何谓贵大患若身?吾所以有大患,为我有身,及我无身,吾有何患?故贵身于天下,若可托天下;爱以身为天下者,若可寄天下。"(朱谦之,1984:48-50)

因此,要想摆脱这样的困境,就要做到"无知无欲",通过"去欲"来"厚生"。《老子》为此指出:"不上贤,使民不争;不贵难得之货,使民不盗;不见可欲,使心不乱。圣人治:虚其心,实其腹,弱其志,强其骨。常使民无知无欲,使智者不敢为,则无不治。"(朱谦之,1984:14-16)

也就是说,除了"无为不争",就是要"去欲厚生",具体方法就是要"虚其心,实其腹,弱其志,强其骨"。"去欲",即除去一切声色欲念,要"无知无欲",因为"五色令人目盲;五音令人耳聋;五味令人口爽,驰骋畋猎,令人心发狂;难得之货,令人行妨。是以圣人为腹不为目,故去彼取此。"(朱谦之,1984:45-46)而"厚生"则需摆脱身外之累,要"知足知止",因为"名与身孰亲?身与货孰多?得与亡孰病?是故甚爱必大费,多藏必厚亡。故知足不辱,知止不殆,可以长久。"(朱谦之,1984:179-180)

要切记:"罪莫大于可欲,祸莫大于不知足;咎莫大于欲得。故知足之足,常足矣。"(朱谦之,1984:186-188)只有这样,才能坦然面对"出生入死"。所谓:"生之徒十有三,死之徒十有三,人之生,动之于死地,十有三。夫何故?以其生生之厚。"(朱谦之,1984:198-199)所以"去欲厚生"不能不引起重视!

(三)虚静守中

"尊道贵德"进一步的措施则是"虚静守中"。"虚静守中"乃天地之则,《老子》曰:"天地之间,其犹橐籥乎? 虚而不屈,动而愈出。多言数穷,不如守中。"(朱谦之,1984:23-24)而"躁胜塞,静胜热,清静以为天下正。"(朱谦之,1984:183-184)所谓"守中"是动静相辅相成之道,因为静能清浊,动能安生。"孰能浊以静之? 徐清。(孰能)安以动之? 徐生。保此道者,不欲盈。夫唯不盈,能弊复成。"(朱谦之,1984:61-62)只有徐徐而清、徐徐而生,方能静能清浊,动能安生。

因此,如果我们希望真正地"去欲厚生",去"轻浮",治"躁动",方法就是"重根之""静君之"。《老子》的道理就是:"重为轻根,静为躁君。是以君子终日行,不离辎重,虽有荣观,燕处超然。如何万乘之主,以身轻天下? 轻则失臣,躁则失君。"(朱谦之,1984:104-106)

那么具体如何"虚静守中",《老子》说:"我有三宝,持而宝之:一曰慈,二曰俭,三曰不敢为天下先。夫慈,故能勇;俭,故能广;不敢为天下先,故能成器长。今舍慈且勇,舍俭且广,舍后且先,死矣! 夫慈,以战则胜,以守则固。天将救之,以慈卫之。"(朱谦之,1984:271-273)

要之,"虚静守中"就是要"致虚极,守静笃"。唯有如此,方能"去欲厚生"而"没身不殆"。《老子》曰:"致虚极,守静笃。万物并作,吾以观其复。夫物云云,各归其根。归根曰静,静曰复命。复命曰常,知常曰明。不知常,妄作,凶。知常容,容能公,公能王,王能天,天能道,道能久,没身不殆。"(朱谦之,1984:64-67)

(四)专气致柔

达到"虚静守中"的一种途径就是"专气致柔"。所谓"专气"就是"专注抱一",所谓"致柔"就是"无为不争"。《老子》曰:"载营魄抱一,能无离? 专气致柔,能婴儿? 涤除玄览,能无疵? 爱人治国,能无为? 天门开阖,能为雌? 明白四达,能无知?"(朱谦之,1984:37-40)

"专气致柔"就是要"抱一为天下式"而使"致柔"之德"成全而归之"。所以《老子》曰:"曲则全,枉则直;窪则盈,弊则新;少则得,多则或。是以圣人抱一为天下式。不自见,故明;不自是,故彰;不自伐,故有功;不自矜,故长。夫唯不争,故天下莫能与之争。古之所谓'曲则全'者,岂虚语? 故成全而归之。"(朱谦之,1984:91-93)所谓"致柔"就是凡事"不争",做到

"不自见""不自是""不自伐"和"不自矜",方能"成全而归之"。

能"抱一"则"万物得以生"。《老子》曰:"昔之得一者:天得一以清,地得一以宁,神得一以灵,谷得一以盈,万物得一以生,侯王得一以为天下正。"(朱谦之,1984:154-155)能"至柔"则"无有入无间":"天下之至柔,驰骋天下之至坚。无有入于无间,是以知无为有益。"(朱谦之,1984:177-178)

(五)绝圣弃智

达到"虚静守中"的另一种途径就是"绝圣弃智"。《老子》认为,这也是最后到达玄德之境的根本途径。所谓"绝圣"就是去"仁义",不要有仁欲之念;所谓"弃智"就是除"巧利",不要有智虑之心。《老子》曰:"绝圣弃智,民利百倍;绝民弃义,民复孝慈;绝巧弃利,盗贼无有。此三者,为文不足,故令有所属:见素抱朴,少私寡欲。"(朱谦之,1984:74-75)

说到底,"绝圣弃智",就是要除去私我思虑分别之知,所以《老子》还说"绝学无忧"(朱谦之,1984:76),唯有彻底"绝学"方能"无忧"。因为"企者不久;跨者不行,自见不明,自是不彰,自伐无功,自矜不长。其在道,曰余食赘行,物或有恶之,故有道不处。"(朱谦之,1984:97-99)

更何况"知者不言,言者不知"。只有"塞其兑,闭其门,挫其锐,解其忿,和其光,同其尘,是谓玄同。"(朱谦之,1984:227-228)所谓"玄同",即为"道",要想得道,非概念分别之思虑所能把握,而应超越一切名相对待,所以《老子》接着说:"故不可得而亲,不可得而疏;不可得而利,不可得而害;不可得而贵,不可得而贱。故为天下贵。"(朱谦之,1984:228-229)超越"亲与疏""利与害""贵与贱"一切分别,是为"玄同"。

超越名相分别而真正要达道者,唯有双遣双非,超越是非叠加之悖论(所谓常知揩式),不落边见,去其两端而守中(是谓玄德),方为正途。所以《老子》曰:"古之善为道者,非以明人,将以愚之。民之难治,以其智多。以智治国,国之贼;不以智治国,国之福。知此两者,亦揩式。常知揩式,是谓玄德。玄德深远,与物反,然后乃至大顺。"(朱谦之,1984:263-266)

所以,要达到"绝圣弃智"也容易,就是要无思无虑,一任天真,不以私我之知为执。所谓《老子》所言的:"吾言甚易知,甚易行。天下莫能知,莫

能行。言有宗,事有君。夫唯无知,是以不我知。"(朱谦之,1984:280-281)

"不我知"是"知"所"不知","执我知"是"不知"真"知"。《老子》说:"知不知上,不知知,病。是以圣人不病。以其病病,是以不病。"(朱谦之,1984:282-283)只有去掉"执我知",才能够真正获得"真知"(体悟玄德)。"是以圣人自知不自见,自爱不自贵。故去彼取此。"(朱谦之,1984:286)

总之,人们要修身养性,就要"尊道贵德",以"无为不争"为原则,以"去欲厚生"为基础,以"虚静守中"为目标,以"专气致柔"和"绝圣去智"为手段,这样就可以达到修身养性的最高境界,所谓常守其德(玄德之境)。这便是《老子》一书主要的心法思想与途径。

第四章

心性渐明

> 尽其心者,知其性也。知其性,则知天矣。存其心,养其性,所以事天也。夭寿不贰,修身以俟之,所以立命也。
>
> ——(战国)孟子[①]

圣道孔门心法之后,儒家有关心性认识开始产生了分化,也就导致心法思想的不同,其中主要有以孟轲、荀况和李翱三家为代表的不同心法主张。孟轲属于圣道心法的延续,提出"心性本善",心性修养主张尽心知性的浩然之法。荀况自创了孙氏学派的源流,主张"心性本恶",心性修养强调解蔽除恶的清明之境。李翱则在汉唐心性学的基础上,通过参照佛性学的思想,回归"心性本善",强调闲邪复性的明觉之道,为后来宋明性理之学的昌明,铺平了道路。于是,儒家心法思想也走入了后来宋明圣道中兴的全新时代。

第一节 孟轲浩然至善

孟子的心法思想,主要是建立在"性本善"的学说之上,然后提出"尽性知性以知天"的原则,并通过将"浩然之气"和"苦其心志"手段有机统一,构成了一种非常全面的心法学说体系。孟子的这一心法体系所追求

[①] (汉)赵岐注,(宋)孙奭疏:《孟子注疏》,北京:北京大学出版社,1999年,第350~351页。

的境界当然就是仁善之境,其更多侧重强调的是淑世精神。所以我们称之为"浩然至善心法",孟子的浩然心法所要塑造的是具有"浩然正气"的仁义志士。

一、孟子性善之论

孟子(前372—前289),又据学术界考证,孟子生于周安王十三年(公元前389年),卒于周赧王十二年(公元前303年)。司马迁在《史记·孟子荀卿列传》中对孟子的记述是:"孟轲,驺人也。受业子思之门人。道既通,游事齐宣王。宣王不能用。适梁,梁惠王不果所言同,则见以为迂远而阔于事情。当是之时,秦用商君,富国强兵;楚、魏用吴起,战胜弱敌;齐威王、宣王用孙子、田忌之徒,而诸侯东面朝齐。天下方务于合从连衡,以攻伐为贤,而孟轲乃述唐虞、三代之德,是以所如者不合。退而与万章之徒序《诗》《书》,述仲尼之意,作《孟子》七篇。其后有驺子之属。"(司马迁,1985:265)

从孟子"受业于子思门人"以及"述仲尼之意",可以看出其学说主要传承了自孔子到子思的道统,并发展了孔子的仁义之道,著有《孟子》七篇。在心法方面,孟子遵循"天命之谓性,率性之谓道,修道之谓教"的思路,进一步深化了子思的中庸心法,形成更为具体可行的尽性浩然心法。

对于"天命之谓性"的这个"天性",孟子将其落实到"善性"之上,提出了"性善说"。在《孟子注疏·滕文公章句上》中有记载说:"孟子道性善,言必称尧、舜。"(赵岐,1999:127-128)并且孟子自己也强调:"世子疑吾言乎?夫道一而已矣。"(赵岐,1999:128)也就是说,孟子所一以贯之的道就是"性善"而已。为此,孟子对告子的"性无善无不善"展开了论辩(赵岐,1999:295):

告子曰:"性犹湍水也,决诸东方则东流,决诸西方则西流。人性之无分于善不善也,犹水之无分于东西也。"孟子曰:"水信无分于东西,无分于上下乎?人性之善也,犹水之就下也。人无有不善,水无有不下。今夫水搏而跃之,可使过颡;激而行之,可使在山:是岂水之性哉?其势则然也。人之可使为不善,其性亦犹是也。"

孟子的意思很明白,就像水往低处流是水的本性一样,人之性善,也是人的本性;而人之所以有或善或恶的表现,完全是环境作用(势)的结果。为了进一步阐述这样的观点,当公都子再次提到告子的"性无善无不善"观并对孟子的"性善"表示疑惑时,在《孟子注疏·告子章句上》里,孟子就进一步阐述曰:"乃若其情,则可以为善矣,乃所谓善也。若夫为不善,非才之罪也。恻隐之心,人皆有之。羞恶之心,人皆有之。恭敬之心,人皆有之。是非之心,人皆有之。恻隐之心,仁也。羞恶之心,义也。恭敬之心,礼也。是非之心,智也。仁、义、礼、智,非由外铄我也,我固有之也,弗思耳矣。故曰求则得之,舍则失之。或相倍蓰,而无算者,不能尽其才者也。"(赵岐,1999:300)也就是说,像体现仁、义、礼、智这些最基本品德的恻隐之心、羞恶之心、恭敬之心、是非之心,都是人人固有的天性,"非由外铄我也,我固有之也,弗思耳矣"。所以,孟子在《孟子注疏·公孙丑章句上》中就指出:"由是观之,无恻隐之心,非人也;无羞恶之心,非人也;无辞让之心,非人也;无是非之心,非人也。恻隐之心,仁之端也;羞恶之心,义之端也;辞让之心,礼之端也;是非之心,智之端也。"(赵岐,1999:94)

当然,性善是人固有的天性,但孟子并不否定环境作用的影响。在《孟子注疏·告子章句上》中,孟子曰:"富岁,子弟多赖;凶岁,子弟多暴。非天之降才尔殊也,其所以陷溺其心者然也。"(赵岐,1999:302)就是说,当人表现出不善,并非是本性(才)有什么不同,而是其心所"陷溺"于恶劣环境的结果。因此,人们不能因为只是看到表面的恶行而否定本性的善,为此孟子专门以山具有生木之美的本性,来比喻人具有性之善的本性,并强调对于人之性善,也要时时存养,才能够不至于丧失其美。

在《孟子注疏·告子章句上》里,孟子曰:"牛山之木尝美矣。以其郊于大国也,斧斤伐之,可以为美乎?是其日夜之所息,雨露之所润,非无萌蘖之生焉,牛羊又从而牧之,是以若彼濯濯也。人见其濯濯也,以为未尝有材焉,此岂山之性也哉?虽存乎人者,岂无仁义之心哉?其所以放其良心者,亦犹斧斤之于木也,旦旦而伐之,可以为美乎?其日夜之所息,平旦之气,其好恶与人相近也者几希。则其旦昼之所为,有梏亡之矣。梏之反复,则其夜气不足以存。夜气不足以存,则其违禽兽不远矣。人见其禽兽也,而以为未尝有才焉者,是岂人之情也哉。故苟得其养,无物不长;苟失

其养,无物不消。"(赵岐,1999:305-306)

须清楚,孟子强调"善性"是天之就的,也就是"天命之谓性"的"天性",因此非思虑所能知的("弗思耳矣")。故孟子在《孟子注疏·尽心章句上》中再次强调指出:"人之所不学而能者,其良能也。所不虑而知者,其良知也。亲亲,仁也。敬长,义也。无他,达之于天下也。"(赵岐,1999:359)这个"良能良知"不是别的,就是人之"性善"。

二、孟子尽心之法

单单提出了"性善说"当然还不够,为了能够实现仁义之君子,还需要建立从人心到天性的沟通联络,也就是说,还需要阐述"率性之谓道"问题。为此,孟子在"性善说"的基础上,通过将"知天性"引发到"尽心"之上,建立了完整的心性学说,从而达到从性善到存养心性的跨越。

在《孟子注疏·尽心章句上》中,孟子曰:"尽其心者,知其性也。知其性,则知天矣。存其心,养其性,所以事天也。殀寿不贰,修身以俟之,所以立命也。"(赵岐,1999:350-351)从尽心到知性,再从知性到知天,反身而归于天命。

就是说,存养心性是要符合天道的,《孟子注疏·离娄章句上》所言:"顺天者存,逆天者亡。"(赵岐,1999:194)因而尽心不但要知性,还要进一步知天。至于如何才能够尽心,孟子则完全继承了子思在《中庸》中有关"至诚"的学说,在《孟子注疏·离娄章句上》中也认为:"诚身有道,不明乎善,不诚其身矣。是故诚者,天之道也。思诚者,人之道也。至诚而不动者,未之有也。不诚,未有能动者也。"(赵岐,1999:200)

不同的是,孟子认为达到"至诚"境界只需向自己内心去求,并遵循忠恕之道,就可以获得圣乐。孟子在《孟子注疏·尽心章句上》中曰:"万物皆备于我矣。反身而诚,乐莫大焉。强恕而行,求仁莫近焉。"(赵岐,1999:353)扩而充之,所有的道德品质,无不是"反身而诚"的结果。在《孟子注疏·尽心章句下》中,孟子曰:"仁也者,人也。合而言之道也。"(赵岐,1999:389)说白了所谓善性,就是人之仁心,不但是固有的天性,不加不损;而且也是一切心理品质的根源。

所以,孟子在《孟子注疏·尽心章句上》中曰:"君子所性,虽大行不加焉,虽穷居不损焉,分定故也。君子所性,仁、义、礼、智。根于心,其生色也,睟然见于面,盎于背,施于四体。四体不言而喻。"(赵岐,1999:362)因此,即使对于一切心理品质,也非反身以求不可的。在《孟子注疏·公孙丑章句上》中孟子曰:"爱人,不亲,反其仁。治人,不治,反其智。礼人,不答,反其敬。行有不得者,皆反求诸己,其身正而天下归之。"(赵岐,1999:192)

当然,与子思一样,对于具体"率性之谓道"的达成,孟子也是主张要靠自力自成而得,并应该遵循中庸之道的。比如,孟子在《孟子注疏·离娄章句下》中曰:"君子深造之以道,欲其自得之也。自得之,则居之安;居之安,则资之深;资之深,则取之左右逢其原:故君子欲其自得之也。"(赵岐,1999:220)这是讲"自力自成"的自得之道。

而在《孟子注疏·尽心章句上》中,孟子曰:"杨子取为我,拔一毛而利天下,不为也。墨子兼爱,摩顶放踵利天下,为之。子莫执中,执中为近之。执中无权,犹执一也。所恶执一者,为其贼道也,举一而废百也。"(赵岐,1999:366-367)这是强调"时中"之道的,并且反对"执中无权"这样机械"执一"的误区。

注意,上文中的"子莫",钱穆认为是子张(颛孙师)之子颛孙子莫。《说苑·修文》曰:"公孟子高见颛孙子莫。曰:敢问君子之礼何如?颛孙子莫曰:去尔外厉与尔内色,胜而心自取之,去三者斯可矣。公孟子高不知,以告曾子。曾子愀然逡巡曰:大哉言乎!夫外厉者必内折,色胜而心自取者必为人役。是故君子德成而容不知,闻识博而辞不争,知虑微达而能不愚。"(刘向,1990:168)钱穆认为这段引文所介绍子莫的主要思想,其与孟子认为子莫"执一无权"是吻合的(钱穆,1992:232)。

显然,跟"执中无权"相反,孟子强调的则是"引而不发"的"中道"观。正如在《孟子注疏·尽心章句上》中所言:"君子引而不发,跃如也。中道而立,能者从之。"(赵岐,1999:376)其强调的是一种应时而动的中庸之道。

三、孟子浩然之气

通过上述的论述,我们已经看到孟子建立起来了比较完善的心性学

第四章 心性渐明

说,在心法理论上丰富和扩大了中庸心法的学说。不过,对于心法而言,更重要的是践行途径,即所谓"修道之谓教"的那部分内容。在这一方面,孟子所提出的方法,更是值得赞叹。如果说中庸心法"修道之谓教"具体要达成的"至善"境界是"致中和",那么孟子"修道之谓教"具体要达成的"至善"境界就是要善养"浩然之气",这也最能体现孟子心法的特色。

归纳起来,对于孟子而言,养成"浩然之气"首先要"求其放心"。在《孟子注疏·告子章句上》中,孟子曰:"仁,人心也。义,人路也。舍其路而弗由,放其心而不知求,哀哉!人有鸡犬放,则知求之;有放心,而不知求。学问之道无他,求其放心而已矣。"(赵岐,1999:310-311)所谓"求其放心",就是降伏其放任之心,而守于仁心而已。然后,在此基础上,进一步达到"不动之心"。

对于何为"不动心",在《孟子注疏·公孙丑章句上》中,通过与公孙丑提问的解答,孟子有详尽的说明,我们全文摘录如下(赵岐,1999:73-76):

公孙丑问曰:"夫子加齐之卿相,得行道焉,虽由此霸王,不异矣。如此,则动心否乎?"孟子曰:"否。我四十不动心。"曰:"若是,则夫子过孟贲远矣。"曰:"是不难,告子先我不动心。"曰:"不动心有道乎?"曰:"有。北宫黝之养勇也,不肤桡,不目逃,思以一豪挫于人,若挞之于市朝,不受于褐宽博,亦不受于万乘之君;视刺万乘之君,若刺褐夫,无严诸侯,恶声至,必反之。孟施舍之所养勇也,曰:'视不胜,犹胜也。量敌而后进,虑胜而后会,是畏三军者也。舍岂能为必胜哉?能无惧而已矣。'孟施舍似曾子,北宫黝似子夏。夫二子之勇,未知其孰贤,然而孟施舍守约也。昔者曾子谓子襄曰:'子好勇乎?吾尝闻大勇于夫子矣。自反而不缩,虽褐宽博,吾不惴焉;自反而缩,虽千万人,吾往矣。'孟施舍之守气,又不如曾子之守约也。"曰:"敢问夫子之不动心,与告子之不动心,可得闻与?""告子曰:'不得于言,勿求于心;不得于心,勿求于气。'不得于心,勿求于气,可;不得于言,勿求于心,不可。夫志,气之帅也。气,体之充也。夫志至焉,气次焉。故曰持其志,无暴其气。""既曰志至焉气次焉,又曰持其志,无暴其气者,何也?"曰:"志壹则动气,气壹则动志也。今夫蹶者趋者,是气也,而反动其心。""敢问夫子恶乎长?"曰:"我知言,我善养吾浩然之气。"

"敢问何谓浩然之气?"曰:"难言也。其为气也,至大至刚,以直养而无害,则塞于天地之间。其为气也,配义与道。无是,馁也。是集义所生者,非义袭而取之也。行有不慊于心,则馁矣。我故曰:告子未尝知义,以其外之也。必有事焉而勿正,心勿忘,勿助长也。无若宋人然。宋人有闵其苗之不长而揠之者,芒芒然归,谓其人曰:'今日病矣,予助苗长矣。'其子趋而往视之,苗则槁矣。天下之不助苗长者寡矣。以为无益而舍之者,不耘苗者也;助之长者,揠苗者也,非徒无益,而又害之。"

在孟子这里,"不动心"不仅仅是"勇者无惧",更不是"匹夫之勇",而是"仁者无敌"的气概;然后是"持其志,无暴其气"而守其"壹";最后"集义所生"浩然之气。所谓浩然之气,就是要有一种置生死于度外的大无畏精神,"至大至刚"之正气,非任何"私意"可以助长而能得之,唯诚意正心而成之。

当然,善养浩然之气在于存养心性。为此,在《孟子注疏·尽心章句下》中孟子还提出了如何"养心存性"的一些具体要求。比如通过"寡欲"可以养心,孟子曰:"养心莫善于寡欲。其为人也寡欲,虽有不存焉者,寡矣。其为人也多欲,虽有存焉者,寡矣。"(赵岐,1999:403)既然要寡欲,必然要有所不为。所以在《孟子注疏·尽心章句上》中孟子提倡:"无为其所不为,无欲其所不欲,如此而已矣。"(赵岐,1999:360)以及在《孟子注疏·离娄章句下》中所言:"人有不为也,而后可以有为。"(赵岐,1999:219)

寡欲的目的是要将其所为归结到"仁义"之上。对此,在《孟子注疏·尽心章句下》中,孟子曰:"人皆有所不忍,达之于其所忍,仁也。人皆有所不为,达之于其所为,义也。人能充无欲害人之心,而仁不可胜用也。人能充无穿窬之心,而义不可胜用也。人能充无受尔汝之实,无所往而不为义也。"(赵岐,1999:399)因此,归于仁义还要切忌自暴自弃。在《孟子注疏·离娄章句上》中,孟子曰:"自暴者不可与有言也,自弃者不可与有为也。言非礼义,谓之自暴也。吾身不能居仁由义,谓之自弃也。仁,人之安宅也。义,人之正路也。旷安宅而弗居,舍正路而不由,哀哉!"(赵岐,1999:199)

更重要的是,孟子认为能够有"浩然正气"必须要在患难中磨炼。在

第四章 心性渐明

《孟子注疏·尽心章句上》中孟子认为:"人之有德慧术知者,恒存乎疢疾。独孤臣孽子,其操心也危,其虑患也深,故达。"(赵岐,1999:360-361)也就是说,只有时刻处于"患难"之中,方能够"其操心也危,其虑患也深",然后通过这样的"心志磨炼",才能够有所成就(故达)。

所以在《孟子注疏·告子章句下》中列举了历代有大作为圣贤都经历有困顿磨难之后,强调指出:"故天将降大任于斯人也,必先苦其心志,劳其筋骨,饿其体肤,空乏其身,行拂乱其所为,所以动心忍性,曾益其所不能。人恒过,然后能改。困于心,衡于虑,而后作。征于色,发于声,而后喻。入则无法家拂士,出则无敌国外患者,国恒亡。然后知生于忧患而死于安乐也。"(赵岐,1999:346-347)

正如孔子在《论语注疏·子罕》中所言:"岁寒然后知松柏之后凋也。"(何晏,1999:122)这种强调"苦其心志"的修养途径成为后世"身疲心安"内心存养的先声。"苦其心志"就是要通过人生困苦来磨炼心性。

当然,关于"苦其心志"的修养途径,还是要"配义与道"这个大前提,还是要归于"尽心"之上。所以在《孟子注疏·告子章句上》中,当公都子问曰:"钧是人也,或为大人,或为小人,何也"时,孟子曰:"从其大体为大人,从其小体为小人。"(赵岐,1999:314)再问:"钧是人也,或从其大体,或从其小体,何也?"孟子回答是:"耳目之官,不思而蔽于物,物交物,则引之而已矣。心之官则思,思则得之,不思则不得也。此天之所与我者,先立乎其大者,则其小者弗能夺也。此为大人而已矣。"(赵岐,1999:314)要言之,就如《孟子注疏·离娄章句下》所言:"大人者,不失其赤子之心者也。"(赵岐,1999:220)以及在《孟子注疏·尽心章句上》中又言:"有大人者,正己而物正者也。"(赵岐,1999:361)

毫无疑问,将孟子的"心性学说""浩然之气"与"苦其心志"有机统一起来,就构成了一种非常全面的心法学说体系,我们称之为"浩然至善心法"。按照孟子的一贯主张,浩然至善心法追求的境界当然就是仁善之境,其更多侧重强调的是淑世精神。细而分之,则又有六种不同级别,即所谓善、信、美、大、圣、神六者。孟子在《孟子注疏·尽心章句下》中曰:"可欲之谓善,有诸己之谓信,充实之谓美,充实而有光辉之谓大,大而化之之谓圣,圣而不可知之谓神。"(赵岐,1999:394)

就具体的人格培养而言,浩然至善心法所诉求的就是孟子所刻画的大丈夫(《孟子注疏·公孙丑章句下》):"居天下之广居,立天下之正位,行天下之大道,得志与民由之,不得志独行其道。富贵不能淫,贫贱不能移,威武不能屈,此之谓大丈夫。"(赵岐,1999:162)

当然大丈夫悠然自得无所求,便可以因时而动。对此,孟子在《孟子注疏·尽心章句上》中对宋勾践说:"子好游乎?吾语子游。人知之,亦嚣嚣;人不知,亦嚣嚣。"宋勾践问曰:"何如斯可以嚣嚣矣?"(嚣嚣,悠然自得无所求)孟子曰:"尊德乐义,则可以嚣嚣矣。故士穷不失义,达不离道。穷不失义,故士得己焉。达不离道,故民不失望焉。古之人得志,泽加于民;不得志,修身见于世。穷则独善其身,达则兼善天下。"(赵岐,1999:355)

在孟子看来,这种人格境界是人人都可以成就的。因此在《孟子注疏·告子章句下》中当曹交问孟子曰:"人皆可以为尧舜,有诸?"孟子断然回答曰:"然。"(赵岐,1999:321)在《孟子注疏·离娄章句下》中储子曰:"王使人瞷夫子,果有以异于人乎?"孟子曰:"何以异于人哉!尧舜与人同耳。"(赵岐,1999:239)

既然人人都可以成为尧舜之人格境界,那么为什么大多数人并没有真的能够达成这种境界呢?这个中的原因在孟子看来就是(《孟子注疏·告子章句下》):"夫道,若大路然,岂难知哉?人病不求耳。"(赵岐,1999:322)或者是(《孟子注疏·尽心章句上》):"行之而不著焉,习矣而不察焉,终身由之而不知其道者,众也。"(赵岐,1999:353)也就是说,追求这种人格境界是不难的,关键是人们自己不肯去追求或者求之不得法。说得再准确一些,就是人们要么不肯去努力存养心性,要么做不到位。

所以在《孟子注疏·离娄章句下》中,孟子曰:"君子所以异于人者,以其存心也。君子以仁存心,以礼存心。仁者爱人,有礼者敬人。爱人者,人常爱之。敬人者,人常敬之。"(赵岐,1999:233)在《孟子注疏·公孙丑章句上》中又指出:"子路,人告之以有过则喜,禹闻善言则拜。大舜有大焉,善与人同,舍己从人,乐取于人以为善。自耕稼陶渔以至为帝,无非取于人者。取诸人以为善,是与人为善者也。故君子莫大乎与人为善。"(赵岐,1999:97)以及在《孟子注疏·公孙丑章句下》中再次指出:"且古之君子,过则改之;今之君子,过则顺之。古之君子,其过也如日月之食,民皆见之,及其更也,民皆仰之;今之君子,岂徒顺之,又从为之辞。"(赵岐,1999:118)只要人们不断"迁善改过",通过"反身而诚"以仁义道德存心,"强恕而行"以与人为善修行,都可以成就"圣人"之境。

总之,通过对"性善"之道的确立、"尽心知性知天"心性学说的阐述,以及"浩然之气"达成的论述,孟子建立了一套比较完整的浩然心法学说。我们将会看到,其心法思想,对后世,特别是宋明心学体系的创建,产生了巨大影响。

第二节 荀况解蔽除恶

荀子心法思想的立足点,强调人性本恶,需要通过"解蔽"除其恶。因此,其源流虽然同属于儒家,却跟前面介绍的圣道心法、逍遥心法和浩然心法,均有很大不同。"解蔽"的含义,基本可以理解为"智慧启悟",所谓"蔽"解而"恶"去。"解蔽"一词,当然是取自《荀子》"解蔽篇"的篇名。

一、荀子思想要旨

荀子(前325—前235),名况,字卿,战国末期赵国人。郭沫若指出:"荀子是先秦诸子中最后一位大师,他不仅集了儒家的大成,而且可以说是集了百家的大成。……他只恭维孔子和子弓,但直接的师承是怎么样,我们却不大明了。照年代说来,他可能只是子弓的私淑弟子。"(郭沫若,1996:218-219)以及"荀子本是善言《易》的人,特别在这宇宙观方面更明显地表现着由子弓而来的道统。"(郭沫若,1996:220)

如果进一步结合《荀子》一书的内容,不难看出,荀子的思想是非常庞杂的,涉及天道、人道、世道等诸多方面。因此,荀子的解蔽心法,除了全面继承发展了宋钘的心术思想外,还继承了部分圣道心法思想,也强调劝学、正礼、迁善等修身之方,并引用了《中庸》《乐记》《易传》的思想,来构建其解蔽心法体系,主旨涉及智慧启发、虚壹而静、中正守诚等多元要素。

我们先看荀子的天道观。荀子《天论》篇认为:"天行有常,不为尧存,不为桀亡。应之以治则吉,应之以乱则凶。彊本而节用,则天不能贫;养备而动时,则天不能病;脩道而不贰,则天不能祸。故水旱不能使之饥渴,寒暑不能使之疾,袄怪不能使之凶。本荒而用侈,则天不能使之富;养略而动罕,则天不能使之全;倍道而妄行,则天不能使之吉。故水旱未至而饥,寒暑未薄而疾,袄怪未至而凶。受时与治世同,而殃祸与治世异,不可以怨天,其道然也。故明于天人之分,则可谓至人矣。"(王先谦,1988:306-308)就是天道自然,不以人们的意志而转移,人们惟有遵天道而作而已。明白了这个道理,那就是至人了。

那么天道又遵循什么运行规律呢?人们又如何遵循天道的运行规律呢?荀子《天论》篇认为:"不为而成,不求而得,夫是之谓天职。……天有其时,地有其财,人有其治,夫是之谓能参。舍其所以参而愿其所参,则惑矣。……天职既立,天功既成,形具而神生,好恶、喜怒、哀乐臧焉,夫是之谓天情。耳目鼻口形能,各有接而不相能也,夫是之谓天官。心居中虚以治五官,夫是之谓天君。……圣人清其天君,正其天官,备其天养,顺其天政,养其天情,以全其天功。如是,则知其所为,知其所不为矣,则天地官而万物役矣。其行曲治,其养曲适,其生不伤,夫是之谓知天。……故大巧在所不为,大智在所不虑。……官人守天而自为守道也。"(王先谦,1988:308-311)这里是讲,天道无为无求,所以至人自然也是"大巧在所不为,大智在所不虑"的,既然这样,也就必然:"若夫心意脩,德行厚,知虑明,生于今而志乎古,则是其在我者也。"(王先谦,1988:312)

除了在天道认识方面,提出"故明于天人之分,则可谓至人矣"、"官人守天而自为守道也"以及"其在我者也"等的天道思想之外,荀子对人性也有自己的看法,这就是与孟子性善论完全相左的"性恶论"。

荀子在《性恶》篇中开宗明义地指出:"人之性恶,其善者伪也。今人之性,生而有好利焉,顺是,故争夺生而辞让亡焉;生而有疾恶焉,顺是,故残贼生而忠信亡焉;生而有耳目之欲,有好声色焉,顺是,故淫乱生而礼义文理亡焉。然则从人之性,顺人之情,必出于争夺,合于犯分乱理而归于暴。故必将有师法之化,礼义之道,然后出于辞让,合于文理,而归于治。用此观之,然则人之性恶明矣,其善者伪也。"(王先谦,1988:434-435)并据此对孟子的性善论展开了全面批判,建立自己自成体系的性恶论。

荀子认为:"凡性者,天之就也,不可学,不可事;礼义者,圣人之所生也,人之所学而能,所事而成者也。"(王先谦,1988:435)是说人性之恶是天生的,而礼义教化是人伪所生的。也就是认为天生者是"性",后学者是"伪"。所谓"不可学、不可事而在人者谓之性,可学而能、可事而成之在人者谓之伪。是性、伪之分也。"(王先谦,1988:436)

只不过"故圣人化性而起伪,伪起而生礼义,礼义生而制法度。然则礼义法度者,是圣人之所生也。故圣人之所以同于众,其不异于众者,性也;所以异而过众者,伪也。夫好利而欲得者,此人之情性也。"(王先谦,1988:438)在《荣辱》篇则指出:"人之情,食欲有刍豢,衣欲有文绣,行欲有舆马,又欲夫余财蓄积之富也,然而穷年累世不知不足,是人之情也。"(王先谦,1988:67)

荀子认为:"凡人之欲为善者,为性恶也。"(王先谦,1988:439)至于"仁义法正"则是长期后天学习积累的结果:"今涂之人者,皆内可以知父子之义,外可以知君臣之正,然则其可以知之质,可以能之具,其在涂之人明矣。今使涂之人者以其可以知之质,可以能之具,本夫仁义法正之可知可能之理,可能之具,然则其可以为禹明矣。今使涂之人伏术为学,专心一志,思索孰察,加日县久,积善而不息,则通于神明,参于天地矣。故圣人者,人之所积而致矣。"(王先谦,1988:443)

而区分君子小人的标准,就是看其肯不肯去努力"所积而致"了,即所谓"可以而不可使"。荀子曰:"可以而不可使也。故小人可以为君子而不肯为君子,君子可以为小人而不肯为小人。小人、君子者,未尝不可以相为也,然而不相为者,可以而不可使也。"(王先谦,1988:443)

最后,也是非常重要的是,尽管荀子在《性恶》篇中提出"人之性恶之论"有违圣道宗旨,但却厘清了心性与情欲的关系问题。荀子在《正名》篇中认为:"生之所以然者谓之性。性之和所生,精合感应,不事而自然谓之性。性之好、恶、喜、怒、哀、乐谓之情。情然而心为之择谓之虑。心虑而能为之动谓之伪。虑积焉、能习焉而后成谓之伪。"(王先谦,1988:412-413)以及"故治乱在于心之所可,亡于情之所欲。不求之其所在,而求之其所亡,虽曰我得之,失之矣。性者,天之就也;情者,性之质也;欲者,情之应也。以所欲为可得而求之,情之所必不免也;以为可而道之,知所必出也。……故知者论道而已矣……道者,古今之正权也,离道而内自择,则不知祸福之所托。"(王先谦,1988:428-430)应该说,这是非常具有见地的论述,特别是"性者,天之就也;情者,性之质也;欲者,情之应也。"这样的论述,应该是前无古人的。为对治情欲而恢复心性,提供了理论依据。用荀子自己的话讲,就是治心不可放任情欲,而应"亡于情之所欲"。

二、荀子解蔽心法

正因为认为人性本恶,所以荀子提倡的治心途径就是要加以解蔽除恶。荀子在《性恶》篇中说:"故枸木必将待檃栝、烝、矫然后直,钝金必将待砻、厉然后利。今人之性恶,必将待师法然后正,得礼义然后治。今人无师法则偏险而不正,无礼义则悖乱而不治。古者圣王以人性恶,以为偏险而不正,悖乱而不治,是以为之起礼义,制法度,以矫饰人之情性而正之,以扰化人之情性而导之也。始皆出于治,合于道者也。今人之,化师法,积文学,道礼义者为君子;纵性情,安恣睢,而违礼义者为小人。"(王先谦,1988:435)

要想解蔽,首先在于学,所以荀子把《劝学》置于首篇,可见荀子对学习的重视。荀子《劝学》篇说:"君子曰:学不可以已。……君子博学而日参省乎己,则知明而行无过矣。"(王先谦,1988:1-2)在《大略》篇也指出:"善学者尽其理,善行者究其难。"(王先谦,1988:505)

为了能够学好,荀子认为择邻而居、交友为师非常重要,荀子在《劝学》篇中说:"故君子居必择乡,游必就士,所以防邪辟而近中正也。"(王先谦,1988:6)所谓近朱者赤、近墨者黑,可不慎乎!

对于学习的终始,荀子《劝学》篇则认为:"学恶乎始?恶乎终?曰:其数则始乎诵经,终乎读礼;其义则始乎为士,终乎为圣人。真积力久则入,学至乎没而后止也。故学数有终,若其义则不可须臾舍也。为之,人也;舍之,禽兽也。故《书》者,政事之纪也;《诗》者,中声之所止也;《礼》者,法之大分,类之纲纪也。故学至乎《礼》而止矣。夫是之谓道德之极。《礼》之敬文也,《乐》之中和也,《诗》《书》之博也,《春秋》之微也,在天地之间者毕矣。"(王先谦,1988:11-12)

更重要的是,荀子认为,学习至要在于身行,荀子《劝学》篇说:"君子之学也,入乎耳,著乎心,布乎四体,形乎动静,端而言,蝡而动,一可以为法则。小人之学也,入乎耳,出乎口。口耳之间则四寸耳,曷足以美七尺之躯哉!古之学者为己,今之学者为人。君子之学也,以美其身;小人之学也,以为禽犊。"(王先谦,1988:12-13)

而区分人才上下品位的,就在于能行与否。荀子在《大略》篇中说:"口能言之,身能行之,国宝也。口不能言,身能行之,国器也。口能言之,身不能行,国用也。口言善,身行恶,国妖也。治国者敬其宝,爱其器,任其用,除其妖。"(王先谦,1988:498)

学习的最终目标是要达到不移之德操,荀子《劝学》篇认为:"生乎由是,死乎由是,夫是之谓德操。德操然后能定,能定然后能应,能定能应,夫是之谓成人。天见其明,地见其光,君子贵其全也。"(王先谦,1988:19-20)

在强调学习的基础上,然后荀子在《解蔽》篇中比较系统地给出了其解蔽心法的要旨。荀子认为:"凡人之患,蔽于一曲而闇于大理。治则复经,两疑则惑矣。天下无二道,圣人无两心。……故为蔽:欲为蔽,恶为蔽,始为蔽,终为蔽,远为蔽,近为蔽,博为蔽,浅为蔽,古为蔽,今为蔽。凡万物异则莫不相为蔽,此心术之公患也。"(王先谦,1988:386-388)

既然各种的"蔽塞"是"心术之公患",于是就要用智慧来"解蔽"了。那么具体如何解蔽呢?荀子《解蔽》篇接着说:"圣人知心术之患,见蔽塞之祸,故无欲无恶,无始无终,无近无远,无博无浅,无古无今,兼陈万物而中县衡焉。是故众异不得相蔽以乱其伦也。何谓衡?曰:道。故心不可以不知道。心不知道,则不可道而可非道。……故治之要在于知道。人何以知道?曰:心。心何以知?曰:虚壹而静。心未尝不臧也,然而有所谓虚;心未尝不满也,然而有所谓壹;心未尝不动也,然而有所谓静。……未得道而求道者,谓之虚壹而静。作之,则将须道者之虚则人,将事道者之壹则尽,尽将思道者静则察。知道察,知道行,体道者也。虚壹而静,谓之大清明。……明参日月,大满八极,夫是之谓大人。夫恶有蔽矣哉!"(王先谦,1988:394-397)这样一来,就引出了要"知道",要用心来"知道",而其宗旨就是宋钘所倡导的"虚壹而静"的心法。

自然,要依靠心来"知道",来"虚壹而静",就必须要对心的功能性质进行阐述,就此而言,荀子继承了宋钘的思想,并做了丰富发展,《解蔽》篇

通智达仁：传授心法述要

认为："心者，形之君也，而神明之主也，出令而无所受令。自禁也，自使也，自夺也，自取也，自行也，自止也。故口可劫而使墨云，形可劫而使诎申，心不可劫而使易意，是之则受，非之则辞。故曰：心容其择也，无禁必自见，其物也褊博，其情之至也不贰。……故曰：心枝则无知，倾则不精，贰则疑惑。以赞稽之，万物可兼知也。身尽其故则美，类不可两也，故知者择一而壹焉。"（王先谦，1988：397-399）不但强化了"心处君位"的观点，而且也完善了宋钘有关"凡心之刑，自充自盈，自生自成"的观点，引申出"心容其择也，无禁必自现，其物也杂博，其情之至也不贰"。为"虚壹而静"心法提供了更加坚实的心理学基础。

接着，荀子就着手论述"道"之"危微之几"，以及如何依靠大智慧来实施"治心之道"了。荀子《解蔽》篇指出："昔者舜之治天下也，不以事诏而万物成。处一危之，其荣满侧；养一之微，荣矣而未知。故《道经》曰：'人心之危，道心之微。'危微之几，惟明君子而后能知之。故人心譬如槃水，正错而勿动，则湛浊在下而清明在上，则足以见鬓眉而察理矣。微风过之，湛浊动乎下，清明乱于上，则不可以得大形之正也。心亦如是矣。故导之以理，养之以清，物莫之倾，则足以定是非，决嫌疑矣。小物引之则其正外易，其心内倾，则不足以决庶理矣。"（王先谦，1988：400-401）这是强调只有明白"危微之几"，才能称为"明君子"，也就是"至人"。于是《解蔽》篇就有："夫微者，至人也。至人也，何彊，何忍，何危？故浊明外景，清明内景，圣人纵其欲，兼其情，而制焉者理矣。夫何彊，何忍，何危？故仁者之行道也，无为也；圣人之行道也，无彊也。仁者之思也恭，圣者之思也乐。此治心之道也。"（王先谦，1988：403-404）一切都是无为而治，一切都是顺其自然，只有这样，才有"仁者之思也恭，圣者之思也乐。"这就是所谓的"治心之道也"。

那么，这跟大智慧又有什么关系呢？要知道，无为之治的首要条件就是"知道"，是心要"知道"，而所谓"知道"，就是"知止"也。对此，荀子有清醒的认识。荀子《正名》篇认为："心有征知。征知则缘耳而知声可也，缘目而知形可也，然而征知必将待天官之当簿其类然后可也。五官簿之而不知，心征知而无说，则人莫不然谓之不知，此所缘而以同异也。"（王先谦，1988：417-418）

这样通过"征知"就可以成为"知者(智者)",从而可以乐易安行。荀子《正名》篇说:"故知者之言也,虑之易知也,行之易安也,持之易立也,成则必得其所好而不遇其所恶焉。而愚者反是。"(王先谦,1988:426)

而就终极悟道而言,《解蔽》篇则强调指出:"凡以知,人之性也;可以知,物之理也。以可以知人之性,求可以知物之理而无所疑止之,则没世穷年不能遍也。……故学也者,固学止之也。恶乎止之?曰:止诸至足。曷谓至足?曰:圣也(王)。圣也者,尽伦者也;王也者,尽制者也。两尽者,足以为天下极矣。"(王先谦,1988:406-407)这就是为什么荀子将其所著之书《荀子》以《劝学》篇冠其首,其强调指出:"积土成山,风雨兴焉;积水成渊,蛟龙生焉;积善成德,而神明自得,圣心备焉。……是故无冥冥之志者无昭昭之明,无惛惛之事者无赫赫之功。……故君子结于一也。"(王先谦,1988:7-10)可以说,只有持之以恒,专结于一,方能有"昭昭之明"和"赫赫之功"。说到底,只有依靠大智慧,才能够"知止",从而"知道",从而"虚壹而静"。

借助于这样的"解蔽"心法,结果自然会达到无为自在的"昭然明矣"之境界。因此,荀子在《解蔽》篇最后强调指出:"为之无益于成也,求之无益于得也,忧戚之无益于几也,则广焉能弃之矣。不以自妨也,不少顷干之胸中。不慕往,不闵来,无邑怜之心,当时则动,物至而应,事起而辨,治乱可否,昭然明矣。"(王先谦,1988:409)一方面固然要继续强调心中要"无为""无求""无忧";另一方面则是成就"不将"(不慕往)、"不迎"(不闵来)、"应而不藏"(无邑怜之心,当时则动,物至而应,事起而辨),一切不执着于心,内心长处光明(昭然明矣)。

三、治心具体途径

当然,荀子是一位博览众家,知识渊博的大师,除了《解蔽》篇章的系统论述外,荀子的心法思想还散落分布《修身》《不苟》《乐论》和《正名》等篇章中。我们也将择其要者,稍作介绍。

在《修身》篇中,荀子首先也强调要迁善改过:"见善,修然必以自存也;见不善,愀然必以自省也。善在身,介然必以自好也;不善在身,菑然必以自恶也。故非我而当者,吾师也;是我而当者,吾友也;谄谀我者,吾贼也。故君子隆师而亲友,以致恶其贼。好善无厌,受谏而能诫,虽欲无进,得乎哉!小人反是,致乱而恶人之非己也,致不肖而欲人之贤己也,心如虎狼、行如禽兽而又恶人之贼己也。谄谀者亲,谏争者疏,修正为笑,至忠为贼,虽欲无灭亡,得乎哉!"(王先谦,1988:20-21)

其次,对于修身而言,荀子对于礼治的作用也非常重视,《修身》篇强调指出:"体恭敬而心忠信,术礼义而情爱人,横行天下,虽困四夷,人莫不贵。"(王先谦,1988:28)并认为:"扁善之度,以治气养生则后彭祖,以修身自名则配尧、禹。宜于时通,利以处穷,礼信是也。凡用血气、志意、知虑,由礼则治通,不由礼则勃乱提僈;食饮、衣服、居处、动静,由礼则和节,不由礼则触陷生疾;容貌、态度、进退、趋行,由礼则雅,不由礼则夷固僻违,庸众而野。故人无礼则不生,事无礼则不成,国家无礼则不宁。"(王先谦,1988:21-23)所以荀子认为正身必须以礼治之:"礼者,所以正身也;师者,所以正礼也。无礼何以正身?无师,吾安知礼之为是也?礼然而然,则是情安礼也;师云而云,则是知若师也。情安礼,知若师,则是圣人也。故非礼,是无法也;非师,是无师也。不是师法而好自用,譬之是犹以盲辨色,以聋辨声也,舍乱妄无为也。故学也者,礼法也。夫师,以身为正仪而贵自安者也。"(王先谦,1988:33-34)

针对具体不良习气的对治,则给出了"治气养心之术"。荀子《修身》篇指出:"治气养心之术:血气刚强,则柔之以调和;知虑渐深,则一之以易良;勇胆猛戾,则辅之以道顺;齐给便利,则节之以动止;狭隘褊小,则廓之以广大;卑湿、重迟、贪利,则抗之以高志;庸众驽散,则劫之以师友;怠慢僄弃,则照之以祸灾;愚款端悫,则合之以礼乐,通之以思索。凡治气养心之术,莫径由礼,莫要得师,莫神一好。夫是之谓治气养心之术也。"(王先谦,1988:25-27)

最后,他将宋钘有关"重己役物"而非"以己为物役矣"的观点加以引申,提出了非常有见地的安心途径,即"身劳而心安,为之;利少而义多,为之"。荀子《修身》篇说:"志意修则骄富贵,道义重则轻王公,内省而外物轻矣。传曰:'君子役物,小人役于物。'此之谓矣。身劳而心安,为之;利少而义多,为之。……士君子不为贫穷怠乎道。"(王先谦,1988:27-28)并在《正名》篇中详细界定了"役物"与"物役"的两个概念及其对养心的影

第四章 心性渐明

响:"故欲养其欲而纵其情,欲养其性而危其形,欲养其乐而攻其心,欲养其名而乱其行。如此者……夫是之谓以己为物役矣。心平愉……故无万物之美而可以养乐,无埶列之位而可以养名。如是而加天下焉,其为天下多,其和乐少矣,夫是之谓重己役物。"(王先谦,1988:431-432)要想"心平愉",就是"己役物"而不是"物役己"。

在《不苟》篇中,荀子不但给出了得道君子的优良表现,指出:"君子能亦好,不能亦好;小人能亦丑,不能亦丑。君子能则宽容易直以开道人,不能则恭敬缚绌以畏事人;小人能则倨傲僻违以骄溢人,不能则妒嫉怨诽以倾覆人。故曰:君子能则人荣学焉,不能则人乐告之;小人能则人贱学焉,不能则人羞告之。是君子小人之分也。君子宽而不僈,廉而不刿,辩而不争,察而不激,寡立而不胜,坚彊而不暴,柔从而不流,恭敬谨慎而容,夫是之谓至文。《诗》曰:'温温恭人,惟德之基。'此之谓也。"(王先谦,1988:40-41)而且还引述《中庸》中有关君子"至诚"的内容,以说明"诚心"对于君子养心的重要。荀子说:"君子养心莫善于诚,致诚则无他事矣,惟仁之为守,惟义之为行。诚心守仁则形,形则神,神则能化矣;诚心行义则理,理则明,明则能变矣。变化代兴,谓之天德。……夫诚者,君子之所守也,而政事之本也。唯所居以其类至,操之则得之,舍之则失之。操而得之则轻,轻则独行,独行而不舍则济矣。济而材尽,长迁而不反其初则化矣。"(王先谦,1988:46-48)在《大略》篇则云:"夫尽小者大,积微者箸,德至者色泽洽,行尽而声问远。小人不诚于内而求之于外。"(王先谦,1988:506)

除了引用《中庸》的思想外,荀子也大量引用《乐记》中的思想内容,同样强调音乐对中和人心的重要作用,《乐论》篇认为:"故乐者,天下之大齐也,中和之纪也,人情之所必不免也。……夫声乐之入人也深,其化人也速,故先王谨为之文。乐中平则民和而不流,乐肃庄则民齐而不乱。……乐者,圣王之所乐也,而可以善民心,其感人深,其移风易俗,故先王导之以礼乐而民和睦。"(王先谦,1988:380-381)

当然,修身养性的目的要能够处置人生之荣辱,荀子《荣辱》篇认为:"荣辱之大分,安危利害之常体:先义而后利者荣,先利而后义者辱;荣者常通,辱者常穷;通者常制人,穷者常制于人:是荣辱之大分也。材悫者常安利,荡悍者常危害;安利者常乐易,危害者常忧险;乐易者常寿长,忧险

者常夭折:是安危利害之常体也。"(王先谦,1988:58-59)

而要达成圣人之境,就是要推己及人,诚意不欺。荀子在《非相》篇中说:"圣人何以不可欺？曰:圣人者,以己度者也。故以人度人,以情度情,以类度类,以说度功,以道观尽,古今一度也。"(王先谦,1988:82)

综上所论,荀子的解蔽除恶心法,更多体现的就是智慧启悟方法。其要点就是强调人性本恶,需要后天教化来加以改造,通过劝学解蔽以及迁善改过、治气养心、礼乐至诚等各种具体途径来使其心"昭然明矣"。由于荀子既不属于道家,又非儒家正统,因此其所形成的心法思想与途径,对于后世几乎没有什么影响。

第三节 李翱明觉复性

儒家治心途径,主要是心性存养方法,一向依赖于对心性本体潜质的认知。因为心性潜质上是善还是恶,自然其对治的心法途径也会大相径庭。正如我们在孟荀心法论述中已经看到的那样,一个是浩然至善,一个是解蔽除恶,方法途径迥然不同。因此,一直以来,探讨人性善恶的心性之学,就成为儒家本体哲学的一个核心问题。而对人性善恶的争论,直到李翱给出《复性书》后,才宣告结束。从此,孟子和李翱主张的性善论,也成为宋明理学的核心观点。在这一小节里,我们就专门论述李翱的心性主张,以及以此为基础而给出的明觉复性之心法体系。

一、心性善恶之争

在先秦,关于心性的讨论,孔子只说"性相近也,习相远也"。子思也只是强调"天命之谓性,率性之谓道,修道之谓教"。公孙尼子则曰:"人生而静,天之性也。感于物而动,性之欲也。"对性善性恶不作讨论。

但据东汉王充所著《论衡》"本性篇"则说:"周人世硕,以为人性有善有恶。举人之善性,养而致之则善长;性恶,养而致之则恶长。如此,则性各有阴阳,善恶在所养焉。故世子作《养书》一篇。密子贱、漆雕开、公孙尼子之徒,亦论情性,与世子相出入,皆言性有善有恶。"(王充,1990:31)据班固《汉书·艺文志》云:"《世子》二十一篇。"且班固自注:"名硕,陈人也,七十子之弟子。"(班固,1985:165)故其当为孔子再传弟子,与子思、公孙尼子同时。

后来到了孟子时代,才有了心性善恶之争。正像我们前面两小节已经介绍的那样,孟子认为人性本善,与孟子同时的告子则认为人性不善不恶,而后起的荀子与孟子唱反调,认为人性本恶。

先秦之后,一直到李翱之前,汉唐的儒家学者,对于人性善恶问题继续开展广泛的讨论。不同于先秦,汉唐儒家的心性讨论的话题更加广泛,内容包括人性善恶之争、人性等级之分和人心性情之辩等三个方面展开。

西汉陆贾(前240—前170)作《新语》一书(陆贾,1986),对人性善恶有所讨论。认为:"凡人莫不知善之为善,恶之为恶;莫不知学问之有益于己,怠戏之无益于事也。然而为之者情欲放溢,而人不能胜其志也。"(陆贾,1986:114)而人之天性乃"礼义之性",陆贾曰:"天地生人也,以礼义之性。人能察己所以受命则顺。顺之谓道。"(王充,1990:32)而对于养气治性,则强调:"怀异虑者不可以立计,持两端者不可以定威。故治外者必调内,平远者必正近。……养气治性,思通精神,延寿命者,则志不流于外。"(陆贾,1986:129)

对本性讨论比较深入的有西汉的董仲舒(前179—前104),其所作《春秋繁露》中都有涉及人之本性,并将其分为圣人之性、中人之性和斗筲之性,即所谓的性三品之说。首先董仲舒不赞成孟子的性善说,在《实性篇》中认为:"善如米,性如禾。禾虽出米,而禾未可谓米也。性虽出善,而性未可谓善也。……故曰性有善质,而未能为善也。岂敢美辞,其实然也。"(董仲舒,1992:311)

然后,在此论说的基础上,将人性分为三类,并认为真正可以谈性的是可变之性,也即中人之性。董仲舒指出:"圣人之性不可以名性,斗筲之性又不可以名性,名性者,中民之性。中民之性如茧如卵,卵待覆二十日而后能为雏,茧待缲以涫汤而后能为丝,性待渐于教训而后能为善。善,教训之所然也,非质朴之所能至也,故不谓性。"(董仲舒,1992:311-312)

意思是说,圣人之性和斗筲之性是不可改变的,只有中人之性,可以"待渐于教训而后能为善"。所以对中人之性,"善,教训之所然也"。具体的教化方法就是"必仁且智",认为:"莫近于仁,莫急于智。……仁而不智,则爱而不别也;智而不仁,则知而不为也。故仁者所爱人类也,智者所以除其害也。"(董仲舒,1992:257)具体说又认为"身之养重于义",指出:"天之生人也,使人生义与利。利以养其体,义以养其心。心不得义不能乐;体不得利不能安。义者心之养也,利者体之养也。体莫贵于心,故养莫重于义,义之养生人大于利。"(董仲舒,1992:263)

概括来说,董仲舒认为:"性者,天质之朴也;善者,王教之化也。无其质,则王教不能化;无其王教,则质朴不能善。质而不以善性,其名不正,故不受也。"(董仲舒,1992:313)

接着就是西汉刘向(前77—前6),著有《新序》《说苑》两书,但涉及善恶之论不多,只有在《说苑》"贵德篇"有:"凡人之性,莫不欲善其德。然而不能为善德者,利败之也,故君子羞言利名。"(刘向,1990:41)倒是在王充所著《论衡》的"本性篇",有引用刘向的论说:"性,生而然者也,在于身而不发。情,接于物而然者也,出形于外。形外则谓之阳,不发者则谓之阴。"(王充,1990:33)因此,从这两点可以看到,刘向比较倾向于性善之论。

到了西汉扬雄(前53—18),著有《太玄》和《法言》,其对于人性善恶之论,则与前人已有的观点都不同,提出了善恶混合论。扬雄在《法言》明确说:"人之性也,善恶混。修其善则为善人,修其恶则为恶人。"(扬雄,1987:85)因此,扬雄认为人们学习的目的,就是要修性,使之为善。扬雄说:"学者,所以修性也。视、听、言、貌、思,性所有也。学则正,否则邪。"(扬雄,1987:16)

当然,除了学之外,就心法的途径而言,扬雄还强调行、操存和尽心。如扬雄认为:"学行之,上也;言之,次也;教人,又其次也。咸无焉,为众人。"(扬雄,1987:5)在扬雄看来,在行、言、教此三者,最重要的是"行"。至于"人心其神矣夫?操则存,舍则亡。能常操而存者,其惟圣人乎?"(扬雄,1987:140)讲的就是操存其心,而"好尽其心于圣人之道者,君子也。人亦有好尽其心矣,未必圣人之道也。多闻见而识乎至道者,至识也;多闻见而识乎邪道者,迷识也。"(扬雄,1987:215)不但强调了尽心于圣人之道,而且给出了具体要"多闻见而识乎至道者"的途径!

到了东汉,有代表性人物王充(27—97),所著《论衡》中有"本性篇"

(王充,1990:31-33),对自孔子之后,特别是孟子以来,到西汉为止的心性学说,作了总结梳理,并给出了自己的结论。

王充认为:"自孟子以下至刘子政,鸿儒博生,闻见多矣。然而论情性,竟无定是。唯世硕儒公孙尼子之徒,颇得其正。由此言之,事易知,道难论也。郑文茂记,繁如荣华,诙谐剧谈,甘如饴密,未必得实。实者,人性有善有恶,犹人才有高有下也。高不可下,下不可高。谓性无善恶,是谓人才无高下也。禀性受命,同一实也。命有贵贱,性有善恶。谓性无善恶,是谓人命无贵贱也。"(王充,1990:33)然后得出"九州田土之性,善恶不均。故有黄赤黑之别,上中下之差。……余固以孟轲言人性善者,中人以上者也;孙卿言人性恶者,中人以下者也;扬雄言人性善恶混者,中人也。"(王充,1990:33)将人性分为上中下三等,综合了孟子、荀子和扬子的三家论述。

既然人性善恶不同,对治的方向也不同。王充在《率性篇》说:"论人之性,定有善有恶。其善者,固自善矣;其恶者,故可教告率勉,使之为善。凡人君父审观臣子之性,善则养育劝率,无令近恶。近恶则辅保禁防,令渐于善。善渐于恶,恶化于善,成为性行。……人之性,善可变为恶,恶可变为善,犹此类也。蓬生麻间,不扶自直;白纱入缁,不练自黑。彼蓬之性不直,纱之质不黑,麻扶缁染,使之直黑。夫人之性犹蓬纱也,在所渐染而善恶变矣。"(王充,1990:19)而对于情性的对治途径,王充则主张采用礼乐之法,认为:"情性者,人治之本,礼乐所由生也。故原情性之极,礼为之防,乐为之节。性有卑谦辞让,故制礼以适其宜;情有好恶喜怒哀乐,故作乐以通其敬。礼所以制,乐所为作者,情与性也。"(王充,1990:31)

纵观两汉的心性之学,主流基本上是在孟子性善论与荀子性恶论之间调和,要么将人性分为不同等级,如董仲舒、王充之辈,要么干脆认为每个人都是善恶混合的,如扬雄。当然,也有倾向于性善论,如陆贾和刘向。这样到了有唐之前,儒家的心性善恶之辩已经有了四种不同观点,即孟子的性善论(潜能)、告子的不善不恶论(中性)、荀子的性恶论(天生),以及两汉的有善有恶论(包括上中下三品论和善恶混同论),善恶的四种组合全部有对应的观点。

隋唐之后,关于人性善恶之论影响较大的儒家思想家,主要有李翱的老师韩愈。韩愈(768—824),字退之,河南河阳(今河南省孟州市)人。在崇儒排佛方面,韩愈可谓不遗余力,并率先倡导复兴圣学道统,著有《原道》《原人》《原性》等论著。

韩愈在《原道》曰:"斯道也,何道也?曰:斯吾所谓道也,非向所谓老与佛之道也。尧以是传之舜,舜以是传之禹,禹以是传之汤,汤以是传之文武周公,文武周公传之孔子,孔子传之孟轲,轲之死,不得其传焉。荀与扬也,择焉而不精,语焉而不详。由周公而上,上而为君,故其事行;由周公而下,下而为臣,故其说长。然则,如之何而可也?曰:不塞不流,不止不行。人其人,火其书,庐其居。明先王之道以道之,鳏寡孤独废疾者有养也:其亦庶乎其可也?"(韩愈,1986:18)明确了其所倡导的乃是圣人之道。而有关心性善恶的讨论则主要在《原性》之中。在《原性》之中韩愈认为(韩愈,1986:20-22):

> 性也者,与生俱生也;情也者,接于物而生也。性之品有三,而其所以为性者五;情之品有三,而其所以为情者七。曰何也?曰:性之品有上中下三。上焉者,善焉而已矣;中焉者,可导而上下也;下焉者,恶焉而已矣。其所以为性者五:曰仁、曰礼、曰信、曰义、曰智。上焉者之于五也,主于一而行于四;中焉者之于五也,一不少有焉,则少反焉,其于四也混;下焉者之于五也,反于一而悖于四。性之于情视其品。情之品有上中下三,其所以为情者七:曰喜、曰怒、曰哀、曰惧、曰爱、曰恶、曰欲。上焉者之于七也,动而处其中;中焉者之于七也,有所甚,有所亡,然而求合其中者也;下焉者之于七也,亡与甚,直情而行者也。情之于性视其品。

> 孟子之言性曰:人之性善;荀子之言性曰:人之性恶;扬子之言性曰:人之性善恶混。夫始善而进恶,与始恶而进善,与始也混而今也善恶;皆举其中而遗其上下者也,得其一而失其二者也。……故曰:三子之言性也,举其中而遗其上下者也;得其一而失其二者也。曰:然则性之上下者,其终不可移乎?曰:上之性,就学而易明;下之性,畏威而寡罪;是故上者可教,而下者可制也。其品则孔子谓不移也。

基本上延续了董仲舒和王充的"性三品说",只不过对此加以深化,进一步提出"性情三品"说,把性与情分均为上、中、下三品。

第四章 心性渐明

总之,秦汉以降,儒者心性不明,先是董仲舒、扬雄,后有王充,虽都有发挥,但不得其要,及至韩愈,因受时代局限影响,稍有明白,但多少带上有善有恶的倾向,没有回归到圣学人性本善的基点上,诚可惜也。

二、李翱心法思想

李翱(772—841),字习之,唐陇西成纪(今甘肃秦安东)人。唐朝文学家、哲学家。李翱是唐德宗贞元年间进士。他曾从韩愈学古文,协助韩愈推进古文运动,两人关系在师友之间。李翱一生崇儒排佛,在《李文公集·帝王所尚问》中认为"孔子圣人之大者也。"(李翱、欧阳詹,1993:19)主张人们的言行都应以儒家的"中道"为标准。

民众知道李翱,多半是因为禅宗灯录中传有李翱给药山惟俨赠有如下两首诗。其一诗曰(静、筠,2001:156):

炼得身形似鹤形,千株松下两函经。
我来问道无余说,云在青天水在瓶。

与其二诗曰(静、筠,2001:156):

选得幽居惬野情,终年无送亦无迎。
有时直上孤峰顶,月下披云笑一声。

可是,实际上,这两首诗估计是禅家们为了表明佛法高于儒学而编造的,跟李翱没有什么关系。因为,真实的李翱一则不善写诗,二则《李文公集》中也不见收录此两首赠诗。更加明确的是,根据李翱对待佛教的态度,也不可能写作这样的诗作。

李翱的崇儒排佛思想是非常鲜明的,这在《李文公集》中多有体现。比如在《李文公集·去佛斋》中云:"佛法之染流于中国也,六百余年矣。始于汉,浸淫于魏、晋、宋之间,而澜漫于梁萧氏,遵奉之以及于兹。盖后汉氏无辨而排之者,遂使夷狄之术,行于中华,故吉凶之礼谬乱,其不尽为戎礼也无几矣。……置而勿言,则犹可也。既论之而书以为仪,舍圣人之道,则祸流于将来也无穷矣。佛法之所言者,列御寇、庄周所言详矣,其余则皆戎狄之道也。使佛生于中国,则其为作也必异于是,况驱中国之人举行其术也。……此圣人之道,所谓君臣、父子、夫妇、兄弟、朋友,而养之以道德仁义之谓也,患力不足而已。……然则不知其心,无害为君子,而溺

于其教者,以夷狄之风而变乎诸夏,祸之大者也。"(李翱、欧阳詹,1993:17-18)

李翱有关心法思想及其治心方法的阐述,主要体现在《复性书》中,我们将主要以《复性书》为核心,兼顾《李文公集》中其他相关文章书信,来加以讨论分析,勾勒出李翱心法体系的大致轮廓。

首先,在《复性书上》中,李翱记叙了撰写《复性书》之目的:"性命之书虽存,学者莫能明,是故皆入于庄、列、老、释。不知者谓夫子之徒不足以穷性命之道,信之者皆是也。有问于我,我以吾之所知而传焉,遂书于书,以开诚明之源,而缺绝废弃不扬之道,几可以传于时,命曰《复性书》,以理其心,以传乎其人。乌戏!夫子复生,不废吾言矣。"(李翱、欧阳詹,1993:8)

也就是说,李翱撰写《复性书》,就是要"所知而传"孔子"以穷性命之道",并非常自信地认为"夫子复生,不废吾言矣"。可见,李翱对自己的思想符合圣人之道,还是非常有确切把握的。

通观《复性书》,不难看出,李翱心法思想宗旨主要体现在《复性书上》,是对《六经》传统的继承与发展,特别是对《论语》《易传》《礼记》(《中庸》《乐记》《大学》)《孟子》中心法思想的继承并加以发展,展现出回归圣道心法轨道上来的气象。李翱在《复性书上》曰(李翱、欧阳詹,1993:6-7):

  人之所以为圣人者,性也;人之所以惑其性者,情也。喜怒哀惧爱恶欲,七者皆情之所为也。情既昏,性斯匿矣。非性之过也,七者循环而交来,故性不能充也。水之浑也,其流不清;火之烟也,其光不明。非水火清明之过,沙不浑,流斯清矣;烟不郁,光斯明矣。情不作,性斯充矣,性与情不相无也。

  虽然,无性则情无所生矣。是情由性而生,情不自情,因性而情;性不自性,由情以明。性者,天之命也,圣人得之而不惑者也;情者,性之动也,百姓溺之而不能知其本者也。圣人者岂其无情邪?圣人者,寂然不动,不往而到,不言而神,不耀而光,制作参乎天地,变化合乎阴阳,虽有情也,未尝有情也。然则百姓者,岂其无性邪?百姓之性与圣人之性弗差也。虽然,情之所昏,交相攻伐,未始有穷,故虽终

第四章 心性渐明

身而不自睹其性焉。火之潜于山石林木之中,非不火也;江河淮济之未流而潜于山,非不泉也。石不敲,木不磨,则不能烧其山林而燥万物;泉之源弗疏,则不能为江为河,为淮为济,东汇大壑,浩浩荡荡,为弗测之深。情之动静弗息,则不能复其性而烛天地,为不极之明。

故圣人者,人之先觉者也。觉则明,否则惑,惑则昏,明与昏谓之不同。明与昏性本无有,则同与不同二皆离矣。夫明者所以对昏,昏既灭,则明亦不立矣。是故诚者,圣人性之也,寂然不动,广大清明,照乎天地;感而遂通天下之故,行止语默,无不处于极也。复其性者贤人,循之而不已者也,不已则能归其源矣。《易》曰:"夫圣人者,与天地合其德,日月合其明,四时合其序,鬼神合其吉凶,先天而天不违,后天而奉天时。天且勿违,而况于人乎?况于鬼神乎?"此非自外得者也,能尽其性而已矣。子思曰:"唯天下至诚为能尽其性。能尽其性,则能尽人之性。能尽人之性,则能尽物之性。能尽物之性,则可以赞天地之化育。可以赞天地之化育,则可以与天地参矣。其次致曲,曲能有诚,诚则形,形则著,著则明,明则动,动则变,变则化,唯天下至诚为能化。"

圣人知人之性皆善,可以循之不息而至于圣也,故制礼以节之,作乐以和之。安于和乐,乐之本也;动而中礼,礼之本也。故在车则闻鸾和之声,行步则闻佩玉之音,无故不废琴瑟,视听言行,循礼而动,所以教人忘嗜欲而归性命之道也。道者,至诚也。诚而不息者则虚,虚而不息则明,明而不息则照天地而无遗,非他也,此尽性命之道也。哀哉!人皆可以及乎此,莫之止而不为也,不亦惑耶?

李翱在上面的论述中,多有引用《易传》和《中庸》论述,并加以发展引申。首先,在人性善恶之论上,一扫荀子以来种种的错误认识,树立起明确的性善观,认为"人之所以为圣人者,性也","百姓之性与圣人之性弗差也","此非自外得者也,能尽其性而已矣","圣人知人之性皆善,可以循之不息而至于圣也",等等,足以使那些性恶论者、性有等级论者、善恶混合论者等人无地自容!

不仅如此,李翱还给出了性与情的关系,认为:性是体,所谓"性者天之命也",情是性之用,所谓"情者性之动也",故"情由性而生"。特别是,

133

李翱看到了性与情的相辅相成,不可分离的体用关系,所谓"情不自情,因性而情;性不自性,由情以明"。可谓已经是非常透彻了。

接着,李翱还论述了百姓之所以不能成为圣人的原因,即是"情既昏,性斯匿矣",而圣人之所以为圣人,就在于圣人是"人之先觉(其性)者也"。百姓若欲复性,只须"能尽其性而已矣"。具体的途径就是"故制礼以节之,作乐以和之",此便是"所以教人忘嗜欲而归性命之道也"。

从上面的分析可以看到,李翱的心法思想源头,全都是来自圣道心法。特别是受到《中庸》《易传》《乐记》影响至深。因此,在《复性书中》,李翱还通过设问对答的方式,专门对《中庸》的心法核心思想做了解释,无非突出暗示李翱的复性之法,就是圣道心法思想的(李翱、欧阳詹,1993:9-10):

(人问)曰:"生为我说《中庸》。"

(李翱)曰:"不出乎前矣。"(指《复性书上》所说内容)

曰:"我未明也。敢问何谓'天命之谓性'?"

曰:"人生而静,天之性也。性者,天之命也。"(引用《乐记》和《中庸》中语作答)

"'率性之谓道'何谓也?"

曰:"率,循也,循其源而反其性者,道也。道也者,至诚也。至诚者,天之道也。诚者定也,不动也。"(突出复性宗旨)

"'修道之谓教'何谓也?"

曰:"诚之者,人之道也。诚之者,择善而固执之者也。修是道而归其本者明也。教也者,则可以教天下矣,颜子其人也。'道也者,不可须臾离也,可离非道也'。说者曰:其心不可须臾动焉故也。动则远矣,非道也。变化无方,未始离于不动故也。'是故君子戒慎乎其所不睹,恐惧乎其所不闻,莫见乎隐,莫显乎微,故君子慎其独也'。说者曰:不睹之睹,见莫大焉,不闻之闻,闻莫甚焉。其心一动,是不睹之睹,不闻之闻也,其复之不远矣。故君子慎其独。慎其独者,守其中也。"(皆祖述圣道心法语)

问曰:"昔之注解《中庸》者,与生之言皆不同,何也?"

曰:"彼以事解者也,我以心通者也。"(非见性者不能以心通之

者)

曰:"彼亦通于心乎?"

曰:"吾不知也。"

曰:"如生之言,修之一日,则可以至于圣人乎?"

曰:"十年扰之,一日止之,而求至焉,是孟子所谓以杯水而救一车薪之火也。甚哉!止而不息必诚,诚而不息则明,明与诚终岁不违,则能终身矣。造次必于是,颠沛必于是,则可以希于至矣。故《中庸》曰:'至诚无息,不息则久,久则徵,徵则悠远,悠远则博厚,博厚则高明。博厚所以载物也,高明所以覆物也,悠久所以成物也。博厚配地,高明配天,悠久无疆。如此者,不见而章,不动而变,无为而成,天地之道,可一言而尽也。'"

于上述对话,不难看出,李翱的心性思想,都是从圣道传统上得来,并加以发展,形成了更加系统的复性之论。

三、李翱心法途径

在《复性书中》和《复性书下》中,李翱主要对人们需要复性的原因、依据和具体方法展开论述。首先,在《复性书下》中,李翱对人类的生存状况做了分析,强调至于道德之性,时不我待(李翱、欧阳詹,1993:11):

昼而作,夕而休者,凡人也。作乎作者,与万物皆作;休乎休者,与万物皆休。吾则不类于凡人,昼无所作,夕无所休。作非吾作也,作有物;休非吾休也,休有物。作耶休耶?二者离而不存。予之所存者,终不亡且离矣。人之不力于道者,昏不思也。天地之间,万物生焉,人之于万物,一物也,其所以异于禽兽虫鱼者,岂非道德之性乎哉?受一气而成其形,一为物而一为人,得之甚难也。生乎世,又非深长之年也。以非深长之年,行甚难得之身,而不专专于大道,肆其心之所为,则其所以自异于禽兽虫鱼者亡几矣。昏而不思,其昏也终不明矣。吾之生二十有九年矣,思十九年时如朝日也,思九年时亦如朝日也。人之受命,其长者不过七十、八十年、九十年,百年者则稀矣。当百年之时,而视乎九年时也,与吾此日之思于前也,远近其能大相悬耶?其又能远于朝日之时耶?然则人之生也,虽享百年,若雷电之惊相激也，若风之飘而旋也，可知耳矣。况千百人而无一及百年之年者哉！故吾之终日志于道德，犹惧未及也。彼肆其心之所为者，独何人耶！

然后在《复性书中》里，通过对凡人之性同于圣人之性的对答讨论，对人性为什么可复的道理做了说明（李翱、欧阳詹，1993：10）：

问曰："凡人之性，犹圣人之性？"

（李翱）故曰："桀纣之性，犹尧舜之性也。其所以不睹其性者，嗜欲好恶之所昏也，非性之罪也。"

曰："为不善者非性邪？"

曰："非也，乃情所为也。情有善有不善，而性无不善焉。孟子曰：'人无有不善，水无有不下。夫水，搏而跃之，可使过颡，激而行之，可使在山。是岂水之性哉，其所以导引之者然也。人之性皆善，其不善亦犹是也。'"

问曰："尧舜岂不有情耶？"

曰："圣人至诚而已矣。尧舜之举十六相，非喜也。流共工，放驩兜，殛鲧，窜三苗，非怒也，中于节而已矣。其所以皆中节者，设教于天下故也。《易》曰：'知变化之道者，其知神之所为乎？'《中庸》曰：'喜怒哀乐之未发谓之中，发而皆中节谓之和。中也者，天下之大本也。和也者，天下之达道也。致中和，天地位焉，万物育焉。'《易》曰：'唯深也，故能通天下之志；唯几也，故能成天下之务；唯神也，故不疾而速，不行而至。'圣人之谓也。"

问曰："人之性犹圣人之性，嗜欲爱憎之心，何因而生也？"

曰："情者妄也，邪也。邪与妄则无所因矣。妄情灭息，本性清明，周流六虚，所以谓之能复其性也。《易》曰：'乾道变化，各正性命。'《论语》曰：'朝闻道，夕死可矣。'能正性命故也。"

问曰："情之所昏，性即灭矣，何以谓之犹圣人之性也？"

曰："水之性清澈，其浑之者沙泥也。方其浑也，性岂遂无有邪？久而不动，沙泥自沈。清明之性，鉴于天地，非自外来也。故其浑也，性本勿失，及其复也，性亦不生。人之性，亦犹水之性也。"

问曰："人之性本皆善，而邪情昏焉。敢问圣人之性，将复为嗜欲所浑乎？"

曰："不复浑矣。情本邪也，妄也，邪妄无因，人不能复。圣人既复其性矣，知情之为邪，邪既为明所觉矣，觉则无邪，邪何由生也？伊尹曰：'天之道，以先知觉后知，先觉觉后觉者也。予将以此道觉此民也，非予觉之而谁也？'如将复为嗜欲所浑，是尚不自觉者也，而况能觉后人乎？"

曰："敢问死何所之耶？"

曰："圣人之所明书于策者也。《易》曰：'原始反终，故知死生之说。精气为物，游魂为变，是故知鬼神之情状。'斯尽之矣。子曰：'未知生，焉知死？'然则原其始而反其终，则可以尽其生之道。生之道既尽，则死之说不学而自通矣。此非所急也，子修之不息，其自知之，吾不可以章章然言且书矣。"

关于人人均有圣人之性，在《李文公集·学可进》一文中也有强调："百骸之中，有心焉，与圣人无异也。嚣然不复其性，惑矣哉。道其心弗可以庶几于圣人者，自弃其性者也，终亦亡矣，茫茫乎其将何所如？冉求非不足乎力者也，画而止；进而不止者，颜子哉。噫！颜子短命，故未到乎仲尼也。潢污之停不流也，决不到海矣；河出昆仑之山，其流徐徐，行而不休，终入于海。吾恶知其异于渊之自出者邪。"（李翱、欧阳詹，1993：20）

基于上述人人皆可复性的道理说明，接着，李翱在《复性书中》也给出了具体复性之原则与方法（李翱、欧阳詹，1993：8-9）：

或问曰："人之昏也久矣，将复其性者，必有渐也，敢问其方。"

曰："弗虑弗思，情则不生，情既不生，乃为正思。正思者，无虑无思也。《易》曰：'天下何思何虑。'又曰：'闲邪存其诚。'《诗》曰：'思无邪。'"

曰："已矣乎？"

曰："未也，此斋戒其心者也，犹未离于静焉。有静必有动，有动必有静，动静不息，是乃情也。《易》曰：'吉凶悔吝，生于动者也。'焉能复其性邪？"

曰："如之何？"

曰："方静之时，知心无思者，是斋戒也。知本无有思，动静皆离，寂然不动者,是至诚也。《中庸》曰:'诚则明矣。'《易》曰:'天下之动,贞夫一者也。'"

问曰:"不虑不思之时,物格于外,情应于内,如之何而可止也?以情止情,其可乎?"

曰:"情者性之邪也,知其为邪,邪本无有。心寂不动,邪思自息。惟性明照,邪何所生?如以情止情,是乃大情也,情互相止,其有已乎?《易》曰:'颜氏之子,有不善未尝不知,知之未尝复行也。'《易》曰:'不远复,无祇悔,元吉。'"

问曰:"本无有思,动静皆离。然则声之来也,其不闻乎?物之形也,其不见乎?"

曰:"不睹不闻,是非人也,视听昭昭而不起于见闻者,斯可矣。无不知也,无弗为也。其心寂然,光照天地,是诚之明也。《大学》曰:'致知在格物。'《易》曰:'易无思也,无为也,寂然不动,感而遂通天下之故。非天下之至神,其孰能与于此?'"

这里,李翱讲述的治心方法大致三个要点:(1)要弗思弗虑,所谓正思之法,以斋戒此心入静,此步切不可以情止情;(2)然后不可止于静,而是要有动有静,所谓"动静不息";(3)进一步要"知本无有思,动静皆离,寂然不动者,是至诚也。"

除了《复性书》,李翱在《李文公集》其他篇什中也给出了一些治心复性的指导。比如李翱在《答朱载言书》中,就给出了生活中践行的一些原则:"盖行己莫如恭,自责莫如厚,接众莫如弘,用心莫如直,进道莫如勇,受益莫如择友,好学莫如改过,此闻之于师者也。相人之术有三,迫之以利而审其邪正,设之以事而察其厚薄,问之以谋而观其智与不才,贤不肖分矣,此闻之于友者也。"(李翱、欧阳詹,1993:28-29)在《韦氏月录序》中则有论述:"人之所重者,义与生也。成义者莫如行,存生者在于养。所以为养者资于用,用足而生不养者多矣,用不足而能养其生者,天下无之。养生之物,禁忌之术,散在杂方,虽有力者欲行之,而患不能备知。"(李翱、欧阳詹,1993:92)等等,不一而足。另外,追随韩愈的思想,在《复性书》中李翱还对圣学道统做了分析阐述(这里从略)。

应该说,从圣道心法的中兴角度上讲,说李翱是宋明理学先驱,是名副其实的。更重要的意义在于,同样肯定人性本善,人人皆可为圣人,但李翱与孟子不同在于,李翱在性与情的关系论述上更趋精细和全面,并因此提出了复性之法。这不仅为圣道心法的复兴,做出了开创性的贡献,而且丰富并系统化了圣道心法思想体系。

第五章

禅宗顿悟

> 善知识,我自法门,从上已来,顿渐皆立无念为宗,无相为体,无住为本。
>
> ——(唐)慧能[①]

有秦之后,直到隋唐之前,中华心法思想再无大的进步,倒是外来佛教的传入,为中华心法思想的革新发展,提供了重要的思想源泉。经过大约500年的吸收和改造,到了隋唐之际,终于孕育发展出一种全新的心法途径,那就是禅宗的顿悟心法。本章便专门介绍禅宗顿悟心法的主要思想、方法和内容。

第一节 禅宗顿悟法门

禅宗是在中华本土建立起来的一个佛教宗派,融入了浓厚的中华文化思想要素。那么这样一种对后来中国思想与文化界产生深刻影响的佛教宗派,在历史上是如何形成与演变发展的呢?禅宗的主要心法思想又是什么,其又是如何形成后来诸多不同宗风流派的呢?为了回答这些问题,让我们先从中华禅宗的缘起说起。

[①] (唐)慧能:《敦煌坛经合校简注》,李申合校、方广锠简注,太原:山西古籍出版社,1999年,第36页。

一、禅宗缘起历程

从具有独立的禅法宗旨、固定的传法基地以及相当的僧团规模三个基本条件来看,中华禅宗作为一个宗派的形成,应该是从隋朝道信禅师(580—651)开始的。当然,在道信之前,在中国本土已经出现了一些具有中华文化特色的禅法思想,这也是事实。实际上,就道信早期活动的地域来说,受到影响的主要来自两个方面,一是来自嵩洛达摩禅法思想的影响,另一是受到金陵方面禅法思想的影响。

首先,早在达摩来华之前,就有神僧宝志及其弟子法朗倡导大乘禅法。宝志(保志)事迹在《高僧传·保志传》中有记载,其活跃在南北朝宋与梁时期(417—514)。法朗(507—581)则在《续高僧传》中有记载。法朗虽为宝志弟子,但其思想更多是受三论宗前期思想的影响,经僧诠可上溯到僧肇,法朗最为著名的门人就是吉藏,创建了三论宗。因此,法朗是三论宗先驱,《续高僧传》称:"朗公玄旨所明惟存中观,自非心会析理,何能契此清言。"(道宣,1991:157)

另外,在南方陈朝期间,还有一位中华禅法草创时期的先驱,也在建康(今南京)活动,就是被人们称为傅大士的傅弘。在《续高僧传》隋东川沙门释慧云传中,附有傅大士传记。傅大士(497—569),姓傅名翕,字玄风,号善慧。《续高僧传》称傅弘,又称善慧大士、鱼行大士、双林大士、东阳大士、乌伤居士。

从禅法思想的传承关系上看,宝志兴皇寺法系的三论宗思想,应该对牛头禅产生过直接的影响。所谓牛头禅是指起源于南京牛头山及其周边地区的一种具有鲜明区域特色的禅法,其对后来顿悟禅法的形成与发展产生了比较持久的影响。其实,早期本土倡导大乘禅法的上述先驱们,不但直接影响牛头禅的形成,而且也对后来的道信禅法产生间接影响,比如道信所著的《入道安心要方便法门》,其中就引用傅大士的"语录"。

这便是为何在《景德传灯录》中会收集宝志与傅弘的诗偈存世的原因所在。在收集的诗偈中,属于宝志的有《大乘赞》《十二时颂》《十四科颂》,属于傅大士的有《心王铭》。特别是《心王铭》,其风格当属《信心铭》之先导。可以看出,从《心王铭》到《信心铭》,再到后来的《心铭》,其禅法思想是有关联的。

当然,道信禅法受到的影响更多则是来自达摩禅法思想。关于菩提达摩的事迹,《续高僧传》《楞伽师资记》《传法宝记》《历代法宝记》都有记载,详略不同。《续高僧传》中的记载云:"菩提达摩,南天竺婆罗门种。神慧疏朗,闻皆晓悟。志存大乘,冥心虚寂,通微彻数,定学高之。悲此边隅,以法相导,初达宋境南越,末又北度至魏。随其所止,诲以禅教,于时合国,盛弘讲授,乍闻定法,多生讥谤。有道育、慧可,此二沙门,年虽在后而锐志高远,初逢法将,知道有归。……自言年一百五十余岁,游化为务,不测于终。"(道宣,1991:231)

菩提达摩的禅法思想,可见于后世编辑的《小室六门》,以及《无心论》《南天竺国菩提达摩禅师观门》《安心法门》等之类。达摩的禅法主要是"大乘安心之法",包括四个方面,即壁观理入、四行实践、防护讥嫌以及遣其不着(无着之法,无着即无住)。在理论建树方面可以肯定为达摩亲述的大概只有《略辨大乘入道四行观》一文,其余疑为伪托达摩之名行世的文献,不足为凭。

达摩的《略辨大乘入道四行观》指出:"夫入道多途,要而言之,不出二种。一是理入,二是行入。理入者,谓藉教悟宗,深信含生同一真性,俱为客尘妄想所覆,不能显了。若也舍妄归真,凝住壁观,无自无他,凡圣等一,坚住不移,更不随于文教。此即与理冥符,无有分别,寂然无为,名之理入。行入者,谓四行,其余诸行悉入此中。何等四耶?一报冤行,二随缘行,三无所求行,四称法行。"(净慧,1994:5-6)

强调理行二入法门,理入是藉教悟宗,行入为四种践行。所谓四行,简单地说,报冤行要求心不报冤,逢苦不忧;随缘行要求得失从缘,随遇而安;无所求行要求息愿无求,恬淡处世;而四称法行则要求浑然一体,概无分别。

达摩的传法弟子主要有道育与慧可(之外还有昙林、僧副、尼总持),但由于"育师受道心行,口未曾说",所以其法主要靠慧可传承下来。慧可事迹在《续高僧传·慧可传》中有记载。可能新兴的达摩禅法受到当时北方禅系排挤的缘故,到了慧可之后,就没有特别有影响的弟子。对此,《续高僧传·慧可传》中说:"遂流离邺卫亟展寒温,道竟幽而且玄,故末绪卒

第五章 禅宗顿悟

无荣嗣。"(道宣,1991:232)因此,除了笔友向居士(以及法子神定、宝月、华闲居士)外,传承慧可禅法的主要是那禅师一支。但另据《续高僧传·法冲传》附带记载:"达摩禅师后,有惠可、惠育二人。育师受道心行,口未曾说。可禅师后,粲禅师、惠禅师、盛禅师、那老师、端禅师、长藏师、真法师、玉法师(已上并口说玄理,不出文记)。"(道宣,1991:342)这里值得注意的是,粲禅师也是慧可的弟子(是否就是三祖,难以确定),属于"口说玄理,不出文记"的践行禅师,所以其禅法思想应该对后世没有文字记载的直接影响。可能正因为这样,在道宣撰写《续高僧传》的那个时代,粲禅师的影响并不突出,因此《续高僧传》对其没有传记介绍,有关"粲禅师"字样也只简单出现两次。因此粲禅师如何与道信联系起来,还是一个未解的谜团。

据《续高僧传》的记载:"释道信,姓司马,未详何人。初,七岁时经事一师(586年),戒行不纯。信每陈谏,以不见从,密怀斋检,经于五载而师不知(591年)。又有二僧莫知何来,(大隋开皇初)入舒州皖公山静修禅业。(道信十三岁,592年)闻而往赴,便蒙授法(并结塔供养),随逐依学,遂经十年。(道信二十三岁,602年)师往罗浮不许相逐,但于后住,必大弘益。……遂见双峰有好泉石,即住终志。……临终语弟子弘忍:可为吾造塔。命将不久,又催急成。又问中未,答欲至中。众人曰:和尚可不付嘱耶? 曰:生来付嘱不少。此语才了,奄尔便绝。……即永徽二年(651年)闰九月四日也,春秋七十有二。"(道宣,1991:283)注意,这里没有明说入皖公山静修禅业的二僧是何许人,因此道信的传法师到底是不是僧粲(璨)禅师,就留下了一个悬念。

众所周知,皖公山又名潜山、天柱山,位于今安徽省潜山县西北,汉武帝曾封为南岳。据《天柱山志》卷九"石刻存录"第276页记载,合肥龚氏藏有僧璨供养塔砖一块。该塔砖正面铭文是:"大隋开皇十二年七月,僧璨大士隐化于舒之皖公山岫,结塔供养,道信为记。"塔砖左侧的铭文是:"大隋开皇十二年作。"无独有偶,1982年4月,浙江省杭州市出土一块铭

143

文砖,也是僧璨供养塔砖,并与合肥龚氏所藏的铭文砖大小无异,铭文完全相同①。如果这两块铭文砖实物确系僧璨供养塔砖原物,那么其记载的内容就与道信拜师学道的时间完全吻合。由此也就可以肯定,那二僧之一,就是僧璨无疑了。

道信足下,除了显禅师、朗禅师、法藏、法净之外,还有位高僧,是私生子,随母家俗姓周,七岁跟随道信出家,号弘忍,后来被称为五祖,开东山法门。这样,在具有三论空宗思想与达摩禅法的影响下,自慧可年四十(527年)遇达摩得传达摩禅法,至道信于唐高祖武德八年(625年)于黄梅破额山(冯慕山)正觉寺传经讲法,凡100年,为中华禅法草创期。道信开创法门,至弘忍圆寂(675年),凡50年,为中华禅法建立期。从达摩传法,至中华禅法建立,凡150年。

道信之后,弘忍继续弘法,法席大盛,名扬四海。据《楞伽师资记》记载,弘忍论及坐禅时云:"尔坐时平面端身正坐,宽放身心。尽空际远看一字,自有次第。若初心人攀缘多,且向心中看一字。证后坐时,状若旷野泽中,迥处独一高山。山上露地坐,四顾远看,无有边畔,坐时满世界,宽放身心。住佛境界,清净法身,无有边畔,其状亦如是。"(蓝吉富,1988,第1册:18)虽《楞伽师资记》说:"其忍大师,萧然净坐,不出文记。口说玄理,默授与人。"(蓝吉富,1988,第1册:17)但"如吾一生,教人无数,好者并亡。后传吾道者,只可十耳。"(蓝吉富,1988,第1册:17)其后继者大有人在。因此,正是在弘忍之后,禅宗形成了诸多流派,出现了一派前所未有的繁荣景象。根据唐代诸多文献记载,弘忍之后形成的主要流派有荆州神秀、安州玄赜、潞州法如、保唐智诜、嵩山慧安、南山宣什、牛头法持、韶州慧能等,给出了具有各自特色的禅法传授方便法门。五祖弘忍有文献记载的其他弟子还有惠藏、智德、刘主簿、义方、玄约等。

应该说,中国的禅宗,作为宗派的形成,经道信和弘忍两代的努力,终于汇通而成就了中华禅法系统的体系,并创建了最具有中华文化特色的禅宗宗派。这一宗派后来主要由弘忍的弟子法如、慧安、神秀等所传承。

---

① 参见陈浩:《隋禅宗三祖僧璨塔铭砖》,《文物》1985年第4期。

第五章 禅宗顿悟

特别是经过神秀的发扬光大，建立了具有广泛影响的禅宗宗派，被后世称为北宗。从禅法思想的传承方面讲，真正属于东山法门继承者，并对后世有较大影响的就是以神秀为代表的北宗禅法。

与北宗相抗衡，则是由弘忍另一位弟子慧能创立的南宗。尽管慧能的禅法思想在其在世时没有多大影响，但从思想体系的创新而言，标志着思想完全成熟并成为独立于印度佛教发展的中国禅宗，当始于慧能顿悟禅法思想的革命性建设。中国禅宗的顿悟法门也是在慧能时代正式得以创建，并形成了鲜明的中国特色。从这个意义上讲，慧能才是中国禅宗的真正创始人。

历史上确立南宗慧能系之正统传承与宗旨的，主要出于神会（684—758）的努力。神会于唐朝开元二十年（732年）设无遮大会于河南滑台大云寺，欲确立南宗慧能系为禅宗正统，并于天宝四年（745年）著《显宗记》等文献。因此，后来有关慧能的传记，基本上都受此影响，不是直接出自荷泽系，就是受到荷泽系的改造。除了一些基本事实外，比较可信的当属慧能在敦煌版《施法坛经》中的自述（但也经过荷泽系的改造）。

当然，如果除去标榜慧能正统地位的内容，《荷泽神会语录》中对慧能传记比较可信的内容主要是："第六代唐朝能禅师，承忍大师后。俗姓卢，先祖范阳人也。因父官岭外，便居新州。年廿二，东山礼拜忍大师。……（得法后）能禅师过岭至韶州居曹溪，来住四十年，依《金刚经》，重开如来知见。……至景云二年（711年），忽命弟子玄楷、智本，遣于新州龙山故宅，建塔一所。至先天元年（712年）九月，从曹溪归至新州。至先天二年（713年）八月三日，忽告门徒曰：'吾当大行矣。'……其夜奄然坐化。大师春秋七十有六。……其年于新州国恩寺，迎和上神座，十一月，葬于曹溪。"（神会，1996：109-111）

为了尽可能地还原慧能的生平事迹，我们有选择地采纳有关历史文献资料。原则上，主要依据《南宗顿教最上大乘施法坛经》（敦煌版，应是中唐时抄本，疑经神会门人添加内容）与《荷泽神会语录》的内容，但凡与争夺慧能正统、建立历代祖师法系以及标榜神会等内容，我们均不予引用。我们也有选择地参考了宗密著述的有关文献，比如《中华传心地禅门师资承袭图》（成书于827—835年间），其主要强调荷泽系的正宗地位，相关内容在宗密的《圆觉经大疏释义钞·叙禅宗》中也有详论。

以此为主要依据,再结合其他文献,大致可以得出,慧能生于唐朝贞观十二年,即公元638年二月初八日,出生地为广东新州夏卢村(现属广东省新州市)。早年慧能接触过佛教教义与信佛人士,如在其樵夫生涯中,遇客买柴,闻《金刚经》"应无所住而生其心"有所悟解等。唐朝咸亨中,慧能游至曹溪,与村人刘志略结义为兄弟,刘志略有姑母出家,法号无尽藏,慧能为其讲解《涅槃经》,有独到的见解。后至乐昌县依附智远禅师。唐朝显庆四年(659年)到黄梅冯慕山弘忍处得法(现有黄冈市黄梅县五祖寺),后隐居在俗十七年。唐朝上元中(约676年),慧能39岁,于广州法性寺印宗处正式剃发出家,并开演禅宗顿悟法门。之后主要行化于韶州、广州两地,并常驻于韶州曹溪村宝林寺(现广州韶关市曲江区南华禅寺)。慧能于唐朝先天二年八月初三日入灭,即公元713年,寿76岁。

慧能的禅法思想,主要保存在《施法坛经》之中,对后世影响深远。可以这么说,我们现在所谓的禅宗就是慧能的禅宗,自宋以后的禅宗修行者,无不是慧能的子孙。不仅如此,在宋以后的中国思想史上,大凡有影响的哲学思想、艺术文化,乃至日常生活,无不受到慧能禅宗思想的影响。

二、坛经禅法思想

《施法坛经》的全称是《南宗顿教最上大乘摩诃般若波罗蜜经:六祖慧能大师于韶州大梵寺施法坛经》,为兼受慧能无相戒的弘法弟子法海集记而流布于世。法海集记的开头就讲清了慧能升座施法的情形:"慧能大师于大梵寺讲堂中,升高座,说摩诃般若波罗蜜法,授无相戒。其时座下僧尼道俗一万余人,韶州刺史韦据及诸官僚三十余人,儒士三十余人,同请大师说摩诃般若波罗蜜法。刺史遂令门人僧法海集记,流行后代,与学道者,承此宗旨,递相传授,有所依约,以为秉承,说此《施法坛经》。"(慧能,1999:29)

可见《施法坛经》原是慧能一次升座施法的记录。这次施法活动主要是应韶州刺史韦据之邀,为包括官僚、儒士、僧尼在内的道俗一万余人讲摩诃般若波罗蜜法。讲法的内容由慧能的门人法海集记,主要分为三大部分:(1)慧能自述得法经历(慧能本生故事);(2)正式讲授摩诃般若波罗蜜法(慧能顿教法要;授无相戒法,其中无相戒法包括皈依三身佛、发四弘誓愿、行无相忏悔、授无相三皈依戒;讲解摩诃般若波罗蜜法);(3)解答韶州刺史韦据的提问(修福田是否算功德的问题、愿往生西方是否正确的问题、在家修行的问题并与道俗作《无相颂》)。

后世禅流,要么为了完善慧能之言行事迹(加入《真假动静偈》《见真佛解脱颂》《自性见真佛解脱颂》,三科法门三十六对法,以及其他事迹机缘等);要么为了标榜慧能禅法的正宗地位(特别是与神秀北宗争正统,讲志诚来访,编造传承法系如东土六祖及传法偈颂、西天三十五祖等等,突出慧能禅法的高明讲法达转经、智常问法、风幡之动,编造内侍薛简驰诏迎请,强调《施法坛经》乃为正法);要么徒孙宣讲所属禅系乃是慧能嫡系(写入神会、法海、智通、志道、行思、怀让、玄觉、智隍、志彻等机缘故事);要么窜入私货(篡改慧能的得法偈为"菩提本无树,明镜亦非台。本来无一物,何处惹尘埃",打乱讲法内容次序并擅分章节,增添《无相颂》一则,增添与神会五更转类似的自性五分法身香法)等等,使得《施法坛经》越来越繁复且多歧,出现众多不同的版本。

今天我们来读《施法坛经》,当须正本清源,追述慧能施坛讲法的本来思想,因此凡明确为后世禅流添加的内容,一律忽略不讲。而是根据敦煌博物馆任子宜先生藏本的照片辑录(慧能,1999),整理出一个反映原貌的《施法坛经》,对慧能此次讲法的思想进行梳理,并对其中重要的言论加以阐发。

《施法坛经》的顿教法要主要内容包括阐述"自悟自修自成法门"、"自性真空观"、"无住禅定观"、"双遣双非方法论"、"禅法实践观"等五个方面。

在《施法坛经》中,慧能界定其所传承的顿教法门是一种自悟自修自成法门。一方面,强调般若之智,人皆有之,但靠自悟,便能识取。《施法坛经》云:"善知识!菩提般若之智,世人本自有之,即缘心迷,不能自悟,须求大善知识,示道见性。善知识!愚人智人,佛性本亦无差别,只缘迷悟。迷即为愚,悟即成智。"(慧能,1999:35)另一方面,强调依靠自身般若之智就可以顿悟本心:"自性心地,以智慧观照,内外明彻,识自本心。若识本心,即是解脱。既得解脱,即是般若三昧。悟般若三昧,即是无念。何名无念?无念法者,见一切法,不著一切法;遍一切处,不著一切处。"(慧能,1999:46)从而得出:"故知本性自有般若之智。自用智慧观照,不假文字。……闻其顿教,不信外修,但于自心令自本性常起正见,一切邪见烦恼尘劳众生,当时尽悟,犹如大海纳于众流,小水大水合为一体,即是见性。内外不住,来去自由,能除执心,通达无碍。"(慧能,1999:44)

而所谓的般若之智,慧能的顿教法门则强调以定慧为本:"善知识!我此法门,以定慧为本。第一勿迷言慧定别。慧定体不一不二,即定是慧体,即慧是定用。即慧之时定在慧,即定之时慧在定。"(慧能,1999:35)"善知识!定慧犹如何等?如灯光。有灯即有光,无灯即无光。灯是光之体,光是灯之用。名即有二,体无两般。此定慧法,亦复如是。"(慧能,1999:36)因此,要到达"三昧"顿悟境界,但行真(直)心,所谓"直心是道场"就源自于这里:"一行三昧者,于一切时中,行住坐卧,常行一真心是。《净名经》云:'真心是道场,真心是净土。'莫心行谄曲,口说法直。口说一行三昧,不行真心,非佛弟子。但行真心,于一切法上无有执着,名一行三昧。迷人著法相,执一行三昧,真心坐不动,除妄不起心,即是一行三昧。"(慧能,1999:35-36)而这一切,无求外援,全靠自己:"善知识!见自性自净,自修自作,自性法身,自行佛行,自作自成佛道。"(慧能,1999:38)以及"故知不悟,即佛是众生;一念若悟,即众生是佛。故知一切万法,尽在自身心中。何不从于自心,顿见真如本性。《菩萨戒经》云:'我本源自性清净。'识心见性,自成佛道。即时豁然,还得本心。"(慧能,1999:45)

在万法本体认识方面,慧能则强调"自性真空观"。在讲述慧能在五祖那里的得法过程时,就已经涉及这方面的见识。当时神秀的呈心偈是:"身是菩提树,心如明镜台。时时勤拂拭,勿使有尘埃。"(慧能,1999:32)以无染即净为宗旨。而慧能的呈心偈则是:"菩提本无树,明镜亦无台。佛性常清净,何处有尘埃。"(慧能,1999:33)明显以无物可染为宗旨,体现了慧能彻底的自性真空观。

慧能的这种思想不仅强调自性本空,而且强调万法缘于这本空的自性。慧能在《施法坛经》中云:"何名清净身佛?善知识!世人性本清净,万法在自性。思惟一切恶事,即行于恶行。思量一切善事,便修于善行。

知如是，一切法尽在自性，自性常清净，日月常明。只为云覆盖，上明下暗，不能了见日月星辰。忽遇慧风吹散，卷尽云雾，万象参罗，一时皆现。世人性净，犹如清天。慧如日，智如月，智慧常明。于外看境，妄念浮云盖覆，自性不能明。故遇善知识开真正法，吹却迷妄，内外明彻，于自性中万法皆现。一切法在见性，名为清净法身。"（慧能，1999：39）这样，宇宙万有皆源自这终极为空的"自性"，也就顺理成章了："空，能含日月星辰，大地山河。一切草木，恶人善人，恶法善法，天堂地狱，尽在空中。世人性空，亦复如是。性含万法是大，万法尽是自性。"（慧能，1999：42）

于是进一步引发了慧能有关"无相""无念""无住"的"顿悟禅定观"的论述。何为禅定？《施法坛经》云："今记如是。此法门中何名坐禅？此法门中，一切无碍。外于一切境界上，念不去为坐，见本性不乱为禅。何名为禅定？外离相曰禅，内不乱曰定。外若有相，内心不乱，本性自净曰定。只缘触境，触即乱，离相不乱即定。外离相即禅，内外不乱即定。外禅内定，故名禅定。"（慧能，1999：38）外离相是无相，内不乱是无念，无相无念便是无住。因为，慧能认为："善知识！此法门中，坐禅元不著心，亦不着净，亦不言动。若言看心，心元是妄。妄如幻故，无所看也。若言看净，人性本净。为妄念故，盖覆真如。离妄念，本性净。不见自性本净，起心看净，却生净妄。妄无处所，故知看者看却是妄也。……看心看净，却是障道因缘。"（慧能，1999：37-38）

因此《施法坛经》云："善知识，我自法门，从上已来，顿渐皆立无念为宗，无相为体，无住为本。何名为相无相？于相而离相。无念者，于念而不念。无住者，为人本性，念念不住。……若一念断绝，法身即离色身。念念时中，于一切法上无住。一念若住，念念即住，名系缚。于一切法上念念不住，即无缚也。以无住为本。"（慧能，1999：36-37）"无相"是"不染万境"，而这"万境"不过就是自性的造作，本来为空，使得到达"无相"成为可能；而无念则是内心不生一念，就是要去除一切意向对象，从而到达如如"无住"之境界。因此"无念为宗，无相为体，无住为本"就成为禅宗的根本法则。在慧能之前，修禅调伏心法一般是：凝心入定，住心看净，起心外照，摄心内证。显然不如慧能这里论述的彻底，所谓"不尽有为，不住无为"才是真禅定。

通智达仁：传授心法述要

如此，也就带来了禅修方法上的革命，即慧能特别提倡的"双遣双非方法论"。让我们回到慧能的呈心偈，原来的《施法坛经》中有两首。一曰："菩提本无树，明镜亦无台。佛性常清净，何处有尘埃。"（慧能，1999：33）又一曰："心是菩提树，身为明镜台。明镜常清净，何处染尘埃。"（慧能，1999：34）许多学者对此不得要领，甚至后来版本的《施法坛经》将其篡改成一首偈为："菩提本无树，明镜亦非台。本来无一物，何处惹尘埃。"这显然是不理解慧能在这里的深刻用意，即要用双遣双非法来真正呈现"佛性常清净"的"自性无住"之境界。因为神秀说的"身是菩提树，心如明镜台"是强调"有"，如果慧能单单说"菩提本无树，明镜亦无台"，则是强调"无"，而"自性无住"之境界应该是"不尽有为，不住无为"的，因此还必须否定之否定再回到"心是菩提树，身为明镜台"才是正法。这种双遣双非方法论，强调的就是不执着一切名相，不管是"有"还是"无"，是"色"还是"空"，是"凡"还是"佛"，是"烦恼"还是"菩提"，统统摒弃，但心行无住而已。故《施法坛经》云："迷人口念，智者心行。当念时有妄，有妄即非真有。念念若行，是名真行。悟此法者，悟般若法，修般若行。不修即凡。一念修行，法身等佛。善知识！即烦恼是菩提。前念迷即凡，后念悟即佛。"（慧能，1999：43）

本着这种"双遣双非方法论"，《施法坛经》中在回答韦使君提问时，慧能破除向来被佛教崇尚的三种修行迷途，提出了自己旗帜鲜明的禅修实践观。

其一是有关修福田是否算功德的问题。韦使君借用梁武帝问达摩之原话询问于他："朕一生已来造寺、布施、供养，有功德否？"慧能答道："造寺、布施、供养，只是修福，不可将福以为功德。功德在法身，非在于福田。自法性有功德。平直是德、佛性。外行恭敬，若轻一切人，吾我不断，即自无功德。自性无功德，法身无功德。念念行平等真心，德即不轻。常行于敬，自修身即功，自修心即德。功德自心作，福与功德别。武帝不识正理，非祖大师有过。"（慧能，1999：48-49）

其二是有关愿往生西方是否正确的问题。韦使君问："弟子见僧俗常念阿弥陀佛，愿往生西方。请和尚说，得生彼否？望为破疑。"慧能答道："使君，东方但净心，无罪；西方心不净，有愆。迷人愿生东方、西方，所在处并皆一种。心地但无不净,西方去此不远。心起不净之心,念佛往生难到。除恶即行十万,无八邪即过八千。但行真心,到如弹指。使君但行十善,何须更愿往生?不断十恶之心,何佛即来迎请?若悟无生顿法,见西方只在刹那。不悟顿教大乘,念佛往生路遥,如何得达?"(慧能,1999:49-50)

其三是有关在家修行的问题。韦使君问:"和尚,在家如何修,愿为指授。"慧能答道:"善知识!若欲修行,在家亦得,不由在寺。在寺不修,如西方心恶之人。在家若修行,如东方人修善,但愿自家修清净,即是西方。"又曰:"善知识!慧能与道俗作《无相颂》,尽诵取,依此修行,常与慧能说一处无别。"(慧能,1999:51)

在科学昌明的今天,慧能给出的解答,对我们扫除迷信、树立正确的禅修观,无疑有着重要的现实意义。

在《施法坛经》的最后,慧能为道俗作《无相颂》,给出了慧能禅宗的归旨。颂曰:"说通及心通,如日处虚空。唯传顿教法,出世破邪宗。教即无顿渐,迷悟有迟疾。若学顿法门,愚人不可迷。说即须万般,合离还归一。烦恼暗宅中,常须生慧日。邪来因烦恼,正来烦恼除。邪正悉不用,清净至无余。菩提本清净,起心即是妄。净性于妄中,但正除三障。世间若修道,一切尽不妨。常现在己过,与道即相当。色类自有道,离道别觅道。觅道不见道,到头还自懊。若欲觅真道,行正即是道。自若无正心,暗行不见道。若真修道人,不见世间愚。若见世间非,自非却是左。他非我不罪,我非自有罪。但自去非心,打破烦恼碎。若欲化愚人,事须有方便。勿令破彼疑,即是菩提见。法元在世间,于世出世间。勿离世间上,外求出世间。邪见在世间,正见出世间。邪正悉打却,菩提性宛然。此但是顿教,亦名为大乘。迷来经累劫,悟即刹那间。"(慧能,1999:51-52)慧能的《无相颂》将禅宗顿教思想,总体上做了全面的论述,其核心观念,可谓一览无遗。

三、顿悟禅法流布

慧能禅法流布的第一功臣莫过于神会和尚。神会是否为慧能的弟子,难以确证。但慧能入灭后,神会便开始北上洛阳,传布慧能的顿悟禅法,此事为实。神会公开与神秀系禅僧展开激烈论战,为慧能争得了六祖地位,使得慧能的顿悟禅法成为中国禅宗的正统。如果说慧能是中国禅宗的创立者,那么神会就是为中国禅宗确立正统地位的开启者。

根据代表慧能法系宗旨的《南宗顿教最上大乘施法坛经》,神会所著《显宗记》《荷泽神会语录》,宗密著述的有关文献,比如《中华传心地禅门师资承袭图》《圆觉经大疏释义钞·叙禅宗》以及宗密在《禅源诸诠集都序》中提及的石头一系(却没有提及行思禅师),加上部分《祖堂集》的补充,我们还原了自慧能以下至宗密时代近二百年来的禅法流布简况。应该说,慧能开创的顿悟禅法,除了慧忠、本净、玄觉这些弟子的个人传布外,早期具有重要影响的一些禅法流派,主要包括荷泽宗、洪州宗与石头宗。当然,需要强调并值得注意的是有关慧能身后的经传系,就是《坛经》传承系。

《坛经》传承系,这在敦煌版《坛经》中有明确说明,就是法海传道漈,道漈传悟真,他们都是一代传一代的曹溪法席。敦煌版《坛经》说:"此《坛经》,法海上座集。上座无常,付同学道际。道际无常,付门人悟真;悟真在岭南溪漕山法兴寺,现今传授此法。"(慧能,1999:67)因此,恐怕慧能真正的嫡系,当是这支经传系。可惜,悟真之后的法席不明。

至于慧能的其他法系,如荷泽、洪州与石头,只能根据荷泽系的记载来加以推测了。其中,由于宗密文献记录,荷泽(单传谱系为神会、智如、南印、道圆、宗密)与洪州的法系都比较清晰,但石头的法系却有许多空白,至少在唐代时的文献记录中很难恢复其间的传承法脉。宗密只是在《都序》中提到石头一系,但对其来源与传承,均没有言及。

神会之后,禅宗进入兴旺时代,慧能禅法便开始在中国大江南北迅速发展壮大,并逐渐成为唯一存在的禅法系统,甚至成为中国佛教的主流宗派。随着慧能禅法独尊地位的确立,以及慧能禅法宗派的不断发展壮大,慧能禅法系统内部也就开始形成宗风各异的流派分支。实际情况是,慧能创立的南禅顿悟禅法,经怀让和尚,传马祖,形成马祖系;经行思和尚传石头,形成石头系。

马祖系经百丈怀海下出沩仰宗(沩山灵佑、仰山慧寂师徒两人创建,其中仰山慧寂又受到从南阳慧忠到耽源应真之圆相禅法的影响),百丈怀海又经黄檗希运到临济义玄创建临济宗(又受到从马祖道一、信州智常到高安大愚禅法思想的影响),其中临济又分出杨岐、黄龙两派。

石头系经药山惟俨、云岩昙晟下出曹洞宗(洞山良价、曹山本寂师徒两人创建,后由洞山良价法嗣云居道膺法系得以传承),另经天皇道悟、龙潭崇信、德山宣鉴、雪峰义存下出云门宗(由云门文偃禅师创建,受到从黄檗希运到睦州道明禅法思想的影响),雪峰义存又经玄沙师备、罗汉桂琛下出法眼宗(法眼文益禅师创建)。

自慧能开坛施法(公元676年,也是弘忍圆寂第二年),至神会《显宗记》布告天下(公元745年),顿悟禅法成为正统禅法,凡70年。随后,在马祖与石头两系的弘扬之下,至815年百丈涅槃,凡70年。至此,天下凡言禅,必慧能之禅,代表着中华禅法的最高成就,中华禅法走向成熟,凡140年。

在慧能顿悟禅法取得正统地位之后,特别是在洪州与石头两系的推动下,大约在慧能去世一百年后,中华禅法进入了一个全盛发展期,并先后形成了各具特色的禅宗流派,各种禅法思想层出不穷。无论是僧团建设还是思想传播,禅宗都得到了空前绝后繁荣,并对中国社会的各个方面,特别是文化思想方面产生巨大的影响。从此,各宗发展各有兴衰,传至今日的,主要是临济、曹洞的子孙。

在中国的禅宗创建与发展过程中,尽管禅宗因宗风的迥异而分门立派,先是南北对峙,后又形成五宗七派,但究其思想宗旨,大体不离慧能"无念、无相、无住"六字,尽管在方便法门、具体启悟方法上有很大的出入。因此,对于强调解脱实践的禅宗而言,各种方便法门的建立就显得十分重要,并且也渐渐成为后来禅宗宗风发展的主线,而接机方法也就成为区分不同流派的重要标准。

这也就是为什么慧能倡导的南宗成为禅宗主流派别的一个重要原因(当然还有其他政治社会原因),也是慧能之后,各种禅机方便之风盛行的重要原因,从而形成各具特色的五家禅法。图5.1给出了禅宗全盛时期禅师们宗风激扬的交流状况。那是一个充满勃勃生机的创新时代,也是禅宗大德辈出的时代,并形成不同特色的宗风,可谓丰富多样,让人目不暇接。《石霜楚圆禅师语录》(慧南编于1027年)有"赞诸方尊宿"云(蓝吉

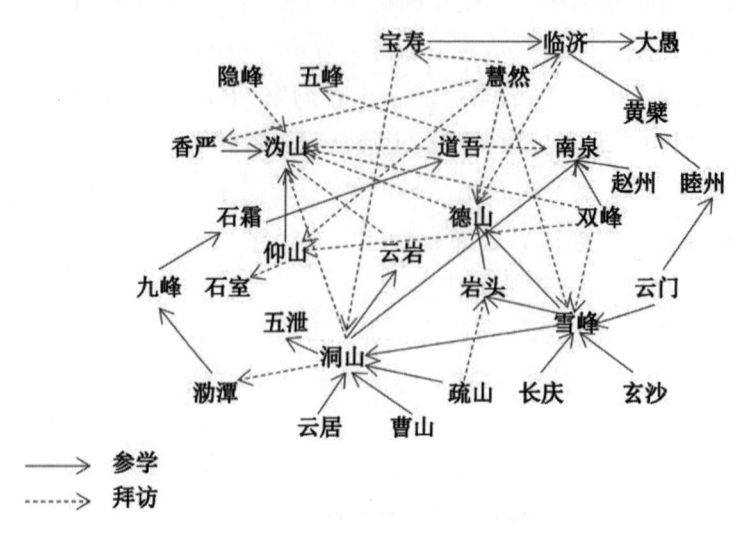

```
         宝寿 → 临济 → 大愚
   隐峰  五峰     慧然          黄檗
   香严 → 沩山   道吾   南泉   赵州  睦州
       石霜  仰山  云岩  德山  双峰
   九峰 石室     岩头      云门
           五泄       雪峰
              洞山
           泐潭  疏山  长庆  玄沙
              云居 曹山
```

→ 参学
┄→ 拜访

图 5.1　宗风激扬禅法思想交流略图

富,1988,第 40 册:27-28):

　　法眼法灯,问答精进;箭锋相拄,耀古腾今。
　　云岩洞山,金锁玄关;五位回互,洞水逆还。
　　雪峰玄沙,宗匠难加;白纸为信,今古无瑕。
　　沩山仰山,明暗方圆;多闻广解,巧语难宣。
　　三十六势,应病施权;石霜道吾,父子相呼。[①]
　　三门五路,广诱初徒;君臣和合,岂话有无。
　　睦州云门,掣电来风;泥牛哮吼,黯黑乾坤。
　　现成公案,不打好人;临际德山,棒喝齐行。
　　或逆或顺,或暗或明;师子一吼,百兽潜形。

颇能展现宗风激扬时代中禅法多样性的风采。

　　比如,后来禅宗形成的沩仰、临济、曹洞、云门和法眼这五家宗派,接机风格就各有特点。像沩仰宗提倡弃绝名相、返还心源,强调单刀直入、凡圣情尽、体露真常,这便是沩仰宗的宗风特色;临济宗的特色则是提倡

[①] 指药山惟俨传道吾宗智到石霜庆诸这一派系。

大机大用、超祖越佛、突出行人,反对机械打坐、死究经文,强调机锋契心、日用是道;曹洞宗的特色就是五位偏正、不落阶级、心契自成,强调理入、理尽而语默,佛性普照;文偃禅师开创的云门宗,上承德山禅风,凸显呵佛骂祖、锋辩险绝之特色,强调不移丝发、重印全机;而文益禅师的法眼宗则提倡词穷理绝、放心现成的禅法宗风。《人天眼目》引圆悟五家宗要云(蓝吉富,1988,第 32 册:335-336):

全机大用,棒喝交驰。剑刀上求人,电光中垂手。(临济)
北斗藏身,金风体露。三句可辨,一镞辽空。(云门)
君臣合道,偏正相资。鸟道玄途,金针玉线。(曹洞)
师资唱和,父子一家。明暗交驰,语默不露。(沩仰)
闻声悟道,见色明心。句里藏锋,言中有响。(法眼)

正是五家宗风的概括描述。

这些体现超逻辑思维手段的实践,到中唐之后,又有新的发展。比如慧南禅师开创黄龙派,强调妄尽自释、自然成熟,熔云门与临济于一炉,自成一派,其最著名的接人方法,莫过于"黄龙三关"。再如方会禅师开创杨岐派,其家风以枯淡、超逸见长,强调言下明悟。于是,禅宗宗风的发展,也越来越向着文字禅的方向前进,并在重显、慧洪、克勤、宗杲、慧开等人的倡导下,参究公案、话头的看话禅,渐渐形成颇具规模的新风尚。

总之,随着慧能所开创的顿悟法门的繁荣发展,中华禅法终于走向成熟,并成为独具中国文化特色的佛家宗派,完完全全将佛教中国化了。从这个意义上讲,禅宗,就是指由中华禅法所凝聚而形成的一种独具中华文化特色的佛教宗派。

第二节 禅机宗风激扬

慧能开创的禅法主张顿悟。所谓顿悟禅法,是参禅悟道方便法门的总称,也是一种最上乘的修行方法,强调定慧双修。唐代宗密在《禅源诸诠集都序》中对其有比较全面的说明:"悟之名慧,修之名定,定慧通称为禅那。……然禅定一行最为神妙,能发起性上无漏智慧。一切妙用万德万行,乃至神通光明,皆从定发。故三乘学人欲求圣道必须修禅,离此无门,离此无路。"(蓝吉富,1988,第31册:5)当然要参禅悟道,首先必须明白顿悟禅法的宗旨,在前文已有说明。而要在禅法修行实践中达到禅悟的目标,还需要有切实可行的具体途径手段,这就是种种禅悟方便法门。实际上,在长期的参禅悟道的实践中,历代禅师们也确实开创了种种禅悟方法,并形成风格迥异的不同宗风,于是各种禅悟方法也就应运而生。这一章大致介绍五家宗风激扬的主要接引方法,并归纳为一时契机、三关机锋、五位偏正三种类别。

一、一时契机途径

禅宗的顿悟禅法,其宗旨在于明心见性,反对机械打坐、死究教条,而是强调自信、自立与自悟。这在《施法坛经》中已经有明确论述。于是,早期禅法就将修行途径重点转移到对禅境的自行证悟之上,而不拘形式。

归纳起来,早期的证悟途径主要包括(当然不局限于此):(1)遇缘自然的从缘契悟;(2)借助他力的棒喝开悟;(3)日用启发的随处体悟。这类明心见性的顿悟禅法,与佛教传统禅法的打坐入定不同,属于刹那纯意识显现,一时顿悟自性,但还需历练保任,方能坦荡长久。似乎顿悟禅法最先倡导的就是此类途径,这也是慧能顿悟禅法真正的革命之处。当然,这些禅法之所以有效的一个前提就是慧能提倡的另一种革命之处,即强调自信自立、敢于承当的信心不疑之法。

一个典型从缘契悟的例子,就是志勤禅师悟道的机缘。在《五灯会元》卷四中介绍灵云志勤禅师的事迹说:"本州长溪人也。初在沩山,因见桃华悟道。有偈曰:'三十年来寻剑客,几回落叶又抽枝。自从一见桃华后,直至如今更不疑。'沩览偈,诘其所悟,与之符契。沩曰:'从缘悟达,永无退失,善自护持。'"(普济,1984:239)说的就是志勤禅师忽见桃花盛开,便豁然开悟的例子。其他例子还有不少,这里再略举一些,使读者能够对此类开悟机缘,有个感性认识。

(1)唐朝因禅师:微时,尝运槌击土次,见一大块,戏槌猛击之,应碎。豁然大悟。(后有老宿闻云:尽山河大地,被因禅师一击百杂碎。)(普济,1984:356)

(2)昔有僧因看《法华经》至"诸法从本来,常自寂灭相"。忽疑不决,行住坐卧,每自体究,都无所得。忽春月闻莺声,顿然开悟。遂续前偈曰:"诸法从本来,常自寂灭相。春至百花开,黄莺啼柳上。"(普济,1984:363)

(3)鼎州德山宣鉴禅师:一夕侍立次,潭曰:"更深何不下去?"师珍重便出。却回曰:"外面黑。"潭点纸烛度与师。师拟接,潭复吹灭。师于此大悟,便礼拜。潭曰:"子见个甚么?"师曰:"从今向去,更不疑天下老和尚舌头也。"(普济,1984:372)

(4)南岳云峰文悦禅师:坐后架,桶箍忽散,自架堕落。师忽然开悟,顿见岩用处。走搭伽梨,上寝堂。岩迎笑曰:"维那,且喜大事了毕。"师再拜,不及吐一辞而去。(普济,1984:743)

(5)慧圆上座:一日,行殿庭中,忽足颠而仆,了然开悟。作偈俾行者书于壁曰:"这一交,这一交,万两黄金也合消。头上笠,腰下包,清风明月杖头挑。"即日离东林,众传至照觉。觉大喜,曰:"衲子参究若此,善不可加。"令人迹其所往,竟无知者。(普济,1984:1146)

上述这些案例,尽管开悟的契机因人而异,但都是不期而至的自然契悟,这便是所谓从缘契悟。从缘契悟,往往需要有长期的修行作基础,是量变到一定的程度而发生的质变,而且完全是无心而得,可遇而不可求。

当然,从禅宗顿悟法门的发展历史长河来看,相对而言,从缘契悟的概率是比较小的,因此早期禅法更加常见的是人为制造契悟的机会,采用肢体冲击的非常手段。比如马祖的接机手段,就常常是又打又踢,采用如"打掴""拽鼻孔""置斧""寄棒""脚蹋"等非常手段,无所不用其极,开棒喝之先声。

比较典型的一个例子,就是"洪州百丈山怀海禅师"的开悟因缘。据《五灯会元》卷三记载:"(怀海禅师)福州长乐人也,姓王氏。卯岁离尘,三学该练。属大寂阐化江西,乃倾心依附。与西堂智藏、南泉普愿同号入室。时三大士为角立焉。师侍马祖行次,见一群野鸭飞过。祖曰:'是甚么?'师曰:'野鸭子。'祖曰:'甚处去也?'师曰:'飞过去也。'祖遂把师鼻扭,负痛失声。祖曰:'又道飞过去也。'师于言下有省。"(普济,1984:131)百丈是为扭鼻子负痛而悟的。

洪州水潦和尚的开悟因缘也是如此。洪州水潦和尚,马祖道一禅师之法嗣,生平不详。一日,参马祖。水潦和尚问道:"如何是西来的意(究竟真实之理)?"马祖道:"礼拜著!"水潦和尚刚跪下礼拜,马祖突然当胸一脚,将他踢倒在地。就在这突如其来的一踹中,水潦和尚豁然大悟。他从地上爬起来,拊掌呵呵大笑道:"也大奇,也大奇!百千三昧无量妙义,只向一毫头上,识得根源去。"说完,礼谢而退。后来水潦和尚住山,还经常跟大众提起当年马祖给他的那当机一踹,他说:"自从一吃马师蹋,直至如今笑不休。"(普济,1984:184)

马祖的嗣法弟子百丈怀海也善用"打""喝""竖拂子""良久"等各种出乎常理之法,及至其弟子黄檗也承袭此风。比如:"(有人)问:'如何是奇特事?'师云:'独坐大雄峰。'僧礼拜,师便打。"(普济,1984:133)再如:"师至晚上堂,举前因缘。黄檗便问:'古人错祇对一转语,堕五百生野狐身。转转不错,合作个甚么?'师曰:'近前来!向汝道。'檗近前,打师一掌。师拍手笑曰:'将谓胡须赤,更有赤须胡。'"(普济,1984:132-133)

到了临济、德山之时,更是大开棒喝禅机之风气,素有德山棒、临济喝之美誉。就德山而言,据《祖堂集·德山》略举如下例子,可以见一斑。

(1)师又时云:"问则有过,不问则又乖。"僧便礼拜,师乃打之。僧云:"某甲始礼,为什么却打?"师云:"侍你开口,堪作什么?"(静、筠,2001:199-200)

(2)师见僧来,便闭却门。僧便敲门,师问:"阿谁?"僧云:"师子儿。"师便开门,其僧便礼拜。师骑却头云:"者畜生什摩处去来?"(静、筠,2001:200)

(3)问:"如何是菩提?"师便咄云:"出去!莫向这里屙!"岩头问:"凡圣相去多少?"师喝一声。(静、筠,2001:200)

更有意思的是,临济也不甘示弱,与德山遥相呼应。比如,《祖堂集·临济》有如下记载,就是证明(静、筠,2001:634):

因德山见僧参,爱趁打。师委得,令侍者到德山,"打汝汝便接取柱杖,以柱杖打[他]一下。"侍者遂到德山,皆依师指,德山便归丈室。侍者却归举似师,云:"从来疑这个老汉。"因僧侍立次,师竖起拂子,僧便礼拜,师便打之。后因僧侍立次,师竖起拂子,其僧并不顾,师亦打之。

这种棒喝风气影响之广,在德山法系得到比较普遍传承。德山的弟子雪峰,也运用此法启发学人。襄州云盖双泉院归本禅师:"京兆府人也。初谒雪峰,礼拜次,峰下禅床,跨背而坐,师于此有省。"(普济,1984:424)

作为启悟后学的一种重要方便手段,棒喝开悟之法,直到宋代宗杲时候,还有运用。在《大慧禅师语录》的《室中机缘》中均为打喝之机,这里仅摘录三则(蓝吉富,1988,第42册:299-300):

(1)师问僧:"岩头才跨德山门便问'是凡是圣',德山便喝,岩头礼拜。意作么生?"僧云:"好个消息。"师云:"那里是好处?"僧便喝。师云:"尔这一喝,未有主在,出去。"

(2)问僧:"不是心、不是佛、不是物,尔作么生会?"僧云:"领。"师云:"领尔屋里七代先灵。"僧便喝。师云:"适来领,而今喝,干他不是心、不是佛、不是物甚么事?"僧无语。师便打出。

(3)问僧:"不与万法为侣者是甚么人?"僧云:"无面目汉。"师云:"适来有个师僧如此道了,打出去也。"僧拟议。师便打。

从上面的例子不难看出,棒喝开悟,除了棒打与喝骂之外,还包含其他开示方便,如伸脚、竖拳、举佛子等。主要特点是出其不意,震绝其思,也都是大机大用,人为制造悟境。此种大机大用的禅法,对根器深者往往奏效,根器浅者往往不得要领。因其禅法高俊,不易掌握时候机缘,故难以成为普适方法。

早期禅法还有的一个特色就是强调即心即佛,日用为禅,随处任真,直入日常生活,通过日常生活随时启发学者。关于这一法门的道理,马祖论述的最为清楚。在《马祖道一禅师语录》中记录有(蓝吉富,1988,第39册:71-72):

(1)祖示众云:"汝等诸人,各信自心是佛,此心即佛。……此一心之法,各各有之。……夫求法者,应无所求。心外无别佛,佛外无别心。……汝但随时言说,即事即理,都无所碍。菩提道果,亦复如是。……若了此意,乃可随时著衣吃饭,长养圣胎。任运过时,更有何事。"

(2)僧问:"如何是修道?"曰:"道不属修。若言修得,修成还坏,即同声闻。若言不修,即同凡夫。"又问:"作何见解,即得达道。"祖曰:"自性本来具足,但于善恶事中不滞,唤作修道人。取善舍恶,观空入定,即属造作。更若向外驰求,转疏转远,但尽三界心量。一念妄心,即是三界生死根本。但无一念,即除生死根本,即得法王无上珍宝。……若是上根众生,忽尔遇善知识指示,言下领会,更不历于阶级地位,顿悟本性。……着衣吃饭,言谈祗对,六根运用,一切施为,尽是法性。不解返源,随名逐相,迷情妄起,造种种业。若能一念返照,全体圣心,汝等诸人,各达自心。莫记吾语,纵饶说得河沙道理,其心亦不增。纵说不得,其心亦不减。……若悟圣心,总无余事。"

(3)示众云:"道不用修,但莫污染。何为污染?但有生死心,造作趋向,皆是污染。若欲直会其道,平常心是道。何谓平常心?无造作,无是非,无取舍,无断常,无凡无圣。……只如今行住坐卧,应机接物,尽是道。……佛是能仁,有智慧,善机性,能破一切众生疑网,出离有无等缚,凡圣情尽,人法俱空,转无等伦,超于数量,所作无碍,事理双通。……不假修道坐禅,不修不坐,即是如来清净禅。如今若见此理真正,不造诸业,随分过生。……但能如是,何虑不通。"

其强调的无非都是"夫求法者,应无所求""道不属修",因为"平常心是道",只需"随分过生"就可以"任运过时,更有何事"。当然,这样的方便法门,非大德高僧难以自如运用,而法嗣马祖的南泉普愿,则对此随处体悟、日用是禅的方法,在具体实践中灵活运用洪州禅法,直入日常生活,兹举《祖堂集·南泉》中例子如下。

(1)师谓赵州云:"江西马大师道即心即佛,老僧这里则不与么道。不是心,不是佛,不是物,与摩道还有过也无?"赵州礼拜,出去。赵州在楼上打水,师从下过。赵州以手攀栏悬脚,云:"乞师相救。"师踏道上,云:"一二三四五。"赵州云:"谢师指示。"(静、筠,2001:534-535)

(2)师共归宗行次,归宗先行,师落后。忽见大虫草里出,师怕不敢行,便唤归宗。归宗转来,一喝,大虫便入草。师问:"师兄见大虫似个什么?"归宗云:"相似猫儿。"师云:"与王老师犹较一线道。"归宗却问:"师弟见大虫似个什么?"师云:"相似大虫。"(静、筠,2001:

537)

(3)师问黄檗:"去什么处?"对云:"择菜去。"师云:"将什么择?"黄檗竖起刀子,师云:"只解作客,不解作主。"自代云:"更觅则不得。"(静、筠,2001:539)

就这一点,南泉法子赵州从谂(又称全谂)将其发挥得淋漓尽致。《祖堂集·赵州》记载:"赵州和尚嗣南泉,在北地。师讳全谂,青社缁丘人也。……不味经律,遍参丛林,一造南泉,更无他往。既遭盛筵,宁无扣击?师问:'如何是道?'南泉云:'平常心是道。'师云:'还可趣向否?'南泉云:'拟则乖。'师云:'不拟时,如何知是道?'南泉云:'道不属知不知。知是妄觉,不知是无记。若也真达不拟之道,犹如太虚,廓然荡豁,岂可是非?'师于是顿领玄机,心如朗月。自尔随缘任性,笑傲浮生,拥毳携筇,周游烟水矣。"(静、筠,2001:586)赵州的接机实践,皆很好地体现出这种精神。

(1)大王礼拜师,师不下床。侍者问:"大王来,师为什么不下地?"师云:"汝等不会,上等人来上绳床接,中等人来下绳床接,下等人来三门外接。"(静、筠,2001:588)

(2)师问僧:"还曾到这里么?"云:"曾到这里。"师云:"吃茶去。"师云:"还曾到这里么?"对云:"不曾到这里。"师云:"吃茶去。"又问僧:"还曾到这里么?"对云:"和尚问作什么?"师云:"吃茶去。"(静、筠,2001:591)

(3)师唤沙弥,沙弥应喏。师云:"煎茶来。"沙弥云:"不辞煎茶,与什么人吃?"师便动口。沙弥云:"大难得吃茶。"有人拈问漳南:"又须教伊煎茶,又须得吃茶,合作么生道?"保福云:"虽然如此,何不学观音?"(静、筠,2001:592-593)

从这些例子可以看到,赵州禅法的生活气息,真正体现了日用是道的禅法精神,是"道非物外,物外非道"活用实践之典范。

总之,不管是从缘契悟、棒喝开悟,还是随处体悟,往往适合于大根器者,特别是参悟者要有一定的参修经历,加上机缘凑及,方能一了百了,顿悟如如之性。所以,这些方法往往不具普适性,属于非常规之法。一般人即使身临其境,常常也不得要领,甚至迷惑不解,更加不知所措。

二、三关机锋启悟

不过,如果从启悟者施教过程的角度看,那么除了前面那些根器深者外,大多数开悟结果往往是在启悟者与参悟者之间一问一答的机锋过程中获得的。这就是所谓机锋启悟途径,是一种最能展现禅者大智慧的施教方式。

举个例子,洪州新兴严阳尊者,讳善信,为赵州丛谂禅师之法嗣。初参赵州和尚有一段机锋启悟,非常典型。"问:'一物不将来时如何?'州曰:'放下着。'师曰:'既是一物不将来,放下个甚么?'州曰:'放不下,担取去。'师于言下大悟。"(普济,1984:243)严阳尊者后来回洪州传法,接人多用活语,既不施棒也不施喝,唯凭三寸软舌为人解粘去缚,机锋莫测,颇得赵州和尚的真传。

实际上,机锋启悟是顿悟禅法中最为普遍的参禅悟道手段,也是明道高僧们游戏三昧的主要载体。不过,对于乍入禅道的初学者而言,面对那些玄奥莫测的机锋问答,往往摸不着头脑,如坠迷雾,辨不清南北。那么,机锋问答有没有什么规律可循呢?或者说,采用机锋启悟方法依据的基本准则又是什么呢?我们又如何能够领悟其中的玄妙之道呢?

要回答这些问题,首先需要明白作为启悟者,到底启悟的是什么?有人也许会说,当然是启悟那个所谓的道!但问题是,道乃不可言说甚至也是不须言说的,如何能够依靠语言及其他辅助手段来表达出来呢?这就需要了解机锋问答所依据的原则了。虽然"言语道断,心行处灭",禅道所指是不可言说的(其实根本不指什么)。但是,我们毕竟还有"道由言而显,言以德而传"之说,因此关键还在于启悟者怎么去说。对此,机锋启悟经常使用的手段就是双遣双非的三关四句之法。

那么什么是三关四句之法呢?所谓的"三关",就是指"初关"破世俗有而说无,是一非;"重关"破出世无而说有,是再非;"牢关"破有又破无,是双遣。因此,破三关也称为"离四句",这里四句就是:有、无、亦有亦无、非有非无。而离四句就是要破这四句,因此与三关一样,也是双遣双非法。

举个最有影响的三关式启悟实例。据《五灯会元》记载,有吉州青原

第五章　禅宗顿悟

惟信禅师上堂曰："老僧三十年前未参禅时,见山是山,见水是水。及至后来,亲见知识,有个入处,见山不是山,见水不是水。而今得个休歇处,依前见山只是山,见水只是水。大众,这三般见解,是同是别? 有人缁素得出,许汝亲见老僧。"(普济,1984:1135)这里"见山是山"是初关,"见山不是山"是重关,最后"见山只是山"是牢关,只有透过三关,便"许汝亲见老僧",得个"休歇处"。

当然,在三关机锋的实际运用中,会有许多变化,在《人天眼目》中有归纳纪录。如黄龙三关是："生缘在什么处,我手何似佛手,我脚何似驴脚。"(蓝吉富,1988,第32册:293)如云门三句是："函盖乾坤句,截断众流句,随波逐浪句。"(蓝吉富,1988,第32册:296)如巴陵三句是："如何是提婆宗?如何是吹毛剑?祖意教意是同是别?"(蓝吉富,1988,第32册:299)如明安三句是："平常无生句,妙玄无私句,体明无尽句。"(蓝吉富,1988,第32册:312)以及如岩头三句是"咬去、咬住;欲去不去、欲住不住;或时一向不去,或时一向不住。"(蓝吉富,1988,第32册:331)

三关机锋的总原则是："但是一句各有三句,个个透过三句外。"(赜藏主,1994:30)这一原则充分体现在临济禅师所倡导的"三玄三要"之旨中。临济禅师云："若第一句中荐得,堪与祖佛为师。若第二句中荐得,堪与人天为师。若第三句中荐得,自救不了。僧便问:'如何是第一句?'师曰:'三要印开朱点窄,未容拟议主宾分。'曰:'如何是第二句?'师曰:'妙解岂容无著问,沤和争负截流机。'曰:'如何是第三句。'师曰:'但看棚头弄傀儡,抽牵全藉里头人。乃曰:'大凡演唱宗乘。一句中须具三玄门,一玄门须具三要。有权有实,有照有用。汝等诸人作么生会?'"(普济,1984:645)也就是说,接引后学话语的原则,就是要包含三玄三要,实义权变照用相结合。

后来汾阳昭和尚,继承了临济的宗旨,倡导有汾阳三句。"问:'如何是学人着力处?'师云:'嘉州打大象。'曰:'如何是学人转身处?'师曰:'陕府灌铁牛。'曰:'如何是学人亲切处?'师曰:'西河弄师子。'乃曰:'若人会得此三句,已辨三玄。更有三要语在,切须荐取,不是等闲。"(普济,1984:685-686)

因此,三关机锋关键在其中的三玄三要,不在形式上的三个句子,而是在于机锋问答的巧妙施为之间。就这一点而言,云门一字关可谓深得其妙。云门凡有询问,皆以一字回答,其中藏有玄机。如"僧问:'如何是云门剑?'师曰:'祖。'问:'如何是玄中的?'师曰:'垤。'问:'如何是吹毛剑?'师曰:'骼。'又曰:'鹘。'问:'如何是正法眼?'师曰:'普。'问:'三身中那身说法?'师曰:'要。'问:'如何是啐啄之机?'师曰:'响。'问:'如何是云门一路?'师曰:'亲。'问:'杀父杀母,向佛前忏悔。杀佛杀祖,向甚处忏悔?'师曰:'露。'问:'凿壁偷光时如何?'师曰:'恰。'问:'三身中那身说法?'师曰:'要。'问:'承古有言,了即业障本来空,未了应须还宿债。未审二祖是了是未了?'师曰:'确。'"(普济,1984:930)答虽一字,其旨则有三关功效,个中便是机锋启悟之妙。

禅道玄妙,言语道断,不可妄解。因此古代禅师倡导三关机锋,有玄要妙理喻其中,正是为了透露其中玄妙,以明道示性也。东京法云佛照杲禅师上堂曰:"西来祖意,教外别传,非大根器,不能证入。其证入者,不被文字语言所转,声色是非所迷。亦无云门临济之殊,赵州德山之异。所以唱道须明,有语中无语,无语中有语,若向这里荐得,可谓终日着衣,未尝挂一缕丝;终日吃饭,未尝咬一粒米。直是呵佛骂祖,有甚么过?"(普济,1984:1150)南岳云峰文悦禅师上堂则曰:"语不离窠道,焉能出盖缠?片云横谷口,迷却几人源。所以道,言无展事,语不投机,承言者丧,滞句者迷。汝等诸人,到这里凭何话会?"(普济,1984:1348)所以,为了能够更好地启悟后学,在具体的机锋问答中,就必须因材施教,根据不同情况,做出不同的应对策略。

比如,在临济禅师的禅法实践中,就将接引后学的机锋问答分为四种情况,称为四宾主:"参学之人,大须子细。如宾主相见,便有言论往来。或应物现形,或全体作用,或把机权喜怒,或现半身,或乘师子,或乘象王,如有真正学人便喝,先拈出一个胶盆子。善知识不辨是境,便上他境上作模作样,便被学人又喝,前人不肯放下,此是膏肓之病,不堪医治,唤作宾看主。或是善知识,不拈出物,只随学人问处即夺,学人被夺,抵死不肯放,此是主看宾。或有学人应一个清净境,出善知识前,知识辨得是境,把得抛向坑里。学人言:大好善知识。知识即云:咄哉!不识好恶。学人便礼拜。此唤作主看主。或有学人,披枷带锁,出善知识前,知识更与安一重枷锁。学人欢喜,彼此不辨,唤作宾看宾。大德,山僧所举,皆是辨魔拣异,知其邪正。"(普济,1984:645-646)临济禅师这里强调的就是宾主参论中接引学人时所出现的四种情况:教滞学悟(宾看主)、教悟学滞(主看宾)、教学双悟(主看主)、教学双滞(宾看宾)。

简单地说,在师徒双方机锋问答中,如果师徒皆有鼻孔(即能喘气,喻指通达者),就叫做主看主(教学双悟)。如果学人有鼻孔、师家无鼻孔,叫做宾看主(教滞学悟)。如果师家有鼻孔、学人无鼻孔,叫做主看宾(教悟学滞)。如果师徒皆无鼻孔,则叫做宾看宾(教学双滞)。

(1)宾看宾的例子(《五灯会元》):"夹山与定山同行,言话次,定山曰:'生死中无佛,即无生死。'夹山曰:'生死中有佛,即不迷生死。'互相不肯,同上山见师(大梅法常)。夹山便举问:'未审二人见处那个较亲?'师曰:'一亲一疏。'夹山复问:'那个亲?'师曰:'且去,明日来。'夹山明日再上问,师曰:'亲者不问,问者不亲。'"(普济,1984:146-147)这其中夹山与定山"互相不肯",就是宾看宾。

(2)宾看主的例子(《祖堂集》):"古灵和尚嗣百丈,在福州。师自少于福州大中寺出家。及至为僧,游参百丈。盘泊数年,密契玄旨。后归省侍本师,思欲发悟以报其恩,别俟方便。偶因一日为师澡浴,去垢之次,抚师背曰:'好个佛殿,而佛不圣。'其师乍闻异语,回头看之,弟子曰:'佛虽不圣,且能放光。'师深疑而不能问。"(静、筠,2001:552-553)这里,古灵其师与古灵,就是宾看主。

(3)主看宾的例子(《五灯会元》):"僧问马祖:'离四句、绝百非,请师直指西来意。'祖曰:'我今日劳倦,不能为汝说得,问取智藏。'其僧乃来问师。师曰:'汝何不问和尚?'僧曰:'和尚令某甲来问上座。'师曰:'我今日头痛,不能为汝说得,问取海兄去。'僧又去问海。(百丈和尚)海曰:'我到这里却不会。'僧乃举似马祖。祖曰:'藏头白,海头黑。'"(普济,1984:152)这位僧人所遇到的都是主,只可惜自己是客,故此情景为主看宾。

(4)主看主的例子(《景德传灯录》):"池州稽山章禅师,曾在投子作柴头。投子吃茶次,谓师曰:'森罗万象总在遮一碗茶里。'师便覆却茶云:'森罗万象在什么处?'投子曰:'可惜一碗茶。'"(道原,2010:1486)真正机锋畅快,主看主便是此情形。

既然宾主问答有此四种差别,特别是针对学人根器的不同程度,应该做不同的启发。因此临济禅师认为当因材施教,采取四种相应接机策略,即"夺人夺境"之法。据《五灯会元》记载,临济禅师云:"有时夺人不夺境,有时夺境不夺人,有时人境两俱夺,有时人境俱不夺。"(普济,1984:645)在《人天眼目》则称其为四料拣:"师初至河北住院,见普化克符二上座。乃谓曰:'我欲于此建立黄檗宗旨,汝可成褵我。'二人珍重下去。三日后,普化却上来问云:'和尚三日前说甚么?'师便打。三日后,克符上来问:'和尚昨日打普化作甚么?'师亦打。至晚小参云:'我有时夺人不夺境,有时夺境不夺人,有时人境俱夺,有时人境俱不夺。'僧问:'如何是夺人不夺境?'师云:'煦日发生铺地锦,婴儿垂发白如丝。'僧问:'如何是夺境不夺人?'师云:'王令已行天下遍,将军塞外绝烟尘。'僧问:'如何是人境俱夺?'师云:'并汾绝信独处一方。'僧问:'如何是人境俱不夺?'师云:'王登宝殿,野老讴歌。'……师示众云:'如诸方学人来,山僧此问,作三种根器断。如中下根器来,我便夺其境,而不除其法。或中上根器来,我便境法俱夺。如上上根器来,我便境法人俱不夺。如有出格见解人来,山僧此间,便全体作用,不历根器。大德到这里,学人着力处不通风,石火电光即蹉过了也。学人若眼目定动,即没交涉。"(蓝吉富,1988,第32册:274)

注意,在这四种夺人夺境的接机策略中,所谓夺境是破其外执;所谓夺人,是破其内识(法执)。比如在回答"如何是夺人不夺境"时所言"煦日发生铺地锦,婴儿垂发白如丝"。前句存境,后句夺人。后句"婴儿垂发白如丝"除概念分别之心,是破内识。对待中人以上者,可用此法。在回答"如何是夺境不夺人"时所言"王令已行天下遍,将军塞外绝烟尘"。上句是夺境,下句则是存人。上句"王令已行天下遍"示无分别之境,是夺境,破其外执。对待中人以下者,可用此法。在回答"如何是人境俱夺"时所言"并汾绝信独处一方"(这里"并""汾"为二个州名)。就是人境俱夺,双遣双非,所谓内外无别,令其打成一片。这是针对根器深者,可用此法。在回答"如何是人境俱不夺"时所言"王登宝殿,野老讴歌"。就是对已开悟者,任运自然,人境俱不夺。

当然,四种对策的运用前提依赖于对学人境界到位与否的判断。一般而言,禅宗所说三根者,是就学人的根器深浅而言的,分为中下、中上、上上三类。因此,禅师们要根据学人根器不同来采用不同的接引方法,首先必须要学会把握学人的境界水平。这显然也是对禅师境界的一种考验。

在四料拣的基础上,临济宗风来后又发展更为普适的四种照用,并更好地与宾主之说关联起来,用以接引学人。《五灯会元》记载临济禅师的"照用"之法为:"我有时先照后用,有时先用后照,有时照用同时,有时照用不同时。先照后用有人在,先用后照有法在,照用同时,驱耕夫之牛,夺饥人之食,敲骨取髓,痛下针锥。照用不同时,有问有答,立宾立主,合水和泥,应机接物。若是过量人,向未举时,撩起便行,犹较些子。"(普济,1984:647)这里论述的"照用"之法,也类似于"夺人夺境"之法,与接引后学的四种应对情况大同小异。

比如,《人天眼目》记载:"时有僧出问佛法大意。师云:'汝试道看。'僧便喝,师亦喝。僧又喝,师便打(先照后用)。问:'如何是佛法大意?'师便喝。复云:'汝道好喝么。'僧便喝,师亦喝。僧又喝,师便打(先用后照)。僧入门,师便喝。僧亦喝,师便打,云:'好打只有先锋,且无殿后(照用同时)。'僧来参,师便喝,僧亦喝。师又喝,僧亦喝,师便打云:'好打为伊作主不到头无用处,主家须夺而用之。千人万人,到此出手不得。直须急着眼看始得(照用不同时)。'"(蓝吉富,1988,第 32 册:281)

在上面的论述中,喝打之间,有照有用。照,给个甜枣,是肯定;用,打个巴掌,是否定。凡一是则一非,一非则一是,或是非具是,或是非俱非。也如三关机锋一样境界。因此,临济的法嗣汾阳云:"凡一句语,须具三玄门。每一玄门,须具三要路。有照有用,或先照后用,或先用后照,或照用同时,或照用不同时。先照后用,且共汝商量。先用后照,汝也是个人始得。照用同时,汝作么生当抵。照用不同时,汝作么生凑泊。琅琊觉云:'先照后用,露师子之爪牙。先用后照,纵象王之威猛。照用同时,如龙得水致雨腾云。照用不同时,提奖婴儿,抚怜赤子。'此古人建立法门,为合如是,不合如是。若合如是,纪信乘九龙之辇。不合如是,项羽失千里之骓。还有为琅琊出气底么,如无山僧自道去也。"(蓝吉富,1988,第 32 册:282)实实在在将三玄三要与照用之法关联起来了。

四种照用对后世影响很大,并因此也产生了种种不同的应用翻版,如四种藏锋："初日就理,次日就事,至于理事俱藏,则曰入就,俱不涉理事,则曰出就。"(蓝吉富,1988,第 32 册:332)就理事上入手,理照而事用。四喝:"师问僧,有时一喝如金刚王宝剑,有时一喝如踞地师子,有时一喝如探竿影草,有时一喝不作一喝用。汝作么生会?僧拟议,师便喝。"(蓝吉富,1988,第 32 册:278)以及兴化验人的四碗、四唾、四瞎。四碗是:"莫热碗鸣声(中下二机用),碗脱丘(无底语),碗脱曲(无缝缀语),碗(向上明他)。"四唾是:"当面唾(鬼语),望空唾(精魂语),背面唾(魍魉语),直下唾(速灭语)。"四瞎是:"不似瞎(记得语不作主),恰似瞎(不见前后语),瞎汉(定在前人分上),瞎(不见语之来处)。"(蓝吉富,1988,第 32 册:283)实际上,这些大抵也都是离四句的翻版。比如云门韶国师四料拣:"闻闻(放)、闻不闻(收)、不闻闻(明)、不闻不闻(暗)。"(蓝吉富,1988,第 32 册:322-323)就是离四句另一种说法。

总之,只要把握双遣双非的三关四句之法,彻底达到离四句、绝百非,才能够理解禅宗文献中的众多机锋问答中奥妙所在。当然假如能够达此境界,自己也可以参与到机锋问答之中,甚至利用机锋问答方法去启悟后学。但愿通过这里的介绍,诸位能够不再为各种禅宗机锋案例所迷惑。

三、五位偏正回互

在所有的禅宗分派中,曹洞宗的禅法受到道家思想影响是最大的。从东汉魏伯阳的《周易参同契》到希迁禅师的《参同契》;再从宗密《都序》中"阿赖耶识圆相双十重结构图式"到五位君臣图式,都或多或少体现了道家的太极阴阳回互思想,并对曹洞宗五位偏正体系的建立产生了深远的影响。

我们知道,东汉著名炼丹家魏伯阳(约 100—170),著有《周易参同契》。而《祖堂集·石头》则载有石头和尚的《参同契》,主要强调的是"事理回互"与"万物自功"的思想,可以看出其禅法思想与道家思想密切相关。

从《参同契》的内容思想不难看出,石头禅法思想受道家"阴阳回互""自然无为"思想影响不小。从后来的曹洞宗风中可以更加明显看到这种迹象。事实上,石头传药山,药山传云岩,云岩传洞山良价(807—869),至

第五章 禅宗顿悟

洞山始集正偏回互五位说之大成。洞山良价咏叙曹洞之玄旨,思想上正是源于石头希迁所撰之《参同契》。而曹洞宗风的最大特色,恰恰就是五位偏正禅法理论,并用以指导参禅实践。由此可见,不了解曹洞宗的五位偏正禅法理论,就很难体悟到曹洞宗禅法宗风的微妙之旨。

从禅宗文献中可知,五位概念首先源自曹洞宗开山鼻祖洞山良价禅师。据《瑞州洞山良价禅师语录》记录:"师自唐大中末,于新丰山,接诱学徒。厥后盛化豫章高安之洞山,权开五位,善接三根。大阐一音,广弘万品。横抽宝剑,剪诸见之稠林。妙协弘通,截万端之穿凿。又得曹山,深明的旨,妙唱嘉猷。道合君臣,偏正回互。由是洞上玄风,播于天下。故诸方宗匠,咸共推尊之,曰洞曹宗。"(蓝吉富,1988,第39册:515)

据《五灯会元》记载,曹洞宗创立者洞山作有五位君臣颂,其颂曰:"正中偏,三更初夜月明前。莫怪相逢不相识,隐隐犹怀旧日嫌。偏中正,失晓老婆逢古镜。分明觌面别无真,休更迷头犹认影。正中来,无中有路隔尘埃。但能不触当今讳,也胜前朝断舌才。兼(偏)中至,两刃交锋不须避。好手犹如火里莲,宛然自有冲天志。兼中到,不落有无谁敢和。人人尽欲出常流,折合还归炭里坐。"(普济,1984:783-784)体现的也是曹洞宗禅法实践特色。

那么到底五位是什么意思呢?《抚州曹山本寂禅师语录》中有明确的解答(蓝吉富,1988,第39册:527-528):

> 师因僧问五位君臣旨诀。师曰:"正位即空界,本来无物。偏位即色界,有万象形。正中偏者,背理就事。偏中正者,舍事入理。兼带者,冥应众缘,不堕诸有。非染非净,非正非偏。故曰虚玄大道无著真宗。从上先德,推此一位。最妙最玄,当详审辩明。君为正位,臣为偏位。臣向君,是偏中正。君视臣,是正中偏。君臣道合,是兼带语。"僧问:"如何是君?"师曰:"妙德尊寰宇,高明朗太虚。"云如何是臣?师曰:"灵机弘圣道,真智利群生。"云如何是臣向君?师曰:"不堕诸异趣,凝情望圣容。"云如何是君视臣?师曰:"妙容虽不动,光烛本无偏。"云如何是君臣道合?师曰:"混然无内外,和融上下平。"师又曰:"以君臣偏正言者,不欲犯中,故臣称君,不敢斥言是也。此吾法宗要。"乃作偈曰:"学者先须识自宗,莫将真际杂顽空。妙明

通智达仁：传授心法述要

体尽知伤触，力在逢缘不借中。出语直教烧不着，潜行须与古人同。无身有事超歧路，无事无身落始终。"

也就是说，正位属空（黑、无、人），为君主；所谓正中来，即是转色为空。偏位属色（白、有、境），为臣宾；所谓偏中至，即是转空为色。所谓正中偏，是君主视群臣，背空就色；所谓偏中正，是群臣向君主，舍色入空。所谓兼中到（兼带），是君臣合道得自在，即空即色，空色一如。

关于"偏中至"，历代多有误写为"兼中至"，以至于"五位君臣图"中的图例也发生错误标记，今根据宋代惠洪寂音禅师所正"五位之讹"加以改正。寂音曰："道愈陵迟，至于列位之名件，亦讹乱不次。如正中偏、偏中正、又正中来、偏中至，然后以兼中到总成五位。今乃易偏中至为兼中至，不晓其何义耶。而老师大衲，亦恬然不知怪。为可笑也。"（蓝吉富，1988，第 32 册：302）其实将"偏中至"误记为"兼中至"是一个明显的错误，因为"兼中至"与最后的"兼中到"是同义，是难以给出合理解释的。这样的明显错误，居然包括大慧宗杲在内的历代高僧们，都以讹传讹，不能纠正，令人匪夷所思。

曹洞宗的嫡传子孙太阳警玄禅师有五位颂比较到位，《太阳颂》云："不立功勋坐庙堂，群臣何敢望清光；潭潭禁殿尊严甚，寂寞无人夜未央（君）。文经武纬定中华，遍历阶梯赞国家；功业已隆加九锡，与君神气看些些（臣）。位尊九五不曾居，常与群臣共一途；深隐后宫天下治，免教夷狄望来苏（君视臣）。念念输忠不敢欺，头头奉重丈夫儿；看君千里长安道，玉镫皆趣阙下归（臣向君）。臣主相忘古殿寒，万年槐树雪漫漫；千门坐掩静如水，只有垂杨舞翠烟（君臣道合）。无中有路透长安，劫外灵枝孰敢攀；宝殿苔生尊贵重，三更红日黑漫漫（总颂）。"（蓝吉富，1988，第 32 册：301）这里的《太阳颂》，说尽色空转换及其一如本性。

因为曹洞五位偏正之说影响广大，因此历代多有禅师为之做颂，比较有见地的有慈明总颂："偏中归正极幽玄，正去偏来理事全。须知正位非言说，朕兆依稀属有缘。兼至去来兴妙用，到兼何更逐言诠。出没岂能该世界，荡荡无依鸟道玄。"汾阳颂："五位参寻切要知，纤毫才动则差违。金刚透匣谁能解，唯有寻（得）第一机。举目便令三界净，振铃还使九天归。正中妙挟通回互，拟议锋芒失却威。"（蓝吉富，1988，第 32 册：303）

第五章 禅宗顿悟

当然,五位偏正在其发展过程中也有许多变化解释,如五位宾主、五位王子、五位功勋等。我们也列举如下,以飨读者,详细内容参见《人天眼目》卷三"曹洞宗"(蓝吉富,1988,第 32 册:304-308),如下仅作简要介绍。

(1)洞山功勋五位是:向、奉、功、共功、功功。如何是向?师曰:"吃饭时作么生?"又云:"得力须忘饱,休粮更不饥。"如何是奉?师曰:"背时作么生?"又曰:"只知朱紫贵,辜负本来人。"如何是功?师曰:"放下锄头时作么生。"又曰:"撒手端然坐,白云深处闲。"如何是共功?师曰:"不得色。"又曰:"素粉难沉迹,长安不久居。"如何是功功?师曰:"不共。"又曰:"混然无讳处,此外更何求。"

(2)五位王子是:诞生、朝生、末生、化生、内生。如何是诞生王子?霜云:"贵裔非常种,天生位至尊。"如何是朝生王子?霜云:"白衣为足辅,直指禁庭中。"如何是末生王子?霜云:"修途方觉贵,渐进不知尊。"如何是化生王子?霜云:"政威无比况,神用莫能俦。"如何是内生王子?霜云:"重帏休胜负,金殿卧清风。"

(3)明安五位宾主是:正中偏乃垂慈接物,即主中宾,第一句夺人也。偏中正有照有用,即宾中主,第二句夺境也。正中来乃奇特受用,即主中主,第三句人境俱夺也。兼(偏)中至乃非有非无,即宾中宾,第四句人境俱不夺也。兼中到出格自在,离四句绝百非,妙尽本无之妙也。

如果将五位偏正及其变化解释全部统一,结合临济宾主照用之法,那么我们便可以得到如表 5.1 反映五位表意表相的列表。鉴于五位偏正强调的是色空一如、理事回互,因此五位偏正的灵活运用关键是石头《参同契》中的回互之法:"执事元是迷(展开两手),契理亦非悟(拈却了也)。门门一切境(舍短从长),回互不回互(以头换尾)。回而更相涉(者个是挂杖子),不尔依位住(莫错认定盘星)。……本末须归宗(唯我能知),尊卑用其语(不犯之令)。当明中有暗(暗必可明),勿以暗相遇(明还非睹)。当暗中有明(一见三),勿以明相睹(无异说)。明暗各相对(若为分),比如前后步(不如此)。万物自有功(旨尔宁止),当言用及处(纵横十字)。"(蓝吉富,1988,第 32 册:327-328)

表 5.1 五位偏正排列总汇表

偏正	君臣	功勋	王子	宾主	予夺	图标
正中来	君位	向	诞生内绍	主中主	俱夺	●
偏中至	臣位	奉	朝生外绍	宾中宾	不夺	○
正中偏	君视臣	功	末生隐栖	主中宾	夺人	◐
偏中正	臣向君	共功	化生神用	宾中主	夺境	◑
兼中到	君臣合	功功	内生不出	出格人	任运	◉

这样的回互思想，其实也反映在洞山与曹山自己对五位的解释之中。比如唐代洞山良价作、宋代慧霞编的《洞山五位显诀》："正位却偏，就偏辨得，是圆两意。偏位虽偏，亦圆两意，缘中辨得，是有语中无语。或有正位中来者，是无语中有语。或有偏位中来者，是有语中无语。或有相兼带来者，这里不说有语无语，这里直须正面而去，这里不得不圆转，事须圆转。然在途之语总是病，夫当人先须辨得语句，正面而去，有语是怎么来，无语是怎么去。作家中不无言语，不涉有语无语，这个唤作兼带语，兼带语全无的也。"（蓝吉富，1988，第 93 册：362-373）用的都是太极阴阳回互之法。

总之，运用道家的太极阴阳回互之法，曹洞宗建立了五位偏正禅法体系，充分揭示了色空一如、理事回互、人境双亡的禅理，有助于人们在实践中体悟禅道、了见色空一如的禅境，从而明心见性。

第三节 禅悟特色途径

禅宗虽说有沩仰、临济、曹洞、云门和法眼五宗，但由于德山一系（云门和法眼）的禅法风格与临济比较接近，所以有宋以降，真正对后世有影响的主要是沩仰圆相之用、曹洞默照观心和临济的文字般若等参悟方法。这些具有特色禅法，甚至一直影响到了海外，如日本和朝鲜，其中日本曹洞宗的默照禅，现今又走向了西方世界。所以，这一小节，我们着重介绍这三种特色禅法。

第五章　禅宗顿悟

一、沩仰圆相之用

圆相之用通常被认为是沩仰宗禅法的特色之一，但实际上却并非局限于沩仰宗派之中，而是被广泛使用在所有禅宗宗派中，比如宗密在《都序》中就有比较系统的圆相运用，并作有"阿赖耶识圆相双十重结构图式"。只是在沩仰宗派中圆相的使用形式更加丰富与系统，这一点在仰山慧寂禅师生平中尤为突出。

据《袁州仰山慧寂禅师语录》记载："（仰山）初谒耽源，已悟玄旨。后参沩山，遂升堂奥。耽源谓师云：国师当时传得六代祖师圆相，共九十七个，授与老僧。乃云：吾灭后三十年，南方有一沙弥到来，大兴此教。次第传受，无令断绝。我今付汝，汝当奉持。遂将其本过与师。"（蓝吉富，1988，第39册：502）可惜沩仰宗，到五代就已经后继无人了。

这里的国师是指南阳慧忠国师，是六祖弟子。可见圆相最早收集整理者，是慧忠国师。当时慧忠收集整理的共有九十七种圆相（后来文献均作九十六种），并授予耽源，耽源又授予仰山，至此便成为沩仰宗风之一。《人天眼目》记录了仰山禅师的海东（朝鲜）传法弟子了悟和尚，继承了圆相之法，并加以发展。了悟和尚在《五灯会元》中记为"五观顺支禅师"，介绍比较简单。但源自于海东版的《祖堂集》所记了悟和尚的事迹比较全面，在《祖堂集》卷二十有："五冠山瑞云寺和尚，嗣仰山寂禅师。师讳顺之，俗姓朴氏，浿江人也。"（静、筠，2001：649）并具体介绍了其所继承发展的三组十对圆相（不同圆相个数实际为十八个）。

另外，据宋代的《人天眼目》记载："明州五峰良和尚，尝制四十则，明教嵩禅师，为之序称道其美。良曰总有六名：曰圆相、曰暗机、曰义海、曰字海、曰意语、曰默论。"（蓝吉富，1988，第32册：317-318）而明代《宗门玄鉴图》则收录仰山九十六种圆相，并有结论说："圆收六门：一圆相〇，二义海〇〇，三昧机〇〇，四多字学〇〇，五意语🔆，六默论〇〇。"（蓝吉富，1988，第34册：76-77）可见圆相之法，确成系统。

此后，据《续指月录》记载，明代洪武年间尚有缙云如海真公与五台壁峰宝金禅师深谙此道，所掌握的圆相起码多于三十个。到了清初，则有临济正宗三十二世镀铄道人严大参在"普明寺牧牛图颂序"中提到"九十六圆相"并在其"三和牧牛图颂"中"相忘"一颂有:"㊁㊉㊀这○中,黑白元来一色同;我不似渠渠似我,谁分南北与西东。"(蓝吉富,1988,第32册:640)可见也是了解圆相的一位禅师。

所谓圆相,就是○,本义为佛性圆融之意,暗指诸佛密印。仰山曾云:"我于耽源处得体,沩山处得用,谓之父子投机。故有此圆相,勘辨端的。或画此[㊉]相乃纵意,或画[佛]相乃夺意,或画㊁相乃肯意,或画○相乃许他人相见意,或画㊋相,或点破或画破,或掷却或托起,皆是时节因缘。"(蓝吉富,1988,第32册:317)

通过收集文献,我们发现各种圆相使用不止九十六个。除了唐代《都序》、五代《祖堂卷二十·东国五冠瑞云和尚》、宋代《人天眼目》、明代《宗门玄鉴图》与清代《五家宗旨纂要》比较系统的记载外,还有一些零星圆相的运用,散见于各种文献灯录。下面我们就圆相主要运用方面做一些介绍,以飨读者。

1.圆相辨第八识:"㊆,此是众生俱有六识,添空一识名为七识,识不可得名第八识,亦名八王子,亦名八解脱,亦名八丈夫,总有四八三十二相。此是果相因智报德,亦名八识。"(蓝吉富,1988,第32册:318)另外,荷泽派下的圭峰宗密亦有圆相多种,以○表示真如,以坎离匡廓图◉,表示阿赖耶识,并援易入圆相,结合"月体纳甲图",作有"阿赖耶识圆相双十重结构图式",其图中凡列举圆相三十六种。

2.仰山九十六种圆相:圆相○表示涅槃相,也就是佛性相。"仰山九十六种圆相图"中列出了三位、三照、三昧、三类、三界与落处不同组别。《宗门玄鉴图》并给出了如下三句说明:末门句○,第一句(方员任器头角全彰);日用句○,第二句(体用互收名言不立);末后句○,第三句(隐显无私傍通这畔)。接着在"修罗三昧擎日月势"与"女人三昧罗刹不隐"图中给出具体的圆相图例。据《宗门玄鉴图》所述,共计"开为百二十,合为九十六种,总不出十九门施设也。"(蓝吉富,1988,第34册:76-77)这十九门施设是:"一垂示三昧门,二问答互唤门,三性起无作门,四缘起无碍门,五明机普互门,六昧合宾主门,七三生不隔门,八即幻明真门,九用了生缘门,十就生显法门,十一冥府生缘门,十二三境顺真门,十三随机识生门,十四海印收生门,十五密用灵机门,十六碎啄同时门,十七随随收放门,十

八卷舒无住门,十九一多自在门。"(蓝吉富,1988,第 34 册:76-77)

3.五冠山瑞云寺了悟和尚有时表相现法,分别有示徒证理迟疾的四对八相、遣虚指实的两对四相以及其他四对五相,在《祖堂集》卷二十有详细记录。为方便理解,我们也引用并集对加以说明(静、筠,2001:650-655)。

(1)〈○,卐〉说明

○,此相者,所依涅槃相,亦名理佛性相,与群生众圣,皆依此相。相虽不异,迷悟不同。故有凡夫有圣,谓识此相者名为圣人,迷此相者名为凡流。若有人将此月轮相来问,相中心著牛字对也。

卐,此相者,牛食忍草相,亦名见性成佛相。当知草喻妙法,牛喻顿机,醍醐喻佛。如是则牛若食草,则出醍醐。人若解法,则成正觉。

(2)〈犇,卐〉说明

犇,此相者,三乘求空相。何以故?三乘人间说真空,有心趣向,未证入真空,故表圆相下画三牛也。若将此相来问,以渐次见性成佛相对之。

卐,此相者,露地白牛相,谓露地者佛地,亦名第一义空。白牛者谐法身之妙慧也,是故表一牛入圆相也。

(3)〈牛○,卍〉说明

牛○,此相者,契果修因相。何以故?初发心住,虽成正觉,而不碍众行。慧等佛地,行不过位,故表此相也。古人云:"履践如来所行之迹",则此相也。若有人将此相来问,又作月轮相中心著卍字对之。

卍,此相者,因圆果满相也。问:"何故月轮相上头著牛字来,月轮相中心著卍字对之?"答:"月轮相上头著牛者,契果修因相。月轮相中心著卍字者,因圆果满相。举因来现果对之。"

(4)〈♀,王〉说明

♀,此相者,求空精行相,谓门前草庵菩萨求空故。经云:"三僧败修菩萨行,难忍能忍,难行能行。"求心不歇,故表此相也。若有人将此相来问,月轮相中心著王字对之。

王,此相者,渐证实际相。何以故?若有菩萨经劫修行,坏四魔贼,始得无漏真智,证入佛地,更无余习所怛,似圣王降伏群贼,国界安宁,更无怨贼所怛。故表此相也。

(5)〈牜⊗,⊗〉说明

牜⊗,此相者,想解遣教相。谓:若有人依佛所说一乘普法,善能讨寻,善能解脱,实不错谬,而不了自己理智,全依他人所说。故表此相也。若有人将此相来问,则祛上头牛字对之。

⊗,此相者,识本还源相。经云:"回神住空窟,降伏难调伏。"解脱魔所缚,超然露地坐,识阴般涅槃者,即此相也。

(6)〈⊗牜,⊗〉说明

⊗牜,此相者,迷头认影相。何以故?若有人不了自己佛及净土,情知他方佛净土,一心专求往生净土。见佛闻法,故勤修善行。念佛名号,及净土名相。故表此相也。志公笑云:"不解即心即佛,真似骑驴觅驴者。"即此相也。若有人将此相来问,则祛圆相下牛字对之。

⊗,此相者,背影认头相。

(7)〈◯,添半月〉说明

◯,此相者,举函索盖相,亦名半月待圆相。若有人将此相来问,更添半月对之。此则问者举函索盖,答者将盖著函,函盖相称故,以现圆月相也。圆相则表诸佛体也。

(8)〈◯,书某字〉说明

◯,此相者,名抱玉求鉴相。若将此相来问,即于其中书某字答之。此相谓之觅良鉴,答者识玉便下手也。

(9)〈厶,亻厶〉说明

厶,此名钩入索续相。有将此相来问,但于厶字侧添亻字答之。乃问者钩入,答者索续,乃云续成宝器相也。

(10)〈佛,⊕〉说明

佛,此相者,已成宝器相。若有人将此相来问,又作圆月相中心著土字对之。

⊕,此相者,玄印旨相,迥然超前现众相。更不属教意所摄。若有人似个对面付,果然不见。

　　了悟和尚是东国人(朝鲜半岛),后于东国五冠山瑞云寺传法。《祖堂集》说:"师有时说三遍成佛篇,于中有三意。云何为三?一者证理成佛,二者行满成佛,三者示显成佛。"(静、筠,2001:655)又说:"师有时说三篇,于中有三意。第一《顿证实际篇》,第二《回渐证实际篇》,第三《渐证实际篇》。"(静、筠,2001:657)了悟和尚将沩仰宗圆相之法传入东国(朝鲜半岛)。

　　4.圆相接机实践:除了上述三类比较完整的圆相系统之外,在历代禅师接机实践中,也保留了一些特定圆相的运用记录,包括有○、🐟、⊕、🐢、🐯、➹、⊗、☺等等。对于圆相○的运用,则也相当灵活:或黑或白,或点破或画破,或掷却或托起,或划或竖,或抹或涂,都是根据情景不同而加以灵活运用的结果。必须注意的是:"才有圆相,便有宾主、生杀、纵夺、机关、眼目、隐显、权实,乃是入廛垂手,或闲暇师资,辨难互换机锋,只贵当人大用现前矣。"(蓝吉富,1988,第32册:317)因此,圆相也被广泛运用于其他禅法实践的结合之中。比如,就《五灯会元》中这样的结合使用就十分丰富,举例说明如下。

　　(1)圆相与机用

　　(卢山归宗寺智常禅师)"师入园取菜次,乃画圆相,围却一株。语众曰:'辄不得动着这个。'众不敢动。少顷,师复来,见菜犹在,便以棒趁众僧曰:'这一队汉,无一个有智慧底。'"(普济,1984:144)

　　(2)圆相与话头

　　(杭州径山道钦禅师者)"马祖令人送书到,书中作一圆相。师发缄,于圆相中着一点。却封回。"(普济,1984:661)

　　(3)圆相与机锋

　　(池州南泉普愿禅师者)"师与归宗、麻谷同去参礼南阳国师。师于路上画一圆相曰:'道得即去。'宗便于圆相中坐。谷作女人拜。师曰:'恁么则不去也。'宗曰:'是甚么心行?'师乃相唤便回,更不去礼国师。"(普济,1984:139-140)

　　(4)圆相与斋戒

　　(袁州杨岐方会禅师)"慈明忌辰设斋,众才集,师于真前,以两手捏拳安头上,以坐具画一画,打一圆相,便烧香。退身三步,作女人拜。首座曰:'休捏怪。'师曰:'首座作么生?'座曰:'和尚休捏怪。'师曰:'兔子吃牛嬭。'第二座近前,打一圆相,便烧香,亦退身三步,作女人拜。师近前作听势,座拟议,师打一掌曰:'这漆桶也乱做。'"(普济,1984:1231)

(5)圆相与三关

(鄂州岩头全豁禅师)"僧参,于左边作一圆相,又于右边作一圆相,又于中心作一圆相。欲成未成,被师以手一拨。僧无语,师便喝:'出!'僧欲跨门,师却唤回,问,'汝是洪州观音来否?'曰:'是。'师曰:'祇如适来左边一圆相作么生?'曰:'是有句。'师曰:'右边圆相聻?'曰:'是无句。'师曰:'中心圆相作么生?'曰:'是不有不无句。'师曰:'祇如吾与么又作么生?'曰:'如刀画水。'师便打。"(普济,1984:378)

(6)圆相与回互

(潭州石室善道禅师)"师一夕与仰山玩月,山问:'这个月尖时,圆相甚么处去?圆时,尖相又甚么处去?'师曰:'尖时圆相隐,圆时尖相在。'"(普济,1984:285)

(7)圆相与了悟

(临安府上天竺从谏慈辩讲师)"处之松阳人也。具大知见,声播讲席。于止观深有所契,每与禅衲游。尝以道力扣大通,通一日作书寄之。师发缄,睹黑白二圆相,乃悟。答偈曰:'黑相白相,担枷过状。了不了今,无风起浪。若问究竟事如何,洞庭山在太湖上。'"(普济,1984:1082)

总之,圆相,乃圆融佛性,示空也,圆道也。空性可生万法,万法不离空性。五祖法演禅师上堂云:"人之性命事,第一须是○。欲得成此○,先须防于○。若是真○人,○○。"(普济,1984:1243)因此可以猜测,慧忠国师的九十六种圆相,其大意不过如此。如是,方可运用明识圆相之法。

二、曹洞默照禅观

曹洞宗自警玄之后无法子可传,法系遂断。警玄不得已托付临济宗的浮山法远(归省法子,省念法孙,990—1067)代为寻找法嗣。后来法远付法与投子义青,成为曹洞宗的继承者。义青复兴曹洞宗,经过道楷、子淳,到了宏智正觉,终于形成气候,首倡默照禅,为曹洞中兴之主。

第五章 禅宗顿悟

禅宗自慧能倡导顿悟禅法,一向不重视坐禅修行,但曹洞宗提倡回互之理,比较重视寂照回互之机。曹洞宗的先驱药山惟俨就强调默照坐禅之机:"师坐次,有僧问:'兀兀地思量什么?'师曰:'思量个不思量底。'曰:'不思量底如何思量?'师曰:'非思量。'"(道原,2010:1003)药山惟俨的法孙,曹洞宗开创者洞山更有《玄中铭》之序云(蓝吉富,1988,第93册:410):

> 窃以绝韵之音,假玄唱以明宗。入理深谈,以无功而会旨。混然体用宛转偏圆,亦犹投刃挥斤,轮扁得手。虚玄不犯,回互傍参。寄鸟道而寥空,以玄路而该括。然虽空体寂然,不乖群动。于有句中无句,妙在体前。以无语中有语,回途复妙。是以用而不动,寂而不凝。清风偃草而不摇,皓月普天而非照。苍梧不栖于丹凤,澄潭岂坠于红轮。独而不孤,无根永固。双明齐韵,事理俱融。是以高歌雪曲,和者还稀。布鼓临轩,何人鸣击。不达旨妙,难措幽微。傥或用而无功,寂而虚照。事理双明,体用无滞。玄中之旨,其有斯焉。

其中"用而不动,寂而不凝""用而无功,寂而虚照"等强调寂照回互之理。这样到了天童宏智正觉禅师曹洞中兴之时,沿着这样的思路,便正式形成了默照之禅法,并将默照与偏正之间建立起联系。

我们知道,曹洞宗主要是以偏正五位的回互禅法为其特色。宏智正觉中兴曹洞宗,使得坐禅默照之法回归,从而形成行之有效的默照渐修途径。比如《明州天童山觉和尚上堂语录》(见《宏智禅师广录卷第四》)有如下一段对话(蓝吉富,1988,第44册:442):

> 上堂僧问:"云敛山寒,功勋及尽。潭空月没,尊贵难窥。正恁么时如何行履?"师云:"照尽体无依,通身合大道。"僧云:"坐断舌头路,不落二三机。"师云:"言前一句子,的历极分明。"僧云:"宝印当风妙,重重锦缝开。"师云:"偏正未分时,又作么生辨?"僧云:"虚不失照,照不失虚。"师云:"犹是偏正往来时节。"僧云:"不涉偏正时作么生?"师云:"户外有云从断迳,坐中无照胜然灯。"

好一个"照尽体无依,通身合大道"。宏智认为:"照与照者,二俱寂灭。于寂灭中,能证寂灭者。是尔自己,若恁么桶底子脱去。"(蓝吉富,1988,第44册:503)不仅如此,进一步,宏智正觉还直接将默照之理与坐禅悟道关联起来。在《明州天童觉和尚法语》(《宏智禅师广录卷第六》)中,宏智正觉说道:"田地虚旷,是从来本所有者,当在净治,揩磨去诸妄缘幻习。自到清白圜明之处,空空无像。卓卓不倚,唯廓照本真,遗外境界。所以道:了了见无一物,个田地是生灭不到。渊源澄照之底,能发光能出应。……古人道:无心体得无心道,体得无心道也休。进可寺丞,意清坐默。游人环中之妙,是须怎么参究。"(蓝吉富,1988,第 44 册:508)甚至直接说道:"真实做处,唯静坐默究。深有所诣,外不被因缘流转,其心虚则容,其照妙则准。内无攀缘之思,廓然独存而不昏,灵然绝待而自得。"(蓝吉富,1988,第 44 册:508)"衲僧真实处,要在履践。彻照渊源细中之细,混然明莹。一色无痕,更须转身过里许始得。"(蓝吉富,1988,第 44 册:510)以及"学佛究宗家之妙,须清心潜神默游内观,彻见法源。"(蓝吉富,1988,第 44 册:512)诸如此类的法语,比比皆是。

为了倡导默照禅,宏智正觉还著有具体指导默照之法的众多偈颂箴铭《明州天童山觉和尚偈颂箴铭》(《宏智禅师广录卷第八》),其中最为重要的有如下几首:

(1)《与观禅者》:豁净虚通入觉场,体前一段本来光。孤禅恰恰如担板,默照明明似面墙。秋光芦华两岸雪,夜寒桂月一船霜。迢迢象外行归路,雁字低低正夕阳。(蓝吉富,1988,第 44 册:547)

(2)《坐禅箴》:佛佛要机,祖祖机要。不触事而知,不对缘而照。不触事而知,其知自微。不对缘而照,其照自妙。其知自微,曾无分别之思。其照自妙,曾无毫忽之兆。曾无分别之思,其知无偶而奇。曾无毫忽之兆,其照无取而了。水清彻底兮,鱼行迟迟。空阔莫涯兮,鸟飞杳杳。(蓝吉富,1988,第 44 册:559)

(3)《默照铭》:默默忘言,昭昭现前。鉴时廓尔,体处灵然。灵然独照,照中还妙。露月星河,雪松云峤。……正偏宛转,明暗因依。依无能所,底时回互。饮善见药,檛涂毒鼓。回互底时,杀活在我。门里出身,枝头结果。默唯至言,照唯普应。应不堕功,言不涉听。……默中失照,浑成剩法。默照理圆,莲开梦觉。……吾家底事,中规中矩。传去诸方,不要赚举。(蓝吉富,1988,第 44 册:563)

不难看出,宏智正觉将曹洞偏正回互之理与坐禅之法有机地结合,形

第五章 禅宗顿悟

成了不是顿悟之旨的禅观之法。后来，丹霞子淳（宏智正觉之师）的另一支法脉，经真歇清了三传至天童如净。清了也倡导寂照回互之法，比如在《真歇清了禅师语录》中，就有如下法语记载：

（1）上堂云："未休休去，未歇歇去。豁然宝镜当台，无限清光满户。所以道一句子当明不当照，一句子当照不当明。若或当照当明又作么生？（良久云）枯枝头上雪，不待大阳春。"（蓝吉富，1988，第42册：52）

（2）上堂云："镜镜相照，光光相入，犹是影像边事。头头上现，物物上明，呼了事底人。直饶不涉缘不受位，全机混密一念浩融，犹有类在。作么生是异类？（良久云）门门无隐的，妙在未分时。"（蓝吉富，1988，第42册：53）

（3）上堂云："歇须歇得灵，用须用得密。丹霄步转，清晓风迥。野菊含金，山川漱玉。正恁么时，作么生是一念万年？（良久云）六户明如昼，悬崖撒手看。"以及"虚而灵，寂而妙。明密浩然，犹落鉴照。作么生是不落鉴照？直饶玄会得，犹是眼中尘。"（蓝吉富，1988，第42册：56）

（4）示众云："尽虚空大地，甚么处得来？彻顶彻底元是个一段光明，弥满洞耀。不落意句，亘尘沙劫。历恒沙界，廓无变易。若一念穷得源底明透，直截担荷。便与三世诸佛齐肩，犹落阶级，未为向上。若扫却玄微阶级，智境法尘，向未摇三寸已前。澄想已俱尽，照而无迹。明而无痕，混混密密。千圣亦摸索不着，只个摸索不着。亦非本有，知落处底合作么生。珍重。"（蓝吉富，1988，第42册：57）

（5）偈颂第四首："彻澄无凝碍，情尘迥脱然。全机忘照外。一句未分前。枯木云笼透，寒潭月夜圆。回头开正眼，芳草破春烟。"（蓝吉富，1988，第42册：62）

到了天童如净，更重视坐禅，《如净和尚语录卷上》"台州瑞岩禅寺语录"记录有："上堂：今朝九月初一，打板普请坐禅。第一切忌瞌睡，直下猛烈为先。忽然爆破漆桶，豁如云散秋天。劈脊棒进胸拳，昼夜方才不可眠。虚空消殒更消殒，透过威音未朕前。咦！栗棘金圈恣交制，凯歌高贺彻风颠。"（蓝吉富，1988，第42册：450）

后来，如净传日本道元(1200—1253)，道元成为日本曹洞宗开山鼻祖。道元虽为如净弟子，但因为在天童得法，深受宏智正觉默照禅影响，直接承受宏智正觉的《坐禅箴》，并加以改造，写成自己的《坐禅箴》(道元，2003:97-108)。道元的默照禅提倡只管打坐，彻底摆脱文字语言的空洞纠葛流弊。

这样，由于宏智正觉以及日本曹洞宗的坚持弘扬，作为一种主要的禅悟途径，禅宗的坐禅之法得以恢复，即所谓默照之禅。默照者，是守默静虑与般若观照的有机结合，不但促成曹洞宗的中兴，而且也使得曹洞禅法趋于成熟。

对于禅观形式，在古代并不一定要求形式标准，甚至是否一定是"坐禅"，也有不同的意见。比如北天竺婆罗门禅师佛陀波利（唐语译为觉爱）随问略说的《修禅要诀》中，强调禅观主要是用来对治"性多散乱者"的，关键在于达到禅定的状态，并将禅观之法分为"坐法""行法""住法""卧法"。

还有，许多初习禅观者，往往以见异相为悟，实乃谬误。就这一点，四祖道信在《入道安心要方便法门》专门警示说："或复有人，未了究竟法为相，名闻利养教导众生，不识根缘利钝，似如有异，即皆印可，极为苦哉！苦哉大祸！或见心路，似如明净，即便印可，此人大坏佛法，自诳诳他。用心人，有如此同异，并是相貌耳，未为得心。"(蓝吉富，1988，第1册:13)

所以关键是要达到无有"异相"的如如之境(suchness)，才是禅观的目的。何谓如如之境？唐代慧海禅师在《顿悟入道要门论》中说："如如是不动义。心真如故，名如如也。是知过去诸佛行此行亦得成道，现在佛行此行亦得成道，未来佛行此行亦得成道。三世所修证道无异，故名如如也。维摩经云，诸佛亦如也，至于弥勒亦如也，乃至一切众生悉皆如也。何以故？为佛性不断有性故也。"(蓝吉富，1988，第39册:167)

总之，禅观是一种重要的禅修方法，尽管在慧能倡导的顿悟禅法中不甚提倡，但依然是佛教六度修行方便中的重要组成部分，对于中下之人，不失为一种具有可操作性的方便手段，应该予以重视。但需要注意，禅观不得法会走火入魔，与初衷背道而驰，即古代所谓的禅病。因此，请读者不要无师擅自修行此法。

三、临济文字般若

临济宗早期传承主要是兴化存奖传南院慧颙,慧颙传风穴延沼,延沼传首山省念,省念传汾州善昭,善昭传石霜楚圆。石霜楚圆身后主要有两大支派,杨岐一支,五传到大慧宗杲,文字禅集大成者;黄龙一支,凡九传到日本荣西(又译作"容西",1141—1215),为日本临济宗创立者,也是日本禅宗的开端。

有宋以降,临济宗的自然契悟、棒喝开悟和机锋启悟渐渐见少,评唱颂古和公案参究之风开始盛行,而言下明悟也慢慢发展成为一种比较成熟的文字般若常用之法,那就是通过公案话头的参究来达到明悟的目的,称为公案话头参悟。就这一点而言,更多体现在言下明悟之上。

惠洪在《石门文字禅》卷二十五《题让和尚传》中说:"心之妙不可以语言传,而可以语言见。盖语言者,心之源、道之标帜也。标帜审则心契,故学者每以语言为得道浅深之候。"(蓝吉富,1988,第95册:343)因此只要"不昧言说",通过语言的启发,也确实是可以明心见性的,所谓言下明悟。正如宗杲高徒蕴闻在进献《大慧禅师语录》奏札中所说的:"窃以佛祖之道,虽非文字语言所及。而发扬流布,必有所假而后明。譬如以手指月:手之与月,初不相干。然知手之所指,则知月之所在。是以一大藏教为世标准。"(蓝吉富,1988,第42册:232)

广义上讲,言下明悟包含读经明旨、答问开示、公案参究等文字般若,都可以用于启发后学,其原理是理尽悟出:言语入理,截断念头,言思路绝,豁然明白。自初祖以来,大多数禅师均因此尽消疑情、明心见性。因此,其为最上乘顿悟禅悟禅法的主流方法,广为流行,也是禅宗参悟的主要途径。

(1)读经明旨:据《五灯会元》卷十记载:"温州瑞鹿寺上方遇安禅师,福州人也。得法于天台,又常阅《首楞严经》,到'知见立知,即无明本。知见无见,斯即涅槃'。师乃破句读曰:'知见立,知即无明本。知见无,见斯即涅槃。'于此有省。有人语师曰:'破句了也。'师曰:'此是我悟处,毕生不易。'时谓之安楞严。"(普济,1984:616)

(2)答问开示:《五灯会元》卷六记载了一位秀才的开悟机缘:"张拙秀

才,因禅月大师指参石霜。霜问:'秀才何姓?'曰:'姓张名拙。'霜曰:'觅巧尚不可得,拙自何来?'公忽有省。乃呈偈曰:'光明寂照遍河沙,凡圣含灵共我家。一念不生全体现,六根才动被云遮。断除烦恼重增病,趣向真如亦是邪。随顺世缘无挂碍,涅槃生死等空花。'"(普济,1984:316)这位张秀才,与禅师语句答问,便生顿悟之心,是言下明悟的典型。

(3)公案参悟:《五灯会元》卷十九在介绍"眉州中岩华严祖觉禅师"的事迹中说:"嘉州杨氏子。……南游依圆悟于钟阜。一日入室,悟举:'罗山道:有言时,踞虎头,收虎尾,第一句下明宗旨。无言时,觌露机锋,如同电拂。作么生会?'师莫能对。夙夜参究,忽然有省。作偈呈悟曰:'家住孤峰顶,长年半掩门。自嗟身已老,活计付儿孙。'悟见许可。次日入室,悟又问:'昨日公案作么生?'师拟对,悟便喝曰:'佛法不是这个道理。'师复留五年,愈更迷闷。后于庐山栖贤阅浮山远禅师《削执论》云:'若道悟有亲疏,岂有旃檀林中却生臭草。'豁然契悟。作偈寄圆悟曰:'出林依旧入蓬蒿,天网恢恢不可逃。谁信业缘无避处?归来不怕语声高。'悟大喜,持以示众曰:'觉华严彻矣。'"(普济,1984:1292-1293)这便是参究公案的典型:五年参究,一朝彻悟。

后来,云门宗雪窦重显首先倡导,又经临济宗圆悟佛果和大慧宗杲的系统发挥,公案举唱参究,终于蔚然成风,成为临济中兴之宗风。由于公案参悟比较方便简洁,又加上多有禅师勤于收集整理公案,逐渐成为广为流传的一种众僧参悟禅道的有效途径。

历代流行比较广泛的公案评唱书籍主要有:(1)慧开禅师所编撰的《禅宗无门关》一书(蓝吉富,1988,第87册),收录了四十八则著名公案,其中第一则就是赵州和尚的狗子无佛性公案;(2)《万松老人评唱天童觉和尚颂古从容庵录》(蓝吉富,1988,第86册),收录一百则公案并逐一加以评唱;(3)《碧岩录》,全称《佛果圆悟禅师碧岩录》,亦称《碧岩集》(蓝吉富,1988,第89册),是宋代著名禅僧圆悟克勤大师(1063—1135)所著,共十卷,100个公案的解读不拘形式,明心见性。

所谓公案,古德入道因缘,后人参究,便成为启发入道的钥匙。正如圆悟佛果说明的那样(《圆悟佛果禅师语录》"示张国太"):"不与万法为侣底,是什么人。待尔一口吸尽西江水,即向汝道。多少径截,何不便与么承当。更入他语句中,则永不透脱。多见学者,只言卜度下语要求合头,此岂是要透生死。要透生死,除非心地开通。此个公案,乃是开心地钥匙子。只要明了言外领旨,始到此无疑之地矣。"(蓝吉富,1988,第41册:327)

慧开在《禅宗无门关》序中也云:"遂将古人公案,作敲门瓦子,随机引导学者。"(蓝吉富,1988,第87册:3)圆悟佛果的弟子大慧宗杲说得更是透彻(《大慧普觉禅师法语》卷二十"示无相居士"):"参禅人,看经教及古德入道因缘,但虚却心,不用向声名句义上求玄妙求悟入。若起此心,即障却自己正知见,永劫无有入头处。"(蓝吉富,1988,第42册:377)

参究公案,重在透脱疑情。《大慧普觉禅师普说》卷十七云:"不疑言句,是为大病。"(蓝吉富,1988,第42册:358)以及"所以道,大疑之下必有大悟。且道悟得个甚么?良久云:我不敢轻于汝等,汝等皆当作佛。"(蓝吉富,1988,第42册:363)

因此,参究公案,先要有疑情,有了动力,依着公案指示方向,庶几能够透出禅关。这好比是开车要越过一条鸿沟,从此岸到彼岸,如果动力不足,则难免会坠落悬崖,如果方向有误,也难抵达彼岸。对于初学者,自然明确方面较为重要,但对于有一定道理认识的参悟者,更难的便在于疑情的产生。尤其是"文胜质"的知识分子,于斯为要。

而疑情的产生,关键便在公案之眼,即所谓话头之上。所以到了大慧宗杲,更加提倡看取话头。宗杲在《大慧普觉禅师书》卷二十八答吕舍人说:"千疑万疑,只是一疑,话头上疑破,则千疑万疑一时破。话头不破,则且就上面与之厮崖。"(蓝吉富,1988,第42册:439)在《大慧普觉禅师书》卷二十八答吕郎中又说:"千疑万疑只是一疑,话头若破,死后断灭不断灭之疑,当下冰销瓦解矣。"(蓝吉富,1988,第42册:440)

所谓看取话头,就是为打破生死疑情根源,然后才能一通百通。宗杲在《大慧普觉禅师法语》卷二十一"示徐提刑(徐敦济)"说:"千说万说,直说曲说,只是为徐敦济生死疑根未拔。只教就未拔处,看个话头。僧问赵州:狗子还有佛性也无?州云:无。行住坐卧但时时提掇,蓦然喷地一发,方知父母所生鼻孔只在面上。勉之!勉之!"(蓝吉富,1988,第42册:388)

那么具体如何在话头上用功来打破禅关呢？那就是要将话头放在心头，时时提撕。《大慧普觉禅师法语》卷十九"示清净居士"云："赵州狗子无佛性话，喜怒静闹处，亦须提撕。第一不得用意等悟。若用意等悟，则自谓我即今迷。执迷待悟，纵经尘劫，亦不能得悟。但举话头时，略抖擞精神看，是个甚么道理。"（蓝吉富，1988，第42册：372-373）

且看宗杲讲述如何具体参究云门一字禅观"露"字话头！宗杲在《大慧普觉禅师法语》卷二十四"示成机宜"讲述道："只就这里看个话头。僧问云门：杀父杀母向佛前忏悔，杀佛杀祖时却向甚处忏悔？云门云：露。若有决定志，但只看个露字。把思量分别尘劳中事底心，移在露字上。行行坐坐，以此露字提撕。日用应缘处，或喜或怒，或善或恶，侍奉尊长处与朋友相酬酢处，读圣人经史处，尽是提撕底时节。蓦然不知不觉，向露字上绝却消息。三教圣人所说之法，不着一一问人，自然头头上明物物上显矣。"（蓝吉富，1988，第42册：408）也就是说，看取话头看到"蓦然不知不觉，向露字上绝却消息"时，方是用力之时。正如宗杲在《大慧普觉禅师书》卷二十八答曾宗丞所说的那样："但于话头上看，看来看去，觉得没巴鼻没滋味心头闷时，正好着力。切忌随他去，只这闷处，便是成佛作祖，坐断天下人舌头处也。不可忽！不可忽！"（蓝吉富，1988，第42册：446）

当然，此时还须还本溯源，反观当下之心，方能不被话头所惑。《大慧普觉禅师书》卷二十七"答汪内翰（汪彦章）"说："若于正提撕话头时，返思能提撕底，还是汪彦章否？到这里间不容发。若伫思停机，则被影子惑矣。请快着精彩，不可忽！不可忽！记得前书中尝写：去得息心，且息心已。过去底事，或善或恶，或逆或顺，都莫理会。现在事得省便省，一刀两段（断）不要迟疑，未来事自然不相续矣。不识曾如此觑捕否？这个便是第一省力做工夫处也。"（蓝吉富，1988，第42册：438）

由于公案话头方便手段具有诸多优势，如普适性、多样性、高效性、简便性和可行性等，所以成为后来临济宗禅修的主要途径。但要注意，其中仅凭公案话头的参究，即使有所省悟，往往限于理入，如果弄不彻底的话，徒有事理明白，难得纯意识体验，所谓口头禅就是对此种禅病的讽刺。实际上，许多言下明悟的禅师，往往也都是长期磨砺、瓜熟蒂落的结果，特为后学者提醒。应当明白，这类文字般若的顿悟禅法，与打坐入定不同，属于刹那纯意识显现,虽一时顿悟自性,但还需历练保任,方能坦荡长久。需要强调的是,顿悟禅法除了反对一味枯坐,还特别强调自信自立、敢于承当的信心不疑之法。

元代后,临济宗在原妙之后经明本、元长、时蔚、普持、慧昌、永慈、智瑄、本瑞、明聪、德宝等法脉的维系,到了德宝的法嗣正传,正传有弟子圆悟、圆信和圆修,终于又有了一次复兴。其中,圆修经通琇、行岳、超颖、明诚传实彻(1685—1757),形成高旻禅系。实彻之后,十二传而至民国来果禅师,直至如今,法脉不断。通琇的另一法嗣行森,经十二传至民国虚云禅师,法脉也流传至今不断。

在清朝雍正年间,天慧实彻禅师在高旻寺建立禅七制度,将参话头与坐禅、跑堂相结合,坐禅观心方法成为末期临济修禅的重要制度,并广为流传开来。当然,禅七制度已经不是纯粹的坐禅默观了,而是结合了一种综合性的参禅修行制度,其中的打坐本身也只是一种辅助手段。至于公案话头参究,由于入清之后,延续禅净合流,话头参究专参"念佛是谁",是为特色。

综上所述,禅悟途径不一,禅法方便,也不拘一格。从禅宗历史发展的角度看,除了后期曹洞提倡默照坐禅途径外,自慧能之后,禅法的主流主要是强调理入顿悟之法,传法也主要传授个道理,提倡心安理得,反对枯坐入定,于是棒喝开悟遂兴、读经明悟时有、遇缘契悟渐多。后来禅宗形成五家宗风则又广开方便之门,发展了具体的接机方法,主要以三关机锋开示为主,间或有"照用""偏正""圆相"之用等等;再后来遇缘契悟、参究公案、看取话头成一时风尚,难辨真假。最后则是清代禅七制度的建立,回归到禅宗一向反对的打坐参禅之上了。

临济禅法对后世影响广大,素有"临济临天下,曹洞曹半天"之说及"临济子孙遍天下"之说,到了清代甚至是"临天下,曹一角"了。但事物的发展,一旦缺乏创新的动力,那么必然是盛极而衰。禅宗发展到了宋代之后,由于固步自封、缺乏创新,不能与时俱进加以变革,就已经渐渐出现了衰退之象。特别是明代以降,随着袾宏、德清、慧经等人大力推行禅净合流,慧能禅宗所提倡的固有思想特色也渐渐遭到了消解,除了天慧实彻在清室的推动下,建立禅七制度这一特色外,作为一个独立宗派的禅宗也几乎是名存实亡。

第六章

内丹炼化

> 真土擒真铅,真铅制真汞;铅汞归真土,身心寂不动。虚无生白雪,寂静发黄芽;玉炉火温温,鼎上飞紫霞。华池莲花开,神水金波净;夜深月正明,天地一轮镜。
>
> ——(宋)张伯端[①]

在中国传统文化三教鼎立的局面中,道教修炼的宗旨主要围绕着追求长生不老这个伪命题展开的,企图长生不死、羽化成仙,因此糟粕最多。当然作为一个有着两千多年发展和流传历史的本土宗教,自然其中也有不少值得借鉴的修身养性方法,比如导引、行气、守一、存想等,特别是内丹派强调的性命双修,最是圭臬,其内养功法有不少可取之处。因此,作为中华心法体系中重要的有机组成部分,本章着重论述内丹心法的思想和途径。

第一节 内丹心法形成

内丹心法主要有三个来源,一是东汉魏伯阳撰写的《周易参同契》一书,被后人喻为丹经之王;二是道教积累起来的各种内养之术,特别是上清派茅山宗所形成的一些内修理论和方法;三是受到禅宗影响(特别是曹

[①] (宋)张伯端:《悟真篇浅解》,王沐浅解,北京:中华书局,1990年,第205~208页。

洞宗禅法),在晚唐五代形成的钟吕心法思想。如果将内丹心法比喻为一个人,那么魏伯阳给出就是这个人的骨架,道教内养术给出的就是这个的血肉,而钟吕给出的则是这个人的灵魂。这样,到宋之前,内丹心法基本上形成自己初步的修炼体系。

一、周易参同契解

《周易参同契》为东汉魏伯阳所著。魏伯阳(约 100—170),一说名翱,字伯阳,自号云牙子,为会稽上虞人。《周易参同契》为其向淳于叔通传授之书,时间大约在东汉桓帝刘志在位年间(147—167)。

从思想内容来看,《周易参同契》主要是强调大易之道、炼养之术和炉火之法三者参同相契之理的。用魏伯阳自己在《周易参同契》"自叙启后章"中的话来讲,就是:"参同契者,敷陈梗概……大易性情,各如其度。黄老用究,较而可御。炉火之事,真有所据。三道由一,俱出径路。"(陶素耜,2011:126-127)而魏伯阳写作此书的目的也就是要"歌叙大易,三圣遗言""引内养性,黄老自然"和"配以伏食,雄雌设陈",强调所谓的:"罗列三条,枝茎相连。同出异名,皆由一门。"(陶素耜,2011:127-128)

从内丹心法的角度来看,魏伯阳在《周易参同契》一书中所阐述的丹道之法,主要是假借易象,将乾坤两卦喻为鼎炉之器,将坎离两卦喻为药物,而将爻象变化喻为火候,并结合黄老内养思想,来阐述丹道功法的修炼过程。因此,我们下面大致就按照大易、内养和火候三个方面,来分别归纳介绍《周易参同契》的主要心法修炼思想和内容。

对于大易修炼之道,魏伯阳在《周易参同契》"大易总叙章"中开宗明义地指出:"乾坤者,易之门户,众卦之父母。坎离匡廓,运毂正轴。牝牡四卦,以为橐籥,覆冒阴阳之道,犹工御者之执衔辔,由准绳,正规距,随轨辙,处中以制外。数在律历纪,月节有五六,经纬奉日使。兼并为六十,刚柔有表里;朔旦屯直事,至暮蒙当受。昼夜各一卦,用之依次序;即未至晦爽,终则复更始。日辰为期度,动静有早晚。春夏据内体,从子到辰巳;秋冬当外用,自午讫戌亥。赏罚应春秋,昏明顺寒暑;爻辞有仁义,随时发喜怒;如是应四时,五行得其理。"(陶素耜,2011:23-27)

乾坤坎离所谓的"牝牡四卦"是易道关键四个卦象。乾坤者,先天之阴阳(体),所谓一阴一阳之谓道者,心性因此而成。坎离者后天之阴阳(用),继之者善,成之者性也,仁智双运者,心性据此而修。所以丹道修炼,运坎离而成乾坤而已。而"坎离匡廓",正是修炼的关键。围绕着这一关键,按照一月六候三十日规程次序,自屯蒙开始,每日早晚各一卦,共六十卦,构成火候。这样,将火候以为动静根据,再结合四季阴阳升降之变化,便可得五行之理,而修成仙道。

接着进一步强调阐明坎离之妙用,将其比作人体阴阳二气之用、消息盈亏之变化,由支配四象的戊己中宫而成其功。魏伯阳"乾坤设位章"指出:"天地设位,而易行乎其中矣。天地者,乾坤之象也;设位者,列阴阳配合之位也。易谓坎离,坎离者,乾坤二用。……坎戊月精,离己日光。日月为易,刚柔相当;土王四季,罗络始终。青赤黑白,各居一方;皆秉中宫,戊己之功。"(陶素耜,2011:28-30)

所谓大易修炼之道,就是以先天阴阳之乾坤为规范(鼎炉),去修炼后天阴阳之坎离(药物),以期得道成仙。注意,坎离纳甲当为戊己,对应月精与日光之和合为易,是为中宫(对应中土,纳甲为戊己),以攒簇五行。所谓五行,就是说土意居中、白金为情居西对应秋季、黑水为精居北对应冬季、赤火为神居南对应夏季、青木为性居东春季,构成五行。

魏伯阳为了阐述其中的微妙原理,便运用象征比喻的手法,将坎离或喻为日月,或喻为龙虎,或喻为水火,或喻为铅汞,甚至喻为男女等,实则意指性情(魂魄),并强调两者的相辅相成,只有纠缠和合,方能成就妙道。比如:"偃月法炉鼎,白虎为熬枢;汞日为流珠,青龙与之俱;举东以合西,魂魄自相拘。上弦兑数八,下弦艮亦八;两弦合其精,乾坤体乃成;二八应一斤,易道正不倾。"(陶素耜,2011:55)讲的就是以白虎、青龙为药物(比喻坎离所含之元阳元阴),对应铅与汞(铅,下沉,主水,喻人之肾,内藏元阳真精;汞,上飞,主火,喻人之心,内藏元阴真神),并以西(白虎)和东(青龙)为其方位喻之。又说兑卦(初八)与艮卦(二十三)纳甲之数分别包含八天,对应汞与铅的斤两,讨论炼丹之法,比喻阴阳二气需平衡、纠缠。

而五行相克相生也是为调和水火之阴阳以达到情性之统一,名之还丹。因此"水火情性章"指出:"推演五行数,较约而不繁。举水以激火,奄然灭光明;日月相薄蚀,常在朔望间。水盛坎侵阳,火衰离昼昏;阴阳相饮食,交感道自然。名者以定情,字者以性言;金来归性初,乃得称还丹。"(陶素耜,2011:69)这里阴者:金生水;阳者:木生火;和者:土。修命者炼养金与水;修性者炼养木与火;调和水火之阴阳,土意也。金归于木者,性统情者也。动用六十卦周天之候循序修炼,也是为了阴阳和合之道,以明坎离纠缠之法。

所以,尽管用到各种隐喻,大易之道的关键不过就在"二气感化":"二气玄且远,感化尚相通;何况近存身?切在于心胸。阴阳配日月,水火为效徵。"(陶素耜,2011:94)其中微妙之处,确实难以言表,所以魏伯阳多用各种意象比喻来加以论述。比如用河上姹女指真汞,黄芽指真铅,以真铅制真汞,方能成丹,这里全靠真土的调制作用。而所谓的取坎填离之法,也就是使阴阳二气达到中道纠缠和合之法。其他相关论述,均为此类描述,强调微妙的阴阳纠缠和合之道。切记,如果方法偏差,药物有错,那么神仙也就炼不成了。这便是魏伯阳首先强调的大易修炼之原则。

当然,毫无疑问,大易修炼就是内养之术,而魏伯阳强调的内养之术,即所谓炼己立基,就是:"内以养己,安静虚无。"(陶素耜,2011:46)其方法也是离不开阴阳交互之道的。所以《周易参同契》同样采用大易术语来论述内养之法、境界和效果,并借以批驳外道之荒谬。

对于炼己立基,魏伯阳强调魂魄相依是为养性立命之本,指出:"将欲养性,延命却期。"(陶素耜,2011:89)具体强调的原则是:性为魂,情为魄;性主内,情动外;性情互依,筑牢城廓,人心乃安。《周易参同契》中多用阴阳、水火和坎离等基本要素来隐喻人体之魂魄或性情。然后进一步引出精(情成之)、神(性生之),先是金火相拘,再通过以水定火,这样五行就初步相合了(金情生水,水者精也;木性生火,火者神也)。文中所谓九还七返(指阳数),八归六居(指阴数),喻指离火返还乾阳,坎水归居坤阴。乾者智性,坤者仁性,两者叠加,回归心性之纠缠态,乃太极之根,先天之气,内丹结成。内炼坎离而成乾坤,就是内丹功法的终极目标。最后用十月怀胎而一朝分娩,来比喻修炼者结成圣胎。

至于具体的内养方法要点,魏伯阳认为关键在于耳目口三要:"耳目口三宝,闭塞忽发通;真人潜深渊,浮游守规中。旋曲以视听,开阖皆合同;为己之枢辖,动静不竭穷。离气内营卫,坎乃不用聪;兑合不以谈,希言顺鸿蒙。三者既关键,缓体处空房;委志归虚无,无念以为常。证验自推移,心专不纵横;寝寐神相抱,觉悟候存亡。"(陶素耘,2011:95-96)

这里先讲内养修炼原则:离神与目对应,坎精与耳对应,兑气与口对应,为人生三宝,即元神、元精和元气。要闭锁耳目口三关,才能三宝不外泄。接着继续讲修炼及其效果:"颜容浸以润,骨节益坚强;排却众阴邪,然后立正阳。修之不辍体,庶气云雨行;淫淫若春泽,液液象解冰;从头流达足,究竟复上升;往来洞无极,怫怫被谷中。反者道之验,弱者德之柄;耕锄宿秽污,细微得调畅。浊者清之路,昏久则昭明。"(陶素耘,2011:96)

对于内养之术,魏伯阳还在"明辨邪正章"里批判一些邪法小术,并在"傍门无功章"中警示人们这些"邪法小术"是:"竭力劳精神,终年无见功。"(陶素耘,2011:98)只有按照正道修炼,方才有功德圆满之象,所谓荣辱不惊、长乐无忧、延年寿长,以及种种相好和返老还童证候的修炼效验。其中,最为关键是可以到达土意游于四象,恪守中道之境界。

为了达成上述内养之效果,在具体的大易修炼途径上,魏伯阳利用周易卦爻变化和五行生克原理来加以论述,给出了一月六候卦象、十二消息盈亏和五行三家攒合等方法。当然,一月六候有三十日,每日火候用功也不能不讲,因此魏伯阳还讲述了每日两卦之周天火候之理,并说明把握火候之度的重要性。

至于每日如何用功,《周易参同契》则给出了小周天火候功用之法,用十二个卦象阴阳爻位升降变化来说明消息火符之进退,并用十二时辰、十二音律、十二月份之阴阳变化来隐喻说明十二卦象进火退符之理。原则均宜阳动而进火,阴静则退符,因时应势调整火候。总的原则是:进火则练功采药,退符应沐浴温养。概括而言,小周天的功法就是:一阳初动,从复卦为始;临卦之功法,二阳渐进;三阳开泰,再至四阳大壮;然后经由五阳夬卦之象直至六阳乾象。从一阴姤卦开始讲退符功法,对应午时。继续经过二阴遁卦、三阴否卦,接着再讲四阴观卦、五阴剥卦功法;最后归结到六阴坤卦之功法,退符进程结束。

金丹修炼的最后环节就是攒簇五行、三家相见的归性之法,魏伯阳对此具体说明道:"子午数合三,戊己号居五;三五既和谐,八石正纲纪。土游于四季,守界定规矩;呼吸相含育,伫息为夫妇。黄土金之父,流珠水之

第六章　内丹炼化

子;水以土为鬼,土镇水不起。朱雀为火精,执平调胜负;水盛火消灭,俱死归厚土。三性即合会,本性共祖宗。"(陶素耘,2011:58-59)又道:"丹砂木精,得金乃并;金水合处,木火为侣。四者混沌,列为龙虎;龙阳数奇,虎阴数偶。肝青为父,肺白为母,心赤为女,脾黄为祖,肾黑为子,子五行始。三物一家,都归戊己。"(陶素耘,2011:110)讲的都是三家归土之法。

所谓攒簇五行之法,就是真土使三家(三元)归一之法。子水为一(与金四合为五)、午火为二(与木三合为五)、戊己中土(其数为五),合之为三个五,所谓三家相见。水火不能相容,靠中土调和,使三五和谐,这样才能成丹,而修炼方法便是"呼吸相含育,伫思为夫妇"。说到底,攒簇五行使之三家相见归一,就是和合性情,如此金丹始成。

上述的具体大易修炼途径,就是修成正果的过程。魏伯阳为此归纳道(流珠金华章):"五行错王,相据以生;火性销金,金伐木荣。三五为一,天地至精;可以口诀,难以书传。子当右转,午乃东旋;卯酉界隔,主客二名。龙呼于虎,虎吸龙精;两相饮食,俱使贪并。"(陶素耘,2011:101-102)讲的就是五行互为相克相生之理,三五合一五行攒合之法。然后再讲阴阳相感、金木交并之理。子时一阳初动,午时一阴初生,彼此消息,相互交感。

总之,魏伯阳用非常形象的语言,给出其大易修炼方法的论述,如果要系统总结的话,就是用天象来解说三五归一之法,讲论描绘内丹烹炼过程。其中,关键是水火交济、阴阳匹配,肾中坎水上升,心中离火下降,两相交会,合于鼎中,精气凝敛,结成所谓的金丹。

二、道教内养法术

内丹心法成熟之前,道教就比较重视内养方术。对于早期道教内修方术,唐代高道孟安排将其归类为五事:"众术者无所不通,大而论之,略有五事:一者思神存真,二者心斋坐忘,三者步虚飞空,四者餐吸六炁,五者导引三光。此皆心炁相使,而神道冥通也。"(张广保,2001:33-34)

这里与内丹道相关联的主要有:一是思神存真之术(存思、守一),二为餐吸六炁的服炁之术(行气、胎息),三为心斋坐忘的静虑之术(内观、坐忘)。这些内养之术,除了《周易参同契》中的论述外,在内丹派形成之前,其主要思想内容大致保存在早期的道经,以及后来上清派的一些典籍中,如《太平经》《道枢》《云笈七签》等道教经典之中。

内丹心法成熟之前与之最相关的功法就是行气胎息之术。《道枢》"坎离篇"甚至指出:"马自然所阅方外士,其说不过咽津行气、存想胎息、周天火候而已。"(曾慥,2016:71)考虑到周天火候也是一种丹道行气法,可见行气胎息在道教内养方术中的重要地位。

行气术早在战国时期就已经相当流行,现存天津市历史博物馆的《行气铭》,是最早发现记载行气方法的实物,为长沙马王堆出土文物,大约在东周安王时期(前401—前376)。《行气铭》共有42个字,全文如下:"行气,深则蓄,蓄则伸,伸则下,下则定,定则固,固则萌,萌则长,长则退,退则天。天几舂在上;地几舂在下。顺则生;逆则死。"(李零,2001:344-345)可以看出,基本上讲的就是行气炼气的过程,类似于内丹周天功法。

后来道教形成之后,行气也一直是其主要的养生方术之一。比如在《云笈七签》中就收集了众多的"诸家气法",可谓洋洋大观。一般道教中行气法的典型特点,可以从《墨子闭气行气法》中窥见一斑。《云笈七签》卷六十一〈诸家气法〉《墨子闭气行气法》云:"行气名炼气,一名长息。其法:正偃卧握固,漱口咽之三。日行气,鼻但纳气,口但出气,徐缩鼻引之,且莫极满,极满者难还。初为之时,入五息,已一息,可吐也。每口吐气欲止,辄一咽之,乃复鼻内气。不尔者,或令频。凡内气则气上升,吐气则气下流,自觉周身也。行气常以月:一日尽十五日,念令气从手十指出;十六日尽月晦,念气从足十指出。如行之能久,自觉气从手足通,则能闭气不息,便长生矣。"(张君房,2003:1305-1306)

不过,如果要与内心修养关联,则往往将行气归结到胎息上。《云笈七签》卷三十三《摄养枕中方》(孙思邈撰)指出:"(行气)其大要旨,胎息而已。胎息者,不复以口鼻嘘吸,如在胞胎之中,则道成矣。"(张君房,2003:744)当然,道教中对于胎息的理解也有不同,比较可取的一种理解,是炼气凝结为胎(隐喻上),而不是像胎儿一样无须呼吸!

重要的是,要将行气与养神相结合,这样才会同内丹心法相联系。《道枢》在"九转金丹篇"中是这样说明胎息之法的:"夫炼胎息者,先之以心澄神定,气湛真全,是以心定则神定矣,神定则气定矣,气定则息定矣,息定则气合矣,气合则凝结不散,是为胎息焉。"(曾慥,2016:221)这也就为什么内丹修炼推崇《胎息经》的原因。

行气是为了集神的,正如《云笈七签》卷六十一《诸家气法》《用气集神诀》所云:"神集于虚,而安于实。神,心中智者也。安而无欲,则神王而气和正。"(张君房,2003:1352)而行气集神的行走部位,自然也就非常重要。《云笈七签》卷六十一《诸家气法》《三一服气法》云:"夫欲长生,三一当明。上一在泥丸中,中一在降宫中,下一在丹田中,人生正在此也。"(张君房,2003:1370)所以强调行气当入此三关窍,即要达到:"降宫守,泥丸满,丹田成。"(张君房,2003:1370)

行气集神的要点,则是要达到神气相须之境界。对此,《云笈七签》卷六十二《诸家气法》《神息法》有云:"神息法者,观心遗照,动念即差。当用心之时,气自无滞;当用气之时,心亦不生。两法相须,事同唇齿,何谓不相应。"(张君房,2003:1390)从神气相须角度来阐述心法并对后来内丹修炼产生更大影响的,就是《高上玉皇心印妙经》。在《高上玉皇心印妙经》里,明确提出了"上药三品,神与气精",而给出的修炼原则是:"人各有精,精合其神。神合其气,气合其真。"(任继愈、钟肇鹏:1991:15)这样其实就从单纯的行气胎息修炼,走向强调精、气、神三者合炼的思路,为内丹性命双修的对象(所谓药物),奠定了思想基础。

除了行气胎息之外,存想守一也是道教长期主张的养生方术,特别是从上清派茅山宗的创始人陶弘景开始,其所推崇的存思法,就成为上清派,特别是茅山宗的典型修炼方法。可以这么说,茅山宗的主要养生之术就是存神,具体就是各种存想之法。

所谓存想,又名存思、存神,指修炼者收视返听、专注反观身体内部,通过内视想象,来产生某种特定事物的形象,从而达到与真实事物兑现的效果。《道枢》"坐忘篇"说:"存想者,何也?存者,存我之神也;想者,想我之身也。夫何以然乎?闭目则自见其目,收心则自见其心,心目皆不离于身,不伤于神。"(曾慥,2016:12)

存思之法有存思五方之炁、存思日月、存思二十四星等等,是上清派道众普遍运用的法术,在导引、行气、胎息、守一、坐忘等行功中都有体现。因此《道枢》在"修真篇"说:"神仙之要,莫大于存想。存者,存我之神也;

想者,瞑目见其形,收心见其心。目不离于身,身不离于神,此存想之渐也。"(曾慥,2016:168)

比较典型的存想过程,大致为读某经,当思某真气如何如何,从某关窍入,小布某处之下,达某处。完毕,祝曰如何如何。完毕,引该真气三咽止,便读玉经。完毕,又祝曰如何如何。有的程式比较简化,比如《云笈七签》卷五十二(杂要图诀法)《九真行事诀》所给出第一真法就属于典型的存想之法:"平旦接手两膝上,闭气瞑目内视,存天精君著紫衣,巾丹冠,坐在心中,口出紫气以遶心外九重。因叩齿九通,咽液九过,祝曰:天精大君,来见心中。身披朱衣,头巾丹冠。左佩神符,右带虎文。口吐紫华,养心凝神。赤藏自生,得为飞仙。"(张君房,2003:1146)

存想方法往往与内丹修炼相关联,因此内丹修炼也常采用存想之术。比如《太白还丹篇》述云:"故学道者,先伏姹女焉,想其玉女入于右肾,而归于闺阃,而收之者焉。然后想玄武、龟蛇之形,惧其伤于玉女,使强避之,是为伏姹女者,此也。于是收其三魂,曰胎光,曰爽灵,曰幽精。祝曰:未知者,使知焉。命之居于坎户,在吾左右。"(曾慥,2016:252)

至于守一,则更为久远,在早期道教经书《太平经》中就有比较集中论述,并在《太平经合校》附录中补录有《太平经圣君秘旨》轶文,里面有大量守一明法的具体要求和规范。应该说,早期道教方术中与内丹相关之术,主要是"守一"之法。

到了魏晋,葛洪所著《抱朴子》,其中内篇中修玄的主旨是"思神守一",包括"守玄一"和"守真一"两种。后来,经过发展,守一之法也趋向于结合关窍而论。比如《云笈七签》卷三十三(杂修摄)《摄养枕中方》(孙思邈撰)指出:"夫守一之道,眉中却行一寸为明堂,二寸为洞房,三寸为上丹田。中丹田者,心也;下丹田者,脐下一寸二分是也。……凡诸思存,乃有千数以自卫,率多烦杂劳人。若知守一之道,则一切不须也。"(张君房,2003:747)并强调恬淡无为之旨。比如《云笈七签》卷四十九(秘要诀法)《守一》(一在人心,镇定三处)指出:"(太上智慧消魔真经云)一无形象,无欲无为。求之难得,守之易失。失由识闇,不能进明。……治救保全,惟先守一。非一不救,非一不成。守一恬淡,夷心寂寞。损欲折嗔,返迷入正。廓然无为,与一为一。"(张君房,2003:1086)

第六章 内丹炼化

这种守一心法，向来为茅山宗所重视而传承不断，到了茅山宗第11代宗师潘师正，倡导三守一法：先思心存两眉间，却入三寸为上丹田之中，次思心入中丹田，再次思脐下三寸为下丹田中。存思上一、中一、下一。因为"一者，身之帝君也，守帝帝常在，则三万六千神皆莫敢不在也。……这是茅山宗传统的存想法，又远承《太平经》的守一思想。"（卿希泰，卷一，1996:128-129）

就内丹修炼而言，存想中的内观和坐忘之法，最为可取，也最为道家内养所重视。比如《云笈七签》三洞经教部卷十七所罗列之经，有《太上老君内观经》（张君房，2003:403-408）、《洞玄灵宝定观经》（张君房，2003:409-416）和《太上老君清静心经》（张君房，2003:416-417）都属内观心法。

《太上老君内观经》类似于《黄庭内景经》，首先对内景诸神作了比较系统的论述，包括泥丸统众神、五藏藏五神，并强调道命禀性、内观不遗、生道长存之旨，所以内观之道要静神定心。而《洞玄灵宝定观经》则给出了具体内观定心的方法和证候。至于《太上老君清静心经》则强调修道以"清静为本"。首先该经开篇指出："夫道，一清一浊，一静一动。清静为本，浊动为末。"然后强调"人能清静，天下贵之"。认为："人神好清而心扰之，人心好静而欲牵之。常能遣其欲而心自静，澄其心，而神自清，自然六欲不生，三毒消灭，而不能者，心未澄，欲未遣故也。"只要"人常清静，则自得道。"（张君房，2003:416-417）

有关内养心法，也为茅山宗所重视而传承不断，到了茅山宗的第十二代宗师司马承祯，著有大量道书，其中《天隐子》《坐忘论》等内养之书，就道教内心存养方法的继承发展，做出了重要贡献。特别是其中的《坐忘论》，主要将黄老养生守静思想同佛教止观禅定之说相结合，发展了道教的坐忘内观理论。司马承祯在《坐忘论》（张君房，2003:2043-2061）中给出了比较系统的坐忘步骤，即信敬第一、断缘第二、收心第三、简事第四、真观第五、泰定第六和得道第七。

在《坐忘论》中，司马承祯继承发展庄子坐忘之法，融合道教内养之主要思想和观点，并加以系统阐发，形成一种比较系统的内观心法。可以这么说，在成熟的内丹心法形成之前，司马承祯的坐忘之论，可谓是道教内养法中的圭臬！

三、缘起内丹道术

作为一种系统的心法体系，内丹道术源自晚唐五代之际。当然，作为一种修炼思潮发轫，则比这要早得多。从道教内养思想内在发展上看，"体内炼养术早见于先秦时期的行气、导引、守一诸术，到汉末魏伯阳《周易参同契》，已论及黄老养性之道。但内丹作为炼养的专门术语，却是后来才有的。题为东晋许逊著《灵剑子·服气诀》云：'服气调咽用内丹。'若此书作者确为东晋许逊，则最早出现的'内丹'一词。"（卿希泰，卷二，1996：506-507）

如果把内丹心法看作是借用外丹术语来论述内养之道，则最早源自南朝陈朝时天台宗第三祖慧思（515—577），其在《立愿誓文》中就有说："借外丹力修内丹，欲安众生先自安。"（潘桂明、吴忠伟，2001：75）而把行气之术称为内丹的，则始于隋代。"隋代的苏元朗于开皇中居罗浮山青霞谷，号青霞子，专主内丹，著有《旨道篇》以示道士，这大概便是内丹形成专著的开始。"（卿希泰，卷二，1996：24）特别是苏元朗对《周易参同契》加以整理挖掘，才使得沉没了四百多年的《周易参同契》成为内丹共尊之丹经。后来唐末五代时期的彭晓，就是在此基础上，对《周易参同契》做了系统的注释阐释，为进一步发展魏伯阳的内丹修炼思想，做出了重要贡献。

到了唐末五代，内丹术得到进一步发展，终于形成初步的内丹心法系统，其突出代表成果就是崔希范《入药镜》、钟吕心法以及陈抟的无极图。以下我们就通过给出这三个部分的成果介绍，来展现初创内丹道的主要心法思想。

崔希范，号至一真人，大约生活在唐代宗年间，喜好修养之术，著有《入药镜》（成书于公元880年），阐述内丹之理甚为精到。后来的吕洞宾赋诗称赞："因看崔公入药镜，令人心地转分明。阳龙言向离中出，阴虎还于坎上生。二物会时为道本，五方行尽得丹名。修真上士如知此，定跨赤龙归玉京。"（曾慥，2016：399）其实一种内养方法是否建立起与天道的关系，也是衡量其是否构成成熟心法系统的标志。从这一点上讲，内丹修炼作为系统的心法系统，确实始于崔公。

崔希范对丹道的论述重点放在归源于先天炁之精、气、神这三者的内

第六章 内丹炼化

丹修炼之上,其所发挥的内丹思想直接影响后来的钟吕内丹心法。在短短180字的《入药境》中(杜献琛,1994:127-132),崔希范不仅解决了天道与修道之间的关系,强调:"先天炁,后天气,得之者,常似醉。"(杜献琛,1994:127)而且给出了修炼内丹的基本原则是:"日有合,月有合,穷戊己,定庚甲。"(杜献琛,1994:127)以及后面所系统论述的具体步骤和火候要领。对《入药境》所包含的丰富丹道思想,曾慥在《道枢》中有详细阐述(曾慥,2016:376-385)。

崔希范之后,内丹心法渐渐兴起,并终于形成钟吕内丹学派,由具有师承关系的钟离权、吕洞宾两人所创立。后世认为属于钟离权的作品主要有《破迷正道歌》《钟吕传道集》《灵宝毕法》等。属于吕洞宾有《纯阳真人浑成集》等著作传世,其中最能代表其内丹修炼思想的主要是《敲爻歌》(吕洞宾,2009:79-81)。

钟离权,属于传说中的人物,如果确有其人,当属于唐五代时期人,死后被封为正阳真人。吕洞宾,姓吕名喦,字洞宾,生于唐德宗贞元十四年(798年)四月十四日巳时,山西永乐人。吕洞宾师事过苦竹真人、火龙真人、崔希范和钟离权,最后大约在五代时追随钟离权而得道,后来被尊为道教内丹祖师。

钟吕丹道思想,主要强调身命与心性,一阴一阳,相互交合。因此与禅宗明心见性不同,钟吕丹道心法更加注重性命双修的路径。身命的一面涉及肾水,心性的一面涉及心火,加上五行五脏相克相生,三田周天的运转,以及铅汞、龙虎、日月的比喻,就演绎出钟吕的丹道思想内容。

最能反映钟吕丹道思想的当数《钟吕传道集》了。迄今为止,流传世间的《钟吕传道集》有许多版本,其中《道枢》所载虽然可能经过曾慥删减,但其思想内容却比较可信,因此我们就以此版本为依据,来大致归纳钟离权的主要丹道思想。《钟吕传道集》形式上是钟离权答其弟子吕洞宾所问的纪录,在一问一答之间,比较全面地体现钟吕丹道心法的主要思想、方法及其效果。

首先,围绕着长生不老这一道教的核心命题,钟离权给出了三法五仙之论。"子钟离子曰:纯乎阴者之谓鬼,纯乎阳者之谓仙,阴阳杂焉之谓人。惟人也,可以鬼,可以仙。仙非一也,其等有五,其法有三。五等:一曰鬼之仙,二曰人之仙,三曰地之仙,四曰神之仙,五曰天之仙。三法:一曰小乘,二曰中乘,三曰大乘。"(曾慥,2016:405)这里,三法是指修炼成仙的三种法门,分为小乘、中乘和大乘。五仙是指修炼成仙的五种果位,分为鬼仙、人仙、地仙、神仙和天仙。钟离权认为鬼仙和天仙非常人所能达成,因此将三法所能修炼的果位分别对应到人仙、地仙、神仙之上。

接着,钟吕心法强调要修炼大道之真,先要破除三十种旁门小法。至于何为大道,钟离权指出:"真源判矣,大朴散矣。道生于一,一生二,二生三。一者,体也;二者,用也;三者,造化也。孰为体用?阴阳是也。孰为造化?交合是也。道生二气,二气生三才,三才生五行,五行生万物。人者,万物之灵,能尽性而齐天地者也。"(曾慥,2016:407)然后便将天道演化归结到八卦阵列之上,从而引出阴肾之水与阳心之火相合立道、日魂月魄相交立法之上,并认为:"天地之机,在乎阴阳之升降。窃比我于日月焉,则月受日之魂,以阳变阴,阴尽阳纯,如日之辉。吾气也,能炼而成神,是亦返乎纯阳者也。"(曾慥,2016:409)因此:"明乎阴阳之升降,使水火(真水真火)合于一焉,以镇丹田(大药也),可以齐天地矣。其欲轻举欤?则法日月之交会,以阳炼阴,使阴不生焉;以气养神,使神不散焉。然后五气朝元,三花聚顶矣。"(曾慥,2016:409)

至于具体的修炼方法,钟离权则指出:"五脏之气,月有盛衰焉,日有进退焉,时有交合焉。运行五度,气传六候,精炼而后真气生,气炼而后阳神合,神炼而后大道契矣。"(曾慥,2016:411)基本上给出了炼精化气、炼气化神和炼神合道的原则步骤,并强调运行五度、六候传气之法。特别是钟离权还提出五脏相生为母子,相克为夫妇的原理,指出:"肾,水也;心,火也;肝,木也;肺,金也;脾,土也。有生成之道焉。生者谓之母,受生者谓之子,于是复有刚克之道焉(生谓五行相生,克谓五行相克)。克者谓之夫,受克者谓之妇。"(曾慥,2016:412)其中特别强调:"五行之归于源也,以气引元阳而升举焉,于是乎生真水矣。真水造化而后生眞气,眞气造化而后生阳神,始于五行定位,有一夫一妇焉。肾,水也,其中有金,吾之起功当识焉(金本生水,故曰水中金)。水,恶土者也,吾之采药须土归水焉。龙者,肝之象也(木性);虎者,肺之神也(金情)。阳龙出于离(火神),阴虎生于坎(水精),五行之位颠倒,则阴阳之气传子母矣。时自子而至于午者,阳中生阳,五行颠倒,则液行乎夫妇矣。自午而至于子者,阴中炼阳,阳不得阴,不成其极也,无阴斯不死矣。阴不得阳,不生其极也,阴绝斯寿矣。"(曾慥,2016:412-413)也就是说,要通过五行颠倒、十二时辰阴阳相交,方能成就纯阳之体。而纯阳的端倪就是所谓水火相交萌生黄芽,所谓"火中识龙,水中识虎,二者交而黄芽茂矣。"(曾慥,2016:413)

于是,通过进一步的描述,从而引出丹道心法最为核心的、两两纠缠难解的一些概念对,如龙虎、铅汞、坎离、水火,等等,其实都是不同角度揭示真水与真火和合纠缠之丹药。因此,烧炼丹药,归纳起来就是:"肾之气,投于心之气,气极而生液,其中有正阳之气,配合真一之水焉,是名龙虎交合者也。日之所得,其巨如黍,置于黄庭,是名金丹大药者也。"(曾慥,2016:418-419)只是炼丹有一个过程,不同阶段对应不同关窍。为此,钟离权指出:"丹者,非色也,非味也,其丹田者耶。其别有三:上曰神舍,中曰气府,下曰精穴。精中生气,于是气在乎中丹矣;气中生神,于是神在乎上丹矣;真水真气合而成精,于是精在乎下丹矣。"(曾慥,2016:422)因而炼丹次第也就应该是:"气生肾之中,其中有真一之水,使水还于下丹,则精养灵根,气自生矣;液生心之中,其中有正阳之气,使气还于中丹,则气养灵源,神自生矣。集灵为神,合神入道,以还上丹而后仙矣。"(曾慥,2016:422)

在上述丹道思想的基础上,钟离权对修炼过程中的诸多概念,如抽添、河车、还丹等均做了论述。然后强调下、中、上三田(丹田、降心和泥丸)分别对应丹道修炼中炼精化气、炼气化神和炼神合道三个步骤,并指出:"五行颠倒,三田返复,至于炼形化气,炼气成神,自下田迁焉。至于中田,自中田迁焉。至于上田,自上田迁焉。出于天门,三迁功成,入于圣流,不复有还矣。"(曾慥,2016:424)

在《钟吕传道集》中,钟离权对于炼形与炼神的关系也做了论述,指出:"神者,形之主也;形者,神之舍也。形中之精以生气,气以生神者也。液中生气,气中生液,形中之子母也。生木者,水也;生火者,木也;生土者,火也;生金者,土也;生水者,金也。故气传乎子母,液行乎夫妇,形中之阴阳也。"(曾慥,2016:425)并因此引出五气朝元的观念:"混沌判而为天地,天地位而列五方。其方各一帝焉,帝各二子,其一为阳,其二为阴,是曰二帝。相生相成而分五行,五行而后定六气(三阳三阴)。……故一气运五行,五行运六气,其先之者,阴阳也。……故推而言之,日月之间一阳始生,而五脏之气朝于中元焉;一阴始生,而五脏之液朝于下元焉。于是三阳朝内院(阴中之阳,阳中之阳,阴阳中之阳,谓之三阳),心神返天宫,皆所谓朝元者也。"(曾慥,2016:427-428)而"朝元之后方曰内观。"(曾慥,2016:431)认为内观就"是所谓坐忘者也。"(曾慥,2016:429)并指出内观其魔有十,其难有九。

最后,钟离权将上述内丹具体修炼方法归纳为:"法有十二科:一曰匹配阴阳,二曰聚散水火,三曰交合龙虎,四曰烧炼至药,五曰肘后飞金晶,六曰玉液还丹,七曰玉液炼形,八曰金液还丹,九曰金液炼形,十曰朝元炼气,十一曰内观交换,十二曰超脱分形。"(曾慥,2016:432)如果一定要呼应开头所提出的三大法门,那么一至四属于第一种小乘安乐延年门法,可以成就人仙;五至八属于第二种中乘长生不死门法,可以成就地仙;而九至十二则第三种大乘超凡入圣门法,可以成就神仙,甚至天仙。

在《钟吕传道集》末尾云:"吕子于是心悦诚服而进曰:知妙理矣,而未得行之持之法,终于无功,与不知者同,其何以教之?子钟离子于是择吉日,授以灵宝毕法焉。"(曾慥,2016:433)其实,所授《灵宝毕法》(张三丰,1990:438-464),主要讲述就是《传道集》中的思想内容,并为吕洞宾所传承。

钟吕心法最为核心的内容就是要阴阳交会,所谓"龙吞虎唅"的取坎填离之法。至于钟吕心法强调阴阳五行颠倒抽添之法、精气神三田返复之义,其主旨在吕祖传说中的一位弟子华阳真人施肩吾所著《西山群仙会真记》序中有所归纳。该序曰:"水、火、木、金、土,五行也。相生而为子母,相克而为夫妇,举世皆知也。明颠倒之法,知抽添之理者,鲜矣。上中下精气神,三田也。(精中生气,气中生神),举世皆知也。得返复之义,见超脱之功者,鲜矣。明五行之颠倒,然后可以入道;知其抽添,方为有道者也。得三田之返复,然后可以得道,至于超脱,方为成道者也。"(曾慥,2016:387)考虑到《传道集》中五行与五脏的对应关系,以及上中下丹田与炼形(精)化气、炼气化神、炼神合道的论述,这里论述的主旨,其中就是钟吕丹法的核心思想。

第六章　内丹炼化

钟吕内丹心法之所以走向独立成熟的发展道路，主要是因为其立足于自然天道观，将内丹修道系统化。一方面，钟吕内丹心法明确将阴阳五行与五脏六腑关联起来，建立了用于内丹修炼的脏象体系；另一方面，钟吕内丹心法特别强调性命双修，并将周天火候过程与关窍、气穴位置相对应，以及提出了具体可操作的修炼步骤，即炼形化气、炼气成神和炼神合道。钟吕心法的传承人刘海蟾在《还金篇》中指出："金丹者，天地之气，宇宙之灵也；乾坤之祖，日月之精也。其乃恍惚之中，括在二仪；杳冥之内，包含一物。配甲庚，定离坎；绝水火，布炎凉；列君臣，走龙虎；使阴阳，还铅汞；区分有定，节候无差；九转则为金液，三年则为琼丹。"（曾慥，2016：114）就立足于自然天道观来阐述内丹心法的。

其实，钟吕心法的这样成熟丹道思想，在几乎与钟吕同时的五代著名道士陈抟也得到了充分体现。可能是受到钟吕心法的影响，陈抟也建立了具有鲜明特色的内丹心法体系，并对后来内丹心法的发展产生了重要影响。

陈抟（871—989），亳州真源人，字图南，号希夷，与吕洞宾有往来。"他的思想特征，在于继承汉代以来的易学传统，把黄老清静无为观念、道教修炼方术和儒家修养、佛教禅理融为一体。其著述亦多有关栖隐、修炼之事。"（卿希泰，卷二，1996：668）

陈抟的著述，大多亡佚，可以确定为其所著并流传至今的，大概只有《阴真君还丹歌注》《观空篇》以及《易龙图》。其中《易龙图》中的《无极图》对后世影响极大，不仅仅成为内丹修炼之准绳，而且周敦颐还据此改造形成太极图，并著有《太极图说》，开创理学天道学说的先河。

陈抟的内丹思想首先体现在所著的《观空篇》，对所观之"空"做了分辨，其观点多为后来丹道家所引用。《道枢》载有《观空篇》的摘录，其内容为："欲究空之无空，莫若神之与慧，斯太空之蹊也。于是有五空焉。其一曰顽空。何也？虚而不化，滞而不通，阴沉胚浑，清气埋藏而不发，阳虚质朴而不止，其为至愚者也。其二曰性空。何也？虚而不受，静而能清，惟任乎离中之虚，而不知坎中之满，扃其众妙，守于孤阴，终为杳冥之鬼，是为断见者也。其三曰法空。何也？动而不挠，静而能生，块然勿用于潜龙，乾位初通于玄谷，在乎无色无形之中，无事也，无为也，合于天道焉，是为得道之初者也。其四曰真空。何也？知色不色，知空不空，于是真空一变而生真道，真道一变而生真神，真神一变而物无不备矣，是为神仙者也。其五曰不空。何也？天者高且清矣，而有日月星辰焉；地者静且宁也，而有山川草木焉；人者虚且无也，而为仙焉。三者出虚而后成者也。一神变而千神形矣，一气化而九气和矣，故动者静为基，有者无为本，斯亢龙回首之高真者也。"（曾憨，2016：101-102）

不难看出，前论之顽空、性空此两空，希夷先生认为是偏离了修道成仙宗旨的；而后论之法空、真空和不空则正是丹道修炼的三种境界。至于如何进行丹道修炼，陈抟则用《无极图》图示方式，如图6.1所示，归纳阐述了内丹修炼的主要步骤。

对于《无极图》的来历与含义，黄百家在《宋元学案》之《濂溪学案》中作了比较详细的说明。黄百家曰："考河上公本图名《无极图》，魏伯阳得之以著《参同契》，钟离权得之以授吕洞宾。洞宾后与陈图南同隐华山，而以授陈，陈刻之华山石壁，陈又得《先天图》于麻衣道者，皆以授种放。放以授穆修与僧寿涯。修以《先天图》授李挺之，挺之以授邵天叟，天叟以授子尧夫。修以《无极图》授周子，周子又得'先天地'之偈于寿涯。其图自下而上，以明逆则成丹之法。其重在水火。火性炎上，逆之使下，则火不燥烈，惟温养而和燠。水性润下，逆之使上，则水不卑湿，惟滋养而光泽。滋养之至，接续而不已；温养之至，坚固而不败。其最下圈名为'玄牝之门'，玄牝者即谷神，牝者窍也，谷者虚也，指人身命门两肾空隙之处，气之所由以生，是为祖气。凡人五官百骸之运用知觉，皆根于此。于是提其祖气上升，为稍上一圈，名为'炼精化气，炼气化神'。炼有形之精，化为微芒之气，炼依希呼吸之气，化为出有入无之神，使贯彻于五脏六腑，而为中层之左木火、右金水、中土相联络之一圈，名为'五气朝元'。行之而得也，则水火交媾而为孕。又其上之中分黑白、两相间杂之一圈，名为'取坎填离'，乃成圣胎。又使复还于无始，而为最上之一圈，

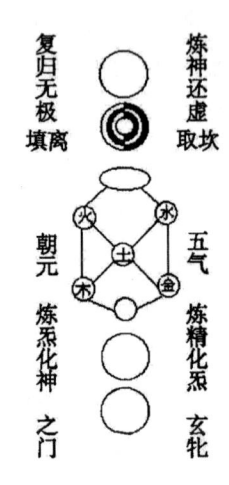

图6.1 陈抟的无极图

名为'炼神还虚,复归无极',而功用至矣。盖始于得窍,次于炼己,次于和合,次于得药,终于脱胎求仙,真长生之秘诀也。"(黄宗羲、全祖望,1982:515)

可见,《无极图》讲述的正是钟吕心法所强调的内丹修炼之法,不但强调炼精化气、炼气化神和炼神合道(这里改为炼神还虚,与陈抟的观空之论有关),而且也将五行攒合、坎离交会之法融入其中。所以比较全面地体现了成熟的内丹修炼体系。后来,陈抟的隐仙派,因为元末明初张三丰(1333—1458?)的承继而盛极一时(张三丰,1990)。

总而言之,在晚唐五代之际,道教发展出内丹学说,本质上已经超越了单纯的内养方术,而是旨在逆向体悟天道生成万物的过程,来开展证悟天道的实践活动。其目的就是希求通过修炼内丹来成就终极了证,并因此到达长生久视的目的,甚至期盼得以长生不老。由于摒除了道教众多的"旁门小法",从此,道家内丹心法,逐渐走向繁荣。

第二节 丹法分派学说

内丹心法到了宋元,进入一个快速的发展时期,并因此形成了具有不同修炼主张的学派,有的还形成了规模空前的教派。大致而言,先后形成的学派主要包括张伯端开创的南派、王重阳创建的北派(以及因此建立了全真教),以及李道纯建立的中派。有明以降,内丹心法理论趋于成熟,先有隐仙派中兴,继而有东西两派横空出世,而就龙门派本身也有伍柳学派开创全新局面。所有这些,都有力促使内丹理论走向成熟形态。在本节,我们就来分别介绍内丹南、北、中、东、西学派的心法思想以及主张的修炼途径。

一、南北性命双修

张伯端,字平叔,一名用成(诚),号紫阳,生于宋太宗雍熙四年(987年),卒于宋神宗元丰五年(1082年),享年99岁。有意思的是,他86岁(1069年)那年才感得真人授其丹道火候之诀,而写成《悟真篇》时,已是92岁的高龄(1075年)。

通智达仁：传授心法述要

《悟真篇》的丹道思想，主要是继承了钟吕心法援禅性入道命的思想，强调道佛双融、性命双修之说，并强调先命后性。《悟真篇》还对陈抟无极图有关炼精化气、炼气化神、炼神还虚，以及复归无极的主要炼丹阶段做进一步地发挥。从《悟真篇》编排内容来看，分为如下五个部分：(1)卷上包括七言律诗16首(含自序)，为总论；(2)卷中包括七言绝句64首，为分论；(3)卷下包括五言1首、西江月13首、七绝5首，主要为效用；(4)相关诗文3首(含后序)，为杂论；(5)禅宗歌颂诗曲杂言32首，为尽性。

在上述《悟真篇》编排内容中，(1)至(4)多依据《道德经》、《周易参同契》和《黄帝阴符经》的思想内容，来阐述致命原理，主要讲述炼精化气的命功丹法，兼顾讲述炼气化神的过度内容。而与此相对，(5)则是引述禅宗思想内容来阐明尽性原则，主要讲述炼神还虚阶段的性功问题，强调形神俱妙、与道合一、复归无极。正是从这个意义上讲，《悟真篇》构成了所谓的先命后性的内丹体系。

张伯端在《悟真篇》自序中说："释氏以空寂为宗，若顿悟圆通，则直超彼岸。如其习漏未尽，则尚徇于有生。老氏以炼养为真，若得其要枢，则立跻圣位；如其未明本性，则犹滞于幻形。其次，《周易》有穷理尽性致命之辞，《鲁语》有'毋意，必，固，我'之说，此又孔子极臻于性命之奥也。……至于庄子推穷物类逍遥之性，孟子善养浩然之气，皆切几之。迨夫汉魏伯阳，引易道交媾之体，作《参同契》，以明大丹之作用。唐忠国师，于《语录》首序老庄言，以显至道之本来如此，岂非教虽分三，道乃归一。"(张伯端，1990：1-2)不但历数了历代主要心法，而且强调三教心法，其归旨无有不同。能够有这样的见解，可见张伯端胸襟之博大。

在《悟真篇》正文中，卷上共有十六首律诗，张伯端概括了内丹功法的全过程，可以看作是内丹心法的总论。开头两首讲立志修行，避免误入歧途，要摆脱虚妄名利的追逐。接着强调修行的关键就是成就金丹，要达到境界就是："二物会时情性合，五行全处虎龙蟠。"(张伯端，1990：3)承续的自然就是钟吕心法的传统，所以后面主要论述的坎离颠倒、五行攒簇、周天火候等丹法。特别强调"人人本有长生药，自是迷徒枉摆抛。甘露降时天地合，黄芽生处坎离交。"(张伯端，1990：11)认为"黄芽白雪不难寻，达者须凭德行深。四象五行全仗土，三元八卦岂离壬。"(张伯端，1990：11)

并提出:"三五一都三个字,古今明者实然稀。"(张伯端,1990:24)特别强调金丹本有、三家相见以及"土意"的关键作用,这些都是超越钟吕心法之处。

在卷中的七言绝句64首,属于分论,进一步具体讲述丹法原理和步骤,使读者能够按图索骥,自行领悟其中真诠。按照次序,讲述乾坤为鼎器、乌兔(坎离)为药物、火候关窍、进火退符、温养沐浴、四象五行、相生相克、抽添防危,以及水精与火神相辅相成结成金丹之道。应该说,虽为诗歌语言,比较隐晦难明,却也道尽了内丹心法之全貌。

比如第1首诗曰:"先把乾坤为鼎器,次抟乌兔药来烹。既驱二物归黄道,争得金丹不解生。"(张伯端,1990:31)就是明确鼎器、药物与宗旨的。从第13首至第21首论述了丹法原理,即阴阳交会、取坎填离、五行攒簇之法。然后,在第30首至36首则论述了火候之机,主要是关于一月六候周天之法,讲论一阳初动、抽添防危、沐浴温养的功法。

最后值得一提的是,张伯端比较强调入世有为,修炼金丹的目的便是要"和光同尘"、任运自在的。所以在最后一首诗文中指出:"修行混俗且和光,圆即圆兮方即方。显晦逆从人莫测,教人争得见行藏。"(张伯端,1990:130)从中也可以看见其所追求的超迈境界。

卷下首先给出了一首五律,讲丹法之妙用,诗曰:"女子著青衣,郎君披素练。见之不可用,用之不可见。恍惚里相逢,杳冥中有变。一霎火焰飞,真人自出现。"(张伯端,1990:133)然后接着给出了西江月13首,主要描述修炼丹法的奇妙效用。其中不乏高妙之语,比如"志士若能修炼,何妨在市居朝。""若要修成九转,先须炼己持心。""木性爱金顺义,金情恋木慈仁。"(张伯端,1990:135-158)最后,卷下之末,录有5首七绝诗,主要是批判旁门左道的,颇有深意。从论述的结构编排上看,《悟真篇》卷下,也可以看作以1首五律为序言,13首西江月为核心,以5首七绝为结语,对内丹功法作了进一步过程性描述,可以看作是对卷中的补充说明。

在《悟真外篇》,还记载了《读周易参同契》、《赠白龙洞刘道人歌》、《石桥歌》,以及张伯端自己写的一篇《悟真篇后序》,也都或多或少地阐述了其内丹修道思想。其中后序中曰:"窃以人之生也,皆缘妄情而有其身,有其身则有患。若无其身,患从何有?夫欲免夫患者,莫若体夫至道。欲体夫至道,莫若明夫本心。故心者,道之体也,道者,心之用也。人能察心观性,则圆明之体自现,无为之用自成,不假施功,顿超彼岸。此非心镜朗然,神珠廓明,则何以使诸相顿离,纤尘不染,心源自在,决定无生者哉?然其明心体道之士,身不能累其性,境不能乱其真,则刀兵乌能伤,虎兕乌能害,巨焚大浸乌能为虞?达人心若明镜,鉴而不纳,随机应物,和而不唱,故能胜物而无伤也,此所谓至上至真之妙道也。"(张伯端,1990:175)其中主旨,颇达禅宗之妙境。所以不难理解,张伯端在《悟真篇》中除了大谈修命之丹道,也还是念念不忘外借禅旨,在《悟真性宗直指》中,大谈修性之禅旨。从中,张伯端先命后性之双修宗旨,可知是展露无遗的。

除了《悟真篇》大谈命功之外,张伯端还有《金丹四百字》留存于世,也是主要论述内丹命功之法,可以看作其丹法命功思想的总结之文。在《金丹四百字解》"张伯端原序"中说:"心属乾,身属坤,故曰乾坤鼎器。阳气属离,阴精属坎,故曰乌兔药物。……炼精者炼元精,非淫泆所感之精;炼气者炼元气,非口鼻呼吸之气;炼神者炼元神,非心意念虑之神。……身者心之宅,心者身之主。心之猖狂如龙,身之狞恶如虎,身中有一点真阳之气,心中有一点真阴之精,故曰二物。"(张伯端,1990:202)"故曰:夺天地一点之阳,采日月二轮之气,行真水于铅炉,运真火于汞鼎,以铅见汞,名曰华池;以汞入铅,名曰神水。不可执于无为,不可形于有作,不可泥于存想,不可著于持守,不可枯坐灰心,不可盲修瞎炼。"(张伯端,1990:202)可以作为解读《金丹四百字》丹法思想的切入点。

要言之,有关张伯端的丹法思想及内容,可以通过上述《悟真篇》《悟真外篇》以及《金丹四百字》得以了解,倡导一种更加注重丹法命功的性命双修之途径。后来被人们归纳为所谓内丹南派。

张伯端之后,南派先后一传石泰(1022—1158),著有《还原篇》;二传薛道光(1078—1191),著有《还丹复命篇》;三传陈泥丸(?—1213),著有《翠虚篇》;四传白玉蟾(1194—1289),著有《紫清指玄集》;凡延续五代传人。后人也称张伯端等此五人为南派五祖。最后的白玉蟾影响较大,将张伯端的丹法原则渗透到全部内丹修炼过程之中,给出南派较为系统的丹法体系。

与南派相对的就是北派全真教。全真教创立者王喆(1113—1169),

原名中孚,字知明,号重阳子,陕西咸阳人。注有《五篇灵文》,著有《立教十五论》《金关玉锁诀》《修仙了性秘诀》《授丹阳二十四诀》,王重阳还留存有诗文集。王重阳寿不过五十八,其自撰有七言绝句《寿期》诗云:"害风害风旧病发(嗜酒上瘾之症),寿命不过五十八;两个先生决定来,一灵真性诚搜刮。"(蜂屋邦夫,2007:380)可知其为嗜酒成性而亡。

全真教属于独自创立的内丹派,但其思想渊源当源自钟吕心法,跟张伯端南宗一样,强调内丹与禅宗的融通。只不过到了全真教,终于形成了侧重修性的一个道教教派,并拥有独立的教团。因此,跟南派不同,北派全真教为了约束教徒,王重阳还撰写有《重阳立教十五论》(蜂屋邦夫,2007:566-569),内容包括第一住庵、第二云游、第三学书、第四论合药、第五论盖造、第六论合道伴、第七论打坐、第八论降心、第九论炼性、第十论匹配五气、第十一论混性命、第十二论圣道、第十三论超三界、第十四论养身之法、第十五论离凡世。

《立教十五论》的宗旨自然就是要入乎所谓圣道,就是第十二论圣道所说的:"入圣之道,须是苦志多年,积功累行。高明之士,贤达之流,方可入圣之道也。"(蜂屋邦夫,2007:568)而其中具体圣道修炼相关的论述主要体现在第七至第十二论述中。从中不难看出,王重阳虽然也倡导性命双修,比如第十一论混性命:"性者,神也。命者,气也。……性命是修行之根本。谨紧锻炼矣。"(蜂屋邦夫,2007:568)但在内丹修持的次序方面,与南宗不同,强调先性后命,特别强调打坐、降心和炼性。

第七论打坐曰:"凡打坐者,非言形体端然,瞑目合眼。此是假坐也。真坐者,须要十二时辰,行住坐卧,一切动静中间,心如泰山不动不摇,把断四门眼耳口鼻,不令外景入内。但有丝毫动静思念,即不名静坐。"(蜂屋邦夫,2007:567)第八论降心曰:"凡论心之道,若常湛然,其心不动。昏昏默默,不见万物。冥冥杳杳,不内不外。无丝毫念想,此是定心不可降也。"(蜂屋邦夫,2007:567)第九论炼性曰:"理性如调琴弦。紧便有断,慢则不应。紧慢得中,琴可调矣。则又如铸剑,钢多则折,锡多则卷。钢锡得中,则剑可矣。调炼性者,体此二法,则自妙也。"(蜂屋邦夫,2007:568)

从上论述可见,基本上没有涉及修命之论,以至于第十论匹配五气时也说:"五气聚于中宫,三元攒于顶上。青龙喷赤雾,白虎吐乌烟。万神罗列,百脉流冲。丹砂晃朗,铅汞凝澄。"(蜂屋邦夫,2007:568)也是强调心性之神为上,是"身且寄向人间,神已游于天上。"(蜂屋邦夫,2007:568)这一点,在第十五论离凡世中也有论述:"得道之人,身在凡而心在圣境矣。今之人,欲求不死而离凡世者,大愚不达道理也。"(蜂屋邦夫,2007:568-569)所以北派创教伊始,虽讲性命双修,其实主要还是以修心为主,可见受禅宗心法影响至深。

基本上沿袭禅宗的明心见性思想,全真教非常重视心性的修炼,认为这才是真功所在。徐琰在《郝宗师道行碑》说:"其修持大略以识心见性、除情去欲、忍耻含垢、苦己利人为之宗。"(卿希泰,卷三,1996:64)丘处机自己也说:"吾宗惟贵见金,而水火配合,其次也;大要以息心凝神为初基,以性明见空为实地,以忘识化障为作用,回视龙虎铅汞,皆法相而已,不可拘执。不如此便为外道,非吾徒也。"(王沐,1990:14)

有关丹法修炼方面,虽然王重阳撰有《金关玉锁诀》《授丹阳二十四诀》等所论内丹之法,但看其内容,都是一些术语的解释以及沿袭传统丹道思想,没有多少新意。倒是在其所注的《五篇灵文》中,体现了王重阳重要的丹法思想,并给出了具有特色的内丹修炼方法。

《五篇灵文》被王重阳看作是"最上一乘妙诀"之心传,认为:"夫最上者,以太虚为鼎,太极为炉,清净为妙用,无为为丹基,性命为铅汞,定慧为水火,以自然造化为真种子,以勿忘勿助为火候,洗心涤虑为沐浴,存神定息为固济,戒定慧为三要,先天之中为玄关,明心为应验,见性为凝结,三无混合为圣胎,打成一片为丹成,身外有身为脱胎,打破虚空为了当。此最上一乘之妙道,三教同源之心法,上士行之不息,直超圣域,顿悟圆通,形神俱妙,与道合真,逍遥极乐,永劫不坏,即大觉金仙之位也。至道原来不易传,空微究理了尘缘,山头水降黄芽长,地下当升白雪填,慧月涓涓澄碧沼,玄风细细卷青烟,木性金情相交合,便是虚无太极圈。"(盛克琦,2009:319)

在《五篇灵文》"序"中所论,最能反映王重阳有关丹法思想的整体状况。比如其在对"以天心为主,以元神为用"的注曰:"天心乃妙圆之真心也。释氏所谓妙明真心,心本妙明,无染无着清净之体,稍有染着,即名之妄也。此心是太极之根,虚无之体,阴阳之祖,天地之心,故名天心也。元神者乃不生不灭无朽无坏之真灵,非思虑妄想之心。天心乃元神之主宰,元神乃天心之妙用。故以如如不动,妙圆天心为主,以不坏不灭,灵妙元神为用也。"以及对"却从炼己纯熟,方得先天造化,玄珠成象,太乙含真,形神俱妙,与道合真,此皆自然而然,不假一毫作为也"。注曰:"炼己即炼心也,心为离,离者己土也。炼心不动即离宫修定。定则气和,和则身安,安则精气充满,满则铅汞凝结,结则造化自有。玄珠成象,太乙含真,金液炼形,骨散寒琼,形神俱妙,与道合真,皆自然也。若非操存谨守,降心炼形,必无自致之理。然此工夫必加勇猛决烈之心,舍死忘生之志,乃可纯熟也。心死方得神活,此之谓也。"(盛克琦,2009:308-312)都充分体现其一贯的先性后命主导思想的。

至于《五篇灵文》正文部分,则分别论述了金丹修炼的五个方面,分别为玉液章第一、产药章第二、采药章第三、得药章第四和温养章第五,我们概述其要点如下。

(1)玉液章第一。所谓玉液乃指神气交合之物,是"神不离气,气不离神,呼吸往来,归乎一源"。所以应该遵循心身无为中而有为之道,即"不可着体,不可运用,委志虚无,寂然常照"。具体途径就是:"既神与气合,神入气中,自然五行四象攒簇,是为坎离交媾之功也。"(盛克琦,2009:312)

(2)产药章第二。正文曰:"神守坤宫,真火自来。坤宫乃产药川源,阴阳交媾之处。"坤宫,黄庭,乃"中虚之窍,真气发生之所"。重阳注曰:"坤宫之火,曰真人之火也。常以神照坤宫煅炼阴阳,精化为气。专心致志,于行住坐卧之间,皆可随意守之,不可散乱。……若煅炼之久,精得火炼,自然化为一气。"(盛克琦,2009:312-313)

(3)采药章第三。采药之由,"始则凝神于坤,煅炼阴精,化为阳气,薰蒸上腾,河车搬运,周流不息。次则凝神于乾,渐炼渐凝,渐聚渐结,结成一颗玄珠,大如黍米,恒在目前,一得永得"。此时要:"急急采取,其采取之妙,如发千钧之弩,惟用一寸之机。似采非采,不采实采,乃为真采也。"(盛克琦,2009:314-315)

(4)得药章第四。正文曰:"自太玄关升入泥丸,化为金液,吞入腹内,香甜清爽,万孔生春,遍体生光。至此乃是乾坤交媾。一得永得之妙,全在防危虑险,即当牢封固闭,勿令渗漏,以便温养。"(盛克琦,2009:316)重阳所注,进一步阐述运用蟾光六候之法,乃为得药之法。

(5)温养章第五。所谓温养,就是要:"十二时中,念兹在兹,含光藏耀,行住坐卧,绵绵若存,如鸡抱卵,如龙养珠。抱元守一,先天元神元气,刻刻相合,渐渐相化,但安神息,不运火而火自运。""温养三年之后,婴儿老成,不可远离,直至九年,与太虚同体,形神俱妙,与道合真。"(盛克琦,2009:317-318)这样便大功告成了。

王重阳传丹法于马丹阳(名钰,1123—1183,著有《丹阳真人直言》、《丹阳真人语录》)、孙不二(名富春,1119—1182,著有《孙不二元君法语》)、谭处端(1123—1185)、刘处玄(1147—1203,著有《至真语录》)、王玉阳(1142—1217)、郝大通(1140—1212)、丘处机(1148—1227,著有《大丹直指》),世称全真七子。王重阳与全真七子还留存有大量诗文集。

在王重阳的弟子中,以马丹阳、孙不二、丘处机对后世影响为最大。特别是丘处机创立了全真教龙门派,对后世影响最为广大久远。丘处机,字通密,道号长春子,登州栖霞(今属山东省)人,是王重阳最小的弟子,后来成为全真教掌门人,并开创龙门派。丘处机撰有《大丹直指》可能不实,其将内丹修炼分为九个步骤(丘处机,2005:106-135):(1)龙虎交媾;(2)周天火候;(3)肘后飞金精;(4)金液还丹;(5)太阳炼形;(6)三田既济;(7)炼神入顶;(8)炼神合道;(9)弃壳升仙超凡入圣。

丘处机的龙门派流传广大,盛况经久,以至于到了元朝末年,南派渐渐融入北派而消亡(包括元代最著名的陈致虚和李道纯两位高道,都是由南派转入全真者),两派合流之后相互融合,共宗《周易参同契》和《悟真篇》为祖经。丘处机传法弟子有尹志平、李志常、王志坦、宋德方、李志方等。龙门派影响最大、传承最久,全真教并因此传承不衰,时至今日。

二、中派性命调和

内丹中派,乃是一种学说思潮,主要在融合南派北派的基础上加以改革,自行著书立说,并加以传授。代表人物为元代的李道纯,著有《中和集》等道书。李道纯(1219—1296),字元素,都梁(今湖南武冈县)人,号清庵,又号莹蟾子。李道纯原本为道教南宗传人白玉蟾弟子王金蟾的门人,后来却以北宗全真道士自居,主张先性后命。

李道纯是一位融汇南北派、贯通儒释道三教的一代宗师。其丹法思想不但南北兼收、融会禅宗心性之旨,而且更重要的是吸收儒学太极与中和思想,特别强调玄关守中之要,深得中庸思想之精髓。考虑到其丹法思想主要体现在《中和集》中,下面我们就主要介绍《中和集》的思想内容。

在阐释《太极图》时,李道纯曰:"释曰圆觉,道曰金丹,儒曰太极,所谓'无极而太极'者,不可极而极之谓也。释氏云:'如如不动,了了常知,'《易系》云:'寂然不动,感而遂通,'书云:'身心不动以后,复有无极真机,'言太极之妙本也。是知三教所尚者静定也,周子所谓'主于静者'是也。盖人心静定未感物时,湛然天理,即太极之妙也。一感于物,便有偏倚,即太极之变也。苟静定之时谨其所存,则天理常明,虚灵不昧,动时自有主宰,一切事物之来俱可应也。静定工夫纯熟,不期然而自然至此,无极之真复矣,太极之妙应明矣,天地万物之理悉备于我矣。"(盛克琦,2009:3)

在阐释《中和图》时,李道纯曰:"《礼记》云:'喜怒哀乐未发谓之中,发而皆中节谓之和。'未发,谓静定中谨其所存也,故曰中;存而无体,故谓'天下之大本'。发而中节,谓动时谨其所发也,故曰和;发无不中,故谓'天下之达道'。诚能致中和于一身,则本然之体虚而灵、静而觉、动而正,故能应天下无穷之变也。老君曰:'人能常清静,天地悉皆归。'即子思所谓:'致中和,天地位,万物育,'同一意。中也、和也,感通之妙用也,应变之枢机也,《周易》'生育流行,一动一静'之全体也。予以所居之舍'中和'二字匾名,不亦宜乎哉!"(盛克琦,2009:4)

在上述思想阐述的基础上,李道纯给出了《委顺图》的修炼原则:"身、心、世、事,谓之四缘。一切世人皆为萦绊,惟委顺者能应之,常应常静,何缘之有?何谓委?委身寂然,委心洞然,委世混然,委事自然。何谓顺?顺天命,顺天道,顺天时,顺天理。身顺天命,故能应人;心顺天道,故能应物;世顺天时,故能应变;事顺天理,故能应机。既能委,又能顺,兼能应,则四缘脱洒。作是见者,常应常静,常清净矣。"将修心宗旨归结到《照妄图》上,强调"允执厥中"。他指出:"古云:'常灭动心,不灭照心。'一切不动之心皆照心也,一切不止之心皆妄心也。照心即道心也,妄心即人心也。'道心惟微',谓微妙而难见也。'人心惟危',谓危殆而不安也。虽人心亦有道心,虽道心亦有人心,系乎动静之间尔。惟'允执厥中'者,照心常存,妄心不动,危者安平,微者昭著,到此无妄之心复矣,无妄之道成矣,《易》曰:'复,其见天地之心乎?'"(盛克琦,2009:5)

至于"复见天地之心"的关键,李道纯遵循周敦颐《太极图说》的主静说,在《颂二十五章》也特别强调修炼的动静相须,认为:"欲造斯道,将奚所自,惟静惟虚,胎仙可冀。虚则无碍,静则无欲,虚极静笃,观化知复。动而主静,实以抱虚,二理相须,静与道俱。"(盛克琦,2009:8)

这样,在上述"玄门宗旨"的基础上,李道纯非常系统地给出了修行中和之法的"画前密意",共有十六条准则:易象第一,常变第二,体用第三,动静第四,屈伸第五,消息第六,神机第七,智行第八,明时第九,正己第十,工夫第十一,感应第十二,三易第十三,解惑第十四,释疑第十五,圣功第十六。主要是从易道角度,来阐述圣功变化之理的。

首先,要明白"易象"之道是由"常变"之"体用"两个方面和合而成的,其中表现就在于"动静""屈伸"和"消息"变化之机。而要达到中和之境的关键则又是把握"神机",所谓:"存乎中者,神也;发而中者,机也。寂然不动,神也;感而遂通,机也。隐显莫测,神也;应用无方,机也。蕴之一身,神也;推之万物,机也。吉凶先兆,神也;变动不居,机也。备四德自强不息者,存乎神者也,贯三才、应用无尽者,运其机者也。"(盛克琦,2009:11)具体的途径便是"智行":"智者,深知其理也;行者,力行其道也。深知其理,不见而知。力行其道,不为而成。不出户知天下,不窥牖见天道,深知也。自强不息,无往不适,力行也。知乱于未乱,知危于未危,知亡于未亡,知祸于未祸,深知也。存于身而不为身累,行于心而不为心役,行于世而不为世移,行于事而不为事碍,力行也。深知其理者,可以变乱为治,变危为安,变亡为存,变祸为福。力行其道者,可以致身于寿域,致心于玄境,致世于太平,致事于大成。非大智大行者,其孰能及此?"(盛克琦,2009:11)

然后进一步通过"明时""正己""工夫"和"感应"等修为,就可成就"圣功"。为此,李道纯将"易道"分为三易,即天易、圣易和心易。天易,指易之理也,观天易,贵在穷理,理穷则知天。圣易,指易之象也,观圣易,贵在明象,象明则入圣。心易,指易之道也,观心易,贵在行道,道行则尽心。

于是乎"深造天易,则知时势;深造圣易,则知变化;深造心易,则知性命。以心易会圣易,以圣易拟天易,以天易参心易。一以贯之,是名志士。"(盛克琦,2009:13)于是,成就圣功关键就在于会圣易、拟天易、参心易。

所以李道纯在《圣功第十六》最后总结曰:"圣人所以为圣者,用易而已矣。用易所以成功者,虚静而已矣。虚则无所不容,静则无所不察;虚则能受物,静则能应事。虚静久久,则灵明。虚者,天之象也。静者,地之象也。自强不息,天之虚也;厚德载物,地之静也。空阔无涯,天之虚也;方广无际,地之静也。天地之道,惟虚惟静。虚静在己,则是天地在己也。道经云:'人能常清静,天地悉皆归。'其斯之谓欤?清即虚也,虚静也者,其神德圣功乎?"(盛克琦,2009:13)

在《中和集》卷二,就丹法修炼,李道纯给出了"金丹秘诀"。在李道纯的丹法体系中,安炉为坤身(坎离匡廓之身),立鼎为乾心(斜月三星之心)。还丹为心身合,返本为归金丹(太极)。而炼丹之口诀则为(二图诀曰):"取出坎中画,补离还复乾,纯阳命本圆,无碍性珠圆,受触全天理,离尘合上禅,采铅知下手,三叠舞胎仙。"(盛克琦,2009:16)

至于火候则沿袭十二卦象之法,并与乾坤两卦的爻位一一对应(进火对应乾卦六爻,退符对应坤卦六爻)。而其中最有所独到之处的,就是提出了内外二药之说。对此,李道纯作有内外二药图及《金丹内外二药图说》,认为:"外药可以治病,可以长生久视。内药可以超越,可以出有入无。大凡学道,必先从外药起,然后自知内药。高上之士,夙植德本,生而知之。故不炼外药,便炼内药。内药无为无不为,外药有为有以为。内药无形无质而实有,外药有体有用而实无。外药色身上事,内药法身上事。外药地仙之道,内药鬼仙之道。二药全天仙之道。外药了命,内药了性。二药全形神俱妙。"(盛克琦,2009:20-21)可见李道纯更加重视了性之内药,而看低了命之外药,并将内外药修炼,跟炼精化气、炼气化神和炼神还虚三关之说联系起来。

比如,就内外药修炼的步骤而言,提出三关之说,指出:"初关(炼精化炁)先要诚,天癸生时急采之。中关(炼气化神)调和真息周流六虚,自太玄关逆流至天谷穴交合,然后下降黄房,入中宫乾坤交媾罢,一点落黄庭。上关炼神还虚,以心炼念,谓之七返,以情来归性,谓之九还。"(盛克琦,

2009:21)其中特别强调修炼内药的关键:"内药乃炼神之要,形神俱妙与道合真。内药,先天一点真阳是也,譬如乾卦中一画交坤成坎水是也。中一画本是乾金,异名水中金,总名至精也。至精固而复祖炁,祖炁者,乃先天虚无真一之元炁,非呼吸之气,如乾卦中画交坤成坎了却,交坤中一阴入于乾而成离,离中一阴本是坤土,故因名曰砂中汞是也。"(盛克琦,2009:22)

李道纯认为,天道顺行而生人,是道生一(虚化神),一生二(神化炁),二生三(炁化精),然后三生万物(精化形);而人道修炼逆行则成丹,是万物含三(炼乎至精),三归二(精化炁),二归一(炁化神)。因此,炼丹所炼之药,就是"上药三品精炁神"。但不同的是,李道纯认为:"体则一,用则二。何谓体?本来三元之大事也。何谓用?内外两作用也。"(盛克琦,2009:22-23)强调内外药的分别作用:"内药:先天至精,虚无空炁,不坏元神。外药:交感精,呼吸气,思虑神。"(盛克琦,2009:22-23)也就是说内药偏向于炼神,是修性;外药偏向于炼精气,是修命。所以,李道纯的炼丹三关是这样界定的(盛克琦,2009:23):(1)炼精化炁,初关,有为,取坎填离。(2)炼气化神,中关,有无交入,乾坤阖辟。(3)炼神还虚,上关,无为。认为:"此三段工夫到了,则一。若向这里具双眼,三教之大事毕矣。"(盛克琦,2009:24)

对于五气朝元之说,李道纯也有自己的新见解,给出了《三五指南图局说》,认为:"身心意,曰三家。精气神,曰三元。精神魂(性)魄(情)意,曰五气。铅汞银砂土,曰五行。三家相见,曰胎圆。三元合一,曰丹成。"(盛克琦,2009:26)而丹成所谓的玄关一窍,最为李道纯所重视,提高到了最高境界的论述之中,从而也解决了丹法之根本归属问题。李道纯在《玄关一窍》中说:"夫玄关一窍者,至玄至要之机关也。非印堂、非顶门、非肚脐、非膀胱、非两肾,非肾前脐后,非两肾中间。上至顶门,下至脚跟,四大一身才著一处,便不是也。亦不可离了此身向外寻之,所以圣人只一中字示人。只此中字便是也。我设一喻,令尔易知,且如傀儡手足举动,百样趋跄,非傀儡能动,是丝线牵动。虽是线上关捩,却是弄傀儡底人牵动。咦!还识这个弄傀儡底人么?休道更疑惑,我直说与汝等。傀儡比此一身,丝线比玄关,弄傀儡底人比主人公。一身手足举动,非手足动是玄关使动,虽是玄关动,却是主人公使教玄关动。若认得这个动底关挨,又奚患不成仙乎?"(盛克琦,2009:27-28)却除了一切具象所指,才能够跟心性之根关联起来,进而才能圆融丹法理论!

在《中和集》卷三《问答语录》中,充分体现了李道纯倡导三教融合的思想,并对金丹修炼中的一些基本概念作了解答。特别是对铅汞、抽添、烹炼、玄关、三五、金丹、九还、七返、三关(三元、三要、三宫)、玄牝、鼎炉、药物、黄婆、金公、婴儿、真金、先天一气、水火(火中有水、水中有火)、既济、未济、金木并、二八、沐浴、丹成、养火、脱胎、了当等等丹法之术语,在《金丹或问》中都作了简要解答,澄清使用混乱的丹法术语。

在《全真活法》篇中,李道纯授诸门人曰:"全真道人当行全真之道,所谓全真者,全其本真也,全精全气全神方谓之全真,才有欠缺,便不真也。"(盛克琦,2009:49)然后给出了具体金丹修炼指示。末了,还给出了修炼丹法的总体口诀:"外阴阳往来则外药也,内坎离辐辏乃内药也。外有作用,内则自然。精气神之用有二,其体则一。以外药言之,交合之精先要不漏,呼吸之气更要细细,至于无息。思虑之神,贵在安静,以内药言之炼精,炼元精,抽坎中之元阳也。元精固则交合之精自不泄。炼气,炼元气,补离中之元阴也。元气住则呼吸之气自不出入。炼神,炼元神也,坎离合体成乾也。元神凝则思虑之神泰定,其上更有炼虚一著,非易轻言,贵在默会,心通可也。勉旃勉旃。"(盛克琦,2009:51)

最后,《中和集》卷四、卷五和卷六主要收录了李道纯的有关论说、歌诗方面的作品。其中比较集中反映李道纯丹法思想的主要有《性命论》《炼虚歌》《火候歌》和《龙虎歌》等诸篇。除了《中和集》外,李道纯尚有其他多种著述和文集。比如《三天易髓》,分别解"太极"之乾卦、"金丹"之炼法和"心经"之直指;《黄帝阴符经》解说,将儒之太极、释之圆觉和道之金丹,合而为一体;《全真集玄秘要》则分别解注《周易参同契》和《太极图说》;《道德会元》对《道德经》作了解注;还有门人集录的《莹蟾子语录》以及若干道经的注释等。

作为一种学说思潮,后来继承内丹中派思想的还有明代的尹真人高弟,著有《性命双修万神圭旨》,以及清末黄棠(字元吉),著有《乐育堂语录》《道门语要》等书。内丹中派的最大特点是调和三教,积极倡导儒释道三家心法思想的融合贯通。

三、东西丹法流变

首先指出:"兴盛于金元时代的全真道,至元代中后期,因长期贵盛,已呈外盛内衰之象,无有影响的高道出现。"(卿希泰,第三卷,1996:463)唯就内丹思想流派的创建而言,明朝时期最为重要的丹道家,是内丹道东派的创始人陆西星。

陆西星(1520—1606),字长庚,号潜虚子,江苏兴化人。陆西星著有《方壶外史》(含《玄肤论》《金丹大旨图》《七破论》和《金丹就正篇》)和《三藏真诠》。《方壶外史》收录了陆西星绝大多数的内丹著作,而《三藏真诠》为笔记性著述,两书可以对比参考阅读。我们仅以《方壶外史》来介绍陆西星丹道论的主要思想内容。

在《玄肤论》中有"三元论"曰:"三元者,天元、地元、人元之谓也。天元谓之神丹。神丹者,上水下火,炼于神室之中,无质生质,九转数足,而成白雪。三年加炼,化为神符。得而饵之,飘然轻举。乃药化功灵,圣神之奇事也。……地元谓之灵丹。灵丹者,点化金石,而成至宝。其丹乃银铅砂汞有形之物,但可济世,而不可以轻身。九转数足,用其药之至灵妙者,铸这神室,而以上接乎天元。乃修道之舟航,学人之资斧也。……人元者,谓之大丹。大丹者,创鼎于外,炼药于内,取坎填离,盗机逆用之谓也。古者高仙上圣,莫不由之。故了命之学,其切近而精实者,莫要于人元。"(陆西星,2010:354)明确了修炼金丹所针对的对象就是人元!

关于炼药之说,在《内药外药论》中认为:"且夫上药三品,神与气、精,凡吾所具于先天者,浑沦未凿,何假修炼?故童初之子,皆圣胎也。自夫情窦一开,而浑沦之体破矣!浑伦之体既破,则丹吾身之所有者,日改月化,动皆落于后天。后天之物皆属于阴,其法不能以久存,不得不假夫同类之先天者以补之。而同类之先天则太阳乾金也。以阳炼阴,形乃长存。……然又须知彼我之气,同一太极之所分。其中阴阳之精,互藏其宅,有不可以独修者。"(陆西星,2010:355)

这里,陆西星提出阴阳互藏观点,并进一步认为:"乾坤,则阴阳之象也;乌兔,则阴阳之精也。离为日,日秉阳精,而离之中画却是阴,是阴藏于阳之宅也;坎为月,月秉阴精;而坎之中画却是阳,是阳藏于阴之宅也。《契》曰:'坎男为日,离女为月。'盖言此也。是知乾坤者,阴阳之纯也;坎离者,阴阳之交也。其在人也,情窦未凿之先,一乾坤纯阴纯阳之象也;既凿之后,阴阳之体交,而互藏之精用矣。"(陆西星,2010:355)

对于铅汞坎离,陆西星也有独到见解(铅汞论):"先天卦位,本乾坤所居。今退而不用,以离坎代之,则后天之用行矣。离为日,照耀于南;坎为月,照临于北,日月交光,而万物生焉。虽曰后天之用,其实则先天之体为之。故坎之真气,化而为铅,即天一所生之水也;离之真精,化而为汞,即地二所生之火也。铅汞水火,皆人间有名有相之物,谓之真铅真汞,则不可名不可相也。故不得已而假有名有相之物以拟之,而加之曰真实,则阴精阳气而已。"(陆西星,2010:358)

论及元精、元气、元神,则特别看重元神之统帅作用。有问:"元气为铅,元精为汞,元神果何物乎?"陆西星曰:"元神为性,精气之主也。以其两在而不测,灵通而无方,故命之曰神。故神住则精凝,精凝则气归,气归则丹结。皆先天之用也。所谓元精,非交感之精之谓也。精藏于离,心中之真液也。所谓元气,非口鼻呼吸之谓也。气藏于坎,虚无中之真气也。所谓元神,非思虑之神之谓也。神通于无极,父母未生以前之灵真也。夫人,一太极也,精气即太极之阴阳也,神即太极之无极也,是谓元精、元气、元神。"(陆西星,2010:359)为了突出元神的主宰作用,还专门撰有《神统论》,认为:"故神藏于精,则谓之曰精神;神藏于气,则谓之曰神气。精气之得神而王,犹臣之得君而尊也。故修真之士,莫要于养神。神即性也,性定则神自安,神安则精自住,精住则气自生。……故修真之士莫要于炼神。炼神者,玉液炼己之谓也,大道之所以成始而成终者也。"(陆西星,2010:359-360)

对于金液炼形和玉液炼己之说,陆西星也有所发明,指出:"夫道者,性命兼修,形神俱妙者也。金液炼形者,了命之谓也。玉液炼己者,了性之谓也。何谓玉液?玉者,温润贞纯之喻。金者,坚刚不坏之称。夫炼性者,损之又损,克去己私,务使温润贞纯,与玉比德,则己之内炼熟矣。内炼既熟,然后可以临炉采药,而行一时半刻之功。及夫时至机动,则取坎填离,采铅伏汞。而坎中一画之阳,乃先天乾金也,谓之金液。以之炼形,则体化纯阳,而形骸为之永固,一如金之坚刚而不坏矣。故曰金炼玉炼。性命兼修,而形神俱妙者也。玉炼,则无为之道也;金炼,则有为之术也。自无为而有为,有为之后,而复返于无为,则性命之理得,而圣修之能事毕矣。"(陆西星,2010:360)

特别是,陆西星强调元性元神无异无别,认为:"元性即元神,无以异也。以其灵通而莫测,妙应而无方,故名之曰神。谓之元者,所以别于后天之思虑也。"(陆西星,2010:362)并引出了神室三关窍之论:"人身之中,上曰天谷,泥丸是也;中曰应谷,绛宫是也;下曰灵谷,关元是也。此三谷者,神皆居之,谓之三田。"(陆西星,2010:362)

讲到炼丹具体途径,则与调息有关,认为:"真人则神依于息,而深入于本穴之中,绵绵若存,无少间断,故得专气致柔,抱一无离,虚极静笃,而能观其复也。所谓依者,又非逐于息而依之也,有勿忘勿助之义焉。故神依于息则凝,神凝则气亦凝;神依于息则和,神和则气亦和,相须之道也。凝神之法,自调息始。调息者,依息之谓也。"(陆西星,2010:365)所以引出真息、火符、抽添之诸论。

陆西星最后在《遗言论》总结说:"夫道不外乎一阴一阳而已。阴则为精,阳则为气,而神则统乎二者,故神与气精,乃上药之三品也。凡言龙虎、铅汞,种种异名,皆依此立。"(陆西星,2010:369)基本上突出了陆西星以神统领气精、阴阳相须的丹道思想。

陆西星另著有《金丹大旨图》,主要用图示形式论述金丹修炼之法,内容涉及先天无极之图、太极未分之图、太极分阴阳之图、阴阳互藏之图、坎离交媾之图、成丹之图、周天符火图、还元图。这些图,多有创新之处,属于陆西星自创之作,很有新意!

另外,陆西星还在《七破论》中,对于金丹之非、伪、执、邪、疑、愚、痴等不正谬误,进行破除性批判。当然,有破必有立,在《金丹就正篇》(上篇)则对金丹正法进行了论述:"予闻之师,金丹之道,必资阴阳相合而成。阴阳者,一男一女也,一离一坎也,一铅一汞也,此大丹之药物也。夫坎之真气谓之铅,离之真精谓之汞。先天之精积于我,先天之气取于彼。何以故?彼,坎也,外阴而内阳,于象为水为月,其于人也为女;我,离也,外阳而内阴,于象为火为日,其于人也为男,故夫男女阴阳之道,顺之而生人,逆之而成丹,其理一焉者也。"(陆西星,2010:374-375)如此等等,可以看到,陆西星不但深爱金丹之道,而且多有发前任未发之高论。不过,其中将坎(铅)与离(汞)对应到精与气,并互为阴阳作论,似乎有失偏颇,不如后来的李涵虚西派和伍柳学派将精(气)对应于坎(铅),而将离(汞)对应到神,来得圆满。

到了清代后期,道士李西月另辟蹊径,创立了内丹西派(西派传代有九字:西道通,大江东,海天空)。李西月(1806—1856),初名元植,字平泉,四川乐山人,入道后更名西月,字涵虚,号长乙山人。李涵虚的丹道思想主要体现在《道窍谈》一书中,而具体的丹法则在《三车秘旨》《收心法》和《循途录》(九层炼心道言)中又有补充。这些均收录在《圆峤内篇》一书中,因此我们就据此来归纳李涵虚的丹法思想内容。

首先,《道窍谈》共分四十章,摘其要而论之,我们仅仅大致给出其思想内容。第一章是"箴诸友书",主要是从静坐实践中提出问题,其要点曰:"夜来气清,息调神住。如其调而调之,即不蹈夫顽空。如其住而住之,又不类夫执着。斯时也,不忘不助,若忘若存。寂寂惺惺,圆圆明明。水自然清,火自然生,神自然交,气自然会,风自然正,车自然行,抽自然抽,进自然进,添自然添,退自然退。惟其神妙独得,故尔操纵如心,昏沉自然去也,散乱自然归也。"(李涵虚,2009:7)

然后在第二章给出"开关问答",西月认为以开关(关窍展)辟筑基之路,以得药助筑基之需,以炼己了筑基之事。并认为筑基与炼己即是二也是一,可以分为:小筑基,生后天之药,所谓得药;大筑基:勤行周天,尽性;外炼己,对镜忘情,无相;内炼己,将彼家之铅炼我家之汞,河车。

接着在《后天集解》给出后天修炼法程,强调养己之要。"然而养己之道,却甚多矣。养己包调息,包凝神,包聚气,包冲关,而更包筑基炼己之事。"(李涵虚,2009:9-10)其主要涉及的环节包括:(1)养己即是养己性,即元神;(2)然欲静其神,必须调息有度;(3)息既调矣,又须凝神;(4)养己为炼己之内助,炼己除养己之外缘。

最后强调:"然欲养我己汞,必用彼家真铅,乃后天中之先天,后天中之金水,有气无质时也。真铅初生之始,郁蒸乎两肾之间,即起河车以炼,循尾闾而上天谷,倾甘露而归黄庭,洒濯三宫,将铅制汞。气化液而退阴符,则流珠之不走也。液化气而进阳火,则河车之又起矣。而且炼性修心,外除尘扰,大隐市廛,和光混俗,则身心两定,内汞坚凝。然后求八两先天,配我半斤之后天,而还丹可问也已。"(李涵虚,2009:10)

第四章至第五章分别论述了"筑基炼己"和"养己炼己",强调"养己与炼己,功夫自是一串。养己者,宝精裕气,即筑基也。炼己者,对境忘情,即了性也。炼己必先养己,养己其炼己先资乎?"然后在第六章给出西派养己心法之要,认为:"养己之道,又须安静为功也。吾为养己者分出两条:自养一条,相养一条。相养者,精气也。自养者,安静也。炼己者虽在情境,而情从内淡,境从外空。淡然自得者,己必有所乐。空然无累者,己必有所持。"而"炼己之道,又须动静兼修也。吾为炼己者分出两件:内炼一件,外炼一件。外炼者,和光混俗也。内炼者,烹汞成砂也。"总之归结为:"然欲活其内心,必须内以养己。然欲死其外心,必须外以炼己。此吾之所以发明内养己、外炼己也。"(李涵虚,2009:11-12)

对于所炼之药,第八章"内外二药"也作内外之分,认为:"内药者,了性之用。外药者,了命之需。"(李涵虚,2009:12)并做了较为系统的阐发,指出了性以为结丹,了命便可还丹。对于药物,李西月还强调"药物相类"(第九章)和"三品互养"(第十章)之说。

至于练功则在"炼精、炼气、炼神三关"之上而分五关(第十一章练功五关):"首关炼精,必用鼎器。合元黄以交媾,化金乌而上飞,则精化气也。次关炼气,必明子午。抽出坎中之阳,去补离中之阴,则气化神也。化气化神,筑基与还丹皆有这样法功,特其药物炉鼎,大小不同耳。至于炼神之道,则有三关:一则炼神了性,一则炼神了命,一则炼神还虚。炼神了性者,玉液炼己之道也。铅来伏汞,结成丹基。内有真火,绵绵不绝。外有子午抽添,渐采渐凝。则烹汞而成阴砂矣。炼神了命者,金液炼形之道也。铅归制汞,结就胎婴。内有真火,赫赫长红。外有阴阳置用,日增日减。则乾汞而成阳砂矣。炼神还虚者,更上一层,与道合真之事。移神上院,端拱冥心,直要与大虚同体,普照大千世界。如此是法身圆满,舍利交光,分身应用,充周不穷。所谓子子孙孙,百千万化。至此而应时立功,则身归三清,道超九祖矣。"(李涵虚,2009:15-16)

比较新意的在于对铅汞的解说(第二十六章铅汞的辨),认为:"心中

第六章 内丹炼化

之神曰汞性,心中之精曰汞液。收汞性于黄庭,凝汞液于紫府,是为龙汞,是曰真汞,是号内丹,是名阴丹,称后天半斤子也。身中之气曰铅精,身中之精曰铅华。察铅精于坎宫,采铅华于兑户,是为虎铅,是曰真铅,是号外丹,是名阳丹,是称先天八两母也。"(李涵虚,2009:27-28)性命双修也就是尽性致命,就是将半斤汞(心神)和八两铅(肾精)相互纠缠。

对乾坤坎离解说也比较新颖(第二十八章乾坤离坎),认为:"先天是乾坤,后天是坎离。然先天有乾坤,兼有坎离。后天有坎离,复有乾坤。"(李涵虚,2009:28)李西月认为,"真"与"元"都是指先天,但有角度不同:元者是从造化的角度而言,真者则是从炼化的角度而言。因此,后天坎离,所以筑丹基(元神与元气交媾而成),谓之小结丹,三年炼己了其性;先天坎离,所以立丹基(真阳与真阴交媾而成),谓之大还丹,九年面壁了其命。

关于金丹之道的本质,西月直接指出(第三十一章真心论)说:"金丹之道,贵得真神、真气、真精,而后能成造化。然不用其真心,亦不能得此真精、真气、真神也。真心者,识念未起之前,人欲未交之会,阴气未染之萌也。"(李涵虚,2009:30)这里的所谓真心,其实就是相当于真意之土。

在《后天串述文终经》中,明确了后天修炼的入门之路为:"一、收心。二、寻气。三、凝神。四、展窍。五、开关。六、筑基。七、得药。八、结丹。九、炼己。"(第三卷)认为"此九层功夫,乃为入道之门。"(李涵虚,2009:51)第四卷《循途录》则给出了"九层炼心道言"(李涵虚,2009:55-58),将炼心分为九层,分别为:(1)初层炼心者,是炼未纯之心也;(2)二层炼心者,是炼入定之心也;(3)三层炼心者,是炼来复之心也;(4)四层炼心者,是炼退藏之心也;(5)五层炼心者,是炼筑基之心也;(6)六层炼心者,是炼了性之心也;(7)七层炼心者,是炼已明之性也;(8)八层炼心者,是炼已伏之心,而使之通神也;(9)九层炼心者,是炼已灵之心,而使之归空也。看得出来,前三层是炼精化气,中三层是炼气化神,后三层是炼神还虚。

总体上明显可以看出,李涵虚比较重视后天修炼,罕言飞升成仙之事,思想比较进步,丹法也切实可行,可以说是内丹走向未来的必由之路。如果在此基础上,进一步引入科学原理,特别是脑科学成果来加以发展,必能形成科学化的金丹学说。

第三节　金丹修炼原理

从现代人比较容易理解的角度看,明清之际,先后由伍守阳和柳华阳相继建立起来的伍柳仙宗,是比较成熟的内丹学派。本节我们就来归纳总结伍柳仙宗的丹道方法,然后在其基础上,通过引入当代科学,特别是脑科学成果,给出有关内丹心法的科学解释说明。

一、守阳天仙直论

金丹修炼心法到了明代后期,首先有著名道士王常月努力,全真教龙门派得以中兴。王常月(1522—1680),俗名平,法名常月,号昆阳,山西潞安府长治县人。王常月,为全真道龙门派律宗的第七代律师,他最大的贡献,在于让本已衰落的全真龙门派教团得以中兴,但就内丹理论方面的建树不大。在理论有所建树并自成一派的是著名内丹家伍守阳。伍守阳的丹法理论博大精深,既有丰富完整的理论体系,又有具体可行的丹法途径。因此,不但理论独树一帜、自成一派,而且影响持久深刻,一直延续至今。

伍守阳(1574—约1644),原名阳,字端阳,自号"冲虚子"。江西南昌县人,龙门派第八代弟子,为明代后期著名内丹家,内丹清修派的集大成者。伍氏主要著作为《天仙正理直论》《仙佛合宗语录》等。伍守阳的丹道思想主要体现在《天仙正理直论》,因此下面我们就据此书来加以述其丹法之要。

伍冲虚在该书自序中曰:"昔曹老师语我云:仙道简易,只神炁二者而已。(修仙者必用精、炁、神三宝,此言只神炁二者,以精在炁中,精炁本是一故也。一神一炁,即是一阴一阳。)予于是知,所以长生者以炁,(炁者,先天炁,即肾中真阳之精也。人从此炁以得生,亦修此炁而长生,唯用修而得长其生,故称修命。……)所以神通者以神。(神者,元神,即元性,为炼金丹之主人。修行人能以神驭炁,及以神入炁穴,神炁不相隔碍,则谓之内神通。能以神大定、纯阳而出定,变化无穷,谓之外神通。皆神之能事,故神通即驭炁之神所显。)"(伍冲虚、柳华阳,2016:4)

第六章 内丹炼化

伍冲虚认为丹经中往往托喻他物而言之,无不是喻指此二物:"托喻者,以神喻姹女、喻离女、喻妇、喻妻、喻我、喻汞、喻砂也。以元炁喻婴儿、喻坎男、喻夫、喻彼、喻金、喻铅也。喻虽多,不过心肾中之二物。"(伍冲虚、柳华阳,2016:4)因此,所谓性命双修,也就是修此元神与元炁二物而已,达到神炁不相隔,性命相合,心身打成一片。

当然,作为丹道家,往往更加重视修命,故对于炼精化炁之说论述更为详尽。伍冲虚在此书也不例外,对一些丹法概念界说更为详尽,如筑基、炼药、伏炁、炼己、鼎器、药物等等都做了直语界说,凡有九章。我们将结合其开篇"道源浅说篇"所宣讲的主旨,来归纳其独特的丹道思想内容。

首先,伍冲虚在该书中有"道源浅说篇",对其丹法思想做了概述,然后通过分章论述,加以进一步说明,形成了比较完整的一个内丹修炼学说体系。正如守阳自己在书后"直论起由"所说的:"予作《天仙正理直论》,仅仅九章,完全画出一个天仙样子,令有缘有志者见为顿悟。"(伍冲虚、柳华阳,2016:129)

伍冲虚为此在《道源浅说篇》发明曰:"仙家修道为仙,初证则长生不死。"(伍冲虚、柳华阳,2016:13)具体而言,包括:百日筑基是炼精化炁,修命;十月化神是炼炁化神,修性;九年还虚是炼神合道,成圣。对应与佛教修性果位,伍冲虚认为:筑基是出欲界,化神是出色界,还虚是出无色界。所以筑基是小成,化神是中成,还虚是大成。对应到周天火候,筑基以泰象为主(乾坤颠倒),要进火;化神则以否象为主(乾坤顺位),须退符;最后还虚是攒簇五行,运用真意(真土)和合,然后金丹大成。

在论述了个体生命孕育成长之后,伍冲虚认为:"而欲立性立命矣。(有心,即其有性之元;有肾,即其有命之元。)神已固藏之于心,炁已固藏之于脐。(神即性,是心中所有,因不离于心;炁即命,是肾中本有,固不离于肾。)"(伍冲虚、柳华阳,2016:18-19)

那么,何为炁、又何为神呢?伍冲虚在"先天后天二炁直论第一"中有论述:"唯是神与精也,只有先天,忌至后天。(先天,是元神、元精,是有变化、有神通之物也。后天者,思虑之神、交感之精,无神通变化之物也。)而炁则不能无先后天之二用,以为长生起劫运之本者。(真阳曰:二炁者,先天是元炁,后天是呼吸之气,亦谓之母炁与子气也。)"(伍冲虚、柳华阳,

2016:56)并进一步指出:"然所谓先天炁者,谓先于天而有无形之炁,能生有形之天,是天地之先天。即是能生有形之我者,生我之先天也。(天从元炁所生,我亦从元炁所生。)"(伍冲虚、柳华阳,2016:56)

所以,在仙丹修炼中,伍冲虚说(先天后天二炁直论第一):"故不知先后清浊之辨,不可以采取真炁。(真炁者,即先天元精,清者也。后天交感之精,浊者也,则不真。)不知真动真静之机,亦不可以得真炁。(虚之极、静之笃,则曰真静。未到极笃、无知觉时,不为真静,从无知觉时而恍惚有妙觉,是为真静。未到无知觉时,而于妄想中强生妄觉,则非真动,动即不真,则无真炁者。)"(伍冲虚、柳华阳,2016:62)

至于修炼之功的关键则在于"动之机",伍冲虚认为(道源浅说篇):"而静极之际,正有动机。(动之机,顿然之觉。不着世事,故言机。)炁动,即有神功,(时至神知也,不知,便教当面错过。)即此动机,便可修仙。(炁动而化精,行世法而耗尽以死者之必致。其人即于动而还静之为修以不死。机者,虽若动而不为动用,方可逆修而为仙。)缘此机为生人、生仙佛之分路,(分路者,分顺逆之行也。机动时,顺此机而行,即以生人;逆转动而静,即成仙佛。……)入死入生之要关。(动机,及人之可生、可死者,盖人之求长生者紧要的。)"(伍冲虚、柳华阳,2016:20-21)

自然机分神机和炁机,两者相会,便是妙运妙用,伍冲虚对此指出(道源浅说篇):"即因身中之炁机,合以神机,(元炁发动之机,元神妙觉之机。)收藏于内,(返归于元炁之根。)而行身中之妙运;(采取烹炼,皆此时至妙之运用。)"(伍冲虚、柳华阳,2016:22)何为妙运妙用?伍冲虚在《药物直论第二》进一步指出:"如遇至静至虚,不属思索,不属见闻觉知,(总是虚之极静之笃者。)而真阳之无自动,(虚静之极自动,方是循环自然妙处。)非觉而动,实动而觉;觉而不觉,复觉真玄。(觉而动者,先觉后动也,动而觉者,先动后觉也。)"(伍冲虚、柳华阳,2016:66)

除了把握妙机,对于丹法修炼,当然也需要讲究次第步骤。伍冲虚认为(先天后天二炁直论第一):"不知次第之用,(次第者,次药生之真时,采药、归鼎、封固,进阳火、退阴符、周天毕,有分余象闰等用。)采取之功,(由升降之机得理,则能采取真炁。不然不得真炁,纵用火符,亦似水火煮空铛而已。)又何以言伏炁也哉?"(伍冲虚、柳华阳,2016:62)在《火候经第四》中,伍冲虚也说:"予故曰:自知药生而采取封固,运火周天。其中进退颠倒、沐浴呼嘘、行住起止,工法虽殊,(此节同致虚逐节事件之说。)真机至妙,在乎一气贯真炁而不失于二绪,一神驭二炁而不少离于他见。"(伍冲虚、柳华阳,2016:90)

关于"药物直论第二"中的内容,伍冲虚基本沿袭旧论,我们不作介绍了。关于鼎器之论(鼎器直论第三),伍冲虚认为:"仙道以神炁二者而归复于丹田之中以成真,金丹以铅汞二者而烹炼于炉鼎之内以成宝。故神炁有铅汞之喻,而丹田有鼎器之喻也。是鼎器也,古圣真本为炼精、炼炁、炼神所归附本根之地而言也。"(伍冲虚、柳华阳,2016:69)特别是强调:"夫还神摄炁,妙在虚无,(虚无者,乃真先天神炁之相也。神无思虑,炁无淫媾。)必先有归依,(神依炁,炁依神,神炁相依,而又依中下之外鼎。)方成胜定。(胜定者,最上乘至虚、至无之大定也。古云:心息相依,久成胜定。)此鼎器之解,不可忽也。"(伍冲虚、柳华阳,2016:74)颇有见地。所谓鼎器者,炼药塑性之标的也。

在丹法次第论述中,伍冲虚特别重视"炼己"步骤。伍冲虚在《炼己直论第五》指出:"己者,即我静中之真性,动中之真意,为元神之别名也。(己与性、意、元神,名虽四者,实只心中之一灵性也。)"(伍冲虚、柳华阳,2016:105)此真性在伍冲虚看来就是天命之性,所以顺可生人,逆则可成圣。对此,伍冲虚指出:"以吾心之真性,本以主宰乎精炁者,宰之顺以生人,由此性;宰之逆以成圣,亦由此性。若不先为勤炼,熟境难忘。"(伍冲虚、柳华阳,2016:106)

至于如何成圣,就是首先要除去习染,复其本性。伍冲虚认为:"焉有超脱习染而复炁胎神哉!(习染之念未除,则习染之事必不能顿无。必要以习染念与事俱脱净尽,而后遇境不生烟火,己方纯,炁可复归,神可静定,而成胎矣。)当未炼之先,(未炼己之先也。)……古云未炼还丹先炼性,未修大药先修心。盖为此而言也。"(伍冲虚、柳华阳,2016:106)然后进一步说:"及至炼炁炼神,则不被境物颠倒所诱。(已有定力,不从外境所诱。)采药而药即得,筑基而基即成,结胎而胎心脱。方名复性之初,而炼己之功得矣。"(伍冲虚、柳华阳,2016:107)

应该说,伍冲虚的丹法思路,基本上是在炼己前提下,给出了其所提倡的丹法炼药三部曲:百日筑基、十月炼神和九年还虚。《炼药直论第七》中有:"冲虚子曰:仙道以精炁神三元为正药。(元精、元炁、元神曰三元,皆先天也。)以炼三合一,喻名炼药。"(伍冲虚、柳华阳,2016:113)而炼药的关键则是"觉灵"之机。伍冲虚认为:"即以觉灵为炼药之主,以冲和为炼药之用。(觉灵者,妙觉灵心也。冲和者,烹炼薰蒸之和气也。此正三家之初相见也,亦三华之所聚者。)"(伍冲虚、柳华阳,2016:114)因为有此觉灵之机,方可和合三元,然后进一步逆而成就大定之功。

所以,伍冲虚在《筑基直论第六》指出:"古人皆言以精炼精、以炁炼炁,以神炼神者,正欲为此用也。是以必用精、炁、神三宝合炼,精补其精,炁补其炁,神补其神,筑而成基。唯能合一则成基,不能合一则精、炁、神不能长旺,而基即不可成。"(伍冲虚、柳华阳,2016:112)并因此《道源浅说篇》认为:"神炁相合则顺行,为生人之本,此炁化精时也。谓之三变者如此。修炼三关者,使精返为炁,(即百日关中筑基之功也。《法华经》中,佛亦说百日之期。)炁炼为神,(即十月关中转神入定之功也。)神还为虚,(九年面壁之大定也。)即是从三变返到二变,从二变返到一变,从一变转到虚无之位,是为天仙矣。"(伍冲虚、柳华阳,2016:19-20)

除了丹法整体修炼原理的论述之外,伍冲虚丹法的另一个突出特点,就是在炼精化炁的百日筑基阶段中,特别强调呼吸之气在小周天火候锻炼中的重要作用。伍冲虚认为呼吸之气,就是"火",在《炼药直论第七》指出:"后世圣真修此,必使神炁相均相合,火药适宜,以呼吸之气,(即火也。)采真炁为动静,(即药也。)以真炁之动静,定真息之根基,(真气归静于根,则真息亦定于根。二气合一于根,以为胎神之基也。)则火药即不着于一偏,又无强执纵失之患。如此而炼,方得小周天之妙理,方成长生之大药,始名外金丹成也。"(伍冲虚、柳华阳,2016:117)

伍冲虚丹法的第三个特点,是强调在不同修炼阶段之间的衔接,突出迁移之法的重要。伍冲虚指出(道源浅说篇):"故有迁移之法,古人所谓移炉换鼎之喻者是也。"(伍冲虚、柳华阳,2016:27)认为:"(丹田有三:炁在中丹,神在上丹,精在下丹。自下田迁至中田,中田迁至上田,上田迁上天门,是为三迁。功成,既自下而上,不复更有还矣。)"(伍冲虚、柳华阳,2016:27)比如百日筑基之后,当"既以七日,口授天机,采其大药,(七日

第六章 内丹炼化

者,是采大药七日之功也。……火气熏蒸百日之久,故真炁因之忽然似有可见,故止后天炁之火,唯单采先天炁之药,故另用七日之功,采于七日之内,火异于周天,故曰七日诀。)取得下田先天真炁,名曰金丹。"(伍冲虚、柳华阳,2016:27-28)

迁移之后,就可以进一步进入后续更加高级的炼丹阶段,伍冲虚因此也对大周天作了论述。伍冲虚认为,七日采药之后到了十月炼神,则当行大周天。伍冲虚认为(道源浅说篇):"以行大周天之气候。"(伍冲虚、柳华阳,2016:32)所谓大周天,就是要抽铅添汞,所以说(火候经第四):"即行火候炼神,谓之添汞。(此火候是大周天也。添汞者,心中之元神,名曰汞。……然所谓添者必由于行大周天之火。有火,则能使元炁培养元神,元神便不能离二气而皆空皆定,真至神阳果满。)"(伍冲虚、柳华阳,2016:93)

需要强调,与小周天有为之法不同,大周天是无为之法。所谓《道源浅说篇》所说:"只用正念,以炼炁化神,自然得至呼吸绝,而无魔矣。"(伍冲虚、柳华阳,2016:35)而《火候经第四》更为直白:"有作者,小周天也。无为者,大周天也。"(伍冲虚、柳华阳,2016:77)所谓无为,特别重视沐浴防危。伍冲虚指出(药物直论第二):"及精补精全,炁补炁足,神炁俱得定机。(真阳曰:定机者,将用大周天之先机也,若小周天,则不定之候,故小周天有止火之候者,以其不定能伤将定之药。)"(伍冲虚、柳华阳,2016:64)可见,其中关键在于定机(入定之机):"以先天无念元神为主,返照内观,凝神入于炁穴,则先天真药亦自虚无中返归于鼎内之炁根,(即炁之穴也。)为炼丹之本。"(伍冲虚、柳华阳,2016:66-67)所谓取坎填离全在定机之法,行大周天之火候。其核心思想就是"勿忘勿助"或者说"不勉而中,不思而得。"

勿忘勿助当在丹法修炼的息火退符之中。伍冲虚指出(火候经第四):"《悟真篇注疏》曰:子进阳火,息火谓之沐浴;午退阴符,停符亦谓之沐浴。(停符二字,亦可发明。)正阳老祖曰:果然百日防危险。(小周天有进退之火,有不进不退之火。若进退不合进退之数,不合进退之机,不由进退所当行之道,不合进退之所当起止,已合已由,不知火足之当止,皆危险所当防者。)"(伍冲虚、柳华阳,2016:85)

229

然后，十月炼神之后，需要再次迁移。《道源浅说篇》指出："如子胎十月，形全则生；神胎十月，神全则出，理势之必至也。此则再用迁法，以神之不长着于中下而离着，自中下而迁于上丹田。"（伍冲虚、柳华阳，2016：37）

再次迁移之后，便可如《道源浅说篇》所说："以加三年乳哺，九年大定，炼神而还虚也。"（伍冲虚、柳华阳，2016：37）或者更加完整的论述是，先是百日筑基（易于功者可以省略此阶段），之后便是"从七日而十月、三年。（七日者，采大药真炁之期也。十月者，行大周天火之期也。三年者，出神而后乳哺阳神之期也。此止言成神仙之期，未说天仙也。）"（伍冲虚、柳华阳，2016：42）要想进一步成就天仙，则需要所谓九年大定，成就金丹。

综上所说，伍冲虚的丹法特色就是三迁之说。所谓三迁者，三次顿悟之工夫阶段；用迁法，就是七日采药之法。因此百日筑基是渐修，十月怀胎也是渐修，到了九年大定，还是渐修保任，其间尚须有三次顿悟作为有效的衔接手段（三迁）：从下丹田迁至中丹田（小成），从中丹田迁至上丹田（中成），从上丹田迁出还虚（大成）。

二、华阳金仙证论

清代以后又有柳华阳，承继伍守阳法脉。柳华阳（1736—?），豫章（今江西南昌）人，在皖水双莲寺出家，后又出佛皈道。遇伍冲虚传其修内丹术秘旨，著有《慧命经》和《金仙证论》，而其丹法思想主要集中在《金仙证论》一书。因此，下面我们就以《金仙证论》内容为根据，来大致归纳出柳华阳丹法思想的基本脉络。

首先，在《金仙证论》"序炼丹第一"（伍冲虚、柳华阳，2016：196-201），柳华阳对其丹法的主要思想脉络作了概括性地论述，尽管比较侧重于小周天丹法修炼，但基本上反映了柳华阳比较一贯的丹法思想倾向的。在这段序文中，柳华阳不但继承了伍冲虚所强调的内丹修炼"无非神炁而已"这一观点，指出炼精即是炼炁，炼精也是炼神，从而将炼丹归结到神炁之上；而且还着重给出了丹法炼化途径，特别强调小周天火候之功效；以及批判了种种旁门误惑，强调要尊明师正道。

在《金仙证论》正文前面六章，分别依循序文中阐述的思想，分别就

"正道""炼己""药物""鼎器""风火"和"效验"作了浅说直论,都有高妙之论,澄清了许多含糊不清的概念、明确了不少内丹修炼方法。

比如,在《正道浅说第二》中,就炼丹宗旨,华阳明确指出:"仙道炼元精为丹,(凡炼丹下手之仙机,即炼肾中之元精。精满则炁自发生,复炼此发生之炁,收回补其真炁。补到炁足,生机不动是谓丹也。则人之根窍无漏精之路,便成人仙矣。)服食,则出神显化,世闻无不善而愿求者。(服食者,是得前小周天,如法修炼,以采大药,运过三关,故曰:服食。炼炁化神,出神显化,世间无不喜矣。)"(伍冲虚、柳华阳,2016:202)

而炼丹关键便在天机发生,华阳给予特别的关注,认为:"奈何天机秘密,学者未必穷其根源,故多在中途而废矣。(天机者,即吾身中之生机。古人云阳炁生,今人曰活子时。真仙上圣秘之深密,不书于竹帛,学者无所觅处,空自磨炼。岂不在中途而废?)"(伍冲虚、柳华阳,2016:202)以及"因此机一萌,曰元炁也。炁既以萌,而又旋动,曰元精矣。(元炁元精,分而言之,其机则是一也。)"(伍冲虚、柳华阳,2016:204)"所以古云:未有不变媾而可能成造化者也。(此即尹真人之旨。造化者,即采取运周天之造化。先若无交媾之法,何得有药产之机发现也?交媾即调药之法。……)夫既知此炁之生机,即可行火补炁而炼丹,(生机者,即药产之时也。古人云药产神知,即此也。行火,行周天阴符阳火之法。即升降往来,复还丹田之所。真炁得此动炁之所补,故谓之炼丹也。)故有辨时采取周天之候。(辨时者,即言药之老嫩。……周天法者,是言子午卯酉之法。子午为进退,卯酉为沐浴,然子午亦有沐浴。)"(伍冲虚、柳华阳,2016:205-206)

上述最后,对于周天之法,华阳认识精到,为发前人所未发,其中"子午亦有沐浴"一句,后又有补充说:"外兼卯酉之法,中途行沐浴,完成周天。"(伍冲虚、柳华阳,2016:207)此等见识,非有实际修炼体悟者,是不可能言说如此精到的。总之强调的就是:"且气之行住,又怕有太过不及之弊,故必依周天之限法。"(伍冲虚、柳华阳,2016:207)

在《炼己直论第三》对"炼己"的认识也非常独到,指出:"昔日吕祖云七返还丹,在人先须炼己待时。(己即我心之念耳。若欲成还丹者,必须炼己为先。己若不纯,焉得精还为炁,炁还神也?)"(伍冲虚、柳华阳,2016:209)并与动静之机相关联:"盖己者,即本来之虚灵。动者为意,静者为性,妙用则为神也。"(伍冲虚、柳华阳,2016:209)动者进火,静者退符,两相妙用则可还神:"金丹神虽有归一,则有双发之旨。(凡炼丹时,先则无为,寂然不动,浑然空空荡荡,不见有无之念,待其机之动时,则发意采取。运周天时,又立念主斗杓斡旋二炁橐籥之消息,而神又随真炁循环。)"(伍冲虚、柳华阳,2016:209-210)

对于华阳丹法而言,炼己跟调药及小周天火候,是相辅相成的,这也是其丹法的主要特色,因此在论述"炼己"指出:"欲炼精者,不得其精住;(炼精是坎离交媾以前之法,名曰调药。若不知调法,精则不能住矣。)欲炼炁者,不得其炁来。(炼炁者是小周天之法。不得炁来,是炼精不住,故此无炁之发生也。)"(伍冲虚、柳华阳,2016:213)

再如《鼎器直论第五》中,对于鼎炉的象征意谓有比较清楚的认识,指出:"夫欲明炉鼎者,在夫神炁之机变。(神炁升为鼎,起止为炉。)……神则为火,而炁为炉。(以神炁言者,神在炁中,炁则为炉,神则为火也。)欲令此炁而藏伏者,惟神之禁止。炁则为药,而神为炉。(以炁神言者,炁在神内,神禁止其炁;神在炁外,神则为炉,而炁则为药也。)即古人所谓炁穴为炉是也。(以形言者,指丹田为炉。神炁归藏于此,此即调药之炉也。)乃其采药运周天者,当从炁穴坤炉而起火,升乾首以为鼎,降坤腹以为炉。(乾在上为鼎,坤在下为炉。)即古人所谓乾坤为鼎器者是也。(以形言者,首腹为炉鼎,即周天之炉鼎也。)"(伍冲虚、柳华阳,2016:221)

就华阳对丹法的贡献而言,最为重要的就是其对炼丹火候修炼之法的发挥,集中体现在《风火经第六》之中。华阳指出:"风者,乃炼丹之妙法,即升降之消息。古人喻为巽风,或喻为橐籥,是即往来之呼吸也。火者,炼丹之主,化精化炁之具。风火有同用之机,大丹有修炼之法。"(伍冲虚、柳华阳,2016:223)而就周天之法的作用,则认为:"周天即升降也。时至药产,阳炁从地升乎天。天者,在人为首,位居上。《阴符注》云:上涌潮元,通灵阳宫。复降下,通于巽坤。坤者,在人为腹,位居下。混然子云:从子至巳,流戊土,从督脉进阳火;自午至亥,以己土,从任脉退阴符。世人或知周天,不知中宫,妄自行火,则与水火煮空档何以异乎?"(伍冲虚、柳华阳,2016:225)因此周天之法:"或显于火,而秘于风。(炼丹全凭风以扇火。风者,息也,曰巽风、曰母气、曰橐籥,皆我之呼吸也。)或显于风,而

秘于火;(炼丹全凭火以炼精。火者,神也,曰汞、曰日、曰乌、曰龙,皆我之真意也。)"(伍冲虚、柳华阳,2016:225)

对于呼吸的作用,借助对《入药镜》所言"起巽风,运坤火"的解释中,也有精到的论述:"巽风者,呼吸之喻也。火者,乃元炁也。元炁不得呼吸,则不能成药,是阳不得阴,则必不聚之故也。必须存心中之阴神,驭肾中刚阳之火,绵绵息息归根,则坤火自运矣。然又恐用火者失于太过与不及,须当文熏武炼。"(伍冲虚、柳华阳,2016:230-231)又通过解释《黄庭经》所言"呼吸元炁以求仙",指出:"呼吸者,后天之炁也;元炁者,先天之炁也。先后原有兼用之法,若不兼用,元炁顺流而出,不能成丹矣。必假呼吸之气,留归以炼之。"(伍冲虚、柳华阳,2016:231)

还有就是对防危险环节的阐述,指出:"防危险者,防时至药生,而神不及知觉,则错过矣。或不明起火之法,或昏睡而神不灵,此乃失于炁矣。或当进火而不进火,当退符而不退符,当沐浴而不沐浴,当止火而不止火,当归根而不归根,则失于造化之机,故曰防危险。"(伍冲虚、柳华阳,2016:247)而之所以炼丹时会有火候之差失,华阳究其原因认为:"差失者,皆因学人心不诚,而意不专。若灵台洁净,火候明白,有何失乎?古人往往走丹者,皆因理未明,而心不专,故有差失之患。梦寐昏迷者,凡学道之士,宜乎先养神,神纯自然灵觉。神若不纯,睡则生尘妄之心,故有梦寐走失之患矣。"(伍冲虚、柳华阳,2016:247)至于到了丹熟之时,就必须要止火:"丹熟是有止火之候到,故谓之熟。既知熟矣,当用采大药之法,则小周天之工法无所用矣。若再用小周天,丹不伤乎。"(伍冲虚、柳华阳,2016:247)所有这些,对于炼丹修行,都是有实际指导意义的。

最后,华阳在《总说第八》中归纳指出:"夫金丹之道,从静而入,至动而取。若不静则神不灵,而炁亦不真。如此妄炼,即属后天,与先天虚无金丹之道不相契也。盖静者,大道之体,造化之根。唯静则可以炼,不静则识性夹杂,终与道相违矣。故幻丹走泄,而道不成就者,皆由未静而夹于识之过也。夫静者,静其性也。性能虚静,尘念不生,则真机自动。动者非心动,是炁之动也。炁机既然发动,则当以静应之,一动一静,不失机缄,是谓调药,是调交合。行乎造化,性命双熔,是谓真旨妙用矣。"(伍冲虚、柳华阳,2016:251)

在《金仙证论》后部,载有"顾命说""火候次序""危险说"等,则是对前部丹法思想的补充论述,强调性命双修就是"凝神聚炁之法",而"火候次序"也即强调:"夫道从炼己起手,次下手调药,既了手行周天,三事非一也。"(伍冲虚、柳华阳,2016:261)以及防危之重要等等。另外,后部还有"决疑"篇,主要是对禅宗后期徒孙之禅法的批判,强调不可片面炼性,重视慧命之道。对此,在其《慧命经》有更加全面的论述。

总之,柳华阳与伍守阳一脉相传,世称内丹伍柳派,影响重大。伍柳内丹学的最大特点就是摆脱了外丹术语的束缚,用直白的语言直接阐述内丹原理,并力主清静修持,仙佛合宗。强调修丹要修先天神气,突出炼己、调药与周天之法的相辅相成之道,为成熟丹法的形成做出了重要贡献。

三、丹道科学发微

古代关于金丹心法论述,往往晦涩难明,其原因主要是古老丹经多半或用隐语,或用比喻,或用卦象加以阐述,又常常藏头露尾、颠倒层次,不肯和盘托出丹法全貌。因此,不经师传,很难把握和理解其中精确含义,让人摸不着其中隐藏的理路。故时至今日,随着内丹心法完全成熟,似乎没有必要再使用那些繁琐的外丹术语来阐述其原理。我们应该直接规范一套全新的科学内炼术语,用于阐述内丹修炼原理和过程,而不必借用那些晦涩难懂的外丹比喻之说。本小节试图采用现代科学原理,特别是脑科学获得的成果,结合我在《明道显性:沟通文理讲记》第五章给出的有关意识理论(周昌乐,2016),来对丹道丹法作原理性的科学阐释,以便能够建立起一种科学的丹道学说框架。

我们就从金丹学说的丹道观说起。丹道学说的天道顺生万物观,大概可以解释为:太极乃先天之炁(量子真空零点能,虚无空灵),乃纯阳与纯阴和合之态;分而为阴阳两仪,取象乾坤两卦。乾阳,其本体代表元精;坤阴,其本体代表元神。就万物之灵的人而言,乾坤破相混而成坎离,乃凡人之精神。乾坤为先天法身,无形无质而实有;坎离为后天色身,有体有用而实无。

因此,要修身养性而体道,则逆向而行,将坎中真精(即元精,觉知意识)和离中真神(即元神,感受意识),运用真意(即元炁,悟识意识)两相和合纠缠。所以,丹道修炼大致可以解释为:坎卦象征凡精(水精,情欲,交感精),坎象黑中有白,表示阴中有阳,象征元精;离卦象征识神(火神,理智,思虑神),离象白中有黑,则表示阳中有阴,象征元神;元精与元神和合纠缠之机,便是元炁。所以,金丹之道可以通过坎离匡廓来修炼(先天称元,后天言真):先炼坎象阴中之阳,比喻真精(觉知意识),源自乾阳(金情);再炼离象阳中之阴,比喻真神(感受意识),源自坤阴(木性)。然后金木交并(坎离匡廓),可以通过真意(土意,悟识意识),回归太极之态(就人类个体而言,就是呈现纯粹意识)。修炼真精可以治病,可以长生久视,可以了命,有为有以为;修炼真神可以超越,可以出有入无,可以了性,无为无不为。两者合炼,则形神俱妙。

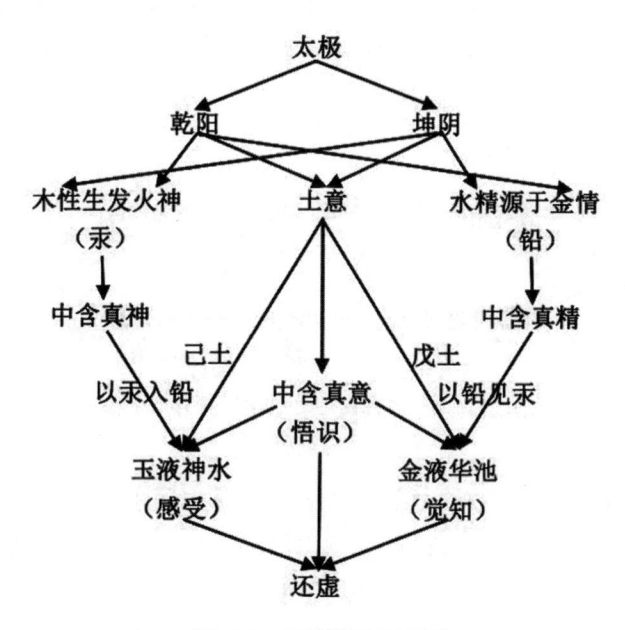

图 6.2　丹道修炼原理图

这样,丹道修炼原理就如图 6.2 所示。图中,以铅(浊精,情欲)见汞(识神,理智),名为华池(情欲脑之凡精遭遇识神,引起觉知意识,行真水于铅炉,此为进火之功,金液还丹);以汞入铅,名为神水(理智脑之识神遭遇情欲,生发感受意识,运真火于汞鼎,此为退符之功,所谓玉液成丹)。历代丹书中,真精、元精、真水、真铅、金公、婴儿、黄芽,含义相同;真神、元神、真火、真汞、木母、姹女、白雪,含义相同。炼精者就是炼元精,培养觉知意识;炼神者则是炼元神,显现感受意识。身中有一点真阳之气,是指元精,心中有一点真阴之精则是指元神。

归纳起来讲,先天纯阳为乾,象征元精;先天纯阴为坤,象征元神;两者纠缠为太极,为先天之炁,纯粹意识(宇宙空性),为生命之本源。后天之阳为离火,为识神(思虑),中含元神(阳中之阴,木性也);后天之阴为坎水,为凡精(情欲),中含元精(阴中之阳,金情也)。先天之炁,转为元炁,代表土意,可以和合元精与元神,复归太极,为纯阳与纯阴之纠缠态。而就逆向炼丹而言,后天之识神与凡精,映射到人脑,则有这样的对应关系:后天之神为理智脑,为离象,其中有感受意识为阳中之阴(元神);后天之精为情欲脑,为坎象,其中有觉知意识阴中之阳(元精)。两者融合纠缠(元炁),则恢复纯粹意识(金丹)。

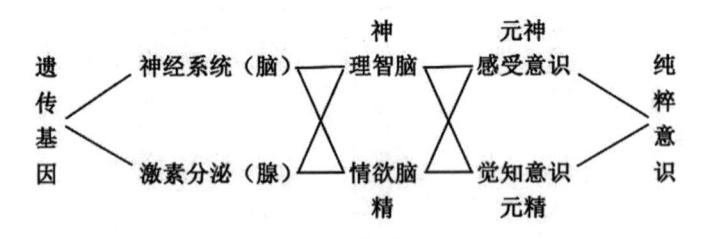

图 6.3 内丹修炼之科学解释方案

根据科学原理,我们的个体生命主要由基因转录形成,其中又通过基因转录生成的神经运作,可以产生意识活动,分为识神(心神之阳)和情欲(身精之阴)。心神之阳,阳中有阴,乃为感受意识;身精之阴,阴中有阳,乃为觉知意识,两相交合纠缠变为纯粹意识,其中运作之机就是悟识意识。因此,从生命科学的角度看,就可以用图 6.3 来解释内丹修炼之道。其中,元精乃肾中之阳(坎中之阳,真精),为觉知意识(戊土,配金);元神乃心中之阴(离中之阴,真神),为感受意识(己土,配木);戊己相合乃为金木交并,靠真意(悟识意识),然后纯阳生矣(纯粹意识)。精,代表身命之

第六章　内丹炼化

精微和基础,从基因、激素到神经,乃至情感体验,都与之相关。神,代表心性之机变和表现,从意识、理智到情欲,乃至激素分泌与血氧调息,都与之相关。炁,为意识活动,则与精和神的动态变化作用有关。

通常情况下,基因腺素之类对情欲有支配控制作用,而神经运作导致智识活动的生发。如果完全听凭基因控制的情欲脑支配行为,就会导致情欲泛滥,所以需要提升觉知意识来抵制基因不良控制,惩忿窒欲。另外,如果识神盲从文化模因的误导,就会放纵情欲;为此就需要通过显现感受意识来清除模因的束缚。从内丹修炼的角度讲,修炼逆行成道:坎离颠倒,金木交并。坎水性沉,自然容易下流,所以要运转真精(觉知意识)使其升华,惩忿窒欲,所谓摆脱基因控制。离火性浮,自然容易上腾,所以要唤起真神(感受意识)使其下降,除妄去昧,所谓摈弃模因束缚。然后,运用真意(悟识意识),使两相配合均衡,相互纠缠,便可以明心见性,达成纯粹意识状态(所谓炼成金丹)。

从现代科学的观念来看,丹法中所谓炼精化气,就是摆脱基因控制,是有机体自组织过程,可以通过觉知意识加以实现(反思性理智活动);炼气化神则是摆脱文化模因的束缚,是感受意识自涌现过程,可以通过无住生心的悟识意识来引发;炼神还虚则是意识自反映属性,悟识意识的尽头便可自显纯粹意识,那个精神本体,即宇宙空性。所以,丹法途径可以概括为三个步骤:

(1)炼精化气,是命功,强调的是进火,用觉知意识管控情欲之源,主要是摆脱肉身基因情欲的控制,形成神经系统的自主返观意识,反叛本能不良习性,所谓惩忿窒欲。

(2)炼气化神,是性功,强调的是退符,用感受意识反制理智之用,主要是摈弃心识模因思虑的束缚,将返观意识上升到悟识意识,去除思虑分乱习惯,所谓除妄去昧。

(3)炼神还虚(炼神合道),就是取坎填离,将两者统归于悟识意识,最终通过悟识意识达到心性显现,复性还原体验意识,体悟纯粹意识,明心见性,是为成就金丹。

当然,从具体实施的火候规程看,前面两个步骤可以归结到周天火候之法。大致说来,周天之火候分进火与退符两个阶段:(1)进火为背部后侧之行(督脉,脊髓上行神经通路),属于炼精化气阶段,为以精制神,元精(觉知意识)提升,从尾闾、夹脊、玉枕而上泥丸,路线漫长,神伴精逆行,耗时较长;(2)退符为腹部前侧之行(任脉,脊髓下行神经通路),属于炼气化神阶段,神合精运,元神(感受意识)渐显,由泥丸过上鹊桥,经重楼,下绛宫,进入下丹田,路线较短,顺行流畅,用时较短。

在周天进路中,复卦为一阳初动(觉知意识发生),姤卦为一阴初生(感受意识呈现);复卦生自尾闾关,姤卦起自月窟关。运行周天,坎水之精气随神而升,经过进火退符过程,阴阳会合,火水既济,铅汞调和而药归根了。功法进火(以汞炼铅),是坎水(精)之觉知上升,炼阴为阳,由复卦逐步渐成乾卦;功法退符(以铅炼汞),是离火(神)之感受成就,退阳归性,由姤卦逐步归根坤卦。因此,周天全程六阴六阳,互相颠倒,象征进火退符之节;周流乾坤十二爻位,阳长阴生,阴尽阳复,并无常位,是易道变化之宗。

活子时发动,静极生动,所谓一阳初动(元精初显),是觉知意识启动景象。然后火候为逐阳而生,不断提高觉知能力水平,以元精(真铅)制约识神(汞),直至泥丸(前额叶脑区,觉知意识中枢),则为阳极。至泥丸后,则退符而下降,称为阴生(感受意识渐显),以元神(真汞)化解元精(真铅),此时觉知意识随感受意识渐显而渐灭。这便是所谓进阳火退阴符过程的变化,即周天火候之进程。

周天运转之后,还需要回到药物炼化上,最后进行取坎填离的功法修炼,即对应第三步骤的炼神化虚阶段。取坎填离,也称为抽铅添汞,也称龙腾虎跃,是为内丹根本之法。在金丹心法中,炼丹药物"精(炁)"与"神"对应人体部位就是身精(身命)与心神(心性),依靠气运(生命代谢、神经运作)相互沟通来进行炼化,可以用五行攒簇过程来描述。

五行攒簇也称为四象和合,其中四象是指青龙(木)、白虎(金)、朱雀(火)和玄武(水);而五行,除了木(性)、金(情)、火(神)、水(精),再加一个土(意)。五行对应五脏的关系为:肾(水)、心(火)、肺(金)、肝(木)、脾(土);以及对应五气的关系为:铅(水)、汞(火)、银(金)、砂(木)、土(土)。

攒簇五行的原理是:坎卦为水精(凡铅),表示情欲表现,其中阳爻(婴儿)表示觉知意识,代表元精(金情),与戊土结合(主动属阳,命功);离卦

第六章　内丹炼化

为火神(凡汞),表示思虑活动,其中阴爻(姹女)表示感受意识,代表元神(木性),与己土结合(主静属阴,性功)。坎离匡廓便是土意,攒簇五行,便是运用真土,代表悟识意识,促使元神元精纠缠和合(刀圭),成就纯粹意识状态(纯阳),性命双修而成金丹。

所以攒簇五行的第一步就是要锻炼元精和元神,分别对应前面金丹修炼的炼精化气和炼气化神两个阶段。对于五行攒簇而言,炼精化气就是锻炼水精,从中炼化产生金情,即元精。而炼气化神则是要化解火神,从中显发产生木性。注意:凡精也就是肾水,识神也就是心火。水(精)由金(元精,情)所生,含有元精,所谓铅含情(魄);火(神)由木(元神,性)所生,含有元神,所谓汞含性(魂)。所以炼精化气就是由水返金;而炼气化神则由火返木。所以,修炼金丹,就是逆行之法。

攒簇五行的第二步称为三家相见。所谓三家是指心、身、意。具体讲,金情生水精,金(先天)水(后天)乃元精之喻,为一家,代表身;木性生火神,木(先天)火(后天)乃元神之喻,代表心;土乃运气之依所,阳变而阴合之主,成一家,代表意。在这三家中,土意最为关键,可以和合木火、金水两家,又称为黄婆,是坎(身精)离(心神)会合的媒介。

土意(悟识意识)之动为戊土,取其用即为觉知意识,土意之静为己土,取其体即为感受意识,两者的叠加纠缠,就是悟识意识,相合而成纯粹意识(金丹)。金情生水精,木性生火神,各自散居,不能交融,惟用真土(真意),才能调和四象,合成一体。王沐注曰:"所以三五合一之论,即金水为一家,木火为一家,土为一家,土为中央,调和三家,成为丹母,所以说:三家相见结婴儿。"(张伯端,1990:56)

攒簇五行的第三步称为金木交并,所谓性情相合:金情与木性相互纠缠之功,属于炼神还虚的无为之法,最后达到物我两忘、心身打成一片之境界。金木交并的原理就是,以精与神二物,归根对应情与性,用真意引导,使精(情)和神(性)交并,就是强调运用悟识意识,推情合性,驾龙从虎。所以,金木交并关键是要"二物会时性情合,五行全处虎龙蟠"。这里,二物是坎离,坎水为阴精,离火为阳神;性情则是坎离的作用之源,金情为白虎,可生水精;木性为青龙,可产火神;土意为黄婆,可合性情。坎离凝结(二物会时)则性情相合,其方法就是取坎中阳爻(元精),补离中阴爻(元神),以成纯阳之乾,复归太极。

　　归纳起来,内丹心法说到底强调的就是阴阳交合,寻找真阴真阳,然后加以和合而结成所谓的金丹。阴者,身喻之;阳者,心喻之。从现代科学角度看,阴者,基因喻之;阳者,意识喻之,更为合理。如果统归到人脑之中,基因利益的直接代理就是情欲脑(核心是杏仁体),个体意识形成的直接来源则是理智脑(核心是前额叶)。因此,杏仁体和前额叶及其两者作用,便构成了人脑中的真阴真阳。理智脑为阳,能引发真阴之火,觉知意识,通过制约情欲而显;情欲脑为阴,能引发真阳之水,感受意识,通过掩蔽理智而显。将两者和合纠缠的悟识意识,便能结成金丹纯阳之体(纯粹意识状态)。

　　总体上讲,道家内丹主张穷理、尽性、了命,应该只有"了命"才是内丹道教的特色,其他"穷理、尽性"也是理学家们的主张,"尽性"同时还是禅师们的主张。穷理是为了明道,然后尽性了命,所以性命双修。然后,"了命"也只是为了却病、养生、长寿,不可能长生不死,至于白日飞升、羽化成仙,则是异端邪说。

第七章

穷理反躬

> 若尽心云者,则格物穷理,廓然贯通而有以极夫心之所具之理也;存心云者,则敬以直内,义以方外,若前所谓精一操存之道也。故尽其心而可以知性知天,以其体之不蔽而有以究夫理之自然也;存心而可以养性事天,以其体之不失而有以顺夫理之自然也。

——(宋)朱熹[①]

《宋元学案》"濂溪学案"有黄百家谨按云:"孔、孟而后,汉儒止有传经之学,性道微言之绝久矣。元公崛起,二程嗣之,又复横渠诸大儒辈出,圣学大昌。故安定、徂徕卓乎有儒者之矩范,然仅可谓有开之必先。若论阐发心性义理之精微,端数元公之破暗也。"(黄宗羲、全祖望,1986:482)这里的"元公"就是指周敦颐濂溪先生,意思是说,以孔孟思想为核心的圣学之道,入秦之后,就湮没断绝了,只是到宋周敦颐的出现,才又重新得以复兴。就此而言,圣学心法也然,至北宋之时,也重新以新的面貌得以中兴。其中首先形成系统心法思想体系的,就是理学心法体系。因此,本章专门介绍有关理学的心法思想体系,包括心法思想与途径。

[①] 朱杰人、严佐之、刘永翔主编:《朱子全书》,上海:上海古籍出版社,合肥:安徽教育出版社,2002年,第23册,第3278页。

通智达仁:传授心法述要

第一节　圣学中兴发端

通常认为,周敦颐、邵雍、司马光、张载、程颢和程颐被称为北宋六子,其所开创的学术风气实是孔孟之圣学中兴的肇始,也为宋明性理之学的开创者。其中邵雍、司马光的心法思想,可以看作是宋明心学的源头,我将在第八章中介绍;而程颐则是程朱理学的奠基人,其心法思想,将专辟单独章节介绍;这里主要介绍周敦颐、张载和程颢的道学心法思想,是理学与心学两家心法体系的共同思想来源。

一、濂溪心法思想

周敦颐(1017—1073),原名周敦实,又名周元皓,字茂叔,北宋道州营道楼田堡人(今属湖南省道县),世称濂溪先生,被后人奉为理学鼻祖,谥号元公。周敦颐继承了孔孟圣学道统,并加以发扬光大。就心法思想而言,其主旨不离"内圣"境界的追求,并在《太极图说》中作了概括性的论述:"惟人也得其秀而最灵。形既生矣,神发知矣,五性感动而善恶分,万事出矣。圣人定之以中正仁义,而主静,(自注云:无欲故静。)立人极焉。"(周敦颐,2000:48)

就是说,内圣之道所谓立人极者,不过就是"中正仁义而主静",并将这样的原则,在《周子通书》里面作了展开论述。

所谓中正仁义之本,周敦颐继承《中庸》的思想,将其归结到一个"诚"字之上。《周子通书》(诚下第二)指出(周敦颐,2000:32):

圣,诚而已矣。诚,五常之本,百行之原也。静无而动有,至正而明达也。五常、百行,非诚,非也,邪暗塞也。故诚则无事矣。至易而行难。果而确,无难焉。故曰:"一日克己复礼,天下归仁焉。"

进一步,周敦颐把心性之"诚"等同于天道之"易",于是要达成"诚"之境界,则又继承了《易传》的思想,强调一个"几"字,从而跟"神"字相关联。《周子通书》指出(周敦颐,2000:32-33):

诚无为,几善恶。德,爱曰仁,宜曰义,理曰礼,通曰智,守曰信。性焉安焉之谓圣,复焉执焉之谓贤,发微不可见、充周不可穷之谓神。

(诚几德第三)

寂然不动者,诚也。感而遂通者,神也。动而未形,有无之间者,几也。诚精故明,神应故妙,几微故幽。诚、神、几,曰圣人。(圣第四)

于是,要修持成圣,关键就是要把握动静之间的"几",所谓"慎动",并指出(慎动第五):"动而正曰道,用而和曰德。匪仁、匪义、匪礼、匪智、匪信,悉邪也。邪动,辱也;甚焉,害也。故君子慎动。"(周敦颐,2000:33)

君子慎动,就是强调"而主静",这样方能"动而无动"到达中正仁义礼智信,而避免离几之邪动,从而入乎正道。所以,周敦颐在《周子通书》(道第六)中再次强调:"圣人之道,仁义中正而已矣。"(周敦颐,2000:33)

至于具体的内圣修持途径,周敦颐在《周子通书》也是基本传承了孔孟的圣学之道,强调立志圣贤、闻过省耻、迁善改过、睿思通圣、音乐平心,以及养心寡欲等等。

比如讲立志的有(志学第十)曰:"圣希天,贤希圣,士希贤。"(周敦颐,2000:35)讲闻过省耻的有(幸第八)曰:"人之生,不幸不闻过,大不幸无耻。必有耻,则可教;闻过,则可贤。"(周敦颐,2000:34)讲迁善改过有(爱敬第十五):"有善不及,曰:'不及,则学焉。'问曰:'有不善?'曰:'不善,则告之以不善,且劝曰:'庶几有改乎!'斯为君子。有善一,不善二,则学其一而劝其二。有语曰:'斯人有是之不善,非大恶也?'则曰:'孰无过,焉知其不能改。改则为君子矣。不改为恶,恶者天恶之,彼岂无畏邪?乌知其不能改。'故君子悉有众善,无弗爱且敬焉。'"(周敦颐,2000:36-37)

讲睿思通圣有(思第九)曰:"《洪范》曰:'思曰睿,睿作圣。'无思,本也;思通,用也。几动于此,诚动于彼,无思而无不通,为圣人。不思,则不能通微;不睿,则不能无不通。是则无不通生于通微,通微生于思。故思者,圣功之本,而吉凶之几也。"(周敦颐,2000:35)讲音乐平心的有(乐上第十七)曰:"乐者,古以平心,今以助欲;古以宣化,今以长怨。不复古礼,不变今乐,而欲至治者,违矣!"以及(乐中第十八)曰:"乐者,本乎政也。政善民安,则天下之心和,故圣人作乐以宣畅其和心,达于天地,天地之气感而大和焉。天地和则万物顺,故神祇格,鸟兽驯。"(周敦颐,2000:37)

至于养心寡欲,周敦颐为张宗范之亭题名曰"养心"而为之说曰(《濂溪学案》附录）："孟子曰：'养心莫善于寡欲。其为人也寡欲，虽有不存焉者，寡矣。其为人也多欲，虽有存焉者，寡矣。'予谓养心不止于寡焉而存尔。盖寡焉以至于无，无则诚立明通。诚立，贤也；明通，圣也。是圣贤非性生，必养心而至之。养心之善，有大焉如此，存乎其人而已。"（黄宗羲、全祖望，1986：519）

更重要的是，周敦颐将《易传》心法思想中最为重要的修持途径做了强调性归纳，着重阐述了诚几之慎动主静的心法要旨。如慎动之要在于（乾损益动第三十一）："君子乾乾不息于诚，然必惩忿窒欲、迁善改过而后至。乾之用其善是，损益之大莫是过。圣人之旨深哉！吉凶悔吝生乎动。噫，吉一而已，动可不慎乎！"（周敦颐，2000：40）而主静之要在（蒙艮第四十）："童蒙求我，我正果行，如筮焉。筮，叩神也，再三则渎矣，渎则不告也。山下出泉，静而清也；汩则乱，乱不决也。慎哉，其惟时中乎！艮其背，背非见也；静则止，止非为也。为，不止矣。其道也深乎！"（周敦颐，2000：42）

总之，"中正仁义而主静"的目的就是要"纯其心"而化导民众，从而人人可成为圣贤。所以一方面周敦颐指出"纯其心"的重要（治第十二）："十室之邑，人人提耳而教，且不及，况天下之广，兆民之众哉？曰：纯其心而已矣。仁义礼智四者，动静言貌视听无违，之谓纯。心纯，则贤才辅；贤才辅，则天下治。纯心要矣！用贤急焉！"（周敦颐，2000：36）另一方面，又强调人人可以成圣，关键在坚守动静无欲之道，指出（圣学第二十）："'圣可学乎？'曰：'可。'曰：'有要乎？'曰：'有。'请问焉，曰：'一为要。一者，无欲也。无欲则静虚动直。静虚则明，明则通；动直则公，公则溥。明通公溥，庶矣乎！'"（周敦颐，2000：38）当然，关键还要将此圣人之道，落实到行动中去，而不能停留在文辞之上，方能成就内圣之境界。因此，周敦颐也特别强调指出（陋第三十四）："圣人之道，入乎耳，存乎心，蕴之为德行，行之为事业。彼以文辞而已者，陋矣！"（周敦颐，2000：41）

在《朱文公文集》中，朱熹写有《六先生画像赞》，其中为周敦颐画像赞曰："道丧千载，圣远言湮。不有先觉，孰开我人！书不尽言，图不尽意。风月无边，庭草交翠。"（朱杰人，2002，第24册：4001）可谓是重开圣道，先觉宗师！

二、横渠心法思想

张载(1020—1077),字子厚,凤翔郿县横渠镇人(今属陕西眉县),世称横渠先生。张载是北宋圣学中兴的重要推动者,《宋元学案》"横渠学案序录"中称"其学以《易》为宗,以《中庸》为的,以《礼》为体,以孔、孟为极。"(黄宗羲、全祖望,1986:663)所提出著名的横渠四句:"为天地立心,为生民立命,为往圣继绝学,为万世开太平。"(黄宗羲、全祖望,1986:664)正是圣学中兴的时代标志。张载在心法思想方面,主要继承了圣道中《易传》、《中庸》和《孟子》的思想,并加以扩展,提出了比较系统的"大心"心法思想体系。

在"大心"心法阐述中,张载一方面强调理一分殊的天道观,将天道与心性合二为一,为大心修持提供了理论基础;另一方面明确给出了到达圣贤境界的大心之法,并指出了具体修持的原则,甚至防微杜渐,给出日常存养的严厉标准。张载的心法思想,主要体现在所著的《正蒙》、《东铭》、《西铭》和《横渠理窟》之中。我们下面择要加以论述。

首先《正蒙》"中正篇第八"指出:"君子之道,成身成性以为功者也。未至于圣,皆行而未成之地尔。"(张载,2000:151-152)所以先要立学圣之志,只有"志学然后可与适道,强礼然后可与立,不惑然后可与权。"(张载,2000:155)但需注意,立学圣之志要坚,而求圣之心不可急迫。在《横渠理窟》"气质"篇,对此作了比较深刻的阐述:"求心之始有所得,久思则茫然复失,何也?夫求心不得其要,钻研太甚则惑。心之要只是欲平旷;熟后无心如天,简易不已。今有心以求其虚,则是已起一心,无由得虚。切不得令心烦,求之太切则反昏惑,孟子所谓助长也。孟子亦只言存养而已,此非可以聪明思虑,力所能致也。然而得博学于文以求义理,则亦动其心乎?夫思虑不违是心而已。"(张载,1978:269)

作为圣道心法的承继,张载对孔子"绝四"思想加以引申,提出了心性修持的整体思想,指出(《横渠理窟》"学大原下"):"人当平物我,合内外,如是以身鉴物便偏见,以天理中鉴则人与己皆见,犹持镜在此,但可鉴彼,于己莫能见也,以镜居中则尽照。只为天理常在,身与物均见,则自不私,己亦是一物,人常脱去己身则自明。然身与心常相随,无奈何有此身,假以接物则举措须要是。今见人意、我、固、必,以为当绝,于己乃不能绝,即是私己。是以大人正己而物正,须待自己者皆是著见,于人物自然而正。以诚而明者,既实而行之明也,明则民斯信矣。己未正而正人,便是有意、我、固、必。鉴己与物皆见,则自然心弘而公平。意、我、固、必只为有身便有此,至如恐惧、忧患、忿懥、好乐,亦只是为其身处,亦欲忘其身贼害而不顾,只是两公平,不私于己,无适无莫,义之与比也。"(张载,1978:285)要之,如《正蒙》"中正篇第八"所言,只有"天理一贯,则无意、必、固、我之凿。意、必、固、我,一物存焉,非诚也。四者尽去,则直养而无害矣。"(张载,2000:154)

而所谓天理一贯,正是张载"理一分殊"天道观的自然结论,在《西铭》中作了系统的论述。《西铭》原称《订顽》,后也被编入《正蒙》的"乾称"上篇之中。《宋元学案》"横渠学案上"载《西铭》(订顽)的原文如下(黄宗羲、全祖望,1986:665-666):

> 乾称父,坤称母。予兹藐焉,乃浑然中处。故天地之塞,吾其体;天地之帅,吾其性。民吾同胞,物吾与也。大君者,吾父母宗子;其大臣,宗子之家相也。尊高年,所以长其长;慈孤弱,所以幼其幼。圣其合德,贤其秀也。凡天下疲癃残疾、惸独鳏寡,皆吾兄弟之颠连而无告者也。于时保之,子之翼也。乐且不忧,纯乎孝者也。违曰悖德,害仁曰贼。济恶者不才,其践形唯肖者也。知化则善述其事,穷神则善继其志。不愧屋漏为无忝,存心养性为匪懈。……富贵福泽,将厚吾之生也;贫贱忧戚,庸玉女于成也。存吾顺事,没吾宁也。

从心法方面看,《西铭》强调的主要思想要点是:人类个体的心性,都是源自于同源的乾坤,人类群体都是整体关联一体的。因而,尊老爱幼、关爱他人之仁爱,都应该是理所当然的,是不可违背的人类本性;所谓"违曰悖德,害仁曰贼",也是应该不懈存心养性的根本,并达到"存顺没宁"的境界。

关于"存心养性"主旨,《正蒙》"太和篇第一"有曰:"然则圣人尽道其间,兼体而不累者,存神其至矣。"(张载,2000:87)在《正蒙》"神化篇第四"中则进一步的阐述:"神不可致思,存焉可也;化不可助长,顺焉可也。存虚明,久至德,顺变化,达时中,仁之至、义之尽也。知微知彰,不舍而继其

善,然后可以成人性矣。"(张载,2000:120)

至于"心性"与"天道"合一的道理,在《正蒙》"诚明篇第六"中作了全面系统的论述,比如:"诚明所知,乃天德良知,非闻见小知而已。天人异用,不足以言诚;天人异知,不足以尽明。所谓诚明者,性与天道,不见乎小大之别也。义命合一存乎理,仁智合一存乎圣,动静合一存乎神,阴阳合一存乎道,性与天道合一存乎诚。"(张载,2000:130-131)

因此,想要存乎这"心性与天道和一"之诚,就只有两种途径可以抵达(诚明篇第六):"'自明诚',由穷理而尽性也;'自诚明',由尽性而穷理也。"(张载,2000:131)所谓"天能为性,人谋为能。大人尽性,不以天能为能而以人谋为能,故曰:'天地设位,圣人成能。'尽性,然后知生无所得,则死无所丧。"(张载,2000:131-132)这样便可以超越生死,所谓《西铭》所言"存吾顺事,没吾宁也"。所以(诚明篇第六)说:"尽性穷理而不可变,乃吾则也。"(张载,2000:134)

当然,最后则要到达无我之境(神化篇第四):"无我而后大,大成性而后圣,圣位天德不可致知谓神。故神也者,圣而不可知。"(张载,2000:119)以及"无我然后得正己之尽,存神然后妙应物之感。'范围天地之化而不过',过则溺于空,沦于静,既不能存夫神,又不能知夫化矣。"(张载,2000:123)。因为"神化者,天之良能,非人能。故大而位天德,然后能穷神知化。"(张载,2000:118)

张载认为,后天习染不良嗜欲为气质之性而非天地赋予之性。对此,张载指出(诚明篇第六):"知德者属厌而已,不以嗜欲累其心,不以小害大、末丧本焉尔。"(张载,2000:134)而人心是能够通过尽性而至天命,即所谓:"心能尽性……尽其性,能尽人物之性;至于命者,亦能至人物之命;莫不性诸道,命诸天。"(张载,2000:135)因此,人们可以返回天地之性的:"形而后有气质之性,善反之则天地之性存焉。"(张载,2000:136-137)如其不然,则就会(神化篇第四):"徇物丧心,人化物而灭天理者乎!存神过化,忘物累而顺性命者乎!"(张载,2000:122)

所以张载指出(诚明篇第六):"人之刚柔、缓急,有才与不才,气之偏也;天本参和不偏。养其气,反之本而不偏,则尽性而天矣。性未成则善恶混,故亹亹而继善者,斯为善矣。恶尽去则善因以亡,故舍曰'善',而曰

'成之者性'。"(张载,2000:137-138)

于是"纤恶必除,善斯成性矣;察恶未尽,虽善必粗矣"(张载,2000:140)。"有思虑知识,则丧其天矣。"(张载,2000:140)"和乐,道之端乎!"(张载,2000:140)"不诚不庄,可谓之尽性穷理乎?"(张载,2000:141)"生直理顺,则吉凶莫非正也。"(张载,2000:142)"至诚则顺理而利,伪则不循理而害。"(张载,2000:142)诸如此类,都是张载指出的存心养性具体措施。最终都是要(诚明篇第六):"君子教人,举天理以示之而已;其行己也,述天理而时措之也。"(张载,2000:140)因为"顺性命之理,则得性命之正;灭理穷欲,人为之招也。"(张载,2000:142)心法之要,不过因明而至诚!

有了上述认识,张载提出了更为系统的对治心法,这便是"大心"之法。《正蒙》"大心篇第七"有主旨阐述如下(张载,2000:143-147):

大其心,则能体天下之物。物有未体,则心为有外。世人之心,止于闻见之狭;圣人尽性,不以见闻梏其心,其视天下,无一物非我,孟子谓尽心则知性知天以此。天大无外,故有外之心,不足以合天心。见闻之知,乃物交而知,非德性所知;德性所知,不萌于见闻。由象识心,徇象丧心。知象者心,存象之心,亦象而已,谓之心,可乎!人谓己有知,由耳目有受也;人之有受,由内外之合也。知合内外于耳目之外,则其知也过人远矣。……成心忘,然后可与于道。(张子自注:成心者,私意也。)化则无成心矣。成心者,意之谓与!无成心者,时中而已矣。心存,无尽性之理,故圣不可知谓神。(张子自注:此章言心者,亦指私心为言也。)以我视物则我大,以道体物我则道大。故君子之大也大于道,大于我者,容不免狂而已。烛天理如向明,万物无所隐;穷人欲如专顾影间,区区于一物之中尔!

大心之法的要旨是:要心性与天道内外合一而合天心,就是要大其心,体天下之物,不可使一物不体。世人之所以不能合天心,就是因为局限于"闻见之狭"。大其心就是要尽心知性,合内外之道。大其心才能不使外物累于身,才能"成心忘,然后可与进于道",进而无时不时中。

当然,大其心不是要放荡其心,而恰恰相反,应该虚其心。张载认为(《横渠学案下》语录):"天地之道,无非以至虚为实,人须于虚中求出实。

第七章　穷理反躬

圣人虚之至,故择善自精。心之不能虚者,有物榛碍。"(黄宗羲、全祖望,1986:764-765)所以"当以心求天之虚。大人不失其赤子之心,赤子之心今可知也,以其虚也。"(黄宗羲、全祖望,1986:765)这样就能"虚心,然后能尽心。虚心,则无外以为累。"(黄宗羲、全祖望,1986:764)在具体生活中,则只有戒慎恐惧,无过无不及,方能体道成其大心。故张载特别通过《东铭》(又称砭愚,见《横渠学案上》),谆谆告诫世人(黄宗羲、全祖望,1986:668):

> 戏言出于思也,戏动作于谋也。发乎声,见乎四支,谓非己心,不明也;欲人无己疑,不能也。过言非心也,过动非诚也。失于声,缪迷其四体,谓己当然,自诬也;欲他人己从,诬人也。或者以出于心者归咎为己戏,失于思者自诬为己诚,不知戒其出汝者,归咎其不出汝者,长傲且遂非,不知孰甚焉!

就是说平时要谨防戏言戏动,因为或许人们以为出于无心,其实正是出于其不良思谋内在心理的表露,所以要防微杜渐才对,否则戏而不已,必长其傲。过言过动,人们自以为己是而强人从己,而不知其实为非诚之心,否则过而不已,必遂其非。因此,日常用心,都应省察其戏、克治其咎,则大心之境方能成就。用张载自己的话讲(《正蒙》至当篇第九),就是"上达则乐天,乐天则不怨;下学则治己,治己则无尤。"(张载,2000:171)

就这一点而言,张载自身就是楷模。据《宋元学案》"横渠学案"附录记载:"先生气质刚毅,德盛貌严,然与人居,久而日亲。其治家接物,大要正己以感人。人未之信,反躬自治;不以语人,虽有未喻,安行而无悔。故识与不识,闻风而畏。闻人之善,喜见颜色。答问学者,虽多不倦。有不能者,未尝不开其端。可语者,必丁宁以诲之,惟恐其成就之晚。"(黄宗羲、全祖望,1986:769-770)

三、明道心法思想

程颢(1032—1085),字伯淳,人称明道先生,是圣道心法中兴的关键人物。《宋元学案》(明道学案)有明道语录:"昔受学于周茂叔,每令寻仲尼、颜子乐处,所乐何事。"(黄宗羲、全祖望,1986:559)可谓得圣道心法最为纯粹者,莫过于明道。故《宋元学案》(明道学案)叙述其经历曰:"先生资性过人,而充养有道,和粹之气,盎于面背。门人交友从之数十年,未尝见其忿厉之容。遇事优为,虽当仓卒,不动声色。自十五六时,与弟正叔闻汝南周茂叔论学,遂厌科举之习,慨然有求道之志。泛滥于诸家,出入于老、释者几十年,返求诸《六经》,而后得之。秦、汉而下,未有臻斯理也。"(黄宗羲、全祖望,1986:539-540)

如果说,周敦颐开创了圣学中兴之门,那么将其发扬光大者,就是明道先生了。对此,朱熹有过精辟的论定。《宋元学案》(明道学案)中黄百家引用朱熹之语曰:"元公不由师传,默契道体,建《图》属《书》,根极领要,当时见而知之者有程氏,遂广大而推明之,使夫天理之微、人伦之著、事物之众、鬼神之幽,莫不洞然毕贯于一,而周、孔、孟氏之传,焕然复明。"(黄宗羲、全祖望,1986:540)

同周敦颐观点一样,明道也推崇《易传》,强调天道与人心是不可分的,只是角度不同,才会有许多不同的名号。比如《明道学案》语录曰[①]:"上下千百岁中,若合符契,言天之自然者谓之'天道';言天之赋予万物者谓之'天命。'"(黄宗羲、全祖望,1986:548)"盖'上天之载,无声无臭'。其体则谓之易,其理则谓之道,其用则谓之神,其命于人则谓之性,率性则谓之道,修道则谓之教。"(黄宗羲、全祖望,1986:549)"在天为命,在义为理,在人为性,主于身为心,其实一也。"(黄宗羲、全祖望,1986:551)

接着自然就将心之善恶归到天理之上,并继承孟子"道性善"的思想,强调"心本善"。比如曰:"心本善,发于思虑,则有善有不善。若既发,则可谓之情,不可谓之心。譬如水,只谓之水,至如流而为派,或行于东,或行于西,却谓之流也。""天下善恶皆天理。谓之恶者,非本恶,但或过或不及,便如此,如杨、墨之类。"以及:"事有善有恶,皆天理也。天理中物,须有美恶。盖物之不齐,物之情也,但当察之,不可自入于恶,流于一物。"(黄宗羲、全祖望,1986:551-552)

这样一来,借用孟子的尽心知性知天的思想,将《易传》中"穷理、尽性,以至于命"三件合并为一,指出:"'穷理、尽性,以至于命',三事一时并

[①] 除了特别标明外,凡程明道语录皆援引自《明道学案》语录。

了,元无次序,不可将穷理作知之事。若实穷得理,即性命亦可了。"(黄宗羲、全祖望,1986:552)于是,只要明识这内在本善之心性,便可以明悟天理或天道了,所谓:"只心便是天,尽之便知性,知性便知天,当处便认取,更不可外求。"(黄宗羲、全祖望,1986:552)

当然,知性知天,需要自己"默而识之"的,指出:"性与天道,非自得之则不知,故曰'不可得而闻'。大抵学不言而自得者,乃自得也;有安排布置者,皆非自得也。"(黄宗羲、全祖望,1986:560)一句话就是:"元来只此是道,要在人默而识之也。"(黄宗羲、全祖望,1986:549)于是,明道首先给出了《识仁篇》,作为内圣修持的纲要。《识仁篇》全文如下(黄宗羲、全祖望,1986:540-541):

> 学者须先识仁。仁者,浑然与物同体。义、礼、智、信皆仁也。识得此理,以诚敬存之而已,不须防检,不须穷索。若心懈,则有防;心苟不懈,何防之有?理有未得,故须穷索;存久自明,安待穷索?此道与物无对,大不足以明之。天地之用,皆我之用。孟子言万物皆备于我,须反身而诚,乃为大乐。若反身未诚,则犹是二物有对,以己合彼,终未有之,又安得乐?《订顽》意思(横渠西铭,旧名《订顽》),乃备言此体,以此意存之,更有何事。'必有事焉而勿正,心勿忘,勿助长',未尝致纤毫之力,此其存之之道。若存得,便合有得。盖良知良能元不丧失,以昔日习心未除,却须存习此心,久则可夺旧习。此理至约,惟患不能守;既能体之而乐,亦不患不能守也。

人性本善,这本善之性,就是仁性。因此明道首创"学者须先识仁",具体途径就是"以诚敬存之而已,不须防检,不须穷索"。对此,明道平时语录指出:"学者识得仁体,实有诸己,只要义理栽培。如求经义,皆是栽培之意。"(黄宗羲、全祖望,1986:561)而所谓栽培,主要在于"持敬涵养":"学者须敬守此心,不可急迫,当栽培深厚,涵泳于其间,然后可以自得。但急迫求之,终是私己,终不足以达道。"所谓:"学在知其所有,又在养其所有。若不能存养,只是说话。"(黄宗羲、全祖望,1986:557)

持敬涵养便能至诚,至诚便在慎独。故明道指出:"古之教人,莫非使之成己。自洒扫应对上,便可到圣人事。洒扫应对便是形而上者,理无大小故也。故君子只在慎独。"(黄宗羲、全祖望,1986:566)所谓"学始于不欺闇室";"'体物而不可遗'者,诚敬而已矣。不诚,则无物也。"(黄宗羲、全祖望,1986:566-557)明道认为孔子所说的"居处恭,执事敬,与人忠","此是彻上彻下语。圣人元无二语。"(黄宗羲、全祖望,1986:562)

对此,明道一再强调持敬的重要,如"敬胜百邪。"(黄宗羲、全祖望,1986:556)"毋不敬,可以对越上帝""'天地设位,而易行乎其中',只是敬也。敬则无间断。"(黄宗羲、全祖望,1986:557)当然,持敬也要恪守中道,"理则极高明,行之只是中庸也。"(黄宗羲、全祖望,1986:562)所谓:"执事须是敬,又不可矜持太过。"(黄宗羲、全祖望,1986:557)

因此,诚敬存之,切记"不须防检,不须穷索",发展了孟子的"必有事焉而勿正,心勿忘,勿助长"。据《明道学案》附录记载,明道先生谓学者曰:"贤看某如此,某煞用工夫。见理后须开放,不开放只是守。开又近放倒,故有礼以节之;守几于不自在,故有乐以乐之。乐即是放开也。"之所以学者不能见得,就是"却是扶醉汉,救得一边,倒了一边。""只怕人执着一边。"(黄宗羲、全祖望,1986:576)

一方面"不须防检",心要大:"须是大其心,使开阔,譬如为九层之台,须大做脚始得。"(黄宗羲、全祖望,1986:567)心要活:"人心常要活,则周流无穷,而不滞于一隅。"(黄宗羲、全祖望,1986:563)要放得开:"既得后须放开,不然只是守。"(黄宗羲、全祖望,1986:561)并形象地指出:"坐井观天,非天小,只被自家入井中,被井筒拘束了。然井何罪,亦何可废?但出井中,便见天大。已见天如此大,不为井所拘,却入井中也不害。"(黄宗羲、全祖望,1986:567)

另一方面也"不须穷索",要内心自足有所止,所谓"盖仁者体也,义者用也,知义之为用而不外焉者,可以语道矣"(黄宗羲、全祖望,1986:556)。"凡学之杂者,终只是未有所止,内自不足也。譬如一物悬在室中,苟无所依着,则不之东则之西。故须着摸他道理,只为自家内不足也。譬之家藏良金,不索外求,贫者见人说金,便借他的看。"(黄宗羲、全祖望,1986:567)原因是:"则知越著心,把捉越不定。"(黄宗羲、全祖望,1986:552)

所以,明道指出内圣修持问题所在时,指出:"今志于义理而心不安乐者,何也?此则正是胜一个助之长。虽则心操之则存,舍之则亡,然而持之太甚,便是必有事焉而正之也。亦须且恁去,如此者只是德孤。'德不孤,必有邻',到德盛后,自无窒碍,左右逢其源也。"(黄宗羲、全祖望,1986:568-569)而"大凡把捉不定,皆是不仁"(黄宗羲、全祖望,1986:566)。必是"涵养到着落处,心便清明高远"。这样自然而然觉悟得道理,有如唤人醒睡一样:"人虽睡着,其识知自完。只是人与唤觉便是,他自然理会得。"(黄宗羲、全祖望,1986:569)

当然,如果学者引蔽习染太久,如《识仁篇》所云"昔日习心未除,却须存习此心,久则可夺旧习"。此时当于日常生活中,克己自慊,久之必能"黯然日章"。因为"人心莫不有知,唯蔽于人欲,则亡天德也",而"克己则私心去,自然能复礼。虽不学文,而礼意已得。勿忘勿助之间,正当处也。"(黄宗羲、全祖望,1986:559)有人问"人语言紧急,莫是气不定否?"明道曰:"此亦当习。习到自然缓时,便是气质变也。学至气质变,方是有功。"(黄宗羲、全祖望,1986:554)所以,如"能尽饮食言语之道,则可以尽去就之道。能尽去就之道,则可以尽死生之道。饮食言语,去就死生,小大之势一也。故君子之学,自微而显,自小而章。"(黄宗羲、全祖望,1986:562)

所以《明道学案》有语录说:"人须知自慊之道。自慊者,无不足也。若有所不足,则张子厚所谓'有外之心,不足以合天心'者也。"(黄宗羲、全祖望,1986:563)只要"学者今日无可添,只有可减。减尽,便没事。"(黄宗羲、全祖望,1986:566)因为"中心斯须不和不乐,则鄙诈之心入之矣。此与'敬以直内'同理。谓敬为和乐则不可,然敬须和乐,只是中心没事也。"(黄宗羲、全祖望,1986:557)

心中无事,自然"反身而诚",因为前面《识仁篇》曰"良知良能,元不丧失",故明道进一步指出:"良知良能,皆无所由,乃出于天,不系于人。"(黄宗羲、全祖望,1986:559)这就是对孟子"万物皆备于我"的发挥,并认为:"'万物皆备于我',不独人耳,物皆然。都自这里出去,只是物不能推,人则能推之。虽能推之,几时添得一分?不能推之,几时减得一分?百理具在,平铺放着。"(黄宗羲、全祖望,1986:562)

所以,识仁就是要默识自己本心,《明道学案》多有这方面的语录。明道告神宗曰:"先圣后圣,若合符节。非传圣人之道,传圣人之心也。非传圣人之心也,传己之心也。己之心无异圣人之心,广大无垠,万善皆备。

欲传圣人之道,扩充此心焉耳!"(黄宗羲、全祖望,1986:560)而如何默识此心?无非就是收其放心:"圣贤千言万语,只是欲人将已放之心,约之使反,复入身来,自能寻向上去,下学而上达也。"(黄宗羲、全祖望,1986:556)因为"学者不必远求,近取诸身,只明人理,敬而已矣,便是约处。"(黄宗羲、全祖望,1986:558)一旦反身而悟,"悟则句句皆是这个,道理已明后,无不是此事也。"(黄宗羲、全祖望,1986:559)

除了《识仁篇》,针对张载所提疑问:"定性未能不动,犹累于外物,何如?"(黄宗羲、全祖望,1986:546)明道还继承了周敦颐的"主静立极之说",写了《定性书》给予答复,成为理学心法思想的重要篇章。《定性书》全文如下(黄宗羲、全祖望,1986:546-547):

所谓定者,动亦定,静亦定,无将迎,无内外。苟以外物为外,牵己而从之,是以己性为有内外也。且以己性为随物于外,则当其在外时,何者为在内?是有意于绝外诱,而不知性之无内外也。既以内外为二本,则又乌可遽语定哉?夫天地之常,以其心普万物而无心;圣人之常,以其情顺万物而无情。故君子之学,莫若廓然而大公,物来而顺应。《易》曰:"贞吉,悔亡。憧憧往来,朋从尔思。"苟规规于外诱之除,将见灭于东而生于西也。非惟日之不足,顾其端无穷,不可得而除也。人之情各有所蔽,故不能适道,大率患在于自私而用智。自私,则不能以有为为应迹;用智,则不能以明觉为自然。今以恶外物之心,而求照无物之地,是反鉴而索照也。《易》曰:"艮其背,不获其身。行其庭,不见其人。"孟氏亦曰:"所恶于智者,为其凿也。"与其非外而是内,不若内外之两忘也。两忘,则澄然无事矣。无事则定,定则明,明则尚何应物之为累哉!圣人之喜,以物之当喜;圣人之怒,以物之当怒。是圣人之喜怒,不系于心而系于物也。是则圣人岂不应于物哉!乌得以从外者为非,而更求在内者为是也!今以自私用智之喜怒,而视圣人喜怒之正,为何如哉!夫人之情,易发而难制者,唯怒为甚。第能于怒时遽忘其怒,而观理之是非,亦可见外诱之不足恶,而于道亦思过半矣。

据《宋元学案》(《明道学案》)黄百家谨按记载:"先生他日又曰:'治怒为难,治惧亦难,克己可以治怒,明理可以治惧。'"(黄宗羲、全祖望,1986:

547)以及明道语录指出:"知止则自定,万物挠不动。非是别将个定来助知止也。"(黄宗羲、全祖望,1986:566)可见,明道的定性之论不但深刻,而且全面,将圣道"时止则止,时行则行,其道光明"的艮止心法,发挥到了极致。

这其中对定性境界的论述,也是明道先生践行圣道的自我写照,据《明道学案》附录中有关记载,就可见其圣贤气象,为学楷模。比如(黄宗羲、全祖望,1986:573-580):

(1)先生数岁,即有成人之度,赋《酌贪泉诗》:"中心如自固,外物岂能迁。"已见志操矣!(黄宗羲、全祖望,1986:573)

(2)十五六岁,与弟伊川受学于濂溪,即慨然有为圣贤之志。尝自言:"再见茂叔后,吟风弄月,有吾与点也意。"(黄宗羲、全祖望,1986:573)

(3)明道终日坐,如泥塑人,然接人浑是一团和气,所谓"望之俨然,即之也温。"(黄宗羲、全祖望,1986:575)

(4)刘立之曰:"先生德性充完,粹和之气盎于面背,乐易多恕,终日怡悦,未尝见其忿厉之容。某问以临民,曰:'使民各输其情。'又问御史,曰:'正己以格物。'"(黄宗羲、全祖望,1986:576)

(5)范淳夫曰:"颜子之不迁不贰,惟伯淳有之。"(黄宗羲、全祖望,1986:577)

(6)唐一庵曰:"明道之学,嫡衍周派,一天人,合内外,主于敬而行之以恕,明于庶物而察于人伦,务于穷神知化而能开物成务,就其民生日用而非浅陋固滞,不求感而物应,未施信而民从,筮仕十疏,足以占王道之端倪。惜早世,未极其止。"(黄宗羲、全祖望,1986:579-580)

从此,从周敦颐、张载,到程明道,作为圣学心法中兴的理学内圣修持方法,就此开启了渊源之流,其肇端思想一直被泽后世。后来性理心法体系的建立,无论是理学还是心学,无疑都是从这里引发而成就的。

第二节　程颐持敬穷理

程颐(1033—1107),字正叔,河南人,世称伊川先生,是明道先生之弟。伊川与明道虽并称大小二程,但气象大相径庭。《明道学案》"百家谨按"云:"顾二程子虽同受学濂溪,而大程德性宽宏,规模阔广,以光风霁月为怀;二程气质刚方,文理密察,以峭壁孤峰为体。其道虽同,而造德自各有殊也。"(黄宗羲、全祖望,1986:540)《伊川学案》"祖望谨按"也云:"大程子早卒,向微小程子,则洛学之统且中衰矣!蕺山先生尝曰:'小程子大而未化,然发明有过于其兄者。'信哉!"(黄宗羲、全祖望,1986:588)在《伊川学案》附录中记载小程子的一则故事,颇能反映小程子的为人秉性,说伊川"贬涪州,渡江,中流船几覆,舟中人皆号哭,先生独正襟安坐如常。已而及岸,同舟有父老问曰:'当船危时,君独无怖色,何也?'曰:'心存诚敬尔!'父老曰:'心存诚敬固善,然不若无心。'先生欲与之言,父老径去不顾。"(黄宗羲、全祖望,1986:645)若换成大程子,定不会如此严肃,而会从容自在。其实,两人学源也大不同:明道止从濂溪,而伊川则是从学于胡瑗。

一、伊川心法宗旨

伊川的心法宗旨,主要体现在其撰写的命题作文《颜子所好何学论》(以下简称《好学论》)之中,这篇作文虽是缘自胡瑗所提问题应试而作的习文,但基本上反映了伊川一生倡导的内圣修持途径。因此我们将对其全文进行系统的分析,来展示伊川心法思想的主要脉络。《伊川学案》《好学论》全文如下(黄宗羲、全祖望,1986:642-644),也见《二程集》(程颢、程颐,1981:577-588):

圣人之门,其徒三千,独称颜子为好学。夫《诗》、《书》、六艺,三千子非不习而通也,然则颜子所独好者,何学也?学以至圣人之道也。圣人可学而至与?曰:然。学之道如何?曰:天地储精,得五行之秀者为人。其本也真而静,其未发也五性具焉,曰仁义礼智信。形既生矣,外物触其形而于中矣,其中动而七情出焉,曰喜怒哀惧爱恶欲。情既炽而益荡,其性凿矣。是故觉者约其情使合于中,正其心,养其性,故曰性其情。愚者则不知制之,纵其情而至于邪僻,牿其性而亡之,故曰情其性。凡学之道,正其心,养其性而已。中正而诚,则圣矣。君子之学,必先明诸心,知所养,然后力行以求至,所谓自明而诚也。故学必尽其心,尽其心则知其性。知其性,反而诚之,圣人也。故《洪范》曰:"思曰睿,睿作圣。"诚之之道,在乎信道笃。信道笃则行之果,行之果则守之固,仁义忠信不离乎心,造次必于是,颠沛必于是,出处语默必于是。久而弗失,则居之安,动容周旋中礼,而邪僻之心无自生矣。故颜子所事,则曰:"非礼勿视,非礼勿听,非礼勿言,非礼勿动。"仲尼称之,则曰:"得一善则拳拳服膺,而弗失之矣。"又曰:"不迁怒,不贰过……有不善未尝不知,知之未尝复行也。"此其好之笃,学之之道也。视听言动皆礼矣,所异于圣人者:圣人则不思而得,不勉而中,从容中道;颜子则必思而后得,必勉而后中。故曰:颜子之与圣人,相去一息。孟子曰:"充实而有光辉之谓大,大而化之之谓圣,圣而不可知之之谓神。"颜子之德,可谓充实而有光辉矣;所未至者,守之也,非化之也。以其好学之心,假之以年,则不日而化矣。故仲尼曰:"不幸短命死矣!"盖伤其不得至于圣人也。所谓化之者,入于神而自然,不思而得,不勉而中之谓也,孔子曰"七十而从心所欲,不踰矩"是也。或曰:"圣人,生而知之者也。今谓可学而至,其有稽乎?"曰:"然。孟子曰:'尧、舜,性之也;汤、武,反之也。'性之者,生而知之者也;反之者,学而知之者也。"又曰:"孔子则生而知也,孟子则学而知也。后人不达,以谓'圣本生知,非学可至',而为学之道遂失。不求诸己而求诸外,以博文强记、巧文丽辞为工,荣华其言,鲜有至于道者,则今之学与颜子所好异也。"

上文中,伊川开宗明义指出"学以至圣人之道也",明确了这个宗旨之后接着沿着周敦颐的"圣可学""人得其秀而最灵",以及强调"生而静"等思想,强调通过"正其心,养其性",来达到"中正而诚"之圣。然后,强调"自明而诚"途径,即"必先明诸心,知所养,然后力行以求至",包括《四勿》笃学,来"勉而后中"。

通智达仁：传授心法述要

《伊川学案》语录曰①："学者先务，固在心志。"（黄宗羲、全祖望，1986:595）那么，又应该立何志向呢？所谓立志，就是伊川《好学论》所点明的"学以至圣人之道也。"当然，立志并无大小，只是要学圣。有门人问伊川："学者须志于大，何如？"伊川曰："志无大小。且莫说道将第一等让于别人，且做第二等。才如此说，便是自弃。虽与不能居仁由义者差等不同，其自小则一也。言学便以道为志，言人便以圣为志。自谓不能者，自贼者也。谓其君不能者，贼其君者也。"（黄宗羲、全祖望，1986:622）

立志学圣，并无大小而贵在立下恒心。如此方能虽遇困难，也能坚持不懈，否则"懈心一生，便是自暴自弃。"（黄宗羲、全祖望，1986:631）可见为学立志之重要。若是使气，逞一时之强，岂可长久！因此有人问："人或倦息，岂志不立乎？"伊川达曰："若是气，体劳后须倦。若是志，怎生倦得？人只为气胜志，故多为气所使。人少而勇，老而怯，少而廉，老而贪，此为气所使者也。若是志胜气时，志既一定，更不可易。如曾子易簀之时，其气之微可知，只为他志已定，故虽死生许大事，亦动他不得。盖有一丝发气在，则志犹在也。""学者为气所胜，习所夺，只可责志。"（黄宗羲、全祖望，1986:622）

为学立志，就是以修己身为本，故伊川解释云："古之学者为己，其终至于成物。今之学者为人，其终至于丧己。"（黄宗羲、全祖望，1986:627）"志道恳切，固是诚意；若迫切不中礼，则反为不诚。盖实理中自有缓急，不容如是之迫。观天地之化乃可知。"（黄宗羲、全祖望，1986:625）当然，既然是修学为己，这学圣所立之志，也必然是求至圣人了。因此伊川同时强调："人皆可以至圣人，而君子之学必至于圣人而后已。不至于圣人而后已者，皆自弃也。"（黄宗羲、全祖望，1986:631）

立志就要脚踏实地，一步步去实行；如果只是好高骛远，止于空谈，不可谓立志。所以伊川也谆谆告诫到："古之学者，优柔厌饫，有先后次第。今之学者，却做一场说话，务高而已。常爱杜元凯语，'若江海之浸，膏泽之润，涣然冰释，怡然理顺'，然后为得也。今之学者，往往以游、夏为小，

---

① 除了特别标明，凡引用程伊川语录皆援自《伊川学案》语录。

不足为,然游、夏一言一事却总是实。如子路、公西赤言志如此,圣人许之,亦以此自是实事。后之学者好高,如小人游心于千里之外,然自身却只在此。"(黄宗羲、全祖望,1986:607-608)所以,立志也必慎、必实、必坚。

伊川心法笃信谨守,所给出的方法与其兄长明道先生相比较,也显得非常稳实。除了《好学论》外,更加体现伊川心法思想特色的,便是《四箴》之约。我们将此《四箴》并序全文录此(程颢、程颐,1981:588-589):

颜渊问克己复礼之目,夫子曰:'非礼勿视,非礼勿听,非礼勿言,非礼勿动。'四者身之用也,由乎中而应乎外,制乎外所以养其中也。颜渊事斯语,所以进于圣人。后之学圣人者,宜服膺而勿失也。因箴以自警。

《视箴》:心兮本虚,应物无迹;操之有要,视为之则。蔽交于前,其中则迁;制之于外,以安其内。克己复礼,久而诚矣。

《听箴》:人有秉彝,本乎天性;知诱物化,遂亡其正。卓彼先觉,知止有定;闲邪存诚,非礼勿听。

《言箴》:人心之动,因言以宣;发禁躁妄,内斯静专。矧是枢机,兴戎出好;吉凶荣辱,惟其所召。伤易则诞,伤烦则支;己肆物忤,出悖来违。非法不道,钦哉训辞!

《动箴》:哲人知几,诚之于思;志士厉行,守之于为。顺理则裕,从欲惟危;造次克念,战兢自持;习与性成,圣贤同归。

应该看到,《四箴》所强调的修持要则,依然是遵循着圣道心法的主旨,强调"克己""闲邪""至诚"之道。

二、伊川心法环节

在后来的平时语录中,伊川对上述心法思想主旨做了全面的展开,形成了比较全面的内圣修持的方法体系。从具体环节上讲,大体而言,伊川主要强调了内圣修持三个相互关联的内容,即居敬存养、穷理致知、力行集义,从而构成了内圣修持比较系统方法体系。

首先,伊川认为:"学也者,使人求于内也。不求于内而求于外,非圣人之学也。何谓不求于内而求于外?以文为主者是也。学也者,使人求于本也。不求于本而求于末,非圣人之学也。何为不求于本而求于末?

考详略,采同异者是也。是二者皆无益于吾身,君子弗学。道无精粗,言无高下。"(黄宗羲、全祖望,1986:627)

接着,伊川认识到:"人心作主不定,正如一个翻车,流转动摇,无须臾停,所感万端。又如县镜空中,无物不入其中,有甚定形?不学则却都不察,及有所学,便觉察得是为害。著一个意思,则与人成就得个甚好见识?心若不做一个主,怎生奈何?"(黄宗羲、全祖望,1986:596)只有内心能做主,才能消除"人心作主不定"之困境。

那么如何能够消解"人心作主不定"呢?伊川继承了其兄明道的思想,认为关键要做到一个"敬"字,即提倡居敬之法。比如其在《二程遗书》中弟子周伯温问:"心术最难,如何执持?"伊川曰:"敬。"(程颢、程颐,2000:334)伊川认为:"人心不能不交感万物,亦难为使之不思虑。若欲免此,惟是心有主。如何为主?敬而已矣。有主则虚,虚谓邪不能入;无主则实,实谓物来夺之。……大凡人心不可二用,用于一事,则他事更不能入者,事为之主也。事为之主,尚无思虑纷扰之患,若主于敬,又焉有此患乎?所谓敬者,主一之谓敬。所谓一者,无适之谓一。且欲涵泳主一之义,一则无二三矣。言敬无如圣人之言,《易》所谓'敬以直内,义以方外',须是。直内乃是主一之义。至于不敢欺,不敢慢,尚不愧于屋漏,是皆敬之事也。但存此涵养,久之自然天理明。"(黄宗羲、全祖望,1986:595)

要注意,伊川所主张的居敬,既不可混同于"虚静息虑",伊川指出:"敬则自虚静,不可把虚静唤做敬。"(黄宗羲、全祖望,1986:636)也不可混同于"严威俨恪",曰:"严威俨恪,非持敬之道,然敬须自此入。"(黄宗羲、全祖望,1986:623)关键在"主一"要"静中便有动,动中便有静。"(黄宗羲、全祖望,1986:628)更不可拘迫,人问:"人之燕居,形体怠惰,心不慢,可否?"伊川答曰:"安有箕踞而心不慢者!学者须恭敬,但不可令拘迫,拘迫则难久也。"(黄宗羲、全祖望,1986:625)

那么,何为敬呢?主一为敬。伊川曰:"敬,只是主一也。主一,则既不之东,又不之西,如是则只是中;既不之此,又不之彼,如是则只是内。存此,则自然天理明白。学者须是将'敬以直内'涵养此意。直内是本。"(黄宗羲、全祖望,1986:624)

这里其实强调的就是慎独精神,故伊川曰:"惟慎独便是守之之法。

圣人修己以敬,以安百姓,笃恭而天下平。唯上下一于恭敬,则天地自位,万物自育,气无不和,四灵毕至。此体信达顺之道,聪明睿智皆由引出。"(黄宗羲、全祖望,1986:634)

当然,居敬要在日常事务中无时无处不能放松。伊川曰:"君子之遇事,无巨细,一于敬而已。简细故以自崇,非敬也;饰私智以为奇,非敬也。要之,非敢慢而已。《语》曰:'居处恭,执事敬,虽之夷狄,不可弃也。'然则'执事敬'者,固为仁之端也。推是心而诚之,则'笃恭而天下平'矣。"(黄宗羲、全祖望,1986:634)

有人问言:"未感时知心何所寓?"伊川曰:"'操则存,舍则亡,出入无时,莫知其乡。'更怎生寻所寓?只是有操而已。操之之道,敬以直内也。"(黄宗羲、全祖望,1986:595)又言"敬以直内,有主于内则虚,自然无非僻之心,如是则安得不虚?'必有事焉',须把敬来做件事看。此道最是简,最是易,又省工夫。为此语,虽近似常人所论,然持之必别。"(黄宗羲、全祖望,1986:629)此处所以说"此道最简",是因为大道至简。伊川认为:"居敬即自然简。'居简而行简',则似乎太简矣,然乃所以为不简。盖先有心于简,则多却一简字矣。居敬则中心无物,是乃简也。"(黄宗羲、全祖望,1986:625)

因此,居敬不易,当把握"动静之几"这"主一"之"中",敬便是动静之几。人或问:"先生于喜怒哀乐未发之前,下动字,下静字?"伊川曰:"谓之静则可,然静中须有物始得,这里便难处。学者莫若且理会得敬,能敬则自知此矣。"继续问:"何以用功?"伊川答曰:"莫若主一。"(黄宗羲、全祖望,1986:593-594)

这里的"主一",便是"敬而无失",所以伊川说:"敬而无失,便是'喜怒哀乐未发之谓中'也。敬不可谓之中,但敬而无失即为中也。""万物无一物失所,便是天理谓中也。"(黄宗羲、全祖望,1986:634)自然这个"中"也就是"诚",所以伊川又说:"诚然后敬。未及诚时,却须敬,而后能诚。"(黄宗羲、全祖望,1986:633)也就是说,通过居敬,便可以"闲邪",从而"至诚"。所以伊川指出:"闲邪则固一矣,主一则不消闲邪。有以一为难见,不可下工夫。如何一者?无他,只是严肃整齐,则心便一。一则自无非僻之干。此意但涵养久之,天理自然明白。"(黄宗羲、全祖望,1986:624)这样便将"敬而无失""闲邪存诚"与"主一"关联起来,建立了比较系统的居敬之法,伊川有如下论述(黄宗羲、全祖望,1986:623-624):

> 闲邪则诚自存,不是外面捉一个诚,将来存养。今人外面役役于不善,于不善中寻个善来存着,如此则岂有入善之理? 只是闲邪则诚自存,故孟子言性善,皆由内出。只为诚便存闲邪,更著甚工夫。但惟是动容貌,整思虑,则自然生敬。

不过要清楚,通过"敬"要达成"诚",需要忘"敬"方是,所谓"忘敬而后无不敬"(黄宗羲、全祖望,1986:624)。所以伊川强调指出:"君子之学,在于意必固我既忘之后,而复于喜怒哀乐未发之前,则学之至也。"(黄宗羲、全祖望,1986:623)

与明道不同的是,除了主敬,伊川还特别重视穷理致知的途径,认为居敬之后,便要致知以穷理。对此,伊川说:"入道莫如敬,未有能致知而不在敬者。"(黄宗羲、全祖望,1986:601)又说:"涵养须用敬,进学则在致知。"(黄宗羲、全祖望,1986:601)穷理的目的就是要"明诸心,知所养",所谓"格物致知"然后才能"诚意正心"。"致知在格物,物来则知起。物各付物,不役其知,则意诚。不动意,诚自定,则心正。始学之事也。"(黄宗羲、全祖望,1986:635)这里伊川引申说:"格,犹穷也;物,犹理也。犹曰穷其理而已矣。穷其理,然后足以致知,不穷则不能致也。物格者,适道之始与! 欲思格物,则固已近道矣。是何也? 以收其心而不放也。"(黄宗羲、全祖望,1986:605)

所以,当有人问:"学何以有至觉悟处?"伊川曰:"莫先致知。能致知,则思一日而愈明一日,久而后有觉也。学无觉,则何益矣,又奚学为?'思曰睿,睿作圣'。才思便睿。以至作圣,亦是一个思。故曰:'勉强学问,则闻见博而知益明。'"又问:"莫致知与力行兼否?"答曰:"为常人言,才知得非礼不可为,须用勉强,至于知穿窬不可为,则不待勉强,是知亦有深浅也。古人言'乐循理之谓君子',若勉强,只是知循理,非是乐也。才到乐时,便是循理为乐,不循理为不乐,何苦而不循理,自不须勉强也。若夫圣人,不勉而中,不思而得,此又上一等事。"(黄宗羲、全祖望,1986:603-604)

特别是,伊川认为内圣修持之道,还是要讲究次第的。对此,伊川说:

"须是识在所行之先。譬如行路,须是光照。"(黄宗羲、全祖望,1986:602)并进一步指出:"古之学者,先由经以识义理,盖始学时尽是传授。后之学者,却须先识义理,方始看得经,盖不得传授之意云耳。"(黄宗羲、全祖望,1986:627)甚至有人问:"人有志于学,然知识蔽锢,力量不至,则如之何?"伊川答曰:"只是致知。若致知,则知识当自渐明,不曾见人有一件事终思不到也。知识明,则力量自进。"进一步问:"何以致知?"答曰:"在明理,或多识前言往行。识之多,则理明。然人全在勉强也。"(黄宗羲、全祖望,1986:606)可见致知穷理,是为先行之修持步骤。

那么所穷之理为何呢?伊川心法一向遵循"穷理、尽性以至于命"的易道理念,故《二程遗书》强调"理也,性也,命也,三者未尝有异。穷理则尽性,尽性则知天命矣。天命犹天道也,以其用而言之则谓之命,命者造化之谓也。"(程颢、程颐,2000:329)因为"一人之心即天地之心,一物之理即万物之理,一日之运即一岁之运。"(黄宗羲、全祖望,1986:591)宇宙根本之道具有跨越尺度的自相似性,故天道便是人道,穷天理便是尽心性,无有二致。只是视角不同,才有称名之异,所谓"天之赋与谓之命,禀之在我谓之性,见于事业谓之理。"(黄宗羲、全祖望,1986:629)

那么又如何穷理呢?伊川认为:"今人欲致知,须要格物。物不必谓事物然后谓之物也,自一身之中,至万物之理,但理会得多,相次自然豁然有觉处。"(黄宗羲、全祖望,1986:605)至于具体途径则有多途,所谓:"穷理亦多端,或读书讲明义理,或论古今人物,别其是非,或应接事物而处其当然,皆穷理也。"(黄宗羲、全祖望,1986:606)遗憾的是,"学者多蔽于解释注疏,不须用功深。"(黄宗羲、全祖望,1986:632)

对于穷理,必须知道:"解义理,若一向靠书策,何由得居之安,资之深?不惟自失,兼以误人。"(黄宗羲、全祖望,1986:627)关键在于"《六经》之言,在涵蓄中默识心通。"(黄宗羲、全祖望,1986:627)或问:"如何学,可谓之有得?"伊川曰:"大凡学问,闻之知之皆不为得。得者,须默识心通。学者欲有所得,须是笃,诚意烛理。上知,则颖悟自别。其次,须以义理涵养而得之。"(黄宗羲、全祖望,1986:607)

还有就是格物限度问题。或问:"格物须物物格之,还是格一物而万物皆知?"伊川曰:"怎生便会该通!若只格一物,便通众理,虽颜子亦不能如此道。须是今日格一件,明日格一件,积习既多,然后脱然有贯通处。"(黄宗羲、全祖望,1986:606)因此,需要明白:"所务于穷理者,非道须尽穷了天地万物之理,又不道是穷得一理便到,只是要积累多后,自然见去。"(黄宗羲、全祖望,1986:635)

"观天理,亦须放开意思,开阔得心胸,便可见。"(黄宗羲、全祖望,1986:630)关键"学者先要会疑。"(黄宗羲、全祖望,1986:604)这样能够审问、慎思、明辨以致知。伊川认为:"不深思则不能造于道。不深思而得者,其得易失。然学者有无思无虑而得者,何也?以无思无虑而得者,乃所以深思而得之也。以无思无虑为不思,而自以为得者,未之有也。"(黄宗羲、全祖望,1986:604)可见思辨之重要。

"人思如涌泉,汲之愈新。"(黄宗羲、全祖望,1986:604)"'思曰睿'。思虑久后,睿自然生。若于一事上思未得,且别换一事思之,不可专守着这一事。盖人之知识于这里蔽著,虽强思亦不通也。"(黄宗羲、全祖望,1986:604)其实,内心修持是离不开理性反思能力的,只是不可局限于"思辨"之中而不出。因此"思"而后"觉",方能达到"不勉而中,不思而得"。

当然,更重要的是,穷理须反身。一方面穷理反其身是落脚处,另一方面万物皆备于我,反身也是穷理的途径。对此伊川再三强调:"世之人务穷天地万物之理,不知反之一身。五脏六腑、毛发筋骨之所存,鲜或知之。善学者取诸身而已,自一身以观天地。"(黄宗羲、全祖望,1986:604-605)"致知在格物,非由外铄我也,我固有之也。因物而迁,迷而不悟,则天理灭矣,故圣人欲格之。"(黄宗羲、全祖望,1986:605)

所以,"观物理以察己,既能烛理,则无往而不识。天下物皆可以理照。有物必有则,一物须有一理。"(黄宗羲、全祖望,1986:606)有人问:"观物察己,还因见物,反求诸身否?"伊川答曰:"不必如此说。物我一理,才明彼即晓此,合内外之道也。语其大,至天地之高厚,语其小,至一物之所以然,学者皆当理会。"(黄宗羲、全祖望,1986:606)

要之,"人患事系累,思虑蔽,只是不得其要。要在明善。明善在乎格物穷理。穷至于物理,则渐久后天下之物皆能穷,只是一。"(黄宗羲、全祖望,1986:606-607)因而须要"随事观理,而天下之理得矣。天下之理得,然后可以至于圣人。君子之学,将以反躬而已矣。反躬在致知,致知在格物。"(黄宗羲、全祖望,1986:605)可见穷理致知之重要!

穷理致知之后,则当"力行集义",《好学论》指出"力行以求至"即是此一环节。内圣修持,知易行难。伊川指出(《伊川学案》附录):"静坐独处不难,居广居、应天下为难。"(黄宗羲、全祖望,1986:647)在《伊川学案》附录中,尹彦明问:"如何是道?"伊川曰:"行处是。"(黄宗羲、全祖望,1986:647)因为"学有所得,不必在谈经论道间,当于行事动容周旋中礼者得之。"(黄宗羲、全祖望,1986:633)可见,力行是伊川心法着重之处。所以在《伊川学案》附录中,张横浦评说道:"伊川之学,自践履中入,故能深识圣贤气象。"又曰:"伊川妙处,全在要人力行,所以不欲苦言。用意深者当自得之,言之又不免作梦。"(黄宗羲、全祖望,1986:650)甚为中肯。

那么如何进行力行集义呢?伊川强调并给出的具体方法就是"克治守中"和"善事集义",而"克治守中"的原则就是《易》所说的"闲邪存其诚"。伊川认为:"闲邪则诚自存。而闲其邪者,乃在于言语、饮食、进退、与人交接而已矣。"(黄宗羲、全祖望,1986:617)具体要求就是孔子提出的"四勿":"非礼勿视,非礼勿听,非礼勿言,非礼勿动。"伊川认为:"视听言动,非礼不为,即是礼。礼即是理也。不是天理,便是私欲。"(黄宗羲、全祖望,1986:619)

伊川认为能有效窒欲,不但能养心,而且可以复天理。在《二程遗书》中伊川认为:"人心私欲,故危殆。道心天理,故精微。灭私欲则天理明矣。"(程颢、程颐,2000:369)所以伊川强调:"养心莫善于寡欲。所欲不必沉溺,只有所向,便是欲。"(黄宗羲、全祖望,1986:618)"凡人欲之过者,皆本于奉养。其流之远,则为害矣。先王制其本者,天理也;后人流于末者,人欲也。《损》之义,损人欲以复天理而已。"(黄宗羲、全祖望,1986:618)"人虽有意于为善,亦是非理。无人欲即皆天理。"(黄宗羲、全祖望,1986:619)只是要断"私欲"极难,所谓:"匹夫悍卒,见难而能死者有之矣。惟情欲之牵,妻子之爱,断而不惑者鲜矣!"(黄宗羲、全祖望,1986:630)

不过,孔子曰:"枨也欲,焉得刚!"伊川因此接着说:"甚矣,欲之害人也。人之为不善,欲诱之也。诱之而弗知,则至于天理灭而不知反。故目则欲色,耳则欲声,以至鼻则欲臭,口则欲味,体则欲安,此则有以使之也。然则何以窒其欲?曰:思而已矣!学莫贵于思,唯思为能窒欲。曾子之三省,窒欲之道也。"(黄宗羲、全祖望,1986:604)可见,通过理性反思来窒欲无疑是十分有效的方法。

克治守中除了"窒欲",还要"惩忿治惧"。伊川认为:"忿懥,怒也。治怒为难,治惧亦难。克己所以治怒,明理所以治惧。"(黄宗羲、全祖望,1986:631)也就是说"治怒"要克己,"治惧"要明理。统而言之,伊川认为:"忿欲忍与不忍,便见有德无德。"(黄宗羲、全祖望,1986:630)

要之,"多惊多怒多忧,只去一事所偏处自克。克得一件,其余自正。"(黄宗羲、全祖望,1986:630)若其不然,则"惊怒皆是主心不定"(黄宗羲、全祖望,1986:630)。"今人主心不定,视心如寇贼而不可制,不是事累心,乃是心累事。当知天下无一物是合少得者,不可恶也。"(黄宗羲、全祖望,1986:607)当然"罪己责躬不可无,然亦不当长留在心胸为悔。"(黄宗羲、全祖望,1986:619)否则就会有"忘物与累物之弊等"(黄宗羲、全祖望,1986:623)。只有"克治守中",方能做到"人于天地间,并无窒碍处,大小快活!"(黄宗羲、全祖望,1986:623)

当然,力行集义,光"克治守中"是不够的,而要"善事集义",方为圣学之道,行修齐治平之事。故有人问:"'必有事焉',当用敬否?"伊川答曰:"敬只是涵养一事,'必有事焉'须当集义。只知用敬,不知集义,却是都无事也。"(黄宗羲、全祖望,1986:599)圣学内圣外王,当内敬外义,缺一不可。有问:"敬义何别?"伊川便曰:"敬只是持己之道,义便知有是有非。顺理而行,是为义也。若只守一个敬,不知集义,却是都无事也。"又问:"义只在事上,如何?"答曰:"内外一理,岂特事上求合义也。'敬以直内,义以方外',合内外之道也。"(黄宗羲、全祖望,1986:600)

所以,伊川对阐释孟子之语道:"'必有事焉',有事于此也。'勿正'者,若思此而曰善,然后为之,是正也。'勿忘',则是必有事也。'勿助长',则是勿正也。后言之渐重,须默识取主一之义。"(黄宗羲、全祖望,1986:601)不仅强调"集义"之要,而且强调"善事"之法。

所谓"善事"者,不为事所拖累,否则便是病。"有疑病者,事未至时,先有疑端在心。周罗事者,先有周罗事之端在心。皆病也。"(黄宗羲、全祖望,1986:619)只有"为人处世间,见事无可疑处,多少快活!"(黄宗羲、全祖望,1986:619)所谓"勿忘无助",乃力行集义最高境界。

三、伊川心法指归

伊川在《好学论》引用孟子话云:"尽其心则知其性。"何为尽心?合内外之道而安者,为尽其心。那么,何又为性呢?性,天道所赋于人者。伊川指出:"称性之善谓之道,道与性一也。以性之善如此,故谓之性善。性之本谓之命,性之自然者谓之天,性之有形者谓之心,性之有动者谓之情。凡此数者,皆一也。圣人因事以制名,故不同若此。而后之学者,随文析义,求奇异之说,而去圣人之意远矣。"(黄宗羲、全祖望,1986:610)

进一步,天道即天理,故伊川又曰:"性即理也,所谓理性是也。天下之理,原其所自,未有不善。喜怒哀乐之未发,何尝不善。发而中节,则无往而不善。发不中节,然后为不善。故凡言善恶,皆先善而后恶;言是非,皆先是而后非;言吉凶,皆先吉而后凶。"(黄宗羲、全祖望,1986:614)而人性本善,故伊川曰"气有善有不善,性则无不善也。人之所以不知善者,气昏而塞之耳。孟子所以养气者,养之至则清明纯全,而昏塞之患去矣。"(黄宗羲、全祖望,1986:597)养气之要在于集义,伊川曰:"气须是养,集义所生。积习既久,方能生浩然气象。人但看所养何如,养得一分便有一分,养得二分便有二分。"(黄宗羲、全祖望,1986:600)

要至诚尽性,更重要的是要从性上修。就这一点而言,正如伊川所云:"去气偏处发,便是致曲;去性上修,便是直养。然同归于诚。"(黄宗羲、全祖望,1986:633)而性上修的关键在于养心,对此伊川曰:"心具天德。心有不尽处,是天德处未能尽。何缘知性知天?尽己心,则能尽人尽物,与天地参,赞化育。赞则直养之而已。"(黄宗羲、全祖望,1986:629)所谓心要直养,就是要"不假见闻","便放去也","直是体会"。因为"闻见之知非德性之知,物交物则知之,非内也,今之所谓'博物多能'者是也。德性之知,不假见闻。"(黄宗羲、全祖望,1986:601)只有"以心使心则可。人心自由,便放去也。"(黄宗羲、全祖望,1986:597)"心欲穷四方上下所至,且以无穷置却则得。若要真得,直是体会。"(黄宗羲、全祖望,1986:605)

但能体会至诚之心,便是尽性之时。孟子曰:"尽其心,知其性。"伊川对此发挥道:"心即性也。在天为命,在人为性,论其所主为心,其实只是一个道。苟能通之以道,又岂有限量?天下更无性外之物。"(黄宗羲、全祖望,1986:615)至诚尽性,人人可达。"夫人之性一也,而世之人皆曰:'吾何能为圣人!'是不自信也。其亦不察乎!"(黄宗羲、全祖望,1986:610-611)

尽心知性之后,便可体认至仁。何为仁?伊川曰:"此在诸公自思之,将圣贤所言仁处,类聚观之,体认出来。孟子曰:'恻隐之心,仁也。'后人遂以爱为仁。恻隐固是爱也,爱自是情,仁自是性,岂可专以爱为仁。孟子言恻隐为仁,盖为前已言'恻隐之心,仁之端也'。既曰'仁之端',则不可便谓之仁。退之言'博爱之谓仁',非也。仁者固博爱,然便以博爱为仁,则不可。"(黄宗羲、全祖望,1986:620)"仁之道,要之只消道一公字。公即是仁之理,不可将公便唤做仁。公而以人体之,故为仁。只为公则物兼照,故仁所以能恕,所以能爱。恕则仁之施,爱则仁之用也。"(黄宗羲、全祖望,1986:620)

可见仁便是所尽之"心",然后可以知其即为"性"。是故,体认至仁,方能知其性以至于命。《好学论》强调:"知其性,反而诚之,圣人也。"何谓圣人?知天命者,所谓"至于命"者。"至于命"则"圣人与理为一,故无过不及,中而已矣。其他皆是以心处这个道理,故贤者常失之过,不肖者常失之不及。"(黄宗羲、全祖望,1986:626)因为"圣人于天下事,自不合与,只顺他天理,茂对时育万物。"(黄宗羲、全祖望,1986:633)"圣人之心未尝有在,亦无不在。盖其道合内外,体万物。"(黄宗羲、全祖望,1986:595)"圣人忧劳中其心则乐,安静中却有至忧。"(黄宗羲、全祖望,1986:634)

简要言之,伊川曰:"凝然不动,便是圣人。"(黄宗羲、全祖望,1986:630)这里的"凝然不动"是造道而不动,非制心而不动。伊川:"不动心有二:有造道而不动者,有以义制心而不动者。此义也,此不义也,义吾所当取,不义吾所当舍,此以义制心者也。义在我,由而行之,从容自中,非有所制也,此不动之异。"(黄宗羲、全祖望,1986:598)造道而不动,故能随时而动,所谓"感而遂通天下"。

那么,如问"如何学,可谓之有得?"伊川曰:"欲知得与不得,于心气上验之。思虑有得,中心悦豫,沛然有裕者,实得也。思虑有得,心气劳耗者,实未得也,强揣度耳!尝有人言此因学道思虑心虚。曰:'人之气血,固有虚实。疾病之来,圣贤所不免。然未闻圣贤因学而致心疾者。'"(黄

宗羲、全祖望,1986:605)

确实"大凡学问,闻之知之皆不为得。得者,须默识心通。学者欲有所得,须是笃,诚意烛理。上知,则颖悟自别。其次,须以义理涵养而得之。"(黄宗羲、全祖望,1986:607)"学莫贵于自得,非在外也,故曰自得。"(黄宗羲、全祖望,1986:607)一旦入圣,"自得者所守固,而自信者所行不疑。"(黄宗羲、全祖望,1986:607)

如果要概括伊川所提倡的内圣修持方法特点,那么其在延续周敦颐、程明道的主要理学思想的前提下,在具体途径上主要是承继了明道主敬之说,即主张由"敬"而"诚"的修持法门,并进而强调用"穷理致知"和"力行集义"来作为相辅相成的具体修持途径,可谓发展了主敬学说。

最后作为总结,应该提到,从濂溪经明道到伊川的心法思想发展历程,明代黄宗羲有过精辟的论述,指出:"是自周元公主静、立人极开宗;明道以静字稍偏,不若专主于敬,然亦唯恐以把持为敬,有伤于静,故时时提起。伊川则以敬字未尽,益之以穷理之说,而曰'涵养须用敬,进学在致知',又曰'只守一个敬字,不知集义,却是都无事也',然随曰'敬以直内,义以方外,合内外之道',盖恐学者作两项工夫用也。舍敬无以为义,义是敬之著,敬是义之体,实非有二,自此旨一立,至朱子又加详焉。于是穷理、主敬,若水火相济,非是则只轮孤翼,有一偏之义矣。后之学者不得其要,从事于零星补凑,而支离之患生。故使明道而在,必不为此言也。两程子接人之异,学者不可不致审焉!"(黄宗羲、全祖望,1986:652)可谓确论,无须再做说明。

第三节　朱熹性理大成

伊川理学心法,经龟山杨时、豫章罗从彦、延平李侗(也有认为是"朱子本师刘白水,为龟山门人,亦祇再传耳"。)(黄宗羲、全祖望,1986:1495)至朱熹终于集其大成,世称程朱理学。《晦翁学案序录》全祖望谨按曰:"杨文靖公(龟山杨时)四传而得朱子,致广大,尽精微,综罗百代矣!"(黄宗羲、全祖望,1986:1495)正是此意。从思想根源上讲,程朱理学之"程"更多的是强调伊川而非明道。《明道学案》黄宗羲按语就指出:"朱子得力于伊川,故于明道之学,未必尽其传也。"(黄宗羲、全祖望,1986:542)因此,在内心存养主旨的归纳中,我们也从承续伊川心法思想的角度,来系统介绍朱熹的心法思想。

一、朱熹心法主旨

朱熹(1130—1200),祖籍是徽州婺源人,出生于南剑州尤溪(今属福建省尤溪县)。《晦翁学案序录》中有关"文公朱晦庵先生熹"的介绍曰:"朱熹,字符晦,一字仲晦,徽州婺源人。"(黄宗羲、全祖望,1986:1496)朱熹为宋代理学家,儒学集大成者,自然也是程朱理学心法思想方法的集大成者。

大体上讲,系统整理朱熹的心法思想,可以从朱熹所形成的《中和说》讲起。朱熹的《中和说》,是朱熹在与南轩张敬夫书信往来中对"中和"体用关系的讨论,而渐渐形成较为系统的论说。在《中和说》里,朱熹讨论了"未发之中(性)""天下大本(道)""已发之和(心)",并为内心存养之法奠定了理论基础,明确了中和之境达成的主要途径。

在《中和说一》中,朱熹认为(《与张敬夫》):"人自有生即有知识,事至物来,应接不暇,念念迁革,以至于死,其间初无顷刻停息,举世皆然也。然圣人之言则有所谓未发之中、寂然不动者。……于是退而验之日用之间,则凡感之而通,触之而觉,盖有浑然全体,应物而不穷者,是乃天命流行、生生不息之机,虽一日之间万起万灭,而其寂然之本体则未尝不寂然也。所谓未发,如是而已矣!夫岂别有一物,限于一时,拘于一处,而可以谓之中哉。"(黄宗羲、全祖望,1986:1505-1506)

接着在《中和说二》中通过与张栻讨论后《答张敬夫》进一步认识到:"今而后,乃知浩浩大化之中,一家自一个安宅,正是自家安身立命、主宰知觉处,所以立大本、行达道之枢要。所谓体用一原,显微无间,乃在于此。"(黄宗羲、全祖望,1986:1506)加之《中和说三》(《答张敬夫》)曰:"近复体察,见得此理须以心为主而论之,则性情之德,中和之妙,皆有条而不紊。盖人之一身,知觉运动莫非心之所为。则心者,所以主于身而无动静语默之间者也。方其静也,事物未至,思虑未萌,而一性浑然,道义全具,其所谓'中',乃心之所以为体,而寂然不动者也。及其动也,事物交至,思

第七章　穷理反躬

虑萌焉,则七情迭用,各有攸主,其所谓'和',乃心之所以为用,感而遂通者也。然性之静也而不能不动,情之动也而必有节焉,是则心之所以寂然感通,周流贯彻,而体用未始相离者也。"(黄宗羲、全祖望,1986:1506-1507)

于是朱熹在《中和说三》中继续阐述发现:"然人有是心而或不仁,则无以著此心之妙;人虽欲仁而或不敬,则无以致求仁之功。"(黄宗羲、全祖望,1986:1507)所以存养当以主敬:"盖心主乎一身而无动静语默之间,是以君子之于敬,亦无动静语默而不致其力焉。未发之前,是敬也固已主乎存养之实;已发之际,是敬也又常行乎省察之间。方其存也,思虑未萌而知觉不昧,是则静中之动,《复》'其见天地之心'也。及其发也,事物纷纠而品节不差,是则动中之静,《艮》之所以'不获其身''不见其人'也。有以主乎静中之动,是则寂而未尝不感;有以察乎动中之静,是则感而未尝不寂。寂而常感,感而常寂,此心之所以周流贯彻而无一息之不仁也。"(黄宗羲、全祖望,1986:1507)

在上述与张敬夫书信往来所提出《中和说》的认识基础上,后来朱熹不断发展了内心存养思想和方法,形成了比较系统的心法思想体系,包括对心性体用的认识,归根仁心的确立,以及持敬静虑、穷理力行、存理灭欲等具体内心修持途径的论述。

首先,朱熹提出"心为主宰,性即是理"的观点。朱熹在《梅翁学案》语要中指出[①]:"心,主宰之谓也。动静皆主宰,非是静时无所用,及至动时方有主宰也。言主宰,则混然体统,自在其中。心统摄性情,非儱侗与性情为一物而不分别也。"(黄宗羲、全祖望,1986:1524)

这样,在强调了"心统摄性情"后,朱熹进一步对心、性、理、情、意、才等概念及其关系作了比较清晰的梳理。大致而言,性即理是心之体,属静的一面;情、意、才是心之用,属动的一面,并区分了情之生发性、才之创造性与意之意向性的不同。比如说:"性者心之理,情者心之动,才便是那情之会恁地者。情与才绝相近,但情是遇物而发,路陌曲折,恁地去底;才是

[①] 除了特别标明,凡引用朱熹语录皆援自《梅翁学案》语要。

那会如此底。要之,千头万绪,皆是从心上来。"(黄宗羲、全祖望,1986:1521-1522)再如"才是心之力,是有气力去做底;心是管摄主宰者,此心之所以为大也。心,譬水也;性,水之理也。性所以立乎水之静,情所以行乎水之动,欲则水之流而至于滥也。才者水之气力,所以能流者;然其流有急有缓,则是才之不同。"(黄宗羲、全祖望,1986:1522)"情是性之发。情是发出恁地,意是主张要恁地。如爱那物是情,所以去爱那物是意。情如舟车,意如人去使那舟车一般。"(黄宗羲、全祖望,1986:1524)

正因为这样,往往又可以将情、意和才统合到心,并与性(理)互为体用动静。朱熹认为:"性只是理,情是流去运用处。心之知觉,即所以具此理而行此情者也。具此理而觉其为是非者,是心也。此处分别,只在毫厘之间。精以察之,乃可见尔。"(黄宗羲、全祖望,1986:1525)所以有人问:"心是知觉,性是理,心与理如何得贯通为一?"朱熹曰:"不须去着贯通,本来贯通。"(黄宗羲、全祖望,1986:1522)因为"理无心,则无着处。"(黄宗羲、全祖望,1986:1522)特别是:"心、性、理,拈着一个,则都贯串,惟观其所指处轻重如何。'养心莫善于寡欲,虽有不存焉者寡矣',存虽指理言,然心自在其中。'操则存',此存虽指心言,然理自在其中。"(黄宗羲、全祖望,1986:1525)

于是,就为内心存养指明了基本的原则了,即朱熹《存斋记》指出:"人之所以位天地之中而为万物之灵者,心而已矣。然心之为体,不可以闻见得,不可以思虑求,谓之有物则不得于言,谓之无物则日用之间无适而非是也。君子于此,亦将何所用其力哉?'必有事焉而勿正,心勿忘,勿助长',则存之之道也。如是而存,存而久,久而熟,心之为体,必将瞭然有见乎参倚之间,而无一息之不存矣。"(黄宗羲、全祖望,1986:1557)朱熹还专门作有《观心说》,对佛教的观心之法进行了批判,强调存心养性的操存原则。《观心说》有关操存部分的论述如下(朱杰人,2002,第 23 册:3278-3279):

> 夫谓人心之危者,人欲之萌也;道心之微者,天理之奥也。心则一也,以正不正而异其名耳。"惟精惟一",则居其正而审其差者也,绌其异而反其同者也。能如是,则信执其中,而无过不及之偏矣,非以道为一心,人为一心,而又有一心以精一之也。夫谓"操而存"者,

第七章 穷理反躬

非以彼操此而存之也;"舍而亡"者,非以彼舍此而亡之也。心而自操,则亡者存;舍而不操,则存者亡耳。然其操之也,亦曰不使旦昼之所为得以梏亡其仁义之良心云尔,非块然兀坐以守其炯然不用之知觉而谓之操存也。若尽心云者,则格物穷理,廓然贯通,而有以极夫心之所具之理也。存心云者,则敬以直内,义以方外,若前所谓精一、操存之道也。故尽其心而可以知性、知天,以其体之不蔽而有以究夫理之自然也。存心而可以养性、事天,以其体之不失而有以顺夫理之自然也。是岂以心尽心,以心存心,如两物之相持而不相舍哉!若参前倚衡之云者,则为忠信笃敬而发也。盖曰忠信笃敬不忘乎心,则无所适而不见其在是云尔,亦非有以见夫心之谓也。且身在此而心参于前,身在舆而心倚于衡,是果何理也邪!大抵圣人之学,本心以穷理,而顺理以应物,如身使臂,如臂使指,其道夷而通,其居广而安,其理实而行自然。

然后,朱熹将操存之心归为仁心,认为:"心字,一言以蔽之,曰生而已。天地之大德曰生。人受天地之气而生,故此心必仁。仁则生矣。"(黄宗羲、全祖望,1986:1538)并为此著有《仁说》(朱杰人,2002,第 23 册:3279-3281),主旨如下:

> 天地以生物为心者也,而人物之生,又各得夫天地之心以为心者也。故语心之德,虽其总摄贯通无所不备,然一言以蔽之,则曰仁而已矣。……盖仁之为道,乃天地生物之心,即物而在,情之未发而此体已具,情之既发而其用不穷,诚能体而存之,则众善之源、百行之本,莫不在是。此孔门之教所以必使学者汲汲于求仁也。其言有曰:"克己复礼为仁。"言能克去己私,复乎天理,则此心之体无不在,而此心之用无不行也。又曰:"居处恭,执事敬,与人忠,"则亦所以存此心也。

因此,内心存养,就是要存得此仁心。有人问:"存得此心便是仁?"朱熹对曰:"且要存得此心,不为私欲所胜。遇事每每著精神照管,不可随物流去,须要紧紧守着。若常存得此心,应事接物虽不中,不远。思虑纷扰于中,都是不能存此心。此心不存,合视处也不知视,合听处也不知听。"(黄宗羲、全祖望,1986:1526)

二、敬静存养方法

在内心存养方法中,朱熹继承了程子的传统,首先强调的就是以敬为主存养方法,所谓"敬即是此心自做主宰处"(黄宗羲、全祖望,1986:1546)。朱熹认为:"以敬为主,则内外肃然,不忘不助,而心自存。不知以敬为心,而欲存心,则不免将一个心把捉一个心,外面未有一事时,里面已有三头两绪,不胜其扰也。就使实能把捉得住,只此已是大病,况未必真能把捉得住乎!"(黄宗羲、全祖望,1986:1532)

朱熹甚至说道:"因叹敬字工夫之妙,圣贤之所以成始成终者,皆由此,故曰'修己以敬'。下面'安人''安百姓',皆由于此,只缘子路问不置,故圣人复以此答之。只是个'修己以敬',则其事皆了。"(黄宗羲、全祖望,1986:1545)

敬的工夫就是"主一",朱熹说:"学者须是主一上做工夫。若无主一工夫,则所讲底义理无安着处,都不是自家物事。工夫到时,才主一,便觉意思好,卓然精神。不然,便散漫消索了,没意思。做工夫只自脚下便做将去。固不免有散缓时,但才觉,便收敛将来。渐渐做去,但得收敛时节多,散缓之时少,便是长进处,故孟子说:'学问之道无他,求其放心而已。'所谓求放心者,非是别去求个心存着。只才觉,放心便在此。"(黄宗羲、全祖望,1986:1543-1544)

所谓主一,就是"随事专一谨畏,不放逸尔",故朱熹强调:"敬不是万虑休置之谓,只是随事专一谨畏,不放逸尔。非专是闭目静坐,耳无闻,目无见,不接事物,然后为敬。整齐收敛这身心,不敢放纵,便是敬。尝谓敬字似甚字,却似个'畏'字。"(黄宗羲、全祖望,1986:1545)

切记持敬之要,关键常唤醒此心。其实,要收拾此心,需用敬,而所谓"敬",用朱熹的话讲就是:"敬非别是一事,常唤醒此心便是。人每日只鹘鹘突突过了,心都不曾收拾得在里面。"(黄宗羲、全祖望,1986:1526)

这其中的道理,朱熹讲得最为明白。朱熹说:"人有此心,便知有此身;人昏昧不知有此心,便如人困睡,不知有此身。人虽困睡,得人唤觉,则此身自在。心亦如此,方其昏蔽,得人警觉,则此心便在这里。学者工夫,只在唤醒上。"有人问:"人放纵时自去收敛,便是唤醒否?"朱熹曰:"放纵只为昏昧之故。能唤醒则自不昏昧，则自不放纵矣。心只是一个心，非是以一个心治一个心。所谓存，所谓收，只是唤醒。心不专静纯一，故思虑不精明，便要养此心，令虚明专静，使道理从里面流出，便好。"（黄宗羲、全祖望，1986:1536）

这样久之，方能做到无失此心，从而维护"未发之中"，所谓朱熹所言："公不可谓之仁，但公而无私便是仁；敬不可谓之中，但敬而无失便是中。"（黄宗羲、全祖望，1986:1525）因此，敬的关键是要做到"惺惺不昧"。朱熹指出："'惺惺'乃心不昏昧之谓，只此便是敬。心若昏昧，烛理不明，虽强把捉，岂得为敬。"（黄宗羲、全祖望，1986:1548）因此，朱熹强调："日用之间，随时随处提撕此心，勿令放逸，而于其中随事观理，讲求思索，沈潜反复，庶于圣贤之教渐有默相契处，则自然见得天道性命，真不外乎此身，而吾之所谓学者，舍是无有别用力处。"（黄宗羲、全祖望，1986:1548）为此，朱熹还专门撰写有《敬斋箴》，说："读张敬夫《主一箴》，掇其遗意，作《敬斋箴》，书斋壁以自警云。"（朱杰人，2002，第 24 册:3996）《敬斋箴》全文如下：

> 正其衣冠，尊其瞻视。潜心以居，对越上帝。
> 足容必重，手容必恭。择地而蹈，折旋蚁封。
> 出门如宾，承事如祭。战战兢兢，罔敢或易。
> 守口如瓶，防意如城。洞洞属属，罔敢或轻。
> 不东以西，不南以北。当事而存，靡他其适。
> 弗贰以二，弗参以三。惟心惟一，万变是监。
> 从事于斯，是曰持敬。动静弗违，表里交正。
> 须臾有间，私欲万端。不火而热，不冰而寒。
> 毫厘有差，天壤易处。三纲既沦，九法亦斁。
> 于乎小子，念哉敬哉！墨卿司戒，敢告灵台。

必须指出，朱熹"存养以敬"的思想，完全延续二程主敬学说，并加以系统化发展，使之更加具有可操作性。因此，除了持敬之外，朱熹还倡导静虑之法。为此，朱熹对周敦颐的主静说、程明道的定性说和程伊川的养观说，均作了比较全面的引申阐述，强调存养的动静互涵之道。

比如所著《太极说》讲动静之义："静者，性之所以立也；动者，命之所以行也。然其实则静亦动之息尔。故一动一静皆命之行,而行乎动静者乃性之真也。"(朱杰人,2002,第23册:3274)明确了动静互涵之理。

而其所著《定性说》则对程明道的《定性书》做了引申展开:"定性者,存养之功至,而得性之本然也。性定,则动静如一,而内外无间矣!……'艮其背',则不自私矣;行无事,则不用知矣。内外两忘,非忘也,一循于理,不是内而非外也。不是内而非外,则大公而顺应,尚何事物之为累哉!"(朱杰人,2002,第23册:3277)

在《程子养观说》中,对程子一方面强调"存养于未发之前则可",另一方面又强调"善观者却于已发之际观之",朱熹作了引申说明:"此持敬之功贯通乎动静之际者也。就程子此章论之,方其未发,必有事焉,是乃所谓静中之知觉,复之所以'见天地之心'也。及其已发,随事观省,是乃所谓动上求静,艮之以'止其所'也。然则静中之动,非敬其孰能形之?动中之静,非敬其孰能察之?故又曰:'学者莫若先理会敬,则自知此矣。'然则学者岂可舍是而他求哉!"(朱杰人,2002,第23册:3269)

应该说,有事用敬,无为当静,动静互涵,才是养观之道。就这一点而言,朱熹语录中阐述地比较全面。朱熹指出:"主敬存养,虽说必有事焉,然未有思虑作为,亦静而已。所谓静者,固非枯木死灰之谓;而所谓'必有事'者,亦岂求中之谓哉!"(黄宗羲、全祖望,1986:1539)更加深入地说明道:"动时,静便在这里,动时也有静。顺理而应,则虽动亦静也。……事物之来,若不顺理而应,则虽块然不交于物以求静,心亦不能得静。惟动时能顺理,则无事时能静;静时能存,则动时得力。须是动时也做工夫,静时也做工夫,两莫相靠,使工夫无间断,始得。若无间断,静时固静,动时心亦不动,动亦静也。若无工夫,则动时固动,静时虽欲求静,亦不可得而静,静亦动也。动静如船之在水,潮至则动,潮退则止。有事则动,无事则静。虽然,动静无端,亦无截然为动为静之理。如人之气,吸则静,嘘则动;又问答之际,答则动也,止则静矣。凡事皆然。"(黄宗羲、全祖望,1986:1538-1539)又曰:"静中动,起念时;动中静,是物各付物。"(黄宗羲、全祖望,1986:1539)

所以,为学之要,动静互涵,有所偏颇则是为不得力。朱熹在《答吴伯丰》中指出:"学问临事不得力,固是静中欠却工夫。然欲舍动求静,又无此理。盖人之身心,动静二字,循环反复,无时不然。但常有此心,勿令忘失,则随动随静,无处不是用力处矣。"(黄宗羲、全祖望,1986:1560)因而,朱熹在《答潘子善》来信说:"所论为学之意,善矣。然欲专务静坐,又恐堕落那一边去。只是虚着此心,随动随静,无时无处不致其戒谨恐惧之力,则自然主宰分明,义理昭著矣。然著个'戒谨恐惧'四字,已是压得重了。要之,只是略绰提撕,令自省觉,便是工夫也。"(黄宗羲、全祖望,1986:1560)

因此在朱熹的内心存养思想中,不单单强调持敬之法,也论及静坐之法。比如有人问:"延平先生静坐之说如何?"朱熹曰:"这事难说。静坐便理会道理,自不妨。只是专要静坐,则不可。理会得道理明透,自然是静。今人都是讨静坐以省事,则不可。盖心下热闹,如何看得道理出?须是静,方看得出。所谓静坐,只是打迭心下无事,则道理始出。道理既出,则心愈明静矣。"(黄宗羲、全祖望,1986:1540)

为此,朱熹还撰写过《调息箴》,对静坐的调息方法,作了具体要领说明。朱熹说:"予作调息箴,亦是养心一法。盖人心不定者,其鼻息嘘气常长,吸气常短,故须有以调之。鼻数停匀,则心亦渐定。所谓持其志,无暴其气也。"《调息箴》箴曰(朱杰人,2002,第24册:3997):

鼻端有白,我其观之。随时随处,容与(闲暇舒适)猗移(随顺)。静极而嘘(呼),如春沼鱼。动极而翕(敛),如百虫蛰。氤氲开阖,其妙无穷。孰其尸(主)之?不宰之功。云卧天行,非予敢议。守一处和,千二百岁。

至于朱熹所提倡的静坐用功原则,则主要体现与弟子童伯羽的对话之中,朱熹问伯羽:"如何用功?"对曰:"且学静坐,痛抑思虑。"朱熹曰:"痛抑也不得,只是放退可也。若全闭眼而坐,却有思虑矣。"朱熹又言:"也不可全无思虑,但要无邪思尔!"伯羽问:"某寻常觉得资质昏愚,但持敬则此心虚静,觉得好。若敬心稍不存,则里面固是昏杂,而发于事亦兀突,所以专于'敬而无失'上用功。"朱熹曰:"这里未消说敬与不敬在。盖敬是第二节事,而今把来夹杂说,则鹘突了,愈难理会。且只要识得那一是一,二是二。便是虚静也要识得这物事,不虚静也要识得这物事。如未识这物事,则所谓虚静,亦是黑底虚静,不是白底虚静。而今须是要打破那黑底虚静,换做个白底虚静,则八窗玲珑,无不融通。不然,则守定那里底虚静,终身黑淬地,莫之通晓也。"伯羽问:"每日暇时,略静坐以养心,但觉意自然纷起,要静越不静。"朱熹曰:"程子谓心自是活底物事,如何窒定教他不思? 只是不可胡乱思。才著个要静底意思,便添了多少思虑! 且不要恁地拘迫他,须自有宁息时。"又曰:"要静便是先获,便是助长,便是正。"(黄宗羲、全祖望,1986:1539-1540)其对于静虑具有指导意义。

三、穷理力行功夫

除了动静主一的内心存养之外,朱熹还非常重视穷理和力行,曾有明确指出:"为学当以存主为先,而致知、力行亦不可以偏废。"(黄宗羲、全祖望,1986:1531)因为"考圣人之教,固不越乎致知力行之端,患在人不知所用力尔。莫非致知也,日用之间,事之所遇,物之所触,思之所起,以至于读书考古,知所用力,则莫非吾格物之妙也。其为力行也,岂但见于孝弟忠信之所发,形于事而后行乎? 自息养瞬存,以至于三千三百之间,皆合内外之实也。行之力,则知愈进;知之深,则行愈达。"(黄宗羲、全祖望,1986:1552-1553)

如果说存养心性是上达境界,那么知止力行便是下学功夫了。有人问:"下学与上达,固相对,是两事,然下学却当大段多着工夫?"朱熹曰:"圣贤教人,多说下学事,少说上达事。说下学工夫要多,也好,但只理会下学,又局促了。须事事理会过来,也要知个贯通处。不去理会下学,只理会上达,即都无事可做,恐孤单枯燥。"(黄宗羲、全祖望,1986:1546)

况且,朱熹虽然强调"存养是本,工夫固不越于敬,敬固主一。此事惟用力者方知其难"(黄宗羲、全祖望,1986:1552),但只有"仍须勤勤把将做事,不可俄顷放宽,日日时时如此,便须见验。人之精神,习久自成。"(黄宗羲、全祖望,1986:1531)如此方能存养得心性。

当然,朱熹强调力行与致知是相辅相成的。比如有人问:"力行何如说是浅近语?"朱熹便曰:"不明道理,只是硬行。"又问:"何以为浅近?"朱熹曰:"他只见圣贤所为,心下爱,硬依他行,这是私意,不是当行。若见得道理时,皆是当恁地行。"(黄宗羲、全祖望,1986:1551)所以先要穷理,然后力行之。故此,朱熹在《答陈才卿》中说:"若知此心此理,端的在我,则

第七章　穷理反躬

参前倚衡,自有不容舍者,亦不待求而得,不待操而存矣。"(黄宗羲、全祖望,1986:1558)反之也然:"讲究义理,须要看得如饥食渴饮,只是平常事。若谈高说妙,便是悬空揣度,去道远矣。"(黄宗羲、全祖望,1986:1552)

朱熹认为只有:"今于日用间空闲时,收得此心在这里截然,这便是喜怒哀乐未发之中,便是浑然天理。事物之来,随其是非,便自见得分晓,是底便是天理,非底便是逆天理。常常恁地收拾得这心在,便如执权衡以度物。人若要洗刷旧习都净了,却去理会此道理。若无是理,只是收放心,把持在这里,便须有个真心发见,从此便去穷理。"(黄宗羲、全祖望,1986:1532)

朱熹在《白鹿洞书院教条》所列出的为学之序"学、问、思、辨四者,所以穷理也"而"若夫笃行之事,则自修身以至处事、接物,亦各有要,其别如左:言忠信。行笃敬。惩忿窒欲。迁善改过。"(黄宗羲、全祖望,1986:1570)大体上也是反映朱熹主张的"致知力行"并行不二的思想。

在朱熹看来,穷理就是要存天理,力行则是要灭人欲,因此内圣修持的目的就是要"存天理,灭人欲"。朱熹认为:"圣人千言万语,只是教人存天理,灭人欲。人性本明,如宝珠沉溷水中,明不可见,去了溷水,则宝珠依旧自明。自家若知得是人欲蔽了,便是明处。"(黄宗羲、全祖望,1986:1544)所以朱熹有所谓《观过说》,大意摘录如下(朱杰人,2002,第23册:3271—3272):

"观过"之说,详味经意,而以伊川之说推之,似非专指一人而言,乃是通论人之所以有过,皆是随其所偏,或厚或薄,或不忍或忍,一有所过,无非人欲之私。若能于此看得两下偏处,便见勿忘勿助长之间,天理流行,鸢飞鱼跃,元无间断,故曰:"观过斯知仁矣。"盖言因人之过而观所偏,则亦可以知仁,非以为必如此而后可以知仁也。若谓观己过,窃尝试之,尤觉未稳,盖必俟有过而后观,则过恶已形,观之无及,久自悔咎,乃是反为心害而非所以养心。若曰不俟有过而预观平日所偏,则此心廓然本无一事,却不直下栽培涵养,乃豫求偏处而注心观之,圣人平日教人养心求仁之术,似亦不如此之支离也。

确实,只有观过,方能明己私欲,然后灭之而后求其所放之心,存天理。所以朱熹强调指出:"为学大要,只在求放心。此心泛滥无所收拾,将甚处做管辖处？其他用功总闲漫，须先就自心上立得定，决不杂，则自然光明四达，照用有余。凡谓是非善恶，亦不难辨。况天理人欲，决不两立。须得全在天理上行，方见人欲消尽。义之与利，不待分辨而明。至若所谓利者，凡有分毫求自利便处皆是，便与克去，不待显著方谓之利。此心须令纯，纯只在一处，不可令有外事参杂。遇事而发，合道理处，便与果决行去，勿顾虑。若临事见义，方便迟疑，则又非也。"（黄宗羲、全祖望，1986：1531）

不过注意，一心要存天理，又为一欲，天理人欲不在概念分别上，而是反映在处事的态度上。为此有个醒觉，朱熹特地指出："有个天理，便有个人欲。盖缘这个天理有个安顿处，才安顿得不恰好，便有人欲出来。天理、人欲，分数有多少。天理本多，人欲也便是天理里面做出来。虽是人欲，人欲中自有天理。"（黄宗羲、全祖望，1986：1533）学者当须明白："只此一心，便看天理、人欲之消长何如尔。……天理、人欲，此长彼必短，此短彼必长。未知学问，此心浑为人欲。既知学问，天理自然发见而人欲渐渐消去者，固是好矣。然克得一层，又有一层，大者固不可有，而纤微者尤要密察。"（黄宗羲、全祖望，1986：1534）所以只有元模式转绎，彻底跳出人欲与天理相互纠缠的陷阱，方能存得真天理！因为"天下只有一个道理，学只要理会得这一个道理。这里才通，则天理人欲、义利、公私、善恶之辨，莫不皆通。"（黄宗羲、全祖望，1986：1530）

归纳起来，朱熹的心法思想，是在建立了"心为主宰，性即为理"的心性学基础上，将所存养之心归结为仁心，然后给出"主敬为本，动静互涵，穷理致知，反躬践实"的系统内心修持途径，以期到达"存天理、灭人欲"的修行目的。因此，朱熹理学心法思想核心可以归纳如下八个方面。

（1）心为主宰，即性是理。朱熹有关心为主宰而统性情，前面已有介绍。关于即性是理，朱熹沿用二程的观点，并进一步加以阐述。朱熹认为："夫性者，理而已矣。乾坤变化，万物受命，虽所禀之在我，然其理则非有我之所得私也。……性只是理，不可以聚散言。"（黄宗羲、全祖望，1986：1560-1561）在《答姜叔权》中则总结曰："须知心是身之主宰，而性是心之道理，乃无病尔。"（黄宗羲、全祖望，1986：1558）

（2）所存之心，是谓仁心。关于这一方面，朱熹不但在《仁说》中作了系统阐发,而且进一步认为:"虽然,事有其理,而着于吾心。心也者,万事之宗也。惟人放其良心,故事失其统纪。学也者,所以收其放而存其良也。"(黄宗羲、全祖望,1986:1552)以及:"大抵于仁上见得尽,须知发于刚果处亦是仁,发于辞逊、是非亦是仁。且款曲研究,识尽全体。"(黄宗羲、全祖望,1986:1526)因此"今说求放心,吾辈却要得此心主宰得定,方赖此做事业。如《中庸》说'天命之谓性',即此心也;'率性之谓道',亦此心也;'修道之谓教',亦此心也。以至于致中和,赞化育,亦只此心也。致知即心致也,格物即心格也,克己即心克也。"(黄宗羲、全祖望,1986:1535)

(3)内心存养,以敬为主。关于内心存养,朱熹继承伊川立场,认为:"寻常人如何便得无欲?故伊川只说个敬字,教人只就这敬字上揰去,庶几执捉得定,有个下手处,纵不得,亦不至失。要之,皆只要人于此心上见得分明,自然有得尔。"(黄宗羲、全祖望,1986:1545-1546)这也是强调持敬主一,前面已经多有论述。除此之外,朱熹还认为:"敬之一字,学者若能实用其力,则虽程子两言之训,犹为剩语。如其不然,则言愈多,心愈杂,而所以病夫敬者益深矣。当使截断严整之时多,胶胶扰扰之时少,方好。"(黄宗羲、全祖望,1986:1545)甚至在《答吴斗南》中说:"如今更不可别求用力处,只是持敬以穷理而已。"(黄宗羲、全祖望,1986:1565)

(4)动静互涵,养观之道。养观以动静互涵为要,这是朱熹的发明。朱熹首先认为:"仁义互为体用动静。仁之体本静,而其用则流行不穷;义之体本动,而其体则各止其所。"(黄宗羲、全祖望,1986:1526)因此,当有人问:"静中常用涵养?"朱熹便对曰:"说得有病。一动一静,无时不养。学者工夫,且去翦截那浮泛底思虑。学者常用提省此心,使如日之升,则群邪自息。他本是光明广大,自家则着些子力去提省照管他便了,不要苦着力,则反不是。"(黄宗羲、全祖望,1986:1532)强调的正是动静不可偏废,而应该相得益彰,正如《答余正叔》所言:"其实只是一个提撕警策,通贯动静。但是无事时只是一直如此持养,有事处便有是非取舍,所以有直内、方外之别,非以动静真为判然二物也。"(黄宗羲、全祖望,1986:1560)

(5)静坐之论,调息观心。对于静坐,朱熹虽然不甚提倡,但也并不反对,只是反对一味枯坐。朱熹认为:"虽是聪明,亦须是静,方运得精神。昔见延平说:'罗先生解《春秋》也浅,不似胡文定。后来随人入广,在罗浮山住三两年,去那里心静,须看得较透。'某初疑《春秋》干心静甚事,后来方晓。盖静则心虚,道理方看得出。"(黄宗羲、全祖望,1986:1550)在《答孙敬甫》书中,朱熹强调:"所谓存养,非有安排造作,只是不动着他,即此知觉炯然不昧,但无喜怒哀乐之偏,思虑云为之扰尔。当此之时,何尝不静。不可必待冥然都无知觉,然后谓之静也。"(黄宗羲、全祖望,1986:1569)总之,朱熹认为:"人也有静坐无思念底时节,也有思量道理底时节。岂可画为两途,说静坐时与读书时工夫迥然不同。当静坐涵养时,正要体察思绎道理,只此便是涵养。不是说唤醒提撕,将道理去却那邪思妄念。只自家思量道理时,自然邪念不作。……今人之病,正在其静坐、读书时,二者工夫不一,所以差。"(黄宗羲、全祖望,1986:1548)

(6)致知力行,不可偏废。前文已有引用,朱熹明确认为:"为学当以存主为先,而致知、力行亦不可以偏废。"(黄宗羲、全祖望,1986:1531)比如具体来说:"看书与日用工夫,皆要放开心胸,令其平易文阔,方可徐徐旋看道理,浸灌培养。"(黄宗羲、全祖望,1986:1550)其实致知是"道问学",力行便是"尊德性",两者不可偏颇。朱熹在《答项平父》中曰:"子思以来教人之法,惟以尊德性、道问学两事为用力之要。今子静所说,专是尊德性事,而某平日所论,却是问学上多了。……今当反身用力,去短集长,庶几不堕一边尔。"(黄宗羲、全祖望,1986:1562)

(7)存诸天理,灭诸人欲。"存天理、灭人欲",是朱熹存心养性的核心思想。朱熹认为:"有个天理,便有个人欲。……学者须是革尽人欲,复尽天理,方始是学。"(黄宗羲、全祖望,1986:1533-1534)人欲与天理是一体两面,朱熹在《答吴斗南》中曰:"既谓之'同体',则上面便着'人欲'两字不得。此是义理本原极精微处,不可少差。试更子细玩索,当见本体实然只一天理,更无人欲。故圣人只说克己复礼,教人实下工夫,去却人欲,便是天理,未尝教人求识天理于人欲泪没之中也。若不能实下工夫,去却人欲,则虽就此识得未尝离之天理,亦安所用乎?"(黄宗羲、全祖望,1986:1564)不过,朱熹认为:"人心中大段恶念,却易制伏。最是那不大段、计利害、乍往乍来底念虑,相续不断,难为驱除。"(黄宗羲、全祖望,1986:1533)所以"圣人千言万语,只是教人存天理,灭人欲。"(黄宗羲、全祖望,1986:1544)

(8)归根之境,达成中和。当然,存心养性的最终结果就是要达成中和之境。朱熹认为:"所谓致中,如孟子之求放心与存心养性是也;所谓致和,如孟子论平旦之气与充广其仁义之心是也。今却不耐烦去做这样工夫,只管要快捷,去意见,只恐所谓去意见者,正未免为意见也。圣人教人,如一条大路,平平正正,自此直去,可以到圣贤地位。只是要人做得彻。做得彻时,也不大惊小怪,只是私意剥落净尽,纯是天理融明尔。"(黄宗羲、全祖望,1986:1541)进一步,朱熹除了前面引用的《程子养观说》强调中和之境的达成之外,朱熹还著有《中庸首章说》(朱杰人,2002,第23册:3264-3266),其中解读《中庸》章首有曰:"天命之性,浑然而已。以其体而言之则曰中,以其用而言之则曰和。……之天命之全也。人之所受,盖亦莫非此理之全。……惟君子知道之不可须臾离者,其体用在是,则必有以致之,以极其至焉。"(朱杰人,2002,第23册:3265)

对于朱熹在心法方面的特点总结,黄勉斋有比较客观的概述,状其行曰:"其为学也:穷理以致其知,反躬以践其实。居敬者,所以成始成终也。谓致知不以敬,则昏惑纷扰,无以察义理之归;躬行不以敬,则怠惰放肆,无以致义理之实。持敬之方,莫先主一。"(黄宗羲、全祖望,1986:1577)可谓大致上反映了朱熹心法思想主旨,只是忽略了朱熹也有强调主静的一面。

总之,作为两宋理学的集大成者,朱熹在理学心法体系方面,无疑做出了系统性的构建工作。无论是心法思想、方法还是途经,都继承发展了从周敦颐到二程的传统,集成了性理心法之大成。

第八章

尽心成行

> 心外无性,心外无天,一时尽心,则一时见性天;一事尽心,则一事见性天;无时无处不尽心,则无时无处不见性天。存之养之,常尽心而已矣。夭寿修身,纯于尽心而已矣。此孔门之心法也。
>
> ——(明)方学渐[①]

宋明性理之学,从圣道心法继承发展的角度看,其进展路线大致是这样:先是北宋道学发其端,继而程朱理学充其实,然后是象山心学成其要,入明之后,又经白沙和姚江两家相互引发,终于走向成熟。理学修持在于由外及内的策略,宗法易传心法思路,强调穷理尽性以至于命;主张持敬至诚、穷理反身和力行尽性的途径,一言蔽之就是:穷理反躬,敬在其中也。而心学修持则是在于由内而外的策略,宗法孟子心法思路,强调尽心知性以知天;主张尽心知性、随处体认和知行合一的途径,一言蔽之就是:尽心成行,诚在其中也。本章即专门介绍心学修持之心法。

第一节 宋明心学流变

心学的渊源自然是孔孟,特别是思孟学派的道统,而心学学派的形成则源自两宋。先是邵雍的先天心学,继而涑水启迪陆氏兄弟创其大要,形成了心学的第一个开山学派:象山学派。到了明初,又有白沙学派继往开

[①] (清)黄宗羲:《明儒学案》,沈芝盈点校,北京:中华书局,1986年,第471页。

来，并经若水先生的发扬光大，心学之流渐成显学，影响广大。最后则是王阳明集其大成，建立姚江学派，影响至今。

一、宋明心学溯源

虽然没有直接的影响，但两宋心学的肇始，当推邵雍先生。邵雍（1011—1077），字尧夫，北宋著名理学家、象数学家，生于林县上杆庄（今河南林州市刘家街村邵康村），与周敦颐、司马光、张载、程颢、程颐并称"北宋六子"。

邵雍有关心法思想，主要源自易学图书派象数之学，而据《百源学案》"百家谨按"："考其初，《先天卦图》传自陈抟，抟以授种放，放授穆修，修授李之才，之才以授先生。顾先生之教虽受于之才，其学实本于自得。"（黄宗羲、全祖望，1986：367）

概而述之，邵雍继承了孟子"万物皆备于我"的思想，认为天道与人心也是相通的，所谓："心为太极。又曰：道为太极。"（黄宗羲、全祖望，1986：380）从而推得所谓命、性和理，也不过是不同角度对天道的名号，即"天使我有是之谓命，命之在我之谓性，性之在物之谓理。"（黄宗羲、全祖望，1986：381）所以，邵雍在《观易吟》颂到："一物从来有一身，一身还有一乾坤。能知万物备于我，肯把三才别立根。天向一中分体用，人于心上起经纶。天人焉有两般义，道不虚传只在人。"（邵雍，2003：190）并借用樵者之口赞曰："天地之道备于人，万物之道备于身，众妙之道备于神，天下之能事毕矣，又何思何虑！吾而今而后，知事心践形之为大。不及子之门，则几至于殆矣。"（邵雍，2003：298）进一步指出"众妙之道备于神"。

因此，对"天地万物之道"的论述也就必然可以归结到心神之上。在《伊川击壤集》书后附有邵雍所著的《渔樵问对》，其中邵雍借渔者之口曰："夫所以谓观物者，非以目观之也；非观之以目，而观之以心也，而观之以理也。……用天下之心为己之心，其心无所不谋矣。"（邵雍，2003：299）于是，邵雍将"先天之学"当作心法也就十分自然了，指出："先天之学，心法也。故图皆自中起。万化万事生乎心也。图虽无文，吾终日言，而未尝离乎是。盖天地万物之理尽在其中矣。"（邵雍，1990：332）

至于具体的心法修持方法，则主要集中体现在《皇极经世》的"观物内篇"之内,强调"定静""至诚""诚明""润身""中节""不我物""虚心""直道""藏用""乐学"等等。特别是其中"心为太极,人心当如止水则定,定则静,静则明。"(邵雍,1990:425)"心一而不分,则能应万物。此君子所以虚心而不动也。"(邵雍,1990:431)"为学养心,患在不由直道。"(邵雍,1990:434)这些,无疑都是被后来心学所宗的修持理念。

最后,邵雍在《百源学案》观物外篇中强调指出:"先天之学,心也。后天之学,迹也。出入有无死生者,道也。"(黄宗羲、全祖望,1986:380)与此同时,邵雍心法思想还特别重视中道境界的达成。认为(《百源学案》观物外篇):"天地之本,其起于中乎！是以乾坤交变而不离乎中,人居天地之中,心居人之中,日中则盛,月中则盈,故君子贵中也。"(黄宗羲、全祖望,1986:376)由此邵雍也强调中庸之法,指出:"中庸非天降地出,揆物之理,度人之情,行其所安,是为得失矣。""中庸之法,自中者天也,自外者人也。学不际天人,不足以谓之学。"(邵雍,1990:426)

总之,邵雍心法思想,以明先天之道,强调心与天的合一,诚与明的并举。特别是提出观物以心、经世以心。若要明道显性,则重在资性,而不在记问,须乐学而贯通古今,将万物性命身心统归于一。

象山心学思想的直接源头便是涑水先生,也是两宋心学的第二个源头。涑水先生(1019—1086),姓司马,名光,字君实,陕州夏县人。《宋元学案》(《涑水学案》序录)中祖望谨按引程颐话谓:"阅人多矣！不杂者,司马、邵、张三人耳。"(黄宗羲、全祖望,1986:275)朱熹《六先生画像赞》对涑水先生赞曰:"笃学力行,清修苦节。有德有言,有功有烈。深衣大带,张拱徐趋。遗像凛然,可肃薄夫。"(朱杰人,2002,第24册:4003)

涑水先生著有《迂书》《疑孟》《潜虚》等书,其中心法思想主要体现在《迂书》之中,是为心学之先声。所谓"迂",强调用功积累方能成其大。该书"释迂篇"中指出(《涑水学案》温公迂书):"夫树木,树之一年而伐之,足以给薪苏而已。三年而伐之,则足以为桷。五年而伐之,则足以为楹。十年而伐之,则足以为栋。岂非收功愈远而为利愈大乎？"(黄宗羲、全祖望,1986:279)

涑水先生《迂书》中的心法思想,主要强调治心和践行。比如在《温公迂书》"学要篇"中说:"学者,所以求治心也。学虽多而心不治,何以学为!"(黄宗羲、全祖望,1986:280)在"治心篇"又云:"小人治迹,君子治心。"(黄宗羲、全祖望,1986:280)而在《无益》篇云:"言而无益,不若勿言。为而无益,不若勿为。余久知之,病未能行也。"(黄宗羲、全祖望,1986:280)就是强调践行之重要的。

在治心原则上,涑水先生承续了孔子的"绝四"思想(毋意、毋必、毋固、毋我),并加以发挥。涑水先生著有《绝四》篇(黄宗羲、全祖望,1986:280-281),借迂叟之口,第一次对孔子的绝四作了较为系统的阐发。

在境界上,涑水先生强调自然无为。比如在《无为赞》篇中认为:"治心以正,保躬以静。进退有义,得失有命。守道在己,成功则天。夫复何为,莫非自然。"(黄宗羲、全祖望,1986:281)而达成这样境界的途径,则归结到迁善改过的"回心"之法。在《回心》篇有论述:"或问:'子能无心乎?'迂叟曰:'不能。若夫回心,则庶几矣。''何谓回心?'曰:'去恶而从善,舍非而从是。人或知之而不能徙,以为如制骡马、如斡磻石之难也。静而思之,在我而已。如转户枢,何难之有!'"(黄宗羲、全祖望,1986:280)

涑水先生在《羡厌》篇认为:"人情若厌其所有,羡其所不可得,未得则羡,已得则厌,厌而求新,则为恶无不至矣。"(黄宗羲、全祖望,1986:281)只有"去恶而从善,舍非而从是",庶几可以回心。所以在《指过》篇对于他人之指过,主张君子"有告则喜"(黄宗羲、全祖望,1986:281)。

两宋心学的肇始,则是源自陆氏父子。从《宋元学案》的记载可知,承继涑水思想的便是象山父亲道乡先生陆贺,《涑水学案》(涑水续传)说他:"究心典籍,见于躬行。"(黄宗羲、全祖望,1986:359)并因此传为家学。陆贺有六子,其中梭山(九韶)、复斋(九龄)、象山(九渊)三子,对象山心学的形成,都有贡献,尤其复斋,贡献更大。

复斋先生九龄,字子寿,黄东发认为(《梭山复斋学案》附录):"复斋之学,大抵与象山相上下。象山以自己之精神为主宰,复斋就天赋之形色为躬行,皆以讲不传之学为己任,皆谓当今之世,舍我其谁,掀动一时,听者多靡。所不同者,象山多怒骂,复斋觉和平耳。复斋之文,犹多精语,足警后学,而自誉其所得,则在性学,至谓'穷天地,亘万古,无以易,而世无其学,难以语人'。"(黄宗羲、全祖望,1986:1876-1877)

复斋的心学思想主要现存于《复斋文集》之中,其核心思想便是强调躬行体验,即反对徒有讲学,又反对顿悟直超之谈。比如在《与张敬夫》信中云(《复斋文集》补):"声气容色,应对进退,乃致知力行之原,不若是而从事于笺注训诂之闲,言语议论之末,无乃与古之讲学者异与!"(黄宗羲、全祖望,1986:1870)在《与沈叔晦》信中也云:"有终日谈虚空语性命而不知践履之实,欣然自以为有得而卒归于无所用,此惑于异端者也。"(黄宗羲、全祖望,1986:1870)在《与刘淳叟》信中又云:"不知命无以为君子,此意不可不先讲习。习到临利害得失无忧惧心,平时胸中泰然无计较心,则真知命矣。"(黄宗羲、全祖望,1986:1871)此等皆是强调躬行践履,反对训诂讲论的。

而《答传子渊》云:"近来学者多自私欲速之说,又惑于释氏一超直入之谈,往往弃日用而论心,遗伦理而语道。适见圣谟与舍弟书,又有即身是道,不假拟度之说,此又将堕于无底之壑矣。"(黄宗羲、全祖望,1986:1870)《与李德远》云:"古之君子,往往多出于羁艰困厄愁忧之中,而其学日进。某独日以汩没,触事接物,习情客气时起于其间。"(黄宗羲、全祖望,1986:1870)《答王汉臣》云:"身体心验,使吾身心与圣贤之言相应,择其最切己者,勤而行之。"(黄宗羲、全祖望,1986:1871)以及《与章彦节》云:"离形色而言性,离视听言动而言仁,非知性者。"(黄宗羲、全祖望,1986:1873)又都是反对顿悟直超,强调日行体验的。

至于"先立乎其大者",复斋也有所论,比如《与王申伯》云:"治人必先治己,自治莫大于治气。气之不平,其病不一,而忿愤之害为尤大。"(黄宗羲、全祖望,1986:1871)《与陈德甫》云:"须磊磊落落作大丈夫,净埽平生纰缪意见。"(黄宗羲、全祖望,1986:1871)均能看出其气概来。其所作《鹅湖示同志诗》云:"孩提知爱长知钦,古圣相传只此心。大抵有基方筑室,未闻无址忽成岑。留情传注翻榛塞,着意精微转陆沈。珍重友朋勤切琢,须知至乐在于今。"(黄宗羲、全祖望,1986:1873)可以看作其心法思想的概括。

黄百家谨按对其的评介是:"从践履操持立脚,恐不得指为大病。但尽废讲学,自信太过,正是践履操持一累耳。若使纯事讲学,而于践履操持不甚得力,同一偏胜,较之其病,孰大孰小乎?"(黄宗羲、全祖望,1986:1875)比较中肯。陆氏家学,至象山,集其大成。在《梭山复斋学案》序录

中,祖望谨按:"三陆子之学,梭山启之,复斋昌之,象山成之。"(黄宗羲、全祖望,1986:1862)

二、象山反观本心

陆九渊(1139—1193),字子静,自号存斋,世称象山先生。在《象山学案》序录中,祖望谨按称:"象山之学,先立乎其大者,本乎孟子,足以砭末俗口耳支离之学。但象山天分高,出语惊人,或失于偏面不自知,是则其病也。程门自谢上蔡以后,王信伯、林竹轩、张无垢至于林艾轩,皆其前茅,及象山而大成,而其宗传亦最广。"(黄宗羲、全祖望,1986:1884)从圣学心法传统的角度看,相较与朱熹(紫阳),应该说,象山的主张,更为纯正。象山的心法思想主要存于《陆九渊集》《象山语录》和《象山学案》语录中,大致分为心具万象、立其大者、解蔽去惑、安详沉静、致明致知、穷究磨炼等六个方面。

首先,象山认为:心具万象之理。比如其曰:"万物森然于方寸之间。满心而发,充塞宇宙,无非此理。"(黄宗羲、全祖望,1986:1891)在《杂说》中论述地更为具体:"宇宙便是吾心,吾心即是宇宙。千万世之前,有圣人出焉,同此心,同此理也。千万世之后,有圣人出焉,同此心同此理也。东南西北海有圣人出焉,同此心同此理也。……宇宙内事,是己分内事。己分内事,是宇宙内事。"(陆九渊,1980:273)

当然,心所具此万象之理,就是宇宙根本之理,支配一切事物。因此,体悟天道,关键在于"要人自理会",所以象山说:"道在天下,加之不可,损之不可,取之不可,舍之不可,要人自理会。"(陆九渊,1980:434)凡人之所以不能体悟天道之理,是被自己局限的心所限隔了,用象山的话讲,就是"宇宙不曾限隔人,人自限隔宇宙。"(黄宗羲、全祖望,1986:1891)而圣人之所以言语行为皆符节,就是因为知觉此天道之理。

明白了心具万象之理,又知道要知觉此万象之理,于是学者修持的关键就是要顺乎其理,要有所立。《象山学案》语录中指出:"大凡为学,须要有所立。"(黄宗羲、全祖望,1986:1889)而所立者,象山强调要立其大者。对此,在《与朱济道书》中指出:"此理在宇宙间,未尝有所隐遁天地之所以为天地者,顺此理而无私焉耳。人与天地并立而为三极,安得自私而不顺此理哉？孟子曰：'先立乎其大者，则其小者不能夺也。'人惟不能立乎大者，故为小者所夺，以叛乎此理，而与天地不相似。诚能立乎其大者，则区区时文之习，何足以汩没尊兄乎。"（陆九渊，1980：142）

那么，何为大者？所谓大者，对于象山而言，不过本心而已。在《与邵叔宜书》中就指出："此天所以予我者，非由外铄我也。思则得之，得此者也；先立乎其大者，立此者也；积善者，积此者也；集义者，集此者也；知德者，知此者也。进德者，进此者也。同此之谓同德，异此之谓异端。"（陆九渊，1980：1）这里的"此者"就是人人均有之本心，也称为"良心正性"。象山在《与郭邦瑞书》书中说道："良心正性，人所均有，不失其心，不乖其性，谁非正人！以有乖失，思而复之，何远之有？不然，是自昧其心，自误其身耳。"（陆九渊，1980：172-173）

象山继承孟子的心法思想，认为学问无他，就在于求其放心。象山在《学问求放心》中则说道："仁，人心也，心之在人，是人之所以为人，而于禽兽草木异焉者也，可放而不求哉？古人之求放心，不啻如饥之于食，渴之于饮，焦之待救，溺之待援，固其宜也。学问之道，盖于是乎在。下愚之人忽视玩听，不为动心。而其所谓学问者，乃能为浮文缘饰之具，甚至于假之以快其遂私纵人欲之私，扇之以炽其伤善败类之焰，岂不甚可叹哉！"（陆九渊，1980：373）

与孟子不同的是，象山的求其放心，具体落实到收拾精神在内之上。象山认为："人精神在外，至死也劳攘。须收拾作主宰。收得精神在内，当恻隐即恻隐，当羞恶即羞恶，谁欺得你，谁瞒得你！见得端的后，常涵养，是甚次第。"（黄宗羲、全祖望，1986：1893）"本分事熟后，日用中事全不离。……精神全要在内，不要在外，若在外，一生无是处。"（陆九渊、王守仁，2000：95）象山甚至认为："精神不运则愚，血脉不运则病。"（黄宗羲、全祖望，1986：1894）所以"有一段血气，便有一段精神。有此精神，却不能用，反以害之。非是精神能害之，但以此精神居广居，立正位，行大道。"（黄宗羲、全祖望，1986：1893）

当然，要收得精神在内作得主宰，便是要自立自重，不随外在言语、流俗所左右。"自立自重，不可随人脚跟，学人言语。"（陆九渊，1980：461）"后生自立最难，一人力抵当流俗不去，须是高着眼看破流俗方可。要之，此岂小廉曲谨所能为哉？必也豪杰之士。"(陆九渊,1980:442)"自得,自成,自道,不倚师友载籍。"(陆九渊,1980:452)讲的都是这个意思。因为"道可谓尊,可谓重,可谓明,可谓高,可谓大,人却不自重,才有毫发恣纵,便是私欲,与此全不相似。"(黄宗羲、全祖望,1986:1893)

自立自重的根本是要自信,居象山时,陆九渊经常告诫后学云:"女耳自聪,目自明,事父自能孝,事兄自能弟,本无欠阙,不必他求,在自立而已。"(陆九渊、王阳明,2000:23)"然学者不能自信,见夫标末之盛者便自慌忙,舍其涓涓而趋之,却自坏了。"(陆九渊、王阳明,2000:23)所以学问修持,关键在于自信,自信不及,自然难明其真。

强调了心具万象之旨,以及要立其大者反观本心之后,在修持方法策略上,象山认为最关键的就是解蔽去惑。在《与侄孙濬书》中,象山就说:"人心至灵,惟受蔽者失其灵耳。"(陆九渊,1980:189)还说:"理只在眼前,只是被人自蔽了。"(陆九渊,1980:452)就是说,心之灵也罢,心之理也罢,只因自己受了蒙蔽,所以不能显现。因此要想破除蒙蔽,就要敢于突破其障碍,方能成就。正如象山语录所说的:"此理在宇宙间,何尝有所碍？是你自沉埋,自蒙蔽,阴阳地在个陷阱中,更不知所谓高远底。要决裂破陷阱,窥测破个罗网。"(陆九渊、王阳明,2000:79)"人要有大志。常人汨没于声色富贵间,良心善性都蒙蔽了。今人如何便解有志,须先有智识始得。"(黄宗羲、全祖望,1986:1889)

应该说,人心有蒙蔽是难免的,正如象山在《与胡季随书》中所言:"学者之难得,所从来久矣。道不远人,人自远之耳。人心不能无蒙蔽,蒙蔽之未彻,则日以陷溺。诸子百家往往以圣贤自期,仁义道德自命,然其所以卒畔于皇极而不能自拔者,盖蒙蔽而不自觉,陷溺而不自知耳。"(陆九渊,1980:8)关键要有发明解蔽去惑的自觉意识,将本心固有之灵之理发明出来。

所以在《与侄孙濬书》中说:"故道之不明,天下虽有美材厚德,而不能以自成自达。困于闻见之支离,穷年卒岁而无所至止。若其气质之不美,志念之不正,而假窃傅会,蠹食蛆长于经传文字之间者,何可胜道！……蔽解惑去,此心此理,我固有之,所谓万物皆备于我,昔之圣贤先得我心之同然者耳,故曰'周公岂欺我哉？'"(陆九渊,1980:13)

既然心之此灵此理本来固有,只是一时受了蒙蔽,自当可以加以求而得之。象山在《求则得之论》中说:"良心之在人,虽或有所陷溺,亦未始泯然而尽亡也。下愚不肖之人所以自绝于仁人君子之域者,亦特其自弃而不之求耳。诚能反而求之,则是非美恶将有所甚明,而好恶趋舍将有不待强而自决者矣。移其愚不肖之所为,而为仁人君子之事,殆若决江疏河而赴诸海,夫孰得而御之?此无他,所求者在我,则未有求而不得者也。求则得之,孟子所以言也。"(陆九渊,1980:377)

而在《思则得之论》中则曰:"义理之在人心,实天之所与,而不可泯灭焉者也。彼其受蔽于物而至于悖理违义,盖亦弗思焉耳。诚能友而思之,则是非取舍盖有隐然而动,判然而明,决然而无疑者矣。"(陆九渊,1980:376)这里的义理之思,便是自省式反思意识能力,所谓广义理性思维能力,其对于去蔽明心之重要,可见一斑。这样,通过觉知意识存养此心,便可明本心之理,所谓:"苟此心之存,则此理自明,当恻隐处自恻隐,当羞恶,当辞让,是非在前,自能辨之。"(陆九渊、王阳明,2000:20)

那么具体又如何进行解蔽去惑呢?或者象山提倡的具体治心途径又有哪些方法呢?从现有文献分析,大体上,象山的治心途径主要分为安详沉静、致明致知、穷究磨炼等三个方面的内容。

首先,自然要惩忿窒欲,但象山对治惩忿窒欲的方法则是通过安详沉静来达成。象山在《与蔡公辩书》中认为:"安详沉静,心神自应自灵,轻浮驰骛则自难省觉。心灵则事事有长进,不自省觉,即所为动皆乖缪,适足以贻羞取诮而已。"(陆九渊,1980:187)

象山发挥孟子"养心莫善于寡欲"的思想,撰有《养心莫善于寡欲》,指出:"夫所以害吾心者何也?欲也。欲之多,则心之存者必寡;欲之寡,则心之存之必多。故君子不患夫心之不存,而患失欲之不寡,欲去则心自存矣。然则所以得吾心之良者,岂不在于去吾心之害乎?"(陆九渊,1980:380)

除了寡欲,还有忿懥和恐惧之心需要惩治,象山认为:"有所忿懥,则不以服人;有所恐惧,则不足以自立。"(陆九渊,1980:434)而忿懥和恐惧之心之所以产生,皆因人们随外物所转的结果。所以象山主张君子役物而不要被物所役,指出:"君子役物,小人役于物,夫权皆在我,若在物,即

为物役矣。"(陆九渊,1980:464)

简言之,不管是忿懥、恐惧,还是欲望,象山认为都要下大力气,做到"激厉奋迅,决破罗网,焚烧荆棘,荡夷污泽。"(陆九渊、王阳明,2000:79)只有"诛锄荡涤"才能够"慨然兴发"。而其中最为有效的措施手段,象山认为就是静坐,并以此教人修持。陈北溪曰:"象山教人终日静坐,以存本心,无用许多辩说劳攘。"(黄宗羲、全祖望,1986:1918)

象山认为:"人生而静,天之性也。感物而动,性之欲也,是为不识艮背行庭之旨。"(陆九渊,1980:425)所以其静坐之法,便是教人艮背行庭。比如其弟子傅子渊请教修持方法曰:"乞简省一语。"象山答曰:"艮其背,不获其身;行其庭,不见其人。"(陆九渊、王阳明,2000:31)在象山看来,"此道非争竞务进者能知,惟静退者可入。"(黄宗羲、全祖望,1986:1892)

自然静坐只是手段,惩忿窒欲也只是养心初阶上事,并非是学问修持终极之途。象山因此指出:"但惩忿窒欲,未是学问事。便惩窒得全无后,也未是学。学者须是明理,须是知学,然后说得惩窒。知学后惩窒,与常人惩窒不同。常人惩窒只是就事就末。"(陆九渊、王阳明,2000:88)

所以更难的要明理,就是要致明致知而获得真知。象山认为蔽于物欲易解,而蔽于意见难解,就是这番道理。象山在《与邓文范书》中说:"愚不肖者之蔽在于物欲,贤者之蔽在于意见,高下污洁虽不同,其为蔽理溺心而不得其正,则一也。然蔽溺在污下者往往易解,而患其安焉而不求解,自暴自弃者是也。蔽溺在高洁者,大抵自是而难解,诸子百家是也。"(陆九渊,1980:11)在其语录中也说:"此道与溺于利欲之人言犹易,与溺于意见之人却难。"(陆九渊、王阳明,2000:22-23)

那么,如何才能够破去意见见解(不良模因)之惑呢?这就要依靠智慧了。象山在《好学近乎知》中指出:"夫所谓智者,是其识之甚明,而无所不知者也。夫其识之甚明,而无所不知者,不可以多得也。……学也者,是所以致明致知之道也。"(陆九渊,1980:372)

智慧根于本心而无关言说,象山在《智者术之原论》中说:"实亡莫甚于名之尊,道蔽莫甚于说之详。自学之不明,人争售私术,而智之名益尊,说益其祥矣。"(陆九渊,1980:348)"自学之不明,而圣人之智不复见矣。"(陆九渊,1980:350)因此,获得智慧的关键是不可溺于俗见,也不可有执于私意,而要破却一切时文之说。

不可溺于俗见,象山如是说:"溺于俗见,则听正言不入。"(陆九渊,1980:435)如何是溺于俗见,凡"言语必信,非以正行。才有正其行之心,已自不是了。"(陆九渊,1980:396)只有自在之行,方为正行;而所谓自在,合乎天道之谓也,如此方能不溺于俗见。

不可有执于私意,象山则如是说:"不曾过得私意一关,终难入德,则典则法度何以知之?"(陆九渊,1980:399)如何是执于私意,象山曰:"人心有消杀不得处,便是私意,便去引文牵义,牵枝引蔓,牵今引古,为证为靠。"(陆九渊,1980:458)有私意,就是自信不及,不能自立!

而要破却一切时文之说,关键在于去除一切得失之心。象山在《与侄孙濬书》中说:"得失之心未去,则不得;得失之心去,则得之。时文之说未破,则不得;时文之说破,则得之。不惟可使汝日进于学而无魔祟,因是亦可解流俗之深惑也。"(陆九渊,1980:12)

遗憾的是,世上所谓的知识分子,讲起道理来往往是旁征博引,头头是道,但是实际操守却全无是处。自己本心自性未明,却喜广布邪说,贬损他人。对此,象山在《与张辅之书》中说:"学者大病,在师心自用。师心自用,则不能克己,不能听言。虽使羲皇唐虞以来群圣贤之言毕闻于耳,毕熟于口,毕记于心,只益其私、增其病耳。为过益大,去道益远。非徒无益,而又害之。"(陆九渊,1980:36)且不知:"至于声色利达者,固是小;剿摸人言语的,与他一般是小。"(陆九渊,1980:452)这也就是为什么知识越多越难明道的原因。所谓:"生于末世,故与学者言费许多气力,盖为他有许多病痛。"(陆九渊、王阳明,2000:23-24)象山对此感受颇深,指出:"吾与常人言,无不感动,与谈学问者,或至为仇。举世人大抵就私意建立做事,专以做得多者为先,吾却欲殄其私而会于理,此所以为仇。"(陆九渊、王阳明,2000:25)

因此,要想明理至道,就必须正本去末,正本是反观本心而明自性,去末则是破除一切时文之说而得自信。象山指出:"正人之本难,正其末则易。今有人在此,与之言汝适苟言未足,某处坐立举动未足,其人必乐从。若去动他根本所在,他便不肯。"(陆九渊,1980:399)其正本之难,可见一斑。"此处难,不收拾又不得,收拾又执。这般要处,要人自理会得。"(陆

九渊、王阳明,2000:96)

正本难,难就难在所谓"不勉而中,不思而得"之上。为此象山在《与刘深父书》中说:"大抵为学,但当孜孜进德修业,使此心于日用间戕贼日少,光润日著,则圣贤垂训,向以为盘根错节未可遽解者,将涣然冰释,怡然理顺,有不加思而得之者矣。……学固不可以不思,然思之为道,贵切近而优游。切近则不失己,优游则不滞物。……日用之间何适而非思也。如是而思,安得不切近,安得不优游?"(陆九渊,1980:34)

据此可见,治心要取得成效,就必须要经过穷究磨炼,不断通过迁善改过的积累,方能够一朝自省,达到优裕宽平的境界。这便是象山心法途径强调的第三个方面。象山认为:"有志于道者,当造次必于是,颠沛必于是,凡动容周旋,应事接物,读书考古,或动或静,莫不在是。"(黄宗羲、全祖望,1986:1894)

这个所谓的"莫不在是"指的就是"存心、养心、求放心",象山在《与舒西美书》中有明确说明:"古人教人不过存心、养心、求放心。此心之良,人所固有,人惟不知保养而反戕贼放失之耳。苟知其如此,而防闲其戕贼放失之端,日夕保养灌溉,使之畅茂条达,如手足之捍头面,则岂有艰难支离之事?今日向学,而又艰难支离,迟回不进则是未知其心,未知其戕贼放失,未知所以保养灌溉。此乃为学之门,进德之地。"(陆九渊,1980:64)

就具体方法来说,就是语录中所说:"我这里有扶持,有保养,有摧抑,有摈挫。"(陆九渊、王阳明,2000:95)扶持保养是迁善涵养,摧抑摈挫是反省改过,合起来不过就是改过迁善而已。比如《象山学案》附录中记有:"或问先生之学,当来自何处入?"象山答曰:"不过切己自反,改过迁善。"(黄宗羲、全祖望,1986:1917)

那么,如何迁善改过呢?象山在《与傅全美书》中说:"古之学者,本非为人,迁善改过,莫不由己。善在所当迁,吾自迁之,非为人而迁也。过在所当改,吾自改之,非为人而改也。故其闻过则喜,知过不讳,改过不惮。"(陆九渊,1980:74)当然,改过与迁善是相辅相成的,因此在《与罗章夫书》中象山又说:"著是去非,改过迁善,此经语也。非不去,安能著是?过不改,安能迁善?不知其非,安能去非?不知其过,安能改过?自谓知非而不能去非,是不知非也;自谓知过而不能改过,是不知过也。真知非则无不能去,真知过则无不能改。人之患,在不知其非、不知其过而已。所贵乎学者,在致其知,改其过。"(陆九渊,1980:185)我们知道,反观本心,是象山心法的主旨,迁善改过也是反观本心以求正心的途径。象山在《与傅全美书》中说:"人之所以为人者,惟此心而已。一有不得其正,则当如救焦溺而求所以正之。今邪正是非之理既已昭白,岂可安于所惑,恬于所溺,而缓于适正也哉?今人所患,在于以己为是,归非他人,虽有显过,犹悍然自遂,未尝略有自咎自责之意。"(陆九渊,1980:76)

自然,改过要有成效,也要讲究策略,当徐徐图之,不可过激。象山在《与包详道书》中说:"人之省过,不可激烈,激烈者必非深至,多是虚作一场节目,殊无长味,所谓非徒无益,而又害之。久后看来,当亦自知其未始有异于初,徒自生枝节耳。若是平淡中实省,则自然优游宽裕,体脉自活矣。"(陆九渊,1980:82)

迁善改过,贵在持之以恒,更贵在惟精惟专。象山曰:"莫厌辛苦,此学脉也。"又曰:"惟精惟一,须要如此涵养。"(黄宗羲、全祖望,1986:1895)再曰:"今人欠个精专不得。"(陆九渊、王阳明,2000:78)讲的都是这般意思。只有如此这般"穷究磨炼,一朝自省。"(黄宗羲、全祖望,1986:1895)所谓:"一是即皆是,一明即皆明。"(陆九渊,1980:469)

最后,象山认为心法修持应该达到优裕宽平的境界。所谓"优裕宽平",用象山的话讲就是:"内无所累,外无所思,自然自在,才有一些子意便沉重了。彻骨彻髓,见得超然,于一身自然轻清,自然灵。"(陆九渊,1980:468)此时,即使心中有所存也无所妨碍。象山曰:"优裕宽平,即所存多,思虑亦正。求索太过,即所存少,思虑亦不正。"关键不可"求索太过",因为"学者不可用心太紧。深山有宝,无心于宝者得之。"(黄宗羲、全祖望,1986:1895)

因此,"优裕宽平"不仅不可怠慢,也不可急迫。在《与潘文淑书》中象山如此道来:"得书知为学有进,甚慰!但所谓怠堕急迫两偏,此人之通患。若得平稳之地,不以动静为变。若动静不能如一,是未得平稳也。涵泳之久,驰扰暂杀,所谓饥者甘食,渴者甘饮,本心若未发明,终然无益。若自谓已得静中工夫,又别作动中工夫,恐只增扰扰耳。何适而非此心,心正则静亦正,动亦正;心不正则虽静亦不正矣。若动静异心,是有二心

也。此事非有真实朋友不可。"(陆九渊,1980:57)

所以,要达到"优裕宽平",关键还要靠平时涵养,做到"心中无事,淡而不厌"之境。象山认为:"君子之道,淡而不厌。淡味长,有滋味,便是欲。"(黄宗羲、全祖望,1986:1892)要想养心有效果,最是要无心于事,不可一刻有事牵绊。通常人们难以舍事,正如象山所说:"人心只爱去泊着事,教他弃事时,如猢狲失了树,便无住处。"(黄宗羲、全祖望,1986:1892)但"既知自立,此心无事时,须要涵养,不可便去理会事。"(陆九渊、王阳明,2000:82)

进而,象山认为:"心不可泊一事,只自立心。人心本来无事胡乱,被事物牵将去,若是有精神,即时便出便好,若一向去,便坏了。"(黄宗羲、全祖望,1986:1892)而要想好道,先要舍事。《象山学案》语录说:"学者要知所好,此道甚大。人多不知,好之只爱事骨董。君子之道,淡而不厌。朋友之相资,须助其知所好者,若引其逐外,即非也。"(黄宗羲、全祖望,1986:1892)

当然,心中无事,是不被事所劳扰,而非逃避世务。象山指出:"道在迩而求诸远,事在易而求诸难。只就近易处,着着就实,无尚虚见,无贪高务远。"(陆九渊,1980:469)只有真正做到心中落拓无事,方能"居天下之广居",成为"无所不能之人"。象山着重指出:"人不肯心闲无事,居天下之广居,须要去逐外,着有一事,印一说,方有精神。"(黄宗羲、全祖望,1986:1892)"我无事时,只似一个全无知无能底人。及事至方出来,又却似个无所不知,无所不能之人。"(陆九渊,1980:455)

总之,象山的心法途径,简明扼要,确实是立其大者,一改程朱理学之繁琐,直指本心。惩忿窒欲是摆脱基因控制,致明致知是去除模因束缚,而迁善改过是进道功夫,这样便可到达优裕宽平之境界,而心无所累事无不成也。

三、白沙主静自得

宋明心学的另一个源头就是陈献章建立起来的白沙学派。陈献章(1428—1500),字公甫,别号石斋,广东新会白沙里人,也称白沙先生。陈献章由宗朱熹理学转而宗陆九渊心学,在明代先于王阳明倡导心学。

陈献章的老师是吴聘君,黄宗羲在《明儒学案》卷一"崇仁学案一""聘君吴康斋先生与弼"前言中说:"白沙出其门,然自叙所得,不关聘君,当为别派。"(黄宗羲,1996:14)而在《文恭陈白沙先生献章》的介绍中则说:"已至崇仁,受学于康斋先生,归即绝意科举,筑春阳台,静坐其中,不出阈外者数年。"(黄宗羲,1996:78)以及"先生之学,以虚为基本,以静为门户,以四方上下、往古来今穿纽凑合为匡郭,以日用、常行、分殊为功用,以勿忘、勿助之间为体认之则,以未尝致力而应用不遗为实得。远之则为曾点,近之则为尧夫,此可无疑者也。"(黄宗羲,1996:79)

可见白纱心学乃另起炉灶,源自其静坐自得。所以黄宗羲把陈献章的治学宗旨概括为"主静""自得"等等。具体来看,白沙心法论述大致可以分为诚心安仁、学宗自然、所贵虚静、归于自得和笃实践履等五个方面。

首先,白沙对于天道万象,持道心一元之论。白沙在《仁术论》中指出:"天道至无心。比其着于两间者,千怪万状,不复有可及。至巧矣,然皆一元之所为。圣道至无意。比其形于功业者,神妙莫测,不复有可加。亦至巧矣,然皆一心之所致。心乎,其此一元之所舍乎!"(陈献章,1987:57)

因此,学者关键在于要诚心安仁,所谓诚心,就是要存心至诚;所谓安仁就是安其仁心。白沙在《无后论》中所说的:"君子一心足以开万世;小人百惑足以丧邦家。何者?心存与不存也。夫此心存则一,一则诚;不存则惑,惑则伪。所以开万世、丧邦家者不在多,诚伪之间而足矣。夫天地之大,万物之富,何以为之也?一诚所为也。盖有此诚,斯有此物;则有此物,必有此诚。则诚在人何所?具于一心耳。心之所有者此诚,而为天地者此诚也。天地之大,此诚且可为,而君子存之,则何万世之不足开哉!作伪之人,既惑而丧其诚矣。夫既无其诚而何以有后耶?"(陈献章,1987:57)此所谓诚心之谓,惟诚其心,然后可以成万事。正如白沙在《复彭方伯书》中所言:"夫天下非诚不动,非才不治。诚之至者,其动也速;才之周者,其治也广。才与诚合,然后事可成也。"(陈献章,1987:128)

诚心的所在就是"安土敦仁",其方法则唯有"默而观之"。白沙在《安土敦乎仁论》中说:"寓于此,乐于此,身于此,聚精会神于此,而不容或忽,是之谓君子'安土敦乎仁'也。……是则君子之安于其所,岂直泰然而无

所事哉？盖将兢兢业业，惟恐一息之或间，一念之或差，而不敢以自暇矣。"（陈献章，1987:56-57）

仁心乃天道所命之性，诚心安仁就是尽性致命。白沙在《与民泽》中指出："圣人之学，惟求尽性。性即理也，尽性至命。理由化迁，化以理定。化不可言，守之在敬。有一其中，养吾德性。"（陈献章，1987:278）因而其有微秒之几，故唯有"默而观之"，反身而诚，方能成之。所以一方面白沙在《古蒙州学记》中指出："默而观之，一生生之机，运之无穷，无我无人无古今，塞乎天地之间，夷狄禽兽草木昆虫一体，惟吾命之沛乎盛哉。"（陈献章，1987:27-28）另一方面在《示黄昊》中又指出："高明之至，无方不覆；反求诸身，霸柄在手。"（陈献章，1987:278）归纳起来，当须反身直至可得。正如在《复江右藩宪诸公》中，白沙所言："其于圣贤之道，非直不能至而已，其所求于其心、措于其躬者，亦若存而若亡，虽欲自信自止而不可得，况以导人哉。"（陈献章，1987:138）

要之，诚心安仁是圣学之要，惟有安仁，方能求至乎圣人。白沙在《古蒙州学记》中归纳道："仁，人心也。充是心也，足以保四海；不能充之，不足以保妻子。可不思乎？圣朝访古设学，立师以教天下。师者，传此也。学者，学此也。由斯道也，希贤亦贤，希圣亦圣，希天亦天，立吾诚，以往无不可也。此先王之所以为教也。……夫士何学？学以变化气习，求至乎圣人而后已也。"（陈献章，1987:27-28）

其次，白沙强调治心当学宗自然，不可急迫，方能超然自得。白沙曰（《明儒学案》语录）："治心之学，不可把捉太紧，失了元初体段，愈认道理不出。又不可太漫，漫则流于泛滥而无所归。"（黄宗羲，1996:88）在《与顺德吴明府》书则曰："出处语默，咸率乎自然，不受变于俗，斯可矣。"（陈献章，1987:209）在《与湛民泽》书中也说："古之善学者，常令此心在无物处，便运用得转耳。学者以自然为宗，不可不着意理会。"（陈献章，1987:192）

白沙认为只要方向不错，顺其自然，"必有至处"，自得"真乐"。在《与湛民泽》书中就此有独到论述："学以自然为宗者也。承谕近日来颇有凑泊处，譬之适千里者，起脚不差，将来必有至处。自然之乐，乃真乐也，宇宙间复有何事！"（陈献章，1987:192-193）白沙描状的这种自然之乐，乃为脱俗翩然之仙境，非俗乐可比。在《与湛民泽》书中对此描述是："飞云之高几千仞,未若立本于空中,与此山平。置足其巅,若履平地,四顾脱然,尤为奇绝。此其人内忘其心,外忘其形,其气浩然,物莫能干,神游八极,未足言也。承罗浮之游甚乐,第恐心有所往,情随境迁,则此乐亦未免俗乐耳。"(陈献章,1987:190)

白沙所贵自然的系统论述,最能体现在《答张内翰廷祥书,括而成诗,呈胡希仁提学》之中,其诗曰:"古人弃糟粕,糟粕非真传。眇哉一勺水,积累成大川。亦有非积累,源泉自涓涓。至无有至动,至近至神焉。发用兹不穷,缄藏极渊泉。吾能握其机,何必窥陈编?学患不用心,用心滋牵缠。本虚形乃实,立本贵自然。戒慎与恐惧,斯言未云偏。后儒不省事,差失毫厘间。寄语了心人,素琴本无弦。"(陈献章,1987:279-280)

在具体可操作层面,白沙所贵虚静,提倡静坐之法。在《与罗一峰》书中首先指出静坐之渊深:"伊川先生每见人静坐,便叹其善学。此一'静'字,自濂溪先生主静发源,后来程门诸公递相传授,至于豫章、延平尤专提此教人,学者亦以此得力。晦翁恐人差入禅去,故少说静,只说敬,如伊川晚年之训,此是防微虑远之道。然在学者,须自度量如何,若不至为禅所诱,仍多着静,方有入处。若平生忙者,此尤为对症之药。"(陈献章,1987:157)

而在平时指导学人之时,也都强调静坐之法。比如《与林友》书曰:"学劳攘则无由见道,故观书博识,不如静坐。"(陈献章,1987:269)在《与贺克恭》书中则说:"为学须从静坐中养出个端倪来,方有商量处。"(陈献章,1987:133)在《与谢元吉》书中说得更为明白(《明儒学案》论学书):"人心上容留一物不得,才着一物,则有碍。且如功业要做,固是美事,若心心念念只在功业上,此心便不广大,便是有累之心。是以圣贤之心,廓然若无,感而后应,不感则不应。又不特圣贤如此,人心本来体段皆一般,只要养之以静,便自开大。"(黄宗羲,1996:84)

须知,白沙提倡静坐并非是静寂,而是动静相依,随动施静。白沙语录说(《明儒学案》):"夫道无动静也,得之者,动亦定,静亦定,无将迎,无内外,苟欲静即非静矣。故当随动静以施其功也。"(黄宗羲,1996:88)又说:"善学者主于静,以观动之所本;察于用,以观体之所存。"(黄宗羲,1996:88)只是在白沙看来,人生劳碌,要想体悟心性,虚明静一之法更加

第八章 尽心成行

有效。白沙在《书自题大塘书屋诗后》中指出:"所谓虚明静一者为之主,徐取古人紧要文字读之,庶能有所契合,不为影响依附,以陷于狥外自欺之弊,此心学法门也。"(陈献章,1987:68)

至于治心之妙,白沙特别强调归于自得。所谓自得,实在不依归圣贤,不受圣贤牵绊之意。白沙有言:"人要学圣贤,毕竟要去学他。若道只是箇希慕之心,却恐末梢未易凑泊,卒至废弛。若道不希慕圣贤,我还肯如此学否?思量到此,见得个不容己处,虽使古无圣贤为之依归,我亦住不得,如此方是自得之学。"(陈献章,1987:133)

当然,更不可被书本所牵绊,而是要自得之。白沙在《道学传序》中说:"今是偏也,采诸儒行事之迹与其论著之言,学者苟不但求之书而求之吾心,察于动静有无之机,致养其在我者,而勿以闻见乱之。去耳目支离之用,全虚圆不测之神,一开卷尽得之矣。非得之书也,得自我者也。盖以我而观书,随处得益,以书博我,则释卷而茫然。"(陈献章,1987:20)在《与胡金宪提学》书中说得更为直接:"以此知读书非难,领悟作者之意,执其机而用之,不泥于故纸之难也。"(陈献章,1987:152)

凡事物有涉,关键是要出于自我所得,方为有效。在《论前辈言铢视轩冕尘视金玉》中,白沙较为详细论述道:"天下事物杂然前陈,事之非我所自出,物之非我所素有,卒然举而加诸我,不屑者视之,初若与我不相涉,则厌薄之心生矣。然事必有所不能已,物必有所不能无,来于吾前矣,得谓与我不相涉耶?君子一心,万理完具,事物虽多,莫非在我,此身一到,精神具随,得吾得而得之耳,失吾得而失之耳,厌薄之心胡自而生哉!若曰'物',吾知其为物耳,'事',吾知其为事耳,勉焉举吾之身以从之,初若与我不相涉,比之医家谓之不仁。"(陈献章,1987:55)至于所要得道,更是如此,所以白沙在《复张东白内翰》书中说:"是故道也者,自我得之、自我言之可也,不然辞愈多而道愈窒,徒以乱人也。君子奚取焉?"(陈献章,1987:132)

最后,自得之道,重在笃实践履。对此,白沙曰:"心地要宽平,识见要超卓,规模要阔远,践履要笃实。能此四者,可以言学矣。"(陈献章,1987:135)在《与林蒙庵》书中也说:"古之为士者,急乎实之不至;今之为士者,急乎名之不着。周子曰:实胜善也,名胜耻也。仆窃愿与诸公共勉焉。"

(陈献章,1987:242)

　　而自得之道成就的境界则是:"接人接物不可拣择殊甚,贤愚善恶一切要包他,到得物我两忘,浑然天地气象,方始是成就处。"(陈献章,1987:135)白沙认为,这样方能有人生真乐。白沙有《真乐吟,效康节体》颂道:"真乐何从生,生于氤氲间。氤氲不在酒,乃在心之玄。行如云在天,止如水在渊。静者识其端,此生当乾乾。"(陈献章,1987:312)这便是圣乐境界的白沙写照!

　　黄宗羲在《明儒学案》之《师说》中对"陈白沙献章"的评介说:"前辈之论先生备矣,今请再订之学术疑似之际。先生学宗自然,而要归于自得。自得故资深逢源,与鸢鱼同一活泼,而还以握造化之枢机,可谓独开门户,超然不凡。至问所谓得,则曰'静中养出端倪'。向求之典册,累年无所得,而一朝以静坐得之,似与古人之言自得异。孟子曰:'君子深造之以道,'欲其自得之也。不闻其以自然得也。静坐一机,无乃浅尝而捷取之乎! 自然而得者,不思而得,不勉而中,从容中道,圣人也,不闻其以静坐得也。先生盖亦得其所得而已矣。道本自然,人不可以智力与,才欲自然,便不自然,故曰'会得的活泼泼地,不会得的只是弄精魂。'静中养出端倪,不知果是何物?端倪云者,心可得而拟,口不可得而言,毕竟不离精魂者近是。今考先生证学诸语,大都说一段自然工夫高妙处不容凑泊,终是精魂作弄处。盖先生识趣近濂溪,而穷理不逮,学术类康节而受用太早,质之圣门,难免欲速见小之病者也。似禅非禅,不必论矣。"(黄宗羲,1996:4-5)

　　陈献章强调主静自得的心法思想与践行途径,经过其高徒湛若水的继承和发展,进一步得到了深化,形成了以随处体认天理为主导的心法体系,具体修持途径则包括立志学圣、煎销习心、体认天理三个相互不可分割方面。用甘泉自己的话说(《甘泉学案》语录):"天理是一大头脑,千圣千贤,共此头脑,终日终身,只是此一大事,更无别事。立志者,立乎此而已;体认是工夫,以求得乎此者,煎销习心,以去其害此者。心只是一箇好心,本来天理完完全全,不待外求,顾人立志与否耳!……志如草木之根,具生意也;体认天理,如培灌此根;煎销习心,如去草以护此根。贯通只是一事。"(黄宗羲,1996:888-889)

应该说,白沙学派到了甘泉先生所发展形成的心法体系,并不逊色于阳明,起码在当时,其影响应该是旗鼓相当。正如黄宗羲在《甘泉学案》前言所说的那样:"王、湛两家,各立宗旨,湛氏门人,虽不及王氏之盛,然当时学于湛者,或卒业于王,学于王者,或卒业于湛,亦犹朱、陆之门下,递相出入也。其后源远流长,王氏之外,名湛氏学者,至今不绝,即未必仍其宗旨,而渊源不可没也。"(黄宗羲,1996:876)

从白沙到若水两代人建立起来的白沙学派,后来经湛若水的高足唐一菴发展,已将甘泉之随处体认天理与阳明之致良知两相贯通。唐一菴又经弟子许静菴的发展,及至刘宗周(1578—1645)进一步糅合阳明学派思想,突出慎独之旨,开创蕺山学派,形成明末最后一个心学派别。蕺山学派后经黄宗羲传至邵念鲁、全谢山而告终。

第二节 姚江终致良知

心学在明朝得到蓬勃发展,经白沙、甘泉到阳明,终于走向成熟,成就了中华心法思想发展历程中最后的集大成者。黄宗羲在《姚江学案序》中说:"有明学术,从前习熟先儒之成说,未尝反身理会,推见至隐,所谓'此亦一述朱,彼亦一述朱'耳。……自姚江指点出'良知人人现在,一反观而自得',便人人有个作圣之路。故无姚江,则古来之学脉绝矣。"(黄宗羲,1996:179)这里所说的姚江,就是明代心学大师王守仁,世称阳明先生。一般认为,阳明心学最主要的三大贡献"致良知""亲民"和"知行合一",都是对先秦圣学的继承与发展,属于"孔门之正传"。

一、良知心法思想

王守仁(1472—1529),幼名云,字伯安,别号阳明。浙江绍兴府余姚县人(今属宁波余姚),建立姚江学派。作为心学流派,阳明心学把天道万物统归于心,从而认为君子之学,也就顺理成章地归结为心学了。在《答顾东桥》书中,阳明指出:"夫物理不外于吾心,外吾心而求物理,无物理矣;遗物理而求吾心,吾心又何物耶?心之体,性也,性即理也。……理岂外于吾心耶?晦庵谓:'人之所以为学者,心与理而已。'心虽主乎一身,而实管乎天下之理,理虽散于万事,而实不外乎一人之心。是其一分一合之间,而未免已启学者心理为二之弊。"(王守仁,1996:45)

当然,这个容纳万物万事之理的心,自然是"虚灵不昧",这样才能虚空而灵,才能发明万物万事。所以在《传习录》上篇《与王纯甫》书中指出:"虚灵不昧,众理具而万事出。心外无理,心外无事。"(王守仁,1996:17)这样一来,也就将物理、事义、善性都统一到心上了。因此,阳明在《与王纯甫》另一次信中又说:"夫在物为理,处物为义,在性为善,因所指而异其名,实皆吾之心也。心外无物,心外无事,心外无理,心外无义,心外无善。吾心之处事物,纯乎理而无人伪之杂,谓之善,非在事物有定所之可求也。处物为义,是吾心之得其宜也,义非在外可袭而取也。"(王守仁,1996:396)

进一步,既然天地万物都归于人心,人也就成为天地万物之心也。所以阳明在《答季明德》中说:"人者,天地万物之心也;心者,天地万物之主也。心即天,言心则天地万物皆举之矣,而又亲切简易。"(王守仁,1996:457)进而,心也就成为"身之主",善性也在于与心结合,从而将人之本性归结到孟子性善说之上。比如,阳明在上面《与王纯甫》中就又指出:"夫心主于身,性具于心,善原于性,孟子之言性善是也。"(王守仁,1996:396)这样,从万物万事归于人心,人心又归于善性,便是心学本体论之大要。

至于心与物之间的沟通桥梁,便是"知"与"意"之心理能力,自然也是源自于心之灵。这在《传习录》上篇就有指出。比如有人问:"身之主为心,心之灵明是知,知之发动是意,意之所着为物,是如此否?"(阳明)先生曰:"亦是。"(陆九渊、王阳明,2000:192)在对徐爱所提"格物的物字即是事字,皆从心上说"。阳明答曰:"然。身之主宰便是心,心之所发便是意,意之本体便是知,意之所在便是物。如意在于事亲,即事亲便是一物;意在于事君,即事君便是一物;意在于仁民爱物,即仁民爱物便是一物;意在于视听言动,即视听言动便是一物。所以某说无心外之理,无心外之物。"(陆九渊、王阳明,2000:172)无心外之物、无心外之理,便是阳明心法修持的落脚处。

自然,包括情感在内的其他心理现象也都一样,皆是心之感通而发的。在《答汪石潭内翰》中,阳明指出:"喜怒哀乐之与思与知觉,皆心之所发。心统性情。性,心体也;情,心用也。程子云'心,一也。有指体而言者,寂然不动是也;有指用而言者,感而遂通是也'。斯言既无以加矣,执事姑求之体用之说。夫体用一源也,知体之所以为用,则知用之所以为体者矣。虽然,体微而难知也,用显而易见也。"(王守仁,1996:387)

如此等等,凡一切本体,囊括仁、义、礼、智之四端,其主宰都是心。关键在于,阳明将《大学》中所致之知,那个所谓的终极天道,替换为了孟子所言内在的"良知(良能)",于是就把这一切内外道性之体用,都归结到良知(良能)之上了。于是明心显性,也便就是致良知了。

那么什么是良知?在阳明看来,良知既是心性终极本体,也是心性发用能力,因此既是未发之中,又是慎独功夫。未发之中,所谓天理,虚灵之原,就是良知之体,寂然不动;慎独功夫,所谓(《与黄勉之》)"谨(慎)独即是致良知"(王守仁,1996:436)。独知之本,便是良知之用,感而遂通。

对此,阳明在《答陆原静书(二)》中说(《传习录》中篇):"'未发之中'即良知也,无前后内外而浑然一体者也。有事无事,可以言动静,而良知无分于有事无事也。寂然感通,可以言动静,而良知无分于寂然感通也。动静者所遇之时,心之本体固无分于动静也。理无动者也,动即为欲。循理则虽酬酢万变而未尝动也,从欲则虽槁心一念而未尝静也。动中有静,静中有动,又何疑乎?"(陆九渊、王阳明,2000:233)又说:"夫良知即是道,良知之在人心,不但圣贤,虽常人亦无不如此。若无有物欲牵蔽,但循着良知发用流行将去,即无不是道。但在常人多为物欲牵蔽,不能循得良知。"(陆九渊、王阳明,2000:238)

需要强调指出,在阳明看来,良知体用不分,只是从不同角度去看,才会有体有用。所以阳明强调(《姚江学案》传习录):"先天而天弗违,天即良知也,后天而奉天时,良知即天也。"(黄宗羲,1996:215)因此,阳明在《答顾东桥书》中说(《传习录》中篇):"心者身之主也,而心之虚灵明觉,即所谓本然之良知也。其虚灵明觉之良知,应感而动者谓之意;有知而后有意,无知则无意矣。"(王守仁,1996:50)所谓虚灵明觉,即灵觉体验意识,精神本性是也,阳明谓之良知者,这是从本体上讲良知。而在《答聂文蔚》中又说:"良知只是一个,随他发见流行处,当下具足,更无去来,不须假借。然其发见流行处,却自有轻重厚薄,毫发不容增减者,所谓天然自有之中也。虽则轻重厚薄毫发不容增减,而原来只是一个。"(黄宗羲,1996:197)这是从发用流行上讲良知。

良知人人具足,唯在独知。《传习录下》钱德洪记录阳明先生语曰:"'惟天下至圣,为能聪明睿智',旧看何等玄妙,今看来原是人人自有的。耳原是聪,目原是明,心思原是睿智。圣人只是一能之尔,能处正是良知。众人不能,只是个不致知。何等明白简易!"(陆九渊、王阳明,2000:281-282)而所谓独知就是(《姚江学案》传习录):"无知无不知,本体原是如此。譬如日未尝有心照物而自无物不照。无照无不照,原是日之本体。良知本无知,今却要有知,本无不知,今却疑有不知,只是信不及耳。"(黄宗羲,1996:214)

而人之是非好恶,无非就是良知发用。阳明在《与道通周冲书五通》(四)中说:"所谓良知,即孟子所谓'是非之心,知也'。是非之心,人孰无有?但不能致此知耳。能致此知,即所谓充其是非之心,而知不可胜用矣。"(王守仁,1996:563)在《传习录下》(黄以方录)中阳明又说:"良知只是个是非之心,是非只是个好恶,只好恶就尽了是非,只是非就尽了万事万变。"又曰:"是非两字是个大规矩,巧处则存乎其人。"(王守仁,1996:115)这个大规矩之巧处,就是存乎其人的良知。

以此推及,善恶情欲也无不如此,是为良知之发用。在《答陆原静书(二)》中(《传习录》中篇),阳明说:"性无不善,故知无不良。真知即是未发之中,即是廓然大公,寂然不动之本体,人人之所同具者也。但不能不昏蔽于物欲,故须学以去其昏蔽,然于良知之本体,初不能有加损于毫末也。知无不良,而中寂大公未能全者,是昏蔽之未尽去,而存之未纯耳。体即良知之体,用即良知之用,宁复有超然于体用之外者乎?"(王守仁,1996:65)又曰:"性一而已,仁义礼知,性之性也;聪明睿智,性之质也;喜怒哀乐,性之情也;私欲客气,性之蔽也。质有清浊,故情有过不及,而蔽有浅深也。私欲客气,一病两痛。"(王守仁,1996:71)

人们之所以有恶念私欲,不过是良知之性,偏离中和,使之过与不及使然。比如在《传习录》上篇曰:"喜怒哀乐,本体自是中和的。才自家着些意思,便过不及,便是私。"(陆九渊、王阳明,2000:187)或曰:"人皆有是心。心即理,何以有为善,有为不善?"先生曰:"恶人之心,失其本体。"(王守仁,1996:17)而在《传习录(下)》(黄直录)中则曰:"善恶皆天理。谓之恶者本非恶,但于本性上过与不及之间耳。"(陆九渊、王阳明,2000:269)良知偏离中和,便有恶念私欲。

既然知道了"良知原是中和的",只是因为过与不及,导致偏离,有了恶念私欲。因此要致良知,唯有格致之知了,所谓:"知得过不及处,就是中和。"(黄宗羲,1996:216)而在《答魏师说》中,阳明说得更为具体:"凡应物起念处,皆谓之意。意则有是有非,能知得意之是与非者,则谓之良知。依得良知,即无有不是矣。所疑拘于体面,格于事势等患,皆是致良知之心未能诚切专一。若能诚切专一,自无此也。"(王守仁,1996:460-461)

而良知便是心之本体,于是圣人之学无非也就是心学而已,君子之学,求为圣之学,自然也就是圣学了。阳明在《谨斋说》指出:"君子之学,心学也。心,性也;性,天也。圣人之心纯乎天理,故无事于学。下是,则心有不存而汩其性,丧其天矣,故必学以存其心。学以存其心者,何求哉?求诸其心而已矣。求诸其心何为哉?谨守其心而已矣。博学也,审问也,慎思也,明辨也,笃行也,皆谨守其心之功也。"(王守仁,1996:894)只不过,在这"谨守其心之功"中,阳明特别强调圣学之"致知"两字(或更全面地为"格物致知"),从而引出其"致良知"的心法思想。

阳明认为致知是圣学心法的核心和关键。阳明在《与杨仕鸣》书中指出:"区区所论致知二字,乃是孔门正法眼藏,于此见得真的,直是建诸天地而不悖,质诸鬼神而无疑,考诸三王而不谬,百世以俟圣人而不惑!知此者,方谓之知道;得此者,方谓之有德。异此而学,即谓之异端;离此而说,即谓之邪说;迷此而行,即谓之冥行。"(王守仁,1996:428)在《传习录》上篇则说:"工夫难处,全在格物致知上。此即诚意之事。意既诚,大段心亦自正,身亦自修。但正心修身工夫,亦各有用力处,修身是已发边,正心是未发边。心正则中,身修则和。"(王守仁,1996:26-27)

如果说修身是发而皆中节,而正心是未发谓之中,那么格物致知就是下手功夫。对此,阳明在《答罗整庵少宰》中就指出:"格物者,《大学》之实下手处,彻首彻尾,自始学至圣人,只此工夫而已,非但入门之际有此一段也。夫正心诚意致知格物,皆所以修身而格物者,其所以用力,实可见之地。故格物者,格其心之物也,格其意之物也,格其知之物也。正心者,正

其物之心也。诚意者,诚其物之意也。致知者,致其物之知也。此岂有内外彼此之分哉!"(黄宗羲,1996:188)

当然,对于阳明而言,格物所致之知,关键不在局部之知,而是在于全体之知,即所谓良知。当黄以方问(《姚江学案》传习录):"先生格致之说,随时格物以致其知,则知是一节之知,非全体之知也,何以到得溥博如天、渊泉如渊地位?"阳明答曰:"心之本体无所不该,原是一个天,只为私欲障碍,则天之本体失了。心之理无穷尽,原是一个渊,只为私欲窒塞,则渊之本体失了。如念念致良知,将此障碍窒塞一齐去尽,则本体已复,便是天渊了。"因指天以示之曰:"如面前所见是昭昭之天,四外所见亦只是昭昭之天,只为许多墙壁遮蔽,不见天之全体。若撤去墙壁,总是一个天矣。于此便见一节之知即全体之知,全体之知即一节之知,总是一个本体。"(黄宗羲,1996:209)因此,修学工夫当有大头脑,而这个大头脑不是别的,正是处处彰显"一节之知"的"全体之知"那个良知。

所以阳明的所谓格物,就是格此良知,致知也是致此良知,一切修学工夫环节无不不是修此环节。阳明在《与王纯甫》书中说:"格者,格此也;致者,致此也,必曰事事物物上求个至善,是离而二之也。"(王守仁,1996:396-397)

其实,良知就是人物之性,致良知也就是诚身尽性明善,因此这就同圣学中庸心法衔接了起来。所以阳明在《传习录拾遗(29)》曰:"至诚能尽其性,亦只在人物之性上尽。离却人物,便无性可尽得。能尽人物之性,即是至诚致曲处。致曲工夫,亦只在人物之性上致,更无二义。但比至诚有安勉不同耳。"(王守仁,1996:1138)在《传习录》中篇又说:"盖尽心、知性、知天者,不必说存心、养性、事天,不必说夭寿不贰、修身以俟,而存心养性与修身以俟之功,已在其中矣。"(陆九渊、王阳明,2000:256)

至于具体如何致良知,则要在于自身上良知发现,所谓反身而诚。在《传习录》下篇记有黄以方往虔州,再见先生问曰:"如何致?"曰:"尔那一点良知,是尔自家的准则。尔意念着处,他是便知是,非便知非,更瞒他一些不得。尔只不要欺他,实实落落依着他做去,善便存,恶便去。他这里何等稳当快乐。此便是格物的真诀,致知的实功。若不靠着这些真机,如何去格物?"(王守仁,1996:97)

确实,良知是天理,是天理之昭明灵觉处,只可发现不可见闻认知,主要靠平时行止集义而得,恒自信、不自欺,自觉而显。关于致良知的原则,在《传习录》中篇阳明《答欧阳崇一》书信中讲得最为清楚。如:"良知不由见闻而有,而见闻莫非良知之用,故良知不滞于见闻,而亦不离于见闻。"(陆九渊、王阳明,2000:240)"沉空守寂与安排思索,正是自私用智,其为丧失良知,一也。"(陆九渊、王阳明,2000:241)强调的是良知非见闻认知、用智思索可得。再如"在孟子言必有事焉,则君子之学终身只是集义一事。义者宜也;心得其宜之谓义。能致良知,则心得其宜矣,故集义亦只是致良知。……故君子素其位而行,思不出其位,凡谋其力之所不及而强其知之所不能者,皆不得为致良知;而凡劳其筋骨,饿其体肤,空乏其身,行拂乱其所为,动心忍性以增益其所不能者,皆所以致其良知也。"(陆九渊、王阳明,2000:242)强调的则是通过集义力行可以涵养良知。而"君子学以为己,未尝虞人之欺己也,恒不自欺其良知而已;未尝虞人之不信己也,恒自信其良知而已;未尝求先觉人之诈与不信也,恒务自觉其良知而已。是故不欺则良知无所伪而诚,诚则明矣;自信则良知无所惑而明,明则诚矣。明诚相生,是故良知常觉常照。常觉常照,则如明镜之悬,而物之来者自不能遁其妍媸矣。"(陆九渊、王阳明,2000:243)则强调致良知是要靠自信、不自欺等诚明其心以自觉而显。

总之,在《传习录》中篇《答聂文蔚书(一)》中阳明认为:"夫人者,天地之心。天地万物,本吾一体者也,生民之困苦荼毒,孰非疾痛之切于吾身者乎?不知吾身之疾痛,无是非之心者也。是非之心,不虑而知,不学而能,所谓良知也。良知之在人心,无间于圣愚,天下古今之所同也。世之君子惟务致其良知,则自能公是非,同好恶,视人犹己,视国犹家,而以天地万物为一体,求天下无治,不可得矣。"(陆九渊、王阳明,2000:249)而在《书魏师孟卷》中又归纳道:"心之良知是谓圣。圣人之学,惟是致此良知而已。自然而致之者,圣人也;勉然而致之者,贤人也;自蔽自昧而不肯致之者,愚不肖者也。愚不肖者,虽其蔽昧之极,良知又未尝不存也。苟能致之,即与圣人无异矣。此良知所以为圣愚之同具,而人皆可以为尧舜者,以此也。"(王守仁,1996:912)

二、动静恒照功夫

如何又是致良知的切实功夫呢？阳明认为简易真切，是致良知的学则。阳明在《寄安福诸同志》书中曰："凡工夫只是要简易真切。愈真切，愈简易，愈简易，愈真切。"（黄宗羲，1996：199）而简易真切之法在于"得之于心"，即阳明所云："夫君子之论学，要在得之于心。众皆以为是，苟求之心而未会焉，未敢以为是也；众皆以为非，苟求之心而有契焉，未敢以为非也。心也者，吾所得于天之理也，无间于天人，无分于古今。苟尽吾心以求焉，则不中不远矣。学也者，求以尽吾心也。是故尊德性而道问学，尊者，尊此者也；道者，道此者也。不得于心而惟外信于人以为学，乌在其为学也已！"（王守仁，1996：481-482）

至于如何"得之于心"，则阳明认为："必欲此心纯乎天理，而无一毫人欲之私，此作圣之功也。必欲此心纯乎天理，而无一毫人欲之私，非防于未萌之先，而克于方萌之际，不能也。防于未萌之先，而克于方萌之际，此正《中庸》戒慎恐惧、《大学》致知格物之功，舍此之外，无别功矣。"（黄宗羲，1996：191）

所以除了"致知格物"推及致良知的心法思想之外，阳明特别强调圣学中庸心法的"戒谨不睹，恐惧不闻"。在《传习录》上篇中阳明曰："汝但戒慎不睹，恐惧不闻，养得此心纯是天理，便自然见。"（陆九渊、王阳明，2000：205）即使想要保其"真我"养生，也必如此。阳明在《与陆原静》书中就指出："大抵养德养身，只是一事，原静所云'真我'者，果能戒谨不睹，恐惧不闻，而专志于是，则神住气住精住，而仙家所谓长生久视之说，亦在其中矣。"（王守仁，1996：429）

在阳明看来，"戒慎恐惧"，就是敬畏之心，而敬畏之要便在于慎独。阳明在《答舒国用》书中说："夫君子之所谓敬畏者，非有所恐惧忧患之谓也，乃戒慎不睹，恐惧不闻之谓耳。君子之所谓洒落者，非旷荡放逸，纵情肆意之谓也，乃其心体不累于欲，无入而不自得之谓耳。"（王守仁，1996：432）而当正之问："戒惧是己所不知时工夫，慎独是己所独知时工夫。"阳明曰："只是一个工夫。无事时固是独知，有事时亦是独知。于此用功，便是端本澄源，便是立诚。若只在人所共知处用功，便是作伪。今若又分戒惧为己所不知工夫,便支离。既戒惧,即是知己。"(黄宗羲,1996:207)独知是秘密认知,共知是公共认知,修持工夫在于秘密认知而不在公共认知,显然之理。因此,对于致良知,也同样如此。

因此,既然戒惧恐惧是要有敬畏慎独之心,自然就不是要无思无念,而只是要克己除私。阳明曰:"戒慎不睹,恐惧不闻,是心不可无也。有所恐惧,有所忧患,是私心不可有也。尧舜之兢兢业业,文王之小心翼翼,皆敬畏之谓也,皆出乎其心体之自然也。出乎心体,非有所为而为之者,自然之谓也。敬畏之功无间于动静,是所谓'敬以直内,义以方外'也。敬义立而天道达,则不疑其所行矣。"(王守仁,1996:433)

虽然早期阳明也会提倡静坐之法,但阳明"致良知"思想成熟之后,更多的时候,特别强调"省察克治"之工夫。比如在《传习录》上篇记载一日论为学工夫,阳明就有论述曰:"教人为学,不可执一偏。初学时心猿意马,拴缚不定,其所思虑多是人欲一边,故且教之静坐,息思虑。久之,俟其心意稍定,只悬空静守如槁木死灰,亦无用,须教他省察克治。省察克治之功,则无时而可间,如去盗贼,须有个扫除廓清之意。……到得无私可克,自有端拱时在。"(陆九渊、王阳明,2000:183)

再如在《传习录》下篇(陈九川录)中九川问:"近年因厌泛滥之学,每要静坐,求屏息念虑。非惟不能,愈觉扰扰,如何?"阳明曰:"念如何可息?只是要正。"(九川问)曰:"当自有无念时否?"(阳明)先生曰:"实无无念时。"曰:"如此却如何言静?"曰:"静未尝不动,动未尝不静。戒谨恐惧即是念,何分动静?"曰:"周子何以言定之以中正仁义而主静?"曰:"无欲故静,是'静亦定,动亦定'的'定'字,主其本体也。戒惧之念是活泼泼地。此是天机不息处,所谓'维天之命,于穆不已',一息便是死。非本体之念,即是私念。"(王守仁,1996:96)

这里,阳明给出的解决途径就是要"动静皆定",反对流于空寂之静坐。据《传习录拾遗(48)》纪录,有一次,舒柏有敬畏累洒落之问,刘侯有入山养静之问,对此阳明对舒柏答曰:"夫心之本体,即天理也。天理之昭明灵觉,所谓良知也。君子戒惧之功,无时或间,则天理常存,而其昭明灵觉之本体,自无所昏蔽,自无所牵扰,自无所歉馁愧作。动容周旋而中体,从心所欲而不逾,斯乃所谓真洒落矣。是洒落生于天理之常存,天理常存生于戒慎恐惧之无间。孰谓敬畏之心,反为洒落累耶?"而谓刘侯则曰:"君子养心之学……若专欲入坐穷山绝世,故屏思虑,则恐既已养成空寂之性,虽欲勿流于空寂,不可得矣。"(王守仁,1996:1143-1144)

阳明在《传习录》上篇中认为:"精神道德言动,大率收敛为主,发散是不得已。天地人物皆然。"(陆九渊、王阳明,2000:187)因此,对于初学者也是强调可以通过静坐来收敛此心的,但其根本宗旨确实强调要在事情动处磨炼。对此阳明自述道(《姚江学案》传习录):"吾昔居滁时,见诸生多务知解,无益于得,姑教之静坐,一时窥见光景,颇收近效。久之,渐有喜静厌动流入枯槁之病,故迩来只说致良知。良知明白,随你去静处体悟也好,随你去事上磨炼也好,良知本体原是无动无静的,此便是学问头脑。"(黄宗羲,1996:212)无动无静,动静无间,方是学问修持的主旨。

因此,对于阳明的心法根本途径而言,便是要达到"静亦定,动亦静",反对片面静坐入定。所谓静则养心,动则克己,动静无间,可致良知之源。在《传习录》上篇中有人问:"静时亦觉意思好,才遇事便不同,如何?"阳明先生曰:"是徒知静养而不用克己工夫也。如此临事,便要倾倒。人须在事上磨,方能立得住;方能静亦定、动亦定。"(王守仁,1996:14)在事上磨,要做到"静亦定,动亦静",方是致良知功夫。

动静无间,阳明自有自己的理论依据。阳明在《答伦彦式》书中说:"心,无动静者也。其静也者,以言其体也;其动也者,以言其用也。故君子之学,无间于动静。其静也,常觉而未尝无也,故常应;其动也,常定而未尝有也,故常寂;常应常寂,动静皆有事焉,是之谓集义。集义故能无祗悔,所谓动亦定,静亦定者也。心一而已。静,其体也,而复求静根焉,是挠其体也;动,其用也,而惧其易动焉,是废其用也。故求静之心即动也,恶动之心非静也,是之谓动亦动,静亦动,将迎起伏,相寻于无穷矣。故循理之谓静,从欲之谓动。欲也者,非必声色货利外诱也,有心之私皆欲也。故循理焉,虽酬酢万变,皆静也。濂溪所谓'主静',无欲之谓也,是谓集义者也。从欲焉,虽心齐坐忘,亦动也。"(王守仁,1996:425)这里说的分明,要动静皆有事,于事上集义。

其实存心养性之道无他,不过就是:无事内守,寂然不动者;有事外用,感而遂通者也。正如阳明在《与王纯甫》书中所言:"学以明善诚身,只兀兀守此昏昧杂扰之心,却是坐禅入定,非所谓'必有事焉'者矣。"(王守仁,1996:397)从动静上讲就是:静时内守良知天理,动时外用应事接物。

所以,阳明反对一味静坐,这样也就区分了儒释两家的治心旨趣。阳明曰:"动静只是一个。那三更时分,空空静静的,只是存天理,即是如今应事接物的心。如今应事接物的心,亦是循此理,便是那三更时分空空静静的心。故动静只是一个,分别不得。知得动静合一,释氏毫厘差处亦自莫掩矣。"(王守仁,1996:103)而阳明认为儒家所谓的心之动静是不可分离的,并非是体用关系,而是强调动静无间。说心静可以见体与心动可以见用,那是不得已而言之。比如阳明曰:"不可以动静为体用。动静,时也。即体而言用在体,即用而言体在用,是谓体用一源。若说静可以见其体,动可以见其用,却不妨。"(黄宗羲,1996:207)

应该说动静皆定,才可以言本体,阳明在《传习录》上篇中说:"定者心之本体,天理也,动静所遇之时也。"(陆九渊、王阳明,2000:184)因此,无论动与静,治心关键在于"定",并将动静无间之定心,看做是照心。一方面,在《与滁阳诸生书并问答语》中阳明曰:"纷杂思虑,亦强禁绝不得,只就思虑萌动处省察克治,到天理精明后,有个物各付物的意思,自然静专,无纷杂之念。《大学》所谓'知止而后有定'也。"(王守仁,1996:535)另一方面,在《传习录》中篇《答陆原静书(一)》中,阳明曰:"是有意于求宁静,是以愈不宁静耳。夫妄心则动也,照心非动也;恒照则恒动恒静,天地之所以恒久而不已也。照心固照也,妄心亦照也;其为物不贰,则其生物不息,有刻暂停则息矣,非至诚无息之学矣。"(陆九渊、王阳明,2000:230-231)

对于阳明而言,这种动静皆定的最终境界,就是"无妄无照"的恒照之境。阳明另有语录云:"照心非动者,以其发于本体明觉之自然,而未尝有所动也。有所动,即妄矣。妄心亦照者,以其本体明觉之自然者,未尝不存于其中,但有所动耳。无所动,即照矣。无妄无照,非以妄为照,以照为妄也。照心为照,妄心为妄,是犹有妄有照也。有妄有照,则有二也,二则息矣。无妄无照,则不贰,不贰则不息矣。"(黄宗羲,1996:190-191)讲的也是这种境界。

于此可知,光靠静坐是不可能到达动静皆定的恒照之境的,而更需要临事修持,做到动也定,然后庶几可以达成恒照之境,所谓孟子所说的"勿忘勿助"之境界。所以阳明特别鼓励弟子们在生活困境中遇事修持。阳明在《与辰中诸生》书中云:"刊落声华,务于切己处着实用力。所谓静坐事,非欲坐禅入定,盖因吾辈平日为事物纷拏,未知为己,欲以此补小学收放心一段功夫耳。明道云:'才学便须知有着力处,既学便须知有得力处。'诸友宜于此处着力,方有进步,异时始有得力处也。学要鞭辟近里着己,君子之道,闇然而日章。为名与为利,虽清浊不同,然其利心则一。谦受益,不求异于人而求同于理。此数语宜书之壁间,常目在之。举业不患妨功,惟患夺志,只如前日所约,循循为之,亦自两无相碍。所谓知得,则洒扫应对便是精义入神也。"(黄宗羲,1996:184-185)

当然,临事修持要能够达成恒照之境,关键要自己做到"勿忘勿助"。对于"勿忘勿助"以致良知的工夫,阳明在《答聂文蔚》书中解释比较详尽:"学者往往说勿忘勿助工夫甚难,才着意便是助,才不着意便是忘。问之云:'忘是忘个甚么?助是助个甚么?'其人默然无对。因与说:我此间讲学,却只说个必有事焉,不说勿忘勿助。必有事焉者,只是时时去集义。若时时去用必有事的工夫,而或有时间断,此便是忘了,即须勿忘;时时去用必有事的工夫,而或有时欲速求效,此便是助了,即须勿助。工夫全在必有事上,勿忘勿助只就其间提撕警觉而已。若工夫原不间断,不须更说勿忘;原不欲速求效,不须更说勿助。今却不去必有事上用工,而乃悬空守着一个勿忘勿助,此如烧锅煮饭,锅内不曾渍水下米,而乃专去添柴放火,吾恐火候未及调停而锅先破裂矣。所谓时时去集义者,只是致良知。说集义,则一时未见头脑;说致良知,当下便有用工实地。"(黄宗羲,1996:197)勿忘勿助是针对有事而言的,不可悬空去守,需要在事上磨炼出来,方可致良知。

所谓"致良知"就是"存天理之本然",既不可忘,更不可助长。阳明在《答徐成之》书中云:"志道恳切,固是诚意,然急迫求之,则反为私己,不可不察也。日用间何莫非天理流行,但此心常存而不放,则义理自熟。孟子所谓'勿忘勿助',深造自得者矣。"(黄宗羲,1996:185)在《传习录》下篇(黄修易录)中则曰:"诸君功夫最不可助长。上智绝少,学者无超入圣人之理。一起一伏,一进一退,自是功夫节次。不可以我前日用得功夫了,今却不济,便要矫强,做出一个没破绽的模样。这便是助长,连前些子功夫都坏了。此非小过,譬如行路的人,遭一蹶跌,起来便走,不要欺人做那不曾跌倒的样子出来。诸君只要常常怀个'遁世无闷,不见是而无闷'之心,依此良知,忍耐做去,不管人非笑,不管人毁谤,不管人荣辱,任他功夫有进有退,我只是这致良知的主宰不息,久久自然有得力处,一切外事亦自能不动。"又曰:"人若着实用功,随人毁谤,随人欺慢,处处得益,处处是进德之资。若不用功,只是魔也,终被累倒。"(陆九渊、王阳明,2000:272-273)

唯有临事修持,真达"勿忘勿助"之境,便得恒照之心而致良知。在《传习录》中篇《答陆原静书(一)》中阳明曰:"良知者,心之本体,即前所谓恒照者也。心之本体,无起无不起,虽妄念之发,而良知未尝不在,但人不知存,则有时而或放耳;虽昏塞之极,而良知未尝不明,但人不知察,则有时而或蔽耳,虽有时而或放,其体实未尝不在也,存之而已耳;虽有时而或蔽,其体实未尝不明也,察之而已耳。若谓良知亦有起处,则是有时而不在也,非其本体之谓矣。"(陆九渊、王阳明,2000:230-231)

所以,人们常常用明镜来比喻圣人之心,可以恒照万象。比如在《传习录》上篇中阳明的弟子徐曰仁就有云:"心犹镜也。圣人心如明镜,常人心如昏镜。近世格物之说,如以镜照物,照上用功,不知镜尚昏在,何能照!先生之格物,如磨镜而使之明,磨上用功,明了后亦未尝废照。"(王守仁,1996:22)

这样,实际上阳明良知恒照功夫还特别强调"知行合一"。也就是说,阳明把动静无间推广到知行无间,将"知"与"行"合二为一,当作一件事来看。在《传习录》上篇,徐爱曰:"古人说知行做两个,亦是要人见个分晓,一行做知的功夫,一行做行的功夫,即功夫始有下落。"阳明先生曰:"此却失了古人宗旨也。某尝说知是行的主意,行是知的功夫;知是行之始,行是知之成。若会得时,只说一个知已自有行在,只说一个行已自有知在。"(王守仁,1996:6)而在《传习录》上篇中阳明又说:"知者行之始,行者知之成;圣学只一个功夫,知行不可分作两事。"(陆九渊、王阳明,2000:180)

在《答顾东桥书》中也说道:"知之真切笃实处,即是行;行之明觉精察处,即是知,知行工夫本不可离。只为后世学者分作两截用功,失却知行本体,故有合一并进之说。"(王守仁,1996:45)并且就"穷理便尽性至命"这一修行的根本问题,强调知行合一方能圆成。阳明指出:"学至于穷理至矣,而尚未措之于行,天下宁有是邪?是故知不行之不可以为学,则知不行之不可以为穷理矣;知不行之不可以为穷理,则知知行之合一并进,而不可以分为两节事矣。"(王守仁,1996:49)最后阳明总结道:"以是而言,可以知致知之必在于行,而不行之不可以为致知也明矣。知行合一之体不益较然矣乎?"(王守仁,1996:53)

所以,"知行合一"也是阳明心法的立言宗旨。"某今说个知行合一,正是对病的药。又不是某凿空杜撰,知行本体原是如此。今若知得宗旨时,即说两个亦不妨,亦只是一个;若不会宗旨,便说一个,亦济得甚事?只是闲说话。"(王守仁,1996:6-7)总之,对于阳明而言,"知行合一"只是一个"行",心法圆成自然也是"行"出来的。

三、日用治心途径

除了上述直截了当的动静恒照工夫之外,阳明心法中的治心途径还特别强调知行的下学工夫,通过下学而上达。在《传习录》上篇中,有人问上达工夫,阳明先生答曰:"后儒教人才涉精微,便谓上达未当学,且说下学。是分下学、上达为二也。夫目可得见,耳可得闻,口可得言,心可得思者,皆下学也;目不可得见,耳不可得闻,口不可得言,心不可得思者,上达也。如木之栽培灌溉,是下学也;至于日夜之所息,条达畅茂,乃是上达,人安能预其力哉?故凡可用功可告语者皆下学,上达只在下学里。凡圣人所说,虽极精微,俱是下学。学者只从下学里用功,自然上达去,不必别寻个上达的工夫。"(王守仁,1996:14-15)

至于下学如何上达,阳明强调修持要靠长期积累,反对顿悟之说,所以非常重视对于日常修持途径的倡导。《传习录》中篇阳明在《答顾东桥书》中指出:"区区'格致诚正'之说,是就学者本心日用事为间,体究践履,实地用功,是多少次第、多少积累在,正与空虚顿悟之说相反。"(王守仁,1996:44)因此,在《与黄宗贤》书中便说:"学者遂求脱然洗涤,恐亦甚难,但得渐能疑辩,当亦终有觉悟矣。"(王守仁,1996:391)

为此,阳明在龙场悟道之后,专门写有"教条示龙场诸生",成为指导后学修持的圭臬。阳明在该《教条》中开宗明义地说："诸生相从于此,甚盛。恐无能为助也,以四事相规,聊以答诸生之意。一曰立志;二曰勤学;三曰改过;四曰责善。其慎听,毋忽!"(王守仁,1996:1065)下面,我们就以《教条》中对立志、勤学、改过和责善四事的论述,结合阳明其他相关学说,来展开说明如何开展日常修持活动。

(一)立志

《教条》云:"志不立,天下无可成之事。虽百工技艺,未有不本于志者。今学者旷废隳惰,玩岁愒时,而百无所成,皆由于志之未立耳。故立志而圣,则圣矣;立志而贤,则贤矣;志不立,如无舵之舟,无衔之马,漂荡奔逸,终亦何所底乎?"(王守仁,1996:1066)阳明还专门为其弟撰写有《示弟立志说》(王守仁,1996:890-892)。

阳明在《与顾惟贤》书中认为"今时学者大患,不能立恳切之志,故鄙意专以责志立诚为重"(王守仁,1996:512)并在《传习录》上篇中云:"我此论学是无中生有的工夫,诸公须要信得及只是立志。学者一念为善之志,如树之种,但勿助勿忘,只管培植将去,自然日夜滋长,生气日完,枝叶日茂。树初生时,便抽繁枝,亦须刊落,然后根干能大;初学时亦然。故立志贵专一。"(陆九渊、王阳明,2000:201)

在《传习录》答复《启问道通书》中又说:"大抵吾人为学紧要大头脑,只是立志,所谓困忘之病,亦只是志欠真切。"(王守仁,1996:60)而在《寄邹谦之》书也云:"缘人未有真为圣人之志,未免挟有见小欲速之私,则此重学问,极足支吾眼前得过。是以虽在豪杰之士,而任重道远,志稍不力,即且安顿其中者多矣。"(王守仁,1996:445)

立志重要,关键是要立志学圣。阳明在《答刘内重》书中指出:"夫学者既立有必为圣人之志,只消就自己良知明觉处朴实头致了去,自然循循日有所至,原无许多门面折数也。外面是非毁誉,亦好资之以为警切砥砺之地,却不得以此稍动其心,便将流于心劳日拙而不自知矣。"(王守仁,1996:438)

既然要立为圣之志,就要摈除一切外道异说,并多次强调。比如在所撰写的《壁帖》中指出:"夫孔孟之训,昭如日月。凡支离决裂,似是而非者,皆异说也。有志于圣人之学者,外孔孟之训而他求,是舍日月之明而希光于萤爝之微也,不亦缪乎!"(王守仁,1996:907)在《书孟源卷》中又说:"圣贤之学,坦如大路,但知所从入,苟循循而进,各随分量,皆有所至。后学厌常喜异,往往时入断蹊曲径,用力愈劳,去道愈远。"(王守仁,1996:904)

不难看出,阳明倡导的修学次第,首先要立志,立志就要立为圣之志,然后"有志者事竟成"。在《寄闻人邦英邦正》书中云:"立志者,其本也。有有志而无成者矣,未有无志而能有成者也。"(王守仁,1996:409)

(二)勤学

《教条》云:"已立志为君子,自当从事于学。凡学之不勤,必其志之尚未笃也。从吾游者,不以聪慧警捷为高,而以勤确谦抑为上。……苟有谦默自持,无能自处,笃志力行,勤学好问,称人之善,而咎己之失;从人之长,而明己之短,忠信乐易,表里一致者,使其人资禀虽甚鲁钝,侪辈之中,有弗称慕之者乎?彼固以无能自处,而不求上人,人果遂以彼为无能,有弗敬尚之者乎?诸生观此,亦可以知所从事于学矣!"(王守仁,1996:1066-1067)

所谓勤学,犹如种植庄稼,唯在殷勤劳作。在《赠郭善甫归省序》中阳明曰:"君子之于学也,犹农夫之于田也,既善其嘉种矣,又深耕易耨,去其蟊莠,时其灌溉,早作而夜思,皇皇惟嘉种之是忧也,而后可望于有秋。夫志犹种也,学问思辩而笃行之,是耕耨灌溉以求于有秋也。"(王守仁,1996:868)

勤学的一个重要方面便是要为己读书,只要调摄此心,切不可为他人而读,徒有讲说而不切己身。阳明在《传习录拾遗(30)》中曰:"学者读书,只要归在自己身心上。若泥文著句,拘拘解释,定要求个执定道理,恐多不通。盖古人之言,惟示人以所向往而已。若于所示之向往,尚有未明,只归在良知上体会方得。"(王守仁,1996:1138)

因此,为修持明心读书,切忌在文义上穿求。《传习录》上篇阳明曰:"此只是在文义上穿求,故不明如此。又不如为旧时学问,他到看得多解得去。只是他为学虽极解得明晓,亦终身无得。须于心体上用功,凡明不得,行不去,须反在自心上体当即可通。"(陆九渊、王阳明,2000:182)更不能心有所累,故切勿有强记求速、夸多斗靡之心。阳明曰:"且如读书时,知得强记之心不是,即克去之;有欲速之心不是,即克去之;有夸多斗靡之心不是,即克去之。如此,亦只是终日与圣贤印对,是个纯乎天理之心,任它读书,亦只是调摄此心而已,何累之有?"(黄宗羲,1996:211)

为此,可以朋友切磋。阳明在《与朱守忠》中说:"学问之益,莫大于朋友切磋,聚会不厌频数也。"(王守仁,1996:422)即为此意,但不可徒为讲说、卖弄学问。为此,阳明在《答方叔贤》书中指出:"古人之学,切实为己,不徒事于讲说。书札往来,终不若面语之能尽,且易使人溺情于文辞,崇浮气而长胜心。求其说之无病,而不知其心病之已多矣。此近世之通患,贤知者不免焉,不可以不察也。"(王守仁,1996:415)

倘如用功不能进步,则需从根源上用力。在《传习录》上篇中阳明曰:"为学须有本原,须从本原上用力,渐渐盈科而进。"又曰:"立志用功,如种树然。方其根芽,犹未有干;及其有干,尚未有枝;枝而后叶,叶而后花实。初种根时,只管栽培灌溉,勿作枝想,勿作叶想,勿作花想,勿作实想。悬想何益!但不忘栽培之功,怕没有枝叶花实?"(陆九渊、王阳明,2000:181-182)因此,勤学之要的关键在于主一之功,所谓"惟精惟一"。所谓"主一"是指"专主一个天理",而非徒指"一心"用功。

勤学要在"勤"字,目标便是"为己"求放心致良知。对此,阳明在《铭一首》有周全论述:"来尔同志,古训尔陈。惟古为学,在求放心。心苟或放,学乃徒勤。勿忧文辞之不富,惟虑此心之未纯;勿忧名誉之不显,惟虑此心之或湮。"(王守仁,1996:1094)

(三)改过

《教条》云:"夫过者,自大贤所不免;然不害其卒为大贤者,为其能改也。故不贵于无过,而贵于能改过。……但能一旦脱然洗涤旧染,虽昔为盗寇,今日不害为君子矣!若曰吾昔已如此,今虽改过而从善,人将不信我,且无赎于前过,反怀羞涩疑沮,而甘心于污浊终焉,则吾亦绝望尔矣!"(王守仁,1996:1067)

改过在于反身克己,非徒有讲诵。阳明在《家书墨迹四首》之《与克彰太叔》书中指出:"自俗儒之说行,学者惟事口耳讲习,不复知有反身克己之道。今欲反身克己,而犹狃于口耳讲诵之事,固宜其有所牵缚而弗能进矣。夫恶念者,习气也;善念者,本性也;本性为习气所汩者,由于志之不立也。故凡学者为习所移,气所胜,则惟务痛惩其志。久则志亦渐立。志立而习气渐消。学本于立志,志立而学问之功已过半矣。"(王守仁,1996:536)

克己就是要扫除众恶。阳明在《传习录》上篇中云:"克己须要扫除廓清,一毫不存方是。有一毫在,则众恶相引而来。"(陆九渊、王阳明,2000:187)扫除众恶首先扫除外在之物欲。阳明在《传习录》下篇(黄以方录)中曰:"又思来吾心之灵,何有不知意之善恶,只是物欲蔽了,须格去物欲,始能如颜子未尝不知耳。"(王守仁,1996:95)

要除物欲,此时便可以知道觉知能力(智慧)的重要作用。觉知之智(知)如日,不仅仅可以去物欲之云,也可以去除妄念之雾。阳明曰:"喜怒哀惧爱恶欲谓之七情,七者俱是人心合有的,但要认得良知明白。比如日光,虽云雾四塞,太虚中色象可辨,亦是日光不灭处,不可以云能蔽日,教天不要生云。七情顺其自然之流行,皆是良知之用,但不可有所著。七情有著,俱谓之欲,然才有著时,良知亦自会觉,觉即蔽去,复其体矣。此处能看得破,方是简易透彻工夫。"(黄宗羲,1996:215-216)

当然,除却良知之蔽,不仅仅指七情六欲,还指思虑妄念之心。应该说扫除物欲之蔽易,扫除思虑妄念之心难。所以,对于物欲与妄念还是应该将加以区分对治:前者是基因作怪,后者多半是模因作怪。基因作怪,当惩忿窒欲;模因作怪,当除妄去昧。双管齐下,则可望明心见性,致良知也。《传习录》上篇陈澄曰:"好色、好利、好名等心。固是私欲。如闲思杂虑,如何亦谓之私欲?"阳明先生曰:"毕竟从好色、好利、好名等根上起,自寻其根便见。如汝心中,决知是无有做劫盗的思虑,何也?以汝元无是心也。汝若于货色名利等心,一切皆如不做劫盗之心一般,都消灭了,光光只是心之本体,看有甚闲思虑? 此便是寂然不动,便是未发之中,便是廓然大公! 自然感而遂通,自然发而中节,自然物来顺应。"(王守仁,1996:24)

克己改过要常用悔悟之心。在《传习录》上篇中阳明先生曰:"悔悟是去病之药,然以改之为贵。若留滞于中,则又因药发病。"(陆九渊、王阳明,2000:199)阳明为此还撰有《悔斋说》云:"悔者,善之端也,诚之复也。君子悔以迁于善;小人悔以不敢肆其恶;惟圣人而后能无悔,无不善也,无不诚也。然君子之过,悔而弗改焉,又从而文(过饰非)焉,过将日入于恶,小人之恶,悔而益深巧焉,益愤谲焉,则恶极而不可解矣。故悔者善恶之分也,诚伪之关也,吉凶之几也。君子不可以频悔,小人则幸其悔而或不甚焉耳。"(王守仁,1996:996)悔悟关键要能知改。阳明在《寄诸弟》书中说:"本心之明,皎如白日,无有有过而不自知者,但患不能改耳。一念改过,当时即得本心。人孰无过?改之为贵。"(王守仁,1996:412)

只有不断克己改过,方能识得仁体,所谓致良知。阳明在《答黄宗贤应原忠》中说:"圣人之心,纤翳自无所容,自不消磨刮。若常人之心,如斑垢驳杂之镜,须痛加刮磨一番,尽去其驳蚀,然后纤尘即见,才拂便去,亦自不消费力。到此已是识得仁体矣。若驳杂未去,其间固自有一点明处,尘埃之落,固亦见得,亦才拂便去。至于堆积于驳蚀之上,终弗之能见也。此学利困勉之所由异,幸弗以为烦难而疑之也。凡人情好易而恶难,其间亦自有私意气习缠蔽,在识破后,自然不见其难矣。古之人至有出万死而乐为之者,亦见得耳。"(王守仁,1996:386-387)

(四)责善

《教条》云:"责善,朋友之道,然须忠告而善道之,悉其忠爱,致其婉曲,使彼闻之而可从,绎之而可改,有所感而无所怒,乃为善耳!若先暴白其过恶,痛毁极底,使无所容,彼将发其愧耻愤恨之心,虽欲降以相从,而势有所不能,是激之而使为恶矣。故凡讦人之短,攻发人之阴私,以沽直者,皆不可以言责善。"(王守仁,1996:1067-1068)

责善的目的是为使人迁善,所以从个人修持角度上看,人人当主动见贤思齐、迁善改过。《传习录》上篇纪录季明德来书云:"善者,圣之体也。害此善者,人欲而已。人欲,吾之所本无。去其本无之人欲,则善在我而圣体全。圣无有余,我无不足,此以知圣人之必可学也。然非有求为圣人之志,则亦不能以有成,"阳明答曰:"只如此论,自是亲切简易。"(王守仁,1996:457)

所以修行无他,迁善改过而已。因此,阳明在《传习录》上篇曰:"吾辈今日用功,只是要为善之心真切。此心真切,见善即迁,有过即改,方是真切工夫。如此则人欲日消,天理日明。若只管求光景,说效验,却是助长外驰病痛,不是工夫。"(陆九渊、王阳明,2000:195)阳明在《传习录》上篇也倡导道:"善念发而知之,而充之;恶念发而知之,而遏之。知与充与遏者,志也,天聪明也。圣人只有此,学者当存此。"(王守仁,1996:24)

人但念善便是好,为善也是人生最乐时。在《传习录拾遗》中阳明先生曰:"人但一念善,便实实是好;一念恶,便实实是恶;如此才是学。不然,便是作伪。"(王守仁,1996:1136)而在《为善最乐文》中,阳明说:"若夫君子之为善,则仰不愧,俯不怍;明无人非,幽无鬼责;优优荡荡,心逸日休;宗族称其孝,乡党称其弟;言而人莫不信,行而人莫不悦。所谓无入而不自得也,亦何乐如之!"(王守仁,1996:1012)

总之,从立志,勤学,改过,到责善,阳明给出了日常生活中切实可行的修持途径,其要就是求其放心,致良知。阳明在《紫阳书院集序》中归纳说:"是故君子之学,惟求得其心。虽至于位天地,育万物,未有出于吾心之外也。孟氏所谓'学问之道无他,求其放心而已矣'者,一言以蔽之。故博学者,学此者也;审问者,问此者也;慎思者,思此者也;明辩者,辩此者也;笃行者,行此者也。心外无事,心外无理,故心外无学。……惩心忿,窒心欲,迁心善,改心过,处事接物,无所往而非求尽吾心以自慊也。譬之植焉,心其根也;学也者,其培拥之者也,灌溉之者也,扶植而删锄之者也,无非有事于根焉耳矣。"(王守仁,1996:870)

这样,通过上面四个步骤的不断修持,加上围绕着致良知的根本准则,就不难圆成圣人气象。何为圣人气象?按照阳明说法,就是体认到自己良知,便成圣人气象。阳明在《答周道通书》中说:"圣人气象自是圣人的,我从何处识认?若不就自己良知上真切体认,如以无星之秤而权轻重,未开之镜而照妍媸,真所谓以小人之腹而度君子之心矣。圣人气象何由认得?自己良知原与圣人一般,若体认得自己良知明白,即圣人气象不在圣人而在我矣。"(陆九渊、王阳明,2000:228)

自然,一旦达成圣人之境,便可穷尽义理之知,而谓之终知。阳明在《传习录》中篇《答顾东桥书》中说:"圣人之所以谓之生知者,专指义理而不以礼乐名物之类。则是学而知之者,亦惟当学知此义理而已。困而知之者,亦惟当困知此义理而已。"(王守仁,1996:56)义理之知,所谓终知也。学者当求其终知,了然于心,则必明明了了。所以,圣人无不知不过就是把个天理"了然于心"。对此,阳明《传习录》下篇就说:"圣人无所不知,只是知个天理;无所不能,只是能个天理。……圣人于礼乐名物,不必尽知,然他知得一个天理,便自有许多节文度数出来,不知能问,亦即是天理节文所在。"(王守仁,1996:101-102)

至于有道君子,自然处处体现这种圣人气象。阳明在《答南元善》中说:"夫惟有道之士,真有以见其良知之昭明灵觉,圆融洞澈,廓然与太虚而同体。……故凡慕富贵,忧贫贱,欣戚得丧,爱憎取舍之类,皆足以蔽吾聪明睿知之体,而窒吾渊泉时出之用。"(王守仁,1996:454-455)

而能够见自良知发明,关键在于自信自得。阳明在《答友人》中指出:"君子不求天下之信己也,自信而已。吾方求以自信之不暇,而暇求人之信己乎?……执事其益自信无怠,固将无入而非学,亦无入而不自得也矣!"(王守仁,1996:451)

正因为这样,有道君子并非无所不能、无所不知或无有过失,而是不文己过,过责勿悔改而已。《静心录之四》阳明云:"夫君子之过也,如日月之食,人皆见之;更也,人皆仰之。而小人之过也必文。"(王守仁,1996:483)

对于君子之德,阳明在撰写的《君子亭记》和《观德亭记》中论述较为详尽。比如用"竹子"比喻君子之道有四:"中虚而静,通而有间,有君子之德;外节而直,贯四时而柯叶无所改,有君子之操;应蛰而出,遇伏而隐,雨雪晦明无所不宜,有君子之时;清风时至,玉声珊然,中采齐而协肆夏,揖逊俯仰,若洙、泗群贤之交集,风止籁静,挺然特立,不挠不屈,若虞廷群后,端冕正笏而列于堂陛之侧,有君子之容。"(王守仁,1996:976)通过"射"来观君子之德有七:"君子之学于射,以存其心也。是故心端则体正;心敬则容肃;心平则气舒;心专则视审;心通故时而理;心纯故让而恪;心宏故胜而不张,负而不驰;七者备而君子之德成。"(王守仁,1996:877)

总而言之,阳明心法,以致良知为宗旨,通过无间动静之机,或日用修持之法,最后圆成圣人气象、君子之德!

第三节　明清心法余绪

姚江心学是中华心法思想体系中最后一座丰碑,在此之后,中华心法的发展再无特别重要的建树。大致来说,进入明清之际,中华心法发展的余脉,不过就是对阳明心学体系的传布、修正或者批判。正如梁启超在《中国近三百年学术史》中所说的:"王学在万历、天启间,几已与禅宗打成一片。东林领袖顾泾阳、高景逸提倡格物。以救空谈之弊,算是第一次修正。刘蕺山晚出,提倡慎独,以救放纵之弊,算是第二次修正。明清嬗代之际,王门不唯蕺山一派独盛,学风已渐趋健实。"(梁启超,2006:45)如果就对心法发展较具可操作性而言,那么除了比较正统的江右王门流布之外,值得予以关注的主要有东林高景逸、关中李二曲,以及实学心法思想,我们下面分别着重给予扼要介绍。

一、姚江心法流布

阳明开创的姚江学派,其后续发展流布广泛。黄宗羲在《浙中王门学案一》"前言"中有这样的描述:"姚江之教,自近而远,其最初学者,不过郡邑之士耳。龙场而后,四方弟子始益进焉。"(黄宗羲,1996:220)但在其早期传教流域的思想流布,却并不如意,所谓:"郡邑之以学鸣者,亦仅仅绪山、龙溪,此外则椎轮积水耳。"(黄宗羲,1996:220)有的虽然风行天下,但却偏离了阳明宗旨,如黄宗羲在《泰州学案一》"前言"中指出的那样:"阳明先生之学,有泰州、龙溪而风行天下,亦因泰州、龙溪而渐失其传。泰州、龙溪时时不满其师说,益启瞿昙之秘而归之师,盖跻阳明而为禅矣。然龙溪之后,力量无过于龙溪者,又得江右为之救正,故不至十分决裂。"(黄宗羲,1996:703)这里,绪山是钱德洪字洪甫,龙溪是王畿字汝中,而泰州(号心斋)就是王艮字汝止。

浙中、南中、泰州等后学之所以不能传承阳明心学,主要是因袭阳明早期思想,未得阳明心学的精髓。关于这一点,黄宗羲在介绍"郎中徐横山先生爱"中论述道(《浙中王门学案一》):"阳明自龙场以后,其教再变。南中之时,大率以收敛为主,发散是不得已,故以默坐澄心为学的。江右以后,则专提'致良知'三字。……则('致良知')三字之提,不始于江右明矣。但江右以后,以此为宗旨耳。"(黄宗羲,1996:221-222)

当然,在《浙中王门学案一》中提到:"是故阳明之学,(徐爱)先生为得其真。"(黄宗羲,1996:222)因此,除了徐爱(可惜英年早逝),真正传承阳明心学成熟思想并加以发扬光大的则要属江右学派。对此黄宗羲在《江右王门学案一》"前言"中明确指出:"姚江之学,惟江右为得其传,东廓、念庵、两峰、双江其选也。再传而为塘南、思默,皆能推原阳明未尽之旨。是时越中流弊错出,挟师说以杜学者之口,而江右独能破之,阳明之道赖以不坠。盖阳明一生精神,俱在江右,亦其感应之理宜也。"(黄宗羲,1996:333)

江右学派主要的传承人物虽然以江右为主要地域,但并非局限于该地域,而是以阳明成熟思想的传布与发展为依据。因此,有些在江右活动的阳明后学,如龙溪后学张阳和所传邓定宇、邹南臬、冯慕冈一系,并不纳入;而止修学派(李见罗)、东林学派(顾泾阳、高景逸和钱启新),则多半是沿袭了江右传统,并加以发展,则纳入其后续。晴川、思默等虽受学于阳明,但分别卒业于东廓和念庵,所以列为东廓和念庵传承。

考虑到在江右学派的传承过程中,就心法发展与修正而言,对后世影响最大,不出邹守益(号东廓)一系。特别是东林学派的高攀龙(号景逸)受到李材思想启发而形成东林心法的代表体系,所以我们余下主要介绍这一派系的主要心法思想和途径。但愿读者能够通过这一斑,以窥阳明后学发展与修正之特色。

邹守益(1491—1562),字谦之,号东廓,江西安福人。黄宗羲论及其心法特点曰:"先生之学,得力于敬。敬也者,良知之精明而不杂以尘俗者也。"(黄宗羲,1996:334)在与《与胡鹿厓》书中,东廓自己也曰:"圣门要旨,只在修己以敬。敬也者,良知之精明而不杂以尘俗也。戒慎恐惧,常精常明,则出门如宾,承事如祭,故道千乘之国,直以敬事为纲领。信也者,敬之不息者也,非敬之外复有信也。节用爱人,使民以时,即敬之流行于政者也。"(黄宗羲,1996:337-338)

至于李见罗(1529—1607),名材,字孟诚,丰城段潭人。黄宗羲在《止修学案》中说:"先生初学于邹文庄,学致良知之学。已稍变其说,谓'致知者,致其知体。良知者,发而不加其本体之知,非知体也'。已变为性觉之说。久之喟然曰:'总是鼠迁穴中,未离窠臼也。'于是拈'止修'两字,以为得孔、曾之真传。"(黄宗羲,1996:668)李见罗在《与张洪阳》书中自己说(《止修学案》论学书):"孔子以知止入门,而后之儒者却先格物,不知止。不知,则身心尚无归宿,而所谓格物者,安得不病于支离?本不悟,则意绪尚不免于二三,而所谓致知者,安得不流为意见?"(黄宗羲,1996:682)在《答涂清甫》书中则说(《止修学案》论学书):"止此则自虚,然却不肯揭虚为本;修此则自寂,然却不可执寂为宗。"(黄宗羲,1996:682)大约就是见罗止修心法的宗旨了。

所以,楚雄朱万元汝桓所著《日新蠡测》中对止修的解释为(《止修学案》知本同参):"修身为本,即是止于至善,践形乃所以尽善,形神俱妙,莫备于此。止到稳时,浑身皆善,又何心术人品之足言?修到极处,通体皆仁,又奚久暂穷通之足虑?""一止一修,即一约一博,互用而不偏。"(黄宗羲,1996:695)

李见罗之后,发展与修正江右王学的主要是东林学派(以高攀龙为主)心法思想。应该说,从治心之法的角度看,王学传至东林,比较倾向于静虑之法,其代表人物就是高景逸先生。据《东林学案》记述,高攀龙(1562—1626),字存之,又字云从,别号景逸,无锡人。在高攀龙其自序为学之次第中云(《东林学案》):"吾年二十有五,闻令公李元冲(名复阳)与顾泾阳先生讲学,始志于学。以为圣人所以为圣人者,必有做处,未知其方。看《大学或问》,见朱子说'入道之要,莫如敬',故专用力于肃恭收敛,持心方寸间,但觉气郁身拘,大不自在。及放下,又散漫如故,无可奈何。久之,忽思程子谓'心要在腔子里',不知腔子何所指?果在方寸间否耶?觅注释不得,忽于小学中见其解曰:'腔子犹言身子耳。'大喜。以为心不啻在方寸,浑身是心也,顿自轻松快活。适江右罗止菴(名懋忠)来讲李见罗修身为本之学,正合于余所持循者,益大喜不疑。"(黄宗羲,1996:1399-1400)可见其心法路数与大程子和李见罗有着密切关系。

高景逸的心法思想比较集中在其所撰写的《就正录》。在《就正录》里,高景逸引用孟子的"学问之道无它,求其放心而已矣",开宗明义指出:"若不能向心上做功夫,徒在事物上寻讨、气魄上支撑、才识上用事,到底

不成真种子。故孟子只归到内心,曰'存心',曰'求放心',存即所以不放也。"(甄隐,2015:508)

然后认为,要求放心,先要"识本心",指出:"可见为学不识本心终非善学,所谓'行不着,习不察',其弊若此。"并进一步阐发曰:"故吾人今日为学,先要体认此心,认得明白,然后可以下手。今人无不自言有心,其实不知心在何处,他只将憧憧往来当做心。殊不知此皆一切纷扰,一切缘感,一切意念。若教他除去此等,别认出一个真心来,他便莫知所措。"(甄隐,2015:508)

那么,如何体认本心呢?高景逸认为:"此处言语文字用不着,拟议思维亦用不着,惟宜默自会悟,自有见时。"(甄隐,2015:509)因此要用如此之法:"初于无事时,正襟危坐,不偏不倚,将两目向里视定,一意不走,自觉心中灵灵醒醒,上头全无一物,却又似长有一物,不能忘记一般,此处正是真心,不用更觅心在何处!"(甄隐,2015:509)

正因为强调此法,所以高景逸提倡静坐之法,认为:"静坐时,将神内敛,将目内视,中间必是纷纭起伏,意念不停,此却何以扫除?然亦不必管他。盖这些意念都是平时伪妄,如何便能一时扫净!才去一念,又生一念,东灭西生,何时能已!只要见个真心,真心见时,群妄自息。"(甄隐,2015:509)

用如此之法,只要坚持不懈,就能"存其心",然后指出:"吾人心存既久,形体渐忘,自然通天彻地,不隔不碍,始觉无物非性光景。然此不可拟议,功夫积久,自能朗彻。"(甄隐,2015:511)进一步认为:"识透此妙,则知至诚无息,不息则久之义。……君子为学,不能藏密至此,终属肤浅。"(甄隐,2015:512)

从高景逸代表作品《就正录》的论述不难看出,景逸先生的心法思想,一方面承袭了孔孟圣学的心法原则,特别是孟子的心法思想,强调心学一贯的立场;另一方面,在治心途径上却特别突出静虑之法,并给出了不少独到见解和策略。其实,景逸还专门撰写有《静坐说》,对静虑之法推崇备至,可以说确实是对王学心法有所发展和修正。

比如景逸在《静坐说》指出(《东林学案》说):"静坐之法,唤醒此心,卓然常明,志无所适而已。志无所适,精神自然凝复,不待安排,勿著方所,

勿思效验。初入静者,不知摄持之法,惟体帖圣贤切要之言,自有入处。静至三日,必臻妙境。"(黄宗羲,1996:1408)

对于静虑之法的好处与要点,在《静坐说》(《东林学案》"忠宪高景逸先生攀龙"之说)接着强调指出:"静坐之法,不用一毫安排,只平平常常,默然静去。此平常二字,不可容易看过,即性体也。以其清净不容一物,故谓之平常。画前之《易》如此,人生而静以上如此,喜怒哀乐未发如此,乃天理之自然,须在人各各自体帖出,方是自得。静中妄念,强除不得,真体既显,妄念自息。昏气亦强除不得,妄念既净,昏气自清。只体认本性原来本色,还他湛然而已。大抵著一毫意不得,著一毫见不得,才添一念,便失本色。由静而动,亦只平平常常,湛然动去。静时与动时一色,动时与静时一色,所以一色者,只是一个平常也。故曰'无动无静',学者不过借静坐中,认此无动无静之体云尔。静中得力,方是动中真得力,动中得力,方是静中真得力。所谓敬者此也,所谓仁者此也,所谓诚者此也,是复性之道也。"(黄宗羲,1996:1409)

甚至还撰写有《书静坐说后》,对所写的《静坐说》进一步做了补充强调,提高到"主一"的高度,指出(《东林学案》"忠宪高景逸先生攀龙"之说):"前《静坐说》,观之犹未备也。夫静坐之法,入门者藉以涵养,初学者藉以入门。彼夫初入之心,妄念胶结,何从而见平常之体乎?平常则散漫去矣。故必收敛身心,以主于一,一即平常之体也。主则有意存焉,此意亦非着意,盖心中无事之谓,一着意则非一也。不着意而谓之意者,但从衣冠瞻视间,整齐严肃,则心自一,渐久渐熟平常矣。故主一之学,成始成终者也。"(黄宗羲,1996:1409)因为在高景逸所著《示学者》看来(《东林学案》"忠宪高景逸先生攀龙"之说):"凡人之所谓心者念耳,人心日夜系缚在念上,故本体不现,一切放下,令心与念离,便可见性。放下之念亦念也,如何得心与念离?放退杂念,只是一念,所谓主一也,习之久,自当一旦豁然。"(黄宗羲,1996:1409)所以,非静虑之法不足以除其心念,所以收其放心,必先学习静坐之法。

除了东林心法,江右学派本身发展在清初也渐渐失去了影响。根据梁启超在《中国近三百年学术史》中记述:"而稍晚起者有江右之李穆堂,则王学最后一健将也。"(梁启超,2006:45)"阳明虽是浙人,而在赣服官讲学最久,故当时门下以江右为最盛。其后中绝殆将百年了,及康熙末而有临川李穆堂(绂)出"。"李穆堂却算是陆王派之最后一人了。……李穆堂结江右王学之局。"(梁启超,2006:58)

总之,从王阳明之后到李穆堂(1673—1750),王学流布凡两百多年,成为心性修养方法的主流,其间虽间有异化者,但总体上还是以"致良知"为根本宗旨,并从动静无间的强调渐渐归拢到主静之上。因此,后期王学末流,也带来了一味枯静的流弊,终于导致王学的衰落。

二、李颙心法思想

李颙(1627—1705),明末清初周至人,世称二曲先生,清代心学思想家。李二曲并无师承,学问全靠自学磨炼出来,其心法思想主要源自于陆王心学,但有明显的修正。在《传心录序》中二曲指出:"人之所以为人,以其有是心也;心之所以为心,以其虚灵不昧,备四端而兼万善也。"(李颙,1996:44)此言,可以看作是二曲先生所持心学的基本立场。

概括起来,其所倡导的心法,首先立足于人心为人生大根本。在《匡时要务》中二曲指出:"大丈夫无心于斯世则已,苟有心斯世,须从大根本、大肯綮处下手,则事半而功倍,不劳而易举。夫天下之大根本,莫过于人心;天下之大肯綮,莫过于提醒天下之人心。然欲醒人心,惟在明学术,此在今日为匡时第一要务。谨次其概,以俟有心斯世者鉴焉。"(李颙,1996:104)即使今日,也无非应该如此匡时救弊。

而在治心的原则策略上,则强调要脱去流俗,悔过自新。在《盩厔答问》中指出:"大凡立志,先贵脱乎流俗。是故行谊脱乎流俗,则为名人;议论脱乎流俗,则为名言。果能摆脱流俗,自然不埋于俗、安于俗。而不思脱俗者,斯其人固已惑矣;欲脱俗而又欲见信于俗,则其惑也不亦甚乎!"(李颙,1996:119-120)至于悔过自新,则正是二曲心法思想的得力之处,著有专篇加以论述。二曲在《悔过自新说》篇中指出:"圣人之学,下学上达,其始不外动静云为日用平常之事,而其究则必曰'穷理尽性,以至于命'。人苟有纤微之过,尚留方寸,则性必无由以尽;性既不能尽,则命亦无由以至,而其去圣功远矣。故必悔之又悔,新而又新,以至于尽性至命而后可。"(李颙,1996:6)

通智达仁:传授心法述要

至于二曲心法中的治心途径,在强调心之灵源为人生本原的基础上,认为具体修持途径当以主静为主,并给出了静坐的三炷香之法。对于二曲治心方法的论述,主要体现在其所著述的《学髓》之中。

《学髓》开篇便说:"此天之所以与我者也。生时一物不曾带来,惟是此来;死时一物不能带去,惟是此去。故学人终日孜孜,惟事此为人生第一要务。动作食息,造次颠沛,一注乎此而深造之,以求自得,居安资深,左右逢原(源)。安此,谓之安身;立此,谓之立命。"(李颙,1996:17)

然后又强调本源之性:"人人具有此灵原,良知良能,随感而应。日用不知,遂失其正,骑驴觅驴,是以谓之百姓。学之如何?亦惟求日用之所不知者而知之耳。曰知后何如?曰知后则返于无知,未达曰不识不知,顺帝之则。"(李颙,1996:18)

接着论及何为正念,指出:"无念之念,乃为正念,至一无二,不与物对。此之谓止,此之谓至善。念起,而后有理欲之分,善与恶对,是与非对,正与邪对,人禽之关,于是乎判。所贵乎学者,在慎几微之发,严理欲之辩。存理克欲,克而又克,以至于无欲之可克;存而又存,以至于无理之可存。欲理两忘,纤念不起,犹镜之照,不迎不随。夫是之谓绝学,夫是之谓大德敦化。"(李颙,1996:18)

李二曲也特别强调静虑之法,认为"得力之要"在"其静乎!"并指出:"学固该动静,而动则必本于静。动之无妄,由于静之能纯。"为此还在《学髓》中具体给出了三炷香之法,如下所示(李颙,1996:19):

虚明寂定 { 斋戒(此神明其德之要务也)　　静坐 { 昧爽香 / 中午香 / 戌亥香

其中昧爽香:鸡鸣平旦,与此相近。起而应事,易于散乱。先坐一炷以凝之。中午香:自朝至午,未免纷于应感。急坐一炷,以续夜气。戌亥香:日间语默动静,或清浊相乘。须坐一炷以验之,果内外莹彻洒脱不扰否?并认为:"水澄则珠自现,心澄则性自朗。故必以静坐为基,三炷为程,斋戒为功夫,虚明寂定为本面。静而虚明寂定,是谓未发之中;动而虚明寂定,是谓中节之和。"(李颙,1996:19)

至于修持心法中存在的种种疑惑,二曲先生在《传心录》一问一答之

第八章 尽心成行

中,都有精辟的论述,从中也充分体现了其一贯的心法思想,对于全面了解二曲先生独特的心法思想和途径,必有帮助,故我们也选其要摘录如下(李颙,1996:44-47):

(1)楷问心。先生曰:无心。曰:心果可以无乎?曰:行乎其所无事,则无矣。其未发也虚,而静其感而通也,廓然大公,物来顺应。如是,则虽酬酢万变,而此中寂然莹然,未尝与之俱驰,非无心而何。又曰:道理本是平常,此心惟贵平常。若厌平常而好高奇,即此便是胜心,便是心不得其平,善乎!罗惟德之言曰:圣人者,常人而安心者也。常人者,圣人而不安心者也。

(2)问:心体本然,既闻命矣。养之之功奈何?先生曰:终日乾乾,收摄保任,屏缘息虑,一切放下,令此心湛然若止水,朗然如明镜则几矣。

(3)先生每言学须着里,敢问如何是里?先生曰:里也者,对外而言也。为学所以自尽其心,自复其性,非以炫彩矜名也。须是刊落声华,潜体密诣,才有一毫露聪明、逞修能之意,便是表暴,便是务外。务外则心劳日拙,纵使行谊超卓,亦总是因人起见,本实先拨,天机绝矣,乌足言学。

(4)请问自新之功当从何处着力?先生曰:最上道理,只在最下修能。不必骛高远说,精微谈道,学论性命。但就日用常行纲常伦理,极浅极近处做起,须整顿精神中,常惺惺一言一动,并须体察,必使言无妄发,行无妄动,暗室屋漏一如,大庭广众之中,表里精粗无一或苟,明可以对人对天,幽可以质鬼质神,如是则洁净透脱,始可言功。

(5)敢问下学立心之始,当以何者为主?先生曰:用功莫先于主敬。敬之一字,彻上彻下的工夫,千圣心传,总不外此。须当下发愤,拼一个你死我活,实实下一番苦工,犹如人履危桥,惟恐堕落,不敢稍懈,虽隐微幽独,无人指视,而在我一念之知好知恶、知是知非,炯然于心目,即十目十手、万耳万目之指示,莫过于此,岂可悠忽虚度,姑息自恕?!

(6)先生云为学必先立志,请问吾人立志当何如?先生曰:立志当做天地间第一项事,当做天地间第一等人,当为前古后今着力担当,这一条大担子自奋自力。在一方思超出一方,在天下思超出天下。今学术久晦,人失其心,阐而明之,不容少缓。当与一二同心共肩,斯事阐扬光大,衍斯脉于天壤,救得人心,千古在勋名,直与泰山高,则位育参赞事业,当不藉区区权势而立矣。

此外,二曲在其他的一些《语要》《汇语》之中,也有不少精辟的心法思想体现。比如《常州府武进县两庠汇语》中说:"为己之学,事事从自己身心上体认,绝无一毫外炫;为人之学,不但趋名趋利,为圣贤所弃,即聪明才辩,无一可恃。"(李颙,1996:24)在《靖江语要》中说:"吾之教人,使其鞭心返观,重本轻末。久则自觉意思安闲,襟怀潇洒,一切外物,自不入虑。"(李颙,1996:33)又说:"迩来讲学者,颇有其人,道其明矣乎,而不知其忧方大也。往往讲之以口,而实未尝验之于身,逞臆见,争门户,祇以增胜心,此亦通人之通患也。"(李颙,1996:38)这些都是非常精妙的心法修持指导之要,非境界高超之人不能言也。

总之,李二曲的心法思想及其治心途径,以心源返本为宗,强调悔过自新的原则来存心养性,多有可取之处。在治心途径上,虽不反对阳明的动静合一之法,但却特别强调静坐之功,以纠正徒有空言之流弊,并提出具体可行的三炷香之打坐方法。应该说,作为心学道统的最后一位大家,李二曲的心法成就,还是非常具有建设性意义的。

三、实学心法思想

到了明末清初,主流学术思想转向实学。梁启超认为:"这个时代的学术主潮是:厌倦主观的冥想而倾向于客观的考察。……可惜客观考察多半仍限于纸片上事物,所以它的效用尚未能尽量发挥。此外还有一个之流是:排斥理论,提倡实践。这个之流履起履伏,始终未能很占势力。"(梁启超,2006:1)

实学学派的代表人物为顾炎武(1613—1682)(著《日知录》)、朱舜水(1600—1682)(著《朱舜水集》)、黄宗羲(1610—1695)(著《明夷待访录》)、方以智(1611—1671)(著《物理小识》)、王夫之(1619—1692)(著《思问录》)、唐甄亭(1630—1704)(著《潜书》)、颜元(1635—1704)(著《四存编》)

等。到了清代盛世,实学开始盛行,发展出乾嘉学派等分支,清代末期又出现经世实学,主张研究和重视西方科学。

明清实学作为一个儒家学派,是儒学发展到宋元明清时期形成的特殊理论形态和特定历史阶段,其渊源可以追溯到两宋时期的张载、叶适、陈亮等思想学派。明清实派主张"经世致用",认为学问必须有益于国事,他们反对程朱理学和陆王心学,认为这些学术空泛而且无用。由于"厌倦主观",所以实学中的心法思想比较薄弱。下文主要介绍朱舜水、唐圃亭和颜习斋等人有关强调礼乐习动的心法思想,以补充王学心法思想的不足。

朱舜水,名之瑜,字鲁屿,浙江余姚人。梁启超说:"(朱舜水)他论学问,以有实用为标准。所谓实用者,一曰有益于自己身心,二曰有益于社会。他说:为学之道,在于近里着己,有益天下国家,不在掉弄虚脾,捕风捉影。"(梁启超,2006:95)

讲究实用,这当然也是舜水心法思想的取向。《朱舜水集》卷十在《答安东守约问八条》中说:"学问之道,贵在实行。"(朱舜水,1981:369)至于实行之要,便在于弘毅,所谓"士不可以不弘毅"。就对弘毅的界说,朱舜水在《敬强斋序》曰:"夫弘者,无所不爱,无所不包,大而非夸也。毅者,卒然临之而不惊,无故加之而不惧,定而能静也。"(朱舜水,1981:474)从中不难看到其实用取向。

从心法的角度上讲,贵行必崇礼,而崇礼必主敬。因此舜水的心法思想,多在崇礼主敬上着眼。为此,朱舜水不但撰写有《勿斋记》,强调孔子的视听言动非礼勿行的尊礼思想,而且撰写有《敬斋箴》,强调主敬方为德行之本。

朱舜水的《勿斋记》曰:"古今之称至圣人者莫盛于孔子,而聪明睿知莫过于颜渊,及其问仁也。夫子宣告之以精微之妙理,方为圣贤传心之秘,何独曰'非礼勿视,非礼勿听,非礼勿言,非礼勿动?'夫视听言动者,耳目口体之常事,礼与非礼者,中智之衡量,而'勿'者下学之持守,岂夫子不能说玄说妙、言高言远哉?抑颜渊之才不能为玄为妙、骛高骛远哉?夫以振古聪明睿智之颜渊,而遇生民未有之孔子,其所以授受者,止于日用之能事,下学之工夫,其少有不及于颜渊者,从可知矣,故知道之至极者,在

此而不在彼也。"(朱舜水,1981:484-485)

在《敬斋箴》序朱舜水曰:"夫敬为德之聚,则百尔德行皆萃于敬矣。敬为礼之舆,则三百三千皆一敬载之而行矣。……由是推之,无德不备,无一非敬,安所往而不善哉!"(朱舜水,1981:575-576)而其箴则曰:"敬之维何?守谦执竞;内敬其内,外敬其行。衣冠瞻视,虽曰威仪;奇衺佻达,何德不坠?动静云为,表里如一;念兹在兹,罔敢暇逸。存养省察,有初有终;端本范俗,垂教无穷。"(朱舜水,1981:576)

当然,崇礼主敬只是途径,其最终还是为了正心,并达成"虚灵不昧",这一点朱舜水也是明确的。比如在《答小宅生顺问六十一条》答问四中,当问及"修身正心,敢问其要"时,舜水答曰:"心无邪无柱,无偏无党,便谓之正。故大学不言正心之功,而历言心之不得其正。心若不在,则视听饮食俱非矣。程子云:'心要在腔子里。'既能时时在腔子里,如何得有不正?至于修身者,亦非如释子修行之修,只是还其本来无欠缺之身,便是修了。"(朱舜水,1981:413)

至于"虚灵不昧"是何等境界?朱舜水在《虚灵不昧》中则曰:"吾心之本体,原是纯一,物欲劳扰之,则不空;本来光湛,物欲锢蔽之,则不明。是故虚则必灵,虚己灵己,尝自惺惺,自然不昧;非释氏之所谓空,非释氏之所谓明也。学者舍其固有,而求其外铄,何异提灯乞火矣。"(朱舜水,1981:498)

所以,朱舜水所强调"虚灵不昧"实乃圣人之境界。何为圣人境界?在《孔子赞三首》其一中,朱舜水说:"诚而明,明而诚,圣人也。进以礼,退以义,圣人也。不思不勉,从容中道,圣人也。达欲兼善天下,穷乃独善其身,圣人也。滔滔皆是,不忘悲天悯人,圣人也。和而不流,中立而不倚,圣人也。陈善闭邪,格君心之非,而使天下蒙其福,圣人也。不怨不尤,下学上达。世莫宗予矣,而后代之帝王宗之;知我其天乎,而千百世之英贤明哲,愚夫愚妇,以及于薄海内外,莫不知之。"(朱舜水,1981:557)

至于具体修身正心的途径措施,在《朱舜水集》卷十七所撰杂著中(朱舜水,1981:491-516),有比较系统的论述。朱舜水著有《三镜》、《仁》、《义》、《礼》、《智》、《信》、《敬》、《乐》、《庄》、《庄敬》、《诚》、《谦》、《慎》、《谨》、《鉴》、《毅》、《恭敏》、《奇》、《德修》、《楼舫》、《致性》、《虚灵不昧》、《忠恕》、

《忠》、《恕》、《积诚》、《训忠》、《闭邪》、《明强》、《获古》、《劝兴》、《诚斋》、《胜斋》、《静观》、《敏慎》、《益广》、《刚大》、《无逸》、《守义》、《教子》、《诒孙》、《逊敏》、《智勇》、《一贯》等简论。从这些精悍短小的简论中,可见朱舜水不但深得圣学修身之要旨,也可见其心法思想基本上是对早期实用圣学心法的回归。

唐圃亭,名甄,原名大陶,字铸万,四川达州人。著有《潜书》,其中"悦入篇"在心法思想建设方面,最能反映其治心途径,可以弥补静虑偏静之不足,以动悦而纠偏。《悦入篇》中指出:"自从悦入,不戚戚而恒荡荡,未尝治忧也,而昔之所忧不知何以渐解。……人伦难协,民物难齐,皆心之所贯也。心本可贯,或不能达,唯悦可以达之。……悦为我门,非众之门。人固有生而无愠怒者,岂非质之近于道乎?而不可以入道者何?盖人之生也,为质不齐,而为疾亦异。或之刚之柔,不以相济;或好名好利,用心不壹。是在因其疾而治之,不可同于我也。"(唐甄,1984:98):

唐甄在《悦入篇》中,不但否定主静之说,也否定主敬之说,"以悦为入",方可"日月照临"而喜。正如唐甄在《自明篇》所云:"心不可以空明,不可有所倚以为明。所见之事,所遇之物,所读之书,所传之学,皆心资也。然而倚于四者,则心假四者以为明而本明不见。本明不见,则学与不学同失,学之是者与学之非者同失,学之正者与学之偏者同失。"(唐甄,1984:65)又曰:"心有真明,人皆以意为明;心有真体,人皆以影为体。以此为学立业,是期意以成应,而责影以持行也。真体真明,大征小征,内见于寸而外寸应之,内见于尺而外尺应之。"(唐甄,1984:66)而悦入之法,正可以使心非空非依而本明,此乃真明之法,能明心性真体。

实学的心法思想主要表现在实践实用主义方面,其中更加突出反映在颜李学派的论述之中。这里的颜指颜习斋,名元,字浑然,直隶博野人;李则是李恕谷(1659—1733),名塨,字刚生,直隶蠡县人。因为习斋之学,经恕谷弘扬得以流传,因而往往颜李并称。梁启超曾说:"恕谷以父命从习斋游,尽传其学,而以昌明之为己任。"(梁启超,2006:126)下文就颜氏之学的心法思想,作概要介绍。

在心性本体论上,习斋与宋明心学一样,继承了孔孟的心善之论,认为人性本善,不同的是习斋认为性理是善,气质形体其本也善。习斋说:

"盖气即理之气,理即气之理,乌得谓理纯一善而气质偏有恶哉?"(颜元,2000:37)而之所以有不善之征,乃是"惟因有邪色引动,障蔽其明,然后又淫视而恶姓名焉。"(颜元,2000:38)

因此,人之恶行习气,都是引蔽习染之结果,唯有去蔽除恶就能恢复本来之善性,而一切言行举止都无不善焉。所以习斋曰:"其恶者,引蔽习染也。惟如孔门求仁,孟子存心养性,则明吾性之善,而耳目口鼻皆奉令而尽职。"(颜元,2000:38)

那么,引蔽习染又是如何使人生恶的呢?习斋用衣着污垢、水遭污染比喻,讲得比较透彻。习斋曰:"然则恶何以生也?则如衣之著尘触污,人见失其本色而厌观也,命之曰污衣,其实乃外染所成。……但外染有浅深,则有撋浣难易,若百倍其功,纵积秽可以复活,如莫为之力,既蝇点不能复素。则《大学》明德之道,日新之功,可不急欤?"(颜元,2000:40)又说:"水流未远而浊,是水出泉即遇易亏之土,水全无与也,水亦无如何也。人自幼而恶,是本身气质偏驳,易于引蔽习染,人与有责也,人可自力也。如何可伦!人家墙卑,易于招盗,墙诚有咎也,但责墙曰:汝即盗也,受乎哉?"(颜元,2000:47)也就是说,衣水之体如气质,衣水之性如心性,污染为引蔽习染之结果。

因此,恢复心性使之复明,就是要洗去污染,从而引到圣学明明德之上。习斋指出:"然则气质偏驳者,欲使私欲不能引染,如之何?维在明明德而已。存养者察,磨砺乎《诗》《书》之中,涵濡乎礼乐之均,周、孔教人之成法故在也。自治如此,治人即以此。使天下相习于善,而预远其引蔽习染,所谓'以人治人'也。"(颜元,2000:69)

简单地说,去蔽除恶,不过就是一个"明":"故《大学》之道曰'明明德',《尚书》赞尧,首曰'钦明';舜曰'濬哲',文曰'克明',《中庸》曰'尊德性'。既尊且明,则无所不照。……是吾性以明而得其中正也。"(颜元,2000:38)并因此讲洗心之法引到了习斋所尊崇的周孔之古法。

如果说在心性本体上,习斋与宋明之学还不算有根本上的差异,那么就如何明心显性的途径上,习斋却与宋明心法大相径庭。从根本法则上讲,习斋心法之要,主要提倡"习动"之说,反对"主静"之说。在《言行录》卷下《学人第五》中说:"学人不实用养性之功,皆因不理会夫子两'习'字之义,'学而时习'之习,是教人习善也;'习相远也'之习,是戒人恶也。……养生莫善于习动,夙兴夜寐,振起精神,寻事去作,行之有常,并不困疲,日益精壮,但说静息将养,便日益惰弱。故曰:君子庄敬日强,安肆日偷。"(颜元,1987:635)

当然习斋的习动,主要是习事。习斋认为:"必有事焉,学之要也。心有事则存,身有事则修,家之齐,国之治,皆有事也。无事则治与道俱废。"(梁启超,2006:124-125)在《言行录》卷上《刚峰第七》中则说:"人心动物也,习于事则有所寄而不妄动。故吾儒时习力行,皆所以治心;释氏则寂寞静坐,绝事离群,以求治心,不惟理有所不可,势亦有所不能,故放置数珠以寄念。"(颜元,1987:646)

为了纠偏消极的静坐之法,习斋还提出了活心之法,习斋认为锻炼心能之法,务在提竦精神。在《颜习斋先生言行录》之《教及门第十四》中有曰:"先生教及门活心之法,只要自检一念之动,是人欲,便克治之,便刚断之,则自活,引冉妪断指为法。"(颜元,1987:670-671)

习动自然也强调习行,这也是习斋心法的突出特点。习斋认为:"学贵乎成;既成矣,将以行之也。学而不能成其业,用而不能行其学,则非学也。"(颜元,2000:134)在《言行录》卷下《刁过之第十九》中甚至说:"人之为学,心中思想,口中谈论,尽有百千义理,不如身上行一理之为实也。人之共学,印证诗书,规劝功过,尽有无穷道德,不如大家共行一道之为真也。"(颜元,1987:689)

习斋强调习行之行,比起阳明知行合一之行更为彻底。对此,梁启超做过比较,他指出:"王阳明高唱'知行合一',从颜李派看来,阳明派还是偏于主知,或还是分知行为二;必须如习斋所说见理于事、因行得知,才算真的知行合一。阳明说'不行只是不知',习斋翻过来说不知只是不行,所以他不教人知,只教人行,行又不是一躺过便了,最要紧是'习'。"(梁启超,2006:141)

甚至,习斋认为所谓主敬,不应沾染静虑习气,而应该体现在习行之中。习斋认为:"敬字字面好看,却是隐坏乎禅学处。古人教洒扫即洒扫主敬,教应对进退即应对进退主敬;教礼、乐、射、御、书、数即度数、音律、审固、磬控、点画、乘除莫不主敬。故曰'执事敬',故曰'敬其事',故曰'行笃敬',皆身心一致加功,无往非敬也。若将古人成法皆舍置,专向静坐、收摄、徐行、缓语处言主敬,乃是以吾儒虚字面做释氏实工夫,去道远矣。"(颜元,2000:130)所谓做事敬,无非"专注一境,心无旁骛"之谓也!

自然,作为主张恢复周孔之教的习斋,其所习之行,依然不出周孔时代的三事(正德、利用、厚生)、四教(文、行、忠、信)、六艺(礼、乐、射、御、书、数)。而其中,正德达六德(知、仁、圣、义、忠、和)、利用有六府(水、火、金、木、土、谷)、厚生要六行(孝、友、睦、姻、任、恤)。

比如,习斋在《未坠集序》中说:"予之视、听、言、动,果'克己复礼',践形而尽性也,则存性于身矣;诸友信拙言而皆践形尽性也,则存性于世矣。予曰以仁、智诸德,孝友诸行,礼乐诸艺为学,则存学于身矣;诸友亦皆以是为学,则存学于世矣。"(颜元,1987:398)以及在《言行录》卷下《刁过之第十九》中说:"孔门习行礼、乐、射、御之学,健人筋骨,和人血气,调人情性,长人仁义。一时学行,受一时之福,一时习行,受一日之福;一人体之,赐福一人;一家体之,赐福一家;一国、天下皆然。"(颜元,1987:693)

至于在具体的日常修持方法方面,如洒扫应对、操存省察、涵养克治、读书解心、慎言寡欲,特别是迁善改过等行之有效的治心方法,习斋在《颜习斋先生言行录》中都有详述(颜元,1987:620-696),这里不再累撰。

总之,实学是中华传统文化最后一个有影响的学派,其不但是中国明清以来的主流思想学派,还流传于韩国、日本等东亚国家,是一门具有广泛社会影响的国际性学问。但从本质上讲,实学是对抗心学而兴起一场学术思潮,其在中华心法发展的角度看,带来的负面影响也是明显的。由于实学的兴起,从此中华传统心法也开始走向衰落。应该说,自颜习斋之后,中华心法再无具有影响的心法思想与方法革新创造。

第九章 结　论

> 故守道者谓之士,乐道者谓之君子;知道者谓之明,行道者谓之贤,且明且贤,此谓圣人。
>
> ——(汉)贾谊[①]

行文至此,我们基本上将中华心法的主要思想流派、治心方法途径以及最为核心的相关内容,作了较为全面的解析论述。为使读者对中华心法的完整内容有更加全面的了解,在最后一章中,我们将分别就中华心法归旨、治心效应实证,以及心性证悟勘验,再做扼要性的归纳说明。

第一节　中华心法归旨

中华心法,自孔子到颜元,历经两千多年的发生、发展和分化,进而形成十分丰富的理论思想、方法原则和具体途径。如果只是观其大略,大体归纳起来,就系统性而言,可以分为四个比较成熟的心法体系,即先秦圣道心法体系、唐宋禅宗心法体系、宋明内丹心法体系,以及宋明性理心法体系。假如按照历史时期归纳,那么中华心法的发展脉络就是:先秦心法,建立基本原则;隋唐禅法,形成系统方法;宋明心法,拓展修持途径(内丹涉身之性命,性理淑世之仁爱)。

---

① [汉]贾谊:《贾谊新书》,上海:上海古籍出版社,1989年,第59页。

通智达仁：传授心法述要

一、圣道心法体系

先秦是中华心法的发轫时期，中华心法在诸子百家争鸣时期形成了心法原始思想和朴素的方法途径。应该指出，诸子之间的心法比较具有自身独特的思想，相互之间较少融汇，各自鲜明的特色比较明显。可以说，先秦心法之发端，给出了心法的基本概念、原则和归旨，为后世完备心法体系的建立提供了源头性的基本要素。

从整体上看先秦心法思想，真正建立起比较系统的心法体系的只有先秦圣道心法体系。圣道心法体系的思想源头直接来自于孔子，并经几代弟子再传发展，逐渐形成了较为完善的体系，主要思想集中在《论语》《礼记》和《易传》等典籍之中。圣道心法思想的核心是中庸之道，主旨是仁智皆修，目标是中和心态，途径是礼乐之教。强调在日常生活中修行，学而时习、迁善改过、四勿四毋、进德修业、礼乐熏陶、洗心退藏、卦象喻德等都是具体的治心要点。具体归纳，可以细分为如下五个方面的心法内容。

首先就是孔子的仁学思想。孔子注重仁、知（智）、勇三者皆修，认为："知、仁、勇三者，天下之达德也，所以行之者一也。"（朱熹，1983：28-29）而其心法的核心则是归于仁爱之上，所谓"仁者爱人"，达成仁爱之境，则认为必由"忠恕"之道。具体修养途径，强调日常生活中的"学而时习"和"迁善改过"。认为假以时日，便可以达到"君子坦荡荡"的境界，从而"不忧不惧"地愉悦自在生活。

然后便是圣道心法的核心：中庸之道。所谓中庸，就是无过无不及。孔子认为中庸是至德，并提出"四毋（意、必、固、我）"之要求。子思在孔子思想的基础上，进一步完善了中庸心法体系，明确中庸心法的目标就是致中和。而成就中和境界的原则就是"明善诚身"从而"至诚尽性"，其中关键是要"不勉而中，不思而得"，达成"成己之仁，成物之知（智）"的成就（朱熹，1983：31-34）。

接着强调礼教之法。礼，所以修外，偏修义，礼自外作，配地理，别宜近义，治躬之顺，与外在行为的修养紧密关联，而"礼得其报则乐"。致礼以治躬则庄敬，恭俭庄敬，以治人情，措施就是孔子所说的"克己复礼"，具

体要求则是:"非礼勿视,非礼勿听,非礼勿言,非礼勿动。"(朱熹,1983:132)

与礼教同时强调的,还有突出乐和之法:乐,所以修内,偏修仁。乐由中出,配天性,从和近仁,治心之和,与内在性情的修养紧密关联,而"乐得其反则安"。致乐以治心则中和,广博易良,以治心性,结果就是:"易、直、子、谅之心油然生矣。易、直、子、谅之心生则乐,乐则安,安则久,久则天,天则神。天则不言而信,神则不怒而威。"(郑玄,1999:1139)

最后,圣道心法体系中的种种具体思想观念,都在易传体系中有比较全面的体现。易传心法思想强调恪守中道,进德修业。认为"乾以易知,坤以简能",所要遵循一阴一阳之道,方能"显诸仁,藏诸用,鼓万物而不与圣人同忧,盛德大业至矣哉。"(王弼、孔颖达,1999:270-271)然后以洗心退藏作为心法原则,以乾坤两卦作为纲要,具体通过八卦相摩、九卦喻德等要求,给出众多具体的修养措施,这些都是十分实用的日常修养途径。应该说,易传中的心法思想,许多都成为后来各种心法体系建立的源头。

除了孔子直接后学的传承发展之外,传承孔子道统的后世人物主要还有思孟学派的孟子、颜氏学派的庄子和孙氏学派的荀子。孟子、庄子和荀子,他们的思想取向尽管有很大不同,但在治心方法上却都受到孔子道统的影响,可以归结到圣道心法体系之中。

孟子是子思心法思想的继承者。他在中庸心法的基础上进一步提出"万物皆备于我矣"的观点,并倡导"性善说"。在此人性本善的基础上,孟子提出了"尽心知性以知天"的心法理论,强调要恪守"存心养性"的心法原则。在具体存心养性的途径上,则强调"浩然之气""收其放心"与"苦其心志"手段的有机统一。具体来说,存心养性不但要"苦其心志""寡欲养心",还要"配义与道"(集义养性),这样才能养成浩然之气,达到不动心之境界,所谓:"必有事焉而勿正,心勿忘,勿助长也。"(赵岐,1999:76)

颜氏学派是指颜渊(回)创建的圣学流派,在心法方面强调身体力行。颜回是唯一得到孔子首肯的弟子。到了庄子,颜渊的心法得到继承发展,形成逍遥心法。逍遥心法的具体途径就是源自于颜回的"心斋"和"坐忘"之法。"心斋"就是"唯道集虚",而达成这种集虚状态的途径,便是"坐忘"之法。坐忘的结果便是:"堕肢体,黜聪明,离形去知,同于大通。"(郭庆藩,1981:284)庄子逍遥心法所要达成的境界便是"撄宁"。从坐忘心法来看,就是要从"有将迎",达成"无将迎",甚至"无不将迎"之境界,这样便成就了逍遥无待之真人。

荀子开创了儒家的孙氏学派。与孟子性善论相抵牾,荀子提出性恶论,并据此建立解蔽心法。所谓"解蔽",其本质上就是"智慧启悟"。荀子认为:"凡人之患,蔽于一曲,而闇于大理。"(王先谦,1988:386)所以要去蔽解悬,清明其心。解蔽是要达到"虚壹而静"之"大清明"状态,其中的关键便在于"危微之几"。能够明此"危微之几",就可以达到"不慕往"(不将)、"不闵来"(不迎)、"无邑怜之心,当时则动,物至而应,事起而辨"(应而不藏)(王先谦,1988:409),一切不执着于心,内心长处光明"昭然明矣"。

易道乾健

乐和兑悦　　　　　仁爱巽行

解蔽离明　　大学　　浩然习坎

礼顺震省　　　　　坐忘艮止

中庸坤顺

图9.1　先秦圣道心法八卦方位图

图9.1给出了先秦圣道心法八卦方位图,基本按照先天八卦方位,将圣道心法的主要治心途径,纳入到对应卦象所处的方位,从而反映不同治心途径的主要特色。比如孔子的仁爱心法,主要对应巽行之象;孟子的浩然心法,主要对应习坎之象;庄子的坐忘心法主要对应艮止之象;中庸心法明善成身以尽性,象应坤顺;礼教强调躬身庄敬之顺,象应震省;荀子的解蔽心法,象应离明;乐教心性易良之和,象应兑悦;而易传之道强调顺天之行,象应乾键。另外,圣道心法的宗旨都是反映大学之旨,所以大学之

道,便是圣道心法之太极。

当然,在图 9.1 中的具体心法归位,只是按照各自心法最独特的方面来安排的,具体各个心法内容实际上都是非常丰富多彩,不可能简单地为用一个方位的取向所局限。但就对整个圣道心法整体体系的作用而言,这样的归位,确实能够突出各自心法所做贡献的主要方面。这样也可以方便后来者更加清晰地了解这些心法相对有效的独特方面,从而更好地对治不同的心理品质。

从孔子到荀子,大约两百五十年的时间,先哲们经过不断探索、发展和完善,建立起了先秦圣道心法体系。必须强调指出,这一圣道心法体系,是中华心法发展历史上第一个比较完备的心法体系。

二、成熟心法体系

第二个系统的心法体系主要是受到外来佛教的影响,通过吸收佛教心法的思想与方法,逐步形成的中华禅宗心法体系。具体地讲,佛教修心有三学(戒、定、慧)六度(布施、持戒、忍辱、精进、禅定、般若),后来禅宗破旧立新:先是达摩的理入行入、道信的安心法要、神秀的无生方便;然后是慧能发起的一场革命,倡导智慧顿悟之法,并发展形成众多的具体宗风;再后来又有变化,一方面强调文字般若法门,形成不昧语言的文字禅,另一方面则强调悲智双运法门,形成定慧皆修的默照禅;再后来,禅净合流,又回归到佛教心法的渐修之中,顿悟禅法也基本上消失殆尽。

禅宗顿悟法门认为:般若之智,人皆有之,但靠自悟,便能识取。而所谓的般若之智,顿悟法门则强调以定慧为本,以达到"无相""无念""无住"的"顿悟禅定"状态。因此"无念为宗,无相为体,无住为本"就成为禅宗的根本法则。

禅宗心法,虽然参禅途径主要是定慧顿悟,但随着禅宗分化发展,形成五家七派,出现瞬间彻悟(从缘契悟、棒喝开悟、机锋启悟)、文字般若(读经明悟、公案体悟、话头参悟),以及默照静虑等三大类体现不同宗风的众多方便法门。当然,这些方法的产生,都是根据受众的不同且适应时代的结果。

第一类是瞬间彻悟。这类明心见性的顿悟禅法,与传统的打坐入定不同，属于刹那纯意识显现，一时顿悟自性，但还需历练保任，方能坦荡长久。似乎早期禅宗顿悟禅法倡导的就是此类途径，反对一味枯坐，大约这才是慧能真正的革命之处。

（1）从缘契悟：扩而充之，也包括随处体悟之类的状况，属于遇缘自然的瞬间彻悟。从缘契悟得力最大，当然其需要有长期的修行积累作基础，是量变到一定程度而发生的质变，而且完全是无心而得，可遇而不可求。

（2）棒喝开悟：借助他力而人为制造悟境，出其不意，震绝其思，致使学者瞬间彻悟。此类大机大用，对根器深者往往奏效，根器浅者往往不得要领。因其禅法高俊，不易掌握时候机缘，故难以成为普适方法。

（3）机锋启悟：通过启悟者与参悟者之间一问一答的机锋过程而获得证悟，其基本要点就是要透过三关之机。这种方法，在历代禅师接引学人中非常普遍，在五家宗风中也有各种应用的具体表现方式，如像沩仰宗的圆相运用、临济宗的三玄三要、云门宗的三句、曹洞宗的正偏五位，等等。

第二类是文字般若，包括读经明悟、公案体悟、话头参悟等具体方式，主要借助文字来作为启发手段。此为后来禅悟禅法的主流方法，广为流行，也是两宋以来禅宗参悟的主要途径，大多数禅师均因此尽消疑情、明心见性。文字般若的原理体现在言下明悟之上，所谓理尽悟出：言语入理，截断念头，言思路绝，豁然明白。

第三类是默照静虑，全凭自力的照寂双运之法。参悟方式是：打坐入定，观心无住：外离诸相，内心不乱，无住生心。此为传统禅法，有大小密乘之分，以专注一境或观心无住为务。但作为最上乘顿悟禅法，并不提倡，仅仅作为辅助方法，偶尔运用。这类默照禅法，也可称观心自悟，一旦开悟，便可以任意进入纯意识状态，属于持久纯意识显现。

总之，禅悟途径不一，图9.2给出了主要方便法门，具体修持途径可以参见附录第三部分的内容"智慧禅修"。大致上早期的祖师，都是言下开悟的，不见有何从缘契悟之事，传法也主要传授道理，提倡心安理得，反对枯坐入定，如慧可、僧粲、道信、法融等皆如此。弘忍则是长期熏陶，自然而成；慧能主要是声闻经书而契悟（其弟子永嘉玄觉禅师也是因读诵《维摩诘经》发明心地），也属于言下明悟。后来则是以机锋答问开示为主，间或有"棒喝"之机、"坐禅"之照；再后来棒喝开悟遂兴、从缘契悟渐

第九章 结 论

多;再后来从缘契悟、唱颂公案、参究话头成一时风尚,难辨真假;最后则是禅七制度的建立,回归到禅宗一向反对的打坐参禅之上。

```
                    顿悟心法
         ┌─────────────┼─────────────┐
      瞬间彻悟       默照静虑       文字般若
      ┌──┼──┐                   ┌──┼──┐
   从缘契悟 棒喝开悟 机锋启悟     读经明悟 公案体悟 话头参悟
```

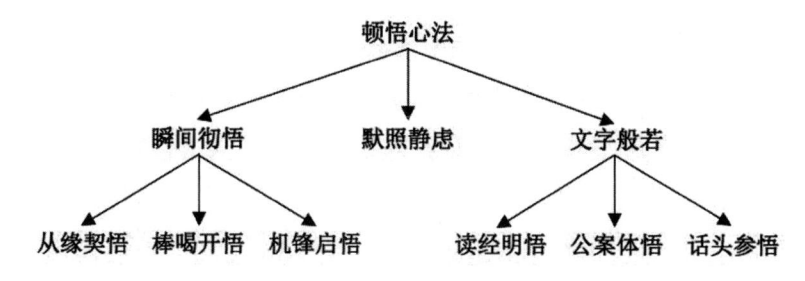

图 9.2　禅宗顿悟心法体系主要方便法门

第三个系统心法体系是内丹心法体系。这一心法体系的形成,主要是在先秦道家虚静心法思想的基础上,通过引入禅宗心法思想,并不断改造道教中各种道术,特别是上清派茅山宗的内养术,比如丹道、导引、行气、存想等道术,而逐步形成的。到了宋明,内丹心法体系终于走向成熟。

成熟的内丹心法,虽然有派别之分,强调性命修炼的先后不同,但大体上都主张性命双修。内丹修炼的最终目标就是要取坎填离(也称金木交并),用真意将元精与元神相互纠缠而成就金丹。在内丹修炼原理中,坎喻精(水精,情欲,交感精)、离喻神(火神,理智,思虑神),可以通过呼吸之气来修炼,是为后天。而坎中之阳为元精(先天至精),离中之阴为元神(不坏元神),源自乾(金情)与坤(木性),是为先天,乃先天之炁(太极,虚无空炁)所生发纠缠,可以通过真土之意来复归。对此,《性命圭旨》指出:"以内药言之,炼精者,炼元精,抽坎中之元阳也,元精固,则交感之精自不泄漏;炼气者,炼元气,补离中之元阴也,元气住,则呼吸之气自不出入;炼神者,炼元神,坎离合体而复乾元,元神凝则思虑之神自然泰定。"(尹真人高弟,2013:40)注意,元神有两用,一为本体心性(太极之炁),一为与坎中之阳(元精智性)相对的离中之阴(元神仁性),智性为用,仁性为体,故两者相合依然归于仁性之体,或曰心性。于是,从中也可以看出,内丹修炼过程常常分为如下三个阶段。

(1)炼精化气,是命功,初关,有为之法,即百日关中筑基之功。炼精化气主要是摆脱肉身基因情欲的控制,通过觉知意识加以实现(反思性理智活动),从而形成神经系统的自主返观意识,反叛本能不良习性(情欲),所谓惩忿窒欲。百日筑基阶段中,特别强调周天进火之法的重要作用。炼精化气是三归二,精气合一,神则加固,是为小成。

(2)炼气化神,是性功,中关,有无交入,即十月关中转神入定之功。炼气化神主要是摆脱文化模因是非思虑的束缚,将返观意识转化到感受意识的显现之上,可以通过无住生心的悟识意识能力来引发,并去除理智概念分别之习惯,所谓除妄去昧。转神入定阶段,则要强调勿忘勿助的周天沐浴退符之法。炼气化神是二归一,只存一神,是为中成。

(3)炼神还虚(炼神合道),上关,无为之法。通过金木交并,最终通过悟识意识达到心性显现。悟识意识的尽头自显纯粹意识,通过复性还原体验意识,体悟纯粹意识状态,任运自在,是为成就金丹,所谓明心见性。通过三年出神而后乳哺阳神之期,然后再到九年面壁之大定。炼神还虚,便是最后将神炼为纯阳,是大成。

上述三个步骤,整体原理上就是,通过提升觉知意识来管控情欲之源,再通过显现感受意识来反制理智的觉知意识,然后再将两者统归于悟识意识,就可以达到身心寂然不动的纯粹意识状态(空灵状态)。此处,真土(真意)对应悟识能力,真铅(真精)对应觉知能力,真汞(真神)对应感受能力。凡铅对应情欲,凡汞对应思虑。如果说"炼精化气"强调的是进火,摆脱基因支配下的情欲(运用觉知返观意识),"炼气化神"强调的是退符,去除模因支配的思虑(运用感受体验意识),那么"炼神还虚"就是金木交并,用悟识意识来归并觉知意识和感受意识,所谓取坎填离,最后回归到心性本真,即纯粹意识(金丹)。

内丹修炼的具体实施,要遵循图9.3给出的内丹修炼规程,可以进行周天运行,其中具体的周天规程修持途径参见附录第二部分内容"静虑功法"。周天运行一周之后,真精已动,真神复静,然后再行沐浴之功,使神凝气穴,两相和合纠缠,道果显发。如果用科学的话语讲,进火之法,是要炼精化气,提高觉知意识能力:从子时到巳时,用进火之法去外阴,摆脱基因控制,不获其身,实现惩忿窒欲的目的。退符之法则是要炼气化神,增强感受意识水平:从午时到亥时,用退符之法除内阳,了却模因束缚,不见其人，达到除相去念的目的。最后的取坎填离就是金木交并，如图9.3中间"坎离匡郭"所示，是指真精与真神的两相结合，也称三家相见，通过悟识意识（真意），将觉知意识（真精）与感受意识（真神）加以和合纠缠，从而达到纯粹意识状态，成就道果。

图9.3 周天火符图

三家相见的要点是：精与神相互制约，达到神不飞、精不沉，使其逆行，维护个人生命利益的最大化。精不沉，就要惩忿窒欲；神不飞，就要除妄去昧！更重要地，要使元精元神互制，即觉知与感受相互制约，其中的关键是运神、制精、用意的方法，以达到共同最优收益。所谓三家（木火、金水和中土）相见，和平共处，相互纠缠而归太极，也就是所谓炼神还虚，以得纯阳之神。

最后，第四个系统心法体系是性理心法体系。这一心法体系的形成，主要在中华心法全盛发展的宋明时代。两宋以降，直到明代，由于佛道两家影响，儒家的心法思想也逐渐走向成熟，先后形成程朱理学和陆王心学体系，其可统称为儒家的性理心法体系。

宋明性理之学，源头自然是承继孔子圣学的道统，一方面发展了从子思、孟子到李翱的心性学；另一方面又发展了易传思想的天道观。然后在此基础上,通过批判性吸收佛道两家合理思想,将其统统纳入至一个性理思想体系之中。

在构建如此大一统的思想体系时,尽管理学与心学在终极本体立论上分歧颇大,有心与理之争,但就心法修行途径而言却并无太大的差异,都属于日常修持的心法体系,故我们加以合并总结。归纳起来,性理心法体系涉及的修持内容,大致分为六大途径,即立志学圣、持敬存养、穷理致知、力行致命、尽心知性、体认至仁。

(1)立志学圣。儒家追求内圣外王之道,就心法修持而言,主要是修成内圣。伊川强调:"学也者,使人求于内也。不求于内而求于外,非圣人之学也。"(黄宗羲、全祖望,1986:627)所以,学者先要立志于圣道,摈除一切外道异说。关于这一点,王阳明所给出了更为具体的说明:"夫学者既立有必为圣人之志,只消就自己良知明觉处朴实头致了去,自然循循日有所至,原无许多门面折数也。"(王守仁,1996:439)及云:"立志者,其本也。有有志而无成者矣,未有无志而能有成者也。"(王守仁,1996:409)讲的都是立志学圣。

(2)持敬存养。存心养性,心不存不养,时断存养之心,其志必馁,故立志之后当先存养。存养为圣之志,居敬为上,居敬在于事上操持,以磨炼涵养功夫。随事专一,主一为敬,自做主宰,常存敬畏之心,提撕警觉,不要放逸。居敬存养,心性虚明,自有惩忿窒欲之功。敬要活敬,不可拘束太过,须敬而不失,方才有得。性理之学不单单强调持敬之法,也多有提倡静坐为助,以唤起此心。应该说,有事用敬,无事当静,动静互涵,反对流于空寂之静坐,才是养观之道。

(3)穷理致知。性理之学还特别重视穷理致知的途径,认为居敬之后,便要致知以穷理。格物致知是为学之门,学问思辨是穷理途径。因此读书勤学、朋友讲习、应接事物,也都是致知穷理的途径。读书要虚心切己,穷理有得,默而识之,反之于内,则识得本心,实修实证,获得真知。穷理的目的就是要"明诸心,知所养",所谓"格物致知"然后才能"诚意正心"。格物致知,穷得天理,滋养此心。

(4)力行致命。穷理则尽性,尽性则知天命,其中离不开力行。力行与致知是相辅相成的,所谓知行合一。所以,穷理致知之后,则当"力行集义"。如果说存养心性是上达境界,那么致知力行便是下学功夫。力行集义,既要"克治守中",又要"善事集义",方为圣学之道,行修齐治平之事。克治守中,是克己改过,就是要煎销习心,常用悔悟之心;善事集义,是存诚迁善,就是要良知发用,常用仁爱之心。所以力行修持无他,迁善改过而已。力行近乎仁,非礼勿视听言动,辩公私义利,笃实集义,知行合一,然后能尽性。

(5) 尽心知性。何为尽心?合内外之道而安者,为尽其心。那么,何又为知性呢?性,天道所赋予人者,而性又即是理。要至诚尽心,重要的是要从性上修,而性上修的关键在于存养。但能体会至诚之心,便是知性之时。收拾精神在内作得主宰,尽心知性当归于自得。这个自得之性,便是良知,良知既是心性终极本体,也是心性发用能力。所以尽心知性,便是致良知。良知就是人物之性,致良知也就是诚身尽性明善。前面的立志、存养、穷理、力行做得彻,即是尽心知性。

(6) 体认至仁。尽心知性之后,便可体认至仁。所谓至仁或曰天理,或曰良知,所以体认至仁,方能知其性以至于命。程伊川曰:"君子之学,在于意必固我既忘之后,而复于喜怒哀乐未发之前,则学之至也。"(黄宗羲、全祖望,1986:623)陆象山认为,体悟天道,关键在于"要人自理会"。凡人之所以不能体悟天道之理,是被自己局限的心所限隔了。白沙的诚心安仁,湛若水的随处体认天理,阳明的致良知,无非就是体认至仁。体认至仁,关键在于勿忘勿助之间求之,所谓"存天理之本然",既不可忘,更不可助长,方有真得。

性理心法体系,是从先秦圣道心法体系发展而来,且都属于日常生活修行类型。如果归其要,无非强调仁静智动二途。仁静的要点是通过惩忿窒欲达到无将迎:惩忿是除"将"之心,窒欲是去"迎"之心;智动的要点是通过除妄去昧达到无内外:除妄得无外,去昧达无内。这样一动一静,仁智之境可达。据此,可以将性理心法体系中种种具体修持途径,按照八卦相摩之规程,形成图9.4所示的体系来加以展示。希望有助于民众,更加有针对性地加以运用,并落实到具体的生活修行之中。具体修持指导参见附录第一部分内容"日常修持"。

简而言之,性理心法思想核心可以归纳为:以体认天理良知为宗旨,

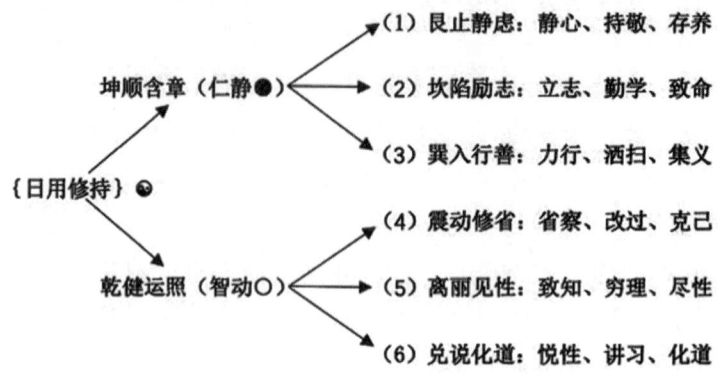

```
                    ┌─→ (1) 艮止静虑：静心、持敬、存养
     坤顺含章（仁静●）┼─→ (2) 坎陷励志：立志、勤学、致命
   ↗               └─→ (3) 巽入行善：力行、洒扫、集义
{日用修持}
   ↘               ┌─→ (4) 震动修省：省察、改过、克己
     乾健运照（智动○）┼─→ (5) 离丽见性：致知、穷理、尽性
                    └─→ (6) 兑说化道：悦性、讲习、化道
```

图 9.4　日常修持途径归类示意图

通过动静仁智之机，采用日常修持之法，最后圆成圣人气象、君子之德！这样，作为最后中华心法体系的一种表现形态，其不但承继了先秦圣道心法的思想内核，而且通过吸收佛道两家心法思想成果，无论是在心法思想境界方面，还是在具体心法修持途径方面，都达到了最高成就，成为传统心法最后一座丰碑。

三、总体体系分析

综上所述的四大心法体系，基本上占据了心法思想理论的多样化生态位分布，形成了各有侧重、各具特色的心法系统，覆盖了几乎所有修身养性的方法途径。当然，讲到心法体系，必然会涉及诸如天道、心性、知行等范畴及其关系。图 9.5 给出中华心法核心概念及其关系图示。

在中华心法的发展历程中，圣道心法体系的核心部分均已被性理心法体系所继承，加上圣道心法中的其他主要思想或多或少也都被内丹心法体系所吸收，所以中华心法也可以按照儒、释、道三家思想倾向来划分。此时大致可以看出：性理心法体系代表的就是儒家心法思想，禅宗心法体系代表就是释家心法思想，而内丹心法体系代表的则是道家心法思想。从图 9.5 中不难看出，大体上讲，佛家不关心天道，强调心识主体的悲智双运，往往定慧皆修；仙家（这里指内丹）则强调天道主宰，认为顺行成人，逆行成丹，主要通过元精与元神修炼，了性了命；儒家强调性理即道，强调

第九章 结 论

知行合一,但相对而言,更多地把心性修持归结到生活修行之中。

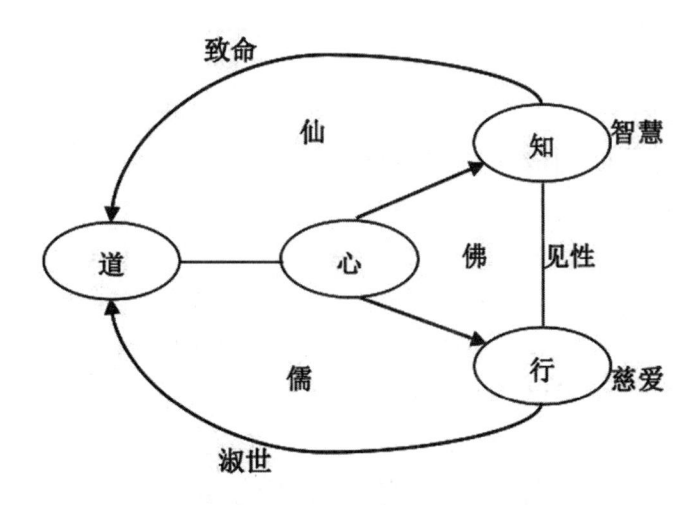

图 9.5　中华心法核心概念关系图

从根本上讲,这儒、释、道三家心法的宗旨都是相同的,都是教人获得健康幸福人生。《性命圭旨》"大道说"指出:"故三教圣人,以性命学,开方便门,教人熏修,以脱生死。儒家之教,教人顺性命以还造化,其道公。禅宗之教,教人幻性命以超大觉,其义高。老氏之教,教人修性命而得长生,其旨切。教虽分三,其道一也。"(尹真人高弟,2013:6)

当然,虽然三家心法都是强调修身养性,但其关注心性修炼的方向却又有不同。关于这一点,《性命圭旨》"大道说"也说得比较到位:"儒曰:存心养性。道曰:修心炼性。释曰:明心见性。心性者,本体也。儒之执中者,执此本体之中也。道之守中者,守此本体之中也。释之空中者,本体之中本洞然而空也。"(尹真人高弟,2013:7)

正因为修炼的方向有所不同,因此在具体修行的出发点和途径方面也有不同的体现。大致说来,道家内丹心法偏重于养生之术,强调惩忿窒欲以摆脱基因控制;释家禅宗心法着眼于明心之法,强调除妄去昧以超越模因束缚;儒家性理心法倾向于淑世爱人之道,强调谋事入世以应对修齐治平挑战。或者,儒家性理心法倡导仁智并举,但偏向于行仁;释家禅宗心法重视定慧皆运,但偏向于慧悟;道家内丹心法强调性命双修,但偏向于了命。

当然,我们这里只是强调三家心法体系有这样的倾向,其实宋明以降,三家心法思想相互借鉴融合的趋势非常普遍,好的心法思想与途径往往被三家所吸收利用。因此,正确的态度应该将三家心法体系看作是一个更大的整体,相互依存又各有自身不同的取向,从而为民众提供非常宝贵而又全面的修行方法。

最后,中华心法,到了清代以后再也没有实质性的发展,并逐渐走向衰落。现在我们处在科学昌明的时代,理应站在科学成就的基础上,重新审视并发展中华心法中合理的思想和方法,为民众健康幸福生活,提供修身养性的有效途径。

第二节　治心效应实证

心法以治心为其目标,所谓修身养性,自然要有具体效应。虽然,不是所有修炼心法的修持者都能够明心见性,甚至其中大多数终其身也不能开悟;但只要按照心法的要求和规范进行长期或短期修持,改善心理品质却是肯定的。故针对治心效应问题,下文通过运用当代脑科学的成就,来给出主要心法修持途径有效性的说明。

美国科学家雅顿在《重塑你的大脑》中指出:"神经科学领域的新发现为如何最大限度地发挥你的潜能以及克服你的弱点指明了道路。我将要描述的是如何将这些发现用来重塑你的大脑,从而能够让你感觉心平气和,而且积极主动。你可以由此提高集中精力面对挑战以及达成目标获得快乐的能力,但更多的是要具备这样两种能力:学会保持镇定和积极的心态。"(雅顿,2011:4)其实这也正是心法修持所要达成的心理状态!中国古代心法的目标,就是通过主动的生活历练来修身养性,塑造美好的心理品质。但是仅仅知道这一原理是不够的,关键是要有具体可操作的方法和途径。就此而言,中华心法积累了大量行之有效的途径,值得进一步在脑科学研究成果的指导下,加以发扬光大。

确实,在长达三千年的历史长河里,中国古代先哲们通过实践创造并总结出丰富多样的心法修持途径,并广泛运用在民众的生活之中。这些方法之所以有效,其实就是暗合了当代脑科学所揭示的神经机制之原理。因此,如何从科学角度,特别是脑科学角度,重新去整理解读历代心法途径——那些行之有效的修行策略、方法和手段,就显得十分重要。这不仅可以给出淘汰无效心法途径的依据,去芜存菁,从而遴选出优秀有效的心法途径,并加以发扬光大;而且能够揭示心法修持之所以行之有效的作用机制,从而引导广大民众更加有针对性地利用各种心法途径,并使有效的心法途径发挥更好的效果。

一、静虑心法效应

静虑之法是中华心法中最为广泛运用的治心修持手段,除孔孟传统心法之外,几乎所有心法体系都无不强调静虑修持方法。因此,我们首先通过静虑脑电等科学实验数据分析,来阐明静虑修持对于提高心理品质的有效性,并给出科学开展静虑的不同类别及其效应的建议。

在现代语境中,静虑也称为冥想,有些文献中甚至指禅修(Zen meditation)。静虑修持方法对于提高心身健康的功效已经被大量的科学实验所证实。戴维森在《大脑的情绪生活》一书的作者序中指出:"我对禅修者的研究已经证明,灵修可以改变大脑的活动模式,增强人们的同理心、慈悲心、乐观心态和幸福感——这是在上面两个承诺的激励下,我做出的最重要的研究成果。"(戴维森,2014:11)

通过静虑所引发心理品质提升的效果非常明显。"仅仅三个月的禅修训练就能影响诸如注意力暂失与选择性注意等基本心理机能,发现这一点让我更加确信:伴随禅修出现的大脑变化发生得相当迅速。"(戴维森,2014:244)而"长期禅修可能改变我们的大脑,增强我们的慈悲心。"(戴维森,2014:254)

在中华心法体系中,专注一境(one-pointed concentration)、正念静虑(open monitoring meditation)和慈悲静虑(compassion meditation or loving-kindness meditation)是三种主要的静虑方法。下文通过引述脑科学的主要成果,对其心法修持的有效性分别加以说明。

心法修持的第一法则,就是认识你自己,而认识自己的前提是培养专注力。注意力分散的人更容易向诱惑屈服,因此培养专注能力是提升心理品质的关键措施之一。认识自己的根本是复见本性,此时专注一境的静虑冥想就是提升专注力的主要途径之一。"神经学家发现,如果你经常让大脑冥想,它不仅会变得擅长冥想,还会提升你的自控力,提升你集中注意力、管理压力、克制冲动和认识自我的能力。"(麦格尼格尔,2013:17)

科学研究发现,静虑冥想会使前额皮层和影响自我意识的脑区发生物质性的改变,相应的脑区会扩大,灰质也会随之增多。"持续8周的日常冥想训练可以提升人们日常生活中的自我意识,相应大脑区域里的灰质也会随之增多。"(麦格尼格尔,2013:17)选择性注意力,主要是前额皮层控制的结果,与大脑的其他区域无关。

有趣的是:"冥想时的感觉越'糟糕',它在现实生活中的作用就越明显。……冥想不是让你什么都不想,而是让你不要太分心,不要忘了最初的目标。"(麦格尼格尔,2013:20)这里是指专注式静虑(冥想)。

如果说选择性注意,可以通过专注静虑心法培养;那么开放的、不予评判的觉察能力,则正是正念静虑方法所要培养的能力。而这两种注意力,都是其他心理品质提升的基石。不仅如此,正念对于心理品质改善的作用更大,效果也更加有效。

正念修持可以对治压力、失落、乱念,改善人际关系,增强注意力,提高记忆力,获得宁静心态,消除药物依赖。正念修持还可以降低血压、缓解疼痛、加快肌肉响应、放松胸膈膜、增强肺功能、缓解焦虑与压力、提升慈悲行为、重塑更加幸福的大脑。长期正念静虑有助于前额叶皮层中部增大和右脑岛增大。慈悲禅修则可以激活眶额皮层、引发多脑区同步激发,这样更有利于心理健康,而正念有助于产生慈悲心。

在卡巴金的《正念:此刻是一枝花》中译本推荐序中也有提到:"大量的研究文献表明,正念冥想有助于治疗慢性疼痛、焦虑、皮肤病、抑郁症复发、失眠、药物滥用、酒精依赖、饮食障碍、心脏疾病和癌症等心身疾病。"(卡巴金,2015:5)美国科学家雅顿在《重塑你的大脑》中则指出:"研究已经表明,正念的练习对免疫系统以及焦虑和抑郁的减轻会产生积极的影响。"(雅顿,2011:207)

"正念是指通过有意的注意和对事物不做评价的方式而产生的觉察能力。"(威廉姆斯,2009:36)正念静虑通常具有这样的一些特点:(1)正念是有意向性的,即包含专注性意向;(2)正念是经验性的,指向当下体验;(3)正念是非评价性的,强调直觉感受、不假思索的静虑。或许,我们的潜意识是自幼塑造形成的精神本性反映,而正念修持就是消除自我意识清晰的抵抗,让神经系统处于潜意识的自发状态。因为一旦"外在"的抑制撤销后,潜在的、被压抑的本我便展露出来了。所以,通过正念去掉"有意"控制,放弃一切掌控意识流的努力,让神经系统处于自发状态之下,这样精神本性就有可能不期而遇,得以显现。因此,通过正念静虑还可以培养社交直觉能力,这便涉及慈悲静虑步骤。

慈悲静虑修持方法是一种正念静虑的高级阶段,处在分步骤进行正念修持的最后阶段。完整正念静虑的步骤包括:第一步先训练专注一境,然后第二步训练无住生心,如果再进一步要训练调整情绪能力,那么第三步就是慈悲静虑。

注意,心怀慈悲与感激的脑机制关键部位也是与前额皮质有关。迄今为止的脑科学研究表明,似乎优秀心理品质都跟前额皮质有关(正是内丹学泥丸所指部位)!前额叶皮层的左侧区域与积极感情有关,负责理性行动,可以帮助人们从事枯燥、艰辛和困难的工作;右侧区域与消极感情有关,负责情欲克制,可以制止一时的情欲冲动;而位于两者中间偏下的区域,则负责目标与欲望的维持,监督"志向",强化理性行动或情欲克制的达成。

对于慈悲静虑的科学研究表明:(1)慈悲静虑激活左眶额皮层;(2)慈悲心的产生涉及多脑区同步振荡现象,结果更有利于心理健康;(3)正念有助于产生慈悲心;(4)长期开展慈悲静虑,其前额叶皮层中部增大和右脑岛增大;(5)前额叶皮层中部与内省和正念禅修之间存在正相关;(6)镜像神经元与共情心理品质相关联。

根据上述结论,雅顿认为:"大脑中存在一个可以通过练习冥想而得到强化的特殊区域。前额叶皮层的中部涉及内省并且与冥想相关联。这一区域被描述为元认知中心或觉察中心。通过左前额叶和触觉(体感皮层)、决定、共情和情绪(前扣带回皮层)的联合,使积极关注的状态成为可能。"(雅顿,2011:208)

科学家发现,一种称为心率变异度的指标,能够反映意志力的程度。

心率变异度较高者更容易抵御诱惑、压力和愤怒,较低者更容易焦虑、抑郁和愤怒。所谓仁者不忧(忧虑、焦虑、抑郁)、智者不惑(贪欲、痴迷、嗔恨)、勇者不惧(恐惧),如果对应到这一指标,无疑就是代表更高的心率变异度。

研究发现,静虑修持能够提高心率变异度,甚至数息法也可以。麦格尼格尔在《自控力》一书中指出:"放慢呼吸能激活前额皮质,提高心率变异度,有助于你的身心从压力状态调整到自控力状态。这样训练几分钟之后,你就会感到平静、有控制感,能够克制欲望、迎接挑战。"(麦格尼格尔,2013:34)适度运动锻炼,比如每次5分钟的散步也可以提高心率变异度,从而改善心情、缓解压力,使你的前额皮质受益。"锻炼身体像冥想一样,能让你的大脑更充实、运转更迅速。前额皮层则是最大的受益者。"(麦格尼格尔,2013:37)不难看出,提高心率变异度更加理想的修持途径是将静虑(冥想)与散步锻炼相结合,这就是中华心法中的经行方法(walking meditation)。

除了提高心率变异度,静虑也有助于提高复原力,即从消极情绪状态中恢复过来的能力。"复原力就是面对逆境要心存希望,相信逆境最终会变得越来越好,同时你要竭尽所能促使转机的发生。"(雅顿,2011:177)"如果你的基准点不是你想要的那样积极、乐观和平静,你必须重塑你的大脑,方法就是通过促使积极的左额叶皮层状态加强活性,并且保持足够的激活时间,以诱发出一个新的特质。……戴维森认为,比如通过冥想来练习培养积极心态和乐观情绪的人,其复原力得以增强。"(雅顿,2011:179)

如果希望激活副交感神经系统,以便与交感神经系统相平衡,以期达成更加优良的心理品质,那么就必须运用综合性静虑修持方法。"激活副交感神经系统要遵循7个行为准则。这些行为准则构成了混合瑜伽(是祈祷、冥想、松弛练习以及自我催眠所共有的),也可称其为副交感神经冥想。把这些行为准则看作让大脑清醒以及使自身感到更平静、注意力更集中和精力充沛的途径。"(雅顿,2011:204)

综合静虑训练包括:(1)节奏呼吸:有节奏的、深深的、从容的和专注的呼吸;(2)集中注意:激活前额叶皮层,抑制杏仁核和交感神经系统过度活跃;(3)安静环境:练习安静,增加嘈杂环境干扰能力;(4)接纳态度:接纳一切和不作评判的态度,无故加之而不怒,淬然临之而不惊;(5)放松姿势:四威仪中心身放松;(6)旁效作用:破除我执,扩展关注点和观察范围,不担心细节和突如其来的事件;(7)无我之境:激活左额叶积极情绪,达到无我之境,这就是坐忘所起的作用,也是正念的境界。

总结起来,静虑的长期与短期修持效果,可以归纳如下:(1)正念减压法提高左前额区激活水平,从而提高我们在面对困难局面时的情绪调整能力;(2)强度更高的正念静虑可以提升我们的选择性注意,减少注意力暂失,使我们在专注力维度上向"注意力集中"的一端移动;(3)慈悲静虑可以加强前额皮层与其他同理心脑区之间的联系,让我们在生活态度维度上向"积极"的一端移动;(4)慈悲静虑还可能提升社交直觉能力(social intuition);(5)对于自我觉察能力,静虑可以产生自我感缺失,达成无我之境。

关于上述最后一点结论,就是破除我执的结果,减少我执,恰恰是静虑修持的目的;而对于情境敏感性的影响,则与忘物效应相关联。所以两者相合,就跟所谓物我两忘的目标相关联。具体地说,自我觉察能力是"我执"(self-awareness),情景敏感性是"物执"(sensitivity of context),两者都要破除,便是物我两忘。有研究表明,深度静虑确实可以达成无我之境。比如英国科学家吉夫斯和美国科学家布朗就发现:"在冥想者报告达到全然专注和'一体性'(oneness)的状态时,两组被试均出现额叶激活的增强和右侧顶叶激活的减弱。右侧顶叶活动的减弱被认为是自我感缺失(absence of a sense of self)体验的神经基础,在冥想状态下有时会出现这种自我感缺失。"(吉夫斯,2014:73)

上述科学说明,静虑修持方法对于提升心理品质有着非常重要的积极意义。另外,为了取得更加良好的心理品质的改善和提升,依据上述的科学研究结论,运用静虑之法,我们建议采取如下的静虑步骤:先练习专注静虑:观想鼻端或数息;然后再练习正念静虑之法;最后就是练习坐忘静虑,达到超越自我、物我两忘之境。

二、生活修持效应

除了静虑修持,日常生活中尚有众多可以运用的心法修持手段,特别是儒家心法体系中强调的一些修持手段。我们接着就从脑科学的研究成果,来分析日常生活修持对于心理品质改善的研究成果,并给出生活中不同修持途径对治各种不良习性的心法修持建议。

首先,在日常生活中,良好的心态应该保持3C状态:全神贯注(commitment)、把握自己(control)以及迎接挑战(challenge)。按照儒家心法体系的意思应该是人常处于:积极进取、随遇而安(resilience)、任运自在之心理状态。

为了达成良好的3C心态,从脑科学的角度看,就是要充分利用大脑的可塑性,通过生活中不断刻苦的练习,让大脑建立起符合3C心态的牢固神经联结。或者进一步从神经递质、神经调质、神经激素等微观分布作用的角度看,就是要通过有效的心法修持,来不断调节身体中几十种生理和化学物质,使其总和达到最佳状态。

魏坤琳在《重塑大脑,重塑人生》推荐序中指出:"正因为人脑可塑性极强,我们才更应该有意识地爱护和塑造自己的脑,建立积极导向的神经联结,避免消极导向的神经联结。"(道伊奇,2015:xvi)而生活修持中的各种途径,都是属于可以加强积极导向神经联结的,所以都是养成良好心理品质的有效途径。

大脑某种心理素质养成的要领包括:(1)简事(生活尽量简单,去除不必要的事情);(2)专注(做任何事情,尽量要专心致志,不要三心二意,不要分散注意力);(3)恒心(持之以恒,每天定期训练,或集中一段时间专门训练,或持续数周、数月的长期强化训练)。而这样的要求,基本上就是宋明性理心法中有关持敬主一的修持原则。

持敬主一,就是通过提升专注能力来培养良好的心理品质。业已清楚,神经系统有效的重塑与专注力有很大关系,专注地学习和训练,能够更好地重塑大脑,甚至可以促进神经干细胞的再次激活,从而延年益寿。

所以持敬主一,做事专心致志,才是提高心理品质的最好途径。正如美国科学家雅顿明确指出的:"我们知道,专注的大脑能够促进健康和幸

第九章 结　论

福,通过专心致志的方法重塑你的大脑,你可以从中受益。"(雅顿,2011:18)

第二个生活修持的要领就是努力培养积极情绪而缓解消极情绪,具体方法与生活修持中强调的力行有关。我们知道,在大脑的脑区结构中,左前额叶皮层与积极情绪相关,属于行动导向型;右前额叶皮层与消极情绪相关,属于被动导向型。左前额区帮助产生积极情绪,形成期望目标,并实现制订行动计划。反之,左前额区受损,则缺乏这些能力,往往易患抑郁症。行为激活左前额叶皮层,是治疗抑郁症的主要方法之一。

相对于右前额皮质而言,左前额皮质激活水平越高,情绪调整能力就越强。左前额皮质对杏仁核有抑制作用,因此其与杏仁核之间连接越丰富,人的情绪调整能力就越强。须知,大脑是可塑的,可以通过"力行"类心法修持有针对性的训练来增加两者之间的连接强度。"通过采取行动,你可以使左额叶活跃起来,这样能够减轻杏仁核的过度反应。右额叶的过度活跃可能让人们患上焦虑症。左额叶具有行动倾向,而右额叶具有被动和退缩倾向。此外,左额叶增进的是积极的情绪,而右额叶增进的是更消极的情绪。"(雅顿,2011:37)

有时,单单运动想象练习也可以重塑大脑,用进废退是神经系统的基本原理和策略。因此在生活中要努力强化好习惯,摒弃坏习惯,就可以不断完善自己的行为规范和提升自己的心理品质。具体的修持原则就是少乱念思虑、多集义行动,甚至想象行动(比如存想之法)。通过力行将良好的行为习惯化为自觉行为,才真正能够随遇而安、任运自在。

但大多数情况下,人们往往会疏于把控自己的行为,放任自己的欲望,更不用说是自觉克制欲望了。所以刻意的训练还是必需的过程,然后目标则是要达到超然刻意的把控。练习力行自控,可以与培养专注能力结合起来,并从日常生活的小事做起,贵在坚持,养成习惯,自然就能形成强大的力行能力。

要训练自己的积极思维、激发自己的正面情感,并投身于有益的社会关爱活动。日常幸福疗法可以增强前额皮质及其与腹侧纹状体之间的联系,决定我们的生活态度。这是因为,前额皮质与腹侧纹状体中的伏核,构成了大脑的奖赏回路,对奖赏感与积极生活态度的产生起到非常关键的作用。如果前额皮质输入腹侧纹状的信号较少,将会导致腹侧纹状较低的激活水平,生活态度就会变得"消极";反之,则可以保持积极情绪的能力。

幸福疗法的具体步骤:(1)多行善举;(2)真诚感恩;(3)学会赞美。多行仁爱、迁善改过有助于提高幸福感受的水平,而镜像神经元则是产生共情情感的神经系统,有助于积极参与到良好人际关系的构建活动之中。因此,恻隐之心的生物学基础就是镜像神经元,这种神经元的数量和活性,决定着仁爱本性的深度。

如果说多巴胺是欲望的渊薮,那么催产素就是仁爱的源泉。我们不能跟着多巴胺欲望走,那是一条不归之路;如果一定要寻找替代物,那么应该是催产素,这才是幸福生活的激素。多巴胺会使人们期待得到奖励,而不是感受得到奖励时的快乐,因此更多的是通过充当欲望的促进者来起作用。只有可以带来平和仁慈心境的催产素,才能够带来真正持久的快乐。

一方面,"就像多巴胺使我们兴奋、加快动作、引发性兴奋,催产素使我们安静、心情温和、语气婉约,容易依恋到别人身上,并使我们降低戒心。"(道伊奇,2015:135)催产素也可以将已经习得的行为擦洗掉,这便是迁善改过的神经机制。另一方面,"较高的催产素水平有利于人们减轻疼痛感,并且让我们感到来自其他人的安慰。"(雅顿,2011:17-18)所以催产素也是带来爱的荷尔蒙。

在爱的奉献中,特别要警惕"道德许可效应"。当人们做了一点善事后,往往会感觉良好,于是就会满足自己的欲望冲动来"奖励"自己一下,而这些冲动常常会允许你做坏事(因为自己做过善事,心理得到满足,就会产生补偿的欲望),这就是所谓的"道德许可效应"。甚至那些"好的行为"仅仅停留在想象的思想层面,或过过口瘾而已,也一样会产生这样的道德许可效应。记住,任何期待回报的行善都不是真正的善行,其无助于幸福生活的真正获得。所以"为了更好地自控,我们需要忘掉美德,关注目标和价值观。"(麦格尼格尔,2013:101)

孔子说:"观过,斯知仁矣。"(何晏,1999:49)观想、反思和觉察有助于仁性的显现,其神经基础便在于此!因此,生活修行的第四个重要方面就

第九章 结　论

是通过"思过"来提升我们仁性的觉察能力。但要注意,人们需要内省不疚,但千万不要自责不休。一方面,观过斯知仁;另一方面,自责伤自信。这一点需要特别注意辨明,切不可违背中道精神!

思过,是为了建立更加自信的自我,而不是让自己陷于对过失的焦虑之中。长期焦虑,皮质醇就会起主导作用,不但会破坏自身免疫能力,而且结果时间一长,多巴胺会耗尽,这会使人感到痛苦难受。而且皮质醇还会为储存能量而工作,结果长期压抑会增加脂肪而发胖,海马体也会因此受影响,记忆力也随之减退。此时,杏仁体反而变得超级灵敏,更加容易产生焦虑和紧张。于是,便进入了恶性循环之中。

处理焦虑问题的关键在于:(1)过度焦虑来自错误认知,需要把注意力集中到正确的认知上;(2)适度焦虑对增强神经可塑性有益;(3)可以开发副交感神经系统,获得自觉平衡能力;(4)勇敢面对挑战而不是逃避,可以减轻焦虑;(5)焦虑与恐惧有关,恐惧中心是杏仁体,而自信中心是眶额皮层,所以增加眶额皮层活性,降低杏仁体的敏感性,是克服焦虑的根本途径。

所以,思过之后要及时调整自我,开展朋友讲习,强化社交直觉能力。我们是社会性的人,因此只有身处社会关系之中,我们才能够确认自己的角色,才会有自我意识,知道自己是谁。因此,良好的社会关系,包括社会支援、宗教信仰,以及避免不健康或危险的行为,也都是健康生活,特别是心理健康的重要因素。

我们的社交直觉能力涉及社会脑系统,包括神经递质(催产素、多巴胺、加压素)、大脑结构(眶额皮层、杏仁核、脑岛、扣带回、镜像神经元、梭形细胞)、中枢神经系统(迷走神经)。正如雅顿指出的那样:"额眶皮层和大脑中的一些其他部位构成了所谓的社会脑,因为这个神经元系统只有依赖于社会交往才得以存活。当这些神经元被有效地激活时,你就拥有健康的心理。"(雅顿,2011:17)在这个社会脑系统中,社交直觉则由梭状回和杏仁核的激活水平来衡量,高梭状回激活与低杏仁核激活,代表社交直觉敏锐。催产素也是增加社交直觉能力的重要因素。海马回(即海马体)除了形成长期记忆的功能外,其激活程度还与情境敏感能力成正比。

培养社交直觉能力属于悦入法,所谓朋友讲习,可以开展丰富多彩的形式,包括多听听音乐。要知道:"有一个无须服药就能提高活力的好办法:音乐。"(刘易斯,2016:174)培养社交直觉能力的根本就是要学会战胜自己的害怕心理,迎难而上,用实际行动来克服害怕心理。正如我们一再强调的,用进废退是神经系统的基本原理和策略,因此生活中要努力强化好习惯,摒弃坏习惯,就可以不断完善自己行为规范的自觉性和提升自己的心理品质。毕竟,神经可塑性的物质基础之一就是脑源性神经营养因子,其水平可以通过长期学习刺激来增益,从而强化神经连接,以便保存记忆。反之,长时间的抑制则可以减弱支持不良习惯的神经连接。如此,战胜恐惧、愤怒和忧患,便是走向智慧的开端。

在日常生活中重塑大脑的系统方法包括4个步骤:(1)聚精会神(focus,元始之修);(2)努力学习(effort,亨通之修);(3)驾轻就熟(effortlessness,利和之修);(4)持之以恒(determination,贞正之修)。将这四个单词的英文字首合起来就是FEED(颐养天年),这便是乾道四德:元亨利贞。

最后,为读者归纳具体快乐生活的小窍门:遵循天道、志向明确、积极进取、终身学习、朋友讲习;高调做事、杜绝拖延、深缓呼吸、专心致志、注重过程;低调做人、顺其自然、充满自信、乐观豁达、关爱他人。

三、智慧心法效应

从治心目的来看,心法修持无非有两个,一个是惩忿窒欲,主要体现在上述生活修持之中;另一个则是除妄去昧。除妄去昧,除了可以运用前面论述的静虑渐修途径,还可以采用智慧顿悟方法。因此,最后我们就通过去意向性悟识能力的运用,从科学原理上来说明,智慧顿悟方法的合理有效性,并给出运用智慧心法的建议。

除妄去昧,就是要打破不良思想观念及其思维定式,达到任运自在的心理状态。具体来说,是要调整思维的积极性,重构核心信念,重新建立正确的世界观、价值观和人生观。从根本上讲,也就是遵循孟子所说的,要尽心知性以知天,然后才能幸福生活!

打破已有的不良思想观念以及思维定式,从脑机制上讲可以运用"去习得"机制来训练实现。学习可以通过影响哪些基因被选择转录,从而塑造我们基因所控制的大脑。而"去习得"就是通过新的良好行为或思维习惯,纠正改变原来的不良行为和思维定式。比如用好的愉悦行为,去取代不良的焦虑行为习惯。

除妄去昧的第一步就是去除各种概念标签,解构固有的概念分别,回归自然体验。禅宗机锋、公案、话头的作用机制,应当作如是观。因此,智慧顿悟的最终目的就是要通过去意向性思维机制达成无意向性的心理状态。

在心理治疗中,改变不良观念及思维定式的主要方法有:谈话疗法、认知疗法和积极疗法,都是利用大脑"用进废退"的原理与机制,去掉不良习得,获得优良行为。其实,每一个实质性的活动,如身体活动、感知活动、学习思考、阅读活动、聆听音乐和想象活动等,都会改变大脑和心智。探寻新事物然后全神贯注地投入,加上乐观进取的态度,是大脑可塑性改变的必要条件。不过,当改正错误观念后,如果没有建立新的大脑连接,大脑便不会自动换挡,于是就会强化犯错感觉,而变得焦虑不安。解决的方法是要改变眶额皮层和扣带回的神经回路,使层状核的功能正常。

或许通过参究公案的元认知训练可以使大脑换挡,也可以通过禅宗机锋对话来改变大脑的固化思维习惯,抑或通过机锋启悟的微扰干涉原理,来彻底翻转原有固定的思维定式。跟认知行为疗法一样,智慧顿悟修持就是要去掉认知曲解,这些曲解认知包括:非好即坏、以偏概全、自我中心、度人之心、小题大做、感情用事、悲观失望、极端思维(所以孔子绝四:毋意、毋必、毋固、毋我)等。

一旦思维方式得以改变,就可以极大振奋精神。禅宗智慧法门就是顿悟式地改变人们的思维方式,坚定自信信念,也就是从改变积极思维方式入手。任何时候,都不要低估信念与特定思维方式对情绪的影响力。"你所相信的会对你所体验的甚至对你的身体都会产生巨大的影响。"(雅顿,2011:61)在改变不良观念及思维定式中,最为关键的在于破除我执,要学会非线性思维和中庸之道,积极乐观,达到无我之境。要成为自己的主人,而不是情欲和妄念的奴隶,就需要除妄去昧,所谓诚意,不自欺,表里如一,慎其独也!

诚然,"大部分的时候我们是自己的主人:内外一致,内心控制着外表的行为。"(约翰逊,2015:5-6)但是,我们有时并不能一如既往地不自欺。一个非常普遍的表现就是人们总会高估自己的能力、美德和善良。在生活中,几乎所有的人都会认为自己比大多数人更要善良、更有美德,并且能力应该在平均水平以上。因此,正确评估自己、认识真正的自己非常重要。这就需要破除我执。

从脑科学来看"自我",大致涉及两个部分。边缘叶带来冲动的自我,前额叶则带来控制的自我,两者达到中庸平衡方为可取,所谓从容中道,圣人也。前者是生存本能,后者则是觉察能力,两者有时会冲突,但并非总是会冲突,只有相互协作,才能做出更好的选择。在这其中,起着主导作用的便是自我觉察能力。

"大脑中决定一个人自我觉察能力的关键区域是脑岛。"(戴维森,2014:87)脑岛接受来自内脏器官的信号,因此内脏神经越活跃,自我觉察能力就越强(包括情绪觉察能力),反之则越弱。这里的自我,多半是指最小自我(minimal self),属于涉身性自我,跟身体有关,静虑修持可以降低对这一自我的觉知,所谓忘我或无我之境。还有一种自我,称为叙事自我(narrative self),这便与概念分别、记忆有关,减少对这一自我觉知的途径,就是去掉意向对象的智慧顿悟之法,似乎与我们的情境敏感性相关联。

因此,所谓智慧心法训练,就是要将潜意识本能与显意识觉察融为一体(打成一片),消除两者分离互斥的状况,使得一切行为都是本性的自然流露,与本能天性相一致。"在意志力挑战中获胜的关键,在于学会利用原始本能,而不是反抗这些本能。"(麦格尼格尔,2013:12)所以正确地破除我执,就是要做到"勿忘勿助"。

破除我执,顿悟自性,还有一种可能的途径就是通过暗示来唤起潜在的本性。在禅宗顿悟心法中,无论是机锋启悟、公案参悟、还是话头参究,其中对终极指的暗示,往往就成为一种非常有效的智慧顿悟心法途径。

当然,要使暗示能够起到潜在功效,还必须让这样的暗示深入到潜意识之中。日本学者千叶康则在《自我暗示术》中指出:"总之,即使有了暗示,也并非是只要下决心就一定会如愿以偿,还需要努力让暗示为下意识所接受,二者结为一体才能达到目的。"(千叶康则,1996:8)因此,要使得

第九章 结 论

禅悟启示发挥作用,便需要那种不自觉下意识的自我暗示,利用内部语言来驱动作用,而不是外部语言的提醒,这才是真正的暗示。这种内在化的暗示,与意识的思维过程相融合而成为自觉过程,可以通过去除意识性思维和自我意识性暗示来达成。

所谓暗示,包括禅悟性暗示,必定有语言驱动,这个语言更多的是内部语言,比如在参究公案前自我暗想:"我一定要开悟,"结果却适得其反,表现得越发不能开悟了。这其中的暗想,就是内部语言的驱动作用。但是,"如果这种内心语言(意志)为下意识所接受,与下意识结为一体,就完全可以发挥暗示效果而真的做到不怯场。"(千叶康则,1996:14)所以,好的暗示之所以能够起作用,主要是遵循了这样一种脑机制实现机制:内部语言(意识)——暗示——潜意识活动——行动,其中关键是要将消极暗示转化为积极暗示,并融化到人们潜意识支配的行动中去。

"通过暗示,的确可以发挥出平时不可想象的能力,因为人具有相当大的潜在能力,当它被引发出来的时候,就会释放出令自己也大为吃惊的能力。"(千叶康则,1996:217)历史上通过禅师们暗示启发而顿悟的,多不胜举。

但问题是,事实上存在着"努力逆转法则",越努力使自己内心平静,人们就越会乱念纷飞。从潜意识接纳的角度讲,从意识(意志思维)到潜意识的直觉融合,就是从此岸到彼岸的升华过程。而此转变过程的成功,在于信心的建立。成功的经历和生活的历练,有助于信心的建立,而积极暗示之所以有效就在于信心的建立。所以临济禅师上堂曰:"如今学者不得,病在甚处?病在不自信处。你若自信不及,即便忙忙徇一切境转,被他万境回换,不得自由。"(慧然,2001:11)

愿望必须有实现的可能,只有愿望符合天道规律,没有超出自己的能力,又有坚定信念所支撑,自我暗示才会起作用。"由此可知,最重要的是要笃信自己的愿望是能够实现的。"(千叶康则,1996:60)对于智慧顿悟心法的运用,也当如此!

破除我执,除妄去昧最终达成的境界就是心灵达到通达无碍、任运自在的状态。这种状态,就是所谓的"心流"(flow)。因此,"完成足够多的心智任务,让大脑的运行方式实现切实的改变,关键在于找到'心流'。"

(刘易斯,2016:32)心流,就是心无旁骛不受外界干扰的自由流淌心灵状态,专注运作大脑并使其实质性地向正确的方向上重塑。

同样,要让智慧顿悟心法训练富有成效,让大脑不良观念及其固化思维有切实有效改变,关键也在于找到心流,一种自然流淌的心理过程(go with the flow),所谓"通达无碍,任运自在",就是无为之法:勿忘勿助。"这是因为心流让你能够在足够长的时间内沉浸在这一活动当中,从而触发大脑的变化。一旦找到了心流,你无疑会从整个过程中体验到明显的快感,并为自己的成就感到真正的满足;极有可能,你很快就会准备好面对下一阶段的挑战。在新的挑战中找到心流,是一个关键:它确保你的自我推动信念把你锁定在正确的方向上,让你的大脑继续投入重新布线所需的资源。"(刘易斯,2016:33-34)

作为一种建议,对于智慧顿悟境界的达成,可以在机锋对话、公案参究或上堂开示之后,通过沉浸式"浸泡"来进行,说不定就能够突然顿悟禅理而获得慧解。因此,在顿悟禅修期间,可以安排这一"浸泡"环节(15分钟),以期理入慧解、体悟禅理。放松心情,通过达到某个"朦胧的所在"(混沌边缘),然后等着不期而遇的灵光一现(动之几),利用潜意识到意识的转换契机!因为"借助于潜意识的搅动,各种念头、理论和概念才有用武之地;关键是要让大脑足够平静,好让你捞得着它们!"(刘易斯,2016:64)

直觉体验的涌现,或是思维的存在模式,才是走出思维固化困境的最佳方式,而不是思维的运行模式,所谓莫如以明。当下体验、直接感受和回应环境(秘密认知),而不是思虑环境的意义和因果(公共认知),所谓打破思维固化的障碍,就是要回归这种直觉体验的生活方式。通过培养存在模式的灵觉能力(秘密认知能力),我们可以:(1)跳出理性思维(公共认知能力)的局限性,直接而经验性地去感受这个世界,从而打开生命所赋予快乐的无限可能性;(2)除去头脑中的不良观念,超越语言概念的藩篱;(3)开始学习让自己每时每刻都活在当下,无将迎,获得平和的心态和丰富的内在体验;(4)根绝我执,以及因此引起的种种负面情绪。庶几,这样便可以达到那种直觉体悟的境界。

总而言之,用进废退是大脑的根本机制,这一机制的有效性是建立在具有可塑性的神经系统之上的。也就是说，为了不断适应外界环境变化，神经系统具有不断改变自身结构的能力。个体的大脑结构及其功能表现，无非就是环境与基因相互作用的产物。大脑的这种可塑性，与多巴胺有密切关系，它可以让达成目标的行为所依赖的神经回路得到强化。每一次这样的行为重复，都会有特定的蛋白质积累到相应的神经元上，直至多到能够打开某个基因的开关，从而造成局部神经系统结构的持久性改变。

大脑是可塑的，但这一可塑过程却是不可逆的，所以适切的心法修持至关重要，更是幸福人生的关键所在，不可不慎。重塑大脑，将自己希望弥补的弱点通过强化训练加以改变，就可以不断完善自己的薄弱环节。记住，即使是成人的大脑，也是终生可塑的，人生任何时候想要加以改变都为时不晚。

最后，强调指出，在科学昌明的当代社会，中华心法体系未来的发展，当通过引入当代科学思想与方法，特别是脑科学的最新成就，来传承传统中华心法的合理思想与途径，并加以变革改造。这样，只要不断开拓进取，便可以开创出中华心法崭新的局面，形成更加科学系统有效的新体系，比如我们创立的乐易心法体系，从而为化导民众健康幸福生活，提供全新科学的身心修养指导。

第三节　心性证悟勘验

心法修持状态的最高境界，是指修持者的心性到达所谓的证悟状态。证悟，就是一种直觉体悟，到达一种对天道心性整体性把握的感受状态，所谓真体显露，万物皆备。不管是瞬间顿悟到达的，还是持久静坐修成的，抑或是在生活中磨炼而就的，这种证悟状态即是消除了主客体之间的隔阂，将主体与环境时空融为一体，所谓物我两忘，就是一种无我状态。

一、证悟科学分析

问题是，从科学的角度来看，这种证悟的灵性状态真的可以达成吗？从当代科学来看，心性的证悟，涉及意识问题，特别是主观性的体验意识现象，因此，就涉及灵性（精神本性）的显露问题。那么，作为人类个体，真的可以达成这样灵性显露的证悟状态吗？拥有什么样的前提条件，人类个体才可以促使灵性显露，从而证悟自性呢？为了回答这样的问题，我们先来给出有关灵性及其性质的分析。

根据英国著名人类学家泰勒在《原始文化》中的有关论述，在人类远古几乎所有原始文化中，普遍存在一种非常古老的信仰，称之为万物有灵论。那么，一切事物真的都是有灵的吗？显然，要回答这样的问题，依赖于对"灵"的定义。如果将与宇宙精神相关联的本性，看作是有"灵"的话，那么根据《明道显性：沟通文理讲记》第五章和第六章有关意识和精神的论述，无疑万物有灵论是成立的（周昌乐，2016）。

于是，我们可以这样理解所谓的"万物有灵论"，就是说不管有没有生命意识，一切物体都是有其伴随的灵性的。这一物体的灵性不是别的，就是指反映宇宙精神以及该物体的整体关联性。

不过，如果"万物有灵论"中的"灵"不是指事物的整体关联性，而是指宇宙精神作用的最高表现形式，具有意识能力的话，那么就不是所有的事物都有"灵"了。由于意识能力只是针对意识体验作用而言的，因此只有具有意识的智慧生命才可以称为是有"灵"的。特别是，还存在无意识的神经活动，确实可以说并非一切事物都是有"灵"的。事实上，在宇宙演化过程中，物体形态从简单到复杂在不断地进化，孕育着不同等级的精神现象表现，直至体验意识的出现，才有了对应伴随的意识作用能力。

因此我们可以仅把具有灵觉意识能力的智慧生物，称其为有灵生物，除此之外，其他物体都称为无灵物。有灵生物，是生物进化到一定复杂程度后涌现的一种自然现象。石头没有、植物没有、机器也没有：尽管这些事物也有各自的整体关联性，但没有那种能够显现意识自明性的意识能力。

于是，对于万物有灵论我们也就必须区分"有灵"的两种含义：一是有灵性伴随，二是有灵觉意识能力。虽然万物皆有灵性，但不等于说万物皆是有灵生物，具备灵觉意识能力。无灵生物与有灵生物的区别在于是否能够自明性地拥有灵性显现能力（灵觉意识能力），而不是仅仅拥有灵性。具有灵觉意识能力的生命，我们称之为有灵生物，否则就是无灵生物。就

第九章 结 论

像无机死物与有机生物的相互区分主要在于是否拥有"代谢机制"而不是拥有"物质"一样,无灵生物与有灵生物的相互区分则主要在于是否拥有"灵觉意识能力"而不是拥有整体关联性(灵性)。

说一物有灵性与说一物拥有灵觉意识能力是不一样的。万物有灵是指万物均具有整体关联性,但对这种整体关联性的意识体验,却只有在意识高度发达的有灵生物(智慧生命)中才具有可能性。这种可能性依赖于意识体验能力的强弱,意识能力通过意识体验而达成,而体验正是意识感受能力的作用结果。

首先,所有有灵生物要有意识活动能力。因此,其基本界限应该是具有足够复杂神经系统的生物:如果存在类似于这样足够复杂神经系统的生物,那么该生物才可能是有意识的,其他则肯定是无意识的,这是有意识生物的最低必要条件。

其次,意识的本质是主观性。意识意味着主观体验的现象意识,其意指我们内在的感受性(qualia),而非外部意向对象。这样的意识,是具有统一性、流淌性、同一性的,还可以伴随着意向对象(意识内容)。

最后,体验不可言说的主观性质。西方称其为感受性,相当于中华心法学说体系中天命之谓的那个"性",凡事都有"性"(精神本性),而感受性,特指心性之性。显然,这个"性"是不可分析的,也是不可还原的,甚至是不可思考的。心性,只可直觉体悟,其唯靠我们的灵觉悟识能力来显现,这种悟识能力,也称秘密认知能力。

这样一来,宇宙万物就可以根据进化复杂性的程度,分为无机死物(物质科学研究的对象)、无灵有机生物(生命科学研究的对象)、有灵生物(意识科学研究的对象)三类。我们全新的灵性论断的有效性主要也是针对有灵生物而言的。因此,一般的生物(有机生物),如植物,即使也有灵性相伴随,却也不能称之为有灵生物。只有具有意识体验能力的部分动物,特别是人类,才可能拥有意识能力,特别是灵觉悟识能力,我们才能称之为有灵生物。所谓周敦颐在《太极图说》中所言"唯人也得其秀而最灵"(周敦颐,2000:48)。

具有的这种悟识能力,是一种心法能力,属于一种去意向性的悟识意识,可以将精神作用显现的体验与物理过程涌现的脑智两者整体关联起来,结果便是获得最高的悟识体验。因此,从意向性的角度看,去意向性悟识的主体也是人而不是人之脑。因为人身的解脱在于心,于是才有各种心法途径的建立,其目的依然在于人的主体性解放。

事实上,在漫长的进化过程中,也许确实只有我们人类,演化出发达的人脑,才具备这种灵觉意识能力。"相反地,我们现在提出,人脑的卓越功能是源于其新新皮层(39区和40区,中前额叶和下颞叶脑区),这些脑区在最发达的类人猿脑里几乎不存在。……新新皮层毫无疑问的是多种脑功能不对称性的结构基础,比如语言功能位于左侧,而空间构造和音乐功能位于右侧。"(埃克尔斯,2004:228)特别是:"新新皮层的神经活动和多种多样的灵知功能相关,包括意识、自我意识、思索、记忆、感情、想象和创造。"(埃克尔斯,2004:233)确实,"生物进化为有自我意识的存在提供了人脑这一物质基础而超越了它自己,而这个有自我意识的存在的天性是在探求爱、真、美的过程中寻求希望和意义。"(埃克尔斯,2004:266)这些便是人类灵觉能力产生的脑机制基础。

比如,在《传习录》上篇中有记载:"(陈)澄在鸿胪寺仓居,忽家信至,言儿病危。澄心甚忧闷不能堪。"王阳明曰:"此时正宜用功。若此时放过,闲时讲学何用?人正要在此等时磨炼。父之爱子,自是至情。然天理亦自有个中和处,过即是私意。人于此处多认做天理当忧,则一向忧苦,不知已是有所忧患,不得其正。大抵七情所感,多只是过,少不及者。才过便非心之本体,必须调停适中始得。"(王守仁,1996:19)

从脑科学原理上讲,陈澄此时"忧闷不能堪",正是被情欲脑控制的结果(归根结底是基因操纵的结果),所以正需要依靠灵觉意识能力去"调停"适中。此时正是培养灵觉之心的时机,才有可能摆脱"忧闷不能堪"之心态。

要之,有灵性是一回事,能够悟识体验到这种灵性是另一回事。万物有灵性故然不错,但并非所有的物体都有灵觉意识能力。正如只有对于有生命的物体才能有意义地谈论死亡问题,同样也只有对于有灵觉意识能力的生命才能谈论是否有心性证悟问题。而谈论心性证悟与否,通常是就具有体验意识的个体而言的。

这样一来就会自然发现,主观体悟会涉及意识的私密性问题,有如威廉斯所说:"说到底,你能真正知道的唯一精神世界只是你自己的精神世界。你不能知道计算机的、动物的或你朋友的精神世界。"(威廉斯,1998:60)因此,心性证悟的核心问题就是要理解第一人称视角的意识,而要彻底地从第一人称视角理解意识,其途径唯有各种心法修持途径。通过放弃一切破碎性的概念分别思维(公共认知能力)之后,"莫若以明"(直觉体悟)才能把握意识本性,是一种物我两忘的叠加纠缠态!

对此,现代量子物理学家波姆有独到的认识:"所以,我们必须吸收全部古代东西方的伟大智慧,进而创造出相关于我们现代生活条件的,且有独创性的新感知。在这过程中,认识诸如在各种沉思形式中使用的种种技巧的作用是很重要的。在某种程度上讲,沉思技巧可以看成是度(是被知识和理性所序化的行为),人们试图用这些度来获得无度之物,即达到他不再感受到自己与整个实在分离的心理状态。"(波姆,2004:27)

所谓"沉思之度"就是心法修持的"不勉而中,不思而得"之原则,或者中华心法中的所谓"藏诸用"就是这样的"度",或叫秘密认知能力,以达到物我两忘之境界。而所谓秘密认知能力,就是将"有度之物"与"无度之物"纠缠一起的悟识能力。"一旦有度之物与无度之物的和谐获得成功,人们就不仅能洞察整体性的意义,而且更重要的是,他们能够认识到在其生活的每一个阶段和每一个方面之中这种洞察所具有的真理性。"(波姆,2004:29)

因此,从理论上讲,所谓心性修养,就与精神境界的正逆跃迁有关:精神升华,是精神境界的正向跃迁;反之,精神堕落,则是精神境界的反向跃迁。精神境界跃迁的最高状态,就是回复到那个先天之炁,保持纠缠态,而达成的方法,就是中华心法所给出的诸种修持途径。简单说,就是通过"显诸仁,藏诸用"来成就精神本性的达成。

二、心性勘验要点

通过上述分析,我们明白,有灵生物只有拥有灵觉悟识能力,才有可能证悟到自性,达到那种如如之境。那么接下来的问题就是,我们又是如何判断某人是否达成了这样的境界了呢?这就是心法修持实践中的心性勘验问题。一方面,存在着自性感悟或体验,完全是私密性的,所谓"如人饮水,冷暖自知",无法用语言传递给他人这种主观体验,所谓"语言道断,心行处灭";另一方面,作为心法训练重要的环节,又必须对修持者进行心性勘验,以判断其所达到的精神境界。

好在内在的心灵状态,往往都有外在体相显露,并经由言行表现、生理反应等透露出来,所谓阮逸在《人物志序》中所言:"人性为之原,而情者性之流也。性发于内,情导于外,而形色随之。"(刘邵,1990:1)比如刘邵《人物志》中就给出了一些基本论述:"夫声畅于气,则实存于貌色。故诚仁必有温柔之色,诚勇必有矜奋之色,诚智必有明达之色。"(刘邵,1990:5)所谓:"能知精神,则穷理尽性。"(刘邵,1990:6)据此,在长期心法修持的实践中,儒释道三家心法体系,形成众多比较系统的心性勘验方法。

(一)禅家勘验要点

如果要衡量习禅修行者所到达修养境界的程度,那么中华禅宗四祖道信在《入道安心要方便法门》便已给出比较具体的标准(见《禅宗全书》第一卷中《楞伽师资记》),指出:"知学者有四种人:有行有解有证,上上人;无行有解有证,中上人;有行有解无证,中下人;有行无解无证,下下人也。"(蓝吉富,1988,第1册:13)这里是用"行""解""证"这三个方面来勘验"学者"。

如果一定要与仁智操守相关联,那么这里的"行",主要考察"仁爱"的表现;这里的"解"主要考察"智慧"的表现;而这里的"证"则是对应着"仁智"两者纠缠合一性的考察,所谓"证悟"。中上人必须有解有证,中下人则有行无证。从四祖道信的勘验标准上看,"证悟"是最为关键的,所以禅家的勘验,主要也只关注于"证悟"状态之上。

当然,作为一名悟道圆满的禅师,光有理入行入是不够的。海东五冠山了悟禅师强调"三遍成佛",认为悟道圆满应该表现在三个方面:一是要证理成佛,二是要行满成佛,三是要示显成佛。所谓:"言证理成佛者,知识言下,回光返照自己心源,本无一物,便是成佛。不从万行渐渐而证,故云证理成佛。"(静、筠,2001:655)可以通过禅宗倡导的种种方便法门成就之。而"言行满成佛者,虽已穷其真理,而顺普贤行愿,历位广修;菩萨之道,所行周备,悲智圆满,故曰:行满成佛者。"(静、筠,2001:656)也就是说,不光要在理入上觉悟,而且要身体力行,知行合一,在日常生活中处处体现禅道的精神。最后"言示显成佛者,如前证理行满,自行成佛已毕,今为众生示显成佛,八相成道矣。"(静、筠,2001:656)指的是不仅自己觉行圆满,还要有菩萨精神,启发众生成就禅道。

因此,比较全面的禅道修行还是应该强调悲智双运。北宋永明延寿在《万善同归集》卷中强调:"悟天行契自然之本理,修梵行断尘习之根源。"(蓝吉富,1988,第31册:581)并在《万善同归集》卷下进一步指出:"若欲无过,但理事融通,行愿相从,悲智兼济。故《华严》论云:偏修理则滞寂,偏修智则无悲。偏修悲则染习便增,但发愿则有为情起。故菩萨以法融通,不去不取。"(蓝吉富,1988,第31册:599)这样,再加上启发后学的责任,除悲智双运达到"证理行满",禅师们还必须掌握接引后学的各种方便方法。

特别是,禅宗强调采用机锋勘验的对话形式,一方面用于启悟后学,另一方面也是勘验的手段。在机锋勘验中,其实是同时对启悟者(教)与参悟者(学)双方进行勘验,按照宾主关系,大致可以分为四种状态:(1)宾看主,是教滞学悟;(2)主看宾,是教悟学滞;(3)主看主,是教学双悟;(4)宾看宾,是教学双滞。

总之,在禅宗心法修持过程中,对学人心性证悟状态的勘验是非常重要的一个环节,也是作为导师必须具备的能力。所以宗密在《都序》中有言:"二为悟解了者欲为人师,令广其见闻增其善巧,依解摄众答问教授也。"(蓝吉富,1988,第31册:6)其所强调,正是此意,不可不慎。

(二)道家勘验要点

对于道家而言,得道浅深,往往更加强调身体种种征候的表现。从整体上讲,不同境界会有不同的效验。《定观经》中则分为七种征候,曰:"夫得道之人,凡有七候。一者,心得易定,觉诸尘漏。二者,宿疾普销,身心轻爽。三者,填补夭损,还年复命。四者,延数万岁,名曰仙人。五者,炼形为气,名曰真人。六者,炼气成神,名曰神人。七者,炼神合道,名曰至人。其于鉴力,随候益明。得至道成,慧乃圆备。若乃久学定心,身无一候。促龄秽质,色谢方空。自云慧觉,又称成道者,求道之理,实所未然。

说颂曰：智起生于境，火发生于缘。各是真种性，承流失道源。起心欲息知，心起知更烦。了知性本空，知则众妙门。"（张君房，2003：414-416）前三种征候，主要是指心身健康的效应，比较可验；后面四种征候，则是道教修炼理想的追求，往往难以客观验证。

如果进一步结合金丹修炼，那么对于炼就的金丹性状，张三丰在《一粒黍米说》中有所描述："此物在道门中，喻真铅真汞。一得真得，不可着于乾坤、日月、男女上，只于己身内外，安炉立鼎，炼己持心，明理见性之时，攒簇发火，不出半刻时辰，立得黍米玄珠，现于曲江之上。刀圭入口，顷刻一窍开百脉齐开，浑身筋骨，五脏血肉，都化成气，与外水银相似。到此时候，用百日火功，方有灵妙，一得永得，无有返还，住世留形，炼神还虚，与道为一矣。此物在佛门中，说是真空真妙觉性。……真阴与真阳相对，真阴既不知，焉能知真阳乎？今之学者，不惟不知真阳，亦且不知真阴，若知真阴，亦必知真阳矣。不遇明师，焉能猜度！"（张三丰，1990：15-16）

柳华阳在《金仙证论》"效验说第七"中，对"小药真精产景"论述地比较系统。华阳曰："且药产之效验，非暂时可得。至真之道，在乎逐日凝神，返照炁穴之工纯熟，而后有来之机缄。夫或一月元关显露，或数月丹田无音，迟早各殊，而贵乎微阳勤生，不失调药之工夫，则药产自有验矣。且炁满药灵，一静则天机发动，自然而然，周身融和，酥绵快乐，从十指渐渐至于身体。吾身自然耸直，如岩石之峙高山；吾心自然虚静，如秋月之澄碧水。痒生毫窍，身心快乐，阳物勃然而举，丹田暖融融。忽然一吼，神炁如磁石之相禽，意息如蛰虫之相含，其中景象，难以形容。歌曰：奇哉！怪哉！元关顿变了，似妇人受胎。呼吸偶然断，身心乐容腮。神炁真浑合，万窍千脉开。盖此时不觉入于窈冥，浑浑沦沦，天地人我，莫知所以，而又非无为。窈冥之中，神自不肯舍其炁，炁自不肯离其神，自然而然，纽结一团。其中造化，似施似禽，而实未见其施禽；似走似泄，而实未至于走泄。融融洽洽，其妙不可胜比。所谓一阳初动，有无穷之消息。少焉恍恍惚惚，心已复灵，呼吸复起，元窍之炁，自下往后而行，肾管之根，毛际之间，痒生快乐，实不能禁止，所谓气满任督自开。"（伍冲虚、柳华阳，2016：250-251）

第九章 结　论

特别是，金丹修炼成功，会有"六种震动""眉放白光""六种神通"等征候。伍守阳《直论起由》所言"得大药景"曰："有六种震动之景也：丹田火炽、两肾汤煎、眼吐金光、耳后风生、胸后鹫鸣、身涌鼻搐。大根因其灭识、皆有白景验。"（伍冲虚、柳华阳，2016：131）柳华阳在《慧命经》"集说慧命经第九"中所指"六种震动"则是："此言舍利所产之景也。六种者，即身中六处也，非世界六处矣。眼有金光，耳有风声，鼻有气搐，脑后有鹫鸣，身有踊动，丹田有火珠驰，是为六种动矣。"（伍冲虚、柳华阳，2016：332）

柳华阳在《慧命经》"集说慧命经第九"中所说的"眉间常放白毫光"现象是："此乃舍利已成之时，常于暗室之中，或见白光，一二四五，俱无所得，不多不少之间，采而即得矣。佛道妙用是其时也。且舍利将出炉，自丹田至目，一路皆虚白晃耀，如月华之明。若未明前之功法，外肾不缩，如马阴藏之形，或有光者，乃属想妄而生，非舍利之光也。"（伍冲虚、柳华阳，2016：332）或许，生物体光能够在证悟之后得到强化，从而有此征兆，也未可知。

所谓六种神通，根据《性命归旨》中玉阳大师所言给出的描述是："坐到静时，陡然心光发现，内则洞见肺腑，外则自见须眉，智神踊跃，日赋万言，说妙谈玄，无穷无极。此是心境通也。不出庐舍，预知未来事情。身处室中，又能隔墙见物。此是神境通也。正坐之间，刹时迷闷，混沌不分，少顷心窍豁然大开，地理山河，犹如掌上观纹。此是天眼通也。能闻十方之音，如耳边音，能忆生前之事，如眼前事。此是天耳通也。或昼或夜，入于大定，上见天堂，下见地狱，观透无数劫来，宿命所更。此是宿信通也。神通变化，出入自如，洞鉴十方众生，知他心内隐微之事。他虽意念未起，了了先知；他虽意念未萌，了了先觉。此是他心通也。"（尹真人高弟，2013：225）

道教，特别是道教内丹心法，追求长生不死之术，往往强调神秘神奇之效应，崇尚虚诞事迹，有不可全信者。所以在对内丹修炼者主观状态的自述中，一定要本着科学的态度，强调真验实感，反对故弄玄虚。

（三）儒家勘验要点

儒家积极淑世，其心法追求的目标便是仁智操守，来实现内心的安定

375

平易之境界。因此,其勘验方法也切实具体。孔子曰(《论语·宪问》):"君子道者三,我无能焉:仁者不忧,知者不惑,勇者不惧。"(朱熹,1983:156)是因为(《论语·颜渊》)"内省不疚,夫何忧何惧?"(朱熹,1983:133)所谓"内省不疚",内心达到了"安""易"与"定",所以《易传·系辞》借孔子的话讲:"君子安其身而后动,易其心而后语,定其交而后求。君子修此三者故全也。"(王弼、孔颖达,1999:310)孔子本人就是榜样,其日常生活便常处平和愉悦之状态,正如《论语注疏·述而》所言:"子之燕居,申申如也,夭夭如也。"(朱熹,1983:93)

后来,孟子提出心性之学,给出了解心性状态的勘验方法,即眼睛是心灵的窗户,存心养性是否有得,通过观看"眸子"来判断。孟子曰(《孟子注疏·离娄章句上》):"存乎人者,莫良于眸子。眸子不能掩其恶。胸中正则眸子瞭焉,胸中不正则眸子眊焉。听其言也,观其眸子,人焉廋哉?"(赵岐,1999:203)宋代心学开拓者陆九渊,对此做了进一步阐述,他在《与饶寿翁书》书信中说:"是心诚得其正,斯知之矣,存于人者莫良于眸子,眸子不能掩其恶。胸中正则眸子瞭焉,胸中不正则眸子眊焉。所谓不正者,不必有邪僻之念,凡有系累防蔽使吾不能自昭自达者,皆不得其正也。"(陆九渊,1980:164)

在两宋理学中,有比较系统的勘验思想,大体强调从心气上勘验。《二程集》"心性篇"中程伊川说:"有得无得,于其心气验之:裕然而无不充悦者,实有得也;切切然心劳而气耗,谓己有得,皆揣度而知之者也。"(程颢、程颐,1981:1255)此为整体心态验证,只看得道与否,不看境界程度。再如,有人问"如何学,可谓之有得?"程伊川曰:"大凡学问,闻之知之皆不为得。得者,须默识心通。学者欲有所得,须是笃,诚意烛理。上知,则颖悟自别。其次,须以义理涵养而得之。"(黄宗羲、全祖望,1986:607)

继承了程伊川的理学勘验思想,朱熹也认为:"为学,必须于平日气禀姿质上验之,如滞固者疏通,顾虑者坦荡,智巧者易直。苟未如此转变,要是未得力尔。须要公平观理而撤户牖之小,严敬持身而戒防范之踰,周密而非发于避就,精察而不安于小成。此病痛皆所素共点检者尔。"(黄宗羲、全祖望,1986:1530)并恳切指出:"今学者之病,所患在于未有洒然冰解冻释处。纵有力持守,不过只是苟免显然尤悔而已。似此,皆不足道

也。"(黄宗羲、全祖望,1986:1531)

有明一代,心学对心性勘验比较重视。陈白沙有自得之道学说,其心性成就的境界则是:"接人接物不可拣择殊甚,贤愚善恶一切要包他,到得物我两忘,浑然天地气象,方始是成就处。"(陈献章,1987:135)白沙认为,这样方能有人生真乐。白沙有《真乐吟,效康节体》唱颂道:"真乐何从生,生于氤氲间。氤氲不在酒,乃在心之玄。行如云在天,止如水在渊。静者识其端,此生当乾乾。"(陈献章,1987:312)这便是圣乐境界的一种诗性写照!

对于心性勘验,心学大师王阳明也有自己的见解,他在《答周道通》书信中指出:"性善之端,须在气上始见得,若无气,亦无可见矣。……,若见得自性明白时,气即是性,性即是气,原无性气之可分也。"(黄宗羲,1996:192)王阳明心学在浙中的继承人王畿(1498—1583,字汝中,号龙溪),则专门总结阳明心法有三种证悟(《霓川别语》),指出:"师门尝有入悟三种教法:从知解而得者,谓之解悟,未离言诠;从静中而得者,谓之证悟,犹有待于境;从人事炼习而得者,忘言忘境,触处逢源,愈摇荡愈凝寂,始为彻悟。"(黄宗羲,1996:253)

至于湛若水,专门针对孟子提出的"睟面盎背"勘验原则作了系统阐发,形成了"睟面盎背论"。孟子认为浩然心法达成的境界应该是(《孟子·尽心上》):"君子所性,仁义礼智根于心。其生色也睟然,见于面,盎于背,施于四体,四体不言而喻。"(赵岐,1999:362)湛若水据此给出"睟面盎背论"的全面论述是(湛若水,2014:1209-1214):

> 人有所不能不形于外者,其天机之所不能已也。夫天机之发,深不可遏,其凡可以遏之,而又可以形之者,大抵皆人为也,非天机也。惟天机之根于心,虽欲遏之而不可藏也,虽欲形之而不可显也。不可显不可藏,则显与藏皆天,而人不得而预焉。惟人无所不至,而天终不容伪。智巧可以欺乎人,而不可欺乎天,故色庄以为德,足恭以为礼,若可以欺世而盗名,由君子而观之,其发于天机者自别也。孟子曰:"其生色也,睟然见于面,盎于背。"当自仁义礼智之根于吾心者求之。……盖其诚于中,形于外,和顺其心,发于面目,畅于四肢,盖自有不可掩者,其天机之不能已乎!夫二五精英,得其秀者为人,人而

得其粹者为性,故天有元而人则有仁,天有利而人则有义,天有亨而人则有礼,天有贞而人则有智。仁、义、礼、智,人之所以得于天者也。得于天者,天之机也,非人之所为也,人之所为则非天矣。此所以寂而能感,静而能动,内而能外,隐而能彰之枢机也。君子必有事焉而勿正,心勿忘,勿助长,所以存天之机,而不以人力参之也。本体自然,不犯手段,积以岁月,忽不自知其机之在我,则其睟于面,盎于背,皆机之发所不能已。而寂不能以不感,静不能以不动,内不能以不外,隐不能以不彰,亦理之常,无足怪者。……固有大人君子者,吾将契其心而失其形,超乎牝牡骊黄之中,而独得于背面皆忘之外。

洋洋乎,其论甚详。儒家心法勘验主旨,基本上都包揽无遗,足可以为准绳。儒家心性勘验正论,以此为上。

三、达成开悟状态

了解上述儒释道三家心性勘验要点之后,或许读者还有不得要领者会问:开悟的人到底是什么样的?虽说"妙高峰顶不许商量",但至少应该能够做到"卒然临之而不惊,无故加之而不怒"之境界。也就是说,起码要做到所谓临辱不怒(仁)、临困不惑(智)、临危不惧(勇)。如若连这些也做不到,妄称修行之人,岂不贻笑大方。

心性修持的所谓开悟或证悟,是一种对心性本体自身的体悟状态,是达成了那种能所消解、体用无差、内外洞彻之境界,所谓的虚灵明觉。悟,觉也,所以觉与悟往往连用而称觉悟。悟,心解也,所以开悟也称为解悟。说得明确一点,所谓解悟、觉悟、开悟,是一种内心的自我明了、自我觉知和自我肯定之状态。

美国心理学家詹姆斯在《宗教信仰种种》一书中,引用印度宗教领袖辨喜(Swami Vivekananda,1863—1902)所悟感受,描述道:"心灵本身有一种更高的存在状态,超乎理性,即一种超意识状态。心灵一旦进入高级状态,超越理性的这时便随之而生。……瑜伽的一切步骤,旨在用科学方法把我们引入那个超意识状态,即三摩地。……无意识的活动在意识之下,同理,另一种活动在意识之上,也没有自我(egoism)的感受所伴随。……没有"我"(I)的感受,但心灵仍在活动,无欲望,无不安,无对象,无形体。于是,真理放射出她的全部光辉,让我们认识了自己——因为三摩地潜伏于我们每个人之中——知道我们的真吾,不死,万能,脱离有限以及善恶的对立,而与阿德门(Atman)或宇宙之灵(universal saul)同一。"(詹姆斯,2005:244)

更确切地说应该是行动、仁爱和智慧,以达成自在之境。最充分的自在存在于时间之外,所谓过去心不可得、现在心不可得、未来心不可得,超越时间,而最自在的状态就是顿悟自性,那种体验纯意识的状态。这便是心法修持的开悟状态。

当然,人之根器,有高有低。因此中华心法修持方法,总体上是有顿有渐,大体上禅宗偏向于智慧顿悟,内丹偏向于静坐渐修,而儒家强调行事磨炼。不过,不管是顿悟还是渐修,最终要达到心性证悟,都要经过一次顿悟式的心灵飞跃。所谓从明心到见性,明心是渐修的过程,见性便是证悟的瞬间。因此,渐修与顿悟是相辅相成的,绝不可以割裂开来。根器深者,天生灵慧,不用锻炼,一经指点,明确方向,便可跃迁;根器浅者,非得长期积累修炼不可,待养得充裕,方可跃跃一试,跃迁鸿沟!

在中华心法的不同思想体系中,对于这种证悟状态的达成,往往从不同角度有不同的描述。禅宗顿悟方法比较强调一种禅定状态,是一种超稳定状态:心不起心,色不起色,心色俱离,达到身心不起,常守真心。比如,禅宗创始人慧能在敦煌版《坛经》中作了这样的描述:"闻其顿教,不信外修,但于自心令自本性常起正见,一切邪见烦恼尘劳众生,当时尽悟,犹如大海纳于众流,小水大水合为一体,即是见性。内外不住,来去自由,能除执心,通达无碍。"(慧能,1999:44)到了宋元时期,在《法宝坛经·顿渐品》中对这种"证悟境界"的描述则是:"见性之人,立亦得,不立亦得,去来自由,无滞无碍,应用随作,应语随答,普见化身,不离自性,即得自在神通,游戏三昧,是名见性。"(河北禅学研究所编,1997:356)

对于顿悟状态的达成,所论比较详尽的是唐代百丈禅师。有人问:"如何是大乘入道顿悟法?"(百丈)师答曰:"汝先歇诸缘,休息万事。善与不善,世间一切诸法,并皆放却,莫记忆,莫缘念,放舍身心,令其自在。心如木石,口无所辩,心无所行,心地若空,慧日自现,犹如云开日出相似。俱歇一切攀缘,贪嗔爱取,垢净情尽。对五欲八风,不被见闻觉知所缚,不被诸境惑。自然具足神通妙用。是解脱人,对一切境,心无静乱,不摄不散。透一切声色,无有滞碍。名为道人,但不被一切善恶垢净,有为世间福智拘系,即名为佛慧。是非好丑,是理非理,诸知见总尽,不被系缚。处处自在,名为初发心菩萨,便登佛地。一切诸法,本不自言。空不自言,色亦不言。是非垢净,亦无心系缚人。但人自虚妄计著,作若干种解,起若干种知见。若垢净心尽,不住系缚,不住解脱,无一切有为无为解。平等心量,处于生死,其心自在。毕竟不与虚幻尘劳,蕴界生死诸入和合,迥然无寄。一切不拘,去留无碍。往来生死,如门开合相似。若遇种种苦乐,不称意事,心无退屈,不念名闻衣食,不贪一切功德利益,不与世法之所滞。心虽亲爱苦乐,不干于怀。粗食接命,补衣寒暑,兀兀如愚如聋相似。稍有相亲分,于生死中,广学知解,求福求智,于理无益。却被知解境风漂却,归生死海里。佛是无求人,求之则乖。理是无求理,求之则失。若取于无求,复同于有求。此法无实亦无虚,若能一生心如木石相似,不为阴界五欲八风之所漂溺,则生死因断,去住自由。不为一切有为因果所缚。他时还与无缚身同利物,以无缚心应一切。以无缚慧解一切缚,亦能应病与药。"(静、筠,2001:488)

当然,如果从静虑入定的角度看,那么开悟的景象则有另外一种描述。明代高僧云栖袾宏在《禅关策进》中指出:"无分昼夜,直得东西不分,南北不辩,如有气的死人相似,触著还知,自然念虑,心识路绝。忽然打破骷髅,元来不从他得。"(净慧,1994:301)这便是禅悟状态,是一种超稳定状态。

对于静虑修持,在内丹心法体系中,更加强调性命双修过程中对内在真一元气(先天之气)的体验。黄元吉《乐育堂语录》的论述是:"诸子必无思无虑,一任自然之火,精方是元精,气方是元气。从此元精一动,元气即生。那元气中忽有浩浩渊渊、刚健中正之象,与平日凡气微有不同,即是真一之气发生出来。且凡气之动,但见其暖,不见有逍遥自在之处。唯真一之气动,此身苏软如绵,美快无比,恍惚似有可见,又似无可象者,此即真一之气生也。且真一之气发象,只觉清凉恬淡一般趣味。养之纯熟,此心亦化为乌有,了不知有天地人我,此真一之气之明验。"(黄元吉,1997:185)

第九章 结 论

加拿大精神病学家柏克(Dr. O. M. Bucke)经验过一种突如其来的纯粹意识,他在《宇宙意识:人的心灵进化研究》(Cosmic Consciousness: A Study in the Evolution of the Human Mind, Philadelphia, 1901)中对此经验有如下经历的叙述:"我同两个朋友在一个大城市共度晚上的时光,一起阅读诗歌与哲学,并且展开讨论。到半夜,我们才告别。我坐上马车,走了很长时间才到寓所。我的心思深深陷入刚才阅读和谈话所引起的那些观念、意象和情绪,甚至恬静与平和。我处于安宁的状态,几乎成了一种被动的享受,不是实际的思想,好像是让观念,意象和情绪自动流过我的心灵。忽然间,并没有任何预兆,我发现自己被一团火红的云彩包围着。瞬间,我以为是火,是那个大城市附近的某个地方失火了,过了一会儿,我发觉这团火在我内心。紧接着,我感到一种喜悦,一种绝大的快乐,同时伴随着或紧跟着一种理智的猛醒,其情形根本无法描述。我不仅开始相信,而且亲眼见到,宇宙不是由僵死的物质构成,相反,乃是一种活生生的神灵(a living presence)。我在内心意识到永生。不是相信我将来会永生,而是觉得我当时已经永生了。我看见,一切人都是不朽的;世界秩序是这样的:世界的一切事物绝无偶然,都是为了彼此的利益而合作,这个世界以及所有世界的基本原则,就是我们所说的爱,并且,所有成员的幸福,归根结底都是绝对确定的。这个景象持续了几秒钟,然后消逝;然而,它的记忆,以及它所教授的实在感,二十五年来始终历历在目。我知道,这个景象所展示的都是真的。于是,我获得了一种观点,由此看去,知道它必然是真的。这种观点、这种信念,也可以说这种意识,即便在最忧郁的时期,也从来没有丧失过。"(詹姆斯,2005:239-240)

印度学者克里希纳穆提则说:"在那样的冥想中存在着至乐,但不能与欲乐混淆。这份至乐带给你的眼睛、头脑和心一份纯真的品质。……这个状态之中有彻底的禅和,而那份满足感并非来自外在的东西,其中充满着秩序、美与强烈的能量。……这样的冥想无法从别人那里学来(自信、自立、自足),你必须一开始就一无所知,然后从那份纯真移向另外一份纯真。"(克里希纳穆提,2006:41)

如果一定要用简单的话讲,那么所谓静虑入定,就是一种精神到达纯粹意识状态。美国学者卡斯蒂和德玻利指出:"从精神上说,(定)它意味着一种纯粹意识的状态——也就是没有任何意志力和除意识本身之外的任何其他内容的意识。"(卡斯蒂,2002:69)是对这种状态给出的最简洁明确论述。

到了圣学性理心法体系,则往往强调圣人至境的达成。王阳明曰:"圣人之心如明镜,只是一个明,则随感而应,无物不照;未有已往之形尚在,未照之形先具者。"(陆九渊、王阳明:2000:179)以及:"诚是实理,只是一个良知。实理之妙用流行就是神,其萌动处就是几,诚神几曰圣人。圣人不贵前知。祸福之来,虽圣人有所不免。圣人只是知几,遇变而通耳。"(陆九渊、王阳明:2000:281)因此,所谓彻悟与否,就如明儒王时槐所言:"学未彻性者,则内执心,外执境,两俱碍矣。于性彻者,心境双忘,廓然无际。"(黄宗羲,1996:486)

所以,在儒家日常生活修持而言,所谓明心见性,明乃"知常曰明",领悟天道之规律是"知常","明"然后"见性"。凡事皆无所累者,便达"恬愉"心境,一种心理静底的状态。所谓"圣人心如止水"。圣人之情,当应物而无累于物,此情乃正面心理品质,是"恬愉"之境。

所谓"恬愉"之境,对事对人都能够了达愉悦,心态长处"坦荡荡"而无"长戚戚"。冯友兰指出:"坦荡荡有直率空阔的意味,君子做事,乃因其应该作而作之,成败利害,均所不计较。所以他的气概是一往直前底,他的心境是空阔无粘滞底。所谓胸怀洒落者,即是指此种心境。"(冯友兰,1996:52-53)

通达开悟的人,不是回避生活,而是一方面要积极进取去做事,另一方面则要随遇而安,不为事情所累。正如冯友兰所言:"不为事所累者,并不是不作事,只是作事而不起情感。"(冯友兰,1996:94)这里的不起情感,是指不起负面情感,对待悲喜之事却能"沉得住气"。其机理还是在于对事物之理有深刻的领悟。所以说《老子》曰:"知常容,容乃公,公乃全,全乃天,天乃道,道乃久,没身不殆。"(朱谦之,1984:66-67)

归纳起来,通俗地讲就是所谓开悟,心法修持者通过不懈努力,心理状态彻底转变为一种永久性的精神自在状态,从此可以"无将迎、无内外",一切烦恼都不再侵心。正如英国学者科廷汉在《生活有意义吗》一书中所说:"宗教中所讲的开悟,不是指受挫折后很快能恢复或者摆脱困境

第九章 结 论

后马上获得成功的神奇解药,而是人类思想深处在应对压力和脆弱时得到的彻底转变。"(科廷汉,2007:118)

注意,证悟状态,"那是一种跟欲望、意志力或思想无关的空寂。在那样的冥想状态里,并没有一个掌控者,然而所有被宗教组织发明出来的修行体系,永远却需要努力、自制力和锻炼。"(克里希纳穆提,2006:79)证悟自性所强调的那种能力,只有依靠自身的觉悟才能圆满。"如果你追随任何人,你不但是在摧毁自己,也是在毁灭你所追随的人。一颗真正富有宗教情怀的心,是没有任何权威性的。它拥有的是智慧以及智慧的应用。"(克里希纳穆提,2006:81)摆脱一切权威束缚,自信自立,方能达成如如证悟之境。

在这种证悟状态中,内在仁性得以自然彰显,生命活力得以充分激发,智慧作用往往通达无碍,心身常处自在愉悦之状态,无思无虑、无惧无忧、无恶无善,所谓"心下常无不足,目前触事有余",生活也就充满了意义。"不受打扰的精神状态,希腊人称其为无忧无虑(ataraxia)——这些是心灵修炼要获得的东西。但是这样有价值的状态需得自于别的方式——某种觉醒或是冥想——它们与人生意义相关。"(科廷汉,2007:129)

最后我要强调指出:心性彻悟,见有迟疾;所证道果,法无两般;道不远人,人自远道;心贵无住,道尚契合;无相无念,通达无碍。心法修持,不管是有证还是无证,只要能够有助于心理品质的提升完善,就已经达到修身养性的目的。因此,人们也不必过于执着于心性的证悟与否,但能有助于健康幸福生活,就应该积极在生活中有针对性地运用各种心法途径,并切实加以修持!

附录

治心微言

> 静观万物之理,得吾心之悦也易;动处万物之分,得吾心之乐也难。是故仁智合一,然后君子学成。成己,所以成物。
>
> ——(宋)胡宏[①]

古人曰:"人心惟危,道心惟微。"道心之微,宜用微言启迪。现代短信、微博和微信,可以发布短小精悍的微言,也可以让这些"微言"中隐含治心"大义",用来化导民众修身养性,微言之中有至善之道。因此,自从有了手机,上了网络,我就断断续续利用短信、微博和微信,来发布一些治心微言,指导民众开展惩忿窒欲、迁善改过、明心见性之类的活动,算起来也有6年时间。我把六年来所发布有关治心微言进行了整理完善,归纳为如下"日常修持""静虑功法"和"智慧禅修"三个部分,加以发布,以飨读者。

日常修持

我的微信宗旨是:书生在世当有为,为民播下恺悌情。所以自从2014年7月27日手机加载微信功能以后,为更好地指导民众在繁忙的工作与生活中修持,所谓在事上磨以修炼心性,我便经常发布一些生活修

[①] (清)黄宗羲、全祖望:《宋元学案》,陈金生、梁运华点校,北京:中华书局,1986年,第1368页。

持语录。主要依据宋明先贤的精短语录,加以展开,较为系统地给出性理心法的生活修持指导。虽然这些语录篇幅短小,却蕴涵着存心养性的途径,都是纯粹中正之圣道心法,适合日常修持。因此,我将这些语录汇总起来,加以选择、整理、发布,或可有助于民众在日常生活中,时时提醒自己,日常修持。读之虽不能一时顿悟自性,但对于维持此心,定会有所裨益,久之也将收获颇丰。

一、立志学圣修己

真正的修己是生活修炼,强调在日常生活修心修行。众所周知,出世最终还是要体现在入世之中,心法存养的最高境界是以出世心做入世事,那种避世式的修行不过是"掩耳盗铃",难以真正面对生活的考验。历练渐修的治心途径,正是要在实际生活中通过持之以恒的修持,以期显现仁智之善性。修行根本上就是修正自己的不良行为习惯,修心则是转变自己的不良思维习惯,两者皆到,然后可以无将迎,真正去除恐惧、忿懥、好乐和忧患等一切不良心态,从而健康幸福地生活!

(一)立志

1. 修身养性先须立志,立为己而学之志。明儒徐阶强调:"为学只在立志,志一放倒,百事都做不成。"(黄宗羲,1986:619)我见有修行而无功而返者多矣,皆由立志不坚之故。有半途而废者,有畏难却步者,有三心二意者,更有于名利竞奔之后聊以自慰者,甚至于有要名结好者、附庸风雅者!凡此种种,皆修行之障,不可不引起警醒!

2. 作为圣道心法的修持,立志则自然要立为圣之志。宋儒谢良佐曰:"为学,必以圣人为之则。"(黄宗羲、全祖望,1986:924)朱熹则直接说:"学者大要立志,才学,便要做圣人是也。"(黎靖德,1988:134)具体而言,为圣之道,便是"求其放心"而非机巧文辞。宋儒陈瓘便如此说:"学者非徒读诵言语,撰缀文词而已,将以求吾之放心也。"(黄宗羲、全祖望,1986:1209)

3. 诸位须知,凡圣同此心性,皆为天命所赋,存心养性便要入见圣道,明心见性。所以,明儒何祥指出:"人只是一个心,心只是一个志,此心推行得去,便是盛德大业。故自古上士,不患不到圣贤,患此心不存;不患做不出功业,患此心不见道耳。"(黄宗羲,1986:846)凡立志修炼者,都要记得确切!

4.学为圣贤,就是要在自己身心上寻求,以治心为要。明儒邓以赞说:"学问从身心上寻求,纵千差万错,走来走去,及至水穷山尽,终要到这路上来。"(黄宗羲,1986:492)世事纷扰源自心源,自心沛然从容,则应世处事无不沛然从容!但心无待,常处蓄势待发之几,又无急迫之情困扰,便可成就沛然从容之境。

5.可叹眼下民众对于各种讲学与培训如饥似渴,盲目跟风,不问正邪,不明真相,甘愿接受异端模因洗脑,往往无助于健康幸福生活。明儒胡居仁曰:"学一差,便入异教,其误认圣贤之意者甚多。"(黄宗羲,1986:36)诸位朋友,能不慎乎!故必引圣道心法宗旨为修持准绳。切记,口耳之学,无益于身心,修养之要,专以返躬实践,悔过自新为主。

6.何谓圣道心法宗旨?明儒王时槐给出的答案是:"虞廷曰中,孔门曰独,春陵曰几,程门主一,白沙端倪,会稽良知,总无二理。虽立言似别,皆直指本心真面目,不沈空,不滞有,此是千古正学。"(黄宗羲,1986:477)中是厥中,独为慎独,几为诚几,持敬主一,静中端倪,或致良知,都是一样宗旨,并无分别!

7.遗憾的是,许多民众生活在困顿之中,却不思修炼,自甘随波逐流,日趋浑噩。这里警醒世人,万万不可如此自弃,而要牢记人生转眼倏忽而逝,须要立志圣道,方可不负此生。明儒邹元标指出:"学者有志于道,须要铁石心肠,人生百年转盼耳,贵乎自立。"(黄宗羲,1986:536)世人切要努力珍惜时光!

8.虽说满街都是圣人,人人都能成圣,但大多数民众或多或少都有自卑之心,不敢以圣贤期许。宋儒胡安国说:"士当志于圣人,勿临深以为高。"(黄宗羲、全祖望,1986:1173)心法修持当树立自信之心,千万不可自视卑微,当努力勤修,坚定立圣之志。凡事学然后有真知,修然后能正行,真知正行合一,便是圣人。

9.只要目标明确,横下为己成圣志向,定能功到自然而成。明儒耿定向在《与周少鲁》书信中说:"此学只是自己大发愿心,真真切切肯求,便日进而不自知矣。盖只此肯求,便是道了。求得自己渐渐有些滋味,自家放歇不下,便是得了。"(黄宗羲,1986:819)所谓一入圣门,便自然有收获;诸位如能在日常生活中奋勇肯求,久之,圣境自会不期而至。

(二)勤学

10.立志学圣之心要真切,需要不断勤学磨砺心志,方能成得修身养性之果。明儒王畿指出:"立志不真,故用力未免间断,须从本原上彻底理会。种种嗜好,种种贪着,种种奇特技能,种种凡心习态,全体斩断,令干干净净从混沌中立根基,始为本来生生真命脉。此志既真,工夫方有商量处。"(黄宗羲,1986:242)勤学苦练,要在志上砥砺。

11.明儒刘文敏指出:"友朋中有志者不少,而不能大成者,只缘世情棄臼难超脱耳。须是吾心自作主宰,一切利害荣辱,不能淆吾见而夺吾守,方是希圣之志,始有大成之望也。"(黄宗羲,1986:435)所以,学圣途中,唯有好学不辍,才能见得效应。诸位心性修炼者,自当奋勇勤修!

12.为心性存养修持者忌:(1)慕虚名:心浮气躁,急功近利,浅尝辄止,徒为浪名;(2)攀宗派:好名法执,不求实效,攀缘正宗,讲究流派;(3)寻秘法:痴迷神秘,期待神奇,搜寻秘籍,白耗心力。其他还有求速成、找捷径、图省事、占便宜,等等,不一而足,均须戒忌!心性存养修持最忌圆滑,但行方严(耿介)即是。

13.还要切记,光读我的治心微言而不去践行是毫无意义的。明代理学家魏庄渠先生说得深刻:"存养省察工夫,固学问根本,亦须发大勇猛心,方做得成就。若不会发愤,只欲平做将去,可知是做不成的。"(黄宗羲,1986:58)大凡不肯发心努力,将来遭遇了人生困境,必斯将滥也!可不警醒?!

14.那么如何发奋勤学呢?发奋勤学当以专心致志为要,以平心持久为本。朱熹在《朱子语类》中指出:"为学须是专一。吾儒惟专一于道理,则自有得。"(黎靖德,1988:142)宋儒张九成在《横浦心传》中则指出:"学问于平淡处得味,方可以入道。不然,则往往流于异端,不识真味,遂致误人一生。"(黄宗羲、全祖望,1986:1303)

15.当然,对于心法修持者,也有根器资质差异之说,用功也不相同。

正如朱熹所言："有资质甚高者,一了一切了,即不须节节用工。也有资质中下者,不能尽了,却须节节用工。"(黎靖德,1988:142)不过,我要提醒诸位,最好将自己当作资质中下者,切不可自恃过高。有志勤学圣人之道者,当以此语时时警醒自己。

16. 修持也要打消速成的念头,老实勤学勤修,用功久了,方有一旦豁然之时。宋儒胡宏在《胡子知言》中指出："学贵大成,不贵小用。大成者,参于天地之谓也。小用者,谋利计功之谓也。"(黄宗羲、全祖望,1986:1368)学问贵在积累,用功唯在持久。须知,用功越久,收获越大,显然之理。能够透过此关,便是日用之道。

17. 治心之学,不学则已,学必大成而后能至善,所谓止于至善。宋儒吕祖谦谆谆教导说:"学者所以徇于偏见,安于小成,皆是用功有不实。若实用功,则动静语默,日用间自有去不得处,必悚然不敢安也。"(黄宗羲、全祖望,1986:1665)这里动与静,语与默皆为相辅与相成,若不能动静无间,语默俟几,则终非大成之象。切记,切记!

18. 修行方法要因人、因时、因地制宜,总以方便自己的生活、能够长久坚持为好。如果难以把持,当依止明师益友作为榜样,潜移默化,以践行"进德修业"之道。一时师友无所依靠,更要发愤而"乐以忘忧",不可等待,蹉跎了岁月。朱熹说:"为学须是痛切恳恻做工夫,使饥忘食,渴忘饮,始得。"(黎靖德,1988:134)如此,方是学圣的样子。

(三)致命

19. 如果一定立个终极目标,那么学圣之道就是要致命,要致知天命。格物可以致知,然致知之终,便止于天命。所以,宋儒陆九龄在《与刘淳叟》书信中指出:"不知命无以为君子,此意不可不先讲习。习到临利害得失无忧惧心,平时胸中泰然无计较心,则真知命矣。"(黄宗羲、全祖望,1986:1871)真知命,然后才能够尽终其天年,健康益寿乃度百岁;真致命,然后才能尽任其天真,幸福自在伴一生。

20. 达知天命,就是要让心性成就无将迎、无内外、无得失之境界,所谓临危不惧、处困不变、受辱不怒。程子曰:"人莫不知命之不可迁也,临患难而能不惧,处贫贱而能不变,视富贵而能不慕者,吾未见其人也。"(程颢、程颐，1981：1256）心性达此境界，方为致命，可见知天致命之难！

21. 到底什么是"命"，什么又是"性"呢？明儒薛瑄指出："天道流行，命也，命赋于人，性也，性与心俱生者也。性体无为，人心有觉，故心统性情。"（黄宗羲，1986：123）《中庸》开篇便说"天命之谓性"云云，于是，致命就人而言就是尽性至诚。至诚者，心性空灵者，故可以赞化育者，夺造化之功，尽终其天年。

22. 如何才能够知天致命呢？明儒何迁说："夫学，性情而已矣。不怨不尤，孔子所以学天也；不迁不贰，颜子所以学圣也。"（黄宗羲，1986：927）可见，致知天命，虽说是"不虑而知"，但却可以通过调和性情来达成。"不虑而知"要靠藏诸用，"调和性情"则可以显诸仁，这便是致知天命两条相辅相成的必由之路！

23. 如何调和性情？宋儒杨庭显说："外事不可深必，凡得失，奉天命可也。动心则逆天命，祸将至矣。近世学道者众，然胸中尝带一世闲行，所以不了达。"（黄宗羲、全祖望，1986：1923）只有喜怒哀乐皆中节，才可了达天命。所谓得失是非都放却，常处少私寡欲之心境，顺从天命，自然清心养神，然后性情便可得以调和。

24. 外事不动于心，向内明己诸心，推极顺道，敦信天命，便是性情调和之法。宋儒胡宏指出："天下莫大于心，患在于不能推之尔；莫久于心，患在于不能顺之尔；莫成于命，患在于不能信之尔。不能推，故人物、内外不能一也；不能顺，故死生、昼夜不能通也；不能信，故富贵、贫贱不能安也。"（黄宗羲、全祖望，1986：1368）天道流行，万象由心，随顺而推，廓然大公，自然安信，然后得性情调和之境。

25. 人们在名利上不知节制，往往有损心身健康。程子曰："人之于患难，只有一个处置，尽人谋之后，却须泰然处之。有人遇一事，则心心念念不肯舍，毕竟何益？若不会处置了放下，便是无义无命也。"（程颢、程颐，2000：89）名利乃身外之物，不能放下计较，顺乎自然，何以了达命！

26. 学道之人，当以天命之则时时警醒自己，方可以免于名利陷溺之害。明儒刘文敏则说："当急遽时，能不急遽；当怠缓时，能不怠缓；当震惊失措时，能不震惊失措。方是回天易命之学。"（黄宗羲，1986：437）凡事缓急有节，张弛从容，中心不失，不被名利驱迫，便是达命顺天之人。

27.确然,大道至简!天命之谓性,此性便是大道;致中和,便可明此性。明儒潘士藻指出:"立身自有易简之道,切弗冀望,只是听命,切勿观望,只是信心。程子言敬是惺惺法。惺惺是吾人性根,无有泯昧时,即天命之不已者也。"(黄宗羲,1986:838)所以,学圣人之道,就是要"穷理尽性以至于命",知天命,循理而为,便可达幸福生活之境。所谓常处惺惺不昧、荣辱不惊、从容不迫之境,则愉悦健康生活,自然不期而至。

(四)省察

28.心性修持始于存养,存养之道始于省察。明儒刘宗周指出:"省察是存养之精明处。"(黄宗羲,1986:1542)并进一步说明:"省察二字,正存养中吃紧工夫。如一念于欲,便就此念体察,体得委是欲,立与消融而后已。"(黄宗羲,1986:1526)如此,唯有省察已非,方能知立德之处。因此,唤起良知,无过于时时省察;提高自己理性反思觉知能力,才能够克除忿欲之心。

29.人心要时时省察警醒,否则便会日渐障蔽而不知。宋儒吕祖谦就说:"用工夫人,才做便觉得不是。觉得不是,便是良心。"(黄宗羲、全祖望,1986:1662)明儒欧阳德也曰:"觉则无病可去,患在于不觉耳。常觉则常无病,常存无病之心,是真能常以去病之心为心者矣。"(黄宗羲,1986:365)诸位初入圣道修持,当常以此为警醒之语。

30.就日常生活而言,人们往往不能时刻检点自己,肆意沉迷于声色滋味,把那良知之心,渐渐都消磨不知了。正如朱熹所云:"今人于饮食动使之物,日极其精巧。到得义理,却不理会,渐渐昏蔽了都不知。"(黎靖德,1988:147)物欲横流,小心被欲望断送了性命!世人往往知进不知退,知存不知亡,故圣人之道鲜能守矣。

31.要知道,天理人欲势不两立。明儒薛瑄指出:"人心一息之顷,不在天理便在人欲,未有不在天理人欲,而中立者也。"(黄宗羲,1986:112)所以省察之道,先要除恶。朱熹说:"人未说为善,先须疾恶。能疾恶,然后能为善。"(黎靖德,1988:230)不良恶气不能省察制止,又何以谈得上善性显现!这也是眼下社会的痼疾,非花力气改造人心不可。

32.省察去恶扬善,何法处置,必也正心而已。朱熹说:"心得其正,方能知性之善。"(黎靖德,1988:205)《大学》中指出,正心必先去忿懥(怒)、恐惧、好乐和忧患(虑)之心,归根到底是要去那浮泛忿欲与思虑之心。其日用简易之法乃是:遭遇不正之心,可以努力反思其根源,促使尽快平复,然后静虑省察片刻,即图改正。

33.日常生活,人们往往重视治身之病而疏于治心之病,如此自然不得要领。正如宋儒张栻指出的:"病之在身,犹将不远秦、楚之路求以治之,病之在心,独不思所以治乎?……圣贤之经,皆妙方也。察吾病所由起,审处其方而药之,则病可去。去则仁,仁则生矣。"(黄宗羲、全祖望,1986:1630)省察心病,审处救治之方,则病去然后仁性显。仁性常显,则寿命必长,所谓"仁则生"之谓。

34.就如时常体检身体健康一样,要时时检点言行是否为正。宋儒谢良佐指出:"夫人一日间颜色容貌,试自点检,何尝正,何尝动,怠慢而已!"(黄宗羲、全祖望,1986:918)古代有一个自省的小方法:自省时发现有恶念,向碗中投一颗黑棋子,发愿戒除;如是善念则投一颗白棋子,发愿保持。久之,白子越来越多,黑子越来越少,则言动之心也就越来越归其正了。

35.省察终要靠"卑以自牧"!这里的"卑"指谦卑。保持谦卑之心,是存养心性的前提。元代心学大师吴幼清(吴澄)曰:"谦者,尊崇他人以居己上,而己亦光显;卑抑自己以居人下,而人亦不可逾越之。此君子之所以有终也。"(释智旭,2004:80)须知存心养性首先在于觉知能力的提升,而谦卑便是培养觉知能力的入门途径。

36.省察是存养心性的重要途径,只要坚持持久,必能恶念日渐消除而善性日渐显现。明儒王时槐说:"吾辈无一刻无习气,但以觉性为主,时时照察之,则习气之面目,亦无一刻不自见得。既能时时刻刻见得习气,则必不为习气所夺。"(黄宗羲,1986:471)诸位当自努力!但能持之以恒,假以时日,必见效果。

(五)改过

37.人生在世多有是非烦恼,最当反身思过改之,然后能够坦荡平和与人处世。明儒刘塙在《证记》中说:"平平看来,世间何人处不得?何地去不得？只因我自风波，便惹动世间风波，莫错埋怨世间。"（黄宗羲，1986:874）所以做人第一要反观自心、戒谨己行。世间遭遇的一切烦恼都是源自于自心，心有过则种种魔生。所以君子当求诸己，思过改过，然后心地坦荡平和，是非烦恼一时都消尽。

38. 须知凡人皆有过，也皆能自觉己过，关键在于要勇于改过。明儒何廷仁也说："可见圣贤不贵无病，而贵知病，不贵无过，而贵改过。今之学者，乃不虑知病即改，却只虑有病。"（黄宗羲，1986:456）思过的目的是为了改过，知过而不想改、不去改、不能改，又为一过，岂不是枉费了这思过的初衷！所以改过当须勇，有过知耻而后勇于改之，方是真实克己之途径。

39. 宋儒杨庭显之言值得诸位切身学习，他说："吾少时，初不知己有过，但见他人有过。一日自念曰：'岂他人俱有过，而我独无邪？殆不然？'乃反观内索，久之，乃得一。既而又内观索，又得二三。已而又索，吾过恶乃如此其多，乃大惧，乃力改。"人之有过，当时时勤检常察，一旦发现己过则当极力改之，如此便可日趋善矣。

40. 人不怕有过，就怕明知有过，却极力狡辩掩饰之，不知悔改。宋儒杨庭显说："过则人皆有，未足为患，患在文饰。倘不文饰，非过也。志士之过，布露不隐。"（黄宗羲、全祖望，1986:1922）明儒尤时熙则说："改过之人，不遮护，欣然受规。才有遮护，便不着底。"（黄宗羲，1986:647）所谓知过不改，诚然又为一过；而文过饰非，则是过上加过，万不可饶恕自己！

41. 明儒祝世禄说："见人不是，诸恶之根；见己不是，万善之门。"（黄宗羲，1986:850）关键是要提升自己觉知反思能力。对此，明儒潘府说得更加明白："学然后能知过，学之笃，然后能改过。"（黄宗羲，1986:1105）确实，学然后知过。因此，知己之过也必先志于学。学知圣贤之言行，然后将其作为镜子对照，方能于自己之过，一一检点出来，再一一改之。如此，定能渐进圣人之境。

42. 有勇改过不能停留在口头上，而是要切实用力去改，方能有促进心性不断良善的效果。明儒王畿指出："此件事不是说了便休，须时时有用力处，时时有过可改，消除习气，抵于光明，方是缉熙之学。"（黄宗羲，1986:251）所以，只有不断改过，消除习气，其本善之心自明，如晴日光辉常照一般。

43.明儒祝世禄便指出:"人知纵欲之过,不知执理之过,执理是是非种子,是非是利害种子。理本虚圆,执之太坚,翻成理障。不纵欲,亦不执理,恢恢乎虚己以游世,世孰能戕之?"(黄宗羲,1986:851)纵欲之过是未能摆脱基因控制的结果,而执理之过便是未能摆脱模因操纵的结果。唯有于此两者,皆能超脱,则此心便可无戕戏之害。

44.如何破除模因妄执之过?当从根本上入手。摆脱基因欲望控制,靠觉知意识能力,只要时时省察,勤勉改过,此事不难;但要摆脱模因妄执操纵,则是需要秘密认知能力,无着力处,如何处置?唯有藏诸用,方能了达。基因欲望之过和模因妄执之过,是人生难以摆脱的两个主要魔障,如能过得此两关,尤其是后者,方能获得自在逍遥!

45.思过改过,乃为致良知途径也。对此,明儒邹守益在《答徐子弼》书信中明确指出:"迁善改过,即致良知之条目也。果能戒慎恐惧,常精常明,不为物欲所障蔽,则即此是善,更何所迁?即此非过,更何所改?一有障蔽,便与扫除,雷厉风行,复见本体。"(黄宗羲,1986:338)雷厉以敬天,风行以爱人;敬天爱人,复见天地之心,此即为本体。

(六)克己

46.克己是圣道心法修持之本。宋儒谢良佐说:"圣门学者,大要以克己为本。克己复礼,无私心焉,则天矣。"(黄宗羲、全祖望,1986:918)宋儒张栻在《仁说》中则说:"为仁莫要乎克己。"(黄宗羲、全祖望,1986:1625)其实人心不安,是因为有私欲所蔽,唯有克己私欲,方能安心。以不安者为安,则妄也,岂能长久?所以学者当以克己为本。

47.所谓克己,克己私欲,所谓后获,获己天性。人只有克尽私欲,方能复己天性(仁善之性),然后所行无不体现天理!明儒罗洪先在《答曾于野》书信中指出:"处处从小利害克治,便是克己实事,便是处生死成败之根,亦不论有事无事。此处放过,更无是处。"(黄宗羲,1986:411)克己不是一句空话,人心要从平日小处克治。今日克得一起,明日又克得一起,日积月累,便是获己天性的切实途径。

48.克己的目的就是达成《大学》中所谓的正心,去除忧患(忧虑)心、恐惧心、忿憓(忿恨)心和好乐心,分别对治忧、惧、嗔、痴四种不良心态。有私己则贪欲,因恐惧则怀忧,常怨恨即为嗔,入沉迷则痴生。倡导修身养性,就是要仁爱去忧(元始)、信行去惧(亨通)、诚明去嗔(利和)、智慧去痴(贞正),如此,乾象之元、亨、利、贞四德就完备了。

49. 明初吴与弼曰:"一事少含容,盖一事差,则当痛加克己复礼之功,务使此心湛然虚明,则应事可以无失。静时涵养,动时省察,不可须臾忽也。苟本心为事物所挠,无澄清之功,则心愈乱,气愈浊,桔之反覆,失愈远矣。"(黄宗羲,1986:20)可以作为日常修身养性的准则。平日不正之心,自当时时省察涵养,针对性加以克治。久之,自然心正!

50. 克己之要,在于舍己胜心。我经常讲,要想内心自在,先要学会藏诸用。宋儒杨时指出:"人各有胜心。胜心去尽,而惟天理之循,则机巧变诈不作。若怀其胜心,施之于事,必于一己之是非为正,其间不能无窒碍处,又固执之以不移,此机巧变诈之所由生也。"(黄宗羲、全祖望,1986:949)所以胜心不去,诸机用之心不能藏,智慧便无以彰显。

51. 孟子说:"养心莫善于寡欲。"(赵岐,1999:403)明儒王艮在《与俞纯夫》书信中说:"只心有所向,便是欲。有所见,便是妄。既无所向,又无所见,便是无极而太极。"(黄宗羲,1986:717)因此,克己私欲要区分所需(need)与所向(want)之别,如果是出自本能的所需,那是天性;如果是后天染就的所向,所向不能释然便是私欲,自当克尽。

52. 明儒刘邦采在《易蕴》中说:"能心忘则心谦,胜心忘则心平,侈心忘则心淡,躁心忘则心泰,嫉心忘则心和。谦以受益,平以称施,淡以发智,泰以明威,和以通知,成性存存,九德咸事。"(黄宗羲,1986:441)刘邦采说得比较齐全了,克己就是要克己之能心、胜心、侈心、躁心、嫉心,然后能成存养之事。

53. 克己最难就是惩忿窒欲,去除利害之心。明儒刘文敏说:"透利害生死关,方是学之得力处。若风吹草动,便生疑惑,学在何处用?"(黄宗羲,1986:435)不进则退,自然之理;如此警醒,当须努力。程子说:"不欲则不惑。所欲不必沉溺,只有所向便是欲。"(程颢、程颐,2000:191)所以,惩忿窒欲,除心所向,方做得彻底。

54. 克己之功做得彻底,人要转物而不要被物转,方能胜物而不伤。

其中,关键是要去除应物有我之私心,方能自在达成中和之境。宋儒程颢说:"以物待物,不以己待物,则无我也。"(程颢、程颐,2000:171)以及:"至于无我,则圣人也。"(程颢、程颐,2000:173)说到底,讲的都是物来顺应而不被物所迁转的境界,方是克己的终极目标。

二、仁智静动无间

圣道心法修持途径强调仁智双运,所以在后来佛道两家心法思想的影响下,也渐渐形成动静无间的修持原则。宋儒杨庭显说:"大中至正之道,近在日用,见于动静语默,不必他求。"(黄宗羲、全祖望,1986:1925)明儒聂豹指出:"学问之道无他,求其放心而已矣。动而不失其本然之静,心之正也。"(黄宗羲,1986:379)因此,圣道心法具体的修持手段既包括静心、持敬、存养这类仁静之法,又包括致知、穷理、尽性这类智动之法。第二部分治心微言,收集整理的便是这样两部分的内容。

(一)静心

1.宋明性理心法有主静之说。明儒王畿在《答吴中淮》书信中说:"静者,心之本体。濂溪主静,以无欲为要。一者,无欲也,则静虚动直。主静之静,实兼动静之义。动静,所遇之时也。人心未免逐物,以其有欲也。无欲,则虽万感纷扰而未尝动也。从欲,则虽一念枯寂而未尝静也。"(黄宗羲,1986:245)主静之说虽着眼于静,实际是静不离动,动不离静,因此与佛道两家的静功还有所不同。

2.心法修持可以从静中入手。明儒罗洪先说:"学须静中入手,然亦未可偏向此中躲闪过,凡难处与不欲之念,皆须察问从何来。"(黄宗羲,1986:393)在《答高白坪》书信中又说:"欲之有无,独知之地,随发随觉,顾未有主静之功以察之耳。……故尝以为欲希圣,必自无欲始,求无欲,必自静始。"(黄宗羲,1986:394)

3.陈献章主张"静中养出端倪",何为端倪?明儒刘宗周说:"静中养出端倪,端倪即意,即独,即天。"(黄宗羲,1986:1542)明儒王时槐则说:"澄然无念,是谓一念。非无念也,乃念之至微至微者也。此正所谓生生之真几,所谓动之微、吉之先见者也。"(黄宗羲,1986:472)此所以周敦颐既主静又倡导诚几之旨的缘由!

4.宋明性理心法强调主静之法,不是要坐禅入定,而是要更好地动以应事。理学大师朱熹说:"静坐非是要如坐禅入定,断绝思虑。只收敛此心,莫令走作闲思虑,则此心湛然无事,自然专一。及其有事,则随事而应;事已,则复湛然矣。"(黎靖德,1988:217)修身养性就当如此,方能成就许多事业!所谓磨刀不误砍柴工!

5.那么具体如何静虑呢?明儒王时槐在《答刘心蓬》书信中指出:"静中涵养,勿思前虑后,但澄然若忘,常如游于洪濛未判之初。此乐当自得之,则真机跃如,其进自不能已矣。"(黄宗羲,1986:477)明儒万廷言则说:"予学以收放心为主,每少有驰散,便摄归正念,不令远去。久之,于心源一窍渐有窥测,惟自觉反身默识一路滋味颇长耳。"(黄宗羲,1986:510)有事外用主敬,无事内守主静,此乃静动妙义之所在。

6.静极而生,心空而灵,能应万事,只此便是真境界!所以明儒罗洪先描述道:"内外两忘,乃千古入圣祕密语。凡照应扫除,皆属内境,安排酬应皆属外境,二境了不相干,此心浑然中存,非所谓止其所乎?此非静极,何以入悟。"(黄宗羲,1986:404)无事守静,当内外两忘,此静极之境界。

7.程子说:"要息思虑,便是不息思虑。"(程颢、程颐,2000:190)欲去虑者,又为一虑,如何去得思虑,所以要勿忘勿助,行正念之法。明儒王时槐在《答王永卿》书信中说:"所论'去念守心',念不可去,心不可守。真念本无念也,何去之有?真心本无相也,何守之有?惟寂而常照,即是本体,即是功夫,原无许多歧路费讲说也。"(黄宗羲,1986:469)此说便是静极寂照相须之法。

8.宋明性理心法,静字看得极为精致,讲静法便是离不开动法。明儒曹端说:"学者须要识得静字分晓,不是不动便是静,不妄动方是静,故曰'无欲而静'。到此地位,静固静也,动亦静也。"(黄宗羲,1986:1065)所谓无事内守,有事外用。正如朱熹所云:"静时不思动,动时不思静。"(黎靖德,1988:21)唯有不动异念,动静皆能守一,是真定者。

9.明儒薛瑄说:"为学之要,莫切于动静,动静合宜者,便是天理,不合宜者,便是人欲。"(黄宗羲,1986:112)动静合宜之时,诚几显现。所谓诚几之几,不确定纠缠态,是动中有静,静中有动,是界乎动静之间者。一定要确切地说,"几"就是动静纠缠态,乃入圣之象。可见千圣学脉,不过就是把握那动静无间之几。

(二)持敬

10.除了主静,宋明性理心法修持更加主张持敬主一之法。明儒胡居仁说:"敬该动静,静坐端严,敬也;随事检点致谨,亦敬也。敬兼内外,容貌庄正,敬也;心地湛然纯一,敬也。"(黄宗羲,1986:39)所要说明的,都是静与敬原是不能绝对割裂的。今日开始持敬主一功法介绍,凡处事接物,内心存敬,专心致志,则必处之从容有效,没有急迫之心。

11.那么,什么是敬呢?明儒罗侨说:"用心专一便是敬。"(黄宗羲,1986:1106)所以要敬,关键在于专一,故持敬也在敬一之功夫上。"一"则纷乱之念息,行事无有心烦时。明儒胡居仁指出:"有事时专一,无事时亦专一,此敬之所以贯乎动静,为操存之要法也。"(黄宗羲,1986:32)所以敬与静不同之处,便在于敬是事上做的功夫,所谓"执事敬"。

12.何为"执事敬"?明儒罗侨说:"身在此,心即在此,事在此,心即在此,精神专一,莫非天理流行,即敬也。"(黄宗羲,1986:1107)凡做事能如此,便不失持敬大旨。明儒曹端说:"吾辈做事,件件不离一敬字,自无大差失。"(黄宗羲,1986:1065)可见持敬主一,便是做事的根本。继续持敬,功成于勤勉,废于荒疏。

13.用心专一,执事之心便要常处惺惺不昧之境。宋儒张栻在《南轩答问》中说:"夫敬则惺惺,而乃觉昏昏,是非敬也。惟深自警励,以进主一之功,幸甚!"(黄宗羲、全祖望,1986:1613)明儒胡居仁则说:"觉得心放,亦是好事。便提撕收敛,再不令走,便是主敬存心工夫。"(黄宗羲,1986:31)惺惺不昧便是觉,能够保持觉知意识水平,便常能用心专一。久之,不但常获事半功倍之效,而且常处精力充沛之态。

14.明儒薛瑄说:"人不持敬,则心无顿放处。"(黄宗羲,1986:117)又说:"只主于敬,才有卓立,不然东倒西歪,卒无可立之地。"(黄宗羲,1986:120)所以,平日敬而主一,时时醒觉,不让忿欲生于心,自然心地平和。敬者,动静随事,觉而专一之谓也。专一,则天理存,天理存则心性复,心性复,则无时不善焉!

15. 当然,持敬主一,并非要被一个"敬"字拘迫。宋儒张栻说:"所谓持敬,乃是切要工夫,然要将个敬治心,则不可。盖主一之谓敬,敬是敬此者也。若谓敬为一物,将一物治一物,非惟无益,而反有害,乃孟子所谓必有事焉而正之,卒为助长之病。"(黄宗羲、全祖望,1986:1611-1612)学者当须体悟明白!

16. 明儒薛瑄说:"敬则中虚无物。"(黄宗羲,1986:114)明儒刘宗周也说:"敬则心中无一事。"(黄宗羲,1986:1541)心中无事无物,则自然落拓无碍,无乱思杂虑。故明儒曹端指出:"一诚足以消万伪,一敬足以敌千邪,所谓先立乎其大者,莫切于此。"(黄宗羲,1986:1065)可见由敬而诚乃圣学之关键,心能处事而不被所处之事牵绊,便是真落拓无碍者。

17. 持敬之道,平日内心修持,最要从容不迫,关键应于灵魂深处涵泳,重在自得。程子曰:"学者须是潜心积虑,优游涵养,使之自得。"(程颢、程颐,2000:215)明儒胡居仁说:"真能主敬,自无杂虑;欲屏思虑者,皆是敬不至也。"(黄宗羲,1986:34)这其实就是子思所谓的"不勉而中,不思而得"。当了然于心。

18. 程子曰:"识道以智为先,入道以敬为本。夫人测其心者,茫茫然也,将治心而不知其方者,寇贼然也。天下无一物非吾度内者,故敬为学之大要。"(程颢、程颐,1981:1183-1184)明儒邹守益在《与胡鹿厓》书信中说:"圣门要旨,只在修己以敬。"(黄宗羲,1986:337)总之,持敬是圣道心法之核心,有事动也敬,无事静也敬,动静皆能主一,便是真敬。

(三)存养

19. 所谓存养,即存心养性,此乃圣贤之学的特色法门。明儒蒋信指出:"圣贤之学,全在好恶取舍上用力,随所好恶取舍,此心皆不失其正,便是存养。"(黄宗羲,1986:630)可见存养之法,乃是圣道心法之真传,而前面所有讲述的静心和持敬,都可以归结为存养的具体途径。存心养性,收其放心而涵养之。圣学心法无他,存养而已。

20. 为学就是要存心养性。程子曰:"学之而不养,养之而不存,是空言也。"(程颢、程颐,1981:1188)明儒吴与弼也说:"涵养此心,不为事物所胜,甚切日用工夫。"(黄宗羲,1986:26)明儒刘文敏则说:"人为万物之主,心为万物之灵,常存此心,性灵日著,则万物之命自我立矣。"(黄宗羲,1986:436)可见,存养是日用工夫,须臾不可离也。

21. 存心养性的不同阶段,存养用功也不同。明儒罗钦顺在《困知记》中指出:"存养是学者终身事,但知既至与知未至时,意味迥然不同。"(黄宗羲,1986:1115)宋儒吕祖谦在《与巩仲至》书信中给出的:"持之以厚,守之以默。"(黄宗羲、全祖望,1986:1670)其实正好对应着"知未至"要"持之以厚"与"知既至"要"守之以默"这样两段工夫。

22. 存养常常与省察相辅相成。宋儒张栻就说:"存养、省察之功,固当并进,然存养是本。觉向来工夫不进,盖存养处不深厚,故省察少力。"(黄宗羲、全祖望,1986:1628)明儒季本讲得更加细致:"一操心即存矣,故省察之外,无存养,而省察之功,即是立大本也。"(黄宗羲,1986:276-277)省察是存养的前导,存养是省察的方向,两相结合,便可成就存心养性之功。

23. 存心偏向于持敬,保持惺惺不昧之心;养性偏向于主一,涵养勿忘勿助之性。所以说持敬主一,也是存养之道。明儒胡居仁说:"敬为存养之道,贯彻始终。所谓涵养须用敬,进学则在致知,是未知之前,先须存养此心方能致知。又谓识得此理,以诚敬存之而已,则致知之后,又要存养,方能不失。盖致知之功有时,存养之功不息。"(黄宗羲,1986:32-33)

24. 敬可以至诚,所以为存养之功。明儒胡居仁说:"一是诚,主一是敬。"(黄宗羲,1986:41)明儒庄昶便说:"圣贤之学惟以存心为本,心存故一,一故能通,通则莹然澄彻,广大光明,而群妄自然退听,言动一循乎礼,好恶用舍,各中乎节。"(黄宗羲,1986:1082)可见主一便是至诚之功,能敬然后至诚,便是存养功成之时。

25. 自在皆自得,乃优游涵养而至。这里所谓自得是见自己的本原心性,或称存诚,即是识仁。所以明儒方学渐在《心学宗》中说:"识仁则见本原,然非一识之后,别无工夫。必勿忘勿助,诚敬存之,则识者永识,实有诸身。不然,此心终夺于物欲,虽一时有识,只为虚见,而不能实有诸身矣。"(黄宗羲,1986:840)但能存诚便可显性,存心养性的目的就是要识取仁善之性。

26.明儒聂豹在《与欧阳南野》书信中指出:"体得未发气象,便是识取本来面目。敬以持之,常存而不失,到此地位,一些子习气意见着不得,胸次洒然,可以概见,又何待遇事穷理而后然耶?即反覆推究,亦只推究乎此心之存否。"(黄宗羲,1986:375)存养的终极途径,必也归结到圣道之极则:勿忘勿助!

27.明儒万廷言指出:"存久自明,何待穷索?穷索是意路名言,与性命之理无干。"(黄宗羲,1986:508-509)宋儒李侗则曰:"近日涵养,必见应事脱然处否?须就事兼体用下工夫,久久纯熟,渐可见浑然气象矣。勉之!勉之!"(黄宗羲、全祖望,1986:1288)存养须在事上磨,诸位同道,各自都当勉之!

(四)致知

28.涵养至诚如果不能一时奏效,则当先行致知之道。当人问及"致知涵养先后"时,朱熹就说:"须先致知而后涵养。"(黎靖德,1988:152)致知是知天道,涵养是致中和。致知是道问学,涵养是尊德性。致知须穷理,涵养须集义。致知要学、问、思、辨,涵养则要行、敬、静、诚!

29.既然致知是知天道,就要除去歧途之障蔽,不可溺于文辞,更不可惑于异教。程子曰:"今之学者有三弊:溺于文章,牵于诂训,惑于异端。苟无是三者,则将安归?必趋于圣人之道矣。"(程颢、程颐,1981:1185)诚然,初学之士皆有蒙蔽,蔽解惑去,方能洞然。致知当安详沉静,自然能解蔽欲。要知,蔽于物欲易解,蔽于意见难解,惟靠智慧解之。

30.学者贵在谦逊,自以为是根器深厚者,并不可取。朱熹曰:"今之学者,本是困知,勉行底资质,却要学他生知、安行底工夫。便是生知、安行底资质,亦用下困知,勉行工夫,况是困知,勉行底资质!"(黎靖德,1988:135-136)又曰:"顿悟之说,非学者所宜尽心也,圣人所不道。"(黎靖德,1988:159-160)切记,不是不能顿悟,是顿悟在穷理尽心之后。若没有学问积累,如何能一时顿悟!

31.格物然后致知,格物之功到得深厚地步,自然能够致知顿悟之境。明儒万表指出:"学不顿悟,才涉语言,虽勘到极精切处,总不离文字见解。圣学功夫,只在格物。所谓格物者,格其心之物也。凡不于自己心性上透彻得者,皆不可以言格。到得顿悟见性,则彻底明净,不为一切情景所转。"(黄宗羲,1986:313)此便是彻头彻尾的话,当须用心体会!

32.初学者,将以勤勉为训,专心致志,心不二用,久之自然有洒脱究竟之时。宋儒李侗指出:"凡遇一事,即当且就此事反复推寻,以究其理。待此一事融释脱落,然后循序少进,而别穷一事。如此既久,积累之多,胸中自当有洒然处,非文字言语之所及也。"(黄宗羲、全祖望,1986:1288)欲想悟彻,先要积累,世上没有不先积累而有悟彻之功者。

33.学者积累学问,首先要有质疑精神,具有反思能力。陆九渊说:"为学患无疑,疑则有进。"(陆九渊,1980:472)如何生疑?明儒王时槐指出:"学贵能疑,但点点滴滴只在心体上用力,则其疑亦只在一处疑。一处疑者,疑之极,必自豁然矣。若只泛然测度道理,则其疑未免离根。离根之疑,愈疑而愈增多歧之惑矣。"(黄宗羲,1986:471)疑贵在深究,究之深,到得那豁然之时,则方有得。

34.致知当知"知止"。"知止"乃"认知能力"可达之边界,要明道,非知止不可,然后定、静、安、虑方可得。陆九渊说:"学未知止,则其知必不能至;知之未至,圣贤地位,未易轻言也。"(陆九渊,1980:9)说得透彻!不知止,则必为模因所牵,不能透彻道理而出离窠臼。

35.何为知止,知之至也,摆脱一切知识依附,通彻事物根本之理,而达无待之境。明儒钱德洪说得更为明彻:"致知之功,在究透全体,不专在一念一事之间。但除却一念一事,又更无全体可透耳。"(黄宗羲,1986:230)究透全体,物我浑然一体,方能超然。不然便被那枝末细节牵绊,难能全体大现之处,更无全体大用之时。

36.现今学者之所以难以通达知至之境,就是不能涣然冰释。宋儒李侗说:"学者之病,在于未有洒然冰解冻释处。纵有力持守,不过苟免显然悔尤而已。若此者,恐未足道也。"(黄宗羲、全祖望,1986:1288)所以,致知就要达成知止之知,知止至灵,方是真知。真知灼见,大现大用。

(五)穷理

37.心法修持除了持敬等静法,还要穷理,方能有至灵之道心。明儒胡居仁指出:"人虽持敬,亦要义理来浸灌,方得此心悦怿;不然,只是硬持守也。"(黄宗羲,1986:32)朱熹则说:"所见者心之理,能觉者气之灵。"(黄宗羲、全祖望,1986:1522)又说:"有道理底人心,便是道心。"(黄宗羲、全祖望,1986:1523)所以除了修持静功以唤起此心外,也须通过穷理以尽性。

38.致知求真知,便是穷理。明儒胡居仁就说:"读书论事,皆推究到底,即是穷理,非是悬空寻得一个理来看。"(黄宗羲,1986:36)所谓推究到底是不被言语文字所障蔽。朱熹则说:"看道理,须是见得实,方是有功效处。若于上面添些奇特,便是见地实理未透。"(黎靖德,1988:158)许多学者之所以难以穷理,就是死在文字言语里走出不来。因为一有奇特言语,便是分别之心,便不能穷尽天理。

39.事物无好坏,好坏由人心。或者说得再通俗一点,一个事物是好是坏,是依赖于评判当时之境遇的环境与心境,而境遇归根结底是心境,因此其随你心境的不同而变化。若想穷尽天理,必先去尽分别之私智。要想去除私智,就要遵循毋我、毋必、毋固、毋意之法则。绝此四者,则私智可去;私智可去,天理可穷。

40.所谓分别心,是指起憎恨与爱恋之心,即起执心,而不是昏然无记差别。但物来顺应,不为所缚,能心转物,不为物转,即是无分别执着之心。程子曰:"君子循理,故常泰;小人役于物,故多忧戚。"(程颢、程颐,1981:1263)循理则可以役物,故常泰。明儒薛瑄说:"顺理心安,身亦安矣。"(黄宗羲,1986:122)循天理而无私智者。

41.明儒王艮说:"天理者,天然自有之理也。才欲安排如何,便是人欲。"(黄宗羲,1986:715)可叹世人乱发心灵鸡汤,彼此自相矛盾,或谓之也有一定道理,其实不过是私智之见,可知世人其实不明天理。天理就是真理,世俗之所为"这也有道理,那也有道理",不过是管窥私智之见,不足为训。

42.如何才能够明达天理呢?程子曰:"为学之道,必本于思,思则得之,不思则不得也。"(程颢、程颐,2000:381)明儒王时槐在《答曾肖伯》书信中则说:"心之官则思,中常惺惺,即思也,思即穷理之谓也。此思乃极深研几之思,是谓近思,是谓不出位,非驰神外索之思。"(黄宗羲,1986:474-475)以思而达无思,则穷理尽性!

43. 太多学习者，喜欢寻章摘句，以为见理，转道愈远。正如宋儒谢良佐所说："今人学时，将章句横在肚里，怎生得脱？"（黄宗羲、全祖望，1986：919）真正穷理者，应该如宋儒陆九龄在《与陈德甫》书信中所言："须磊磊落落作大丈夫，净扫平生纰缪意见。"（黄宗羲、全祖望，1986：1871）去除胸中成见，不让一丝知见存于胸中，庶几才有穷尽天理的时候。

44. 穷理只在空灵之心境时。宋儒杨庭显说："学者以所得填塞胸中，中毒之深，复不自觉；颜子屡空，还有此否？"（黄宗羲、全祖望，1986：1925）又说："不逐物而得理，此时如丸珠在盘，无所凝滞。"（黄宗羲、全祖望，1986：1926）所以伊川先生说："言贵简，言愈多，于道未必明。"（程颢、程颐，2000：272）只有到达内外明澈，方是穷理之时。

45. 穷尽天理，即是妙悟性命之理，不可分别拟议，非智慧心法不能到此境界。明儒刘宗周说："天理一点微妙处，提醒工夫在有意无意之间。"（黄宗羲，1986：1542）明儒万表则说："性命玄妙，更无可拟议，易简超脱，只在妙悟。"（黄宗羲，1986：313）要之，智慧便在成物之道中，人人皆有，就在契合与否之间。契合天理，便无亏欠，可容万物。

（六）尽性

46. 何为尽性？明儒薛瑄说："知至至之，穷理也，知终终之，尽性以至于命也。"（黄宗羲，1986：121）就是说穷理到了终致，古人称为尽性，然后可以至命，是健康幸福生活的保障！当然，穷理也是尽心。衷心祝愿诸位都能赢得属于自己幸福生活，明心见性，让人生充满阳光！

47. 如何尽性呢？宋儒杨时说："所谓率性，循天理是也。外边用计用数，假饶立得功业，只是人欲之私。与圣贤作处，天地悬隔。"（黄宗羲、全祖望，1986：949）无须"用计用数"，讲的就是不言而得、不知而识、不求而能。可见，到达这最后一步，非人力可以为，唯顺其自然不期而至。

48. 明儒刘宗周则说："此心放逸已久，才向内，则苦而不甘，忽复去之。总之未得天理之所安耳。心无内外，其浑然不见内外处，即天理也。"（黄宗羲，1986：1514）所以穷理便能尽性。宋儒陆九龄在《与章彦节》书信中则说："离形色而言性，离视听言动而言仁，非知性者。"（黄宗羲、全祖望，1986：1873）所谓日用是道，生活随性。

49. 穷理尽性的关键就是要默而识之，正如程明道所言："默而识之，不言而信，存乎德性。"（程颢、程颐，2000：114）明儒潘士藻指出："默识二字，终身味之不尽。才涉拟议，非默识；才管形迹，非默识；才一放过，非默识；才动声色，非默识；才以意气承当，非默识。终日如愚，参前倚衡，如见如承，亦临亦保，此默识景象也。"（黄宗羲，1986：837）如何默而识之？全靠秘密认知的悟识意识！

50. 程子说："今之智思，因神以发。智短思蔽，神不会也。会神必有道。"（程颢、程颐，1981：1185）脑智与体验之相因纠缠，神发即道也；两者相离则昏。只此便是洗心显性之要。明儒何迁说："退藏于密，神智出焉，惟洗心得之，乃见天则。天则无本末，然其主不藏，则其几不生，退藏其至乎？洗心要矣。"（黄宗羲，1986：927）《易传》所言"藏诸用"，便是洗心秘法。

51. 尽性在于体会，不在智识。程子曰："体会必以心。谓体会非心，于是有心小性大之说。圣人之心，与天为一。或者滞心于智识之间，故自见其小耳。"（程颢、程颐，1981：1261）智识对于致知穷理固然重要，但就尽性而言，那种瞬间的、超越逻辑的体会感应更是难能可贵，能够持续保任这种感应能力的就是心法。

52. 如何能够见自性？程子甚至说："天地之间，只有一个感与应而已，更有甚事？"（程颢、程颐，2000：198）只有一个感应，妙！秒杀天下一切嚼舌头根之人！明儒聂豹说："感应神化，才涉思议，便是憧憧。如憧憧，则入于私意，其去未发之中，何啻千里！"（黄宗羲，1986：381）又来一个神化，妙！秒杀天下一切动心思辨之人！

53. 尽性之境是何等状态？简单地说就是内外明澈，动静无间，打成一片。明儒湛甘泉指出："道无内外，内外一道也；心无动静，动静一心也。故知动静之皆心，则内外一。内外一，又何往而非道？合内外，混动静，则澄然无事，而后能止。"（黄宗羲，1986：881）何为合内外之道？外者，成物之智，核心乃是觉知意识；内者，成己之仁，核心乃是感受意识；两者相合，便是心性显现，唯靠悟识意识。

54. 归根到底，要想尽性体道，就是要清心明理以至于心中不存一物欲、不生一妄念、不著一私事。明儒薛瑄指出："水清则见毫毛，心清则见天理。"(黄宗羲,1986:115)然后"理明则心定"(黄宗羲,1986:120)。以及到达"顺理都无一事"(黄宗羲,1986:120)。又说:"学至于心无一物,则有得矣。"(黄宗羲,1986:116)到达如此活泼境界,所谓任运自在、随心所欲而不越矩!

三、集义悦性化道

为学之道,原则上都是知行上的事。明儒徐阶说:"知行只是一事,知运于行之中。知也者,以主其行者也;行也者,以实其知者也。"(黄宗羲,1986:619)当然,如果一定要加以区分,知行还是有次第的。明儒周冲说:"凡学须先有知识,然后力行以至之,则几矣。"(黄宗羲,1986:585)这一部分我们就专注于力行,其宗旨则不离集义悦性化道之本。

(一)力行

1.明儒湛甘泉指出:"夫学不过知行,知行不可离,又不可混。"(黄宗羲,1986:881)知行两者相互依存,原是一件事,不可分为两件事。朱熹说:"学之之博,未若知之之要;知之之要,未若行之之实。"(黎靖德,1988:222)宋儒谢良佐语录:"非事上,做不得工夫也。须就事上做工夫。"(黄宗羲、全祖望,1986:923)

2.最近接触了一些希望或正在修行的人,言谈之间似乎道理都是明白的,却大多自觉难以身体力行。就说平和之心吧,遇事难免就会生气、甚至动怒。明白道理是一回事,生活践行却是另一回事。所谓修行,关键在践行,不在徒有道理的明白。自然平和之心态,不是一蹴而就的。

3.何为知易行难?比如我们大抵在网上议论,个个都是正义的化身、爱心的使者、真理的护卫。但在现实生活中却假话连篇、见死不救、明哲保身,都充当冷漠无情的看客,正义、爱心和真理,统统抛到九霄云外!宋儒陆九龄在《与沈叔晦》书信中说:"有终日谈虚空语性命而不知践履之实,欣然自以为有得而卒归于无所用,此惑于异端者也。"(黄宗羲、全祖望,1986:1870)所以,问题并不在于认知这些道理,而在于身体力行。

4.道理人人明白,但要知行合一很难。明儒邹德涵指出:"实践非他,解悟是已。解悟非他,实践是已。外解悟无实践,外实践无解悟。外解悟言实践者知识也,外实践言解悟者亦知识也,均非帝之则,均非戒慎之旨。"(黄宗羲,1986:356)圣学就是做到在事上磨出洒脱来,而异端则徒有口能。这就是异端与圣学的根本区别。

5. 如何才能够行以历练心性呢?宋代辅广先生说:"人不经忧患、困穷、顿挫、折屈,则心不平,气不易,察理不尽,处事多率,故人须从这里过。"(黄宗羲、全祖望,1986:2055)也就是说,生活磨炼是最好的修行,困顿处境恰是历练心志的机遇,能够从忧患顿挫中走过,方能见得真切道理。

6. 越不利的生活,越值得一过。宋儒陆九龄在《与李德远》书信中就说:"古之君子,往往多出于羁艰困厄愁忧之中,而其学日进。某独日以汩没,触事接物,习情客气时起于其间。"(黄宗羲、全祖望,1986:1870)明儒刘宗周也说:"心须乐而行惟苦,学问中人无不从苦处打出。"(黄宗羲,1986:1544)历练心性,都是从苦处打拼出来。

7. 遭遇困苦患难,要能够从容应对,不可陷于其中而沉沦。明儒吴与弼说:"人之遇患难,须平心易气以处之,厌心一生,必至于怨天尤人,此乃见学力,不可不勉。"(黄宗羲,1986:24)明儒王艮也说:"即事是学,即事是道,人有困于贫而冻馁其身者,则亦失其本而非学也。"(黄宗羲,1986:715)何为不失其本?何为从容应对?宋儒邵雍说:"能处人所不能处之事,则能为人所不能为之事也。"(邵雍,1990:436)

8. 要之,学道在于身体力行,不可有刻意伪作之心。须知,任何刻意而为的作为都是有为,不如自然而然的切己修为来得彻底。不是证明给别人看,而是自证身体力行;重要的是改变自己的德行心性而不是外在装饰。宋儒陆九龄在《答王汉臣》书信中指出:"身体心验,使吾身心与圣贤之言相应,择其最切己者,勤而行之。"(黄宗羲、全祖望,1986:1871)

9. 明儒洪垣在《答谢特峰》书信中指出:"善学者,事从心生,故天下之事从心转。不善学者,心从事动,故吾人之心从事换。只在内外宾主之间,非天然之勇不能也。"(黄宗羲,1986:941)至于修行或修为的宗旨,就是要将刻意的有为转化为自觉的无为,这便是顺其自然法则而为的意思。要注意的是,无为不是不作为,而不作为就是一种刻意而为,是有为。如果你能够领悟到了个中的妙旨,那么就可以无为而无不为了。

（二）洒扫

10.前面已明尽性悟道力行之重要,那么如何力行呢？其实力行说起来也很简单,日用之间随处皆可力行,所谓日用是道。宋儒张九成说:"道非虚无也,日用而已矣。"(黄宗羲、全祖望,1986:1312)宋儒吕祖谦也说:"古人为学,十分之中,九分是动容周旋、洒扫应对,一分在诵说。今之学者,全在诵说,入耳出口,了无涵蓄,所谓'道听途说,德之弃也'。"(黄宗羲、全祖望,1986:1658)可见日用行道,真非虚言;切实去做,便是至道。

11.或有人说,日常生活为俗务所累,哪有时间修持心法！对此,明儒罗汝芳答曰:"却倒说了。不知吾人只因以学为难,所以累于身家耳。……吾人只能专力于学,则精神自能出拔,物累自然轻渺。莫说些小得失,忧喜毁誉荣枯,即生死临前,且结缨易箦,曳杖逍遥也。"(黄宗羲,1986:766)心法修持,正要在日常俗务中修来,方才有实效。

12.出世容易入世难,所谓小隐隐于山易,大隐隐于市难。明儒蔡汝楠在《端居寤言》中说:"圣贤地位,非可想象,只圣贤事,合下做得洒扫应对,可精义入神。"(黄宗羲,1986:972)其实,逃避岂能得到心灵的自在,不过是回避尘世喧嚣,不敢正视现实而已。面对喧嚣竞争而不动声色,方为真心安者。倒是相反,那些好高骛远,不肯从小事做起的,才是离圣道转远了。

13.朱熹告诫人们说:"学者贪高慕远,不肯从近处做去,如何理会得大头项底！"(黎靖德,1988:131)切记明儒曹端所言:"人之为学,须是务实,乃能有进,若这里工夫欠了分毫,定是要透过那里不得。"(黄宗羲,1986:1066)心性修炼切要脚踏实地从小事做起,方才是进步的阶梯。宋儒谢良佐说:"凡事不必须高远,且从小处看。……古人须要就洒扫应对上养取诚意出来。"(黄宗羲、全祖望,1986:920)

14.孔子强调下学而上达,就是宗旨。明儒潘士藻因此指出:"须从大处悟入,却细细从日用琐屑,一一不放过。三千三百,皆仁体也,圣人所以下学而上达。"(黄宗羲,1986:837)确然,明儒尤时熙指出:"道理只在日用常行间,百姓日用但不知,不自作主宰耳。"(黄宗羲,1986:646)但凡自作主宰,日用便是天理。

15. 下学学人事，不是样样都要去学，平时涵养之中先要学会舍事，一切不必要的人事能舍则舍，方能培养精神。明儒许孚远在《与邓定宇》书信中说："人事自为简省，未尝不可，若不得省处，即顺以应之。洗涤精神，洒洒落落，无拣择相，更觉平铺实在。操舍存亡，昏明迷觉，总在心而不在境。"（黄宗羲，1986：981）关键要做到事过不住心，方能心中无事自在。日常生活，若能不被事物所牵绊，自然有圣心之气象。

16. 明儒邓以赞说："人之生也，直如日用之间。人呼我应，人施我答，遇渴即饮，遇饥即食便是。若于此中起半点思维计较，牵强装饰，即谓之罔。"（黄宗羲，1986：493）只要能够物来顺应，事来应而不藏，就可以养出浩然之气。明儒薛瑄就说："人能于言动、事为之间，不敢轻忽，而事事处置合宜，则浩然之气自生矣。"（黄宗羲，1986：114）

17. 心中养得宽裕，关键便在日常俗物的应对之中。明儒薛瑄说："工夫切要，在夙夜、饮食、男女、衣服、动静、语默、应事、接物之间，于此事事皆合天则，则道不外是矣。"（黄宗羲，1986：115）所以，无事内守，有事外用，能应外境，不为境转，方为真实解脱。如是，则随时随处随事，心都能任运自在。

18. 俗务洒扫应对，关键在于心处。明儒方学渐在《心学宗》中说："洒扫应对是下，洒扫应对之心是上。"（黄宗羲，1986：841）又说："性具于心，谓之道心。善学者求道于心，不求道于事物。善事心者，日用事物皆心也。"（黄宗羲，1986：841）因此，安身立命毕竟立于何处？心无是非，随处应物，随时处事，便是究竟，便是处事准则。

（三）集义

19. 何为集义？明儒湛甘泉在《答问集义》中说："集者，如虚集之集，能主敬，则众善归焉。勿忘勿助，敬之谓也，故曰：'敬者德之聚也。'此即精一工夫。若寻常所谓集者，乃于事事上集，无乃义袭耶？此内外之辨也。然能主敬，则事事无不在矣。今更无别法，只于勿忘勿助之间调停为紧要耳。"（黄宗羲，1986：883）所谓敬德于事，便是集义。

20. 大凡存心养性，必当落实到集义行善之上，方为了彻，不可将那高明之性，悬空于无着落处。明儒杨应诏说："今之学者，不能实意以积义为事,乃欲悬空去做一个勿忘勿助;不能实意致中和,戒惧乎不睹不闻,乃欲悬空去看一个未发气象;不能实意学孔、颜之学,乃欲悬空去寻孔、颜之乐处。外面求讨个滋味快乐来受用,何异却行而求前者乎?兹所谓舛也。"(黄宗羲,1986:156)当为修持圣道者警醒!

21. 集义当有勇。面对趋名逐利的社会,当时时警醒自己不以名利戕害仁心,以便可以维持此心。明代夏朴先生云:"世人只知有利,语及仁义,必将讥笑,以为迂阔。殊不知利中即有害,惟仁义则不求利,自无不利。"(黄宗羲,1986:72)修心修仁心也,倘如名利上过不去,焉能修成正果!明儒吕柟说:"作圣人不是用这等力量,见得善处肯行,便是力量,溺于流俗物欲者,乃弱也。"(黄宗羲,1986:139)

22. 以本善之性去行善,不可以利欲去劝善,诸如好人好报、以其无私耶故能成其私之类,皆出自私心,非真善之性所致,必当会越劝越恶。宋儒邹浩说:"以爱己之心爱人,则仁不可胜用。以恶人之心恶己,则义不可胜用矣。"(黄宗羲、全祖望,1986:1219)切记,奉献爱的行动,乃是生活真正意义之所在。

23. 人们感到空虚、无聊、孤独,就是因为自私自利,违背了奉献之仁爱精神。陆九渊说:"人无好善之心,便皆自私,有好善之心便无私,便人心有技若己有之,今人未必有他心只是无志,便不好善。"(陆九渊,1980:465)行善切忌有好名喜功之心。宋儒邹浩说:"为善如着衣吃饭,不可有功过心。"(黄宗羲、全祖望,1986:1217)行善只是切己集义,非沽名钓誉,此理明也。

24. 人们行善之所以会有好名之心,或企盼他人的感恩,全部出自利害计较之心。程伊川先生语:"只那计较,便是为有利害。若无利害,何用计较?利害者,天下之常情也。人皆知趋利而避害,圣人则更不论利害,惟看义当为与不当为,便是命在其中也。"(程颢、程颐,2000:224)圣人惟看义,着眼在整体社会之利害,而不计较个人之得失,所谓至公是也。所以集义行善,浩然之气生,岂有私利之容处!

25. 儒教的《弟子规》、佛教的《心药方》、道教的《感应篇》,虽都有行善弃恶之劝,但也包含纲常迷信之教,终非至善之论。或于底层民众不得已如此导之可矣;但凡于高明之士,则当遵循圣学之教,方为至论。中华圣学的核心是仁爱,我在《明道显性:沟通文理讲记》最后一章就明确指出,孝文化是有局限性的,应该提倡爱文化!

26.能够显现本善之性便是圣人,我们普通人之所以难以成圣,主要是引蔽习染,心中有了污垢而不能自觉。明儒王时槐在《答郭墨池》书信中说:"善由性生,恶自外染……犹言清固水,浊亦不可不谓之水耳。然水之本性岂有浊乎?其流之浊,乃染于外物耳。"(黄宗羲,1986:474)因此要想成就圣人显现本善之性,就要洗心革面,显诸仁,藏诸用,用圣道心法手段,才能恢复本有之善性!然后可以同时兼有"智者乐,仁者寿"之境界!

27.人生总有许多不可预料的事情,但心中有了爱,生活总会充满幸福感!最近几年,我一直都在倡导圣学仁爱之道,举办讲座、办禅修班,就是希望唤醒人们的仁爱之心。孔子的一句"仁者爱人",昭示了维系人类社会关系的基石。所以克拉默在《混沌与秩序》中说:"爱是我们世界上起作用的力量。没有这种力量,人类世界就不可能存在。"(克拉默,2000:308)我衷心期待世界充满爱的光明!

(四)悦性

28.我们真正获得快乐自在一定不是因为控制,而是放下控制。我们总习惯性地想要身边的人能够成为我们心里期待的那个样子,我们总是期望能够把控一切,包括自然,其实这就是一种控制欲!然而,物来顺应,无将迎,才能成为自己的主人。只有"放下"(let it be)才能获得自在(being),就是顺从心性之流(go with the flow)。"无为"不是不为(do nothing),而是顺从心流,所谓率性而为,快乐便在其中。

29.明儒王畿说:"见在一念,无将迎、无住著,天机常活,便是了当千百年事业,更无剩欠。"(黄宗羲,1986:252)心里放不下别人的过错,是没有慈悲;心里放不下自己的偏见,是没有智慧。懂得以智慧、慈悲来处理问题,心里就不会常打结,心能清明自在,不管处身何种状况中,都可保持祥和平静、自主自在的心境。

30.立定脚跟,凡事宽和处之,便心无累而活;营营思虑,心忙不定,则心性障蔽。明儒薛瑄说:"立得脚定,却须宽和以处之。"(黄宗羲,1986:121)明儒刘宗周则说:"心无物累,便是道,莫于此外更求道,此外求道妄也。见为妄见,思为妄思,有见与思,即与消融去,即此是善学。"(黄宗羲,1986:1514)天机活泼,乱念私意自然消融。

31. 不由人力,天机自然,便是乐处。明儒唐顺之在《与王道思》书信中说:"尝验得此心,天机活泼,其寂与感,自寂自感,不容人力。吾与之寂,与之感,只是顺此天机而已,不障此天机而已。障天机者莫如欲,若使欲根洗尽,则机不握而自运,所以为感也,所以为寂也。"(黄宗羲,1986:601)须知,道心纯乎自然,人心困于思虑。消融了人为思虑,则自有乐心流露,活泼自然。

32. 人们往往因为私欲障蔽导致内心不充实,缺乏喜乐之心,何以解救?乐学则自然能除私欲而得喜乐。明儒王艮《乐学歌》说得好:"人心本自乐,自将私欲缚。私欲一萌时,良知还自觉。一觉便消除,人心依旧乐。乐是乐此学,学是学此乐。不乐不是学,不学不是乐。乐便然后学,学便然后乐。乐是学,学是乐。呜呼!天下之乐,何如此学?天下之学,何如此乐?"(黄宗羲,1986:718)乐学歌,歌乐学,乐学则人心自乐,能如此,复又何求!

33. 学而不乐不如不学。宋儒邵雍:"学不至于乐,不可谓之学。记问之学,未足以为事业。"(邵雍,1990:445)明儒王艮也说:"天下之学,惟有圣人之学好学,不费些子气力,有无边快乐。若费些子气力,便不是圣人之学,便不乐。"(黄宗羲,1986:714)类似地,明儒曹端则说:"学到不怨不尤处,胸中多少洒落明莹,真如光风霁月,无一点私累。"(黄宗羲,1986:1067)不怨天,不尤人,心中多少自在。

34. 何以故?明儒王畿指出:"乐是心之本体,顺之则喜,逆之则怒,失之则哀,得之则乐。和者,乐之所由生也,古人谓哀亦是和,不伤生,不灭性,便是哀情之中节也。"(黄宗羲,1986:251)乐者,平心宣化以致中和者,故万物和则各得其所。中和者,胸中无物堵心。所以明儒薛瑄说:"若胸中无物,殊觉宽平快乐。"(黄宗羲,1986:115)

35. 明儒王畿指出:"人心虚明,湛然其体,原是活泼,岂容执得定。惟随时练习,变动周流,或顺或逆,或纵或横,随其所为,还他活泼之体,不为诸境所碍,斯谓之存。"(黄宗羲,1986:250)又在《答汪南明》书信中说:"乐是心之本体,本是活泼,本是脱洒,本无挂碍系缚。"(黄宗羲,1986:244)无所系缚之心,便得到自在之性。

36.那么如何获得本自活泼的天性呢?明儒周汝登在《海门证学录》中回答说:"心安稳处是究竟。"(黄宗羲,1986:859)心安稳处,或曰天机流行,都是一样意思,皆自得圣贤之气象。所以明儒周汝登在《海门证学录》中说:"此心一刻自得,便是一刻圣贤;一日自得,便是一日圣贤;常常如是,便是终身圣贤。"(黄宗羲,1986:856)可见,自在活泼,便是证得圣贤天性。

(五)讲习

37.朋友讲习在圣道修持过程也是一个重要途径,可以交流心得,激发学圣之志。明儒周冲指出:"日用功夫,只是立志。然须朋友讲习,则此意才精健阔大,才有生意。"(黄宗羲,1986:585)讲习还可以以友辅仁,达到朋友之间相互促进的目的。对此,明儒耿定向有形象地说明:"独夫夜行空谷中,未免惴惴心动,五尺童子随其后,则帖然。厝一星于寒灰则灭,群火在盆中,可以竟夜。观此,则以友辅仁可识矣。"(黄宗羲,1986:823)

38.讲习的更大收获就是博闻多见。一个人的精力总是有限的,如果经常与志同道合的朋友切磋讨论,则进步就更快。当然博闻多见之时,要善于用心吸收,然后可以使人"畜其德"。另外,在朋友切磋之间,要善于主动发问请益。我在民众讲学中发现一个现象:听众往往听后没有提问互动,诚为可惜! 明儒尤时熙明确指出:"只此发问,便是入门。"(黄宗羲,1986:646)可见发问请益的重要。

39.对于讲论者,讲学要有真正效益,自己先要默识道理深刻,否则误人误己不浅。宋儒李侗也说:"学问之道,不在多言,但默坐澄心,体认天理。若真有所见,虽一毫私欲之发,亦退听矣。久久用力于此,庶几渐明,讲学始有力耳。"(黄宗羲、全祖望,1986:1288)所谓"退听",不著于心。默坐澄心,乃反观本心;体认天理,即性是理。唯有体得真切,便是明心见性之时!

40.如果自己不能默识天理而贸然讲学,则不过就是一场空洞的废话。明儒薛瑄指出:"将圣贤言语作一场话说,学之者通患。"(黄宗羲,1986:116)因此又说:"才舒放,即当收敛,才言语,便思简默。"(黄宗羲,

1986:114)其中的道理,正如明儒杨应诏所言:"道之存于人,不贵于言久矣。苟不以人论学,而以言论学……则今之纷纷、无怪其然。"(黄宗羲,1986:155-156)

41. 与人讲论交往,当虚心平气,谦逊容人。明儒邹德溥说:"君子之于人也,虚心而照,平心而应,使其可容者自容,不可容者自不能容,不以察,与焉而已。"(黄宗羲,1986:357)我个人认为,与人讲论的最高境界,就是明儒吴与弼所说的:"澹如秋水贫中味,和似春风静后功。"(黄宗羲,1986:19)

42. 与人讲论,千万不可声色引动,竞争长短,自以为是,目空一切。明儒薛瑄说:"处人之难处者,正不必厉声色,与之辩是非,较短长。"(黄宗羲,1986:114)讲学者当时刻谨记:是非以不辩为解脱。总是要争个是非,是因为缺乏自信心!争论仅仅是为了释疑,从而建立信心,如果你已经信心不二了,争论自然是多余的。

43. 讲习之中也要避免论人长短,妄自议论他人是非。明儒杨爵就说:"好议论人长短,亦学者之大病也。若真有为己之心,便惟日不足,戒慎乎其所不睹,恐惧乎其所不闻,时时刻刻防检不暇,岂暇论人?"(黄宗羲,1986:171)明儒吴与弼说得更加透彻:"责人密,自治疏矣,可不戒哉!"(黄宗羲,1986:17)凡事不可苛责于人,自省为上。

44. 世人好被外在名位、才能、著述所惑,故常常为知识所障,难以自立,没有自家主张。对此现象,明儒邹守益在《与洪峻之》书信中就有指出:"世俗通病,只认得个有才能,有勋业,有著述的圣人,不认得个无技能、无勋业、无著述的圣人。"(黄宗羲,1986:339)正因为如此,世人讲习往往有知识障见。此皆"多为闻见所累",用宋儒张九成在《横浦心传》中的话讲:"只缘自家无主。"(黄宗羲、全祖望,1986:1304)

45. 自家要有主,最要有自信之心。什么叫自信之心?明儒邹德涵说:"自立是卓然自立于天地间,再无些倚靠人,推倒他不得。"(黄宗羲,1986:351)那么如何达成真正的自信地步?我以为,人一生达成自信要经过三个阶段。第一阶段,年轻时认为自负是自信;第二阶段,后来有了坎坷自认不自信;第三阶段,现今磨炼落拓自觉方是真自信!希望诸位经过磨炼获得真正的自信之心。

（六）化道

46.圣学之所以不同于佛道两家,就在于有道圣贤必将以淑世爱人、化导民众为己任。明儒庄昶指出:"天之生圣贤,将为世道计也。"(黄宗羲,1986:1084)所以,学圣之学者,必将有继圣之心,怀恺悌之情。宋儒陈瓘说:"学者非独为己而已也,将以为人也。"(黄宗羲、全祖望,1986:1209)明儒潘府在《素言》中也说:"学者有继圣之心,匹夫有显君之志,皆分内事耳。"(黄宗羲,1986:1105)

47.达则兼济天下,君子养民教民,自当极尽其心。明儒刘文敏说:"圣人养民教民,无一事不至,非为人也,自尽其心,自满其量,不忍小视其身也。"(黄宗羲,1986:436)何为"自尽其心"?何为"自满其量"?明儒方孝孺在《侯城杂诫》中说:"一年之劳,为数十年之利,十年之劳,为数百年之利者,君子为之。君子之为利,利人;小人之为利,利己。"(黄宗羲,1986:1047)所谓君子达则兼济天下。

48.圣贤"用之则行,舍之则藏"。明儒邓以赞对此解释道:"用之则行,大行其道也;舍之则藏,退藏于密也。"(黄宗羲,1986:492)也"化道于内"之意。道化于内,自己便是道,所谓道成肉身!因此明儒刘塙在《证记》中说:"心到明时,则境亦是心。"(黄宗羲,1986:875)如是,则可以大行其道,教民化众有功。

49.教民化民宗旨,自然先要立其大者。明儒冯从吾说:"先立乎其大,不是悬空在心上求,正是在喜怒哀乐、视听言动间,辨别人心道心。精之一之,务使道心为主,而人心尽化,讨得此中湛然虚明,此之谓先立乎其大,而耳目口体小者自不能夺也。"(黄宗羲,1986:1001)如此,方能使民众以不变而应万变,处安危而心不易!陆九渊说:"圣人之道至一,为能处天下之至变;惟天下之至安,为能处天下之至危。"(陆九渊,1980:432)

50.何为圣道之大者,恪守中道而已。明儒王时槐说:"千圣语学,皆指中道,不落二边。如言中、言仁、言知、言独、言诚是也。若言寂,则必言感而后全;言无,则必言有而后备,以其涉于偏也。"(黄宗羲,1986:480)唯有恪守中道,才就救具体修持方法之偏。世上修行方法,杂乱无章,稍有不慎,便入不正之偏。

51. 传习圣道,如果不知民众后天偏性浅深,盲目引导,恐影响效果。启发险峻,难得玄旨;施教简易,误人子弟。不亦难乎?那么如何教化民众?周敦颐在《周子通书》(治第十二)曰:"纯其心而已矣。仁义礼智四者,动静言貌视听无违,之谓纯。"(周敦颐,2000:36)但能无违仁、无违道之纯,然后因材施教。

52. 正如明儒刘墉在《证记》中所说:"天下无不可化之人,不向人分上求化也,化我而已矣。天下无不可处之事,不向事情上求处也,处我而已矣。"(黄宗羲,1986:874)关键在于以身作则。所以,以身作则就是要做到王艮所说的:"爱人直到人亦爱,敬人直到人亦敬,信人直到人亦信,方是学无止法。"(黄宗羲,1986:714)

53. 就当今社会而言,健全的教育应该首先是人格塑造、心性修炼,然后才是智力开发,而智力开发也应该注重能力素质、思想境界的培养,然后才是知识学习。但我们的学校和家长,仅仅看重知识灌输,原因就是知识容易被客观衡量,可以通过考试分数来简单化计算。于是道德滑坡、人品缺失、精神失落!因此,化导民众,首先应该以圣道心法来针对民众开展心性修炼的教化。

54. 环顾眼下世风,竟然不觉有潸然之慨!将一件事业推向民众,成为时尚或网红,是容易的事情,只要迎合大众的欲望或观念的需要即可。但这样做从根本上讲是一种愚弄,有百害而无一利,只会损害民众的长远利益。要明白,为达到健康幸福生活的长远目标,就是要惩忿窒欲、除妄去昧,而不是迎合大众欲望和观念的满足;否则必将违背圣学之道,与化导民众的初衷相背离!也许,传播圣学正道确是很难,是一项知不可为而为之的事业!但为弘扬圣学,一切有志之士,唯有百折不挠、奋勇向前!

静虑功法

静虑功法,源远流长且形式多样,大致有专注法、正念法和坐忘法等三大类。当代脑科学研究表明,这些静虑修心有助于缓解生活压力、提高专注能力、戒断不良习惯。长期坚持静虑法门的修炼,甚至还可以达到修身养性、延年益寿和养颜美容之功效。考虑到这样的原因,最近5年我在社会上每年都举办心法修持公益培训班,不但有综合性的乐易心法培训班,其中涉及静虑功法;而且还有专门以静虑功法为主的周天正念培训班,系统介绍静虑打坐功法。除了培训班正式的传授功法之外,我也利用微信群,不定期举行线上线下指导,为学员提供静虑功法口诀及其答疑。这里主要收录静虑功法要领,共分为基本功法要领、内丹周天口诀和功法解惑答疑三个部分加以发布,供修炼者参考。

一、基本功法要领

生活中我们经常感到压力过大,思想失去控制,偏离了生活的方向,与家人或同事关系相处不好,无法集中注意力,经常失神落魄,渴望内心平静的生活。这个时候,你是否想过通过静虑修持途径,来对治上述生活中的困境?静虑修持,可以让人获得平静良好的心理状态,无须药物帮助就可以缓解生活压力,是以清明、良好、平和及快乐的心态走向轻松生活、应对外部复杂世界的一种有效途径!

1.从日常生活而言,长期开展静虑修持,可以带来这样的益处:(1)持续保持耐心;(2)放慢生活节奏,到达内心平静;(3)抵御嘈杂环境,保持清醒觉知。有科学证实,长期正规的静虑训练能够引起大脑活动特性较大的持久性改变,并有利于心身健康发展。比如,长期静虑有利于:缓解压力、增强免疫能力、防止心脏病与癌症、消解负面情感、治疗忧郁症等精神疾病,等等。甚至长期静虑修持对神经系统本身以及认知灵活性塑造也会产生实质性的影响。对于修习者而言,能够取得如此心身素质改善,何乐而不为呢!

2.人们只有面临死亡威胁,才想着学会反思心身健康问题,那么为什么我们不能早点觉悟修身养性之重要性呢?人们都知道治未病重要,却没人知道如何治未病!所以才会病人越治越多!想要治未病的,就要学习心法修炼,所谓百病从心生,治病先治心!而学习心法,当先从静虑开始。

3.真正养生原则是:安贫守道,少思寡欲,知足常乐!如此方能够"与天同寿"。所谓"与天同寿",是指寿命达到天道所赋予的极限,即《黄帝内经·上古天真论篇》所说"尽终其天年,度百岁乃去"。根据科学研究,哺乳动物寿命约为生长期的5～7倍（巴丰寿命系数），人的生长期20～25年，预计寿命100～175年。

4. 在日常生活中，平日之气浮、言躁、心忙、交滥、病多、念乱，均可以守一、守默、省事、闭户、寡欲、静坐来对治。《周易》复卦《象》曰："先王以至日闭关，商旅不行，后不省方。"（王弼、孔颖达，1999：113）而其中归根到底，就是要静虑以复见其天地之心，即人之本心。

5. 静虑（meditation），大致分三种：（1）专注式静虑；（2）正念式静虑；（3）坐忘式静虑。根据当代脑科学研究表明，三种静虑方式及其达到的心理品质是不同的。第一种有助于增强注意集中、达成专注高效之品质；第二种有助于舒缓压力、达成心境愉悦之品质；第三种有助于心态平和，达成任运自在之品质。

6. 静功修炼属于渐修心法，重点是在于对心、性、神的调养。心、性、神三者虽名实略异，但都属于心理精神的范畴，因此守静就是养心、养性和养神。《太平经》中的静功，主要是守一之法，目的就是要："各自保养精神，故能长存。精神减则老，精神亡则死，此自然之分也。"（王明，1960：699）

7. 陆西星在《方壶外史·玄肤论》中有"澄神论"说："藏神者，凝神也。凝神之要，莫先于澄神；澄神之要，莫先于遣欲。……夫人神好清，而心扰之；人心好静，而欲牵之。所谓心者有二焉。扰神之心，乃妄心也；好静之心，乃真心也。既有妄心，即惊其神，其神可得清乎？既惊其神，即着万物；既着万物，即生贪求；既生贪求，即是烦恼；烦恼妄想，忧苦身心，心可得而静乎？故澄神之要，莫先于遣欲。……如是则根尘永净，六欲不生，而心静矣。心静则神自清，如水之无波，而万顷澄澈也。"（陆西星，2010：363-364）

8. 陆西星在《方壶外史·玄肤论》中有"养神论"接着说："神既澄矣，又何以加焉？"曰："养之。养之者，所以韬神之光使勿露也。神之为物也，愈澄则愈清，愈清则愈明。盖定能生慧，故灵光焕发，旁烛洞达，莫可盖藏。"（陆西星，2010：364）

9. 养神之后继而凝之。陆西星在《方壶外史·玄肤论》又有"凝神论"说："神既养矣，安所事凝耶？"曰："凝神云者，无用用中之用，了命之学也。

……真人则神依于息,而深入于本穴之中,绵绵若存,无少间断,故得专气致柔,抱一无离,虚极静笃,而能观其复也。所谓依者,又非逐于息而依之也,有勿忘勿助之义焉。故神依于息则凝,神凝则气亦凝;神依于息则和,神和则气亦和,相须之道也。凝神之法,自调息始。调息者,依息之谓也。"(陆西星,2010:364-365)

10. 澄神、养神、凝神,即所谓收心炼己之功。《大成捷要》"收心炼己口诀"引正阳祖师曰:"入手修真,总以炼心为主。专看念头起时,坚持正觉,使杂念扫除,而皈于一念。主静立极,还虚入定,扫除三心,灭尽四相,直待心地静后,性天清凉,凝神入定于气穴,一心默守,阖辟之机。"(董沛文,2011:181)

11. 收心所以炼己立基。《周易参同契》"炼己立基章第六"曰:"内以养己,安静虚无;原本隐明,内照形躯。闭塞其兑,筑固灵株;三光陆沉,温养子珠。视之不见,近而易求。黄中渐通理,润泽达肌肤;初正则终修,干立未可持。一者以掩蔽,世人莫知之。"(陶素耜,2011:46)

12. 西派创始人李涵虚在《圆峤内篇·道窍谈》第四章"筑基炼己"中指出:"内炼己者,河车之事,玉液之功,即《参同契》'内以养己'之论也。外炼己者,万象皆空,一尘不染,即古人'对境忘情'之旨也。要之,内炼是大筑基,大筑基即是养己。养己仍助内炼,内炼仍须外炼。一切丹经,三五错综,词虽异而事则同。吾故曰:筑基炼己,是一是二也。幸学者善为会之。"(李涵虚,2009:10)

13. 李涵虚《圆峤内篇·道窍谈》第五章"养己炼己"进一步曰:"愚前有言,养己为炼己之内助,炼己除养己之外扰。盖姑分言之,使人易晓,非谓其不相同也。然亦有不同者。外炼己,从对境炼之,实与内炼己不同,即与外养己不同。何也?外炼己者,炼己心而使之定。心定则身定,身定则色欲不能摇,财利不能眩。然后真汞能存,丹基可固。若夫内炼己,则又与内养己有相同也。"(李涵虚,2009:10-11)

14. 李涵虚《圆峤内篇·道窍谈》第六章"养己炼己"(此章乃西派心传,改筑基为养己,名虽异而理实同)则曰:"养己之道,又须安静为功也。吾为养己者分出两条:自养一条,相养一条。相养者,精气也。自养者,安静也。炼己者虽在情境,而情从内淡,境从外空。淡然自得者,己必有所

乐。空然无累者,已必有所持。"(李涵虚,2009:11)

15. 静功修炼的具体入手,首先要注意饮食清淡,绝食腥荤香辣。《大成捷要》"绝食腥荤香辣"曰:"入手下静,先绝食腥荤香辣之物。盖腥荤之物,味主沉浊,食之必至后天之气粗而难伏。香辣之物,性主轻浮,食之必至先天之气散而不聚。要知存乎理者,禁食腥荤香辣,专持清斋,素食淡饭,以除原味。不食过饱,过饱则伤神。不食过饥,过饥则伤气。饮食要调合得中,饥则加餐,食可则止。此节即饮食之道,后世修真,不可不知也。"(董沛文,2011:181)

16. 当然,静虑功法在形式上于四威仪中均可行之。比如《性命圭旨》中就给出了"行禅图""立禅图""坐禅图"和"卧禅图",并作了具体功法的说明(尹真人高弟,2013:131-140)。有志学习者,可以参阅。但最为常用的姿势还是以坐式为主。

17. 静虑端坐之法为(《禅苑清规》"坐禅仪"):"坐禅时,于闲静处,厚敷坐物,宽系衣带,令威仪齐整。然后结跏趺坐,先以右足安左髀上,左足安右髀上。或半跏趺坐亦可,但以左足压右足而已。次以右手安左足上,左掌安右掌上,以两手大拇指面相拄。徐徐举身前欠,左右摇振,乃正身端坐。不得左倾右侧,前躬后仰,令腰脊头项骨节相拄,状如浮屠。又不得纵身太过,令人气急不安。要令耳与肩对、鼻与脐对,舌挂上腭,唇齿相着。目须微开,免致昏睡。若得禅定,其力撮胜。"(蓝吉富,1988,第81册:158)

18. 静功修炼的坐姿方式也有众多样式,除了上述的端坐之外,还有跪坐、平坐、踞坐、蹲坐、逍遥坐、跨鹤坐、五心朝天坐等,因时因地因人而异,不必求同。《性命圭旨》"亨集"记有坐禅法曰:"坐不必跏趺,当如常坐。夫坐虽与常人同,而能持孔门心法,则与常人异矣。所谓孔门心法者,只要存心在真去处是也。"(尹真人高弟,2013:136)所以,坐姿形式并不重要,重要的是静虑本身。

19. 静功修炼之前,可以按照司马承祯《坐忘论》先行操守信敬、断缘、收心、简事、真观之要领。所谓信敬,司马承祯在《信敬第一》中曰:"夫信者道之根,敬者德之蒂。根深则道可长,蒂固则德可茂。……如人有闻坐忘之法,信是修道之要,敬仰尊重,决定无疑者,加之勤行,得道必矣。

……谓信道之心不足者,乃有不信之祸及之,何道之可望乎!"(张君房,2003:2045)信敬之后须要断缘。

20. 司马承祯在《断缘第二》曰:"断缘者,谓断有为俗事之缘也。弃事则形不劳,无为则心自安,恬简日就,尘累日薄,迹弥远俗,心弥近道,至神至圣,孰不由此乎?……若事有不可废者,不得已而行之,勿遂生爱,系心为业。"(张君房,2003:2046)

21. 断缘然后可以收心。《收心第三》曰:"所以学道之初,要须安坐,收心离境,住无所有,不著一物,自入虚无,心乃合道。……但心不著物,又得不动,此是真定正基。……若任心所起,一无收制,则与凡人元来不别。"(张君房,2003:2047)

22. 简事也是断缘,《简事第四》曰:"外求诸物,内明诸己。知生之有分,不务分之所无,识事之有当,不任非当之事。事非当则伤于智力,务过分则毙于形神。身且不安,何情及道?是以修道之人,要须断简事物,知其闲要,较量轻重,识其去取。非要非重,皆应绝之。"(张君房,2003:2051-2052)

23. 简事然后可以进入真观。司马承祯在《真观第五》中曰:"夫观者,智士之先鉴,能人之善察。究倘来之祸福,详动静之吉凶。得见机前,因之造适。深祈卫定,功务全生。自始之末,行无遗累。理不违此,故谓之真观。……虽有营求之事,莫生得失之心。则有事无事,心常安泰。……凡有爱恶,皆是妄生。积妄不除,何以见道?是故心舍诸欲,住无所有,除情正信,然后返观旧所痴爱,自生厌薄。若以合境之心观境,终身不觉有恶;如将离境之心观境,方能了见是非。"(张君房,2003:2053-2056)

24. 如何真观?《性命圭旨》贞集"移神内院端拱冥心"指出:"夫冥心者,深居静室,端拱默然,一尘不染,万虑俱忘,无思无为,任运自如,无视无听,抱神以静,无内无外,无将无应,离相离空,离迷离妄,体含虚寂,常觉常明,但冥此心,万法归一,则婴儿安居于清灵之境、栖止于不动之场。色不得而碍之,空不得而缚之,体若虚空,安然自在矣。"(尹真人高弟,2013:222)是为至道之论。

25. 正式进入静功修炼功法之前,先须了解定观之则。道教有《定观经》指出:"夫欲修道,先能舍事。外事都舍,无与忤心。然后安坐,内观心起。若觉一念起,须除灭务令安静。其次,虽非的有贪著,浮游乱想,亦尽灭除。"(张君房,2003:409-410)可作为预备练习,遵而行之。正式开展静虑正念功法,可遵循如下规范,徐徐图之,终能有所成效。

26. 关注呼吸。基本原则就是放松端坐,深呼吸,自然接纳呼吸,不要刻意用力,勿忘勿助。将注意力集中于呼吸,比如胸膈膜的起伏。具体要领:(1)关注呼吸(仅仅注意胸膈膜起伏),接纳;(2)放弃关注(从胸膈膜起伏上移开注意),离开;(3)回到正念(勿忘勿助),返回。

27. 收视返听。基本原则就是"抓住与释放",勿忘勿助。不要刻意控制任何意念:(1)注意自己周围的音像(声音或影像),当感觉到了一个音像,如果是喜欢的请不要刻意追随,如果是不喜欢的也请不要刻意离开;(2)全神贯注于每一个音像,接纳这些音像自然地出现和消失,只需关注它们,无须赋予其任何意义,并随其出现和消失,只需默念"出现"或"消失"而已;(3)如果一个音像引发出一个意想或体感,简单注意即可,然后平静地返回至你的收视返听之中,继续单纯接纳音像的出现与消失!

28. 正念体感。如果注意力被吸引到身体内外某处突现的体感,那就关注它,无须分析或判断该体感,只是被动地体察!具体要领是:(1)放松身体,注意出现的不同体感,如果感到身体的某一处被"点亮",注意它但无须标注这一身体部位;(2)觉知体感区域,使其成为你当前的关注点;如果一个新的体感区域被点亮,同前面一样处理,使其成为当前关注点,注意这个新区域,接纳它、体察它;(3)如果有观念出现,仅仅注意它们,无须涉入其中,平静地回到原来感觉到的那个主导体感之所在。

29. 神聚当下。当有任何念头出现时,和蔼地让其自然消退,接纳念头、接纳宁静、接纳一切,久之就能够把握难以捉摸的当下。具体要领如下:(1)放松并安静自心,凡一个念头出现时,标记该念头为"过去"或"未来";(2)让该念头自然发展、流淌,当该念头消失溜走时,注意其围绕的空间,顺从进入这一宁静、空旷的当下;(3)凡心在念头、体感或情感间漂移,那就接纳,并让它们自然飘走,就如无际天空上的白云。

30. 秘密内观。不要抵制地接纳任何视觉图像的出现,注意这些图像所投影于头脑中似乎存在的"内心投影屏幕",其就位于你眼睛之后,这将成为你的关注点。具体要领是:(1)一个图像将呈现在该屏幕上,无须判断、分析或询问地观察这个图像,让该幅图像自然波动,接纳任何其所呈现的变化;(2)做一个被动看客,只是观看图像的这一表演,接纳它们的来来去去,不要臆想任何故事情节;(3)抓住了其中的思想内容?好的,注意这个内容,释放这个内容,不要有任何判断,返回到那个"内心投影屏幕"。

31. 慈悲悦性。回忆曾经做过的善举,无论大小,凡善举皆可;让自己体验当初完成该善举的感受,注意一股缓流的感觉,完全放松,真实体验这种自然流淌的感觉。(1)沉浸在这种感受之下,宁静地自语:祝愿自己幸福,祝愿自己自在;完全放松,让每句祝词都深深发自心底,并与至善体验融为一体;(2)再次重复上述自语:祝愿自己幸福,祝愿自己自在,以全身心融为一体的方式表达这样的祝词;然后沉浸式地将"我"替换为"众生",自语:祝愿众生幸福,祝愿众生自在;(3)完全放松,让发自内心的祝词与至善体验产生共鸣,并融为一体,重复自语:祝愿自己幸福,祝愿自己自在。

32. 只要坚持上述六个步骤的修炼,终能达成自在泰定的境界。司马承祯《泰定第六》曰:"夫定者,尽俗之极地,致道之初基,习静之成功,持安之毕事。形如槁木,心若死灰,无感无求,寂泊之至。无心于定而无所不定,故曰泰定。……履殊方者,了义无日;由斯道者,观妙可期。力少功多,要矣!妙矣!"(张君房,2003:2057-2059)

33. 泰定之后便能得道,司马承祯最后在《得道第七》曰:"夫道者,神异之物,灵而有性,虚而无象,随迎莫测,影响莫求,不知所以然而然。……隐则形同于神,显则神同于形。所以蹈水火而无害,对日月而无影。存亡在己,出入无间。身为滓质,犹至虚妙,况其灵智益深益远乎!……是故大人含光藏晖,以期全备。凝神宝气,学道无心,神与道合,谓之得道。"(张君房,2003:2059-2060)

34. 按照上述要领进行静虑收心,日久纯熟,乱念纷飞自然消融,达到如如不动之境,心地自然冲和常定。静功修炼成功的标志以生理反应来验证,如出汗、目痒、光现等。在入定过程中,往往伴有温暖愉悦之感,不可眷恋。入定之后,当从容出定。切记,出定不可急迫,要徐徐而退。

35. 李涵虚在《收心法》中对"收心法下手功夫"作了介绍:"下手功夫先静心,次缄口,次调息(心静则气平,不调之调为上)。鼻息平和,然后闭目内观,神注肾根之下阴跷一脉(谷道前,阴囊后),如此片时,将心息提上虚无窍内(脐后腰前,心下肾上,中间一带,不可拘执),停神安息,以自然为主。心太严则炎,务必顺其自然,即文火也。心太散则冷,务必守其自然,即武火也。文武烹炼,始终妙用。内息匀称,勿忘勿助。是时也,心如虚空,有息相依则不虚,有息相随则不空。不虚不空之间,静而又静,清而又清。气息绵绵,心神默默。至此要一切放下,人我皆忘。"(李涵虚,2009:45-46)

36.《大成捷要》"最初还虚蛰藏气穴"引守阳真人曰:"入室下功,而求返还之道。必须静室端坐,返观内照,凝神入于命门之地。知而不守,先存后亡,虚心凝神,不着色相,不落空亡。虚灵不昧,存养寂照,以三炷香为度。但觉呼吸和缓,空洞畅快,即是真正存神达化之功。……心息俱伏藏于脐下,守其清静自然,曰勿忘。其顺清静自然,曰勿助。总以虚空为藏心之所,以昏默为息神之乡,三番两次,澄之又澄,沉之又沉,渐渐心息相依,神气融合,不觉恍然阳生,而人如醉矣。"(董沛文,2011:180-181)

二、内丹周天口诀

周天之法是丹道修炼的一种规范途径。在丹道修炼过程中,周天是指内气运行基本路线,如图 9.3 所示,是指内气自下丹田开始,经尾闾穴一阳初动,运转到达夹脊,再运转至玉枕,最后运转到达泥丸百会;到达泥丸后,内气要继续快速运转下行,流经上丹田、中丹田,最终返归下丹田。上、中、下三丹田也称为三宫者,上为泥丸(前额叶中枢),中为绛宫(心包腺体),下为丹田(两肾之间,肾腺中央)。基本上,这些都是精气发生作用的重要部位,所以炼精化气、炼气化神,自然都跟这些部位密切相关。

1.所谓周天火候,就是通过自己身中运周天之时来进行道果修炼。一周天共计有十二时,对应十二身体部位,分为六阳六阴,以便指导运用风火的进退:六阳进火,六阴退符。周天行火务必注意柳华阳所说的:"起火,是起周天之火,行十二位也。非真有位,借火为位。又谓十二时,非真有时,借火为时。"(伍冲虚、柳华阳,2016:237)所以我们利用周天火候,来指导周天正念修炼,也只是重在其原理,而不拘泥具体真实时辰和度数。

2.王沐在《悟真篇浅注》中注曰:"在周天运转中,六阳由背后行,子时为会阴,卯时为夹脊;六阴时由头顶下到丹田,由前下降,至黄庭为酉时。周天系后升前降,后升之沐浴,神住夹脊,吸而休歇,以免进火过猛,使其缓和;前降之沐浴,神住黄庭,呼而休歇,使其缓降。二者皆河车运行中作小的停顿,以缓河车过急,调进火退符之速度,以平衡过犹不及之弊。"(张伯端,1990:86)

3.运行周天的基本原则,伍冲虚在《火候经第四》中给出了说明:"自知药生而采取封固,运火周天。其中进退颠倒、沐浴呼嘘、行住起止,工法虽殊,真机至妙,在乎一气贯真炁而不失于二绪,一神驭二炁而不少离于他见。"(伍冲虚、柳华阳,2016:90)在周天进火退符进程中,却要特别注意息火停符之沐浴。其实,周天正念之所以强调正念,是因为周天火候次第的关键在于"沐浴"。

4.对于周天修炼而言,最为关键的是火候次第,所谓子午卯酉之法:子时进火,午时退符,卯酉两时为沐浴。至于火候运用得当与否,则又全凭风与火的运用。柳华阳在《金仙证论》指出:"风者(息也),乃炼丹之妙法,即升降之消息。……火者(神也),炼丹之主,化精化炁之具。"(伍冲虚、柳华阳,2016:223)

5.何为火候?就是进火退符之规程,不过就是把握风(息)火(神)运行之数。因此运用火候,内丹周天修炼主要是指用意运息,归根结底就是用意念(觉知能力),所以进火就是增强觉知意识!而所谓退符,就是去除意向性,到达一种无思无虑的心理状态,即显现感受意识。维持进火与退符两者的纠缠中和,就是沐浴之法。以此途径修炼,则纯粹意识呈现,所谓金丹成也。

6.运行周天,关键在文武风火的把握上。《大成捷要》"文武风火妙用"引丘祖云:"夫风者,呼吸之气。火者,虚灵之神。文者,无为之风火。武者,有为之风火。盖无为之文风文火,用在调外药前后两头。而有为之武风武火,用在调外药元精正旺之时。"(董沛文,2011:182)所谓外药,就是元精。所以这里,丘祖将文武风火的界定,说得非常明白。

7.《大成捷要》"武火妙用"引郝祖太古真人曰:"当武火烹炼之际,鼓动巽风,扇开炉焰,心力提起,目光射定,一意不散,万虑皆空,存相丹田气穴之中,火焰腾腾,光耀烈烈,如分金炉中一般,抽动风匣,炭燃焰生,以为采取烹炼之具,将向外发生之慧命金精,摄皈本位,直至机回气转,外肾消缩净尽。然后再烹再炼,元精尽化为元气,自有一阵天朗气清之景,即当止住,武火之真侯也。"(董沛文,2011:183)

8.《大成捷要》"文火妙用"引华阳禅师曰:"此调外药中间用武火锻炼,元气皈宿本宫,即当止住有为之风火。再用无为之神火,时刻温养,以真意轻轻主照,若存若亡,勿令间断。安神于气穴之内,知而不守,使自然之吹嘘,绵绵不绝,念兹在兹,先存后亡,而入于混沌杳冥者也。吹嘘之气,乃后天之呼吸,引动先天之气机。神不离于气穴,自然往来无穷。行住坐卧,不离方寸之地。盖文火温养,是处常也。武火锻炼,是达变也。又曰:武火烹炼,文火沐浴,炼精化气,俱是文武二火用事者也。"(董沛文,2011:183-184)

9.《大成捷要》"武火锻炼"引轩辕黄帝曰:"药既皈炉,仍用武火锻炼,盖采药之阖辟,重在吸。是用吸不用呼,曰呼短吸长。是吸则有心,呼出无意。其中有升中降,降中升。而炼药之阖辟,是呼吸并用,往来均停。而呼吸皆出于有心,此乃升中降,降中升,半文半武炼药是也。要知武火烹炼,全在一南一北,上下交入,而和合四象,文火沐浴,全在不即不离。中宫温养,而攒簇五行,此调外药天机,尽泄无余矣。"(董沛文,2011:187)

10.《大成捷要》"文火寂照"曰:"文火温养,是自然之吹嘘。只有凝神气穴,绵绵不绝,念兹在兹,行住坐卧,不离这个。而吹嘘自不离于丹田,此谓之文火温养。吹嘘之气,乃后天之呼吸,引动先天之气机。神不离于气穴,自然往来不穷。一呼一吸,是两个往来为阖辟,是凡夫后天之气机。阖辟者,神气往来举动之意也。"(董沛文,2011:187-188)

11.《大成捷要》"周天文武之妙用"曰:"小周天法轮,有文武之妙未言。当六阳后升之时,呼出为文;当六阴前降之时,吸入为文;子午卯酉,四正时之沐浴亦为文。言真意寂照于下田、上田、夹脊、黄庭之间,安心养性,还虚休息而无为也。所谓武者,当阳火后升之时,吸进为武;当阴符前降之时,吸退为武。一志凝神,一念不起,一意不散,元神领元气,运行于前任、后督之间,而有作有为也。遂曰:有作而火不燥,有为而息无象,方合天道自然之玄机。古云:人心若与天心合,坎中真铅出世来,正谓此也。"(董沛文,2011:194)

12、《大成捷要》"阳火阴符口诀天机"引寂无禅师曰:"药即封固,即当速运周天法轮。子时进阳火后升,至巳时止;午时退阴符前降,至亥时止。进阳火中间,有卯时沐浴;退阴符中间,有酉时沐浴。所谓有妙用者何也？盖自子至巳,用在神住下田,呼文而吸武;自午至亥,用在神住上田,呼武而吸文。卯时之沐浴之妙用,用在神住夹脊,呼吸无心,默记三十六吸;酉时之沐浴,用在神住黄庭,呼吸无意,默记呼数二十四。是卯酉二时,息运无为之文火,而心定有觉有照,而无为也。此阳火阴符沐浴之位也。筑基之功,非此火符别无漏尽之术,而马阳不能藏相者也。"(董沛文,2011:191-192)

13.有了上述火候功法的说明,现在开始修炼周天完整一个周期。元代李道纯在《中和集》中,将十二卦象对应到乾坤十二爻位,其中乾卦初九对复卦直到乾卦上九对乾卦,而坤卦初六对姤卦直到坤卦上六对坤卦。总之,利用乾象六阳之火和坤象六阴之符,按照顺序节次,进火退符、沐浴温养,开展所谓周天火候规程:乾卦六阳爻,渐次递升为进火;坤卦六阴爻,渐次递降为退符。

14.潜龙来复:龙阳真精,潜伏于坎水之中。须静极而后能生,元气之动,一阳来复,象应复卦,复见天心。口诀:静坐息虑,收视返听,闭塞其兑,筑固灵珠,一念不生,万虑顿息。性静气动,一阳始生。

15.见龙在临:一旦阳动,便是见龙在田之象,象应临卦。此时气微不可起火,当以神火而化、以息风而吹,以静而浑,以动而应,以虚而养,加以温养,待其复动。然后采药(真精):神住气穴,专意元气,切莫著于呼吸。口诀:吸则有心,呼则无意,心力提起,目光射定,一丝不挂,万缘皆空,是用吸不用呼,呼而不动意。采药皈炉,即当止武火,接行半文半武之火,使元精归还本位(保持)。

16.三阳开泰:经二阳进火,但能绵绵若存,宜静不宜动,宜徐不宜急,然后便升至三阳开泰之象。此时真精阳生,使用武火采之于外,再用武火炼之于内,谓之勒阳关,象应泰卦。武火采药口诀:阳火后升之时,意在吸进,一志凝神,一念不散,元神领元气,运行于后督之间,有作有为。武火炼药口诀:呼吸并用,神存气穴,停其自然之息,以烹以炼,升则有心,降则无意,吸则采取,呼则烹炼。总要悠扬条畅,切忌猛烈短促。从有心以至于无心,由有为之呼吸,以至于无为之吹嘘。然后运用文火沐浴,使之归入混沌,便是神气相合之时。

17.跃渊大壮:三阳之后,真阳大壮,乾道乃革,法象卯时,宜行沐浴。当此沐浴口诀:有觉而无念,寂然不动,用意神住夹脊,呼吸无心。息运无为之文火,而心定有觉有照,安心养性,还虚休息。子进阳火口诀:元神领元气,存想一轮红日,由督脉而后升,自坤腹移上乾首。当升之时,千万不可降,只待数足为止。

18.飞龙在夬:沐浴大壮之后,然后进火,用武火锻炼,以求阴阳交、神气合,六阳至。乾卦九五,飞龙在天,乃位天德。至此,真精炼就,唯欠真神相承。象应夬卦,唯当沐浴。口诀:真精炼就,化而为气,神息仍当相守相注。凝神入定于气穴之中,依灭尽定,而寂灭之。直至混沌之极,自然有来复之机,与真神相交合。

19.亢龙有悔:阴阳相交,神气混融之后,要识持盈,不知止足,前功俱废。此时要妙用文武之火以调外药(真精),方能防此危险,所谓亢龙有悔,象应乾卦。行住坐卧,不离方寸之地。盖文火温养,是处常也;武火锻炼,是达变也。炼精化气,俱是文武二火用事者也。口诀:当止住有为之风火,而用无为之神火。时刻温养,以真意轻轻主照,若存若亡,勿令间断,安神于气穴之内,知而不守;神不离于气穴,使之自然吹嘘,绵绵不绝,念兹在兹,先存后亡,而入于混沌冥者也。

20.履霜凝姤:真神凝静。至纯阳乾卦,阳极阴生,然后退符。所谓退符,就是去意向性,消除觉知意向对象之符,增长感受体验意识之神,所谓炼气化神。退符自坤卦初六开始,曰:履霜坚冰,阴始凝也,象应姤卦,自是顺应。所谓顺者,顺其自然,接纳不作任何评判,则阴符自消,元神自显。以元神引领元气(炼精化气而来,就是元精),自然升降,便是功法。午退阴符口诀:元神领元气,存想一轮皓月,由任脉自乾顶降下坤炉。当降之时,万不可升,只待数足为止。

21.直方行遁:身心不动,则元神初现,当以主静止习为上,坤卦六二之象。直其心,方其行,不习而止为要。不习而止,象应遁卦。遁者,退尽模因之符,则遁而亨也。其道贵在自然,无住生心;否则刻意而为,又生一符,适得其反。所以当行文火温养。口诀:止住有为之呼吸,用自然之吹嘘,熏蒸温养,始而有觉有照,而无为也。虚心安神于其穴,时时以真意守之,缓缓以呼吸嘘之。似炉中火种,绵绵不绝,悠悠常存。心息相依,神息相注。不存而知守,不息而自嘘。神气皆皈静定,不知不觉,入于混沌冥之中。

22.含章可贞:此时阳消阴长,阴阳分象,坤卦三阴至。元神已经有所显露,所谓含章可贞。坤卦六三,含章可贞,知光大也。对此境况,是为神气相承之时。神气相依,象应否卦。此时若阴阳相乘而不交,是又危险。故当继续行沐浴之法。如何沐浴?口诀:尽将平时忧悲、思虑、艰苦之心、执着贪爱之念,悠然脱去,浑无一毫牵挂,是为沐浴。

23.括囊省观:此时,阴阳伏位,恰值坤卦六四,更退一符,象应观卦。省观之道,在于沐浴。酉时沐浴,真意寂照,神住黄庭,呼吸无意。卯时沐浴乃益真神,酉时沐浴是益真精。到了四阴之时,阴胜于阳,故要救真精而沐浴,神气相当,方能成丹。为此当遵守文火寂照之法,口诀:文火温养,是自然之吹嘘。只有凝神气穴,绵绵不绝,念兹在兹,行住坐卧,不离这个。而吹嘘不离丹田,一呼一吸,神气往来不穷。

24.黄裳安剥:丹光生辉,既是坤卦六五之象。此时黄中通理,象应剥卦。此时不可轻忽,当须运用温养之功。口诀:念兹在兹,含光藏耀,行住坐卧,绵绵若存,如鸡抱卵,如龙养珠。抱元守一,先天元神元气,刻刻相合,渐渐相化。但安神息,不运火而火自运。

25.阴疑于阳:然后退至六阴,阴极阳生,顷刻之间一周天也。坤卦上六,所谓战龙于野,其道穷也。此时阴阳交媾,象应坤卦。当要知时而交媾,进火而防危;阳生而野战,形德而沐浴,以至温养成丹也,神气皈根之果成。

26.经过前面周天沐浴之功,元神即可大功告成,此时最当关注坤阴交阳,做到动静无偏。动静失宜,则有阴阳偏盛之患。盖动极当静,不静则阳盛而伤神;静极当动,不动则阴盛而伤气。总在戊己二土合成圭,动静循环,而不临于一偏,则得之矣。

27.火到丹熟,要及时止火。止者,不行升降也。然虽不行升降,时刻不可须臾离火,常常温火熏蒸,离则亦自走矣。凝结成丹,状如火珠,大如弹子,产于坤炉之中矣。了悟意识:超越性体验活动,顿悟心法,反观性精神作用的显现,感悟之机,物我两忘的境界,回归天人合一的本原,摆脱时间的束缚。

28. 按照周天火候次第,运用文武之火加以修炼,便能够达成神气凝合不相离之状态。有如柳华阳在《慧命经》"集说慧命经第九"所言:"自始凝神返照龙宫,浑然而定静,以双忘而待动,以意炁而同用,以神火而化,以急风而吹,以武而炼,以文而守,久久薰蒸,刻刻无间,意炁两不相离,则和合凝集之法得矣。"(伍冲虚、柳华阳,2016:321)

29. 金丹之道归结为三家相见,就是身精、心神和真意合一。《性命圭旨》云:"身、心、意谓之三家。三家相见者,胎圆也。精、气、神谓之三元。三元合一者,丹成也。摄三归一,在乎虚静。虚其心,则神与性合。静其身,则精与情寂。意大定,则三元混一。"(尹真人高弟,2013:56)这里身、心、意谓之三家的隐喻说明如下。

30. 心为识神,其归心田,火神离象(☲),其中有真神(⚋),也称元神(木性,源自先天之坤象),即感受意识,为宇宙精神投射。退符就是显明感受意识,谨当无过无不及,需要沐浴无为之法。

31. 身为凡精,其属肾宫,水精坎象(☵),其中有真精(⚊),也称元精(金情,源自先天之乾象),即是觉知意识,为神经系统涌现。进火就是提高觉知意识,但也不能过与不及,同样需要沐浴之法。

32. 意为真土,土意艮象,悟识意识能力,属于秘密认知能力,就是要将真神与真精和合纠缠达到平衡。主要是通过戊土(与觉知意识关联)和己土(与感受意识关联)的作用来实现,成就金丹(纯粹意识状态)。

33. 三家相见即是攒簇五行,就是将火神、水精、木性、金情交汇于土意,即为成丹,所谓炼神还虚,得纯阳之神(纯粹意识)。如果说乾道进火强调的是炼精化气,坤道退符强调的是炼气化神,那么最后三家相见,强调的便是炼神还虚。

34. 张伯端有诗曰:"坎离若还无戊己,虽含四象不成丹。只缘彼此怀真土,遂使金丹有返遭。"王沐注曰:"离为火(神),坎为水(精),戊己为土(意)。纳甲之法,坎纳戊,离纳己。戊土主动属阳,己土主静属阴,流戊就己,即心肾相交。盖离宫有己土,即心中之阴气;坎宫有戊土,即肾中之阳精,当其寂然不动,是为己土;当其感而遂通,是为戊土,其用虽二,其体则

一,总而名之曰真土,即真意之别名。真意能调和四象,调和身心,又名黄婆。"(张伯端,1990:51)

35.在周天修炼之中,所用卦象与五行三家对应关系如下:乾对金情,真精;坤对木性,真神;艮对土意,真意;坎对水精,凡精(情欲);离对火神,识神(思虑)。金生水为一家;土自成一家;木生火为一家。三家相见,三家和合纠缠而丹成。

36.金丹心法归纳为:第一步炼精化气,炼出元精(觉知意识),方法:惩忿窒欲,去掉忿欲之心。是诚诸意、正诸心。第二步炼气化神,显现元神(感受意识),方法:去除思虑之心和公共认知。是显诸仁,藏诸用。第三步炼神还虚,运用悟识意识,所谓真意(己土配木性,戊土配金情),实现金木并(禅定,纠缠态,纯意识的秘密认知状态)。进火是有为法:诚诸意,正诸心;退符是无为法:显诸仁,藏诸用。

三、功法解惑答疑

为了更好地指导学员开展静功修炼,我经常利用线上微信群或线下组织交流,来进行功法解惑答疑或现场指导。这里将历次指导或答疑的记录,加以整理归纳,选择其中比较有代表性的,发布在此,或有助于读者自行开展静虑修持活动。

1.内丹派是通过吸收禅修打坐方法而创建的道教派别,后来全真教更是强调明心见性的重要性,提倡先性后命。至今内丹功法文献中一直沿用"上禅床""打坐"这样的术语,说明其受禅宗影响之深入。张三丰的《打坐歌》就是讲禅修的著作(张三丰,1990:29-30)。当然,道家内丹心法受到禅宗影响很大,但取向不同。如果说禅宗心法旨在"明心见性,任运自在",那么道家内丹心法便是要"修真养生,复性延命"。

2.鉴于社会上辟谷流毒甚广,特此提醒民众,即使在道教修炼中,辟谷也是下三流的,不要提倡,无助于养生。性命双修,关键在命功和性功,建议阅读道教内丹派名著《中和集》,免得被邪道所惑。至于道教内丹派(现今的全真教龙门派),其内丹内养功法还是有一些可取之处,但也不可能长生不死,诸位一定要有鉴别,不可盲从!

3.在中国古代传统文化中,道教(注意不是道家)糟粕最多(当然也有许多好的遗产),抱着一个伪命题(长生不死,羽化成仙),大搞迷信和荒唐之法术,比如符箓(各种象征咒语、字诀治病之类)、雷法(所谓靠精神感应呼风唤雨)、房中(所谓的采阴补阳,不少人信以为真,结果精绝而亡)、辟谷(采用饥饿产生大脑缺氧,体验良好感觉,长期大脑缺氧,严重损害心身健康),以及炼丹(指外丹,用金银铅汞炼制丹药,结果历史上炼死了不少迷信的皇帝),诸如此类,都是糟粕。

4.钟离权在《破迷正道歌》除了描述内丹正道之理外,更多地揭露出许多"邪门小法功"(如服饵、胎息、行炁、咽津、辟谷、采补、符咒、科仪、存思、守丹田、缩龟炼乳、识心见性、止念降心、瞻星礼斗等)的谬误,劝导人们要以修炼内丹道为正法。

5.学员问:预备阶段需将气归肾部吗?答曰:气聚丹田。又问:气聚丹田怎么聚?答曰:专注。再问:气聚丹田须专注,就是关注丹田?周天正念第一阶段是关注呼吸,在胸膈膜吗?答曰:专注丹田。其实专注于哪儿都一样,关键是要专注一境!进一步说明:预备阶段还未开始具体的火候,主要是练习专注一境,可以专注在任何位置,如丹田(即气聚丹田)、胸膈膜、鼻端(即禅修班的观想鼻端)均可,但切不可不断换位置。

6.学员问:不盘腿静坐有效吗?答曰:坐禅姿势不重要,能够自然长久保持就好,关键是要静虑。又问:打坐一段时间后,觉得小腹略有些紧,想放松又放松不了,这对吗?答曰:感到紧是有急迫之念,缓解之法,放松心情,静虑而已。

7.学员问:单盘打坐,会有一种全身放松的感觉,开始比较紧绷,然后会放松下来。外面有一个壳,打坐的时候会往里面收,有一种松弛的感觉。空旷的感觉,想保持下来,能有1~2分钟左右。答曰:空寂,好!坚持这个状态,但不要想保持,因为一想就没了。勿忘勿助:不想保持住方能保持住。

8.学员问:气横于胸,该如何解决?我一放松,背部就弓起来了,挺直,又显得有点刻意。我是先全身放松,可不知不觉有些部位好像又自动紧张起来。答曰:打坐之前,做几次深呼吸,放松紧张心情。

9.学员问:我们大部分做事情的时候还是处于有意识的状态,打坐则是要达到纯粹意识状态,有意识的状态和达到纯粹意识状态之间的关系是什么？答曰：打坐是一种心法训练，目的是要提高你的觉知能力和感受能力。因为你们平时生活中这两个能力比较弱，才会烦恼很多，通过打坐来训练这个能力。训练到一定时候，说不定两个能力你都具备了，可以纠缠在一起，那就成了。但是这个过程可能很漫长，不是一下就能到达的。

10. 学员问：课程结束回来练习五天了，我的一阳迟迟不出动，只是各种念头演出般地'你方唱罢我登场'，怎么办？晚上经常加班到深夜，一般累得倒下就睡，最多坐十几二十分钟。我只是早晨五点左右自动醒来，盘坐着胡思乱想，这样的状况，我想坐再久也是浪费时间，坐半小时，最多不超过一小时。答曰：因人而异，量力而行，循序渐进。

11. 学员问：具体是否这样，初学很难达到收心，乱念纷飞是正常现象，虽然时间再长也如此，但关键是坚持，久而久之自然有进步。打坐具体时长因人而异，要保证睡眠，如果打坐一直昏睡，不如停下，睡好再来？答曰：是的。一开始有念头很正常，需要训练，训练一段时间之后就好了。初学打坐，有乱念纷飞很正常。甚至，我们现在科学发现，打坐一开始有乱念纷飞是有效果的表现。如果一个人一开始学打坐没什么乱念，很清醒，跟平时一样，说明效果没有，没在打坐。

12. 学员问：经历和阅读量不够，只有形式的打坐很难进入状态。答曰：打坐就是要摒弃妄念，接受各种歪理邪说，反为不美！收心久不能定下来的，可以读读《西游记》第二十一回"须弥灵吉定风魔"。又问：看了《西游记》第二十一回，收伏黄风怪，也没觉得与收心有啥关联。答曰：来听我《品悟西游》。

13. 学员问：勿妄勿住，是不是先勿妄念，妄能守自无相也就不需要用勿住了？勿住是因为妄来了产生的相才勿住吧？答曰：错了，是勿忘勿助。学员又问：打坐的时候要勿忘勿助，如果在打坐的时候出来一个念头，跟着它走肯定不对是吗？答曰：你不要去想它，你可以随顺它，但是不要分析判断，不要对抗，你对抗则又冒出一个新的念头。

14. 学员问：专注一境怎么做，去掉杂念、妄念，要怎么操作才是正确的？现在一坐下来，头脑像在开运动会一样，很热闹，一会儿那个念头，接着又想着另一件事。答曰：可以关注并被动地追随一个念头，但对其不要作任何主动评判和思想，也不要刻意去消除它。如又生念头，再如法炮制。久之,念头自消。

15.学员问:打着打着眼睛就睁不开了,倒是睡得很快。以前半天睡不着,现在把那段时间拿来打坐,倒是睡得很快。我很大原因是眼睛累,本来就是要睡觉的时间,坐一会儿意识也模糊了。这种打坐估计收效不大,请老师指正。答曰:打坐先是防乱念,后是防昏沉。打坐不可昏沉!

16.学员问:昏沉就是睡觉吗?答曰:昏沉就是不清醒,打坐一方面要消除乱念,另一方面要惺惺不昧!什么是正觉?除妄去念为正,惺惺不昧为觉。又问:濒死体验是不是坐忘?答曰:濒死体验不是坐忘,而是一种大脑缺氧状态下的幻觉体验。

17.学员问:阳动阴静,很难把握好进火退符之几,怎么办?答曰:《大成捷要》"动静无偏"说:"清静无为之功,动静失宜,则有阴阳偏盛之患。盖动极当静,不静则阳盛而伤神。静极当动,不动则阴盛而伤气。总在戊己二土交合成圭,动静循环,而不临于一偏,则得之矣。"(董沛文,2011:183)

18.学员问:在练习一阳初动阶段,心里微微感到一点舒适和喜悦时,是否该提高对呼吸的关注?答曰:先不要练一阳初动,先练静虑收心。此阶段练习一段时间后,做到凝神入定,自然可以静极而动,一阳发生。

19.最近与部分学员交流打坐状态,发现大家都或多或少有希冀心,比如愉悦享受,或者得到各种身体发热和内心感受等。要知道,静虑修炼自然不可有厌倦心、懒散心,但也千万不可有希冀心。切记,静虑就是要去掉一切欣厌之心,无论好恶,坚持正觉!

20.学员问:打坐站桩能消耗卡路里吗?我用苹果手表(apple watch)测似乎半小时消耗 150～200 大卡(不包括基础代谢)!可是直觉没有那么多。到底打坐能否减肥?答曰:核磁共振成像表明,静虑打坐耗氧水平比较低,比静息态要低。

21.学员问:我们的念头是怎么产生的?答曰:外在刺激导致的神经激发或内部自发的神经冲动,都会产生念头。又问:如何达到无念?答曰:通过你前额区的意识活动抑制乱念来达成。人类的整个大脑是一个系统,前额区是用来控制整个大脑的。所以说打坐锻炼什么呢?就锻炼你前额区的活性,你的前额区活性越强,对整个大脑乱念的控制也就越强。

22.学员问:对前额区的训练,是要持续训练吗?答曰:我们整个大脑都是可塑的,要持续训练达到一定积累以后,就可以达到不可逆的改变。唯有训练到控制你相关脑区神经基因开关打开为止,这样就能取得比较持久的效果。如果相关脑区神经基因开关没打开,你训练一段时间,短时感觉蛮好的,过一段时间又退回去了。

23.学员问:打坐的时候偏盛之火,要用沐浴的方法除去吗?答曰:元精炼过头,就是偏盛之火。原则上这个火是好的,就是元精,但是偏盛了以后平衡就被打破了,元神就被压制了,那就炼不成,此时就要用沐浴之法,沐浴是无为之法。

24.学员问:讲艮止打坐的时候,在进火的过程中,也用沐浴,沐浴是一直伴随吗?答曰:对,沐浴一直伴随,所谓息息都有沐浴。关键是如何沐浴?如果你刻意想要沐浴伴随,那就错了！这个伴随是勿忘勿助的伴随,而不是刻意追寻来的伴随。

25.学员问:现在练习专注,还要沐浴吗?答曰:初学者先练专注,先不要想沐浴。静虑修炼先把觉知能力练出来,有了这个功底,再去勿忘勿助。修持静功,不是让你一天就练成,而是要修炼百日、十月、三年、甚至九年。因此,可以先用百日来练觉知能力,但也不能过头,万一元精炼过头了,也不成,此时就当行沐浴之法了。

26.学员问:"只问耕耘,不问收获",和"勿忘勿助"是一个道理?答曰:对,不要问收获,收获就来了,老问收获,收获就跑了。勿忘勿助确实很难,如果容易的话,岂不人人都可以轻易炼成金丹了？内丹功法就是渐修法,有所谓百日筑基,十月怀胎,三年哺乳,九年大定,要有这么长时间。所以,修炼丹道贵在坚持,要慢慢来,不可有焦躁心！

27.学员问:进火之法和退符之法有何区别?答曰:从科学角度上讲,进火之法是提高觉知能力,退符是显现感受能力。显现感受能力,就是显现心性,要勿忘勿助,方能无住生心。觉知能力通过进火提升,是有为之法;感受能力不能说提升,是你本来就有的,只不过被遮蔽了,把这个意向性弄弄干净自然会显现出来,所以感受能力是显现,这是无为法。在内丹修持里,觉知能力可以用有为法来炼。比如我们初打坐的时候,可以刻意去关注呼吸,就是有为法。但是转到乾象之后,就要用无为法,不可以有作为,要勿忘勿助。

28.学员问:采药和沐浴中,采药指什么?答曰:采药就是采元精,沐浴是功法。采药指的是当元精炼出来以后,要及时采封,即封固,不然错过。这里的药,也称外药,指的是元精。沐浴是一个功法,比如过火了、火太足了,就要勿忘勿助,就是沐浴法。

29.学员问:一毫阳气不尽不死,一毫阴气不尽不仙。"一毫阴气不尽不仙"是什么意思?答曰:丹道之法就是除阴存阳,成就纯阳之态,就可以成仙。对于丹道而言,阴都是不好的,把阴都去尽,变成纯阳之态就练成了,所以说"一毫阴气不尽不仙"。

30.如何收心?具体操作途径就是收视返听。收视就是将眼光随影从外收回入照心之中,停思静虑,心地清澈常宽,静寂禅定而现神。返听则是将耳相逐声从外收回入于照心之中,除音凝韵,心地湛然常寂,静默禅机而归性。何为正念?正念方法基础是"进退",关键却在于"沐浴"下手功夫,勿忘勿助!进火,提升觉知注意水平;退符,降低内外意向程度。关键要顺其自然,当行则行,当止则止。

31.混然子云:"从子至巳,流戊土,从督脉进阳火;自午至亥,以己土,从任脉退阴符。世人或知周天,不知中宫,妄自行火,则与水火煮空铛何以异乎?"(伍冲虚、柳华阳,2016:225)强调运用周天风火,当知守中之道,勿忘勿助,便是沐浴(正念)之法。

32.炼精化气,摆脱基因情欲的控制,形成神经系统自主觉知意识;炼气化神,摆脱模因是非意识的左右,恢复悟识意识能力;炼神还虚,明心见性。所谓了命:守身如玉是摆脱基因控制;所谓了性:守脑如玉则是要去除模因困扰!

33.何为鼎器?张伯端《悟真篇》第一首诗曰:"先把乾坤为鼎器,次抟乌兔药来烹。既驱二物归黄道,争得金丹不解生。"(张伯端,1990:31)就是明确鼎器、药物与宗旨的。所谓鼎器者,炼药塑性之标的也。在运用过程中,特别是强调神炁相依,心息相依之理。

34.注意真土(真意)对应悟识能力,真铅(真精)对应觉知能力,真汞(真神)对应感受能力。凡铅对应情欲,凡汞对应思虑。所以张伯端在《金

丹四百字》之序中说："真土擒真铅,真铅制真汞。铅汞归真土,身心寂不动。"(张伯端,1990:205)

35.如果把木性喻为龙,金情喻为虎,那么取坎填离也常常称为"龙虎交媾"或者"金木并"。所谓"金木并",《中和集》的解答就是:"情来归性,谓之交并。情属金,性属木。"(盛克琦,2009:48)这样炼得金丹,自然便是炼神合道了。

36.丹道炼就,形神俱妙,性命皆了。陆西星在《玄肤论》(金液玉液论)曰:"夫道者,性命兼修,形神俱妙者也。金液炼形者,了命之谓也。玉液炼己者,了性之谓也。何谓玉液?玉者,温润贞纯之喻。金者,坚刚不坏之称。"(陆西星,2010:360)

智慧禅修

2012年3月21日至2012年5月3日,我在新浪微博上开播了《微博参禅教程》和《禅意生活修为》两种禅修课程,为方便查阅,我收录于此。《微博参禅教程》,共计六个部分,主要是将禅宗参悟与当代科学原理相结合,来启发民众智慧,达到如如之境。《禅意生活修为》,共计三个部分,主要是讲述在生活中如何修为,从而能够在生活中心无挂碍、任运自在。另外,自开通微博以来,断断续续也发表了不少零星的禅修议论,名之为《禅修微博语录》,也收录在此。

一、微博参禅教程

第一课 "定宗旨"

1.今天有许多微博用户加入,希望跟我修行。那就开讲微博参禅第一课"定宗旨"(南唐)。文僜《祖堂集》序中有言:"最上根器,悟密旨于锋芒未兆之前;中下品流,省玄枢于机句已施之后。根有利钝,法无浅深。"(静、筠,2001:1)希望大家首先自明根器深浅。

2.然后再明白入道多途,不出理入行入二法,所谓悲智双运。可惜微博只能虚拟聊天,不能亲历践行。因此,微博参禅只有理入一途。希望诸位,通过微博互动,能够在知见上首先顿悟禅理,然后自行践行于生活。

3. 达摩曰:"理入者,谓藉教悟宗,深信含生同一真性,俱为客尘妄想所覆,不能显了。若也舍妄归真,凝住壁观,无自无他,凡圣等一,坚住不移,更不随于文教。此即与理冥符,无有分别,寂然无为,名之理入。"(道原,2010:2408)今后将着重引入属于理入的诸种顿悟法门,结合公案或者人生故事,引导诸位进入禅境。

第二课 "辨言语"

4. 微博参禅,既没有随缘契悟可能,又不可能默照或棒喝,只能借助于语言。但语言与禅道,若离若即,稍有不慎,必落陷阱。所以微博参禅的第二课就是"辨言语"。为此,先请大家读一读语言表达意义的一般原理:"言为心声的意义理论",参见我的博文,现已收录于《博学切问》(周昌乐,2015:60-63)。

5. 对于参禅而言,单单了解语言的一般意义理论是不够的。诸位如果功力比较深的话,可以进一步阅读我发表的另一篇论文:禅宗的元语言哲学思想及其意义(周昌乐,2006)。

6. 如果诸位不屑于学术,而又聪明伶俐。那我就直截了当解说如下。参禅主体是"吾",我之言就是"语",禅宗强调不立文字,直指人心,因此将"语"字的"言"旁去掉,换上直心旁,就是"悟"了。如何?诸位可悟了?

7. 正论:惠洪在《石门文字禅》卷二十五《题让和尚传》中说:"心之妙不可以语言传,而可以语言见。盖语言者,心之源、道之标帜也。标帜审则心契,故学者每以语言为得道浅深之候。"(蓝吉富,1988,第95册:343)因此真正的"不可言说"实际上是"非关文字"的"不昧言说"。因此,我们以后所有微博参禅方面的言说,都应当作如是观。

8. (实参范例1)云岩问:"一句子如何言说?"(药山)师曰:"非言说。"道吾曰:"早说了也。"(静、筠,2001:159)谁解其中味?

9. 现在再来参参公案,理解一下"道由言显"的魅力。(实参范例2)僧问:"拟即第二头,不拟即第三首,如何是第一头?"(师号传心大师)师曰:"收。"(普济,1984:487)非拟也是一种拟,拟的是"非拟"。

10. 清晨即起,先游戏三昧,参个公案。(实参范例3)(药山)师书一

"佛"字,问道吾:"是什么字?"吾曰:"是'佛'字。"师曰:"咄!这多口阿师。"(静、筠,2001:160)

11. 有人询问什么叫"不昧文字"?匡化大师垂语曰:"一句遍大地,一句才问便道,一句问亦不道。"(道原,2010:1508)这便是"不昧文字"的底蕴。(药山惟俨)师因石头垂语曰:"言语动用亦勿交涉。"(药山惟俨)师曰:"不言语动用亦勿交涉。"(静、筠,2001:157)真正的不可言说,也是言说不可的,所谓不立文字,应当是指这种"不昧文字"。

12. (实参范例4)问:"如何是随色摩尼珠?"(化度师郁和尚)师曰:"青、黄、赤、白。"曰:"如何不是随色摩尼珠?"师曰:"青、黄、赤、白。"(普济,1984:423)

13. (实参范例5)僧问:"如何是道?"(幽谷山法满)师良久曰:"会么?"僧曰:"学人不会。"师曰:"话道语下无声,举扬奥旨,丁宁禅要,如今会取,不须别后消停。"(道原,2010:902)

14. 第二课小结:禅家认为禅法微妙,不可言说,只有冲破语言、概念对人类思想的束缚,才能抵达真性的彼岸。雅斯贝斯说过:"语言终止之处,阐释便到尽头。阐释在沉默中完成。然而,只有通过语言才可达到尽头。"(柯拉柯夫斯基,1997:128)

第三课 "明悖论"

15. 今天开始,微博参禅要进入第三课了。从这一课开始,我们要结合一些重要的科学思想、方法、成果来参悟禅道,名之曰"科学禅法"。第三课先讲"明悖论",为此,要先读读"从哥德尔定理看禅宗的元逻辑思想"一文(周昌乐,2005)。

16. 理性思维有局限性,难以把握超越理性逻辑的禅道。因此在古代,禅师们为了指示、领悟禅道,常常自觉或不自觉地采用非常规的逻辑思维方式,即通过悖论来揭示真性。如果说科学的方法是通过放弃完备性来维持一致性,那么禅师们就是通过放弃一致性来达成完备性的显现。这便是我们要"明悖论"的道理。

17. 先给一个自指式悖论的参悟例子,请大家体验"莫若以明"的指的。(实参范例7)问:"如何是和尚家风?"(广利容禅师)师曰:"谢阇黎道破。"(普济,1984:822)僧问:"如何是西来意?"(马祖)师云:"即今是什么意?"(道原,2010:375)问:"如何是佛?"(风穴延沼)师曰:"如何不是佛?"(普济,1984:674)

18.我们知道,允许使用自指句这样的陈述形式,其本身就已经蕴涵着任意命题 X 均为真,于是导致悖论。由此也可以得出,正因为有这样的悖论结果,才可以揭示"一真一切真"的结论,说明的正是一切无分别的禅境。诸位顿悟了其中的玄旨了吗? 如果无法理解,我们是否考虑放弃顿悟禅法,退回到禅观静虑之法?

19.请从逻辑悖论的视角,说说看,下面的机锋问答中到底是谁错?(实参范例 8)漪异日上法堂次,(西院思明禅师)师召从漪,漪举首。师曰:"错。"漪进三两步,师又曰:"错。"从漪复近前。师曰:"适来两错,是上座错,是思明老错?"曰:"是从漪错。"师曰:"错。"(道原,2010:895)

20.(实参范例 9)问:"如何是然灯前?"(福清行钦)师曰:"然灯后。"曰:"如何是然灯后?"师曰:"然灯前。"曰:"如何是正然灯?"师曰:"吃茶去。"(普济,1984:506)诸位,可明晓其中的微旨?

21."然灯"没参透的,那就再参个柏树子吧。(实参范例 10)问:"柏树子还有佛性也无?"(赵州从谂)师曰:"有。"曰:"几时成佛?"师曰:"待虚空落地时。"曰:"虚空几时落地?"师曰:"待柏树子成佛时。"(普济,1984:206)

22.回互型悖论的第二种形式则是否定性回互:问:什么是 A? 答:B。再问:什么是 B? 答:不是 A。(实参范例 11)问:"如何是学人自己?"(大随法真)师曰:"是我自己。"曰:"为什么却是和尚自己?"师曰:"是汝自己。"(普济,1984:238)

23.第三课的最后一个噱头。(实参范例 12)(瑞岩师彦)初礼岩头,问曰:"如何是本常理?"头曰:"动也。"曰:"动时如何?"头曰:"不是本常理。"(普济,1984:387)请诸位说说:到底什么是本常理呢?

24.第三课小结:遭遇悖论,就意味着离真性不远了。悖论的本质是事物的自因性,而悖论的逻辑表现则是真假同显。禅宗通过显现悖论来达成对真性的体悟,所采用的措施大致有两类:一是不予理会,如良久无语;另一是将矛盾推至极致并超越之,如双遣双非法。有关双遣双非法参见我的博文"浅谈机锋启悟"一文(现已编入本书第五章第二节)。

第四课 "了色空"

25. 参禅悟道的最大障碍,就是无法了见"色不异空,空不异色;色即是空,空即是色"。曹洞宗创立者洞山禅师初出家时,所在寺庙的院主教他念《心经》,就因院主不会"无眼耳鼻舌身意"这一句,而投往他处深造去了。可见了见色空之理的重要。

26. 根据现代物理学的理论,物质毕竟是虚妄不实的,其所谓的存在是依赖于主观观测的。关于这一点的详细论述,参见我的论文"试论禅宗空论对物理世界的解释能力"(周昌乐,2009)。

27. (实参范例13)因沩山与(仰山)师游山,说话次,云:"见色便见心。"仰山云:"承和尚有言:'见色便见心。'树子是色,阿那个是和尚色上见底心?"沩山云:"汝若见心,云何见色?见色即是汝心。"仰山云:"若与么,但言先见心,然后见色。云何见色了见心?"(静、筠禅僧,2001:602)诸位还明白吗,心色一如?

28. 我们继续第四课"了色空"。上次讲了色心一如,用现代物理科学来讲,就是事物呈现的主观依赖性。比如:"僧问:'古人道:'见色便见心。'禅床是色,请和尚离色,指学人心。'(仰山慧寂)师曰:'那个是禅床,指出来。'僧无语。"(道原,2010:722)这个僧为什么无语?因为离开了心识,根本就谈不上实在的半点现象(色)。

29. 了色空,难难难。为了大家能够有所领悟,我写了一篇《曹洞五位偏正》的博文,说不定诸位从五位君臣的回互演绎之中,可以顿悟色空一如的禅意。该博文见我的博客(现已编入本书第五章第二节)。

30. "人"食五"谷"杂粮,焉能免"俗",但人不能有虑俗之心。所谓行俗者真,虑俗者惑。因此去俗虑并非是要人们不食人间烟火,而是去掉那些对俗事执着的虑想妄念。只有这样,人们才能够保持一颗清明的心,让生活充满诗意。德国荷尔多林的诗句说得好:"充满劳绩,但人诗意地/栖居在此大地上。"(海德格尔,1991:185)

31. 很明显的是,我们只能有对世界万物的描述,但这描述绝不会是世界万物本身。物质的存在并不是不依赖主观的,而恰恰相反,根据量子物理学的波函数及其实验可以获知其与主观是密不可分的。正因为这样,才会有测不准原理,因为精神是无法把握精神本身的。

32.(实参范例14)又一日行次,雪峰便问:"尽乾坤事不出一刹那,只如不出一刹那底事,今时向什么处辨明则得?"(镜清)师对云:"更共什么人商量去?"雪峰云:"我亦有对,汝但问我!"师便问:"今时向什么处辨明则得?"峰乃展手云:"但向这里辨明。"师对云:"此是和尚为物情切。"峰便笑(静、筠,2001:343)

33.(实参范例15)(宝寿和尚)师问胡钉铰:"见说解钉铰,是不?"对曰:"是也。"师曰:"还解钉铰得虚空么?"对曰:"请和尚打破将来。"师便打之。对曰:"莫错打某甲。"师云:"向后有多口阿师与你点破在。"(静、筠,2001:664)

34."还解钉铰得虚空么?"要解悟得此问,首先涉及根本意识的自明性问题:真空演化万物,万物孕育意识,意识反观为空。因此,想要参悟"还解钉铰得虚空么",必得远离一切名相与心念,不可思议。讲到这,现在你还解得上述宝寿和尚与临济禅师之间的公案吗?

35.所谓无念是指:外不著相,内心不乱。微博参禅只求理入,因此前面讲的四课都是顿悟禅法,也是最上乘禅法。顿悟禅法比较高峻,面向的是中人以上者(慧根),如果一时难以悟解,也属正常。看来我也应该找个时间写篇有关大小乘禅法的博文,让诸位感兴趣的朋友,可以有一条具有可操作性的禅修途径。

36.先将第四课"了色空"作个小结:根据当代物理科学,我们不仅可以得出"色空一如"的结论,而是可以将一切物理现象,归结为心识的作用。因此,结论就是心空万事空,至道在乎一心。明白了这一点,剩下的就是"心法"问题了。

第五课 "观心识"

37.禅宗的"观心",解开来讲就是"以心观心",也就是说"观心"本身也是被蕴涵于"心"的,即有"心→观心",而此即为"心"。于是"观心"必然构成一种"自指"。于是根据三段论,又均可推知这"观"的心,不管是什么具体内容,其均为真,平等无二。

38. 这样一来,为了"了然于心",你必须"息心",为了"识我",你必须"忘我",禅悟就是要让你"舍",通过"舍去"来"达成",包括舍去这"通过"舍去"来"达成"的执着,你才会"明心见性",达成"自由心境"。而所谓舍去,就是去掉一切意向对象。其中的原理,可以参见我发表的论文"禅宗心法的意向性分析"(周昌乐,2011)。

39. 再次强调,禅观不得法会走火入魔,与初衷背道而驰,即古代所谓的禅病。因此,请诸位千万不要无师擅自修行此法。还是跟我学习顿悟禅法为好,源自生活,指导生活,日用是道,任运自在。

40. (实参范例16)(牛头)融问:"心既具足,何者是心?何者是佛?"(道信)师曰:"非心不问心,问心非不心。"(静、筠,2001:94)诸位,心识可知否?心识可观否?心识可觅否?速道!

41. 因此,心空乃无缚也。僧肇在《维摩经注》卷二中有相应的论述:"生曰既观理得性,便应缚尽泥洹,若必以泥洹为贵,而欲取之,即复为泥洹所缚。若不断烦恼即是入泥洹者,是则不见泥洹异于烦恼,则无缚。"(忽滑谷快天,1994:43—44)

42. 继续看什么是元无缚。(实参范例18)问:"大庾岭头趁得及,为什么提不起?"(投子)师提起衲衣。僧云:"不问这个。"师云:"看你提不起。"(静、筠,2001:205)

43. 禅宗提倡理入行入,明白了道之理,就要想着行之效。但如果没有正理,要想正行,也是不可能的。再参"元无缚"自性涌现之机。(实参范例19)问:"凡有言句,尽属不了义。如何是了义?"(招庆)师云:"若向阇梨道,还是不了义。"进曰:"为什么如此?"师云:"阇梨适来问什么?"(静、筠,2001:438)

44. 不识是真识,所谓"无心意识"方为解脱人。(实参范例21)问:"如何是无心意识底人?"(洞山)师曰:"非无心意识人。"僧曰:"还参请得也无?"师曰:"不曾闻人传语,不曾受人嘱托。"僧曰:"还亲近得也无?"师曰:"非但阇梨一人,老僧亦不得。"僧曰:"和尚为什么不得?"师曰:"不是无心意识人。"(静、筠,2001:227-228)

45. 西方科学最艰深难懂者,不过量子物理学、混沌动力学与悖论逻辑学这三学,后来三者合一,归结到意识科学,成为最艰深难懂之学。东方玄学最深奥难明者,就是所谓的三玄,即《老子》《周易》与《庄子》,后来三玄归禅,禅学取代三玄,成为最深奥难明之学。因此,如果能够将西方科学与东方玄学这两者融会贯通,则天下无难明之学焉。

46. 总之,对于像"真"的证悟,只能通过心的自明性能力来把握,正如杨简在《慈湖遗书》卷二《绝四记》所论:"人心自明,人心自灵。……夫人皆有至灵至明广大圣智之性,不假外求,不由外得,自本自根,自神自明。"(刘宗贤,1997:168)

47. 在现实生活中,要真正做到"不假外求"的无待境界是非常难的一件事情。大多数人总是会依附某种"力量",或金钱(财大才会气粗),或权力(权倾才有气盛),或神主(神助才觉气势),就是不能自信自立,因此难得自在之心。

第六课 "达禅境"

48. 什么是禅境?当然,禅境就是如如自在状态。如果用非线性科学的话讲,禅定状态是一种结构稳定性的心理状态。因此,禅宗的心法,就是让心进入超稳定状态的修养方法。

49. 注意,禅观之境是心,禅悟之境也是心,而禅观就是以心观心而识心的过程,所以从混沌动力学角度,可以对禅境进行过程规律和性质的研究。我们第六课,就是要从混沌动力学原理的角度,让诸位明白禅境的性质与特点。

50. 首先来领教一下希迁禅师在《参同契》中对事物非线性规律的根本认识:"门门一切境,回互不回互。回而更相涉,不尔依位住。"(静、筠,2001:141)所谓混沌,强调的首先是事物的整体依存性。

51. 继续上午的课程:其实回互,也就是缘起,因为缘起的本义就是相互依存:"此有故彼有,此无故彼无"。在我们的宇宙中,小到量子纠缠,大到宇宙演化生态,无不体现着这种"回互"本性。对于生命科学而言,则有基因与蛋白质的回互、传承与变异的回互、遗传与环境的回互、个体与群体的回互等。

52. (实参范例 22)(德山)每日:"一毛吞巨海,海性无亏;纤芥投针锋,锋利不动。然学与非学,唯我知焉。"(静、筠,2001:198)

53.(实参范例23)永嘉真觉大师的《证道歌》说:"一性圆通一切性,一法遍含一切法。一月普现一切水,一切水月一月摄。"(道原,2010:2426)是什么?

54.(实参范例24)(南泉)师问黄檗:"笠子太小生?"黄檗云:"虽然小,三千大千世界总在里许。"(静、筠,2001:535)又是什么?

55.(实参范例25)"佛问诸弟子:何谓无常?……一人曰:出息不报,便就后世,是为无常。佛言:真佛弟子。"(石峻,1981,第二卷第四册:162)(实参范例26)"一解千从,一迷万惑,失之毫厘,差之千里,此与虚言。"(石峻,1981,第二卷第四册:164)讲的正是这种非线性蝴蝶效应,此乃无常之意所在。

56.入睡之前,请诸位参个公案。(实参范例27)僧问:"混沌未分时如何?"(育王弘通)师曰:"混沌。"曰:"分后如何?"师曰:"混沌。"(普济,1984:821)从中诸位可知禅悟之境?

57.诸位有进步,请看禅德的应对。(实参范例28)(福先)又上堂于时云:"大家识取混沦,莫识取劈破。'竺土大仙心,东西密相付'。是混仑?是劈破?"时有人便问:"承师有言:'大家识取混沦,莫识取劈破。'如何是混沦?"师良久。问:"如何是劈破底?"师云:"只这个是。"(静、筠,2001:459)

58.第六课小结:总之,悖论的禅境就是"混沌",其不可分析。因为正如唐代丹霞和尚在《玩珠吟》其二中所指出的:"知境浑非体,神珠不定形。"(道原,2010:2458)这就是"禅境"的本性。这种本性,按照佛教《成唯识论》中的解释,具有十分丰富的内涵。

59.最后一个问题就是,这样的禅境状态,从脑科学角度看,其外在表现又是什么呢?关于这方面的研究,尚处于起步阶段,请参见我的论文"从当代脑科学看禅定状态达成的可能性及其意义"(周昌乐,2010)。

60.微博参禅统共讲了六课,主要是运用不同科学领域的理论、方法、知识,来参悟禅道,是有智阶层亲近禅法的方便法门。六是一个完全数,传授心法也讲究圆融,我在博客里撰写了一篇新博文,就是"禅宗圆相之用"(现已编入本书第五章第二节),至此理入式的讲禅算是告一段落了。

二、禅意生活修为

1.说到底,禅是一种精神,是一种积极向上的生活态度。我相信,幸福生活是一种生活态度的反映。当人处在"躁动不安"充满诱惑的大千世界里,难免不受影响,于是就需要形成良好的生活态度,这便是修养功夫。

2.要有针对性地指导人生修养,需要对诸位所遭遇的生活烦恼有具体的了解,方能够提高指导的有效性。现在只有微博交流手段,似乎难以亲历引导。或许通过私信方式,诸位可以咨询自己生活中的困惑?或许两周一次,利用周日到思源谷解惑?或者利用每次讲座后问答环节,来给予解答?

3.最近事情比较多,自己的博士生要毕业答辩,看论文;其他学校教授们的博士生也要毕业,审论文;再加上杂志社的约稿还一直没有开写;还有就是 N 多的讲座。因此,对不住诸位,答应要给大家讲讲"生活中如何修为"的,却一直没有开讲。今天就先开个头,开始第一课,名其曰"破除迷信",乃优良生活的前提。

第一课 "破除迷信"

4.什么是迷信呢?凡是对外在事物的盲信,都是迷信,包括对科学的盲信,也是一种迷信,叫"迷信科学"。当然,一般迷信的事物包括钱财、权力、权威、神祇、名人、名言等等;迷信的表现形式则包括崇拜、膜拜、痴迷、盲从等,比较低级的迷信表现就是求卦问卜、烧香磕头、顶礼膜拜之类。

5.高级的迷信表现则有崇拜偶像、敬神拜佛、信守教条之类。迷信根源就是不能自信,结果就是迷失自性。因此,大凡把幸福生活寄托在灵丹妙药、神像崇拜、绝技神通,甚至经句箴言之上,都是迷信。

6.为什么人们会迷信?投机取巧、好逸恶劳、出人头地的心理在作怪,或寄希望于运气,或寄希望于神通,或寄希望于神佑。迷信就是向外祈求福佑而不是向内了明自性。从修为的角度讲,就是违背了自信自立、自力自为、自修自证的原则。

7.总之,就是不愿经历苦难、磨炼、奋斗,缺乏持之以恒的坚持。但是,你可曾知道(傅雷《贝多芬传》"译者序"):"不经过战斗的舍弃是虚伪的,不经劫难磨炼的超脱是轻佻的,逃避现实的明哲是卑怯的;中庸,苟且,小智小慧,是我们的致命伤:这是我十五年来与日俱增的信念。"(傅雷,1983:115)你看傅雷说得多好。

8. 因此迷信的根源就是愚昧。人因为愚昧才会时常轻信、盲从,甚至迷信,难辨是非,才会疑神疑鬼,总是不能自明。人因为愚昧才会崇拜物质、权威、抑或偶像,难悟自性,才会信这信那,总是不能自信。人因为愚昧才会缺乏诚意、真情,以及爱心,难达善境,才会自私自利,总是不会忘我。

9. 迷信权威、权势、权力均为无益之举。圆通讷和尚曰:"蹩足命在杖,失杖则颠;渡者命在舟,失舟则溺。凡林下人自无所守,挟外势以为重者,一旦失其所挟,皆不能免颠溺之患。"(大慧杲,2000:11)必去依附之心,方能得自在之心。

10. 明教嵩和尚曰:"是故学者,患道德之不充乎身,不患势位之不在乎己。"(大慧杲,2000:4)可作为现代追求名位之人的警醒之言。

11. 破除迷信的途径就是发心提升自己的智慧,用智慧驱逐愚昧。我前面讲授的六课"微博参禅",讲的都是大智慧,诸位肯下决心参悟明白吗?肯花时间去弄懂其中的道理吗?肯吃苦耐劳去学习其中涉及所有科学原理吗?

12. 在科学昌明的当今社会,获得智慧更加便捷的途径,无过于科学了,特别是后现代科学。通过科学原理的把握,来达成"悟天道以契自然法则",从而从根本上"破除迷信"。

第二课 "调和性情"

13. 现在继续生活中如何修行的第二课"调和性情":破除了迷信,就可以外离诸相了,而在生活中更为重要的还需要达到内心不乱。这就需要调和性情的功夫。所以第二课重点谈论如何调和性情,或者简称调心。

14. 所谓性情,就是心性与情感。先说情感,主要跟这样三个概念相关:情绪(emotion)、心情(mood)与感受(feeling)。感受是主观体验,是一种具有非线性性质的作用算子;心情是一种比较持久的情感状态,具有背景感染性;情绪则是不断动态变化的即时表现,具有短促的冲动性。

15. 大体上说,随时间变化的情感表现就是上述情绪、心情与感受三者相互作用的结果。有时是正面的表现,称为正面情感;有时是负面的表现,就称为负面情感。

16. 再说心性。从禅悟角度讲,心性就是自性,平常之心,平和之心,平淡之心。性与情的关系犹如水与波的关系。水静之时喻为性,所谓水之天性尽显;波动之时喻为情,所谓情感波动纷扰。

17. 此时,如果进一步再引入其与"欲"的关系,那么就如《荀子·正名》所辨明的那样:"性者,天之就也;情者,性之质也;欲者,情之应也,以所欲为可得而求之,情之所必不免也。"(王先谦,1988:428)

18. 了解了心性与情欲的关系,那么就知道应该如何调和性情了。李翱在《复性书》中指出:"人之所以为圣人者,性也;人之所以惑其性者,情也。喜怒哀惧爱恶欲,皆情之所为也。情既昏,性斯匿也。……性者,天之命也,圣人得之而不惑者也。情者,性之动也,百姓溺之而不能知其本者也。"(李翱、欧阳詹,1993:6)

19. 什么意思?所谓"复性"之"复",乃恢复之意,即恢复自性。主要是除情显性,除去情感内容,显现精神本性。故《复性书》又云:"弗虑弗思,情则不生;情既不生,乃为正思。"(李翱、欧阳詹,1993:8)因此,调和性情的目的就是要"明心性以断恶习根源",从而达成"中和"恬淡之心境,即所谓"致中和"。

20. 那么,具体如何调和性情呢?向诸位介绍一种系统的渐修禅法,称之为"牧牛禅法",主要是借用牧人驯牛的经过,用牧人比喻修行者,用牛比喻心,用牧牛比喻调心,共分十个阶段,来反映"调心"禅观修证过程。我们将采用宋代普明禅师的《牧牛图颂》,结合"调和性情"来对各个阶段逐一加以辅助说明。

21. (未牧第一)第一阶段是"未牧":没有修行前,我们的情绪总是有种种波动起伏,或激动,或生气,或动怒,或焦虑,或悲伤,我们的心情也是时好时坏,压抑、忧郁、亢奋、忧愁、悲观等等,难以驾驭。对此,普明禅师颂曰:"生狞头角恣咆哮,奔走溪山路转遥;一片黑云横谷口,谁知步步犯佳苗。"(蓝吉富,1988,第32册:662)

22. 对于未牧状态,明末万如禅师和颂曰:"劣性粗狂向外逃,乡关迢递不知遥;分明触处荒田地,那肯回头惜异苗。"(蓝吉富,1988,第 32 册:632)那么如何改变这种桀骜不驯的状态呢?这就需要对牛(心也)进行调驯。

23.(初调第二)因此牧牛禅法的第二步就是"初调":"我有芒绳蓦鼻穿,一回奔竞痛加鞭;从来劣性难调制,犹得山童尽力牵。"(蓝吉富,1988,第 32 册:666)

24.生活中难免心猿意马并产生种种情识妄念,或痴或嗔或贪,怎么办呢?那就要及时制止这无明的情识妄念,慢慢养成不犯不良心态的自觉。因此在日常的生活中,必须时时观照自己的心性,尽力护持良好的心态,不要被不良情绪或心情左右了自己的行为,及时平息负面情感,回归到平和的心态。

25.如果没有大智慧顿悟自性,那就要谦卑地从初调起步,通过渐修慢慢达成自性的证悟。在修行的征途上,最忌讳的就是眼高手低。所以《易经》说:君子卑以自牧。其中关键就在于一个"卑"字。诸位能够放下自尊心吗?能放下自尊心,才会有自信心。

26.初调是非常艰难的一个阶段,由于长期不良习性侵染,野性难泯,因此时常反复是非常普遍的。此时意志力就成为十分关键的因素了,但凡负面情感一出现,照准根源,就要把紧绳索,将其牵回头。明末万如禅师和诗曰:"蓦路相逢把鼻穿,饶伊恶性猛加鞭;从今已得绳头在,才要奔趋只一牵。"(蓝吉富,1988,第 32 册:632)

27.(受制第三)经过初调之后,情绪得到初步的控制,牧牛进入第三阶段,称为"受制"。普明颂曰:"渐调渐伏息奔驰,渡水穿云步步随;手把芒绳无少缓,牧童终日自忘疲。"(蓝吉富,1988,第 32 册:670)此时,虽然心性得到初步调伏,不再有颠倒妄想,不再莫名烦恼,但时刻都有旧病复发的可能。因此要时刻警惕,不能稍有懈怠。

28.诸位如果细心,就会发现,受制那幅图中牛头变白了,比喻除情显性有了效果。白是空白的白,比喻空性;白也是白天的白,比喻照亮。因此,此时意味着心性已经有所显现了,所以万如禅师和曰:"暂息颠顽暂息驰,频频相顾也相随;芒绳虽缓鞭尤朴,不算工夫不惮疲。"(蓝吉富,1988,第 32 册:632)

29.（回首第四）因此牧牛的第四步就到了回首的阶段了,难以调伏的牛,终于回心转意,有了自觉向善的意愿,颂曰:"日久功深始转头,颠狂心力渐调柔;山童未肯全相许,犹把芒绳且系留。"(蓝吉富,1988,第32册:674)

30.当然此时修行者还是不能掉以轻心,要警惕"时时思忆来时路"的可能,所以还要保留着约束性情的芒绳,不能放任心性。万如禅师的和颂也曰:"顽劣消除已转头,不加鞭逼性相柔;牧童未敢凭他意,还把绳头紧系留。"(蓝吉富,1988,第32册:632)

31.（驯服第五）经过前面四个阶段的调理,所牧之牛(心性)终于进入了驯伏阶段,普明禅师的诗曰:"绿杨阴下古溪边,放去收来得自然;日暮碧云芳草地,牧童归去不须牵。"(蓝吉富,1988,第32册:678)如如之心已得自然,情性调和也收放自如。比喻负面情感全消,心性纯粹无杂,凡有作为言语,即契合天道,又发乎良知,无须刻意勉强,自然顺乎善道。因此,万如禅师和颂曰:"万木丛中芳草边,芒绳释去意翛然;夕阳影里归鸦噪,牛自相随不用牵。"(蓝吉富,1988,第32册:632)

32.（无碍第六）当然,此时新的问题就是如何保持这种如如之境？所以,下一步就是要进入无碍的善境。普明颂曰:"露地安眠意自如,不劳鞭策永无拘。山童稳坐青松下,一曲升平乐有余。"(蓝吉富,1988,第32册:682)

33."露地白牛"比如心性显露,只是稍微有一点遗留。还须继续保任,方能达到任运自在的境界。万如禅师的和颂曰:"皤白浑身性自如,海天空阔不相拘;牧童闲倚松边石,短笛频吹兴有余。"(蓝吉富,1988,第32册:632)

34.（任运第七）这样自然第七阶段就是任运自在。普明颂曰:"柳岸春波夕照中,淡烟芳草绿茸茸;饥餐渴饮随时过,石上山童睡正浓。"(蓝吉富,1988,第32册:686)万如和颂曰:"千条溪畔万山中,餐饮随时饱绿茸;牧子从教无个事,鼾鼾枕臂不知浓。"(蓝吉富,1988,第32册:632)无非都是任运自在的意思。

35.到了此时,一条白牛不再有任何一点杂色,比喻心性的纯然,达到完全解脱的自由境界。这也正是孔子所言"纵心所欲而不逾矩"的境界。

449

诸位,能够到达这样的境界,就是一切烦恼不侵心的状态,没有烦恼,性情中和,心情平和愉悦。

36.除情显性,调和性情,任运自在,诸位如果就此打住,也不失为一种美好生活的心态基础:明心。但倘若希望百尺竿头更进一步,光明心是不够的,还应见性,要达成天人合一,物我两忘。为此,就需要继续牧牛的修行,进入说易也易,说难也难的最后关头。

37.(相忘第八)首先就是"相忘"。普明颂曰:"白牛常在白云中,人自无心牛亦同;月透白云云影白,白云明月任西东。"(蓝吉富,1988,第32册:690)云白、月白、牛白,一切概无分别,真正达到了色空一如;牛自无意,人自无心,人牛相忘,随性自由,体用不二。万如和颂曰:"是处云山牛在中,两无心意月相同;碧天影落溪流急,任尔纵横西复东。"(蓝吉富,1988,第32册:632)

38.接下来诸位也许能够猜到,"相忘"之后,需要调心的那头牛也就不存在了,用我们调和"性情"的话讲,也就是所谓"性情"原本就是不存在的,一切都不过是我们的妄念而已。或者说,正因为是我们的妄念,才滋生出了种种烦恼。现在好了,人牛两忘,心性也该消退,这就是独照的境界。

39.(独照第九)对于这种独照境界,普明禅师颂曰:"牛儿无处牧童闲,一片孤云碧嶂间;拍手高歌明月下,归来犹有一重关。"(蓝吉富,1988,第32册:694)万如禅帅和曰:"生涯丧尽一身闲,明月光腾古木间;歌罢一声归去晚,芒鞋踏破隔乡关。"(蓝吉富,1988,第32册:632)诸位,你们是否也应该有自己的唱和?

40.(双泯第十)其实,此时牧人也须消隐,本来无一物,物我双亡,方为究竟,送诸位一个大圆相,美其名曰:双泯。普明禅师颂曰:"人牛不见杳无踪,明月光含万象空;若问其中端的意,野花芳草自丛丛。"(蓝吉富,1988,第32册:698)万如禅师和曰:"廓然空绝两无踪,宝月孤悬照碧空;个事不须重借问,子规声断落花丛。"(蓝吉富,1988,第32册:632)

41.哪个稀罕这个不实不虚、不白不黑、不真不假的大圆相。诸位:出世容易入世难,切莫迷恋大圆相;心中了却烦恼事,回头重度温柔乡。

第三课 "爱沐生活"

42.前面第二课"调和性情"昨天全部完成,假如诸位根器深,应该已经除情显性了,出世是没有问题的。可是,生活中修为可不是要逃避现实,而是要幸福入世的。因此第三课我们讲"爱沐生活",注意是"沐"不是"慕"!用爱沐浴生活。

43.仁爱是一种宁静的、没有任何对象的博爱,佛教中称为慈悲。因此,要使精神得到升华,就是要回归到这种宁静的仁爱境界,体验自在之境的至乐天性。虚荣和嫉妒,是妨碍仁爱达成的障碍,而悲伤、同情、谦卑、质朴、喜乐等则是走向仁爱的有效前提。从悲伤到悲悯,从悲悯再到慈悲,就可以达成仁爱之境。

44.就社会生活意义而言,仁爱就是强调整体关联性。要知道,人类社会是一个相互关联的整体,因此对人类社会的关爱之心,就是体现了人类生命的意义,那种根植于宇宙深处的精神本性,也是生命最高境界的表现形式,至诚至善的仁爱。

45.我们为什么要明心见性悟道呢?孔子在《论语·阳货》中对此有明确的说明,孔子说:"君子学道则爱人;小人学道则易使也。"(朱熹,1983:176)而孔子晚年好《易》,以至于"韦编三绝",也是希望通过讲述易理,来阐发淑世爱人思想的。所以得道之人,理应关爱社会。

46.仁者爱人的关键就在于"忠恕"两字:"恕"是指"己所不欲,勿施于人。"(朱熹,1983:166)"忠"则指"己欲立而立人,己欲达而达人"(朱熹,1983:92)。仁者爱人的具体行为表现为五个方面,即孔子所强调的:"恭、宽、信、敏、惠。恭则不侮,宽则得众,信则人任焉,敏则有功,惠则足以使人。"(朱熹,1983:177)这也是爱沐生活的基本原则。

47.只有大我的仁爱,才能给你的生活带来真正的快乐,因为仁爱是独一无二的生命力最高表现,体现的就是人类的整体关联性。只要出现了自我执着,仁爱就无法存在。放下所有的执着,你就会涌现仁爱,那是真正源自于自性的德性,也是赤子之心。

48.凡爱都有意义,凡奉献爱的行动都是有意义的行动。应该说奉献乃是生活的真正意义,而爱就是无私的奉献,不求回报。我们必须记住,任何爱的奉献都是一种白白的给予,期盼名利回报的给予不是爱的奉献,而是一种伪善。那些"为善而欲自高胜人,施恩而欲要名结好"的给予者,是对神圣爱的亵渎。

49.爱不求回报,爱只关心行动。是的,爱只在行动中,爱拒绝一切是非议论,没有行动就没有爱。知道爱是一回事,在生活中可以奉献爱则是另一回事,对于爱是知易行难,要做到知行合一不容易。

50.遗憾的是,在生活中遇到了不平之事,我们往往只是义愤填膺发议论,却很少见义勇为去行动。在日常生活中更多的时候我们也是抱怨多而作为少,并且往往是自己扬起尘土然后抱怨看不见。当我们在指责环境日况愈下的时候,有没有反省过自己也是其中的推手?

51.爱是至善,至善在行动中而排斥议论,任何议论都是对爱的损毁,在爱中没有善恶分别,一有分别之心,爱就消失了。《淮南子·诠言训》说:"为善则观,为不善则议;观则生贵,议则生患。"(刘文典,1989:470)

52.真爱不在概念分别中,也不在道德的教条中,爱并非是一个字,而是至善的行动。有分别的爱是欲爱,充满渴望的目的,包括渴望成为慈善家。但有了渴望,真爱就消失了。真爱与欲爱不同,在真爱中没有渴望的任何踪影,因为在真爱中自我已经消失。

53.最后,我们期待着自在之爱照亮我们社会的每一个角落,我们期待着社会中的每一个人都能用心去关爱社会,期待因为爱,世界变得更加美丽和谐。

54.我们的授课暂时告一段落,"生活中如何修为"其实也很简单,归纳起来也就是三句话,破除迷信知天道、调养性情致中和、关爱社会行良善。如果诸位在生活修为中有什么困惑,可以找我解惑,微博、私信或邮件都可以。

三、禅修微博语录

1."微博"博什么?博"微"也,所谓辞微旨远。"博客"是何人?乃博"雅"之君子。因此,开微博,做博客,不亦难乎?不当慎乎?

2.为导师者,理应品行端庄,学问真实;不重己见,不重己能;俯顺曲情,毫无装饰。只顾正行,不尚偏私。轻己重人,抑恶扬善;赞之不喜,谤之不忧。遇事难,必从容不迫;见逆境,必悦色不惊。

3.世间多有自称导师之人,未遇明师,不经证明,恃自己萤火之明、管窥之见,读过几本经典、记下几句语录、看过几宗公案、学会几种法术,执着于文字法相,自谓悟道,人前卖弄、满口乱谈、蛊惑无知、诓徒欺众,以己盲而引人盲,实则自欺欺人,罪过!罪过!

4.禅宗与佛教的区别:禅宗是在中国建立起来的一个佛教宗派,以了悟自性为目的,更多的是强调顿悟心法途径。而佛教源自印度,有教义、教规、佛祖等宗教共性的东西,大致分为南传佛教、东传佛教和藏传佛教。从"佛"到"禅",虽只一字之变,实际完成的是从外在之神到内在之心的转变,而禅观就是以心观心,就是以自心观自心,根本上的元自指,这必然导出一切皆妄,也即一切皆真,概无分别。

5.舒服的"舒"字,是"舍"+"予",这里的"予"指"自己"的"己",是第一人称,所以要想舒服生活,不过舍己而已。但凡能破除我执,摆脱小我的执着,便可到达自在之境,从而体验幸福生活。

6.禅学拆字游戏:(1)惑,分别之心,有"或心";(2)念,当下之心;(3)悟,自我之心,从"语"到"悟",正是"不立文字,直指人心"的写照;(4)息,就是显现自心,所谓"自心"为"息",观心、安心均当如是解,不过息心而已;(5)性,生心也,故其为心之根源,万法由心源,就是指这明心见性之性,也称为"佛性""自性""心性"等,都是一样意思;(6)禅,示单也,万法归一之"单",是指无归之归,不可以言语说,但可以言语现的那个终极本体。

7.刚刚吃过晚饭,聊聊轻松一点的事,关于"智慧"两个字的拆字游戏。"日知"为"智",因此"智"这个字强调的是知识的积累,是量变。"心"上"彗"星划过则是"慧",因此"慧"这个字强调的灵光一闪,是质变。两个字合起来,强调的是日积月累,一朝顿悟。重点落在"慧"字上。

8.(夹山)师云:"句中无法,意不度人。"座主曰:"步步踏莲花,犹是今时,升降螺髻向上事,乞师一言。"师云:"铁牛无声,不用闻之。"(静、筠,2001:238)留下上则公案请诸位参:铁牛有声可闻乎?铁牛无声可闻乎?

9.最近与一位网友在博客上讨论佛法,这位网友也算是读了许多佛经,可惜了,总是放不下教条,特别是死执"轮回"不肯"舍"。前不久,我还在说:只一个"舍"字可得。其实,真禅者,连佛法都舍,更何况支离破碎的

"轮回"。超越不了"轮回",便真要堕落"轮回"之中了。但愿他能早日觉悟。

10. 物质条件的改善固然重要,但精神境界的提升更为重要。改造人心,提升精神境界,来跟我学科学化的禅道心法吧!未悟有因果轮回,悟则无因果轮回!所见极是。生死事大,能达到置生死于度外,就是三摩地境界。

11. 诚然,入道多途,如果一心念佛,以至于无念,也可以得归净土(喻指终极境界)。净土宗面向底层民众传播,需要"利诱"与"恐吓"双管齐下作为手段,诱逼信众坚定信心,但这也只是手段,千万不要认作目标,这一点跟基督教类似。作为受到良好教育的人们,完全没有必要通过这样的途径去修行。

12. 最近有少林寺僧人在网上说"和尚也是人",言下之意和尚做些出格的事也是人情之内的,没有什么大惊小怪的。我看了却不以为然。要知道,和尚还真不是人,因为和尚正式名称叫"僧",拆开来讲就是"曾经是人",而且这"僧"却是进一步要修成"佛",拆开来讲就是变成"弗"是"人"。

13. 经书上有些是隐喻,比如说某人达成了顿悟境界,往往用"开了天眼"之类的词语来形容。甚至有些则是宗教为了吸引信众而编造的故事,还有的由于科学知识的缺乏,对一些自然现象的曲解,等等。所以,对于这些异象怪语,不可盲目迷信。

14. 不管你如何引经据典,鼻孔一失,经必误读,可怜!怪不得六祖慧能反对死拘经文,倡导不立文字,直指人心,经文着实害人。出了虎穴,进了狼窝!

15. 还是慈悲为怀,为这位网友说破了吧:有一些信"佛"的人们非常有意思,非要执着于有"灵魂"还会"轮回"的观念,全然不顾佛祖所一再强调的"一切皆空""无有一法""不落边见"等说教。其实不顾倒也不错,但如果落入了其他"邪见"(比如执着于"灵魂不死"还会轮回)便大错特错了。就算按照佛教立场,这样也到不到彼岸呀?因为戒定慧三者,你这里起码还少了"慧",这可是佛学的两个核心法门之一。

16. 从根本上讲,终极的心,一般称心性,就是自性,也是空性,也是佛性,也是宇宙精神,无有分别。心性未了,讲那些个人生箴言都是白搭。

从"语"到"悟",不过就是去"言"直"心"的一瞬间。管什么人生三层楼还是四层楼,如果有,那也是别人的葛藤,要我说,只一个"舍"字可得。愿诸位"enjoy your life in any situation"!

17.彻底跳出怪圈则需要大智慧。僧问:"如何是玄旨?"(智常)师云:"无人能会。"僧云:"向者如何?"师云:"有向即乖。"僧云:"不向者如何?"师云:"谁求玄旨?"又云:"去!无汝用心处。"(道原,2010:477-478)其中有怪圈,跳出了吗?

18.就修行而言,其中一个困境就是偏好于一些妙语哲理,非顿悟心法难以破局!诸位切记,心法修持,千万要名副其身,为己切实践行;不要务以悦人,为人徒说不炼!这样才能真正契合禅道,然后赢得健康幸福生活!

19.非有真智慧者,无以践行真慈悲。《奉法要》语录:"行以有心,谓之俗智;领以兼忘,谓之道慧。"(石峻,1981:22)禅悟境界的描述:外不著相,内心不乱,放下心念,随遇而为。心下常无不足,目前触事有余。

20."有僧问:'道在何处?'(惟宽)师曰:'只在目前。'曰:'我何不见?'师曰:'汝有我故,所以不见。'曰:'我有我故即不见,和尚见否?'师曰:'有汝有我,展转不见。'曰:'无我无汝还见否?'师曰:'无汝无我,阿谁求见?'"(道原,2010:471)还见得目前之道否?百姓日用而不知!

21.如果用数学的术语讲,一般信众与普通百姓,从本质上没有什么差别,可以用一个名称为"宗教情感"的微分同胚建立起变换。从这里也可以推知,如果要达到明心见性,那么其变换一定不属于微分同胚,而是具有不连续性的突变。因此,我们姑且可以将明心见性看作是一种微分异胚,发生了拓扑结构上的改变。

22.《林中录》有则公案:"雪窦初在大阳玄禅师会中典客,与僧夜语,雌黄古今。至赵州柏树子因缘,争辩不已。有一行者立其旁,失笑而去。客退,雪窦呼行者至,数之曰:'对宾客敢尔耶?'对曰:'知客有定古今之辩,无定古今之眼,故敢笑。'曰:'且赵州意汝作么生会?'因以偈对曰:'一兔横身当古路,苍鹰才见便生擒。后来猎犬无灵性,空向枯椿旧处寻。'雪窦大惊,乃与结友。"(蓝吉富,1988,第32册:32)现今世上,于禅道"雌黄古今"、"争辩不已"之人也很多,早晚会被明眼人耻笑。

23.什么叫秘密认知？举个实例。《景德传灯录·卷四》在"嵩岳慧安国师"行录中记载："有坦然、怀让二人来参。问曰：'如何是祖师西来意？'师曰：'何不问自己意？'曰：'如何是自己意？'师曰：'当观密作用。'曰：'如何是密作用？'师以目开合示之。然言下知归，更不他适；让机缘不逗，辞往曹溪。"（道原，2010：229）明白了吗？

24.不难！理解了哥德尔定理，或参悟了禅道，就知道知止在哪里了，就是庄子所说的：知止乎其所不能知！

25.据《五灯会元》记载："（南岳怀让）师乃取一砖，于彼庵前石上磨。（马祖道一）一曰：'磨作什么？'师曰：'磨作镜。'一曰：'磨砖岂得成镜邪？'师曰：'磨砖既不成镜，坐禅岂得作佛？'"（普济，1984：127）因此，禅悟无关打坐，既然无关，"只管打坐"又何妨！此即默照之禅。

26.按照沩山灵佑所言："以思无思之妙返思灵焰之无穷，思尽还源，性相常住，事理不二，真佛如如。"（道原，2010：716）便可体悟道。周易"复"卦，"复其见天地之心"，从禅法的角度解，就是"返鉴其心"。

27.只有无所用心，方可专注一境；能专注一境，则心不乱而万事行。贪暴涂炭扭曲自心，祸莫大焉；心存善念可以善人，人脉不求自盛。旧事不忘，新事之师；天地不求新，时世唯求新，能识万变不离其宗者，是大智慧。以不变应万变，不是守旧厌新，而是以根本之道，运化掌握不断变化的世界。

28.佚名僧的《息心铭》："戒之哉，戒之哉。无多虑，无多知。多知多事，不如息意。多虑多失，不如守一。虑多志散，知多心乱。心乱生恼，志散妨道。"（道原，2010：1061）道尽息心之妙。

29.鸠摩罗什汇集诸种禅法，编译有《禅要》一书，对治五种偏差：（1）贪重之人，应修习"不净"之观；（2）嗔重之人，应修习"慈悲"之观；（3）痴重之人，应修习"因缘"之观；（4）思重之人，应修习"数息"之观；（5）平常之人，应修习"念佛"之观。

30.给大家参参《禅宗无门关》中的"清税孤贫"公案："曹山和尚，因僧问云：清税孤贫，乞师赈济。山云：税阇梨。税应诺。山曰：青原白家酒，三盏吃了犹道，未沾唇。"（蓝吉富，1988，第87册：7）从中能省个什么？

31.《禅宗无门关》两则公案：（1）"洞山和尚因僧问：如何是佛？山云：

麻三斤。"(蓝吉富,1988,第 87 册:9)(2)"云门因僧问:如何是佛?门云:干屎橛。"(蓝吉富,1988,第 87 册:10)请诸位说说,到底"佛"是"麻三斤"还是"干屎橛"?速道!

32. 遭遇到悖论,就离道不远了。古人云:不疑不悟,不大疑不大悟。因此"修心当有惑"!真假不二,无可分别,大道一如,不二法门。

33. 《禅宗无门关》有则公案叫"香严上树",内容如下:"香严和尚云:如人上树,口衔树枝,手不攀枝,脚不踏树。树下有人问西来意。不对即违他所问,若对又丧身失命。正恁么时,作么生对?"(蓝吉富,1988,第 87 册:6)诸位,如何应对?

34. 人之痛苦之一就是期待别人的理解(懂自己),而幸福的前提正好相反,是要去理解别人(懂他人)。放弃小我执着,方能成就大我爱心。

35. 对于根器浅者,参话头就成为参禅悟道的重要途径。所谓"参话头",就是参透"机句(话)"之未施之前(头),如果总是想知道"机句(话)"之意,那就变成参"话尾"了。此乃参话头之大忌。

36. 宋代白云守端禅师(乃杨岐派创立者方会禅师的法嗣)有《蝇子透窗偈》云:"为爱寻光纸上钻,不能透处几多般。忽然撞着来时路,始觉平生被眼瞒。"(吕子都,1996:222)诸位参公案、话头,看经书、语录,是否也可以达如此境界?

37. 厦门地区(古代称同安)唐代也出过大德禅师,为马祖法嗣,就是怀恽禅师。据《景德传灯录》记载:"京兆府章敬寺怀恽禅师,泉州同安人也。姓谢氏,受大寂心印。……僧问:心法双亡,指归何所?师曰:郢人无污,徒劳运斤。曰:请师不返之言。师曰:即无返句。"(道原,2010:443-444)最后一段问答机锋,若明白者,请指出来。

38. 宋朝慧洪在《林间录》记有:"唐僧元晓者,海东人。航海而至,将访道名山,独行荒陂,夜宿冢间,渴甚,引手掬于穴中,得泉甘凉。黎明视之,骷髅也。大恶之,尽欲呕去。忽猛省,叹曰:'三界唯心,岂欺我哉!'遂不复求师,即日还海东,疏《华严经》,大弘圆顿之教。予读其传,至此追念晋乐广酒杯蛇影之事,作偈曰:夜冢骷髅元是水,客杯弓影竟非蛇。个中无地容生威,笑把遗编篆缕斜。"(蓝吉富,1988,第 32 册:24)

39. 逃避岂能得到心灵的自在,不过是回避尘世喧嚣,不敢正视现实而已。只有能转物而不被物转,无住生心,才能得到大自在!所谓小隐隐于山,大隐隐于市,能够面对喧嚣争竞而不动声色,方为真心安者。

40. 模因,及各种歪理邪说、各种妄念法执、甚至一切文字名相,一旦著相,便成智障,能不被牵着鼻子走不?靠什么来拯救这个游戏化、粗俗化、功利化的社会?科学化的禅道心法应该是一种可行的途径,诸位一起不懈努力吧!

41. 庄子曰:"至人之用心若镜,不将不迎,应而不藏,故能胜物而不伤。"(郭庆藩,1965:307)多数人生活中有烦恼,不开心,甚至纠结忧虑、耿耿于怀、忿恨发怒,都是因为对事对人,难以"不将不迎,应而不藏"所致,所以才需要禅道心法,平和其心。

42. 一旦明心见性,就不会退转,否则就是假的。明心见性作为终极状态,只是达成问题,不存在程度问题。但是作为修行过程,则是有程度问题,比如小乘禅法的四禅八定,就包括八种阶段性状态。

43. 禅家有言:"心下常无不足,目前触事有余。"因此就有这样的闲暇生活(摘自元代禅僧清珙的《山居诗》片断):"饭香粥滑山田米,瓜甜菜嫩家园蔬,得失是非都放却,经行坐卧无相拘。……香粳旋舂柴旋斫,砂锅未滚涎先垂。开畲未及种紫芋,锄地更要栽黄箕。……白日不得手脚住,黄昏未到神思疲。归来洗足上床睡,困重不知山月移。"(忽滑谷快天,1994:699)

44. 根器深者可以跳跃性顿悟,而循序渐进是针对根器浅者。不过,最好认为自己是根器浅者。不是所有的人一开始就能够大隐隐于市的,因此需要提供小隐隐于"山"的处所。有所修炼心性成熟,然后再去大隐隐于市。

45. 宋代湖南有位僧人,法名显万,逍遥闲居,有《庵中自题》诗云:"万松岭上一间屋,老僧半间云半间。三更云去作行雨,回头方羡老僧闲。"(吕子都,1996:279)过得比云还要自在的日子,且不要羡慕死吾辈整日忙碌之人?!其实也不必羡慕,民国敬安寄禅法师有《答柳溪居士》诗云:"何必山巅与水涯,安心随处便为家。有人问我西来意,笑指长天落晚霞。"(吕子都,1996:369)

46. 禅法贵在入世,积极进取,只是没有你那种莫名的烦恼而已!何谓日用是道,有则"赵州洗钵"公案可以说明:"问:'学人乍入丛林,乞师指示。'(赵州)师曰:'吃粥了也未?'曰:'吃粥了也。'师曰:'洗钵盂去。'其僧忽然省悟。"(普济,1984:203)

47. 闻鸡起舞,给大家参个公案:"有僧来,绕师三匝,振锡而立。师曰:'是！是！'(长庆代云:'和尚佛法身心何在？')其僧又到南泉,亦绕南泉三匝,振锡而立。泉曰:'不是！不是！此是风力所转,终成败坏。'僧曰:'章敬道是,和尚为甚么道不是？'泉曰:'章敬即是,是汝不是。'(长庆代云:'和尚是甚么心行？'云居锡云:'章敬未必道是,南泉未必道不是。'又云:'这僧当初但持锡出去,恰好。')"(普济,1984:154)诸位说说,是"是"是"不是"？

48. 修行重在"行",因此很难见成效。尤其是有智阶层,往往智识成为修行见效的最大障碍。在修行上,意识知见容易,知行合一困难。上周日,德龙法师来访,谈起修行一事,比较强调依止大师参修,很有道理。特别是对于根器浅或智识深者,可能是最佳途径。当年弘一法师依止印光大师半年,方有成就,可为佐证。

49. 介绍给大家一册古籍书,书名是《正行集》,是清代西京宝应寺沙门释清觉所著述,其开篇云:"凡君子者,不在乎贵,不在乎贱,不在乎贫,不在乎富,唯在乎行也。"正是做人的第一原则。《正行集》又云:"凡君子者,宽宏大量,高识远见。理其性,静其神,修其德,蕴其行。以教以绪,无纵无恣,不侮不骄,绝毁绝誉。不彰他人之过,不行自己之非。"可为行为准绳。

50. 唐代大珠禅师曰:"太虚不生灵智。真心不缘善恶。嗜欲深者机浅。是非交争者未能。触境生心者少定。寂寞忘机者慧沉。傲物高心者我壮。执空执有者皆愚。寻文取证者益滞。若行求佛者俱迷。离心求佛者外道。执心是佛者为魔。"(普济,1984:157)诸位不妨自我检点。

51. 仁智双运的终极标准就是超越概念分别而达到无住生心的如如之境！这是西方理性化体系所不可能企及的,也是理性所难以超越的境界！显然,此时中华禅法的"双遣双非"跳出一切不良文化观念束缚的根本途径,也是彻底摆脱一切复制子操纵,实现自在生活的有效途径。

52. 自信不是自我相信或专信自己,而是充满信心的状态。因为,重要的不在于你信仰的对象是什么,而在于你信仰坚定的状态本身,所谓"无住生心"生的就是这种"信心不二,不二信心"的心态。没有那么多名相,自信自在就好。

53.慧洪《林间录》记有:"(黄龙慧)南禅师住庐山归宗,火一夕而烬,大众哗噪动山谷,而黄龙安坐如平时。桂林僧洪准欲掖之而走,(慧南)顾见,叱之。准曰:'和尚纵厌世间,慈明法道何所赖耶?'因徐整衣起,而火已及座榻矣。"(蓝吉富,1988,第32册:33)此乃真为卒然临之而不惊者,如此临危泰然,令人敬佩。对比世人遇难慌乱争先逃命者,不无有愧疚乎!

54.放下乱念,任运自在,便是彻悟。依小乘禅法,境界有深浅层次,依顿悟禅法,则一了百了,没有阶级分别。现代也有彻悟之人,只是凤毛麟角。如果你有志向,可以先看看我早期的微博,曾经传授过顿悟禅法,只是需要有一定根器。如果遇到疑惑,则是好事,我们可以沟通。

55.有人问:"道不属知,不知。知是妄觉,不知是无记。"(文远,2001,1)无记是什么意思?答曰:混沌无明状态。又问:最终还得靠莫若以明?答曰:是的。

56.慧解、定证和戒行,历练苦行,超越凡行,乃是真悟。佛法讲究戒、定、慧兼修,但由于三者偏重不同,产生了不同的佛教流派。禅宗更加注重在慧上做工夫,通过吸收老庄智慧,形成不同于传统印度佛法的修行方便法门。

57.《林间录》有记:"山谷禅师每曰:'世以相貌观人之福,是大不然。福本无象,何以观之,惟视其人量之浅深耳。'又曰:'观人之寿夭,必视其用心。夫动人欺诳者,岂长世之人乎?'寒山子曰:'语直无背面,心真无罪福。'盖心、语相应,为人之当然者,前圣贵之。有以见世道交丧,甚矣。大沩真如禅师,一生诲门弟子但曰:'作事但实头。'云盖智禅师有所示,必曰:'但莫瞒心,心自灵圣。'"(蓝吉富,1988,第32册:45)世人福寿,全在心量气度上,仁者福多寿长,信乎哉!

58.我们最近在做实验,干脆以实验的方式,用科学的数据来说明,禅修有利于身心健康。脑电数据的结果显示我们学员的心理品质确有明显的改善。这就是非常好的弘扬禅法的方便法门。我们可以把科学看作是一个方便法门,所以我一直在做这个事情。

59.用科学的思想来解释禅宗的思想。禅宗确实不是宗教,更像是哲学,但是禅宗的很多思想跟西方后现代的很多科学非常一致,我在《禅悟的实证》已有论述(周昌乐,2006)。科学具有批判精神,禅学确实是更高层次的东西,但科学禅并不是搞科学,而是用科学的方法进一步来阐释禅宗思想和方法的有效性。这样可以让民众更了解禅法,从而为民众改善心理品质所用。

60.禅法是中华心法之一脉,是古代中外文化交融的产物。在当今这个科学昌明的时代里,传统的以禅法为主要代表的心法学说不仅没有过时淘汰,反而经过现代科学的扬弃后重新焕发生命力。从现代心理科学的角度看,禅修方法对于提升心理素质、完善心理品质、提高心理能力,都有极大的帮助。

参考文献

（汉）班固：《汉书》，《二十五史》，上海：上海古籍出版社、上海书店，1986年。

［美］波姆：《整体性与隐缠序》，洪定国等译，上海：上海科技教育出版社，2004年。

（宋）蔡沉注：《书经》，上海：上海古籍出版社，1987年。

（明）陈献章：《陈献章集》，孙通海点校，北京：中华书局，1987年。

（宋）程颢、程颐：《二程遗书》，潘富恩导读，上海：上海古籍出版社，2000年。

（宋）程颢、程颐：《二程集》，王孝鱼点校，北京：中华书局，1981年。

（宋）大慧杲等：《禅门狮子心——禅林宝训现代版》，北京：民族出版社，2000年。

［美］戴维森、贝格利：《大脑的情绪生活：大脑如何影响我们的思想、感受和生活》，王萌译，孙涤校，上海：格致出版社、上海人民出版社，2014年。

［英］道金斯：《自私的基因》，卢允中等译，长春：吉林人民出版社，1999年。

［美］道伊奇：《重塑大脑，重塑人生》，洪兰译，北京：机械工业出版社，2015年。

（宋）道原：《景德传灯录译注》，顾宏义译注，上海：上海书店出版社，2010年。

［日］道元：《正法眼藏》，何燕生译，北京：宗教文化出版社，2003年。

董沛文主编：《养生类要　大成捷要》，北京：宗教文化出版社，

2011年。

(汉)董仲舒:《春秋繁露义证》,苏舆撰,钟哲点校,北京:中华书局,1992年。

杜献琛:《内丹探秘》,北京:中医古籍出版社,1994年。

[澳]埃克尔斯:《脑的进化:自我意识的创生》,潘泓译,上海:上海科技教育出版社,2007年。

冯友兰:《新世训:生活方法新证》,北京:北京大学出版社,1996年。

[日]蜂屋邦夫:《金代道教研究:王重阳与马丹阳》,钦伟刚译,北京:中国社会科学出版社,2007年。

傅雷:《傅译传记五种》,北京:三联书店,1983年。

高旻来果:《来果禅师广录》,上海:上海古籍出版社,2006年。

郭沫若:《十批判书》,北京:东方出版社,1996年。

(清)郭庆藩撰:《庄子集释》,北京:中华书局,1981年。

(战国)韩非:《韩非子》,上海:上海古籍出版社,1989年。

(唐)韩愈:《韩昌黎文集校注》,马其昶校注,马茂元整理,上海:上海古籍出版社,1986年。

韩中民:《帛书〈系辞〉浅说》,《孔子研究》1998年第4期。

河北禅学研究所编:《禅宗七经》,北京:宗教文化出版社,1997年。

(魏)何晏注,(宋)邢昺疏:《论语注疏》,北京:北京大学出版社,1999年。

侯外庐等:《中国思想通史》,北京:人民出版社,1980年。

(清)黄元吉:《乐育堂语录注解》,孔德泽著,十堰市日报社,1997年。

(清)黄宗羲:《明儒学案》,沈芝盈点校,北京:中华书局,1986年。

(清)黄宗羲、全祖望:《宋元学案》,陈金生、梁运华点校,中华书局,1986年。

(唐)道宣:《续高僧传》,上海:上海古籍出版社,1991年。

[德]海德格尔:《诗·语言·思》,彭富春译,戴晖校,北京:文化艺术出版社,1991年。

(唐)慧能:《敦煌坛经合校简注》,李申合校,方广锠简注,太原:山西古籍出版社,1999年。

（唐）慧然：《临济录》，杨曾文编校，郑州：中州古籍出版社，2001年。

［日］忽滑谷快天：《中国禅学思想史》，朱谦之译，上海：上海古籍出版社，1994年。

荆门市博物馆：《郭店楚墓竹简》，北京：文物出版社，1998年。

净慧：《禅宗名著选编》，北京：书目文献出版社，1994年。

（南唐）静、筠：《祖堂集》，张华点校，郑州：中州古籍出版社，2001年。

［英］吉夫斯、［美］布朗：《神经科学、心理学与宗教——人性的迷幻与现实》，刘昌、张小将译，北京：教育科学出版社，2014年。

（汉）贾谊：《贾谊新书》，上海：上海古籍出版社，1989年。

［美］卡巴金：《正念：此刻是一枝花》，王俊兰译，北京：机械工业出版社，2015年。

［美］卡斯蒂、［奥］德皮利：《逻辑人生——哥德尔传》，刘晓力、叶闯译，上海：上海科技教育出版社，2002年。

［美］克拉默：《混沌与秩序：生物系统的复杂结构》，柯志阳、吴彤译，上海：上海科技教育出版社，2000年。

［印］克里希纳穆提：《爱的觉醒》，胡因梦等译，深圳：深圳报业集团出版社，2006年。

［英］科廷汉：《生活有意义吗》，王楠译，桂林：广西师范大学出版社，2007年。

（汉）孔安国传，（唐）孔颖达疏：《尚书正义》，北京：北京大学出版社，1999年。

蓝吉富主编：《禅宗全书》，台北：文殊出版社，1988年。

（宋）黎靖德编：《朱子语类》，王星贤点校，北京：中华书局，1988年。

黎翔凤：《管子校注》，梁运华整理，北京：中华书局，2004年。

李零：《中国方术考》（修订本），北京：东方出版社，2001年。

（清）李颙：《二曲集》，陈俊民点校，北京：中华书局，1996年。

（唐）李翱、欧阳詹：《李文公集　欧阳行周文集》，上海：上海古籍出版社，1993年。

（清）李涵虚：《圆峤内篇》，盛克琦点校，北京：宗教文化出版社，2009年。

李学勤:《周易经传溯源》,长春:长春出版社,1992年。

李学勤:《〈管子·心术〉等篇的再考察》,《管子学刊》1991年第1期。

(魏)刘邵:《人物志》,上海:上海古籍出版社,1990年。

刘文典:《淮南鸿烈集解》,北京:中华书局,1989年。

(汉)刘向:《新序　说苑》,上海:上海古籍出版社,1990年。

(清)刘一明:《修真辨难》,曹志清、曹雨标点,太原:山西人民出版社,1989年。

[美]刘易斯、韦伯斯特:《大脑大搜索》,闫佳译,北京:电子工业出版社,2016年。

刘宗贤:《陆王心学研究》,济南:山东人民出版社,1997年。

(汉)陆贾:《新语校注》,王利器撰,北京:中华书局,1986年。

(宋)陆九渊:《陆九渊集》,钟哲点校,北京:中华书局,1980年。

(宋)陆九渊、(明)王守仁:《象山语录　阳明传习录》,杨国荣导读,上海:上海古籍出版社,2000年。

(明)陆西星:《方壶外史》,盛克琦编校,北京:宗教文化出版社,2010年。

(唐)吕洞宾:《吕洞宾全集》,石沅鹏点校,广州:花城出版社,1995年。

吕子都:《中国历代僧诗精华》,上海:东方出版中心,1996年。

马承源主编:《上海博物馆藏战国楚竹书(一)》,上海:上海古籍出版社,2001年。

[美]麦格尼格尔:《自控力》,王岑卉译,北京:文化发展出版社,2013年。

(春秋)墨翟:《墨子》,上海:上海古籍出版社,1989年。

潘桂明、吴忠伟:《中国天台宗通史》,南京:江苏古籍出版社,2001年。

(宋)普济:《五灯会元》,苏渊雷点校,北京:中华书局,1984年。

卿希泰主编:《中国道教史》,成都:四川人民出版社,1996年。

钱穆:《先秦诸子系年考辨》,上海:上海书店,1992年。

钱穆:《庄老通辨》,北京:三联书店,2016年。

[日]千叶康则:《自我暗示术:用潜意识的奇功开发脑力》,朱福来译,北京:中国青年出版社,1996年。

(宋)丘处机:《丘处机集》,赵卫东集校,济南:齐鲁书社,2005年。

《全唐诗》,上海:上海古籍出版社,1986年。

任继愈主编:《道藏提要》,北京:中国社会科学出版社,1991年。

(宋)邵雍:《伊川击壤集》,陈明点校,北京:学林出版社,2003年。

(宋)邵雍:《皇极经世书》,(明)黄畿注,卫绍生校理,郑州:中州古籍出版社,1990年。

(唐)神会:《神会和尚禅话录》,杨曾文编校,北京:中华书局,1996年。

盛克琦、果兆辉编校:《中和正脉:道教中派李道纯内丹修炼秘籍》,北京:宗教文化出版社,2009年。

石峻等编:《中国佛教思想资料选编》,北京:中华书局,1981年。

[加]斯坦诺维奇:《机器人叛乱:在达尔文时代找到意义》,吴宝沛译,北京:机械工业出版社,2015年。

(唐)施肩吾:《钟吕传道集　西山群仙会真记》,高丽杨点校,北京:中华书局,2015年。

(明)释智旭:《周易禅解》,北京:九州出版社,2004年。

(汉)司马迁:《史记》,《二十五史》,上海:上海古籍出版社、上海书店,1986年。

唐兰、李学勤等:《马王堆汉墓帛书》,北京:文物出版社,1980至1985年。

(清)唐甄:《潜书注》,成都:四川人民出版社,1984年。

(清)陶素耜集注:《道言五种》,玉溪子增批,蒲团子点校,北京:中华书局,2011年。

(魏)王弼注,(唐)孔颖达疏:《周易正义》,北京:北京大学出版社,1999年。

(魏)王弼、(晋)韩康伯注,(唐)孔颖达正义:《周易正义》,北京:中国致公出版社,2009年。

(汉)王充:《论衡》,上海:上海古籍出版社,1990年。

王沐:《内丹养生功法指要》,北京:东方出版社(中华书局共同出版),1990年。

(清)王先谦:《荀子集解》,北京:中华书局,1988年。

(明)王守仁:《王阳明全集》,北京:红旗出版社,1996年。

(唐)文远:《赵州录》,张子开校,郑州:中州古籍出版社,2001年。

[美]威廉姆斯等:《改善情绪的正念疗法》,谭洁清译,北京:中国人民大学出版社,2009年。

[美]威廉斯:《谁是造物主:自然界计划和目的新识》,谢德秋译,上海:上海科学技术出版社,1998年。

(明)吴承恩:《西游记》,济南:齐鲁书社,1991年。

(明)伍冲虚、(清)柳华阳:《伍柳仙宗》,郑州:九州出版社,2016年。

[美]雅顿:《重塑你的大脑》,黄延峰译,北京:中信出版社,2011年。

(清)颜元:《习斋四存编》,陈居渊导读,上海:上海古籍出版社,2000年。

(清)颜元:《颜元集》,王星贤等点校,北京:中华书局,1987年。

(汉)扬雄:《法言义疏》,汪荣宝撰,陈仲夫点校,北京:中华书局,1987年。

(明)尹真人高弟:《性命圭旨》,北京:中央编译出版社,2013年。

[美]约翰逊:《心思大开:日常生活的神经科学》,洪兰译,北京:机械工业出版社,2015年。

(宋)赜藏主:《古尊宿语录》,北京:中华书局,1994年。

(宋)曾慥:《道枢》,上海:上海古籍出版社,1990年。

[美]詹姆斯:《宗教经验种种》,尚新建译,北京:华夏出版社,2005年。

(明)湛若水:《湛甘泉先生文集》,桂林:广西师范大学出版社,2014年。

(清)章太炎:《国学概论》,汤志钧导读,曹聚仁整理,上海:上海古籍出版社,1997年。

(宋)张伯端:《悟真篇浅解》,王沐浅解,北京:中华书局,1990年。

张广保:《唐宋内丹道教》,上海:上海文化出版社,2001年。

(宋)张君房：《云笈七笺》，李永晟点校，北京：中华书局，2003年。

(明)张三丰：《张三丰全集》，方春阳点校，杭州：浙江古籍出版社，1990年。

(宋)张载：《张子正蒙》，(清)王夫之注，汤勤福导读，上海：上海古籍出版社，2000年。

(宋)张载：《张载集》，章锡琛点校，北京：中华书局，1978年。

(汉)赵岐注，(宋)孙奭疏：《孟子注疏》，北京：北京大学出版社，1999年。

(汉)郑玄注，(唐)孔颖达疏：《礼记正义》，北京：北京大学出版社，1999年。

甄隐：《儒家内圣修持辑要》，北京：中国发展出版社，2015年。

(宋)周敦颐：《周子通书》，徐洪兴导读，上海：上海古籍出版社，2000年。

(宋)周敦颐：《周子全书》，上海：商务印书馆，1937年。

周昌乐：《从哥德尔定理看禅宗的元逻辑思想》，《重庆大学学报(哲学社会科学版)》2005年第4期。

周昌乐：《禅悟的实证：禅宗思想的科学发凡》，北京：东方出版社，2006年。

周昌乐：《禅宗的元语言哲学思想及其意义》，《宗教学研究》2006年第2期。

周昌乐：《试论禅宗空论对物理世界的解释能力》，中国宗教文化交流协会编：《佛教·文化·科学·慈善(上册)》，上海：上海辞书出版社，2009年。

周昌乐：《从当代脑科学看禅定状态达成的可能性及其意义》，《杭州师范大学学报(社会科学版)》2010年第3期。

周昌乐：《禅宗心法的意向性分析》，《中国佛学》总第29期，2011年，北京：中华书局，2011年。

周昌乐：《博学切问》，厦门：厦门大学出版社，2015年。

周昌乐：《明道显性：沟通文理讲记》，厦门：厦门大学出版社，2016年。

朱杰人、严佐之、刘永翔主编:《朱子全书》,上海:上海古籍出版社,合肥:安徽教育出版社,2002年。

朱谦之:《老子校释》,北京:中华书局,1984年。

(明)朱舜水:《朱舜水集》,朱谦之整理,北京:中华书局,1981年。

(宋)朱熹注:《诗经》,上海:上海古籍出版社,1987年。

(宋)朱熹:《四书章句集注》,北京:中华书局,1983年。

(宋)朱熹、吕祖谦:《朱子近思录》,上海:上海古籍出版社,2000年。